Philip Zelikow · Condoleezza Rice

Sternstunde der Diplomatie

PHILIP ZELIKOW
CONDOLEEZZA RICE

STERNSTUNDE DER DIPLOMATIE

Die deutsche Einheit
und das Ende der Spaltung Europas

PROPYLÄEN

Die Deutsche Bibliothek – CIP-Einheitsaufnahme
Zelikow, Philip:
Sternstunde der Diplomatie: Die deutsche Einheit und das
Ende der Spaltung Europas/Philip Zelikow; Condoleezza
Rice. [Aus dem Amerikan. von Klaus-Dieter Schmidt]. – Berlin:
Propyläen, 1997
Einheitssacht.: Germany Unified and Europe Transformed ⟨dt.⟩
ISBN 3-549-05600-1
NE: Rice, Condoleezza:

1. Auflage März 1997
2. Auflage Oktober 1997

Titel der amerikanischen Originalausgabe
Germany Unified and Europe Transformed
Published by Harvard University Press, Cambridge, MA 1995
© 1995 by the President and Fellows of Harvard College
Aus dem Amerikanischen von Klaus-Dieter Schmidt

Deutsche Ausgabe © 1997 by Ullstein Buchverlage GmbH, Berlin
Propyläen Verlag
Alle Rechte vorbehalten
Satz: Dörlemann Satz, Lemförde
Druck und Verarbeitung: Wiener Verlag, Himberg bei Wien
Printed in Austria 1997
ISBN 3 549 05600 1

Gedruckt auf alterungsbeständigem Papier
mit chlorfrei gebleichtem Zellstoff

INHALT

Vorwort

»Eine geschlossene, dichte Wolkendecke hatte sich jahrzehntelang vor den Stern der deutschen Einheit geschoben, dann tat sich für kurze Zeit die Wolkendecke auf, ließ den Stern sichtbar werden, und wir griffen nach ihm.«[1] Mit diesen Worten faßte Hans-Dietrich Genscher die Sprunghaftigkeit der Entwicklung von 1989/90 ins Bild, dieses »Aufeinanderzurennen und Aufeinanderprallen, sanktioniert durch Verhandlungen der Großmächte«, wie es der britische Publizist Timothy Garton Ash ausgedrückt hat. Es war eine Zeit, in der in zehn Monaten mehr geschah als üblicherweise in zehn Jahren.[2]

Die Meinungen über das Ergebnis gehen auseinander. Ein bekannter deutscher Kommentator hat es den »größten Triumph in der Diplomatie der Nachkriegszeit« genannt,[3] ein ehemaliger sowjetischer Außenminister »eine der meistgehaßten Entwicklungen in der Geschichte der sowjetischen Außenpolitik«.[4] Von heute aus gesehen, scheint der Ausgang der Entwicklung fast vorherbestimmt gewesen zu sein, doch jene, die sie aus nächster Nähe erlebt haben – ob nun auf sowjetischer oder deutscher Seite –, wundern sich immer noch, daß die tumultartigen Veränderungen nicht in ein Blutbad oder zumindest in eine neue Phase des Kalten Krieges mündeten.[5]

Hauptanliegen dieses Buches ist es, die Geschichte dieser außergewöhnlichen Episode in der modernen Diplomatie zu erzählen. Beide Autoren waren als Mitglieder von Präsident Bushs Nationalem Sicherheitsrat an den Ereignissen beteiligt: Philip Zelikow war als Berufsdiplomat ins Weiße Haus versetzt worden; Condoleezza Rice hatte sich von der Stanford University, wo sie eine Professur innehat, beurlauben lassen. Dieses Buch entstand als interne Studie, die Robert Zoellick, ein hoher Beamter des US-Außenministeriums, bei Zelikow bestellt hatte, als dieser aus dem Regierungsdienst ausschied, um einen Lehrauftrag an der Harvard University anzunehmen. Nachdem ihm unbeschränkter Zugang zu allen relevanten Dokumenten des Außenministeriums und des Weißen Hauses sowie zu den einschlägigen Geheimdienstpapieren zugesagt worden war, nahm Zelikow das Angebot an.

Dabei wurde bald deutlich, daß die Geschichte allein aus der Perspektive der Vereinigten Staaten nicht angemessen erzählt werden konnte. An Studien, die zu sehr aus der Sicht des einen oder anderen Landes geschrieben sind, wird zu Recht kritisiert, daß sie außer acht lassen, was andere gedacht oder getan haben, und vergessen, daß Diplomatie ein Wechselspiel unterschiedlicher Denkansätze und Handlungsmuster ist. Keines der vielen Bücher, die bisher über die Vereinigung Deutschlands veröffentlicht wurden, hat zum Beispiel versucht, die deutsche *und* die amerikanische *und* die sowjetische Geschichte zu erzählen und dann zu untersuchen, in welcher Weise sie aufeinander eingewirkt haben. Dies ist die Aufgabe, die wir uns gestellt haben. Um ihr gerecht zu werden, haben wir nicht nur in amerikanischen Archiven recherchiert, sondern auch alle verfügbaren deutschen und russischen Materialien zu Rate gezogen. Wir erhielten Zugang zu Dokumenten aus ostdeutschen Staatsarchiven und zu bedeutenden sowjetischen Akten, darunter Papiere aus Politbürositzungen und für Außenminister Schewardnadse ausgearbeitete Richtlinien. Außerdem haben wir mit den wichtigsten politischen Entscheidungsträgern mehrerer Länder gesprochen, von denen einige unser Manuskript gegengelesen haben, und wir haben die persönlichen Erinnerungen und veröffentlichten Berichte, soweit möglich, mit den dokumentarischen Belegen verglichen.

Von Anfang an waren wir uns einig, alle unsere Quellen anzugeben. Es ist durchaus üblich, daß ehemalige Regierungsbeamte die amtlichen Akten einsehen, wenn sie ihre Erfahrungen niederschreiben, aber bisher hat noch niemand diese Quellen nachgewiesen, wie es jeder Historiker tun würde. Der größte Teil der von uns benutzten amerikanischen Akten bleibt der Öffentlichkeit weiterhin verschlossen. Wir durften sie lediglich zitieren. So standen wir in bezug auf diese Quellen vor einem Dilemma. Einerseits würden wissenschaftliche Leser nicht in der Lage sein, unsere Darstellung anhand der immer noch der Geheimhaltung unterliegenden Akten zu prüfen. Sie würden sich also darauf verlassen müssen, daß wir die Quellen korrekt zitiert haben. Andererseits aber hätten wir noch weit mehr Leser enttäuscht, wenn wir die Nachweise ausgeklammert und sie im unklaren darüber gelassen hätten, welche Quellen wir benutzt haben. Dieses Argument gab schließlich den Ausschlag für unser Vorgehen.

Ein großer Teil unserer Darstellung kann jedoch direkt oder indirekt anhand publizierter Berichte oder nicht geheimer Dokumente überprüft werden. Ein Blick in den Anmerkungsapparat wird dies bestätigen. Das Problem der Unzugänglichkeit von Quellenmaterial ist im übrigen nicht auf ehemalige Regierungsbeamte beschränkt. Oftmals befinden sich Dokumente und andere Materialien im Besitz von Privatpersonen, die sie nur bestimmten Leuten oder unter Einschränkungen zur Verfügung stellen. Insofern hatten wir das Glück, öffentliche Dokumente zu benutzen, die dem amerikanischen Volk gehören und eines Tages der Öffentlichkeit zugänglich sein werden. Wir haben unsere Quellen daher so genau wie möglich nachgewiesen. Das amerikanische Archivmaterial ist zwar noch nicht in der Bush-Bibliothek oder dem Nationalarchiv katalogisiert, aber die Nachweise sind genau genug, um die angeführten Dokumente ausfindig zu machen, sobald sie in den Katalogen auftauchen. Darüber hinaus hat das Nationale Sicherheitsarchiv auf unsere Bitte einen umfassenden Antrag nach dem Gesetz über Informationsfreiheit eingereicht, um für möglichst viele Dokumente die Freigabe zu beschleunigen. Das Archiv wird sie auf Anfrage bereitstellen. Sie werden außerdem zusammen mit nicht geheimen, aber schwer zugänglichen amtlichen Materialien (zum Beispiel Mitschriften von Pressekonferenzen des Außenministeriums) in der stets auf dem laufenden gehaltenen Dokumentensammlung der Archivbibliothek des Hoover-Instituts für Krieg, Revolution und Frieden der Stanford University zu finden sein.

Dieses Buch ist das Ergebnis der gemeinsamen Arbeit der Autoren. Die erste Fassung des Manuskripts wurde von Zelikow geschrieben. Nachdem es zur Veröffentlichung angenommen war, verfaßte Rice die Passagen über das sowjetische Denken, die einen großen Teil des ersten Kapitels und des Epilogs ausmachen, und überarbeitete und erweiterte die Analysen im zweiten, dritten und vierten Kapitel. Anschließend legten die Autoren gemeinsam letzte Hand an den Text, wobei sie neu aufgefundenes Material einarbeiteten. Die Recherche in amerikanischen Archiven und die Suche nach deutschsprachigem Material war Zelikows Aufgabe. Für die Recherche in sowjetischen Archiven und die russischsprachigen Quellen war Rice verantwortlich.

Wir waren an den Ereignissen, die wir beschreiben, beteiligt und haben unsere Meinung über sie. Das ist nur natürlich; auch Historiker, die ihren Gegenstand nur aus zweiter Hand kennen, treten ihm nicht selten voreingenommen gegenüber. Als ehemalige Regierungsbeamte waren wir darüber hinaus gesetzlich verpflichtet, überprüfen zu lassen, daß wir unsere Insider-Kenntnisse nicht mißbraucht und keine Geheimnisse enthüllt hatten, die für die Sicherheit der Vereinigten Staaten von Bedeutung sind. Wir konnten die Geschichte dennoch von Anfang an so erzählen, wie wir es wollten. Niemand hat versucht, unsere Darstellung zu beeinflussen. Man hat uns allenfalls die jeweils eigene Sicht der Dinge mitgeteilt.

Wir meinen, daß die hier geschilderte Episode ein historischer Erfolg für die Vereinigten Staaten und die Bundesrepublik Deutschland war. Auch seitens der Sowjetunion, so ließe sich argumentieren, war die konstruktive Beteiligung an der Überwindung der deutschen Teilung Ausdruck weitsichtiger Politik. Einige Leser werden mit diesen Schlußfolgerungen nicht übereinstimmen und die Klugheit vieler der damals getroffenen Entscheidungen bezweifeln. Wir haben versucht, keine Seite zu bevorzugen und die Ereignisse so genau wie möglich zu schildern. Obwohl das Gesamturteil unserer Ansicht nach positiv ausfällt, sind wir uns im klaren darüber, daß fast alle amerikanischen (und westdeutschen) Verantwortlichen, wir selbst ausdrücklich eingeschlossen, Fehler gemacht haben. Doch für gewöhnlich überlassen wir es dem Leser, sich ein Urteil darüber zu bilden, wer recht hatte und wer nicht.

Uns wurden von vielen Seiten Rat und Hilfe zuteil. Für die finanzielle Unterstützung einiger Recherchen danken wir der New Yorker Carnegie Corporation, dem Programm für Deutschland- und Europastudien der Harvard University und dem Zentrum für internationale Sicherheit und Rüstungskontrolle der Stanford University. Zu Dank verpflichtet sind wir auch den vielen ehemaligen Regierungsmitarbeitern, die uns bereitwillig Auskunft erteilt haben. Ihre Namen sind in den Anmerkungen zu finden. Ein besonderer Dank für Ansporn und Rat gilt Robert Zoellick, Robert

Blackwill, Coit Blacker und Ernest May. Bei den Recherchen und der Herstellung des Buchs halfen Yvonne Brown, Brian Davenport, Kiron Skinner, John Fowler, Chris Fleishner, Artur Khachikian, Elizabeth Ewing, Matthew Bencke und Deborah Schneider. Viele nützliche Anmerkungen kamen von den Fachleuten, die im Auftrag der Harvard University Press das Manuskript durchsahen, sowie von Alexander Abashkiri, Donald Abenheim, Hannes Adomeit, Alexandra Besymenskaja, Maxim Bratersky, Gerhard Casper, Gordon Craig, David Holloway, Karl Kaiser, Felix Philipp Lutz, Elizabeth Pond, Alfred Rubin, W. R. Smyser, Marc Trachtenberg und Peter Wagner. Last but not least danken wir unserer Verlegerin, Aïda Donald, für die Ermutigung und Unterstüzung, die wir von ihr erfahren haben, und unserer Lektorin, Amanda Heller, für die Geduld und Kreativität, mit der sie uns zur Seite stand.

Vorwort
zur deutschen Ausgabe

Während des vergangenen Jahres haben viele Freunde und Wissenschaftler mit uns über unser Buch diskutiert. In Rezensionen, Seminaren und Briefen wurde gefragt, welche Absicht wir mit diesem Buch verfolgten, was wir nicht gesagt haben und was wir anstelle dessen, was wir gesagt haben, hätten schreiben können. Dabei tauchte immer wieder die Frage auf, wem das Verdienst daran anzurechnen sei, daß der Kalte Krieg auf friedliche Weise beendet wurde. Höchste Anerkennung sollte all jenen gezollt werden, die dazu beigetragen haben, daß es zu einem »Wendepunkt in der über siebzigjährigen Geschichte antidemokratischer und totalitärer Systeme, die seit dem Ersten Weltkrieg entstanden«, kommen konnte.[1] Manche sehen allerdings hinter den Individuen anonyme Massen oder abstrakte Kräfte wirken. Der Aufstieg der Freiheit und das Informationszeitalter sind nur zwei der »großen Ursachen«, die in diesem Zusammenhang genannt werden.

Der Hintergrund der Ereignisse von 1989 war durch eine Vielzahl von Umständen und Sehnsüchten geprägt. Unsere Geschichte spielt in einem Umfeld, das manche zuversichtlich stimmte, andere frustrierte und noch mehr zwischen Hoffnung und Beunruhigung schwanken ließ. Unter diesen Umständen war vieles möglich. Also haben wir zu erklären versucht, was passiert ist und warum es passiert ist. Dabei stellten wir wie Robert Frost fest, daß der »ganze Unterschied« in der Entscheidung besteht, den einen Weg einzuschlagen und den anderen links liegenzulassen.

In einigen jüngst erschienenen Büchern werden bestimmte Deutsche, Amerikaner oder Sowjets als jene vorgestellt, deren Handeln den »ganzen Unterschied« ausmachte. Dieser Streit darüber, wem welcher Rang gebührt, mag amüsant sein, erzeugt aber mehr Hitze als Licht. Wir interessieren uns stärker für die Wechselwirkung der Anschauungen und Entscheidungen der beteiligten Regierungen. Obwohl einige von ihnen mehr

Einfluß besaßen als andere, traten je nach Zeitpunkt und Thema verschiedene Personen und Länder in den Vordergrund. Dennoch wäre es nicht fair, die Rolle eines der Mitspieler im Nebel der Geschichte verschwinden zu lassen. Das Ergebnis von einem Prozent, das Michail Gorbatschow bei den russischen Präsidentschaftswahlen von 1996 erzielte, war für uns nicht mehr als eine Fußnote, während wir die ersten freien Wahlen in seinem Land feierten. Aber es sollte nie vergessen werden, welchen »Unterschied« dieser Mann mit großen Stärken und ebenso großen Schwächen ausmachte, als es darum ging, den Kalten Krieg zu beenden.

Wir möchten eine andere Art vorschlagen, über das Verdienst des einen oder anderen Beteiligten oder der einen oder anderen Ursache nachzudenken. Das Folgende kann als Atlas für die Bestimmung der kausalen Variablen der deutschen Vereinigung verstanden werden.

I. Die abhängigen Variablen (Ergebnisvariablen). Die folgenden Variablen sollten idealerweise am Ende des Buches erklärt worden sein.

   A Die Vereinigung und ihr zeitlicher Ablauf: Die beiden deutschen Staaten werden vereinigt, und zwar vor der für Ende 1990 vorgesehenen Bundestagswahl.

   B Die Verfassungsgrundlagen des neuen deutschen Staates: Die Vereinigung vollzieht sich nach Artikel 23 des westdeutschen Grundgesetzes, so daß sich die DDR auflöst und der neue Staat eine erweiterte BRD ohne tiefgreifende Veränderungen des Regierungssystems und der Prinzipien des gesellschaftlichen Lebens darstellt.

   C Die Bündniszugehörigkeit des neuen deutschen Staates: Das vereinte Deutschland ist Vollmitglied der NATO, das heißt, das gesamte Staatsgebiet wird von der NATO geschützt, die Bundeswehr bleibt in vollem Umfang in die Militärorganisation der NATO eingebunden und erhält keinen Sonderstatus mit eingeschränkten Rechten.

   D Die unterschiedliche Behandlung von NATO und sowjetischen Streitkräften: Die sowjetischen Truppen verlassen Deutschland, während Streitkräfte des Westens, einschließlich der USA, im Land bleiben.

II. Die unabhängigen Variablen (Erklärungsvariablen). Genaugenommen handelt es sich um Mengen aus miteinander verknüpften Entscheidungen und Ereignissen. Die Variablen müssen drei Kriterien erfüllen:

(a) Ohne den spezifischen Inhalt der Variable (das heißt im Fall ihres Fehlens) wäre der Inhalt der einen oder anderen Ergebnisvariable deutlich anders ausgefallen.

(b) Das Fehlen der Variable war eine realistische Möglichkeit.

(c) Die Variable war von vorher (aber nicht gleichzeitig) vorhandenen Variablen unabhängig, das heißt, ihr wesentlicher Inhalt blieb unbestimmt.

Wir haben dreizehn Variablen oder Mengen gefunden, die diese Kriterien erfüllen:

1) Zwischen der UdSSR und der DDR kommt es zu scharfen Meinungsverschiedenheiten in bezug auf die Notwendigkeit und Richtung von Reformen (1988–1989).

2) Ungarn trifft Grenzentscheidungen, die mißverstanden werden, und macht anschließend eine Kehrtwendung in der Politik gegenüber rumänischen und ostdeutschen Flüchtlingen (Mai–September 1989).

3) Die DDR entscheidet sich gegen eine »chinesische Lösung«, und die SED wählt mit sowjetischer Zustimmung eine reformkommunistische Führung unter Egon Krenz (Oktober 1989).

4) Die Politik, mit der die neue Führung der wachsenden Unruhe im Land Herr zu werden versucht, kulminiert in der ungeplanten Öffnung der Berliner Mauer (November 1989).

5) Kohl wendet sich, von Bush ermutigt, vom ostpolitischen Paradigma des »Wandels durch Annäherung« ab und greift auf den Adenauer-Grundsatz vom »Wandel durch Stärke« zurück. Er destabilisiert die DDR-Regierung unter Hans Modrow und schürt die öffentliche Diskussion über die Vereinigung. Versuche, Kohl zu zügeln und die Erwartungen in der DDR zu dämpfen, werden mit Hilfe der USA vereitelt (Oktober–Dezember 1989).

6) Kohl verwirft sowohl Konföderationsverhandlungen mit der DDR als auch einen »Runden Tisch« und entscheidet sich mit Rückendeckung

der USA für den direkten wirtschaftlichen und politischen Anschluß der DDR an die BRD (Januar–Februar 1990).

7) Die USA setzen sich Maximalziele für die NATO-Mitgliedschaft des vereinigten Deutschland und die geplanten Zwei-plus-Vier-Gespräche über die internationalen Aspekte der Vereinigung (Januar–Februar 1990).

8) Kohls Plan für eine schnelle Vereinigung und die Anzeichen dafür, daß er international durchsetzbar sein könnte, verhelfen der Ost-CDU bei den Wahlen in der DDR zu einem Überraschungssieg (März 1990).

9) Die diplomatischen Reaktionen der UdSSR bleiben wirkungslos, da die Zwei-plus-Vier-Gespräche verzögert werden, um die USA und die BRD in die Lage zu versetzen, den Westen auf gemeinsame Ziele für die Vereinigung einzuschwören (Februar–Mai 1990).

10) Die BRD bietet der UdSSR begrenzte finanzielle Hilfe an und setzt eine wohlmeinende, aber ergebnislose internationale Diskussion über ein umfangreiches Hilfspaket in Gang (Mai–Juli 1990).

11) Die USA und die BRD einigen sich auf Begrenzungen der deutschen Streitkräfte und bedeutende Änderungen der politischen und militärischen Rolle der NATO, ohne ihre bisherigen Ziele aufzugeben (Juni–Juli 1990).

12) Gorbatschow trifft eine Reihe von Entscheidungen: Er schließt eine Invasion Litauens aus, löst sich von Strukturen der kollektiven Führung und beginnt während des Washingtoner Gipfeltreffens seine Haltung zur deutschen Frage zu ändern. Zugleich kann er auf dem XXXIII. Parteitag der KPdSU alle gegen ihn gerichteten Angriffe abwehren (Mai–Juli 1990).

13) Zwischen den am Zwei-plus-Vier-Mechanismus beteiligten Staaten werden in komplexen politisch-militärischen Verhandlungen ineinandergreifende politische und wirtschaftliche Vereinbarungen erzielt, insbesondere zwischen der UdSSR, der BRD und den USA (Juli–September 1990).

Wir sind auch wiederholt gefragt worden, welche Lehren aus einem derart komplexen Vorgang gezogen werden können. In diesem Punkt sind wir unterschiedlicher Meinung. Für Zelikow enthält er Varianten staatlichen Handelns und deren Konsequenzen, die er beobachtet wie ein Evolutionsbiologe die der Natur innewohnenden Möglichkeiten. Er bezweifelt jedoch, daß sich das dabei erworbene Wissen in Handlungsanweisungen für künftige, wahrscheinlich anders geartete politische Prozesse umsetzen läßt. Für Rice dagegen bietet der Vorgang Lehren der Staatskunst, von denen sich Politiker in Zukunft leiten lassen können: mit dem Unmöglichen zu rechnen (dem Exodus aus der DDR im Sommer 1989), sich die günstigsten Umstände zum Ziel zu setzen, auch wenn sie unerreichbar zu sein scheinen (die deutsche Vollmitgliedschaft in der NATO trotz des sowjetischen Widerstandes), und sich stets vor Augen zu halten, daß eine Regierung, die weiß, was sie will, eine gute Chance hat, es zu bekommen (wie Bonn und Washington, nicht aber Moskau).

Seit dem Erscheinen unseres Buches sind wichtige neue Quellen über die Ereignisse von 1989 und 1990 veröffentlicht worden. Wir sehen jedoch keinen Anlaß, unsere Darstellung zu erweitern. Einige der neuen Quellen bestätigen bereits Bekanntes. Die Akten der früheren DDR sind heute in größerem Umfang zugänglich, was sich in einer neuen Studie niedergeschlagen hat, die Charles Maier über die Auflösung und den Neuaufbau Ostdeutschlands geschrieben hat. In anderen neuen Arbeiten wird ein faszinierender Vergleich zwischen dem fehlgeschlagenen Aufstand von 1953 und der erfolgreichen Revolution von 1989 gezogen, insbesondere hinsichtlich der Verbindungsglieder von Ost-West-Diplomatie und innerem Aufruhr.[2]

Der frühere Bundesaußenminister Hans-Dietrich Genscher hat inzwischen umfangreiche Memoiren veröffentlicht. Die ausführliche Darstellung des Einigungsprozesses enthält allerdings neben interessanten Einzelheiten auch viele Lücken (besonders, was die Formulierung der Regierungspolitik betrifft) und ist nicht sehr objektiv. Wir wollen hier nicht auf all die Beispiele eingehen, in denen sich Genschers Voraussagen als richtig erwiesen und die Ereignisse sich seinen Plänen entsprechend entwickelten. Statt dessen sei nur angemerkt, daß diffuse politische Begriffe (wie die »kooperativen Sicherheitsstrukturen«) eingeführt und dann so interpretiert werden, daß sie zur jeweils bevorzugten Bedeutung passen – damals aus Sicht des Ministers, heute aus der des Memoirenschreibers. Als Gegengewicht kann der interessierte Leser die Darstellung bestimmter Episoden in unserem Buch (und anderen Studien) vergleichen, um die relevanten Einzelheiten sowie das damalige Verständnis der Begriffe zu prüfen.[3] Die daraus resultierende Vorsicht bei der Lektüre von Genschers Memoiren hat leider den Nebeneffekt, daß sie von seinen ernsthaften und gewichtigen Ansichten über die nationale Frage und die deutsche Westbindung ablenkt, Prinzipien, die erklären, warum seine Koalition mit Helmut Kohl derart haltbar und erfolgreich war.

Expräsident Bush und sein ehemaliger Sicherheitsberater Brent Scowcroft bereiten ein Buch vor, das Einblick in ihre persönlichen Reaktionen auf diese revolutionären Zeiten geben und auch Auszüge aus Bushs Tagebuch enthalten wird. Memoiren sind außerdem von US-Außenminister James Baker, vom stellvertretenden Nationalen Sicherheitsberater und späteren CIA-Direktor Robert Gates, vom damaligen US-Botschafter in Moskau Jack Matlock und von einem unserer Kollegen aus dem Mitarbeiterstab des NSC, Robert Hutchings, erschienen. Neues Material über die in unserem Buch behandelten Themen enthalten diese Veröffentlichungen nicht. Bakers Darstellung gehört natürlich zur Pflichtlektüre jedes Zeithistorikers. Obwohl selektiv und an vielen Stellen geglättet, ist sie durchweg freimütig, bezieht die hinter den Kulissen ablaufenden Entscheidungsprozesse ein und gibt die Fakten in der Regel zuverlässig wieder. Matlocks Buch ist sehr informativ, besonders in bezug auf einige sowjetisch-amerikanische Diskussionen und die grundlegende, aber kaum verstandene Litauenkrise (und die Nationalitätenfrage in der Sowjetunion generell). Das Bemerkenswerte an seinen Erinnerungen ist jedoch weniger die Rekonstruktion der sowjetischen oder amerikanischen Europapolitik von 1989/90 als vielmehr die Beschreibung der sowjetischen Seite. Gates hat ein herausragendes Werk geschrieben. Es behandelt zwar einen viel zu weitgespannten Zeitraum, um die Themen unseres Buchs ganz ausloten zu können, berichtet aber Einzelheiten über bestimmte Sitzungen im Weißen Haus und liefert neue Beweise dafür, wie ernst die Unzufriedenheit des KGB mit der Politik Gorbatschows im Februar 1990 geworden war.[4] Hutchings schließlich zeichnet mit bemerkenswerter Genauigkeit ein umfassendes Bild der amerikanischen Europapolitik während der Bush-Ära.

Gorbatschow hat ebenfalls einen tausendzweihundert Seiten starken Erinnerungsband veröffentlicht. Auch diese Quelle ist durch Auslassungen gekennzeichnet, etwa bei unangenehmen Themen wie den im Frühjahr 1990 mit Kohl und Bush geführten Gesprächen über massive ausländische Hilfe für die Sowjetunion. Aber sie enthält viele Auszüge aus Originalprotokollen von Gorbatschows politischen Begegnungen und ist insgesamt eine ernsthafte Darstellung seines Denkens. Weitere Einzelheiten über die amerikanisch-sowjetischen Spitzengespräche wird ein Buch enthalten, das Gorbatschows und Schewardnadses langjähriger Dolmetscher, Pawel Palasschenko, vorbereitet.

Von einem Aspekt hätten wir uns gewünscht, ihn vor der Veröffentlichung unseres Buchs besser gekannt zu haben: die Rolle Mitterrands und der französischen Diplomatie. Mitterrands Erben haben postum einen Band mit seinen Ansichten über Deutschland herausgegeben.[5] Die im Vergleich dazu ambivalentere Haltung, die wir in unserem Buch beschreiben, wird von einer anderen neuen Veröffentlichung bestätigt. Einer von Mitterrands engsten Beratern, Jacques Attali, hat einen dritten Band mit – wie er behauptet – Auszügen aus seinen Tagebüchern veröffentlicht, diesmal für die Jahre 1988 bis 1991. Das Erscheinen des Bandes hat in Frankreich einigen Wirbel ausgelöst und war angeblich der Grund, weshalb Attali nicht zu Mitterrands Begräbnis eingeladen wurde. Die Aufzeichnungen geben den wirklichen Inhalt der von Frankreich bilateral oder im Rahmen der EG geführten Diskussionen auf höchster Ebene wieder und untermauern eine Reihe in unserem Buch aufgestellter Hypothesen über die Ansichten Gorbatschows, Thatchers und Mitterrands.

Attalis Tagebücher zeigen, daß Bush und Mitterrand bereits bei ihrem Treffen in Kennebunkport im Mai 1989 in bezug auf die deutsche Vereinigung nicht übereinstimmten. »Es kann erreicht werden«, sagte Bush damals, worauf Mitterrand erwiderte, der öffentliche Ruf nach der Wiedervereinigung Deutschlands sei einer von »zwei möglichen Gründen für einen Krieg in Europa« (der andere wären Atomwaffen in deutschem Besitz). Attalis Tagebucheintragungen bestätigen, was Thatcher in ihren Memoiren behauptet hat: daß Mitterrand ihre Befürchtungen hinsichtlich der deutschen Vereinigung geteilt habe. Im Dezember 1989 dachte Mitterrand ständig an 1913 und hielt Genscher warnend vor Augen, daß

Deutschland erneut dabei sei, die aus Frankreich, Großbritannien und Rußland bestehende Tripelallianz der Zeit vor dem Ersten Weltkrieg gegen sich aufzubringen. Thatcher gegenüber benutzte er einen anderen historischen Bezug: »Wir befinden uns in der gleichen Situation wie die Vorkriegsführer von Großbritannien und Frankreich, die auf nichts reagierten. Die Situation von München darf sich nicht wiederholen!«

Mitterrands private Reaktion auf die Öffnung der Berliner Mauer lautete: »Diese Leute spielen mit einem Weltkrieg.« Einen Monat vorher hatte er Attali anvertraut:»Jene, die von der deutschen Vereinigung reden, verstehen nicht das geringste. Die Sowjetunion wird sie nie zulassen. Es wäre der Tod des Warschauer Pakts. Können Sie sich das vorstellen? Und die DDR, das ist Preußen. Sie wird nie unter die Kontrolle Bayerns geraten wollen.« Im Februar 1990 rief er wütend aus: »Zu mir sagt Gorbatschow, daß er fest bleiben wird, und jetzt gibt er in allem nach!« Als Mitterrand im Mai nach Moskau flog, erwartete er, daß Gorbatschow ihn um Unterstützung im Kampf gegen die deutsche Vereinigung bitten würde: »Ich würde sie ihm gern geben, wenn ich wüßte, daß er es tut. Aber warum mit Kohl aneinandergeraten, wenn Gorbatschow mich drei Tage später im Stich läßt? Ich wäre total isoliert.« Dennoch schlug er, obwohl er wußte, daß er damit von der Position seiner Verbündeten abwich, Gorbatschow unter vier Augen vor, daß Deutschland zwar Mitglied der NATO bleiben solle, aber nicht der militärischen Organisation.[6] Zu dieser Zeit stießen solche Ideen allerdings auf den unnachgiebigen Widerstand der USA, Westdeutschlands und Großbritanniens.

Das neue Material beleuchtet die Unsicherheit, Erregung und Furcht jener historischen Monate von 1989/90, die Europa und die Welt veränderten. Im Laufe der Zeit wird man sich die Umbruchssituation und den genauen Verlauf dieser dramatischen Geschichtsperiode bewußt vergegenwärtigen müssen. Wir hoffen, daß unser Buch eine Hilfe dabei sein wird.

Oktober 1996

Die Hauptbeteiligten

Die Positionen werden nur für den Zeitraum vom Frühjahr 1989 bis zum Herbst 1990 angegeben.

Sergej Achromejew, Marschall der Sowjetunion und Sicherheitsberater des sowjetischen Präsidenten

Giulio Andreotti, italienischer Ministerpräsident

Jacques Attali, außenpolitischer Berater des französischen Präsidenten

James A. Baker, amerikanischer Außenminister

Reginald Bartholomew, Staatssekretär für Internationale Sicherheitsfragen im US-Außenministerium

Alexander Bessmertnych, sowjetischer Botschafter in den USA

Robert Blackwill, Sonderberater des US-Präsidenten, NSC-Stab

Ibrahim Böhme, Vorsitzender der Ost-SPD

Alexander Bondarenko, Direktor der Dritten Europäischen Abteilung im sowjetischen Außenministerium

Willy Brandt, Altbundeskanzler und Ehrenvorsitzender der SPD

Hans van den Broek, niederländischer Außenminister

George Bush, amerikanischer Präsident

Richard Cheney, amerikanischer Verteidigungsminister

Joe Clark, kanadischer Außenminister

Percy Cradock, außenpolitischer Berater der britischen Premierministerin

James Dobbins, stellvertretender Leiter der Abteilung für Europa und die Sowjetunion im US-Außenministerium

Bertrand Dufourcq, Politischer Direktor im französischen Außenministerium

Roland Dumas, französischer Außenminister

Lawrence Eagleburger, stellvertretender amerikanischer Außenminister

Frank Elbe, Leiter des Ministerbüros im Auswärtigen Amt der BRD

Valentin Falin, Direktor der Internationalen Abteilung des ZK der KPdSU

Oskar Fischer, bis März 1990 Außenminister der DDR

Rafael Fjodorow, Stellvertretender Direktor der Internationalen Abteilung des ZK der KPdSU

Robert Gates, stellvertretender Nationaler Sicherheitsberater des US-Präsidenten (stellvertretender Direktor des NSC)

Hans-Dietrich Genscher, Außenminister der BRD

Michail Gorbatschow, Generalsekretär des ZK der KPdSU und Präsident der Sowjetunion

Gregor Gysi, Vorsitzender der SED beziehungsweise (seit deren Umbenennung im Dezember 1989) PDS

Erich Honecker, bis Oktober 1989 Generalsekretär des ZK der SED und Vorsitzender des Staatsrats der DDR

Gyula Horn, ungarischer Außenminister

Douglas Hurd, ab Oktober 1989 britischer Außenminister

Alexander Jakowlew, Sekretär des ZK der KPdSU

Wojciech Jaruzelski, polnischer Präsident

Dmitri Jasow, sowjetischer Verteidigungsminister

Dieter Kastrup, Politischer Direktor im Auswärtigen Amt der BRD

Robert Kimmitt, Staatssekretär für Politische Angelegenheiten im US-Außenministerium

Wjatscheslaw Kotschemassow, sowjetischer Botschafter in der DDR

Helmut Kohl, Bundeskanzler der BRD

Anatoli Kowaljow, Erster Stellvertretender Außenminister der Sowjetunion

Egon Krenz, Oktober bis Dezember 1989 Generalsekretär des ZK der SED und Vorsitzender des Staatsrats der DDR

Wladimir Krjutschkow, Vorsitzender des KGB

Juli Kwizinski, bis Mai 1990 sowjetischer Botschafter in der BRD, danach Erster Stellvertretender Außenminister

Oskar Lafontaine, Kanzlerkandidat der SPD

Otto Graf Lambsdorff, Vorsitzender der FDP

Christa Luft, November 1989 bis März 1990 Wirtschaftsministerin der DDR

Lothar de Maizière, ab November 1989 Vorsitzender der Ost-CDU, ab

April 1990 Ministerpräsident und ab August 1990 zusätzlich amtierender Außenminister der DDR

Igor Maximytschew, Gesandter an der sowjetischen Botschaft in der DDR

Tadeusz Mazowiecki, ab August 1989 polnischer Ministerpräsident

Markus Meckel, April bis August 1990 Außenminister der DDR

Gianni de Michelis, italienischer Außenminister

Erich Mielke, bis November 1989 Minister für Staatssicherheit der DDR

François Mitterrand, französischer Präsident

Hans Modrow, bis November 1989 Erster Sekretär der SED-Bezirksleitung Dresden, November 1989 bis April 1990 Vorsitzender des Ministerrats der DDR

Michail Moissejew, Chef des Generalstabs der Streitkräfte der Sowjetunion und Erster Stellvertretender Verteidigungsminister

Brian Mulroney, kanadischer Premierminister

Karl Otto Pöhl, Präsident der Deutschen Bundesbank

Nikolai Portugalow, Mitarbeiter der Internationalen Abteilung des ZK der KPdSU

Charles Powell, außenpolitischer Berater der britischen Premierministerin

Colin Powell, Vorsitzender der Vereinigten Stabschefs der US-Streitkräfte

Mieczysław Rakowski, bis Juli 1989 polnischer Ministerpräsident, danach Erster Sekretär der Polnischen Vereinigten Arbeiterpartei

Dennis Ross, Chef des Politischen Planungsstabes des US-Außenministeriums

Nikolai Ryschkow, Vorsitzender des Ministerrats der UdSSR

Wadim Sagladin, Erster Stellvertretender Direktor der Internationalen Abteilung des ZK der KPdSU

Günter Schabowski, Erster Sekretär der SED-Bezirksleitung Berlin

Georgi Schachnasarow, für die sozialistischen Länder zuständiger außenpolitischer Berater des sowjetischen Präsidenten

Wolfgang Schäuble, bis April 1989 Leiter des Bundeskanzleramts, danach Innenminister der BRD

Eduard Schewardnadse, sowjetischer Außenminister

Brent Scowcroft, Nationaler Sicherheitsberater des US-Präsidenten (Direktor des NSC)

Rudolf Seiters, ab April 1989 Chef des Bundeskanzleramts

Raymond Seitz, Leiter der Abteilung für Europa und die Sowjetunion im US-Außenministerium

Stepan Sitarjan, stellvertretender sowjetischer Ministerpräsident

Krzysztof Skubiszewski, polnischer Außenminister

Gerhard Stoltenberg, Verteidigungsminister der BRD

Rita Süssmuth, Präsidentin des Bundestages

Sergej Tarassenko, Direktor des Generalsekretariats, später Direktor für Politische Planung im sowjetischen Außenministerium

Horst Teltschik, außenpolitischer Berater des Bundeskanzlers, Abteilungsleiter im Bundeskanzleramt

Margaret Thatcher, britische Premierministerin

Anatoli Tschernjajew, Sonderberater des sowjetischen Präsidenten

Theo Waigel, Finanzminister der BRD

Lech Wałesa, Vorsitzender der polnischen Gewerkschaft Solidarność

Vernon Walters, amerikanischer Botschafter in der BRD

Richard von Weizsäcker, Bundespräsident der BRD

John Weston, Politischer Direktor im britischen Außenministerium

Manfred Wörner, Generalsekretär der NATO

Robert Zoellick, Berater des US-Außenministers

Einführung:
Die deutsche Frage wird gelöst

Am späten 5. Juni 1945 versammelten sich im zerstörten Berlin einige der Generäle, denen die deutsche Niederlage zu verdanken war. Es ging lebhaft zu, aber kaum feierlich. General of the Army Dwight D. Eisenhower, Marschall der Sowjetunion Georgi Schukow, Field Marshal Bernard Montgomery und Général d'Armée Jean de Lattre de Tassigny unterzeichneten ein Dokument, das verkündete, was jedem klar war: Die »Vier Mächte« hatten die Regierungsgewalt über Deutschland übernommen, und Deutschland hatte sich »allen Forderungen, die ihm jetzt oder später auferlegt werden«, zu unterwerfen.[1]

Am Mittwoch, dem 12. September 1990, gaben die Außenminister der Vier Mächte die Rechte auf, die ihre Armeen 1945 gewonnen hatten. Diesmal saßen die Deutschen – aus Ost und West – mit am Tisch. Wieder waren die Umstände einfach und unspektakulär.[2] Die Zeremonie fand nicht im Kreml statt, sondern in der Halle des Parteihotels Oktjabrskaja, was das Gefühl der Ernüchterung noch verstärkte. Die Sieger des Zweiten Weltkriegs verzichteten mit weniger diplomatischem Pomp auf ihre Rechte und Verpflichtungen in bezug auf Deutschland, als bei all den Handels- und Abrüstungsabkommen während des Kalten Krieges aufgewendet worden war.

Das Augenmerk der Welt lag einen Kontinent entfernt auf Bagdad und Kuweit, wo der Operation »Desert Shield« bald die Operation »Desert Storm« folgen sollte. Als der amerikanische Präsident George Bush am 1. September, weniger als zwei Wochen vor der Unterzeichnung des Vertrages über Deutschland, in Helsinki mit dem sowjetischen Präsidenten Michail Sergejewitsch Gorbatschow zusammengekommen war, hatte das Thema Deutschland nicht einmal auf der Tagesordnung gestanden. Nur ein einziges Staatsoberhaupt hatte sich im Oktjabrskaja-Hotel eingefunden – Gorbatschow. Als die Unterschriften unter den Vertrag gesetzt wurden, stand er im Hintergrund zwischen all den Regierungsbeamten der mittleren Ebene, nicht weit von den weiß behandschuhten Hotelkellnern, die darauf warteten, den Champagner einzugießen. Die Miene des sowjetischen Präsidenten zeigte keinerlei Gefühlsregung. Dann bemerkte ihn der westdeutsche Außenminister und zog ihn nach vorn. Jetzt blitzte sein berühmtes Lächeln auf, während er Hans-Dietrich Genscher, der bald Außenminister des vereinigten Deutschland sein würde, herzlich die Hand schüttelte. Die anderen Minister taten es ihm nach. Dann brachten sie einen Toast auf die Lösung der deutschen Frage aus.

Derart unaufgeregt schloß die internationale Staatengemeinschaft das Kapitel der deutschen Teilung. Das Ganze war angesichts der zentralen Bedeutung, die dieses fünfundvierzig Jahre alte Problem für die Teilung Europas besaß, erstaunlich schnell über die Bühne gegangen. Immerhin war es erst sieben Monate her, daß man sich auf die Prozedur für die Verhandlungen über die »abschließende Regelung in bezug auf Deutschland« geeinigt hatte. Die deutsche Frage war so glatt und freundschaftlich ausgeräumt worden, daß man leicht auf den Gedanken kommen kann, das Resultat sei unvermeidlich gewesen. Aber in der politischen Geschichte ist nichts vorherbestimmt.

Noch Wochen nach dem Fall der Berliner Mauer in der Nacht vom 9. auf den 10. November 1989 hatten jene, die an die Vereinigung zu denken wagten, Zeitpläne vorgelegt, die Jahre umspannten, nicht Monate. Es gab zwei deutsche Staaten mit unterschiedlichen Regierungssystemen und internationalen Bindungen. Wie konnten Ost- und Westdeutschland eins werden, wenn sie gegnerischen Militärbündnissen angehörten und Hunderttausende ausländische Soldaten beiderseits der Ost-West-Trennlinie auf ihrem Boden stationiert waren? Die Vereinigung schien mit zu vielen Gefahren verbunden zu sein. Die meisten Westdeutschen hatten sich mit der Teilung ihres Landes abgefunden und erfreuten sich des Wohlstands, in dem sie lebten. Viele Ostdeutsche, auch Dissidenten, die gegen die kommunistische Herrschaft protestierten, wollten die sozialistischen Werte bewahren, und Intellektuelle in beiden deutschen Staaten fürchteten den Aufstieg eines neuen Nationalismus.

Die Vereinigten Staaten sahen ihre Position in Europa gefährdet, weil sich ein geeintes Deutschland vom vierzig Jahre alten Nordatlantikpakt abwenden könnte. Großbritannien und Frankreich, mit noch wachen Erinnerungen an den Zweiten Weltkrieg, waren froh, die Integration der Westhälfte Europas mit einem geteilten und leichter zu handhabenden Deutschland als Kern vorantreiben zu können. Kein Staat aber hatte im Endspiel des Kalten Krieges mehr zu verlieren als die Sowjetunion. Das geteilte Deutschland bildete das Herzstück des sowjetischen Sicherheitssystems. In der DDR waren die besten Truppen der sowjetischen Streitkräfte stationiert. Sie war der bedeutendste Handelspartner und seit langem der treueste Verbündete der Sowjetunion, und sie galt weithin (wenn auch fälschlicherweise) als der blühendste und effektivste Ostblockstaat und als Beweis dafür, daß das kommunistische System funktionieren konnte.

Und noch etwas bedeutete die deutsche Teilung für den Kreml: Sie war der sichtbarste Gewinn aus dem Zweiten Weltkrieg – Vergeltung für den bösartigen Versuch der Deutschen, die Sowjetunion zu vernichten. Überall in der DDR erinnerten Denkmale zu Ehren des Sowjetvolkes und der Roten Armee an den Sieg über Hitler. Weil dieser Kampf das letzte und wohl auch einzige Mal in der sowjetischen Geschichte gewesen war, daß sich Partei und Bevölkerung freiwillig zusammengefunden hatten, war die Erinnerung an den Zweiten Weltkrieg der beliebteste und wirkungsvollste Talisman der Partei gegen ihren eigenen politischen Niedergang.

Die sechs Staaten, die über Deutschlands Zukunft entschieden – die Bundesrepublik Deutschland, die Deutsche Demokratische Republik, Frankreich, Großbritannien, die Vereinigten Staaten von Amerika und die Union der Sozialistischen Sowjetrepubliken – waren in ein Netz aus Vereinbarungen eingebunden, die dazu dienten, die deutsche Teilung handhabbar zu machen. Trotz gelegentlicher Sonntagsreden mit dem Bekenntnis zur deutschen Einheit war die Welt recht zufrieden mit dem Status quo. Und dann dauerte es nur ein Jahr, bis nichts mehr davon übrig war. Die internationale Geschichte kennt wenige Beispiele für einen derart schnellen Abschluß von Verhandlungen, schon gar nicht, wenn sie von solcher Bedeutung waren.

In diesem Buch wird berichtet, wie die praktischen Hindernisse und die tiefsitzende Furcht vor einem geeinten Deutschland überwunden wurden. Es ist die Geschichte vom Ende der deutschen Teilung und gleichzeitig vom Ende des Kalten Krieges.

Wann endete
der Kalte Krieg?

Die deutsche Teilung überschattete mehr als vierzig Jahre die europäische Politik. Die deutsch-deutsche Grenze war die Hauptfront einer stillen, aber stets bedrohlichen militärischen Konfrontation, die Trennlinie zwischen zwei Gesellschaftssystemen und ein unüberwindliches Hindernis für die politische Aussöhnung in Europa. Als die Teilung beendet wurde, waren die Bedingungen klar. Ein Zusammenwachsen der beiden Systeme würde es nicht geben. Statt dessen verleibte sich eine freie, prosperierende Bundesrepublik Deutschland die Überreste der bankrott gegangenen Deutschen Demokratischen Republik ein. Bald darauf lagen der Sowjetblock und die Sowjetunion selbst in Scherben.

Gorbatschows Vision

Die Ironie der Geschichte ist, daß der Kalte Krieg ohne die grundlegende Änderung der sowjetischen Politik nicht hätte beendet werden können. Man wird noch lange darüber streiten, warum die Sowjetunion einen neuen Kurs einschlug und welche Rolle die Vereinigten Staaten und andere Länder dabei spielten, aber niemand wird in Abrede stellen, daß Michail Gorbatschow und den »neuen Denkern«, die 1985 in Moskau an die Macht kamen, ein herausragender Platz in der Geschichte vom Ende des Kalten Krieges gebührt.

Man ist versucht, das Ergebnis als zwangsläufig anzusehen, als gewissermaßen natürlichen Ausfluß des fundamentalen Wandels im Verhalten der Sowjetunion gegenüber dem Rest der Welt. Diese Sicht wäre ein typisches Beispiel für das, was der englische Historiker Herbert Butterfield vor über sechzig Jahren die »Whig-Interpretation der Geschichte« genannt hat. Gemeint war damit, daß Historiker die Vergangenheit allzuoft in eine strenge Ordnung bringen, in der die Ereignisse so aufgereiht sind, daß sie in logischer Folge in die Gegenwart führen, diese folglich als das Maß aller Dinge erscheint. »Das Endergebnis dieser Methode ist«, schreibt Butterfield, »daß der erzählten Geschichte eine bestimmte Form übergestülpt und ein Schema für die allgemeine Geschichte angefertigt wird, das auf wunderbare Weise in die Gegenwart mündet«, vorzugsweise durch die Demonstration eines »offensichtlichen Fortschrittsprinzips«.[1]

Beim Blick auf das Ende des Kalten Krieges tappt man leicht in die Falle der Whig-Interpretation. Gorbatschows »Neues Denken« war ein entscheidender Faktor. Seine Ideen bildeten die Initialzündung der Ereignisse und trieben die Entwicklung eine Zeitlang voran. Dennoch ist es falsch zu sagen, Gorbatschow hätte die Absicht gehabt, die Teilung Europas zu beenden, und sie erfolgreich verwirklicht.[2] Er wollte »den Kalten Krieg beenden« und ein »gemeinsames Haus Europa« bauen. Dies sind seine Formulierungen. Aber er gab ihnen eine besondere Bedeutung. Die Ereignisse entwickelten sich keineswegs nach seinen Plänen. Der Whig-Historiker weist Butterfield zufolge »Veränderungen und Leistungen allzu schnell dieser Partei oder jener Persönlichkeit zu und versteht sie als Ziele, die erreicht wurden, obwohl es häufig Ziele sind, die verfehlt wurden«.[3] Dies gilt auch für Gorbatschows Neues Denken. Sein Hauptziel war die Veränderung im Innern. Der Wandel in der Außenpolitik war als Stütze der inneren Umgestaltung, der Perestroika, gedacht. Dennoch schien Gorbatschow nicht zu wissen, wohin er innenpolitisch steuern sollte.[4] Er wußte, daß der Status quo unhaltbar war, und es war typisch für ihn, daß er ständig, über Umwege und Kompromisse, die er als gewiefter Taktiker zu nutzen verstand, vorwärtsstrebte, aber wohin die Reise gehen sollte, blieb unklar.

Außenpolitisch galt Gorbatschow jedoch als zielstrebig. Er schien zu wissen, was er wollte: den Kalten Krieg beenden, die Reformer in Osteuropa durch eine Politik der Nichteinmischung unterstützen und die Sowjetunion wieder als vertrauenswürdigen Partner ins internationale System eingliedern. In dieser Hinsicht bewegte er sich geradlinig vorwärts und arbeitete von 1985 bis 1990, als ihm die Entwicklung aus den Händen glitt, zielstrebig seine Tagesordnung ab.

Nach Gorbatschows Vorstellung sollte die Sowjetunion ihren Platz in einem »gemeinsamen Haus Europa« einnehmen, in dem kapitalistische, sozialistische und kommunistische Länder in einem nahtlosen Kontinuum existieren würden – nicht in zwei feindlichen Lagern. Die Staaten Europas würden miteinander Handel treiben und trotz ihrer unterschiedlichen Regierungssysteme zusammenarbeiten. Die Sowjetunion würde nicht nur aus Furcht vor ihrer Militärmacht geduldet, sondern als Erbe der historischen Bande zwischen Rußland und Europa geachtet werden. In Osteuropa würden die Reformbewegungen »kleine Gorbatschows« hervorbringen, die den Sozialismus lebensfähig machen würden, wie Gorbatschow es in der Sowjetunion tat. Wenn die Teilung Europas auf diese Weise überwunden würde, dann würde es auf der Grundlage »menschlicher Werte« geschehen, an deren Definition die Sowjetunion maßgeblich beteiligt war. NATO und Warschauer Pakt würden durch ein gesamteuropäisches Sicherheitssystem ersetzt werden. Kurz, Gorbatschow glaubte, daß sich Europa mit der Sowjetunion als integralem Bestandteil in einen neuen Kontinent verwandeln würde – ein »gemeinsames Haus« ohne Teilung in Ost und West.

Die operativen Implikationen dieser Vision waren vage, so daß jeder sie mit eigenen Vorstellungen auffüllen konnte. Gorbatschow selbst beabsichtigte, die Sowjetunion als Supermacht zu erhalten und sogar weiter zu stärken. So blieben neben der Vision des neuen Europa Elemente der Rivalität und des Wettstreits mit dem Westen bestehen. Außerdem mußte Gorbatschow tagtäglich mit einer neuen Opposition von rechts oder links fertig werden.

Damit soll die enorme Bedeutung des Neuen Denkens nicht herabgesetzt werden. Menschen geben manchmal langgehegte Ansichten auf und machen geistige Sprünge. Politischen Führern fallen solche Sprünge besonders schwer, da Überzeugungen die Grundlage ihrer Autorität und Legitimität bilden. Es kann daher nicht überraschen, daß solche Sprünge selten in guten Zeiten stattfinden, sondern meist als Reaktion auf eine Krise, wenn die alten Ideen versagt haben und »alles durch und durch faul« ist.[5]

Gorbatschows Neues Denken war eine Reaktion auf eine Systemkrise. Das Problem war struktureller Natur: Es gründete im zentralisierten, isolierten und militarisierten Charakter der Wirtschaft. Die Ursprünge dafür reichten in die späten zwanziger Jahre zurück; bei der damaligen Industrialisierung hatte sich dieses System auch bewährt, doch inzwischen war es überholt. Die technologischen Fortschritte wurden von dezentralisierteren Wirtschaften erzielt, die von unten kommende Innovationen förderten. Die Sowjetführer hatten schon seit einiger Zeit gewußt, daß das System nicht mehr funktionierte, und verzweifelt nach einem Ausweg gesucht. In akademischen Kreisen waren radikale neue Ideen diskutiert worden, aber für die Machthaber waren sie zu unorthodox gewesen. In dieser Hinsicht ist Gorbatschow tatsächlich eine bemerkenswerte historische Gestalt. Er verstand seine Optionen anders und sah ein Bindeglied, das seine Vorgänger nicht wahrgenommen hatten: Die inneren Probleme der Sowjetunion waren unauflöslich mit einer Außenpolitik verknüpft, die auf einer seit Stalins Zeiten kaum veränderten Definition der nationalen Interessen fußte.

Der Verfall der sowjetischen Wirtschaft war zum Teil darin begründet, daß sie von der Weltwirtschaft abgeschottet war. Gorbatschows Wissen über die internationale Wirtschaft und ihre Schlüsselinstitutionen war begrenzt. Die Teilnahme an der Weltwirtschaft schien für ihn manchmal nicht mehr zu bedeuten als die Mitgliedschaft im Allgemeinen Zoll- und Handelsabkommen (GATT), im Internationalen Währungsfonds (IWF) und in der Gruppe der sieben führenden Industriestaaten (G7). Die Veränderungen, die in der sowjetischen Wirtschaft nötig waren, und deren Auswirkungen auf die sowjetische Gesellschaft begriff er nicht. Einen Kardinalpunkt schien er allerdings erfaßt zu haben: Ohne eine grundlegende Veränderung ihrer Außenpolitik, die sie zu einem Paria im internationalen System gemacht hatte, würde die Sowjetunion ihre politische und wirtschaftliche Isolation nicht überwinden können.

In der Vergangenheit war die Sowjetunion stolz darauf gewesen, ein Außenseiter zu sein, das heißt weder Komplize noch Opfer der globalen kapitalistischen Ausbeutung der Welt. So verstanden die Sowjetführer die marxistisch-leninistische Ideologie. Genau in diesem Sinn orientierte sich die sowjetische Politik seit Stalin an dem Grundsatz, daß sich die langfristigen Interessen der Sowjetunion nicht mit denen einer wirtschaftlichen und politischen Weltordnung versöhnen ließen, die von kapitalistischen Demokratien beherrscht wurde. Bis der Sozialismus triumphierte, würde die Welt geteilt bleiben. Auf diese Weise bildete der Marxismus die

Grundlage sowohl für die innere Organisation der Sowjetunion als auch für ihren Platz in der Welt.

Die früheren Sowjetführer hatten geglaubt, daß der Westen eines Tages den Versuch unternehmen würde, den Sozialismus zu zerstören, entweder durch einen Krieg oder, seit dies infolge der Atomwaffen ausgeschlossen zu sein schien, mittels Subversion. Stalin formte die Sowjetunion deshalb zu einem Staat, der in der Lage war, allein durchzuhalten, bis ein »Ring von sozialistischen Bruderstaaten« zusätzliche Ressourcen und Sicherheit bieten würde.[6] Seine Politik verlangte ökonomische Selbstbeschränkung und sorgte für die Abschottung von der internationalen Wirtschaftsordnung. Die Ressourcen des eigenen Vielvölkerreichs wurden ausgebeutet, um die Moskauer Ziele durchzusetzen und das Land auf den Zweiten Weltkrieg vorzubereiten. Durch die Isolation von der Weltwirtschaft blieb die Sowjetunion in ihrer spezifischen Wirtschaftsstruktur gefangen.[7]

Nach dem Krieg erfüllte sich Stalins Wunsch nach einem Ring von sozialistischen Bruderstaaten. Die Sowjetführer versuchten die Wirtschaftskraft Osteuropas für die Stärkung der Sowjetunion einzuspannen, hauptsächlich durch den Rat für gegenseitige Wirtschaftshilfe (RGW), der die Verwaltung der sozialistischen Ökonomien koordinieren sollte – eine unabdingbare Aufgabe in einem System, in dem die Handelsbeziehungen nicht durch den Markt und den Wert konvertierbarer Währungen geregelt werden.[8] Die Sowjets bauten also ihr Gegensystem aus und schotteten sich damit noch weiter von der vom Westen dominierten wirtschaftlichen und politischen Weltordnung ab.

Die westliche Politik der Eindämmung verschärfte noch die Isolation. Der Ost-West-Handel spielte sich in einem sehr begrenzten Rahmen ab. Im Westen wurde eigens ein Ausschuß für den Ost-West-Handel (COCOM) gegründet, um die Exportbeschränkungen für militärisch nutzbare Technologien in den Ostblock zu koordinieren. Die COCOM-Mitglieder lagen zwar ständig im Streit darüber, welche Güter der Ausfuhrkontrolle unterliegen sollten, aber im Ergebnis trug COCOM wesentlich dazu bei, daß die sowjetische Wirtschaft zunehmend vom Zugang zu Hochtechnologien abgeschnitten wurde, was nicht nur die Rüstungsindustrie, sondern auch die zivile Entwicklung behinderte.[9]

In den siebziger Jahren begann der Mythos vom »Alternativsystem« zu bröckeln. Die Sowjetunion wurde immer mehr von Getreideimporten und ausländischer Technologie abhängig. Mehrere osteuropäische Staaten bemühten sich, die wirtschaftlichen Grenzen zum Westen durchlässiger zu machen, und in einigen Fällen, etwa dem Beitritt Polens zum IWF, hatten sie Erfolg damit. Doch die Sowjetunion gab nie die Hoffnung auf, ihre eigenen Bündnisorganisationen mit neuem Leben zu erfüllen, um den Herausforderungen der modernen Wirtschaft gewachsen zu sein. Sie experimentierte mit dem RGW herum und versuchte den Handel zwischen den Mitgliedsstaaten zu rationalisieren, ohne die östlichen Währungen umzustellen. Aber der RGW blieb ein geschlossenes System, das durch den Tausch von Produkten aufrechterhalten wurde, die auf dem Weltmarkt wenig wert waren.

Taktische Anpassungen waren unumgänglich, und in den siebziger Jahren bot die Entspannung den idealen Rahmen für die Kooperation mit dem Westen. Die Sowjetunion befand sich auf der Höhe ihrer Macht und glaubte stark genug zu sein, diese Anpassungen von gleich zu gleich vornehmen zu können. Es gab wenig zu fürchten und viel zu gewinnen. Der Kreml war überzeugt, daß sich das »Kräfteverhältnis« zugunsten der Sowjetunion entwickelte.

Der Westen betrachtete die Entspannung als Mittel, um die Sowjetunion in ein »Netz gegenseitiger Abhängigkeiten« einzuspannen, so daß sie Teil des internationalen Systems wurde und ihr Verhalten berechenbar blieb.[10] Die Sowjetführung ihrerseits wollte um jeden Preis einen selbstmörderischen Krieg vermeiden, vom Westen wirtschaftliche und technische Hilfe erhalten und die diplomatischen und symbolischen Vorteile des Supermachtstatus genießen.[11] Militärisch war die Sowjetunion den Vereinigten Staaten ebenbürtig. Das nukleare Gleichgewicht war der beste Garant für die Sicherheit ihres »Alternativsystems«. Aus dieser Perspektive gesehen, war die Entspannung keine erzwungene Anpassung, sondern ein Triumph für die sozialistische Alternative. Leonid Breschnew sprach voller Stolz davon, wie sich der Westen mit der Sowjetmacht arrangierte, und strich ihre Fähigkeit heraus, außer den eigenen Interessen auch die der gesamten sozialistischen Welt zu verteidigen.[12]

Aber es dauerte nicht lange, bis der Westen vom sowjetischen Verhalten zutiefst enttäuscht wurde. Mit ihrer expansiven Politik in der Dritten Welt, die 1979 mit dem Einmarsch in Afghanistan ihren Höhepunkt erreichte, handelte sich die Sowjetunion den Vorwurf ein, die Prinzipien der Zusammenarbeit zu verletzen. Moskau interpretierte diese Prinzipien selbstverständlich anders.[13] Die Carter-Administration sah sich in die Defensive gedrängt, als bekannt wurde, daß die Sowjetunion eine enorme konventionelle Aufrüstung betrieb. Der Streit über deren Ausmaß wird wahrscheinlich nie beigelegt werden können; die Zahlen reichen von zwölf bis dreißig Prozent eines imaginären »tatsächlichen« Bruttosozialprodukts der Sowjetunion. David Holloway hat wahrscheinlich die beste Lösung gefunden, indem er erklärte: »Wieviel es war, weiß ich nicht. Es genügt zu sagen, daß es viel war.«[14]

Angesichts dieser Herausforderung griffen die Vereinigten Staaten zu einer Strategie, die der puren Masse mit technologischer Raffinesse beizukommen versuchte: durch die Entwicklung präzise gesteuerter Munition und neuer Waffensysteme, die auf einer Hochtechnologie beruhten, der Moskau nichts entgegenzusetzen hatte.[15] Am Ende seiner Amtszeit beantragte Jimmy Carter den größten Anstieg des US-Verteidigungshaushalts seit dem Vietnamkrieg.

Für Ronald Reagan war selbst das noch nicht genug. Er fand, daß der Westen dem Kommunismus gegenüber zu weich gewesen war und mit der Ausbreitung der Sowjetmacht über den ganzen Erdball teuer dafür bezahlt hatte. Als er ins Weiße Haus einzog, war er entschlossen, den Feind zu stellen und zu bekehren. Dieser Konfrontationsstil wurde in der Art und Weise deutlich, wie er über Atomwaffen dachte und redete. Überzeugt davon, daß die Sowjets den Atomkrieg für gewinnbar hielten, revidierte Reagan die amerikanische Nuklearstrategie und richtete sie auf »Kriegführung« als Basis der Abschreckung aus. Damit erzeugte er bei vielen Europäern Angst, und auch viele Amerikaner reagierten besorgt, besonders als sein Außenminister, der ehemalige NATO-Oberbefehlshaber Alexander Haig, von einem »nuklearen Demonstrationsschuß« sprach, der Moskau im Kriegsfall die Entschlossenheit des Westens vor Augen führen sollte.[16]

Dieser Stil machte sich auch in den Abrüstungsverhandlungen bemerkbar, bei denen nach Ansicht der Reagan-Administration bisher nur westliche Schwäche und östliche Stärke kodifiziert worden waren. Reagan bezog einen »Alles oder nichts«-Standpunkt und verlangte die »Nulllösung« für die in Europa stationierten amerikanischen und sowjetischen Mittelstreckenraketen. Für den Fall, daß die Sowjetunion ihre über vierhundert Raketen vom Typ SS20, die eine neuartige Bedrohung Westeuropas darstellten, nicht vollständig abzog, kündigte er an, daß die Vereinigten Staaten ihrerseits in fünf NATO-Staaten Atomraketen aufstellen würden. Die Stationierung sollte 1983 beginnen.

Die Sowjets setzten alle politischen und diplomatischen Hebel in Bewegung, um die Stationierung der amerikanischen Raketen zu verhindern. Die Beziehungen zu den Vereinigten Staaten waren angespannt. In den Stationierungsländern protestierten Bürgerbewegungen gegen das Vorhaben. Die westdeutschen Wahlen von 1983 wurden zum Testfall für die politische Stärke beider Seiten. Doch die Vereinigten Staaten und ihre Verbündeten blieben hart und lehnten einen Kompromiß ab. Helmut Kohl, der die Position der USA unterstützte, gewann die Wahlen, und die Stationierung begann, wie geplant, im Dezember 1983. Es dauerte zwar noch vier Jahre, bis Moskau Reagans Nullösung akzeptierte, aber die NATO hatte den aussichtsreichen Schachzug der Sowjetunion pariert und gewonnen. Auf sowjetischer Seite hatte dieser Fehlschlag eine nachhaltige Wirkung auf die Politik gegenüber Westeuropa und erschütterte, wie Gorbatschow später zugab, das Vertrauen in eine rein militärische Sicht der Sicherheitsfrage.[17]

Reagans harte Linie betraf auch andere politische Fragen. Moskau sollte gezwungen werden, sich weltweit zurückzuziehen. Um diese Politik zu untermauern, wurden gewaltige Steigerungen der Militärausgaben in Kauf genommen. Mit der Verkündung der Strategischen Verteidigungsinitiative (SDI), die mittels im Weltraum stationierter Verteidigungsanlagen Schutz vor einem Nuklearangriff bieten sollte, hatte Reagan 1983 eine neue Hochtechnologiefront eröffnet. Die meisten Wissenschaftler bezweifelten zwar die Wirksamkeit des geplanten Programms, aber die Sowjetführer – insbesondere die Militärs – nahmen die Herausforderung sehr ernst.[18]

Die Schwerpunktsetzung auf neuer Militärtechnologie ging in ihrer Bedeutung weit über den »Sternenkrieg« hinaus. Vor allem schien sie den größten Machtfaktor der Sowjetunion zu bedrohen, die konventionellen Streitkräfte. Die sowjetischen Generäle waren bereits über die Entwicklung »intelligenter« Munition beunruhigt, und nun befürchteten sie, daß SDI ihre riesigen konventionellen Streitkräfte durch eine Kombination der westlichen Hochtechnologien, wie Laser, optische Instrumente und Hochleistungscomputer, nutzlos machen würde. Amerikanische Militärflugzeuge mit »intelligenten« Waffen und computergestützter Steuerung wurden zum schlimmsten Alptraum des sowjetischen Generalstabs. Dessen Chef, Marschall Nikolai Ogarkow, wetterte erbost gegen diese »Aufklärungs-Angriffs-Komplexe«.[19]

Die militärtechnische Herausforderung ließ das strukturelle Grundproblem der sowjetischen Wirtschaft sichtbar werden. Die Schwierigkeit war nicht, einen besseren Panzer oder eine wirksamere Atombombe zu bauen. Darin waren die Sowjets sehr gut. Sie brauchten nur ihre Kommandowirtschaft einzuspannen, um die Ressourcen für diese technischen und industriellen Großprojekte bereitzustellen. Doch diesmal ging es nicht nur um eine neue Waffe, sondern um integrierte Waffensysteme, die auf einer Vielzahl technologischer Innovationen beruhten.[20] Die sowjetischen Militärs waren die ersten, die dies begriffen. Ogarkow verlangte nicht einfach mehr Geld. Er wollte, daß sich die Sowjetunion der Herausforderung stellte und enorme Mittel in einen Wettlauf um hochgezüchtete Waffentechnik pumpte, den sie zu verlieren drohte.

Die Befürchtungen der Offiziere mußte sich die politische Führung zu eigen machen. Das Militär hatte den ersten Zugriff auf alle Ressourcen des Landes, einschließlich der menschlichen. Es war kein Zufall, daß die Militärparaden immer grandioser wurden, je weiter der innere Verfall der Sowjetunion voranschritt. Die Militärmacht war eine Quelle des Stolzes, die größte und glänzendste Leistung des Landes. Leonid Breschnew gab in seinem letzten Lebensjahr allerdings zu erkennen, daß er sich nicht mehr sicher war, ob die Sowjetunion die Erfordernisse eines neuen Rüstungswettlaufs erfüllen konnte oder sollte.

Während die ökonomischen, politischen und militärischen Schwierigkeiten angesichts der westlichen Herausforderung anwuchsen, schien die Riege greiser Sowjetführer, die nacheinander an die Macht kamen – Breschnew, Juri Andropow, Konstantin Tschernenko –, nicht zu wissen, was sie tun sollte. Es wurden Gründe konstruiert, warum ein westlicher Angriff fehlschlagen mußte, und die härtere Gangart des Westens wurde als Anzeichen für die Vertiefung der Krise des Kapitalismus gedeutet.[21] Der Kreml versuchte mit abgenutzten Initiativen die »Friedenskarte« zu spielen, um zu demonstrieren, daß die Sowjetunion der Wächter der internationalen Stabilität war. Gleichzeitig hielt er eisern an der führenden Rolle in der sozialistischen Welt fest und hoffte, daß Reagan und seinesgleichen einfach wieder von der Bühne verschwinden würden.

Die Sowjetunion stand vor der Wahl: Entweder sie mobilisierte alles, was die Kommandowirtschaft zu bieten hatte, und ging wieder auf Konfrontationskurs mit dem Westen; die Zivilwirtschaft wäre vermutlich wie in der Vergangenheit stotternd weitergelaufen. Oder sie weigerte sich, an dem neuen Rüstungswettlauf teilzunehmen, begnügte sich mit den bisherigen Gewinnen und ignorierte die amerikanischen Rüstungsanstrengungen. Die Sowjetführung glaubte jedoch, daß sie nicht mit einer Fortschreibung des Status quo konfrontiert war, sondern vielmehr mit einer Verschlechterung ihrer Position. Bis Gorbatschow im März 1985 an die Spitze von Partei und Staat gewählt wurde, scheint sie beide Alternativen abgelehnt zu haben. Außenminister Andrej Gromyko hatte im Herbst 1984 mit der Wiederaufnahme der Gespräche über die Reduzierung strategischer Waffen (START) die Rückkehr an den Verhandlungstisch erreicht, und da Reagan, mit dessen Wiederwahl gerechnet werden mußte, die Hoffnung auf versöhnlichere Ost-West-Beziehungen geäußert hatte, mochten die Sowjets gedacht haben, daß man auf den Weg der Entspannung zurückgekehrt sei.

Gorbatschow hielt solche kleineren Anpassungen in der Außenpolitik jedoch nicht für ausreichend. Sowjetische Wissenschaftler hatten seit Jahren einen grundsätzlichen Wandel in den Beziehungen zum Westen gefordert, und jetzt war ein Mann an die Spitze gelangt, der bereit war, die Möglichkeiten dafür auszuloten. Gorbatschow hatte nur wenige vorgefaßte Meinungen über die Außenpolitik und war selten im Westen gewesen. Der Sohn eines Landarbeiters aus dem zu Rußland gehörenden nördlichen Kaukasusvorland hatte den Zweiten Weltkrieg als Kind erlebt, als seine Heimat im Sommer 1942, auf dem Höhepunkt des deutschen Vormarschs, vier Monate lang von deutschen Truppen besetzt gewesen war.

Aber die Besatzungsherrschaft in diesem Gebiet war relativ erträglich gewesen. Zur schmerzlichen Erinnerung wurden dagegen die nach dem Rückzug der Deutschen einsetzenden Deportationen. Gorbatschows Familie hatte bereits durch Stalins Kollektivierung der Landwirtschaft Not und Hunger erlitten, und sein Großvater väterlicherseits war von der Geheimpolizei verhaftet und nach Sibirien verbannt worden.[22]

Gorbatschows Aufstieg in der Partei ging schnell vonstatten, war aber nicht ungewöhnlich. Der ihm vorauseilende Ruf von unprätentiöser Kompetenz und sein direkter, nüchterner Stil erregten die Aufmerksamkeit mächtiger Patrone in Moskau, insbesondere von Juri Andropow. Gorbatschows Biographie liest sich dennoch wie die vieler anderer Apparatschiks dieser Zeit. Es gab wenig Veranlassung anzunehmen, daß sich dieser Generalsekretär der KPdSU anders verhalten würde als seine Vorgänger. Doch schon bald trat seine unverwechselbare Persönlichkeit zum Vorschein. Sein Auftreten wirkte anziehend, und er zeigte Intelligenz und Mut. 1989 war er achtundfünfzig Jahre alt. Die wachen, blitzenden Augen mit dem eindringlichen Blick waren im Kontrast zur eher gedrungenen Figur das auffallendste Merkmal. Seine Begrüßung war stets herzlich. In der direkten Auseinandersetzung konnte er jedoch stahlhart werden. Dabei stützte er sich auf eigene handschriftliche Notizen, verblüffte seine Gesprächspartner aber auch mit spontanen Äußerungen. Als der frisch gewählte Präsident Bush ihn bei ihrem ersten Treffen fragte, wie die Sowjetunion in drei bis fünf Jahren aussehen würde, erwiderte er: »Sogar Jesus Christus könnte diese Frage nicht beantworten!«[23] Dennoch schien er selten wirklich freimütig zu sein. Er kontrollierte sich unablässig selbst und kehrte je nach der beabsichtigten Wirkung unterschiedliche Seiten seiner Persönlichkeit hervor.

Im Unterschied zu seinen Gesprächspartnern in Washington und Bonn stand Gorbatschow kein eigener Beraterstab zur Seite. Der stets argwöhnische Stalin hatte seinen persönlichen Stab aus Furcht vor dem Wissen, das er ansammeln konnte, aufgelöst, und seither hing der Generalsekretär vom Parteiapparat ab, in der Außenpolitik speziell von der Internationalen Abteilung des ZK. Eine Präsidentschaft oder einen präsidialen Stab gab es noch nicht. Erst nach und nach begann Gorbatschow, einen persönlichen Mitarbeiterstab aufzubauen. Nach Aussage jener, die diesem Stab angehörten, war es nicht einfach, ihm zu helfen. Er erledigte Telefongespräche von seiner Datscha aus selbst und führte seinen eigenen Terminkalender. Westliche Besucher empfanden den Kreml-Apparat als ziemlich chaotisch, bereitete es doch schon Schwierigkeiten, einen Telefonanruf zu Gorbatschow durchzustellen. Dennoch stützte sich der neue Generalsekretär zunehmend auf einen kleinen Kreis von Beratern.

Einer dieser Berater war Alexander Jakowlew, ein erfahrener Diplomat und Parteiideologe, der für sein unkonventionelles Denken bekannt war. Er war Botschafter in Kanada gewesen, als Gorbatschow ihn nach Moskau zurückrief, und wurde bald darauf Direktor der Internationalen Abteilung des ZK, bis er schließlich zum Mitglied des Politbüros aufstieg. Jakowlew stand in dem Ruf, antiamerikanische Gefühle zu hegen, wichtiger aber war, daß er sich zum Neuen Denken bekannte. Tatsächlich war er der geistige Vater dieser neuen Art, die sowjetischen Interessen zu definieren.

Gorbatschows engster persönlicher Berater war Anatoli Tschernjajew, ein altgedienter Parteitheoretiker und hoher außenpolitischer Beamter, der der Internationalen Abteilung des ZK angehört hatte. Er übernahm bei fast allen Treffen Gorbatschows mit ausländischen Staatsmännern die Rolle des Protokollanten und wurde von Gorbatschow häufiger als jeder andere als Kontaktperson zu Vertretern der US-Administration benannt.[24] Ein weiterer enger Berater war Marschall Sergej Achromejew, ein Veteran der Belagerung von Leningrad und allgemein geachteter Militärexperte, der bis 1988 Chef des Generalstabs gewesen war. Seine Ansichten waren konservativer als die der »neuen Denker«, und in Militärfragen ließ er sich von niemandem hineinreden, auch wenn er damit einen Streit mit Generalstabschef Michail Moissejew oder Verteidigungsminister Dmitri Jasow heraufbeschwor.

Der bei weitem wichtigste Mann in Gorbatschows Umgebung war wie er selbst ein Quereinsteiger ohne außenpolitische Erfahrung. Außenminister Eduard Schewardnadse war zu jung, um im Zweiten Weltkrieg gekämpft zu haben, aber sein älterer Bruder war in den ersten Tagen des deutschen Angriffs bei der Verteidigung von Brest-Litowsk gefallen. »Der Kampf gegen die Faschisten«, erinnerte er sich, »wurde für mich zu meinem persönlichen Kampf gegen sie«, und der »Sieg in diesem Krieg wurde zu einem Sieg des Kommunismus«. Der Krieg habe seine Überzeugungen geformt und ihm die Ziele gewiesen.[25] Aber er war in Georgien, in größerer Nähe zum Iran als zu Deutschland, aufgewachsen und hat offenbar nie die tiefen antideutschen Gefühle vieler vom Trauma des Krieges verfolgter Russen geteilt.

Schewardnadse stieg in der KP Georgiens bis in die Führungsetage der Republik auf. Gorbatschow lernte er in den fünfziger Jahren kennen, und die beiden Männer wurden Freunde. Schewardnadse hatte einen übel beleumdeten Parteichef an der Spitze der georgischen KP abgelöst und erwarb sich in den siebziger Jahren viel Anerkennung für seinen Kampf gegen die Korruption. Er war Gorbatschow in vieler Hinsicht ähnlich, und als der neue Generalsekretär neuen Schwung in die sowjetische Außenpolitik bringen wollte, wandte er sich an Schewardnadse, der das Angebot vom Juli 1985 später als »die größte Überraschung meines Lebens« bezeichnete.[26]

Schewardnadse trat an die Stelle von Andrej Gromyko, der seit Stalins Zeiten dem diplomatischen Dienst angehört hatte. Der Stilwechsel hätte nicht schärfer sein können. Jüngere Diplomaten bewunderten den neuen Außenminister für seine Energie, seine Ehrlichkeit und Offenheit. 1989 wurde zum Andenken an die Opfer von Stalins Terror in der Vorhalle des Außenministeriums ein Buch ausgelegt, in dem die Namen von Hunderten von Diplomaten verzeichnet waren, die während der Säuberungen von 1937 als angebliche Spione hingerichtet worden waren. Das war Schewardnadses Vorstellung von seinem Ministerium: Es sollte sich der Geschichte stellen, die Vergangenheit bewältigen und sich mit Hoffnung der Zukunft zuwenden. In diesem Sinn war er ein Anhänger des Neuen Denkens, wenngleich er kein solcher Taktiker war wie Gorbatschow, sondern offen und häufig emotional an die Lösung von Problemen heranging.

Schewardnadse stützte sich seinerseits auf einige wenige enge Berater. Sein ständiger Begleiter war der zweiundfünfzigjährige Sergej Tarassenko, Chef des Generalsekretariats des Ministeriums. Obwohl Berufsdiplomat, schienen seine Ansichten nicht dem alten Regime verhaftet zu sein. Sein persönliches Interesse galt vor allem dem Nahen Osten, wo er als Diplomat gedient hatte. Mit den Deutschlandexperten des Außenministeriums geriet er regelmäßig aneinander. Zu ihnen gehörte Juli Kwizinski, 1989 Botschafter in Bonn und ab Frühjahr 1990 Schewardnadses

Stellvertreter für europäische Fragen. Im Westen war Kwizinski, als früherer Abrüstungsunterhändler, durch den »Waldspaziergang« bekannt geworden, den er während der Verhandlungen über die in Europa stationierten Atomraketen mit US-Unterhändler Paul Nitze unternommen hatte. Kwizinski war kompetent, neigte jedoch zur Polemik und hielt trotz seines weiten Horizonts und eines skeptischen Blicks auf die Zeitläufte an der sowjetischen Nachkriegsposition in der deutschen Frage fest.[27]

Noch konservativer war Alexander Bondarenko, Direktor der Dritten Europäischen Abteilung, in deren Zuständigkeit die Bundesrepublik Deutschland fiel. Der 1989 siebenundsechzigjährige Bondarenko, ein hochdekorierter Veteran des Zweiten Weltkriegs, verkörperte die Haltung der älteren Generation. Er stand seit fast zwanzig Jahren an der Spitze der Deutschlandabteilung und gehörte ebenso lange dem Kollegium der höheren Diplomaten des Außenministeriums an. Seine Distanz zum Neuen Denken hätte nicht größer sein können, aber Schewardnadse bewunderte ihn und hörte auf seinen Rat.[28]

Die wichtigste konkurrierende Informationsquelle außerhalb des Außenministeriums war die Internationale Abteilung des ZK der KPdSU. Als interne Beratungsinstitution besaß sie erheblichen Einfluß auf den Generalsekretär, den eigentlichen Regierungschef des Landes, und dies um so mehr, als es seit langem üblich war, daß die Partei und ihre Organe den traditionellen Regierungsstellen die ideologischen und praktischen Richtlinien vorgaben. Darüber hinaus hatte die Internationale Abteilung den Vorrang im Umgang mit den Parteiführern der Ostblockstaaten und anderen ausländischen Kommunisten.[29]

Gorbatschow bildete den ZK-Apparat 1988 von Grund auf um, wobei Jakowlew, inzwischen Mitglied des Politbüros, die Oberaufsicht über die Internationale Abteilung erhielt. Deren neuer Direktor, Valentin Falin, galt als führender Deutschlandexperte der Sowjetunion. Er war von 1971 bis 1978 Botschafter in der Bundesrepublik gewesen und hatte in dieser Zeit enge Kontakte zu den damals regierenden Sozialdemokraten geknüpft. Deren Ostpolitik verstand er als Chance, den Status quo der »Nachkriegsrealitäten« zu besiegeln. Einer von Falins Mitarbeitern war der Deutschlandexperte Nikolai Portugalow, der mit Kohls engstem außenpolitischem Berater, Horst Teltschik, gut bekannt war.[30]

Es dauerte nicht lange, bis Gorbatschow und sein neues Team der sowjetischen Außenpolitik mit Energie und Charme, Eigenschaften, die ihren Vorgängern unübersehbar gefehlt hatten, eine andere Richtung gegeben hatten. Die alte Melodie, wonach die Sowjetunion als Verteidiger des Weltfriedens zu gelten hatte, behielt man allerdings bei. Gorbatschow gab der rhetorischen Formel von der Unzulässigkeit des Krieges im Atomzeitalter jedoch bald eine neue Bedeutung.[31] Innerhalb von zwei Jahren hatten er und seine Berater die operativen Aspekte der sowjetischen Militärdoktrin neu bestimmt. Man gab jetzt zu, daß die überlegene Offensivkraft der sowjetischen Streitkräfte in Europa einen Störfaktor für gute Beziehungen darstellte. Da die Atomwaffen jeden Krieg ungewinnbar gemacht hätten, sei es nunmehr möglich, eine erhebliche Verkleinerung der sowjetischen Streitkräfte, sowohl der konventionellen als auch der nuklearen, in Erwägung zu ziehen. Sie könne sogar asymmetrisch ausfallen, das heißt einen tieferen Einschnitt in die sowjetischen Streitkräfte als in die des Westens mit sich bringen.[32] Dieser politische Kurswechsel erreichte seinen Höhepunkt, als Ende 1987 der Vertrag über nukleare Mittelstreckenwaffen (INF) unterzeichnet wurde, in dem sich beide Seiten verpflichteten, diese Waffensysteme zu verschrotten. Das bedeutete in der Praxis, daß die Sowjetunion für jeden vernichteten amerikanischen Atomsprengkopf ihrerseits vier Sprengköpfe zerstören mußte.

Aber das Bestreben, die militärische Konfrontation in Europa zu entschärfen, war nur ein Aspekt der von Gorbatschow vorgenommenen Neudefinition der sowjetischen Interessen. Es ist vorstellbar, daß auch andere Sowjetführer eine radikale Abrüstungspolitik betrieben hätten, um im militärischen Wettlauf mit den Amerikanern zu bestehen. Das Außergewöhnliche an Gorbatschows Politik war sein Ziel, die Sowjetunion in ein neues Europa zu integrieren. Voraussetzung dafür war eine grundsätzliche Umbewertung der Beziehungen zu Osteuropa, und dies wiederum bewegte die »neuen Denker« zum erstaunlichsten ihrer Schritte: zur Absage an den Klassenkampfcharakter der internationalen Beziehungen und damit an einen der Grundpfeiler des marxistischen Gedankengebäudes.

Dieser Wendepunkt in der Entwicklung des Neuen Denkens wurde ungefähr zur Zeit der historischen Allunionskonferenz der KPdSU im

Sommer 1988 erreicht, auf der Gorbatschow die Beschleunigung der inneren Erneuerung, der Perestroika, forderte. Im Dezember jenes Jahres hielt er dann seine große Rede vor der UN-Vollversammlung, die im Rückblick als Kulminationspunkt im Prozeß der Umgestaltung der sowjetischen Außenpolitik und der Formulierung einer neuen Europapolitik erscheint. Gorbatschow verkündete eine einseitige Reduzierung der sowjetischen Streitkräfte um fünfhunderttausend Mann und Maßnahmen zur Verringerung des Offensivcharakters der sowjetischen Truppen in Osteuropa. Das war die Schlagzeile. Noch bedeutender war jedoch die Ankündigung, daß die anderen sozialistischen Länder ihren eigenen Weg gehen könnten, ohne daß sich die Sowjetunion einmischen würde.[33]

Diese militärischen und politischen Initiativen waren in Gorbatschows Denken unauflöslich miteinander verknüpft. Sein Berater Tschernjajew beklagte sich darüber, daß ihre ideologische Bedeutung nicht einmal in der Sowjetunion völlig verstanden worden sei, geschweige denn im Westen. Es war aus sowjetischer Sicht nicht das erste Mal, daß sich der Westen begriffsstutzig zeigte.[34] Beim Moskauer Gipfeltreffen im Juni 1988 hatten die Sowjets Reagan für eine Erklärung gewinnen wollen, in der die Gegenseitigkeit der Interessen von Staaten in einer eng verflochtenen Welt und das Prinzip der Nichteinmischung in die inneren Angelegenheiten anderer unterstrichen werden sollten. Es läßt sich leicht nachvollziehen, warum Reagans Berater darin nur eine Aneinanderreihung von Phrasen sahen, die stark an die Erklärungen aus der Zeit der Entspannung erinnerte, derentwegen Reagan seine Vorgänger kritisiert hatte. Das Augenmerk der Reagan-Administration lag ganz auf den Schritten, mit denen sie die vier Punkte ihrer eigenen Tagesordnung voranbringen wollte: Menschenrechte, Rüstungskontrolle, bilaterale Beziehungen und regionale Sicherheit.

Gorbatschow dagegen versuchte eine theoretische und philosophische Botschaft zu vermitteln, die von seiner Warte aus enorme Bedeutung besaß. In seiner Rede vor der UNO hatte er nur zusammengefaßt, was er seit Monaten wiederholt hatte: Osteuropa war frei, eigene Wege zu gehen, so daß einem entmilitarisierten, durch gegenseitige Abhängigkeit und gemeinsame Werte verbundenen Europa ideologisch nichts mehr entgegenstand. Nach seinem Machtantritt im März 1985 war er zunächst vorsichtig gewesen und hatte Osteuropa gegenüber eine konservative Haltung eingenommen. Bei Auftritten auf Parteitagen in der DDR und in Polen 1986 hatte er die Bedeutung der sozialistischen Welt hervorgehoben. Die Polen hatte er vor Fallstricken bei dem Versuch gewarnt, den Handel mit dem Westen auszuweiten. Über marktwirtschaftliche Reformen hatte er sich lustig gemacht. »Einige von euch«, sagte er, »sehen im Westen einen Rettungsring für eure Wirtschaft. Aber, Genossen, ihr solltet nicht an Rettungsringe denken, sondern an das Schiff, und das Schiff ist der Sozialismus.«[35]

Zu den Fortschritten der Perestroika in der Sowjetunion selbst paßte diese Politik nicht mehr, und die Sowjetunion begann ihre Haltung gegenüber Osteuropa zu überdenken. Im November 1987 erklärte Gorbatschow anläßlich des siebzigsten Jahrestages der Oktoberrevolution, die »nationale und soziale Mannigfaltigkeit« in der Welt des Sozialismus sei »gut und nützlich«.[36] Er vertraute darauf, daß Reformkommunisten wie er selbst in der Lage sein würden, die schärfsten Ecken und Kanten des stalinistischen Systems abzuschleifen, ohne dessen leninistisches Fundament zu sprengen.

Woraus bestand dieses unverzichtbare leninistische Fundament? Gorbatschow versuchte damals herauszufinden, was innen- wie außenpolitisch das Wesentliche der leninistischen Ideologie ausmachte. Er spürte wahrscheinlich, daß die Perestroika keine festen ideologischen Verankerungen besaß, und wollte deshalb die Leitideologie im Sinne seiner Vision revidieren. Vor der Allunionskonferenz ließ er durch mehrere Arbeitsgruppen unter der Leitung von Schlüsselberatern wie Jakowlew und Tschernjajew das Verhältnis von Leninismus und Perestroika untersuchen. Tschernjajew zufolge las Gorbatschow in dieser Zeit – Ende 1987 und im ersten Halbjahr 1988 – für Lenin geschriebene Denkschriften, Darstellungen der Geschichte des Marxismus und Schriften der »alten Bolschewiken«, von denen die meisten durch Stalin umgebracht worden waren.[37] Er zog aus dieser Lektüre offenbar zwei Lehren: erstens, daß es viele Wege zum Sozialismus gab und daß es erlaubt war, sich der jeweiligen zeitbedingten Situation entsprechend zu verhalten, und zweitens, daß nichts bei Lenin gegen die Möglichkeit sprach, den Sozialismus an veränderte Umstände anzupassen, insbesondere an solche, die Lenin selbst nicht vorausgesehen hatte. Da er jedoch keine konkrete Bestätigung seines radikalen Kurses finden konnte, nahm Gorbatschow zu Lenins allgemeiner Maxime Zuflucht, daß man sich von der Praxis leiten lassen müsse.[38]

Die außenpolitischen Implikationen dieser Erkenntnisse wurden bald deutlich.[39] Gorbatschow hatte gesagt, daß jedes sozialistische Land seinen eigenen Weg gehen könne, und hinzugefügt, daran sei nichts »Unleninistisches«. Wenn man sich nur von der Praxis leiten ließ, war es nicht schwer zuzugeben, daß sich die Welt seit Lenins Tagen verändert hatte. So konnten Jakowlew und Schewardnadse den proletarischen Internationalismus als veraltete Grundlage der Außenpolitik ausrangieren, indem sie auf die Revolution von Technologie und Kommunikationsmitteln, den grenzübergreifenden Charakter der Umweltprobleme und eine ganze Reihe anderer Gründe verwiesen, aus denen die globalen Abhängigkeiten jetzt den beherrschenden Faktor des internationalen Lebens darstellten.[40] Schon Monate vor Gorbatschows UNO-Rede hatte Jakowlew erklärt, daß der Klassenkampf in einer von wechselseitigen Abhängigkeiten geprägten Welt seine Bedeutung verloren habe, und Schewardnadse ergänzte auf einer Konferenz des Außenministeriums, die Klasseninteressen hätten den Interessen einer einzigen, eng verflochtenen Welt Platz gemacht.[41] Jegor Ligatschow, einer der letzten Theoretiker der alten Schule, der nach der Allunionskonferenz von 1988 noch im Politbüro saß, fühlte sich angesichts dieser Entwicklung bemüßigt, öffentlich auf den Klassencharakter der sowjetischen Außenpolitik zu pochen.[42]

Gorbatschow und seine Berater ließen sich davon nicht beirren. Die Sowjetunion würde ein Bewohner des gemeinsamen europäischen Hauses sein. Im Juli 1989 sollte Gorbatschow vor dem Europarat erklären: »Heute reicht es nicht mehr aus, die Gemeinsamkeit des Schicksals und die gegenseitige Abhängigkeit der europäischen Staaten einfach zu konstatieren. Die Idee der europäischen Einigung muß von vornherein gemeinsam, im Prozeß des gemeinsamen Wirkens aller Nationen, der großen, der mittleren und der kleinen, aufgearbeitet werden.«[43] In diesem gemeinsamen Haus würden zwei unterschiedliche Gesellschaftsordnungen Seite an Seite existieren. Die Differenzen würden durch die von beiden anerkannten menschlichen Werte überwunden. Gorbatschow sprach vom westeuropäischen Sozialismus und sowjetischen Kommunismus, als wären sie Cousins.[44] In seinen Augen gab es keinen Grund, warum das internationale System vom Klassenkampf geprägt werden sollte.

Mit dieser Vision stellte Gorbatschow die sowjetische Außenpolitik auf eine völlig neue Grundlage. War es möglich, den Marxismus als ein für die interne sozioökonomische Organisation von Staaten gültiges Prinzipienbündel zu betrachten, das keinerlei Auswirkungen auf die internationalen Beziehungen hatte? Gorbatschow beantwortete die Frage, ob er Leninist sei, stets nachdrücklich und ohne zu zögern mit Ja. Der westliche Begriff des Privateigentums war ihm fremd. Zu George Bush sagte er einmal, ihm sei die Vorstellung einfach zuwider, daß Menschen als Form der Ausbeutung für andere Menschen arbeiteten. Aber er sah keinen Widerspruch zwischen dem leninistischen Fundament des sowjetischen Staates und einem Katalog gemeinsamer internationaler Werte. Das unterschied ihn von allen seinen Vorgängern.

Das Beharren auf gemeinsamen Werten war grundlegend für das Neue Denken. Als sich Bush und Gorbatschow Ende 1989 vor Malta trafen, erklärte der amerikanische Präsident, daß die Spaltung Europas nur auf der Grundlage »westlicher Werte« überwunden werden könne. Gorbatschow wies diese Formulierung empört zurück und holte zu einem fast zwanzigminütigen Vortrag aus. »Wir teilen die Werte der Demokratie, der persönlichen Freiheit und der Selbstbestimmung«, erklärte er. Bush wollte etwas erwidern, kam aber nicht dazu, weil ihm Jakowlew und Schewardnadse ins Wort fielen. Schließlich beendete US-Außenminister Baker den Wortwechsel. Statt sich danach zu erkundigen, welchen Stellenwert solche Ideale wie Demokratie und persönliche Freiheit denn in der russischen und sowjetischen Geschichte gehabt hätten, fragte er nur, ob es akzeptabel wäre, wenn diese Ideale einfach als »demokratische Werte« bezeichnet würden. Das beruhigte die Gemüter. Die Sowjets waren einverstanden.[45]

1989 hatten die Sowjets die alte Vorstellung von der »sozialistischen Alternative« aufgegeben.[46] Sie waren bereit, ihre Isolation zu verlassen und sich ins internationale System einzugliedern. Sie wollten sich als gleichberechtigte Partner einem umgestalteten Europa anschließen. Was bedeutete all dies für den Kalten Krieg? Vor allem öffnete es neue Chancen für einen Abbau der militärischen Rivalität zwischen den USA und der UdSSR. Es bedeutete, daß sich die Sowjetunion nicht mehr verpflichtet fühlte, sozialistische Bruderbewegungen in der Dritten Welt zu unterstützen. Für Europa bedeutete es, daß Moskau freundlichere politische und wirtschaftliche Beziehungen wollte und Abrüstungsgespräche anstrebte.

Das Ende des Kalten Krieges war für die USA durch das Erreichen von drei Zielen definiert: Reduzierung der Gefahren, die aus der nuklearen Konfrontation zwischen den Supermächten resultierten, Entschärfung aller größeren Spannungsherde im amerikanisch-sowjetischen Kampf um Einfluß in der Dritten Welt, Respektierung der grundlegenden Menschenrechte ihrer Bürger durch die Sowjetunion als Voraussetzung für deren vorbehaltlose Aufnahme in die internationale Staatengemeinschaft. An diesen Maßstäben gemessen, waren bis Ende 1988 beeindruckende Resultate erzielt worden. Nach Ansicht der Reagan-Administration und ihrer Verbündeten war mit der Unterzeichnung des INF-Vertrages 1987 und Fortschritten bei den START-Verhandlungen das erste Ziel verwirklicht. Moskau hatte endlich zugesagt, Inspektionen zur Verifizierung der vereinbarten Abrüstungsmaßnahmen zuzulassen. Was das zweite Ziel betraf, war man auf dem besten Weg, wie der sowjetische Rückzug aus Afghanistan und die im südlichen Afrika erreichten Verhandlungslösungen zeigten. Hinsichtlich der Menschenrechtssituation in der Sowjetunion schließlich waren wesentliche, wenn auch noch unsichere Fortschritte zu beobachten. Deshalb konnte die kriegerischste unter den Kalten Kriegern, die britische Premierministerin Margaret Thatcher, im November 1988 feststellen: »Wir befinden uns derzeit nicht in einem Kalten Krieg.«[47] US-Außenminister George Shultz meinte im Rückblick ebenfalls, daß der Kalte Krieg Ende 1988 »bis auf das Geschrei« vorüber gewesen sei.[48]

Aber was war mit der Teilung Europas? Präsident Reagan hatte 1982 vor dem britischen Parlament verkündet, daß er einen »Kreuzzug für die Freiheit« anführen wolle, der erst zu Ende wäre, wenn der »Marxismus-Leninismus auf dem Aschehaufen der Geschichte« gelandet sei.[49] Auch bei anderen Anlässen feuerte er rhetorische Spitzen gegen die kommunistische Herrschaft und den sowjetischen Einfluß in den Staaten Osteuropas, einschließlich der zur Sowjetunion gehörenden baltischen Republiken, ab. Sein Vizepräsident, George Bush, hielt 1983 eine provokative

Rede, in der er die Teilung Europas nach dem Krieg verurteilte.[50] Von einer bedeutsamen Ausnahme abgesehen, handelte Reagan allerdings nicht nach seinen Worten, auch wenn die Sowjets öffentlich die Befürchtung äußerten, daß er es tun könnte. Die Ausnahme war Polen.

Nachdem das polnische Militär im Dezember 1980 die Macht übernommen und das Kriegsrecht verhängt hatte, um den sich ausbreitenden Unruhen unter Führung der Solidarność Einhalt zu gebieten, hatte Reagan gemeinsam mit einer Reihe von Sympathisanten der Solidarność, darunter dem US-Gewerkschaftsverband AFL-CIO und dem Vatikan, eine Geheimpolitik betrieben, um die unabhängige Gewerkschaftsbewegung und deren Anführer, Lech Wałesa, zu unterstützen. Sie war ein durchschlagender Erfolg und trug dazu bei, daß die Solidarność 1988 erneut zu einer Volksbewegung werden konnte. Als George Bush 1987 nach Polen reisen wollte, um Gespräche über die Legalisierung der Solidarność zu führen, stieß er auf den Widerstand der Experten des Außenministeriums, die eine Kontroverse über die Reise befürchteten. Sie wurden erst in letzter Minute vom stellvertretenden Außenminister John Whitehead überstimmt.[51]

Im allgemeinen vermied die Reagan-Administration jedoch eine direkte Konfrontation mit der sowjetischen Regierung hinsichtlich der politischen Teilung Europas. Reagan hielt 1987 vor dem Brandenburger Tor in Berlin eine denkwürdige Rede, in der er ausrief: »Herr Gorbatschow, öffnen Sie dieses Tor. Herr Gorbatschow, reißen Sie diese Mauer nieder.«[52] Was folgte, waren jedoch nicht mehr als schwache Bemühungen, die bestehende Viermächtekontrolle über das geteilte Berlin zu regeln. Nach Ansicht amerikanischer Diplomaten stand die Frage der deutschen Teilung nicht auf der Tagesordnung. In den sonst sehr detaillierten Memoiren von George Shultz wird sie nicht einmal erwähnt. Willy Brandt merkte in seinen Erinnerungen dazu an, Reagan habe Gorbatschow zwar »öffentlich aufgefordert, die Mauer verschwinden zu lassen. Aber in den Verhandlungen mit seinem russischen Partner hat er andere Schwerpunkte gesetzt und erst recht nicht die Teilung Deutschlands ... in Frage gestellt.«[53] Das soll nicht heißen, daß Reagan, Shultz und Thatcher die Teilung Europas und Deutschlands nicht interessierte. Das Gegenteil war der Fall. Aber die Nachkriegsrealitäten schienen unerschütterlich zu sein, und sie strebten eine Erneuerung der Entspannung an, die sie für das beste Mittel hielten, um die Auswirkungen der Teilung des Kontinents zu mildern. Als Shultz 1989 aus dem Amt schied, war seine Hauptsorge die, daß sein Nachfolger in der Bush-Administration »nicht versteht oder akzeptiert, daß der Kalte Krieg vorüber ist«.[54]

Als die Bush-Administration das Ruder übernahm, stand sie Gorbatschows Motiven mißtrauisch gegenüber, und es war nicht abzusehen, ob die positive Entwicklung anhalten würde. »Wenn man erst einmal gesagt hat, daß der Kalte Krieg vorbei ist«, erklärte der neue Nationale Sicherheitsberater, Brent Scowcroft, im Rückblick, »kann man es nie wieder zurücknehmen. Man kann es nur einmal sagen.« Und war es erst ausgesprochen, würden sich massive Kürzungen der Verteidigungsausgaben kaum noch verhindern lassen. Wie andere in der neuen Administration war sich auch Scowcroft einfach nicht sicher, ob die Veränderungen in der Sowjetunion unumkehrbar waren und die sowjetische Militärdoktrin tatsächlich tiefgreifend beeinflußt hatten.[55] Die Folge war, daß es die neue Administration langsam angehen ließ. Man wollte einen Kurswechsel. Bushs Berater fanden, daß Reagan die Zweifel an der Verläßlichkeit der Atomwaffen für die westliche Verteidigung zu weit getrieben hatte, und machten sich daran, den Ruf der nuklearen Abschreckung wiederherzustellen und die Reduzierung der konventionellen Streitkräfte der Sowjetunion wieder auf die Tagesordnung zu setzen.

George Bush selbst war außenpolitisch interessiert und erfahren. Als Sohn einer wohlhabenden Familie in Neuengland war er in der Welt des Establishments der Republikanischen Partei aufgewachsen. Stark geprägt hatten ihn die Dienstzeit als junger Marinepilot im Pazifik während des Zweiten Weltkriegs und die mehr als zehn Jahre, die er auf den unwirtlichen Ölfeldern von Westtexas verbracht hatte. Nachdem er Anfang der sechziger Jahre in die politische Welt zurückgekehrt war, wurde er nacheinander Botschafter bei der UNO, Leiter des amerikanischen Verbindungsbüros in Peking, Direktor der CIA und schließlich acht Jahre lang Reagans Vizepräsident. Er war ein stets freundlicher, angenehmer Gesprächspartner, der aufmerksam zuhörte und wenige Fragen stellte. Er neigte dazu, seine Argumente fast entschuldigend vorzubringen. Auf das Kompliment eines ausländischen Staatsmanns erwiderte er einmal mit einem Ausspruch von Yogi Berra: »Ich habe nur nicht die falschen Fehler gemacht.«[56] Im Umgang mit ausländischen Politikern wirkte er fast gewunden, aber früher oder später machte er seinen Standpunkt deutlich. Er scharte Menschen um sich, die seine Vorliebe für nüchterne Sprache und sachliche, besonnene Arbeit teilten, die umgänglich waren und ihr Ego im Zaum halten konnten. Nachdem sie ausgewählt waren, überließ er die außenpolitische Tagesarbeit diesen Untergebenen – James Baker, Brent Scowcroft, Verteidigungsminister Dick Cheney und General Colin Powell, dem Vorsitzenden der Vereinigten Stabschefs.

Außenminister James Baker war seit über fünfundzwanzig Jahren einer von Bushs engsten Freunden gewesen. Dennoch unterschied er klar zwischen dem langjährigen Freund und jener Person, die er selbst im kleinen Kreis stets nur als »Mr. President« ansprechen sollte. Baker kam aus einer der prominentesten Familien von Houston, war an der Ostküste zur Schule gegangen und hatte in Princeton Geschichte studiert. Anschließend hatte er zwei Jahre beim Marineinfanteriekorps gedient und war dann nach Houston zurückgekehrt, um Jura zu studieren und als Anwalt zu praktizieren. In den siebziger Jahren hatte er dem Handelsministerium angehört, bevor er 1980 eine führende Rolle zunächst in Bushs und dann in Reagans Wahlkampfteam spielte, dessen Administration er als Stabschef des Weißen Hauses und später als Finanzminister angehörte. Ausländischen Staatsmännern trat er mit einer Bestimmtheit gegenüber, die aus der genauen Vorstellung darüber resultierte, was er erreichen wollte.

Bush und Baker ergänzten sich gut. Baker verband die allgemeinen Überzeugungen des Präsidenten mit operativen Fragen. Seine Ziele konnten sehr ehrgeizig sein, aber er hatte stets eine Idee davon, wie sie zu erreichen waren. Diese Eigenschaft und ein Instinkt für den Kern eines Problems und die Folgen, die eine bestimmte Lösung nach sich ziehen konnte, machten ihn zu einem außerordentlich erfolgreichen Außenminister.

Scowcroft war der erste Nationale Sicherheitsberater, der diesen Posten zweimal einnahm, nachdem er ihn bereits unter Präsident Ford bekleidet hatte. Er hatte es in der US-Luftwaffe bis zum Generalleutnant gebracht. Als Stratege war er durch die Tätigkeit im Nationalen Sicherheitsrat (NSC) unter Henry Kissinger geprägt worden. Scowcroft hatte sich mit Schriften über Nuklearpolitik und Rüstungskontrolle einen Namen gemacht und besaß festgefügte Ansichten zu diesen Themen. Als ehemaliger Militärattaché in Jugoslawien äußerte er sich darüber hinaus häufig besorgt über die Konfliktgefahren in Ost- und Mitteleuropa. Sein wichtigster Beitrag zu den Ereignissen von 1989 waren jedoch die Organisation und Leitung des Entscheidungsprozesses in Fragen der nationalen Sicherheit. Er drängte sich nicht ins Rampenlicht, sondern agierte diskret im Hintergrund, stets darauf bedacht, daß die amerikanische Außenpolitik nicht durch inneren Streit gestört wurde.

Zwischen Scowcroft und Baker entwickelte sich eine informelle Arbeitsteilung. Scowcrofts Aufgabe war es, dafür zu sorgen, daß die Regierung funktionierte, indem er in enger Abstimmung mit Baker, Cheney und Powell eine kohärente Politik formulierte, die von allen befürwortet wurde. Bush setzte volles Vertrauen in ihn und verließ sich auf seinen Rat. Scowcroft kam zwar häufig mit Vertretern ausländischer Regierungen zusammen, grundsätzlich aber war es Baker, der die Politik in die internationale Arena trug. Beide versammelten ihrerseits einen kleinen Kreis von Mitarbeitern um sich, die ihre Ziele teilten. In bezug auf die deutsche Vereinigung verkleinerte sich dieser Kreis noch einmal auf einige wenige Schlüsselpersonen. Scowcroft stützte sich weitgehend auf Robert Gates, einen Geheimdienstanalytiker, der in Reagans zweiter Amtszeit stellvertretender CIA-Direktor gewesen war und in bezug auf die Sowjetunion konservativere Ansichten vertrat als die neue Administration im allgemeinen. Gates war für Scowcroft das perfekte Alter ego. Er war zielstrebig und äußerst routiniert in der alltäglichen Regierungsarbeit. Er leitete den Stellvertreterausschuß, der sich aus den höchsten Regierungsbeamten unterhalb der Kabinettsebene zusammensetzte, derart effizient, daß es nur selten erforderlich war, eine Vollsitzung des NSC einzuberufen, um bestimmte Fragen zu klären, bevor sie dem Präsidenten vorgelegt wurden.

Die Spitzenposition unter den Beratern des Außenministers nahm Robert Zoellick ein. Er wurde von Baker als der für die deutsche Vereinigung zuständige leitende Regierungsbeamte ausgewählt. Im Mittelwesten in der Nähe von Chicago aufgewachsen, hatte Zoellick an der Harvard University Jura und Politologie studiert. Nachdem ihn Reagan-Berater Richard Darman in den Regierungsapparat geholt hatte, war er Baker aufgefallen, der ihn ins Finanz- und schließlich ins Außenministerium mitnahm. Zoellick war damals fünfunddreißig Jahre alt. Sein Partner bei der Zuarbeit für Baker war der Chef des Politischen Planungsstabes des Außenministeriums, Dennis Ross, ein Experte für sowjetische Außenpolitik und den Nahen Osten. Ross hatte unter Reagan im Pentagon und beim NSC gearbeitet und war zwischenzeitlich aus dem öffentlichen Dienst ausgeschieden, um eine Stellung an der Universität von Kalifornien in Berkeley anzunehmen. Zoellick und Ross arbeiteten eng zusammen bei der Entwicklung von strategischen Gesamtkonzepten.

Die leitenden Beamten der Europaabteilung des Außenministeriums gehörten zwar nicht zum inneren Zirkel um Baker, hatten aber in bezug auf die amerikanische Diplomatie gegenüber Deutschland ein gewichtiges Wort mitzureden. An der Spitze der Abteilung standen seit dem Sommer 1989 Raymond Seitz und James Dobbins. Seitz war das Musterbeispiel eines Diplomaten, bei dem sich Charme und Witz mit einem geschliffenen, sorgfältig abwägenden Verstand verbanden. Dobbins war zuvor Gesandter in Bonn gewesen; er kannte Deutschland gut und war einer der schnellsten analytischen Köpfe des auswärtigen Dienstes.

Seit den sechziger Jahren hatten erbitterte Rivalitäten zwischen Außenministerium und NSC zum Standardrepertoire der Politik in Washington gehört. Scowcroft und Baker setzten jedoch auf Zusammenarbeit. Es kam zwar zu Meinungsverschiedenheiten, aber sie wurden rasch ausgeräumt, und Bakers Topberater gingen enge Arbeitsbeziehungen mit Angehörigen des NSC-Stabes ein. Die wichtigste war die zwischen Zoellick und Robert Blackwill, einem eigenwilligen Strategen, der im NSC für Europa und die Sowjetunion zuständig war. Bevor er in die Bush-Administration eintrat, hatte Blackwill zwar an der Harvard University Politologie gelehrt, aber von Hause aus war er Beamter im auswärtigen Dienst. Er hatte sowohl für Henry Kissinger als auch für Zbigniew Brzezinski, Carters Nationalen Sicherheitsberater, gearbeitet und war außerdem Unterhändler bei den Wiener Verhandlungen über die konventionellen Streitkräfte in Europa (VKSE) gewesen. Seine energische Art, an die Dinge heranzugehen, war allerdings kaum die des typischen Berufsdiplomaten. Blackwill holte seinerseits Philip Zelikow, einen Berufsdiplomaten und Juristen, der in Wien für ihn gearbeitet hatte, zum NSC und vertraute ihm die Europapolitik an. Für die Sowjetpolitik war Condoleezza Rice zuständig, die Scowcroft an der Stanford University angeworben hatte. Sie kannte Dennis Ross von dessen Lehrtätigkeit in Berkeley, so daß ihre Zusammenarbeit völlig problemlos war. Diese drei Mitarbeiter der NSC-Abteilung für europäische und sowjetische Angelegenheiten waren Scowcrofts wichtigste Berater in bezug auf die deutsche Vereinigung und die europäischen Sicherheitsfragen.

Bush übernimmt das Zepter

Die neue Administration war mit ehrgeizigen Zielen angetreten, ohne bereits über ausgefeilte politische Rezepte zu verfügen. Vier Monate später sprach George Bush als erster westlicher Staatsmann offen aus, daß der Kalte Krieg erst vorüber sein werde, wenn Europa »ungeteilt und frei« sei. Das war ein weitreichender Ansatz, bedeutete es doch, daß der Kalte Krieg nur dort beendet werden konnte, wo er begonnen hatte – in Mittel- und Osteuropa und vor allem in Deutschland. Vor dem Amtsantritt hatte Bush zu seinen Beratern gesagt: »Wir sollten große Träume träumen.«[57] Im Klartext hieß das mit Scowcrofts Worten: »Wir meinten, daß wir unser Augenmerk von der Verwaltung des Kalten Krieges auf europäischem Boden und der Stabilisierung der Situation verlagern sollten, um darüber hinauszublicken und Lösungen für die Grundprobleme zu finden.«[58] Aber wie und wie schnell? Das waren die Fragen, die sich ein vorsichtiger Präsident und seine überwiegend konservativen Berater stellten, die zwar das Beste aus der historischen Chance machen, aber auch »keine Dummheit begehen« wollten.[59]

Baker und sein Stab wollten die sich bietenden Chancen für demokratische Veränderungen in Osteuropa ergreifen. Gleichzeitig betrieben sie eine generelle Revision der Außenpolitik, um die Auswirkungen der neuen politischen Lage auf die Beziehungen der USA zur Sowjetunion zu untersuchen. Während dieser Denkprozeß im Gang war, schlossen sich sowohl sowjetische als auch westeuropäische Politiker mit öffentlichen und privaten Äußerungen dem Chor der ungeduldigen Kritiker aus den amerikanischen Medien an.[60]

Es waren schließlich die Ereignisse, nicht die Analysen der Administration, die im Frühjahr 1989 eine neue, wenn auch fragmentarische Richtlinienentscheidung erzwangen. Die kommunistische Regierung Polens hatte unter dem Druck gewaltiger wirtschaftlicher Probleme Gespräche am Runden Tisch begonnen, an denen auch Vertreter der immer noch verbotenen Solidarność teilnahmen. Als sich die Gespräche dem Ende näherten, taten sich NSC und Außenministerium zusammen, um gegen den Widerstand des Finanzministeriums Präsident Bush zu bewegen, Polen im Gegenzug für Reformen Wirtschaftshilfe zu versprechen. Bush wollte Vorsicht walten lassen, um keine negative Reaktion der Sowjetunion hervorzurufen. Er wollte eine Wiederholung der ungarischen Tragödie von 1956 oder der tschechischen von 1968 vermeiden.[61] So wartete er den 17. April 1989 ab, den Tag, an dem das Verbot der Solidarność aufgehoben wurde, bevor er an die Öffentlichkeit trat und das Hilfsangebot verkündete. Hilfe aus dem Westen werde »gleichzeitig mit der Liberalisierung erfolgen«, erklärte er. »Der Westen kann jetzt eine kühne Vision der Zukunft Europas mutig vorschlagen: Wir träumen von dem Tag, an dem es keine Schranken für die Bewegungsfreiheit von Menschen, Waren und Ideen mehr gibt.«[62] Diese Politik sollte sich ausweiten und schließlich zu einer koordinierten Aktion von vierundzwanzig Staaten (G24) werden, die Polen, Ungarn und binnen weniger Monate auch dem Rest Osteuropas wirtschaftlich unter die Arme griffen.

Das Trommelfeuer der Kritik verstummte dennoch nicht, und auch der Präsident wurde langsam ungeduldig. Die Stäbe von NSC und Weißem Haus sahen sich daraufhin nach Möglichkeiten um, die Führungskraft der USA zu demonstrieren. Als im März 1989 noch keine politische Initiative in Sicht war, mit der eine solche diplomatische Offensive gestartet werden konnte, entschloß sich das Weiße Haus, Fakten zu schaffen, unter anderem durch Reisen und Reden des Präsidenten, die den Regierungsapparat zwingen würden, entsprechende politische Richtlinien nachzuliefern. Scowcroft, Blackwill und Spitzenbeamte des Außenministeriums begannen also mit den Vorbereitungen für zwei große Europareisen des Präsidenten. Die erste sollte ihn im Frühjahr nach Westeuropa führen und einen NATO-Gipfel einschließen, auf dem der vierzigste Jahrestag der Gründung des Bündnisses begangen und über dessen Zukunft diskutiert werden sollte. Die zweite sollte hauptsächlich Osteuropa gelten und in der Teilnahme am Weltwirtschaftsgipfel der G-7-Staaten in Paris ihren Höhepunkt finden. Darüber hinaus beabsichtigte das Weiße Haus, die für Mai und Juni geplanten Universitätsreden des Präsidenten aus Anlaß der Verleihung der akademischen Grade zu nutzen, um die neue politische Ausrichtung zu verbreiten.

Während die Vorbereitungen für die Reisen und Reden auf Hochtouren liefen, machte auch die Revision der Westeuropapolitik Fortschritte. Im März 1989 lag den zuständigen Regierungsstellen unter dem Kürzel NSR–5 ein Papier zur Prüfung vor. Erarbeitet hatte es der Ausschuß zur Koordinierung der Europapolitik, der damals von der scheidenden Abteilungsleiterin Rozanne Ridgway geleitet wurde, einer Berufsdiplomatin und früheren Botschafterin in Ostdeutschland, die sechs Jahre lang wichtigste Beraterin von George Shultz gewesen war und ihm geholfen hatte, die Wende in den amerikanisch-sowjetischen Beziehungen herbeizuführen. Bei der Prüfung von NSR–5 kam es zu ersten Differenzen über die Deutschlandpolitik. Im NSC vertraten sowohl Blackwill als auch Zelikow die Ansicht, daß die USA die deutsche Frage neu aufgreifen müßten, wenn der Kalte Krieg in seine letzte Phase eintreten sollte. Aber die Spitzenbeamten des Außenministeriums waren zu diesem Zeitpunkt nicht davon zu überzeugen. Ridgway zum Beispiel glaubte, daß der Status quo eine Quelle des Friedens sei. Sie kannte den jüngsten Stand der Beziehungen zu Deutschland besser als Zelikow und meinte, daß die Wiederbelebung der Debatte über die deutsche Frage nicht nur voreilig, sondern auch unklug wäre. Robert Zoellick erinnerte sich später, Anfang 1989 einen westdeutschen General, der sich zu Besuch in Washington aufhielt, nach der deutschen Haltung zur Wiedervereinigung gefragt zu haben, woraufhin Ridgway spitz eingeworfen habe, dies sei »ein Thema, das jeden Amerikaner interessiert, um das sich aber kein Deutscher schert«.[63]

Die vom Außenministerium erstellte endgültige Fassung von NSR–5 gab die Ansichten Ridgways wieder, die der vorherrschenden Meinung im Außenministerium entsprachen. In einer für ein amtliches Papier erstaunlich deutlichen Sprache wurde darauf hingewiesen, daß die Frage der deutschen Wiedervereinigung »stets unter der Oberfläche« gäre. Doch wollten »die Deutschen selbst das Thema zu diesem Zeitpunkt nicht weiter in den Vordergrund rücken. Die anderen Europäer wollen dies ebensowenig. Es gibt kein aufrührenderes und entzweienderes Thema, und es dient keinem US-Interesse, wenn wir die Initiative ergreifen und es aufwerfen.«[64] Als der Bericht am 20. März auf einer Sitzung des Stellvertreterausschusses diskutiert wurde, drängten sowohl der stellvertretende CIA-Direktor als auch der stellvertretende Vorsitzende der Vereinigten Stabschefs darauf, der Frage der deutschen Vereinigung in der amerikanischen Politik mehr Aufmerksamkeit zu schenken. Doch dabei blieb es dann.[65]

Auch in bezug auf die Vereinheitlichung der Politik gegenüber der Sowjetunion waren die Ergebnisse der außenpolitischen Revision keine große Hilfe. Frustriert rief Scowcroft an einem späten Märzabend Blackwill und Rice in sein Büro.»Das führt zu nichts«, erklärte er.»Seht zu, ob ihr nicht etwas zustande bringt, das mehr Biß hat.« Rice und Blackwill entwarfen daraufhin eine alternative Direktive zur nationalen Sicherheit. In dem Papier wurde festgestellt, daß die Eindämmung der Sowjetunion erfolgreich gewesen sei, aber keinen Selbstzweck darstelle. Es sei an der Zeit,»über die Eindämmung hinauszugehen und die Sowjetunion in das internationale System zu integrieren«. Dann wurde eine Reihe von Bedingungen genannt, die vor diesem Schritt erfüllt sein müßten.

Die Denkschrift wurde zum Ausgangspunkt der ersten Universitätsrede des Präsidenten, die er am 17. Mai an der A&M University in Texas hielt. Sie stieß auf wenig Interesse, aber die Wendung, daß man»über die Eindämmung hinausgehen« müsse, blieb als Schlagwort für Bushs Haltung gegenüber der Sowjetunion hängen. Bush gefiel das Markenzeichen, und er nutzte es gern, um seine Politik zu kennzeichnen. Diese hing allerdings davon ab, daß die Sowjetunion weiterhin Zugeständnisse machte, obwohl sich in Wirklichkeit die USA in der Defensive befanden. Aber Moskau nahm die Idee durchaus positiv auf. Bushs Rede hatte unabsichtlich einen Grundpfeiler des Neuen Denkens berührt: den Gedanken, daß es jetzt möglich sei, die internationale Isolation der Sowjetunion zu überwinden.

Die Revision der Außenpolitik kam langsam zum Abschluß. Bakers engste Berater, wie Zoellick und Ross, hatten ihr nur wenig Beachtung geschenkt. In ihren Augen war sie überwiegend Zeitverschwendung. Scowcroft, Gates und Blackwill andererseits wußten, daß die Revision nicht die Initiativen zutage fördern würde, die für Bushs Reisen und Reden benötigt wurden. Scowcroft dachte im März 1989 über eine Erklärung zur Abrüstung nach. Um die sowjetischen Truppen aus Osteuropa herauszubekommen, sollte vorgeschlagen werden, sämtliche amerikanischen und sowjetischen Truppen aus Europa abzuziehen. Blackwill redete ihm diese Idee aus, indem er auf die Symbolkraft der amerikanischen Truppenpräsenz hinwies, die den Europäern den Willen der Amerikaner demonstrierte, sie zu verteidigen.[66] Scowcroft ließ den Vorschlag fallen, suchte aber weiter nach einer Idee, die es gestattete, die militärische Position der Sowjets in Mittel- und Osteuropa aufzubrechen.

Sein alter Mentor Henry Kissinger hatte einen ähnlichen Schritt vorgeschlagen: eine sowjetisch-amerikanische Vereinbarung über die *beiderseitige* Zurückhaltung in Osteuropa. Sie sollte »der Sowjetunion (weitgehende) Sicherheitsgarantien geben, während den Völkern Osteuropas gestattet wird, ihre politische Zukunft selbst zu bestimmen«; auch sollte sie »eine drastische Reduzierung aller ausländischen Truppen in Europa – einschließlich der amerikanischen – ins Auge fassen, durch die die gegenwärtigen Sicherheitskonzepte revolutioniert werden könnten«. Für solche Verhandlungen brauche man einen Geheimemissär, hatte Kissinger erklärt und sich selbst für diese Rolle angeboten. Als er in Moskau ein Grußschreiben des neuen Präsidenten überreichte, diskutierte er seine Idee zuerst mit Jakowlew und dann auch mit Gorbatschow, und die Sowjets hörten ihm interessiert zu. Er erstattete Bush, Baker und Scowcroft am 28. Januar Bericht. Daß Bush die Idee eines solchen Handels zusagte, läßt sich nicht belegen. Im Außenministerium warnten Ridgway und ihr Stellvertreter, Thomas Simons, vor den Gefahren. Baker gefiel die Idee von Gesprächen über die Demokratie in Osteuropa, aber sie sollten seiner Ansicht nach ohne Kissinger stattfinden. Weder Baker noch der NSC-Stab (vielleicht mit Ausnahme von Scowcroft) hatten etwas für den Inhalt der von Kissinger vorgeschlagenen Vereinbarung übrig. Baker, der einen Handel bevorzugte, bei dem sowjetische Zurückhaltung in Osteuropa durch die amerikanische Zusage vergolten wurde, eine derartige neue Lage nicht gegen Moskau auszunutzen, erteilte Kissingers Initiative in einem Zeitungsinterview eine Absage, indem er davor warnte, den Eindruck zu erwecken, »daß wir mit der Sowjetunion zusammengehen und Osteuropa aufteilen«.[67]

Der NSC-Stab brachte seine eigenen Politikentwürfe für Europa und den NATO-Gipfel in einem von Zelikow und Blackwill verfaßten Memorandum in Umlauf, das Scowcroft am 20. März an den Präsidenten sandte. Es begann mit den Worten: »Heute sollte die oberste Priorität der amerikanischen Europapolitik das Schicksal der Bundesrepublik Deutschland sein.« Bush wurde geraten, »mitzuhelfen, Kohl an der Macht zu halten«, denn dessen Regierung liege »derzeit in den Meinungsumfragen hinter einer Opposition zurück, die ... sowohl der nuklearen Abschreckung als auch der konventionellen Verteidigung zuwenig Beachtung schenkt«. Ziel der amerikanischen Politik gegenüber Europa müsse es sein, auf dem Wege der Durchsetzung gemeinsamer demokratischer Werte die Teilung des Kontinents zu überwinden.[68] Dieses Konzept eines »Commonwealth freier Nationen« war als Alternative zu Gorbatschows Idee vom »gemeinsamen Haus Europa« gedacht.[69]

Umstrittener als die Einleitung von Scowcrofts Memorandum war der nachfolgende Vorschlag: »Selbst wenn wir bei der Überwindung der Teilung Europas durch mehr Offenheit und Pluralismus Fortschritte machen, ist keine Vision des künftigen Europas denkbar, die nicht auch eine Stellungnahme zur ›deutschen Frage‹ enthielte. In dieser Hinsicht können wir zwar keine sofortige politische Wiedervereinigung versprechen, sollten aber irgendein Angebot der Veränderung, der Bewegung abgeben. ... Obwohl so gut wie kein Westdeutscher damit rechnet, daß es noch in diesem Jahrhundert zur Wiedervereinigung kommt, gibt es keinen Deutschen, gleich welchen Alters, der nicht in seinem tiefsten Innern davon träumen würde. ... Die offizielle alliierte Position ist es seit langem, daß wir den Wunsch haben, daß das deutsche Volk seine Einheit in Selbstbestimmung wiedererlangt. Ich denke, wir können in Zusammenarbeit mit Bonn diese Formel verbessern, so daß sie pointierter ist und ein klares Signal an die Deutschen darstellt, daß wir bereit sind, mehr zu tun, sobald es die politische Großwetterlage erlaubt.« Was diese betraf, wurde Bush daran erinnert, daß im Februar 1989 »mitten in all der Begeisterung über ›Glasnost‹ ... ostdeutsche Grenzsoldaten wieder einen Jugendlichen niedergeschossen und getötet haben, der versucht hat, die Mauer zu überqueren«.[70]

Die vorgeschlagene Sprachregelung war nicht gerade radikal. Die US-Regierung hatte ihre Unterstützung der friedlichen und demokratischen

Wiedervereinigung Deutschlands schon vor langer Zeit zu Protokoll gegeben. Bush wurde jedoch gedrängt, dieses Ziel wieder auf die politische Tagesordnung zu setzen. Das Thema war ihm also nicht neu, als es der Chefredakteur der *Washington Times*, Arnaud de Borchgrave, in einem im Mai geführten Interview ansprach. Bush erklärte, er »wäre erfreut« über ein wiedervereinigtes Deutschland, und fügte hinzu: »Jeder, der zurückschaut, dann die Gegenwart betrachtet und ein durch Teilung entzweites Land und durch politische Teilung getrennte Menschen sieht, sollte die Wiedervereinigung auf einer angemessenen Grundlage befürworten.«[71]

Bush beschreibt sich selbst als »nicht sehr europäisch, nicht sehr von der Geschichte beherrscht«. Als der damalige Vizepräsident Bush im Juni 1983 auf dem Höhepunkt der Demonstrationen gegen die Stationierung neuer Mittelstreckenraketen Krefeld besuchte, bekam der neue Bundeskanzler, Helmut Kohl, reichlich Zeit, den Amerikaner kennenzulernen. Bush erinnerte sich später, daß Demonstranten Steine auf seine Limousine geworfen hatten, ohne daß die Sicherheitskräfte eingriffen (»Unser Geheimdienst hätte sie erschossen!«), und daß er mit Kohl in einer Garage abgewartet hatte, bis eine Fahrtroute frei war. Dies, meinte er im Rückblick, sei eine Gesellschaft gewesen, die bereit war, den Preis für die Meinungsfreiheit zu zahlen. Obwohl er einräumte, kein Hellseher zu sein, und nicht behauptete, »alles verstanden zu haben, was seit dem Tage eins in Europa geschehen ist«, zog Bush den Schluß, daß Deutschland eine solide Demokratie war und für seine Sünden Buße getan hatte und daß es »irgendwann einmal genug sein mußte«.[72]

Einige Tage nach dem Interview für die *Washington Times* lag Bush ein weiteres Blackwill-Memorandum über den Umgang mit den Westdeutschen vor. Blackwill drängte erneut darauf, die deutsche Frage aufzugreifen. Im Zusammenhang mit der neu entfachten Atomwaffendebatte zwischen Washington und Bonn meinte er, daß es den Deutschen leichterfallen würde, die Zukunft ihres Landes wie bisher mit dem westlichen Bündnis zu verbinden, wenn die westlichen Alliierten sich stärker mit den nationalen Bestrebungen Deutschlands identifizierten.[73] Unabhängig davon riet Zoellick einem empfänglichen Baker, in der Frage der deutschen Vereinigung »als erster aus der Kurve zu kommen«, sonst würde Gorbatschow »sie möglicherweise zuerst aufgreifen« (womit die sowjetische Flexibilität erheblich überschätzt wurde).[74] Die Zeit blumiger Rhetorik ohne konkrete Initiativen war augenscheinlich vorüber. In der Bush-Administration nahm das Unbehagen darüber zu, daß in der Öffentlichkeit immer noch der Eindruck vorherrschte, der Präsident reagiere zu langsam auf den historischen Augenblick. Gorbatschow dagegen kam fast täglich mit einer neuen Geste der politischen Öffnung in die Schlagzeilen.

Die Hauptquelle der Spannungen mit Westdeutschland und innerhalb der NATO war der Streit über die Modernisierung der nuklearen Kurzstreckenraketen (LANCE). Statt das Problem direkt anzugehen, entschloß sich die US-Administration zu einem Vorstoß an einer anderen Front – dem konventionellen Gleichgewicht in Europa. Sie beabsichtigte, den Verhandlungen ehrgeizige Ziele und einen knappen Terminplan bis zum Abschluß eines Vertrages vorzugeben, durch den die konventionellen Streitkräfte in Europa drastisch reduziert werden sollten, vor allem die westlich des Urals stationierten sowjetischen Truppen. Besonders Scowcroft und sein Stab fanden, daß dem konventionellen militärischen Gleichgewicht weniger Beachtung geschenkt worden war als dem strategischen nuklearen Gleichgewicht zwischen den USA und der UdSSR. Sie forderten eine wesentlich intensivere Beschäftigung mit der konventionellen Abrüstung in Europa, da Hunderttausende sowjetischer Soldaten und Tausende sowjetischer Panzer in Mittel- und Osteuropa ihrer Ansicht nach mehr als jeder andere Faktor zur Unsicherheit auf dem Kontinent beitrugen.[75]

Unterstützung erhielt Scowcroft von Baker nach dessen erster Moskaureise im Mai 1989. Es war Bakers erste bedeutende Begegnung mit der sowjetischen Führung gewesen. Er hatte sich während der ganzen Reise in die Defensive gedrängt gefühlt und war verärgert über die effektvollen, aber militärisch bedeutungslosen Moskauer Abrüstungsgesten. Als er mit Gorbatschow zusammentraf, eröffnete dieser das Gespräch, indem er auf die Schwierigkeiten der Perestroika hinwies, um anschließend größere Abrüstungsanstrengungen zu fordern. Es folgte eine kontroverse Diskussion über die geplante Modernisierung der nuklearen Kurzstreckenwaffen der NATO, aber auch die Ankündigung eines bedeutenden Schritts bei den VKSE.[76]

Baker kehrte mit der Überzeugung nach Washington zurück, daß Gorbatschow es tatsächlich ernst meinte. Gleichzeitig wußte er, daß die Vereinigten Staaten die Initiative ergreifen und »George Bush als den Führer der Allianz kenntlich machen« mußten. Als er am 17. Mai mit Bush und Scowcroft zusammentraf, stellte er sich hinter Scowcrofts Vorschlag, eine größere Inititative im Bereich der konventionellen Abrüstung zu starten, die in der zweiten Maihälfte vorbereitet werden sollte.[77] Das Pentagon hatte im Zuge der außenpolitischen Revision einige Analysen zur Untermauerung dieses Plans geliefert, aber die Militärs zögerten, dramatische neue Ideen für die konventionelle Abrüstung zu entwickeln. Ihr Wortführer war Admiral William Crowe, der damalige Vorsitzende der Vereinigten Stabschefs. Bush hatte sich jedoch entschieden. »Ich will diesen [radikaleren Vorschlag] umsetzen«, sagte er auf einer Sitzung seiner Topberater. »Erzählt mir nicht dauernd, warum es nicht getan werden kann. Sagt mir, wie es getan werden kann.« Der NSC-Stab arbeitete den neuen Vorschlag aus, und der stellvertretende Außenminister Lawrence Eagleburger begab sich zusammen mit Scowcrofts Stellvertreter, Robert Gates, auf eine Geheimmission nach Europa, um Margaret Thatcher, François Mitterrand und Helmut Kohl von dem Vorhaben zu überzeugen.[78] Auch über die Themen, die beim NATO-Gipfel und Bushs Staatsbesuchen in Italien, Westdeutschland und Großbritannien angesprochen werden sollten, war die Entscheidung gefallen. Bush wollte das Ende des Kalten Krieges explizit mit der Überwindung der Teilung Europas verknüpfen und zumindest andeuten, was dies für die deutsche Zukunft bedeutete.

Der Brüsseler NATO-Gipfel am 29. und 30. Mai 1989 wurde für die Vereinigten Staaten, für Westdeutschland und für Bush persönlich zu einem großen Erfolg. Das lästige Thema der nuklearen Modernisierung wurde in einer Diskussion, in der Baker und Zoellick eine Schlüsselrolle spielten, geschickt aus dem Weg geräumt. Sowohl Bundeskanzler Kohl als auch Außenminister Hans-Dietrich Genscher waren mit dem Ergebnis zufrieden. Bushs KSE-Initiative kam für die versammelten Journalisten völlig überraschend und wurde von der NATO einmütig unterstützt. Sie hob nicht nur Bushs Ansehen in Europa, sondern stärkte auch sein eigenes Zutrauen in seine Fähigkeit, außenpolitische Angelegenheiten zu meistern. Er sollte sich in der Folgezeit häufiger auf den improvisierten, geheimgehaltenen politischen Entscheidungsprozeß stützen, der ihm zu diesem Erfolg verholfen hatte. Vor der Presse sagte er drei Tage später allerdings, leicht amüsiert über den Jubel, mit dem das Ergebnis des NATO-Gipfels aufgenommen wurde: »Ich bin noch derselbe Bursche wie vor vier Tagen.«[79]

Er nutzte die Pressekonferenz nach dem Gipfel auch zur Präsentation seiner neuen Europapolitik. Das große Ziel, erklärte er den Journalisten, bestehe darin, »die Teilung Europas zu überwinden und eine Einheit zu schmieden, die auf den westlichen Werten beruht«.[80] Am nächsten Tag reiste Bush nach Deutschland, wo er in der Rheingoldhalle in Mainz, der Landeshauptstadt von Rheinland-Pfalz, wo Helmut Kohls politischer Aufstieg stattgefunden hatte, eine bedeutsame Rede hielt. Ziel des Westens, verkündete er, sei es jetzt, ein »ungeteiltes und freies Europa« zu schaffen: »Für die Gründerväter des Bündnisses war diese Hoffnung ein ferner Traum. Jetzt ist diese Hoffnung die neue Aufgabe der NATO.« Dann gab er seine Definition des Endes des Kalten Krieges preis: »Der Kalte Krieg begann mit der Teilung Europas. Er kann nur beendet werden, wenn die Teilung Europas aufgehoben ist. Diese Politik eines geteilten Europas steht heute auf dem Prüfstand.« Auf Gorbatschow anspielend, bemerkte er, daß es kein gemeinsames europäisches Haus geben könne, »wenn sich nicht alle seine Bewohner von Raum zu Raum frei bewegen können«. Der Eiserne Vorhang müsse fallen: »Berlin muß die nächste Station sein.«[81]

Nachdem er seinem deutschen Publikum ein flüchtiges Bild der Einheit Europas dargeboten hatte, wurde Bush zurückhaltender. »Wir streben die Selbstbestimmung für ganz Deutschland und alle Länder Osteuropas an«, erklärte er. Die radikaleren Formulierungen der Redenschreiber des Weißen Hauses hatte Scowcroft gestrichen, weil er befürchtete, daß Bush damit weiter gehen könnte als Kohl in seinen Äußerungen zur deutschen Frage. Während einer Bootspartie auf dem Rhein sprach Scowcroft Verteidigungsminister Gerhard Stoltenberg auf das Thema der Wiedervereinigung an. Stoltenberg erwiderte höflich, daß die Vereinigten Staaten diese Frage weiterhin in ruhiger, nüchterner Form aufwerfen und einen Fahrplan für Veränderungen aufstellen sollten.[82]

Bush schlug in seiner Mainzer Rede vor, die Konferenz für Sicherheit und Zusammenarbeit in Europa (KSZE) stärker zu nutzen, um Pluralismus und freie Wahlen in Osteuropa zu fördern.[83] Die Bundesrepublik

Deutschland sprach Bush als »Partner in der Führungsrolle« an. In Deutschland wurden seine Bemerkungen von vielen begrüßt, die allzu schnell annahmen, daß der amerikanische Präsident die Hoffnung hegte, die tiefgefrorene deutsche Frage könnte in nächster Zukunft aufgetaut werden.[84] Bush war sich fraglos bewußt, welche Bedeutung die neuen Konzepte besaßen, und verlas nicht nur, was seine Helfer aufgeschrieben hatten. Reporter der *Washington Post*, die ihn während der letzten Station seiner Reise in London interviewten, waren erstaunt, mit welchem Nachdruck er über die in Osteuropa möglichen Veränderungen sprach. Obwohl es dort zu diesem Zeitpunkt – eine Woche vor den polnischen Parlamentswahlen und kurz vor dem Ausbruch von Unruhen in anderen Ostblockstaaten – relativ ruhig war, bezeichnete Bush Osteuropa seinem Stab gegenüber als »die aufregendste Region für Veränderungen in der Welt«.[85] Was die Formel »über die Eindämmung hinausgehen« zu bedeuten habe, wollten die Reporter wissen. Bushs Antwort: »Sie bedeutet ein geeintes Europa. Sie bedeutet ein Europa, in dem es nicht mehr so viele künstliche Grenzen gibt.«[86]

Die Ereignisse vom Mai 1989 schufen die Grundlage für eine sehr viel engere amerikanisch-deutsche Kooperation, einschließlich derjenigen zwischen Baker und Genscher sowie ihren Mitarbeitern.[87] Danach konnte die US-Administration im sicheren Gefühl eines tragfähigen Fundaments für die Beziehungen zu Bonn in Ruhe beobachten, wie sich die Dinge entwickelten. Ebenso gelassen konnte sie zwei Wochen später verfolgen, wie Gorbatschow im Triumph durch Westdeutschland fuhr.

Gorbatschow ist am Zug

Als Gorbatschow im Juni 1989 Westdeutschland besuchte, wurde er wie ein Volksheld empfangen. Die deutsch-sowjetischen Beziehungen hatten sich seit der Zeit der Konfrontation Anfang und Mitte der achtziger Jahre, als Moskau die Stationierung neuer Atomraketen in Deutschland zu verhindern versuchte, gewandelt. Die Schlacht war vorüber, der INF-Vertrag unterzeichnet. Die sowjetische Regierung begann die Lage neu zu bewerten und westdeutsche Spitzenpolitiker zu empfangen, darunter 1987 Bundespräsident Richard von Weizsäcker und 1988 Bundeskanzler

Kohl.[88] Es gibt Hinweise darauf, daß sowohl Gorbatschow als auch Schewardnadse schon vor 1989 mit der Möglichkeit der deutschen Vereinigung gerechnet hatten. Wjatscheslaw Daschitschew, ein trotz seiner offenen Denkweise geduldeter Deutschlandexperte an einem der sowjetischen außenpolitischen Institute, meinte 1987, daß Moskau bereit sein sollte, ein geeintes Deutschland als Teil kooperativerer Beziehungen zum Westen zu akzeptieren.[89]

Aber was hatten die Sowjetführer zu dieser Zeit tatsächlich im Sinn? Als Bundespräsident Weizsäcker im Gespräch mit Gorbatschow seine Position von 1985 wiederholte, daß die Einheit der deutschen Nation anerkannt werden müsse, dies jedoch im menschlichen, nicht im territorialen Sinn zu verstehen sei, erwiderte der Sowjetführer, daß er nicht die Absicht habe, über solche Konzepte wie die der deutschen Nation zu theoretisieren. Realität sei, daß zwei deutsche Staaten existierten, und »was in hundert Jahren sein wird, wird die Geschichte entscheiden«. Im Interview mit Timothy Garton Ash erinnerte sich Weizsäcker später, daß er an dieser Stelle eingeworfen habe: »Oder vielleicht in fünfzig?«, worauf Gorbatschow ein Zeichen der Zustimmung gegeben habe. Tschernjajew zufolge, der bei dem Treffen anwesend gewesen war, ging Gorbatschow des längeren auf die gewachsenen internationalen Bindungen der DDR ein, »die nicht zerbrochen werden können«, wie er erklärte. Die beiden deutschen Staaten sollten versuchen, die gegenseitigen Beziehungen zu stärken und zu vertiefen. Tschernjajew meint dazu, das alles sei pure Theorie gewesen; Gorbatschow habe einfach nur die Möglichkeit der deutschen Einheit nicht ausgeschlossen.[90]

Gorbatschows eigene Darstellung in seinem 1987 erschienenen Buch *Perestroika* läßt ebenfalls darauf schließen, daß er die deutsche Vereinigung als ferne theoretische Möglichkeit betrachtete. Danach hatte er Weizsäcker gesagt, »daß alle diese Erklärungen über die Wiederbelebung der ›deutschen Einheit‹ weit entfernt sind von der sogenannten ›Realpolitik‹, um den deutschen Ausdruck zu gebrauchen. Es hat der BRD in der vergangenen vierzig Jahren nichts gebracht.« Was Reagans Aufforderung betreffe, die Berliner Mauer zu öffnen, könnten die westlichen Staatsmänner »der BRD bezüglich der sogenannten ›deutschen Frage‹ kein realistisches Angebot machen. ... Für die Gegenwart sollte man von den bestehenden Tatsachen ausgehen und sich nicht zu Spekulationen hinreißen lassen.«[91]

Es gibt keinerlei Beweise dafür, daß die sowjetische Regierung den Elan ihrer neuen Politik nutzen wollte, um die beiden deutschen Staaten zu vereinen. Daschitschews Anregungen wurden vom gesamten außenpolitischen Apparat der Sowjetunion zurückgewiesen. Dabei hatte auch er nur von der langfristigen Möglichkeit einer Konföderation oder vielleicht sogar Vereinigung gesprochen, nachdem beide deutschen Staaten ihre Bündnisse verlassen hatten und der Ost-West-Konflikt gelöst war. Michael Sodaro zieht daraus den zutreffenden Schluß, es sei vor den dramatischen Ereignissen Ende 1989 keineswegs sicher gewesen, »daß die Gorbatschow-Führung zu einer konkreten Entscheidung darüber gelangt war, die jahrzehntealte sowjetische Position zur Teilung Deutschlands und Berlins zu modifizieren. Die öffentlichen Äußerungen über dieses Thema wimmelten nur so von Zweideutigkeiten und Vorbehalten.«[92]

Kohl sprach während seines Besuchs in Moskau im Oktober 1988 öffentlich wie stets über seine Hoffnungen, daß es eines Tages zur Einheit der deutschen Nation kommen werde.[93] Gorbatschow, Tschernjajew und Falin hatten darüber diskutiert, ob man Kohl sagen sollte, daß derlei Äußerungen nicht angebracht seien. Gorbatschow hatte Falin sogar gebeten, »etwas zu formulieren, damit es nicht vergessen wird«, benutzte die Notizen dann aber nicht, weil Kohl das Thema der Vereinigung im Gespräch nicht anschnitt.[94] Öffentlich wiederholte Gorbatschow, daß die Geschichte Deutschland geteilt habe und jeder Versuch, die Situation durch eine »unrealistische Politik« zu ändern, »unberechenbar und sogar gefährlich« wäre.[95]

Die westdeutsche und die sowjetische Perspektive hatten sich also im Juni 1989, als Gorbatschow in der Bundesrepublik ein fast euphorischer Empfang bereitet wurde, insofern angenähert, als Gorbatschow und Kohl beide der Meinung waren, daß die Geschichte der deutschen Nation ihren Lauf nehmen werde. Sie stimmten auch darin überein, daß es nicht notwendig war, eine gemeinsame Politik zu entwickeln, um die Geschichte anzustoßen. Kohl erinnerte sich zwei Jahre später in einem Interview an ein langes Gespräch zwischen ihm und Gorbatschow im Garten des Kanzleramts, während sie auf den Rhein schauten. Damals habe Gorbatschow ihn gefragt, ob er sich auf westdeutsche Wirtschaftshilfe verlassen könne, wenn er sie brauche. Er, Kohl, habe ihm dies versichert. Dieses Gespräch, so Kohl im verklärenden Rückblick, sei »der entscheidende Moment« auf dem Weg zur deutschen Einheit gewesen.[96] An diesen Dialog können sich allerdings weder Gorbatschow noch Kohls Berater Horst Teltschik erinnern, und es gibt keinen Beleg dafür, daß Gorbatschow glaubte, er hätte während seines Besuchs in Bonn ein schwerwiegendes Zugeständnis in der Frage der deutschen Einheit gemacht.[97] Ergebnis seines Besuchs waren vielmehr zahlreiche deutsch-sowjetische Joint-ventures und die Ankurbelung des Handels zwischen beiden Staaten, der 1989 einen erheblichen Aufschwung zu verzeichnen hatte.[98]

In der von Kohl und Gorbatschow unterzeichneten sogenannten Bonner Erklärung verpflichteten sich beide Staaten, zur Überwindung der Teilung Europas beizutragen. Dazu wollten sie »gemeinsam an Vorstellungen ... arbeiten, wie dieses Ziel durch den Aufbau eines Europas des Friedens und der Zusammenarbeit – einer europäischen Friedensordnung oder des gemeinsamen Europäischen Hauses – in dem auch die USA und Kanada ihren Platz haben, erreicht werden kann«. Konkretere Ankündigungen wurden kaum gemacht. Die Sowjetunion bewies ihren Sinn für die Gegebenheiten, indem sie offiziell zusicherte, die BRD künftig nicht mehr Deutsche Bundesrepublik, sondern Bundesrepublik Deutschland zu nennen. Die Erklärung forderte neben der Verwirklichung anderer Menschenrechte auch die Achtung des »Selbstbestimmungsrechts der Völker«, hob aber gleichzeitig die fortbestehenden »Unterschiede in den Wertvorstellungen und in den politischen und gesellschaftlichen Ordnungen« hervor, die »kein Hindernis für zukunftsgestaltende Politik über Systemgrenzen hinweg« darstellen sollten.[99] Doch die Nachkriegsrealitäten waren eben genau das – Realität.

Die Westdeutschen fochten die sowjetischen Verlautbarungen über die wirkliche Lage der Welt nicht an. Im Juni 1988 hätte die regierende CDU beinahe ihr Parteiprogramm geändert, um »die alte, überkommene Annahme, daß die deutsche Frage auf der Tagesordnung zu stehen habe«, aus dem Weg zu räumen, wie es ein Verantwortlicher formulierte. Zu den Befürwortern der Programmänderung hatten sowohl Kohls wichtigste Berater in diesen Fragen, Wolfgang Schäuble und Horst Teltschik, als auch die Ministerin für innerdeutsche Beziehungen, Dorothee Wilms, gehört.[100]

Im Februar 1989 sprach der Chef des Bundeskanzleramts, Wolfgang Schäuble, von der früher gehegten Erwartung, »daß die Einheit Deutschlands durch eine Wiedervereinigung beider Staaten in absehbarer Zeit erreicht werden könnte«. Inzwischen wisse man, »daß diese Hoffnungen getrogen haben«. Spätestens 1961 sei klargeworden, »daß es vorerst keinen Weg zur Überwindung der deutschen Teilung gab«. Es gehe zunächst vor allem darum, »die Substanz der Nation, die Gemeinsamkeit der Deutschen zu bewahren, das heißt, die Kommunikation zwischen den Menschen nicht völlig zusammenbrechen zu lassen«.[101] Kohls außenpolitischer Berater Teltschik stellte sich noch im Juli 1989 auf den Standpunkt, den Weizsäcker Jahre vorher eingenommen hatte, daß es »in der deutschen Frage nicht in erster Linie um eine territoriale Lösung« gehe.[102] Die westdeutsche Regierung hoffte auf einen ähnlichen Reformprozeß in der DDR wie in Polen und Ungarn und glaubte, daß er leichter in Gang kommen würde, »wenn die DDR nicht durch die Frage der territorialen Vereinigung bedrängt würde«. Hatten die Ostdeutschen erst einmal demokratische Rechte, war alles möglich. Priorität maß man nicht der Vereinigung zu, sondern den Menschenrechten für die Ostdeutschen.[103]

Der neue US-Botschafter in Westdeutschland, Vernon Walters, ein pensionierter Generalleutnant der US Army, der fast fünfzig Jahre lang als Sondergesandter in viele Spannungsgebiete der Welt geschickt worden war, hatte allerdings das untrügliche Gefühl, daß die Vereinigung nicht fern war. Als er im April 1989 mit einem westdeutschen Regierungsbeamten darüber sprach, lächelte dieser aber nur und meinte, Walters sei wohl etwas zu optimistisch.[104] Tatsächlich war die Bundesregierung nicht darauf vorbereitet, Bush beim Wort zu nehmen und die amerikanische Unterstützung für die Vereinigung, die der Präsident im Mai angedeutet hatte, in vollem Umfang einzufordern. Teltschik meinte später, daß die Vereinigten Staaten den Deutschen in der Frage der Vereinigung zu diesem Zeitpunkt weit voraus gewesen seien.[105] Realistisch betrachtet, hatten die Westdeutschen bereits, was sie wollten – ausgezeichnete Beziehungen zu den Reformern im Kreml und eine unverändert feste Bindung an die westlichen Verbündeten.

Während Gorbatschow den Sozialismus in der Sowjetunion zu erneuern versuchte, hoffte er darauf, daß die kommunistischen Führer in Osteuropa seinem Beispiel folgen würden. Er glaubte, daß der Sozialismus tiefe Wurzeln geschlagen hatte und die Turbulenzen von Reformen überstehen würde.[106] Es kann daher nicht überraschen, daß er für Erich Honekker, den Generalsekretär der SED und Staatsratsvorsitzenden der DDR, und die Hardliner in dessen Umgebung nicht viel übrig hatte. Schon 1985, beim Begräbnis von Konstantin Tschernenko, hatte er ostdeutschen Parteiführern gegenüber erklärt, daß der Kindergarten jetzt vorüber sei; niemand würde sie mehr an der Hand führen. Sie trügen selbst die Verantwortung für ihr eigenes Volk.[107] Danach ging es mit den Beziehungen zwischen Gorbatschow und Honecker stetig bergab:»Im Lauf der Zeit waren zunehmend spitze Bemerkungen und versteckte Anspielungen an der Tagesordnung; der offene Meinungsstreit, der die Atmosphäre möglicherweise gereinigt hätte, verschwand aus dem Diskurs.«[108] Zerstören wollte Gorbatschow den ostdeutschen Staat jedoch nicht. Er wollte ihn reformieren. Als Honecker zwei Wochen nach Gorbatschows Rückkehr aus Westdeutschland Moskau besuchte, erhielt er beruhigende Auskunft. Tschernjajew hat bestätigt, daß Gorbatschow in den Gesprächen mit Honecker im Juni 1989 die traditionelle Linie vertrat.[109]

Die jahrzehntelange kommunistische Herrschaft und Indoktrination hatten überall in Osteuropa Haß auf das System erzeugt. Als dem polnischen Volk im April 1989 durch die Wiederzulassung der Solidarność die Rückkehr in die politische Arena gestattet wurde, war nicht mehr zu übersehen, daß sich der Kommunismus alten Stils zumindest in einigen Ländern in ernster Gefahr befand, und Moskau war offenbar nicht bereit, rettend einzugreifen. In der Vergangenheit wären Massenproteste im Vertrauen darauf, daß sowjetische Truppen nötigenfalls Rückendeckung geben würden, durch die einheimischen Sicherheitskräfte niedergeschlagen worden. Gorbatschow hatte jedoch Ende 1988 die»Breschnew-Doktrin« für tot erklärt. Dennoch konnte man nicht wissen, wie die Sowjetunion reagieren würde, wenn der Sozialismus selbst gefährdet war. Über unterschiedliche Wege zum Sozialismus zu reden, war das eine; mit der

Aussicht auf sein Ende konfrontiert zu sein, war etwas ganz anderes. Dieser Rubikon war nocht nicht überschritten worden.

Anfang 1989 glaubten nur wenige, daß die Reformbewegung in Osteuropa für den ostdeutschen Staat zum Problem werden könnte. Die Deutsche Demokratische Republik machte nicht den Eindruck, als wäre sie von ernsthafter Instabilität bedroht. Nur einmal – 1953 – hatte sie kurzzeitig Unruhen erlebt, die mit dem vergleichbar waren, wovon die kommunistischen Führer in Polen, Ungarn und der Tschechoslowakei regelmäßig geplagt wurden. David Childs, einer der führenden westlichen DDR-Kenner, stellte 1988 fest, das ostdeutsche Regime sei »offensichtlich eines der stabilsten der Welt«.[110] Von einem im Vergleich mit den osteuropäischen Nachbarn größeren Wohlstand und einem ausgefeilten System der inneren Kontrolle gestützt, schien der langjährige Partei- und Staatschef Erich Honecker fest im Sattel zu sitzen. Proteste wurden durch eine Mischung aus brutaler Unterdrückung, erzwungener Emigration[111] und der als Ventil wirkenden gelegentlichen Erlaubnis von Westreisen für einen beachtlichen Teil der Bevölkerung niedergehalten.[112] Als Timothy Garton Ash im Juli 1989 die DDR besuchte, fiel ihm der tiefsitzende Pessimismus der oppositionellen Aktivisten auf. Regierungsbeamte bezeichneten die Situation mit resigniertem Kopfschütteln als »sehr kompliziert«, aber das Ministerium für Staatssicherheit – die ›Stasi‹ – war offenbar »immer noch allmächtig und die Bevölkerung im großen ganzen nicht bereit, ihren bescheidenen Wohlstand aufs Spiel zu setzen. Vor allem wurden die Reihen der Opposition durch die Emigration nach Westdeutschland ständig ausgedünnt.« Ein Freund von Garton Ash klagte: »Bald wird niemand mehr in diesem Land zurückgeblieben sein als eine Masse dummer Spießer und ein paar verrückte Idealisten.«[113]

Westliche Beobachter hatten seit langem vermutet oder gespürt, daß viele Ostdeutsche das Regime verachteten oder haßten. Aber diese Verbitterung schien in passive, zynische Resignation umgeschlagen zu sein. Offen kritisch trat nur eine winzige Minderheit auf: Vertreter einer Gegenkultur aus Friedens-, Frauen- und Ökologiegruppen; ein paar Figuren des literarischen Establishments und eine Handvoll kritischer marxistischer Intellektueller. Einen gewissen Schutz für ihre Aktivitäten fanden sie in der evangelischen Kirche, die sich eine stets gefährdete Unabhängigkeit von direkter staatlicher Kontrolle bewahrt hatte. Die Dissidenten blieben jedoch eine Randerscheinung der ostdeutschen Gesellschaft. Demonstranten wurden rasch und hart bestraft, so 1987 und 1988 und erneut im März 1989, als in Leipzig eine kleine Demonstration von etwa dreihundert Kirchgängern von den Sicherheitskräften gesprengt wurde. Der Minister für Staatssicherheit, Erich Mielke, der seit über einem halben Jahrhundert damit beschäftigt war, Opponenten des Kommunismus einzusperren oder zu töten, versicherte seinen Ministerkollegen am nächsten Tag, die Menschen seien nur durch die Anwesenheit der westlichen Medien zu ihrem verwerflichen Tun »inspiriert« worden.[114]

Wenn es eine Bedrohung des Regimes in Ost-Berlin gab, dann kam sie von reformerischen Elementen *innerhalb* der SED. Diese Reformer, wie der Dresdner Parteichef Hans Modrow, schienen bereit zu sein, Gorbatschows Stichwort aufzugreifen und eine ostdeutsche Perestroika in Gang zu bringen. Doch die DDR-Führung hielt im Frühjahr und Sommer 1989 starr an der Macht fest. Sie war entschlossen, sich von dem in den übrigen Ostblockstaaten herrschenden Aufruhr abzuschotten. Im inneren Kreis der Macht, dem Politbüro des ZK der SED, »war das Thema Gorbatschow tabu«.[115] Offiziell entsprach die Parteilinie der schlichten rhetorischen Frage, in die sie ein Mitglied des Politbüros im Interview kleidete: »Würden Sie, wenn Ihr Nachbar seine Wohnung neu tapeziert, sich verpflichtet fühlen, Ihre Wohnung ebenfalls neu zu tapezieren?«[116] Im Winter 1988/89 erlegte sich das Regime gewissermaßen eine Quarantäne gegen den Perestroika-Virus auf. Die Einfuhr anstößiger sowjetischer Zeitschriften wurde verboten. Honecker traf sich mit Nicolae Ceaușescu, dem ihm seelenverwandten rumänischen Diktator, und während in Polen freie Wahlen vorbereitet wurden und auch Ungarn schon ein gutes Stück auf diesem Weg zurückgelegt hatte, blieb Ost-Berlin seinem Wahlmodus treu. Als im Mai Kommunalwahlen stattfanden, erzielte die SED durch die üblichen Manipulationen ein Ergebnis von 98,85 Prozent. Die Proteste von Oppositionellen und kirchlichen Wahlbeobachtern wurden ignoriert.[117]

Der Kontrast zwischen diesem Verhalten und dem reformerischen Tauwetter in Moskau, Warschau und Budapest rüttelte viele Ostdeutsche auf. Ihr Gerechtigkeitsgefühl war weit genug geschärft, um den bislang kleinen Kreis derjenigen, die öffentlich aufbegehrten, zu erweitern. Aber die

Polizei erhöhte die Zahl der Verhaftungen und verstärkte die Schikanen gegen die Kirchen. Im Juni applaudierte die DDR-Volkskammer der blutigen Niederschlagung der Demonstrationen auf dem Pekinger Tiananmen-Platz, und das Politbüro übte scharfe Kritik an Hans Modrow. Anfang desselben Monats hatte die Stasi die Parteiführung auf ein Anwachsen der Dissidentengruppen aufmerksam gemacht, deren »Gesamtpotential« – bei einer Bevölkerung von sechzehn Millionen – allerdings nur auf zweitausendfünfhundert Personen geschätzt wurde.[118]

Doch obwohl sie unverwundbar zu sein schien, konnte sich die ostdeutsche Führung nicht in Sicherheit wiegen. Zu beunruhigend waren die theoretischen Implikationen von Gorbatschows Politik. Otto Reinhold, Wirtschaftwissenschaftler und ZK-Mitglied, zeigte das Dilemma auf, vor dem sein Land stand: »Welche Existenzberechtigung sollte eine kapitalistische DDR neben einer kapitalistischen Bundesrepublik haben? Natürlich keine.« Die DDR sei »nur als antifaschistischer, als sozialistischer Staat, als sozialistische Alternative zur BRD denkbar«.[119] Das war im Frühjahr 1989 kaum Moskaus Sorge. Der Kreml rieb sich eher an Honeckers Halsstarrigkeit, und die Distanz zwischen Moskau und Berlin wuchs. In der DDR mußten Veränderungen stattfinden, denn der kranke, verknöcherte Honecker war den Aufgaben, die vor ihm lagen, augenscheinlich nicht gewachsen.

Die weiterreichenden Auswirkungen des ostdeutschen Problems waren noch nicht abzusehen. Aber was in Osteuropa und der DDR geschah, war nur der Anfang eines steinigen Weges. Es sollte bald deutlich werden, daß der Sozialismus sich nur in dem Ausmaß verteidigen ließ, wie der Kapitalismus angegriffen werden konnte. In diesem Konflikt lagen die Wurzeln des Kalten Krieges, der seinerseits den sozialistischen Mythos am Leben erhielt. Der Klassenkampf bildete das Fundament, auf dem der Mythos ruhte, der zusammen mit den Moskauer Zwangsmitteln sicherstellte, daß der Ostblock nicht auseinanderfiel. Er war die Rechtfertigung, mit der die osteuropäischen Führer, immer im Vertrauen darauf, daß die sowjetische Armee eingreifen würde, wenn die Dinge aus dem Ruder liefen, ihre Völker unterdrückten. Er lieferte die Begründung dafür, daß die sowjetische Bevölkerung auf Dauer unter einer Kriegswirtschaft leiden mußte. Und er war das Bindemittel, das hundert Nationalitäten in einem

Gebilde zusammenhielt, das ohne ihn nichts weiter war als ein Kolonialreich am Rand des Zusammenbruchs.

Die Sowjetführer hatten von Stalin bis Tschernenko nie auch nur im Traum daran gedacht, die philosophische Grundlage des Sowjetstaates und seiner Stellung in der Welt aufzugeben, um die Integration in ein westlich dominiertes internationales politisches und wirtschaftliches System zu erreichen. Sie kämpften verzweifelt für den Erhalt der »sozialistischen Alternative«, weil sie befürchteten, daß deren Verabschiedung das Ende des Sowjetstaates selbst bedeuten würde. Bis zum Herbst 1989 hatte Gorbatschow keinen Grund anzunehmen, daß sie recht hatten. Doch er sollte bald mit dem ganzen Ausmaß der Konsequenzen seiner Ideen konfrontiert werden und erkennen, daß die Sorgen seiner Vorgänger nicht völlig aus der Luft gegriffen waren.

ZUR ENTSTEHUNG
DER DEUTSCHEN FRAGE

Wir neigen dazu, hinter großen Veränderungen große Ursachen zu vermuten. Anders zu denken scheint einen inneren Sinn für Proportionen zu verletzen. Vor hundertfünfzig Jahren bemerkte Alexis de Tocqueville zum Sturz der französischen Monarchie in der Februarrevolution von 1848, einem plötzlichen und relativ friedlich verlaufenen Umbruch, er sei – wie der Fall des Kommunismus in Ostdeutschland – »mehr vor den Augen als unter den Schlägen der Sieger« erfolgt, »die über ihren Sieg ebenso erstaunt waren wie die Besiegten über ihre Niederlage«. Seine Erklärung war, daß große Ursachen mit kleinen Umständen zusammengewirkt hatten. Die Februarrevolution sei, »wie alle anderen großen Geschehnisse dieser Art, aus allgemeinen Ursachen« entstanden, »die von Zufällen sozusagen befruchtet wurden«, wobei der Zufall in Wirklichkeit eine »verwickelte Folge untergeordneter Ursachen« sei, die wir nur so nennen, »weil wir sie nicht entwirren können«.[1]

Für die Staatsmänner, die sich damit konfrontiert sahen, kam das Wiederaufleben der deutschen Frage völlig überraschend. Jeder wußte, daß frühere Auseinandersetzungen zu einer Pattsituation geführt hatten, nicht zu vertraglichen Regelungen. Insofern war Deutschlands Zukunft nie geklärt worden. Aber keiner der beteiligten Staatsmänner hatte erwartet, sich mit diesem Problem beschäftigen zu müssen. Sie hatten die »Rechte und Verantwortlichkeiten« der Vier Mächte gegenüber Deutschland wahrgenommen, auch wenn das Umfeld nichts mehr mit demjenigen zu tun hatte, in dem sie erlangt worden waren. Ein stabiler, demokratischer und mächtiger westdeutscher Staat war zu einer Stütze des westlichen Bündnisses geworden und längst kein besiegter Feind mehr, und die Sowjetunion wurde von einem ehrgeizigen Reformer geführt, der sein Land vor dem inneren Verfall retten und aus der internationalen Isolation herausführen wollte, nicht von einem siegreichen, rücksichtslosen

Diktator, der entschlossen war, die sozialistischen Kriegsgewinne zu konsolidieren.

1989 wurden diese Widersprüche durch eine »verwickelte Folge untergeordneter Ursachen« an die Oberfläche gespült, so daß man vor der heiklen Aufgabe stand, die Arbeit von 1945 fünfundvierzig Jahre später im Kontext all dessen, was in der Zwischenzeit passiert war, zu vollenden. Offene Grenzfragen, das Recht der Deutschen auf Selbstbestimmung, die politische und militärische Ausrichtung eines neuen Deutschlands, sein Platz in einem geeinten Europa: dies alles waren keine neuen Themen. Das historische Erbe war da, zwar eher wie das Negativ einer Fotografie, aber doch deutlich genug zu erkennen, um die Betrachter an die Probleme und Ängste zu erinnern, die mit der Frage der deutschen Einheit verknüpft waren.

Deutschland war lange Zeit ein Problemfall der Weltgemeinschaft gewesen. Vor Napoleon war es ein Flickenteppich aus über dreihundertfünfzig Staaten und freien Städten gewesen, die locker zum Heiligen Römischen Reich deutscher Nation verbunden waren. Napoleon verringerte die Zahl der deutschen Staaten und schloß sechzehn von ihnen zum Rheinbund zusammen, der seinen Sturz jedoch nicht überlebte. Auf dem Wiener Kongreß wurde dann im Rahmen der Neuordnung Deutschlands der Deutsche Bund gebildet, dem neununddreißig Staaten angehörten, die aber weiterhin durch Zollschranken sowie durch unterschiedliche Währungen, Religionen und Herrscherfamilien voneinander getrennt waren. Die Großmächte von 1815 betrachteten den Deutschen Bund als willkommenes Mittel, Deutschland in seinem schwachen und geteilten Zustand zu halten.

In den vierziger und fünfziger Jahren des 19. Jahrhunderts erhielt die Idee der nationalen Einheit breitere Unterstützung, weil man sich politische Reformen von ihr versprach. Man hoffte, daß eine demokratische Zentralregierung an die Stelle der Fürsten treten würde. Im neuen Zeitalter der Industrie und des Handels schien die nationale Einheit außerdem ein Garant für Wohlstand zu sein. Dafür sprachen die positiven Erfahrungen mit dem 1834 gegründeten Zollverein, der die Hindernisse für den innerdeutschen Handel weitgehend abgebaut hatte. Als 1848 revolutionäre Erhebungen gegen die Regenten des Deutschen Bundes ausbrachen, trafen sie sich in einem gemeinsamen Ziel: der Bildung einer gesamtdeutschen Nationalversammlung. Die Chance wurde jedoch in Streitereien über die Gestaltung des neuen Deutschlands vertan. Im Sommer 1849 saßen die Fürsten wieder fest auf ihren Thronen. In den sechziger Jahren ergriff schließlich das Königreich Preußen unter Bismarcks Führung die Gelegenheit, die Vereinigung Deutschlands von oben durchzusetzen. Es schmiedete in Kriegen gegen Dänemark, Österreich und Frankreich ein neues Deutsches Reich zusammen, das am 18. Januar 1871 im Spiegelsaal des Versailler Schlosses, gewissermaßen auf dem Feld des Sieges, mit der Proklamation Wilhelms I. zum Deutschen Kaiser aus der Taufe gehoben wurde.

Die anderen Großmächte waren nicht sehr erfreut über den Neuzugang in ihren Reihen, obwohl sie alle Bismarcks Politik in der einen oder anderen Weise begünstigt hatten: Die britische Diplomatie war passiv geblieben oder mit anderem beschäftigt gewesen; die Franzosen hatten ihre potentiellen Freunde verärgert; Österreich-Ungarn hatte den langen Abstieg von der Höhe der Macht begonnen; und der russische Zarenhof mochte die anderen Großmächte noch weniger als Preußen. Dreißig Jahre später hatten Frankreich und Rußland jedoch ein Militärbündnis geschlossen, und England sah in Deutschland seinen Hauptkonkurrenten auf dem Kontinent. Dem Deutschen Reich wurde die Schuld an den Millionen Toten des Ersten Weltkriegs angelastet. Dann tauchte ein neues Deutsches Reich unter dem Befehl Hitlers Europa in ein noch furchtbareres Blutbad. »Nach Hitler«, schreibt Fritz Stern, »ist nichts mehr so, wie es vorher war – weder in der Welt des Geistes noch der der Politik, weder in Europa noch außerhalb.«[2]

Das Bild Deutschlands und der Deutschen in der Welt wurde durch den von den Nationalsozialisten verbreiteten Schrecken für immer verändert. Der Historiker Gerhard Weinberg hat dazu angemerkt: »Zu Beginn des Jahrhunderts hatte der deutsche Kaiser Wilhelm II. seinem Volk die Hunnen als nachahmenswertes Beispiel vorgehalten. Der deutsche Generalgouverneur im besetzten Polen während des Zweiten Weltkriegs verkündete stolz die Absicht, seine Provinz nach den Vandalen umzubenennen. Ein neues dunkles Zeitalter sollte sich über die Erde senken. Die Wesenszüge der bestehenden Zivilisation sollten so ausgemerzt werden, wie einst die barbarischen Invasoren die in der antiken Welt des Mittelmeerraumes erzielten Fortschritte ausgelöscht hatten. Nur sollte die Zerstörung dieses Mal gründlicher erfolgen. Und bei der fortgesetzten Unterdrückung hätte man auf höher entwickelte Instrumente zurückgreifen können.«[3] Hitlers Pläne für die Unterwerfung eines großen Teils der Welt und der Gedanke, daß eine moderne Regierung einer hochgebildeten Bevölkerung systematisch darangehen konnte, ein ganzes Volk, die Juden, zu ermorden, erschütterten das Vorstellungsvermögen. Die Deutschen gingen aus dem Zweiten Weltkrieg mit dem unauslöschlichen Makel von Verbrechen hervor, die den menschlichen Verstand überstiegen. Ihre einzige Hoffnung, den Nationalstolz wiederzuerlangen, bestand in dem Mittel, das Elie Wiesel in einem Vortrag in Berlin empfohlen hat: »Wenn wir die Herausforderung der Erinnerung annehmen, können wir gemeinsam vorwärtsschreiten, etwas aufbauen auf allem Schmerz und Zorn.«[4]

Im Gefolge des Zweiten Weltkriegs entstanden neue Alpträume in bezug auf das, was einmal an die Stelle des nun wieder geteilten Deutschland treten könnte. Schreckbild der Sowjetunion war ein wiedervereinigtes und militarisiertes Deutschland, das sich mit dem Westen verbündete und erneut danach trachtete, sie zu vernichten. Ostdeutschland wurde zum äußeren Schutzschild des sozialistischen Lagers, und zwar nicht nur gegen die modernen Armeen des Westens, sondern auch gegen die Versuchung seiner Ideen und Lebensweise. Den Westen plagten andere Ängste. Die düsterste Vorstellung war ein neues Rapallo – jener Vertrag, den das besiegte Deutschland 1922 mit Lenins international geächtetem Sowjetstaat geschlossen hatte.[5] In diesem Szenario neigte sich ein geeintes Deutschland mangels Verankerung im Westen der anderen Seite zu und brachte damit das europäische Kräftegleichgewicht zugunsten der Sowjetunion ins Wanken.

Wenn die beiden Seiten einmal über ihre Alpträume hinausschauten, erblickten sie die unabänderliche Tatsache, daß es kein geeintes Deutschland gab, das alle Interessen zufriedenstellen konnte: Die ideologische Teilung Europas verhinderte dies. Es war einfacher, das Urteil der Geschichte zu akzeptieren und sich zu sagen, daß die deutsche Teilung möglicherweise gar nicht so unnatürlich war. Vielleicht war die Phase der Einheit zwischen 1871 und 1945 die Ausnahme gewesen. Dann und wann –

für gewöhnlich in einer akademischen Veranstaltung oder einer Sonntagsrede – warf jemand die deutsche Frage auf. Da aber die Prophezeiungen für ein wiedervereinigtes Deutschland derart beunruhigend waren, arbeitete man beiderseits des Eisernen Vorhangs um so härter daran, das Fundament des jeweiligen deutschen Teilstaats zu verstärken. Und man glaubte es mit Erfolg zu tun.

Gebietsfragen und polnische Westgrenze

Als der Zweite Weltkrieg zu Ende ging, hatte keine der Siegermächte genaue Vorstellungen darüber, was mit Deutschland geschehen sollte. Man würde es besetzen und eine Weile regieren, bis ein Friedensvertrag ausgearbeitet war, den man dann mit irgendeiner wiedereingesetzten staatlichen Autorität abschließen würde. Weitergehende Vorstellungen waren kaum vorhanden. Im Mai 1945 gab es keinen deutschen Staat, der als Fundament für den Wiederaufbau hätte dienen können. Der alte war zerschlagen, und die erschöpften Sieger hatten kein gesteigertes Interesse daran, sich zu überlegen, wie ein neuer geschaffen werden könnte. Als sich die Regierungen schließlich dieser Aufgabe zuwandten, hatten sie die Fähigkeit zur Zusammenarbeit – die nie besonders ausgeprägt gewesen war – restlos verloren. Die Frage des staatlichen Wiederaufbaus war allerdings schon durch die frühen Auseinandersetzungen über die Militärverwaltung in einem in Trümmern liegenden und zerrissenen Land überlagert und zumindest teilweise vorentschieden worden.

Während des Krieges hatten Amerikaner und Briten mit der Idee gespielt, das besiegte Deutschland zu zerstückeln, doch jetzt waren sie sich nicht sicher, ob sie es tun sollten. Die Sowjetunion neigte eher dazu, das Land als Objekt des sowjetischen und kommunistischen Einflusses unversehrt zu lassen.[6] Aber Stalin hatte ein klares Nahziel: Er wollte das Staatsgebiet der Sowjetunion vergrößern, um ihre Grenze nach Westen verschieben zu können. Er hatte versucht, diese Pufferzone durch einen Handel mit Hitler zu erhalten – den berüchtigten Hitler-Stalin-Pakt von 1939, durch den Polen von der Landkarte verschwand. Am Ende des Krieges hielt die Rote Armee ungefähr die Hälfte des deutschen Staatsgebiets von 1937, als Hitlers Annexionen noch bevorstanden, besetzt. Stalin halbierte nun diese Hälfte und beließ den einen Teil unter sowjetischer Militärkontrolle, während er den anderen der Sowjetunion und Polen zuschlug. Dabei verleibte sich die UdSSR etwa die Hälfte des ehemaligen Ostpreußens ein, einschließlich Königsbergs, das von nun an Kaliningrad hieß. All dies geschah mit dem stillschweigenden Einverständnis der Amerikaner und Briten.

Sodann übergab Stalin, ohne die förmliche Zustimmung der Westalliierten abzuwarten, die verbliebenen Gebiete östlich von Oder und Neiße, einschließlich Schlesiens, das seit Jahrhunderten deutschsprachiges Siedlungsgebiet gewesen war, an die neuen kommunistischen Machthaber in Polen, um sie für den Verlust jener polnischen Gebiete zu entschädigen, die der Sowjetunion angegliedert werden sollten. Zu polnischem Territorium wurden die neuen Gebiete durch die Vertreibung aller Deutschen, die noch nicht geflohen oder durch Gewalteinwirkung und Hunger gestorben waren. Wie Stalin dem britischen Außenminister Ernest Bevin zynisch erklärte, brauchten sich die Engländer keine Sorgen über diese Region zu machen, denn »es gebe in den Gebieten, die von Deutschland abgetrennt wurden, nicht mehr viele Deutsche«.[7]

Die Vereinigten Staaten und Großbritannien teilten den Sowjets mit, daß sie der polnischen Annexion dieses sowjetisch besetzten Teils von Deutschland nicht zustimmen könnten. Sie erklärten sich jedoch unter dem Vorbehalt,»daß die endgültige Festlegung der Westgrenze Polens bis zu der Friedenskonferenz zurückgestellt werden soll«,[8] mit der provisorischen polnischen Verwaltung dieser Gebiete einverstanden. Eine Friedenskonferenz wurde jedoch nie einberufen. Die endgültige Grenzziehung zwischen Deutschland und Polen wurde deshalb zu einer der Verantwortlichkeiten, der sich die Vier Mächte, die sich zur »obersten Regierungsgewalt hinsichtlich Deutschlands«[9] erklärt hatten – die Vereinigten Staaten, die Sowjetunion, Großbritannien und Frankreich –, entledigen mußten, bevor Deutschland als Ganzes wiedererstehen konnte.

Ideologie statt Politik

Die Frage nach der politischen Zukunft Deutschlands auf den nächsten Tag zu verschieben blieb auch in den folgenden Jahren die übliche Praxis.

In Potsdam waren Amerikaner, Briten und Sowjets übereingekommen, einen Friedensvertrag auszuarbeiten, den man den Deutschen vorlegen wollte. Für die Beratungen über den Vertragstext wurde eigens ein Rat der Außenminister gebildet. In der Zwischenzeit sollte Deutschland durch einen Alliierten Kontrollrat regiert werden.

Die Zusammenarbeit der Vier Mächte hätte sich selbst unter günstigsten Umständen schwierig gestaltet; doch ihre Unentschlossenheit hinsichtlich die Gestaltung des künftigen deutschen Staates und der ständige Streit über die Besatzungspolitik schlossen sie nahezu aus. Währenddessen war es, wie der offizielle Historiker der amerikanischen Militärregierung später schrieb, »nach der deutschen Kapitulation … rund ein Jahr lang schlicht unmöglich, das Weiße Haus dazu zu bringen, seine Aufmerksamkeit der Politik gegenüber Deutschland zuzuwenden«. Darin spiegelte sich »die fast völlige Gleichgültigkeit wider, mit der Bevölkerung und politische Führung der Vereinigten Staaten das Problem der Besatzung Deutschlands betrachteten«.[10]

Washington und Moskau übernahmen nach und nach die Führung der neuen bipolaren Weltordnung. Auf amerikanischer Seite verstärkte das sowjetische Verhalten gegenüber Deutschland den Pessimismus in bezug auf die bei Kriegsende erwartete Kooperation. Im Sommer 1946 bildete sich in der Truman-Administration ein Konsens darüber heraus, daß die sowjetischen Aktionen in Deutschland und andernorts Teil eines umfassenden Plans seien, Europa und die Welt unter kommunistische Kontrolle zu bringen. Man fürchtete jedoch angesichts der politischen Unruhe, in der sich der Kontinent aufgrund von Armut und knappen Ressourcen befand, weniger einen militärischen Angriff als vielmehr politische Subversion.

Die britische Regierung mußte nicht erst von der sowjetischen Bedrohung überzeugt werden. In London war man sich der Gefahr aus dem Osten bereits seit Kriegsende bewußt. Daneben befürchtete man in London wie in Washington, daß es in Deutschland zu wirtschaftlichem Chaos und sogar zu Hungersnöten kommen könnte. Die Regierungen auf beiden Seiten des Atlantiks begriffen jetzt, daß die wirtschaftliche Erholung Deutschlands in ihrem nationalen Interesse lag, selbst wenn dies gegen das Mandat des Potsdamer Abkommens verstieß, eine Viermächtekooperation mit den Sowjets anzustreben. »In vielen lebenswichtigen Fragen«, erklärte US-Außenminister James Byrnes im September 1946, »wird Deutschland weder vom Kontrollrat regiert, noch gestattet ihm dieser, sich selbst zu regieren«. Die Vereinigten Staaten wollten jetzt eine »größtmögliche« wirtschaftliche Vereinigung erreichen, damit in Deutschland ein sich selbsttragender wirtschaftlicher Aufschwung in Gang kommen konnte. Überhaupt sollte dem deutschen Volk nunmehr die »Hauptverantwortung für die Behandlung seiner eigenen Angelegenheiten« übertragen werden. Gleichzeitig versicherte Byrnes: »Solange die Anwesenheit von Besatzungskräften in Deutschland notwendig ist, wird die Armee der Vereinigten Staaten einen Teil dieser Besatzungsmacht bilden.«[11]

Byrnes' Nachfolger, General George C. Marshall, war jedoch noch nicht bereit, das Konzept der Viermächtekooperation in der Wirtschaftsverwaltung aufzugeben. Als er zur nächsten Sitzungsrunde des Rats der Außenminister im März und April 1947 nach Moskau reiste, hatte er einen Plan im Gepäck, der die wirtschaftliche Erholung Deutschlands gewährleisten sollte. Gleichzeitig wollte er den amerikanischen Vorschlag erneuern, die vollständige Entwaffnung Deutschlands für mindestens fünfundzwanzig Jahre vertraglich festzuschreiben. Die Sowjets waren aber nur an einem Handel interessiert, der ihnen sofortige Reparationen aus Deutschland einbringen würde. Nachdem sie bis zum Frühjahr 1946 mindestens ein Drittel der Investitionsgüter demontiert hatten, stellten sie die Ausplünderung ihrer eigenen Besatzungszone ein und wandten sich den Westzonen zu, um von dort Reparationen zu erhalten.[12]

Marshall rang sich widerstrebend zu der Einsicht durch, daß mit den Sowjets keine Lösung zu erreichen war, die den westlichen Teil des besetzten Deutschlands wirtschaftlich auf eigene Füße stellen würde. Das hieß, daß die amerikanischen Hilfslieferungen für Deutschland den Abtransport der deutschen Produktion in die Sowjetunion subventioniert hätten. Ein vereintes Deutschland »unter Bedingungen, die letztlich bedeuten, daß das amerikanische Volk Reparationen an einen Verbündeten zahlt«, war jedoch inakzeptabel, wie Marshall an Truman schrieb.[13] Marshall war, mit den Worten seines Biographen, »der letzte in der amerikanischen Führungsmannschaft, der die Hoffnung aufgab, man könne mit den Russen in Verhandlungen etwas erreichen«.[14]

Es wirkt im Rückblick merkwürdig, daß die Sowjets Marshalls Angebot der Entwaffnung Deutschlands ablehnten. Möglicherweise hat Michael Howard recht, wenn er anmerkt, einer der auffallendsten Aspekte dieser ganzen Periode sei »die erstaunliche Dummheit der sowjetischen Politik. Die Sowjets hielten alle Trümpfe in der Hand und hätten sie nur noch auszuspielen brauchen, zumal die Karten ihrer Mitspieler [durch die sowjetische Spionage] gezinkt waren.«[15] Die sowjetische Politik läßt sich allerdings auch durch Stalins feindselige, wenn nicht sogar paranoide Sicht des internationalen Systems erklären. In Stalins Augen waren der Zweite Weltkrieg und die Große Allianz nur die erste Phase im kommenden Krieg zwischen Kapitalismus und Kommunismus. Seiner Meinung nach würden die kapitalistischen Staaten zuerst um die Vorherrschaft untereinander kämpfen und sich dann gegen die Sowjetunion wenden. Dies war zumindest einer der Gründe, warum Stalin 1939 glaubte, daß ihn das Arrangement mit Hitler in die Lage versetzen würde, der ersten Phase des Weltenbrandes vom Spielfeldrand aus zuzusehen. Der deutsche Angriff auf die Sowjetunion ließ diese Illusion zerplatzen.[16]

Die Furcht vor einem neuen Weltkrieg wurde durch den Jubel über den Sieg über den Nazismus zeitweise in den Hintergrund gedrängt. Doch von Ende 1946 bis 1948 dominierte der xenophobe Andrej Schdanow die sowjetische Haltung in Fragen der Weltordnung. Wie ein Historiker zugibt, wissen wir jedoch »über das, was in dieser Phase des Kalten Krieges in der Sowjetunion vor sich ging, weniger als über jede andere Periode der sowjetischen Geschichte«.[17] Klar ist nur, daß Moskau Druck ausübte, um die mit den Nachwirkungen des Krieges kämpfenden westeuropäischen Regierungen zu schwächen. Die französischen Kommunisten, zum Beispiel, verließen im Mai 1947 die Koalitionsregierung und riefen den Generalstreik aus, um die vierte französische Republik zu destabilisieren. Diese aggressive Politik stand im Zusammenhang mit einer neuen sowjetischen Analyse der ökonomischen Entwicklung, die zu dem Schluß gelangt war, daß der Kapitalismus vor einer schweren Wirtschaftskrise stand und demzufolge verwundbar war.

Die Möglichkeit eines neuen Weltkrieges vor Augen, war Stalin entschlossen, die Kriegsgewinne der Sowjetunion zu sichern. Er begegnete daher jedem westlichen Angebot mit Mißtrauen, das seine Verfügungsgewalt über das künftige Deutschland – oder zumindest dessen sowjetisch besetzten Teil – beschränkt hätte. Nach Aussage eines sowjetischen Historikers mit Zugang zu relevantem Archivmaterial hätte Stalin jeden Kompromiß und jedes Zugeständnis der Vereinigten Staaten als »bloßes taktisches Manöver« im Rahmen der dem Westen unterstellten Kriegspläne betrachtet.[18]

Die Amerikaner kehrten aus Moskau mit dem Entschluß zurück, an Franzosen und Sowjets vorbei mit den Briten zusammen eine separate Wirtschaftsverwaltung ihrer beiden Besatzungszonen in Deutschland aufzubauen. Das US-Außenministerium entwickelte daraufhin eine umfassende Initiative für den Wiederaufbau Europas, das *European Recovery Program* (ERP), besser bekannt als Marshallplan, der nach dem Willen von Amerikanern und Briten auch Deutschland zugute kommen sollte. Um das Angebot in Anspruch nehmen zu können, wurde ein deutscher Wirtschaftsrat gebildet, der die Wirtschaftsverwaltung der anglo-amerikanischen »Bizone« übernehmen sollte. Dieser Rat, der im Juni 1947 zum ersten Mal zusammentrat, war die erste Vorstufe des späteren westdeutschen Parlaments. Der Marshallplan spiegelte eine grundlegende Neubestimmung der nationalen Interessen der Vereinigten Staaten wider, die einen massiven Einsatz amerikanischer Ressourcen für die Erneuerung Europas als gerechtfertigt erscheinen ließ. Die Sowjetführung lehnte die Teilnahme an dem Projekt ab, weil sie keine Bedingungen akzeptieren wollte, die aus ihrer Sicht dem Zweck dienten, den Sozialismus in der Sowjetunion zu zerstören. Stalin zwang auch die unter seinem Einfluß stehenden Regierungen Osteuropas, die Mitarbeit am ERP zu verweigern.

Damit war der ideologische Rahmen des deutschen Problems abgesteckt. Der Westen würde den Wiederaufbau des von ihm kontrollierten Teils von Europa und Deutschland betreiben, während es der Sowjetunion freistand, die andere Hälfte Europas und Deutschlands nach eigenem Gutdünken zu behandeln. Die Sowjets versuchten die politische Reorganisation im Westen Deutschlands allerdings ebenso zu beeinflussen wie die im Osten, und zwar, wie Stalin einem ostdeutschen Kommunisten anvertraute, »nicht [durch] direkte Eingriffe, sondern [im] Zickzack«, durch eine »opportunistische Politik zum Sozialismus«.[19] Die Viermächtekooperation bei der Verwaltung Deutschlands wurde formell beendet, als die Sowjets im März 1948 die Mitarbeit im Alliierten Kontrollrat aufkündigten. Das Schicksal Deutschlands lag jetzt in den Händen zweier unversöhnlicher, feindlicher Machtblöcke.

Drei Vertrauensfragen

Der Streit über die Viermächteverwaltung war noch überwiegend eine Auseinandersetzung über Deutschland selbst gewesen. Jetzt, nachdem Deutschland zum offenen Austragungsort der Ost-West-Konfrontation geworden war, stellte die deutsche Frage nur noch einen Faktor in einem größeren Kalkül dar, in dem es um Europa, wenn nicht die Welt ging. Die Politik von Briten, Franzosen und Sowjets war eindeutig. Alle drei Länder waren sich einig, daß ein vereintes Deutschland allenfalls dann wiedererstehen dürfe, wenn es sich nicht mit der gegnerischen Seite im Ost-West-Konflikt verbündet und wenn es nicht erneut zu einer mächtigen und bedrohlichen Macht in Mitteleuropa heranwachsen würde. Wenn diese Bedingungen zur Folge hatten, daß es kein vereintes Deutschland mehr geben würde – auch gut. Tatsächlich begrüßten führende Politiker aller drei Länder die durch die Teilung in zwei Staaten erreichte Schwächung der deutschen Macht.

Die deutsche Frage setzte sich in Wirklichkeit aus drei Fragen zusammen, mit denen alle Regierungen zwischen 1948 und 1955 konfrontiert waren: 1. Trauen wir den Deutschen genug, um ihnen die Wiedervereinigung zu gestatten? 2. Trauen wir den Deutschen genug, um ihnen die freie Entscheidung über ihre politisch-militärische Orientierung zu gestatten? 3. Trauen wir den Deutschen genug, um sicher zu sein, daß ihre nationalen Bestrebungen den europäischen Frieden nicht gefährden werden? Bis 1955 hätten die französischen, britischen und sowjetischen Regierungen wahrscheinlich alle drei Fragen unisono mit Nein beantwortet. Die Antwort der Amerikaner war schwerer vorherzusagen. Sie dachten nicht wirklich über diese Fragen nach. In Westdeutschland lösten sie öffentlich und privat bohrende Selbstzweifel aus, die darauf hinausliefen, daß sich die Deutschen nicht einmal sicher waren, ob sie sich selbst trauen konnten.

Wolfram Hanrieder zufolge lag der amerikanischen Politik dieser Jahre eine »Strategie des Doppel-Containment« zugrunde, »das In-Schach-Halten der Sowjetunion mittels Eindämmung und das In-Schach-Halten der Bundesrepublik mittels integrativer westlicher Bündnisstrukturen«.[20] Das ist zutreffend beschrieben, obwohl es den Amerikanern im Verhältnis zu Westdeutschland auch um den Aufbau von gegenseitigem Vertrauen ging. 1955 – wahrscheinlich sogar schon 1950 oder 1952 – waren die Schlüsselfiguren der US-Regierung soweit, die drei Vertrauensfragen positiv zu beantworten, wenn auch nicht ganz ohne Bedenken. Dies hatte mehrere Gründe: die entschlossene Westorientierung des ersten deutschen Bundeskanzlers, Konrad Adenauer; den gemeinsamen deutsch-amerikanischen Triumph über den sowjetischen Versuch von 1948/49, West-Berlin abzuschnüren; und die Tatsache, daß die Westdeutschen zwischen 1950 und 1955 ihren Teil der mit der politischen und militärischen Anlehnung an die Westmächte verbundenen Lasten übernahmen.

Kennans »Plan A«

Frankreich und Großbritannien streckten 1948 erste Fühler aus, um neue Allianzen zu schmieden, die ihre Befürchtungen in bezug auf die Sowjetunion und Deutschland mindern könnten. Die britische Regierung betrieb die Bildung einer sogenannten Westunion, eines regionalen Verteidigungsbündnisses, dem neben England und Frankreich die Beneluxstaaten angehören sollten. Nachdem im Februar 1948 in der Tschechoslowakei die Kommunisten die Macht übernommen hatten, sagten führende US-Politiker zu, sich dem Bündnis anzuschließen und Westeuropa militärische Unterstützung zu gewähren. Das Resultat war schließlich die Organisation des im April 1949 in Washington unterzeichneten Nordatlantikvertrages, kurz NATO genannt.

Während der Berlin-Blockade im Sommer 1948 hatten der Politische Planungsstab des US-Außenministeriums und dessen Direktor, George F. Kennan, dafür plädiert, sich ein letztes Mal um eine gesamtdeutsche Lösung zu bemühen. Kennans Vorschlag als Leiter eines Unterausschusses des NSC, der sich mit den künftigen Beziehungen Deutschlands zu seinen Nachbarn befaßte, sah gesamtdeutsche Wahlen, die Beendigung der

Viermächteverwaltung und den schrittweisen Abzug der alliierten Streit-kräfte vor.[21] Dies bedeutete auch für Kennan selbst eine Kehrtwende. Jah-relang hatte er die Idee, Deutschland gemeinsam mit den Russen zu regie-ren, für einen »Wahn« gehalten. Sein Credo hatte gelautet: »Wir haben keine andere Wahl, als unseren Teil von Deutschland … zu einer Form von Unabhängigkeit zu führen, die so befriedigend, so gesichert, so über-legen ist, daß der Osten sie nicht gefährden kann.«[22] Doch nun war er zu dem Schluß gelangt, daß es weniger riskant sei, die Deutschen ohne Be-vormundung durch die Vier Mächte über ihr Schicksal entscheiden zu las-sen, als den Status quo aufrechtzuerhalten, der eine ständige sowjetische Militärpräsenz an der instabilen Trennlinie des geteilten Deutschland im Herzen Europas bedeutete. Eine westdeutsche Regierung, befürchtete er, könnte »zum Sprecher eines verbitterten, trotzigen Nationalismus« wer-den.[23]

Der Rest des Außenministeriums war im Gegensatz zu Kennan der Meinung, daß Deutschland noch nicht soweit war, sich selbst zu regie-ren. Der Chef der Europaabteilung, John Hickerson, hielt es für höchst ge-fährlich, »wenn wir zuließen, daß sich Deutschland … vereint, solange Westeuropa nicht sowohl wirtschaftlich als auch militärisch stärker ge-worden ist«. Außenminister Marshall war von Kennans Vorschlag jedoch fasziniert und forderte ihn auf, seine Idee weiter auszuarbeiten und den Rat unabhängiger Berater einzuholen.[24] Kennan bildete daraufhin eine Arbeitsgruppe, die seinen »Plan A« überarbeiten sollte. Im November 1948 legte er die Neufassung als Eventualplan für den Fall vor, daß die Vereinigten Staaten die Bedingungen bekanntgeben wollten, »unter de-nen sie bereit wären, der Bildung einer deutschen Regierung für ganz Deutschland und dem Rückzug der Streitkräfte aus dem größten Teil Deutschlands zuzustimmen«. Der Plan stieß weiterhin auf starken Wider-stand, und der in Marshalls Abwesenheit amtierende Minister Robert Lovett teilte Kennan mit, daß über den Vorschlag nochmals nachgedacht werden müsse.[25]

Neue Aufmerksamkeit wurde Kennans Plan im Januar 1949 zuteil, als Truman seine zweite Amtszeit antrat und Marshall von Dean Acheson ab-gelöst wurde, der im Vorjahr einer der Befürworter des Plans gewesen war. Kennan legte »Plan A« erneut vor, und Acheson teilte seinem britischen und französischen Kollegen, die zu den Verhandlungen über den Nordatlantikvertrag in Washington weilten, mit, daß die Vereinigten Staaten an einem neuen Modell für eine gesamtdeutsche Lösung arbeiteten, »so trübe die Aussichten auch sein mögen«. Die beiden Außenminister nahmen es eher verhalten zur Kenntnis.[26]

Am 18. April 1949 fand unter Achesons Leitung eine längere Diskussion über Kennans Plan statt. Die Meinung war gespalten. Auf der einen Seite standen jene, nach deren Ansicht die Teilung Deutschlands so lange wie möglich aufrechterhalten werden sollte, damit Westdeutschland schwach und von seinen westlichen Nachbarn abhängig blieb. Auf der anderen Seite war man überzeugt, daß den amerikanischen Interessen am besten gedient wäre, wenn die deutsche Teilung so bald wie möglich beendet würde. Dies würde den Rückzug der sowjetischen Streitkräfte in Richtung Sowjetunion ebenso einschließen wie den Abzug des größten Teils der amerikanischen Truppen.

Als die Briten von »Plan A« erfuhren, waren sie entsetzt über die Aussicht, daß die Vereinigten Staaten ihre Truppen aus Deutschland abziehen könnten. Ernest Bevin schrieb Acheson, westdeutsche Politiker hätten ebenfalls schwere Bedenken gegen eine gesamtdeutsche Regelung, die Deutschland der Gnade der von den Sowjets aufgebauten Polizeikräfte in der Ostzone und der Kommunisten in den Westzonen ausliefern würde. Diese Politiker sprachen sich, laut Bevin, gegen einen Abzug der westlichen Besatzungstruppen aus, solange sich nicht ein gefestigter demokratischer Staat etabliert hatte und die Gefahr aus dem Osten gebannt war.[27]

Acheson ließ sich davon nicht beirren und stand Kennans Initiative weiterhin positiv gegenüber. In Vorbereitung auf das nächste Treffen des Rats der Außenminister drängte er Bevin, über eine Umgruppierung der Truppen und die Zurückdrängung der Sowjets nach Osten nachzudenken. Doch einen Tag, nachdem er auf Bevins Schreiben geantwortet hatte, sickerten die in »Plan A« enthaltenen Ideen zur Presse durch. Die Zeitungsmeldungen verunsicherten die Männer an der Spitze, die noch nicht bereit waren, die vorgeschlagene Politik offensiv zu vertreten, und bewirkten den umgehenden Zusammenschluß der Gegner aus Militär und Verteidigungsministerium. Zu denen, die ihr Gewicht gegen Kennans Vorschlag in die Waagschale warfen, gehörten der Oberbefehlshaber der US-

Streitkräfte in Europa und Militärgouverneur der amerikanischen Besatzungszone in Deutschland, General Lucius D. Clay, der Verteidigungsminister Louis Johnson und die Vereinigten Stabschefs. Angesichts dieser Phalanx gab Acheson auf. Er zog den Schluß, daß es »weniger und nicht so schmerzliche Schwierigkeiten« bereite, »mit der westdeutschen Regierung weiterzumachen, als den Versuch zu unternehmen, Deutschland vorher zu vereinigen«. Briten und Franzosen waren beruhigt.[28]

Jahre später behauptete Paul Nitze, daß Acheson immer noch so sehr an »Plan A« hänge, daß er seinen engen Berater Charles Bohlen beauftragt habe, bei den Sowjets unter der Hand auszuloten, ob sie an einem generellen Abzug aller Besatzungstruppen interessiert waren. Bohlen sprach mit dem Oberbefehlshaber der Westgruppe der sowjetischen Streitkräfte, General Wassili Tschuikow, der erwidert haben soll: »Die Deutschen hassen uns. Es ist notwendig, daß wir unsere Streitkräfte in Deutschland behalten.« Damit war, laut Nitze, »jeder Diskussion von Plan A ein Ende gesetzt«. Tatsächlich spielte Acheson noch 1951, nach dem Ausbruch des Koreakrieges, mit dem Gedanken eines beiderseitigen Truppenabzugs aus Deutschland.[29] Aber sowohl der Westen als auch der Osten beließen ihre Besatzungstruppen, wo sie waren, und die USA, Großbritannien und Frankreich trieben die Bildung eines westdeutschen Staates voran, der Bundesrepublik Deutschland mit der Hauptstadt Bonn.

Ein »vorläufiger« Staat im Westen

Am 8. Mai 1949 verabschiedete der Parlamentarische Rat, die verfassunggebende Versammlung des künftigen westdeutschen Staates, die wegen ihres vorläufigen Charakters bescheiden »Grundgesetz« genannte Verfassung der Bundesrepublik Deutschland. Einen Monat zuvor hatten die Westmächte beschlossen, ihre Militärgouverneure durch zivile Hochkommissare zu ersetzen. Die Vereingten Staaten setzten England und Frankreich unter Druck, um mit ihnen gemeinsam die Voraussetzungen für einen prosperierenden, sich selbst regierenden deutschen Staat zu schaffen. Briten und Franzosen bestanden im Gegenzug auf einer amerikanischen Schutzgarantie gegen die unmittelbare Gefahr, die von der sowjetischen Militärmacht ausging, und gegen die mögliche zukünftige

Bedrohung durch ein wiedererstarktes Deutschland. Diese Forderung wurde mit der Unterzeichnung des Nordatlantikvertrages erfüllt. Es war kein Zufall, daß die endgültige Vereinbarung über die Beendigung der Militärregierung in den westlichen Besatzungszonen erst nach Abschluß des Nordatlantikvertrages zustande kam.

Die Bundesrepublik Deutschland wurde als eigenständiges Völkerrechtssubjekt geschaffen, doch die Besatzungsmächte behielten sich weiterhin die letzte Entscheidungsbefugnis über die Zukunft Deutschlands vor, die sie 1945 erlangt hatten. 1952 schlossen die USA, Großbritannien und Frankreich einen Vertrag mit dem neuen deutschen Staat ab, den Deutschlandvertrag, durch den das Besatzungsregime dieser »Drei Mächte« beendet und ihre künftigen Beziehungen zur Bundesrepublik geregelt wurden. In diesem Vertrag heißt es in Artikel 2: »Im Hinblick auf die internationale Lage, die bisher die Wiedervereinigung Deutschlands und den Abschluß eines Friedensvertrages verhindert hat, behalten die Drei Mächte die bisher von ihnen ausgeübten oder innegehabten Rechte und Verantwortlichkeiten in bezug auf Berlin und auf Deutschland als Ganzes einschließlich der Wiedervereinigung Deutschlands und einer friedensvertraglichen Regelung.« Bis zum Abschluß einer solchen Regelung würden die Unterzeichnerstaaten, wie in Artikel 7 hinzugefügt wurde, »zusammenwirken, um mit friedlichen Mitteln ihr gemeinsames Ziel zu verwirklichen: ein wiedervereinigtes Deutschland, das eine freiheitlich-demokratische Verfassung, ähnlich wie die Bundesrepublik, besitzt und das in die europäische Gemeinschaft integriert ist.« Ein wesentlicher Punkt war, daß Deutschland in seiner Vorkriegsgestalt weiterhin als ein Staat existierte, der durch die alliierte Eroberung von 1945 unter die Militärherrschaft der Vier Mächte gekommen war. Die Souveränität der BRD unterlag Beschränkungen, die aus der direkten Viermächtekontrolle über Berlin und den verbliebenen Verantwortlichkeiten »in bezug auf Berlin und auf Deutschland als Ganzes« herrührten.[30] Diese komplizierte Rechtslage bedeutete, daß die BRD tatsächlich ein Interimsstaat war, dessen endgültige Strukturen und Grenzen durch einen Friedensvertrag bestimmt werden sollten. Die Vier Mächte blieben für die Wiedererrichtung von »Deutschland als Ganzem« und die Festlegung seiner Grenzen völkerrechtlich unentbehrlich.

Die sowjetischen Ansichten über die Viermächterechte variierten im Lauf der Jahre, wichen aber grundsätzlich von denen des Westens ab. Die Sowjets waren der Meinung, daß Deutschland aufgehört hatte zu existieren und zwei neue Staaten an seine Stelle getreten waren. Sie beharrten darauf, daß der »Staat«, den sie aus ihrer eigenen Besatzungszone geschaffen hatten, die Deutsche Demokratische Republik, sowohl auf dem eigenen Territorium als auch in Ost-Berlin völlig souverän sei und nur durch das Völkerrecht und die Verpflichtungen gegenüber der UdSSR eingeschränkt wurde.

Diese rechtlichen Fragen tauchten zwischen 1945 und 1989 immer wieder einmal auf. Insbesondere der Status von Berlin sorgte für Unruhe. Mit der Zeit aber wurden Abkommen geschlossen, die die Bewegungen von Menschen, Landfahrzeugen und Flugobjekten bis ins kleinste regulierten. Der Kernfrage, wie Deutschland wiedervereinigt werden konnte, wurde jedoch kaum Beachtung geschenkt, bis eine neue Generation von Völkerrechtsexperten in den betroffenen Ländern 1989 plötzlich vor die Aufgabe gestellt wurde, das Dickicht um die Rechte und Verantwortlichkeiten der Vier Mächte in bezug auf Deutschland als Ganzem zu lichten.

1949 war die drängendste Sorge jedoch, wie die Westdeutschen sich selbst regieren würden. Die ersten Schritte waren vielversprechend. Sie schufen sich mit dem Grundgesetz ein dauerhaftes Fundament für ein demokratisches Gemeinwesen. Die Wähler gaben einer Koalition unter Führung der Christlich Demokratischen Union eine knappe Mehrheit, und der neu gewählte Bundestag entschied sich mit einer Stimme Mehrheit für den dreiundsiebzigjährigen Konrad Adenauer als ersten Bundeskanzler. Es war eine wegweisende Wahl. Adenauer, der für die nächsten vierzehn Jahre im Amt bleiben sollte, war ein überzeugter Anhänger der Marktwirtschaft, die selbst in seiner eigenen Partei umstritten war, und er räumte der Bindung an den Westen noch vor der deutschen Einheit die oberste Priorität ein. Mit beidem zog er sich den Unwillen seiner politischen Gegner zu.

Da die USA bezweifelten, daß die deutsche Einheit unter Bedingungen zu erreichen war, die sowohl für den Westen (einschließlich der BRD) als auch für die Sowjetunion akzeptabel waren, unterstützten sie Adenauers prowestlichen Kurs. Die größte Gefahr für Adenauer war die von vielen

Deutschen, vor allem von der SPD genährte Sehnsucht nach der Einheit. Die starke westdeutsche SPD unter der Führung von Kurt Schumacher, einem mutigen Gegner von Faschismus und Kommunismus und ernstzunehmendem Gegenspieler Adenauers, wollte verhindern, daß sich die Bundesrepublik allzu eng an einen kapitalistischen Westen band, der Deutschland klein halten wollte. Ihrer Ansicht nach sollte man sich vielmehr bemühen, einen gemeinsamen Nenner mit dem sozialistischen Osten zu finden.

Der Westen mußte etwas tun, um die deutsche Bevölkerung davon zu überzeugen, daß die Westorientierung nicht im Widerspruch zum Ziel der nationalen Einheit stand. Als die Sowjetunion mit zynischem Unterton den Abzug der Besatzungsstreitkräfte und die sofortige Vereinigung Deutschlands anbot, bat der neue amerikanische Hochkommissar, John McCloy, deshalb darum, diesem Propagandatrick mit dem Angebot gesamtdeutscher freier Wahlen für eine verfassunggebende Versammlung für ganz Deutschland entgegentreten zu dürfen. Eine vorherige Zustimmung zum westdeutschen Grundgesetz sollte vom Osten nicht verlangt werden. Das US-Außenministerium pflichtete McCloy bei, daß die Vereinigten Staaten die Initiative zurückgewinnen müßten, und gab ihm grünes Licht. Sein Vorschlag wurde im Februar 1950 veröffentlicht.[31]

Indem er das Recht der Deutschen auf freie Selbstbestimmung unterstrich, verfolgte McCloy das unmittelbare Ziel, den Propagandakrieg mit der Sowjetunion zu gewinnen und dem Westen im Kampf um die öffentliche Meinung in Westdeutschland eine Möglichkeit an die Hand zu geben, die »nationale Karte« auszuspielen. Aber indem er dies tat, gab er der amerikanischen Politik gleichzeitig eine langfristige Orientierung, die gut ins Bild paßte, als die »nationale Frage« 1989 wieder auf der Tagesordnung stand. McCloys Fernziele waren, Westdeutschland zum attraktiven Anknüpfungspunkt der Wiedervereinigung zu entwickeln, die Deutschen gegen die sowjetischen Absichten einzunehmen, sie von den Vorteilen der Bindung an den Westen zu überzeugen und ihnen klarzumachen, daß die Westintegration nicht die Abkehr von ihren Verwandten in der Sowjetzone bedeutete.[32] Adenauer reagierte zuerst zurückhaltend, begrüßte dann aber McCloys Initiative. Die Bundesrepublik begann Verfahren für die Wahl einer Nationalversammlung zu entwickeln, die die neue Verfassung für Gesamtdeutschland ausarbeiten sollte. Die Sowjets und ihre ostdeutsche Klientel machten jedoch hastig einen Rückzieher, indem sie zahlreiche unannehmbare Vorbedingungen für die Abhaltung gesamtdeutscher Wahlen nachschoben.

Deutsche Sicherheit und westliches Bündnis

Die McCloy-Initiative hatte Adenauers prowestlichen Kurs gestärkt, und der US-Hochkommissar hielt die Zeit für gekommen, den nächsten Schritt zu tun und darüber nachzudenken, die BRD in die westlichen Verteidigungsorganisationen einzubeziehen. Anfang 1950 hatte jedoch kaum jemand ernsthaft die Absicht, in nächster Zukunft eine wie immer geartete deutsche Wiederbewaffnung zuzulassen. Die NATO war erst ein vertraglich niedergelegtes Konzept und noch keine ausgewachsene Militärorganisation. Der Ausbruch des Koreakrieges veränderte die Situation. Die von der Sowjetunion unterstützte nordkoreanische Invasion Südkoreas versetzte die mit der Sicherheit des neuen westdeutschen Staates befaßten Regierungsbeamten in helle Aufregung und wirkte als Katalysator für Pläne, die eine deutsche Beteiligung an der westlichen Verteidigung vorsahen. Bis zum Herbst 1950 waren sich die Alliierten darüber einig, daß Westdeutschland in irgendeiner Form wiederbewaffnet und in die NATO aufgenommen werden sollte. Die USA untermauerten den westlichen Konsens durch die historische Entscheidung, starke Kampftruppen in Deutschland zu stationieren, um zur Abschreckung der Aggressionsdrohung beizutragen.

Die westlichen Pläne waren bescheiden. Die Deutschen sollten ihren Beitrag im Rahmen der multinationalen Armee der geplanten Europäischen Verteidigungsgemeinschaft (EVG) leisten. Diese Aussicht genügte jedoch, um Stalin zu einer neuen politischen Initiative zu bewegen. Im März 1952 übermittelte die sowjetische Regierung den Westmächten eine diplomatische Note, in der die Abhaltung einer Friedenskonferenz unter Teilnahme einer »gesamtdeutschen, den Willen des deutschen Volkes ausdrückenden Regierung« vorgeschlagen wurde. Einem geeinten Deutschland wurden in Abkehr von Moskaus bisherigem Widerstand gegen die Wiederbewaffnung alle demokratischen Rechte zugesichert, einschließlich dem, nationale Streitkräfte aufzustellen. Es hätte sich allerdings zu verpflichten, keinem gegen die Sowjetunion gerichteten Militärbündnis beizutreten. Darüber hinaus sollten sämtliche ausländischen Truppen abgezogen und ihre Militärstützpunkte aufgelöst werden.[33]

Die Westmächte rätselten, was sie von dem Angebot halten sollten. Man nahm an, daß es die deutsche Wiederbewaffnung im Rahmen der EVG verhindern sollte. Von der ostdeutschen Führung wurde diese Einschätzung offenbar geteilt. Sie machte sich jedenfalls nicht die geringsten Sorgen, daß die Vereinigung ihre Machtstellung bedrohen könnte.[34] Die Historiker streiten noch heute darüber, ob die mögliche deutsche Wiederbewaffnung Stalin derart beunruhigte, daß er als Preis für die Neutralität ernsthaft bereit war, die Wiedervereinigung zuzulassen. Damals befürchtete man im Westen jedoch, um mit McCloys Worten zu sprechen, daß die Note »jeden [ansprach] – die Nazis, die Generale, die Neutralisten, die Ruhrindustriellen, die Wiedervereiniger und die Weltverbesserer«.[35]

Adenauer blieb hart. Er wollte die Integration der Bundesrepublik in die westlichen Organisationen nicht gegen die Jagd nach einem Trugbild der Wiedervereinigung eintauschen. Die westliche Antwort nahm die Stalin-Note beim Wort und konzentrierte sich auf die Voraussetzungen für die Wahl einer neuen deutschen Regierung – zu deren Prüfung bereits eine UN-Kommission gebildet worden war. Außerdem wurde das Recht Deutschlands betont, »Bündnisse einzugehen, die mit den Grundsätzen und Zielen der Vereinten Nationen in Einklang stehen« – wie etwa die NATO.[36] Der westdeutsche Historiker Rolf Steininger hat Adenauer später vorgeworfen, die ostdeutsche Bevölkerung auf dem Altar der Westintegration geopfert zu haben. Es bleibe abzuwarten, schrieb er, »ob sich eine westdeutsche Regierung nicht eines Tages in eine ähnliche Situation wie Adenauer 1952 gestellt sieht und wie die Entscheidung dann ausfallen wird«.[37] Steininger sollte recht behalten: Die Westdeutschen erhielten die Chance, Adenauers Entscheidung zu revidieren.

Die westlichen Regierungen waren sich unschlüssig darüber, wie sie auf Stalins Schritt reagieren sollten. Manche Amerikaner fragten sich, ob man den Deutschen weit genug trauen könne, um das Risiko freier Wahlen einzugehen. Würden sie die Westbindung über die Vereinigung stellen? Nach einigen Debatten gelangte man im US-Außenministerium zu dem Schluß, daß man den Deutschen vertrauen müsse: »Wenn die Sowjetunion tatsächlich bereit sein sollte, freie Wahlen und den anschließenden Aufbau eines geeinten Deutschland zu erlauben, sind wir bereit, die gesamtdeutsche Regierung darüber entscheiden zu lassen, ob sie den eingeschlagenen Weg [der Westintegration] fortsetzen will.«[38] Aber die Sowjets stellten die Deutschen nie wirklich vor die Wahl zwischen Einheit und Westintegration. Moskau schreckte davor zurück, Verfahren zuzulassen, die tatsächlich freie Wahlen ermöglicht hätten. Statt einer UN-Aufsicht schlug die Sowjetunion vor, dem ostdeutschen Regime ein Vetorecht in bezug auf die Organisation und Durchführung gesamtdeutscher Wahlen einzuräumen, ein Ansinnen, das bei Adenauer und seiner Regierung verständlicherweise auf Ablehnung stieß.

Die nächste Sowjetnote glitt sowohl im Ton als auch im Inhalt in reine Propaganda ab. Kennan hatte den Eindruck, als sei sie »von Beamten verfaßt, denen man nur widerwillig dunkle und vorsichtige Anweisungen gegeben und dann gesagt hatte, das Beste daraus zu machen«. Der Notenwechsel endete im September mit einem Schreiben der Westmächte, das sich ausschließlich mit Fragen der Organisation gesamtdeutscher freier Wahlen beschäftigte.[39] Sie blieb ohne Antwort.

Weiter mit zwei deutschen Staaten

Von da an konzentrierte sich der Westen fast vollständig auf den Aufbau der BRD und ihre Einbeziehung in die politischen, militärischen und wirtschaftlichen Organisationen des Westens. In der Öffentlichkeit wurden weiterhin gesamtdeutsche Wahlen gefordert, aber intern überwog die Sorge darüber, was solche Wahlen ergeben mochten. Die neue US-Administration unter Dwight D. Eisenhower brachte den Westdeutschen und Adenauer persönlich dennoch viel Vertrauen entgegen. Die Vereinigten Staaten ermutigten 1953 den Aufstand in der DDR, obwohl er letztlich den sowjetischen Rückzug aus Deutschland weniger wahrscheinlich machte. Eisenhower und sein Außenminister, John Foster Dulles, hofften, daß die Sowjetführer nach Stalins Tod überredet werden könnten, den Deutschen zu erlauben, selbst über ihr Schicksal zu entscheiden – nachdem die Bundesrepublik bereits fest im Westen verankert war.[40]

Aber die Zeiten hatten sich dramatisch gewandelt, und Eisenhowers Absichten wurden nie auf die Probe gestellt. Nach Stalins Tod ließen sich die Sowjets auf einen letzten Flirt mit der deutschen Frage ein. Der Chef von Stalins Geheimpolizei, Lawrenti Berija, der die Nachfolge des Diktators anzutreten versuchte, wollte der UdSSR in der Europapolitik mehr Spielraum verschaffen und bot an, im Austausch für ein vereinigtes und »friedliches« Deutschland die Zukunft des Sozialismus in Ostdeutschland zu überdenken. Es wurde nie geklärt, welcher Wert diesem flüchtigen Angebot beizumessen war. Berija zog in den Moskauer Diadochenkämpfen den kürzeren und wurde von den Siegern hingerichtet.[41] Als einer der Gründe für sein Todesurteil wurde, zumindest in der Propaganda, seine Haltung gegenüber Deutschland genannt. Danach wußte jeder sowjetische Diplomat, was mit jenen geschah, die über eine radikale Kurskorrektur in der Deutschlandpolitik nachdachten.[42]

Obwohl in den Ost-West-Beziehungen nach Stalins Tod ein Tauwetter einsetzte, war die deutsche Frage viel zu kompliziert geworden, um auf die Schnelle gelöst werden zu können. Die französische Nationalversammlung hatte zwar den EVG-Vertrag abgelehnt, doch die Westdeutschen wichen nicht von ihrem Weg ab. Die Wiederbewaffnung erfolgte nun eben in Form einer nationalen Armee, die vollständig in die NATO eingebunden war und den Einschränkungen der Pariser Verträge von 1954 unterlag, die den Beitritt der BRD zur Westeuropäischen Union (WEU) und zur NATO regelten. Außerdem hatten die USA und Großbritannien ihre Verpflichtung bestätigt, auf Dauer große Truppenverbände in Westdeutschland zu stationieren.

Im Juli 1955 fand in Genf das erste Gipfeltreffen der Vier Mächte seit der Potsdamer Konferenz statt. Die westliche Position war unverändert geblieben: Wiedervereinigung durch gesamtdeutsche freie Wahlen. Die NATO-Mitgliedschaft der BRD machte es US-Außenminister Dulles leicht, gesamtdeutsche Wahlen zu akzeptieren, selbst wenn damit zu rechnen war, wie er kurz nach Genf meinte, daß man »die Vereinigung in den nächsten beiden Jahren bekommen« könnte. Die Sowjetunion ließ dagegen jede vorgebliche Unterstützung der deutschen Einheit fallen und erklärte, diese sei nur im Rahmen eines gesamteuropäischen kollektiven Sicherheitssystems nach Beendigung der Konfrontation zwischen den beiden Bündnissen denkbar.[43] Damit verschwand die deutsche Frage hinter dem umfassenderen Problem der europäischen Sicherheit und harrte von nun an des fernen Tages, an dem man sie wieder hervorholen würde, weil die militärische Konfrontation in Europa beseitigt war.

Die Weltgemeinschaft begann sich mit der deutschen Teilung einzurichten. Die Ost-West-Konfrontation hatte sich zu einem globalen thermonuklearen Patt von einem Ausmaß ausgeweitet, das die alten Auseinandersetzungen darüber, wie Deutschland regiert werden sollte, belanglos erscheinen ließ. Der Westen stärkte die NATO und strebte die weitere wirtschaftliche Integration Westeuropas an. 1957 wurden die Römischen Verträge unterzeichnet, mit denen die Europäische Wirtschaftsgemeinschaft (EWG) und die Europäische Atomgemeinschaft (Euratom) gegründet wurden, die zusammen mit der 1951 geschaffenen Europäischen Gemeinschaft für Kohle und Stahl (EGKS) als Europäische Gemeinschaft (EG) bezeichnet wurden.

Die Sowjetunion hatte ihre Strategie gegenüber Osteuropa geändert und zeigte wenig Interesse an der deutschen Frage. Nikita Chruschtschows Augenmerk lag vielmehr darauf, das sozialistische Lager zu stärken, einen institutionellen Rahmen für die Beziehungen zu Osteuropa zu schaffen und sich von der brutalen Gewalt und personalen Diktatur des Stalinismus zu lösen. Die Sowjetunion würde sich die Zügel nicht aus der Hand nehmen lassen, wie die Niederschlagung des Aufstandes von 1953 in der DDR und der ungarischen Revolution von 1956 bewiesen. Chruschtschow war bestrebt, die Legitimität seiner Stellung als Führer des sozialistischen Lagers zu unterstreichen, während er dessen Grenzen über Europa hinaus erweiterte. Die Sowjetunion schuf parallel zur Entwicklung im Westen eine eigene europäische Organisation – den Rat für gegenseitige Wirtschaftshilfe (RGW) – und stärkte die osteuropäischen Streitkräfte, die zumindest nationale Uniformen trugen und nicht bloß Kopien der sowjetischen, wie von Stalin einst gefordert. Ein sozialistisches Deutschland, das im Gegensatz zu einem kapitalistischen stand, paßte ausgezeichnet in Chruschtschows Pläne.

Adenauer war ebenso wie seine Partner im Westen im Zweifel darüber gewesen, ob man den Deutschen die Entscheidung über ihre Zukunft anvertrauen könne. Doch als sich auch die oppositionellen Sozialdemokraten mit der deutschen Teilung abzufinden begannen, wuchs bei ihm die Sorge, daß die sich verhärtende Ost-West-Konfrontation die deutsche Vereinigung endgültig ausschließen könnte. Er befürchtete, daß der Westen seine Verpflichtungen gegenüber Deutschland möglicherweise hintanstellen würde, um die Spannungen mit der Sowjetunion zu verringern.

Die Regierung der DDR hatte andere Sorgen. Die Vereinigung war in Ostdeutschland tabu. Statt dessen war man bemüht, sich als eigener Staat zu legitimieren, internationale Anerkennung zu erreichen und die Souveränität über ganz Ostdeutschland zu erlangen, einschließlich Berlins. In dieser Hinsicht trafen sich die ostdeutschen Wünsche mit den sowjetischen Absichten. Die Viermächtekontrolle über Berlin war eine ständige Mahnung an die Tatsache, daß die Teilung Deutschlands eine offene Frage geblieben war. 1958 löste die Sowjetunion die zweite Berlinkrise aus, indem sie die deutsche Frage kurzerhand für beigelegt erklärte. Die Viermächterechte stellten einen Anachronismus dar; man werde sie aufgeben und einen Friedensvertrag mit der DDR schließen. Alle Viermächterechte, einschließlich der alliierten Rechte in Berlin, wurden für null und nichtig erklärt.[44]

Die sowjetische Berlin-Note war eine Nagelprobe auf die Entschlossenheit des Westens, seine Verpflichtungen gegenüber Berlin zu erfüllen und die deutsche Frage offenzuhalten. Eisenhower und Dulles nahmen eine harte Haltung ein: Sie waren offenkundig bereit, einen Krieg zu riskieren, indem sie sich hinter Adenauer stellten und auf den westlichen Berlin-Rechten bestanden. Die Westdeutschen befürchteten eine wachsende diplomatische Isolierung und reagierten darauf mit dem Bemühen, die Verteidigung Berlins mit der Verpflichtung auf die deutsche Wiedervereinigung zu verknüpfen. Der Westen gab dem sowjetischen Druck nicht nach, obwohl die Krise bis 1962 andauerte und in der kubanischen Raketenkrise kulminierte, nachdem vorher schon die Errichtung der Berliner Mauer im August 1961 für einen traurigen Höhepunkt gesorgt hatte. Das Versprechen, West-Berlin zu verteidigen, wurde eingehalten. Aber dessen aktive Verknüpfung mit dem Ziel der deutschen Einheit zerfiel, und die Vereinigung rückte in noch weitere Ferne.

In der US-Administration gelangte man nach der Berlinkrise trotz Kennedys berühmter Versicherung, er sei »ein Berliner«, zu der Einsicht, daß die Frage der deutschen Einheit von der aktuellen diplomatischen Tagesordnung gestrichen werden sollte. Im November 1961 gestand Kennedy öffentlich ein: »Wir erkennen jetzt, daß die Sowjetunion heute nicht die Absicht hat, die Wiedervereinigung zu gestatten, und daß Deutschland, solange die Sowjetunion diese Politik verfolgt, nicht wiedervereinigt wird.«[45] Chruschtschow nahm es mit Genugtuung zur Kenntnis und notierte sich triumphierend, daß er den jungen US-Präsidenten gezwungen habe, »eine bittere Pille zu schlucken«.[46] Adenauer schmeckte sie noch weniger. Der alte Kanzler war verärgert darüber, daß der neue US-Präsident so schnell bereit war, die deutsche Teilung hinzunehmen. »Die Amerikaner«, vertraute er seinem Berater Heinrich Krone an, »sind nicht mehr die Amerikaner, die sie vor Jahren waren. Man will sich verständigen, und das geht eben nicht anders als auf dem Rücken der Deutschen.«[47] Kennedy seinerseits sah in Adenauer ein Relikt des Kalten Krieges.[48]

Adenauers Nachfolger waren der Meinung, daß die Deutschen diejenigen waren, die sich bewegen mußten. Nach dem Ende der Großen Koalition zwischen SPD und CDU bildete Willy Brandt 1969 eine SPD/FDP-Regierung, die eine neue Ostpolitik in die Tat umsetzte. Man akzeptierte den Status quo, das heißt die Existenz zweier deutscher Staaten und die territorialen Veränderungen nach 1945, und versuchte einen »Wandel durch Annäherung« zu erreichen.[49] Brandt hielt am Ziel der deutschen Einheit fest, gab aber offen zu: »Ich muß eingestehen, daß ich aufgehört habe, über Wiedervereinigung zu sprechen.«[50] Er schloß sich der östlichen Ansicht an, daß die Einheit hinter den Bemühungen um die generelle Entspannung der Ost-West-Beziehungen zurückzustehen habe. Mit seiner Formel von »zwei Staaten einer deutschen Nation« rannte er in Ostdeutschland offene Türen ein, und die beiden Deutschlands unterzeichneten im Dezember 1972 einen Grundlagenvertrag, durch den sie sich gegenseitig anerkannten. Außerdem wurden Abkommen mit Polen und der Sowjetunion abgeschlossen, in denen die BRD die existierenden europäischen Grenzen als »unverletzlich« anerkannte.[51]

Diese Ostverträge tangierten nicht das bundesdeutsche Grundgesetz und die noch gültigen Rechte und Verantwortlichkeiten der Vier Mächte. Die westdeutsche Regierung vertrat daher die Ansicht, daß sie keine Verpflichtungen im Namen eines vereinigten Deutschland eingehen könne.

Dies sei erst nach gesamtdeutschen Wahlen möglich. Bei der »Regulierung« des Status von Berlin übernahmen die Vereinigten Staaten die Führung, indem sie mit der Sowjetunion und den anderen Siegermächten des Zweiten Weltkriegs das Viermächteabkommen über Berlin aushandelten. Henry Kissinger vertrat schon seit Jahren die Ansicht, daß die deutsche Frage der umfassenden Regelung der amerikanischen Beziehungen zur UdSSR untergeordnet sei.[52] So gingen für die USA Entspannung und ein mit der Sowjetunion vereinbarter Modus vivendi in bezug auf Deutschland Hand in Hand.

Die Anerkennung der Nachkriegsrealitäten hatte lange Zeit zu den obersten Zielen der sowjetischen Politik gehört, und die neue Ostpolitik der Bundesrepublik stellte die deutsche Entsprechung dazu dar. Die DDR war allerdings nicht zufrieden. Sie wollte ihren Anspruch auf ganz Berlin aufrechterhalten. Doch Moskau wollte davon nichts hören. Dort zählte die amerikanische Anerkennung der Sowjetunion als gleichwertiger Weltmacht weit mehr als irgendwelche anachronistischen Wünsche nach Veränderung der Nachkriegsordnung. Die Sowjetunion half deshalb mit, Walter Ulbricht, einen halsstarrigen Gegner verbesserter Beziehungen zu Westdeutschland, zu stürzen, und ersetzte ihn durch den flexibleren Erich Honecker, der sich an Moskaus Parole hielt, daß die beiden deutschen Staaten lernen müßten, miteinander zu leben.

Das Viermächteabkommen zementierte und stabilisierte den nach dem Krieg entstandenen Status von Berlin.[53] Die Westalliierten gestanden zu, daß West-Berlin kein »Bestandteil (konstitutiver Teil)« der Bundesrepublik Deutschland sei und nicht von Bonn aus regiert werde. Für die politischen Aktivitäten der Bundesrepublik in der Stadt wurden neue Einschränkungen festgelegt und einseitige Veränderungen dieser Situation ausgeschlossen. Die Sowjetunion garantierte im Gegenzug den freien Zugang zu Berlin. Schließlich wurden im Zusammenhang mit dem Abkommen innerdeutsche Regelungen über den Transitverkehr von und nach Berlin und andere praktische Fragen vereinbart. Obwohl das Viermächteabkommen die fortbestehenden Meinungsverschiedenheiten ausdrücklich erwähnte, war es im wesentlichen ein Baustein, mit dem die Teilung Deutschlands weiter verfestigt wurde. Sowjets und Ostdeutsche waren daher mit Recht stolz auf die Vereinbarung. Aber sie stellte auch einen

Durchbruch für die leidgeprüften Bewohner der Stadt dar, und zwar auf beiden Seiten der Mauer. Die neuen Regeln und die Sicherheit, die das Abkommen ihnen brachte, machten das tägliche Leben einfacher.

1974/75, in den Verhandlungen über die Schlußakte der Konferenz über Sicherheit und Zusammenarbeit in Europa (KSZE) in Helsinki, traten die alten Fronten in bezug auf die deutsche Frage erneut zutage. Die Sowjetunion hatte seit 1955 die Einberufung einer solchen großen europäischen Sicherheitskonferenz angestrebt. Sie wollte eine dauerhafte Anerkennung der Nachkriegsrealitäten erreichen und hoffte ein gesamteuropäisches Sicherheitssystem aufzubauen, das die westlichen Länder zur Abkehr von der NATO bewegen könnte. Gemäß Gründungsvertrag stand der Warschauer Pakt jedem beitrittswilligen Staat offen, und für den Fall, daß ein kollektives Sicherheitssystem in Europa die Existenz gegnerischer Bündnisse überflüssig machte, sah er die Selbstauflösung des Pakts vor.

Die Schlußakte von Helsinki wiederholte die Formulierung des Moskauer Vertrags zwischen der Sowjetunion und der Bundesrepublik von 1970, daß die bestehenden europäischen Grenzen »unverletzlich« seien. Die westdeutsche Regierung unter Helmut Schmidt rang aus Rücksicht auf die Konservativen in der BRD hart darum, wenigstens die theoretische Möglichkeit der Wiedervereinigung offenzuhalten. In der Schlußakte erklärten die fünfunddreißig Teilnehmerstaaten der KSZE dann, »daß ihre Grenzen, in Übereinstimmung mit dem Völkerrecht, durch friedliche Mittel und durch Vereinbarung verändert werden können«. Die noch verbliebenen Viermächterechte wurden ebenfalls geschützt, und zwar durch den Vorbehalt, daß die Schlußakte andere »Rechte und Verpflichtungen« der Unterzeichner nicht aufhebe.[54]

Fünfzehn Jahre später sollte die KSZE-Schlußakte einige Bedeutung erlangen. Immerhin hatte die Sowjetunion ein Dokument unterzeichnet, das die friedliche Vereinigung Deutschlands erlaubte, wenngleich dies 1975 kaum jemand ernsthaft in Betracht zog. Darüber hinaus schützte die Schlußakte das Recht der Teilnehmerstaaten, »internationalen Organisationen anzugehören oder nicht anzugehören, Vertragspartei bilateraler oder multilateraler Verträge zu sein oder nicht zu sein, einschließlich des Rechtes, Vertragspartei eines Bündnisses zu sein oder nicht zu sein; des-

gleichen haben sie das Recht auf Neutralität«.[55] Die der deutschen Ostpolitik zugrundeliegenden Annahmen wurden von der KSZE-Schlußakte
allerdings nicht berührt. Helsinki konnte so zum Symbol für die Anerkennung der Nachkriegsgrenzen und der von den Siegermächten geschaffenen Realitäten werden. Die Westdeutschen glaubten, sie hätten den Status quo anerkannt, um ihn eines Tages zu ändern. Im Lauf der Jahre
schien der westdeutsche Fahrplan für die größte Veränderung – die deutsche Vereinigung – jedoch Zeiträume zu veranschlagen, mit denen sonst
eher Geologen rechnen.

In den siebziger und achtziger Jahren umfaßten die Konzepte für den
Weg zur deutschen Einheit die »Normalisierung« aller Beziehungen,
wenn sie nicht überhaupt eine »europäische Friedensordnung« vorsahen.[56] Der Begriff der Einheit selbst verlor seine traditionelle politische
Bedeutung. »Das Thema der Einheit«, sagte Bundespräsident Richard von
Weizsäcker 1985, »ist primär ein gesamteuropäisches. Seine Substanz
sind nicht wie früher nationale Grenz- und Gebietsfragen. Es geht nicht
darum, Grenzen zu verschieben, sondern Grenzen den trennenden Charakter für die Menschen zu nehmen.«[57]

Die Interpretation der Einheit als einer Frage von Kultur und menschlichen Kontakten, nicht des gemeinsamen Territoriums, bedarf der Erläute-
rung. Wolfram Hanrieder hat 1989 die verbreitete Kritik an der CDU-Po-
litik der frühen sechziger Jahre zusammengefaßt: »Mit ihrem Festhalten
an der territorialen Dimension der deutschen Frage bekundete die Bundesrepublik, daß sie mit den grundsätzlichen Veränderungen Europas
nicht schrittgehalten hatte«, denn es »war ja gerade die allgemeine Unterstützung des territorialen Status quo in beiden Teilen Europas die wesentliche Voraussetzung zum politischen Wandel«.[58] Mitte der achtziger Jahre
hatte diese Einsicht in beiden großen Volksparteien der Bundesrepublik
allgemeine Zustimmung gefunden. Als die Christdemokraten 1982 wieder an die Regierung kamen, fühlte sich Helmut Kohl, wenn auch zähneknirschend, verpflichtet, das Erbe der sozialdemokratischen Ostpolitik anzunehmen. Diese Kontinuität wurde noch dadurch verstärkt, daß Helmut
Schmidts Außenminister auch unter Kohl im Amt blieb – Hans-Dietrich
Genscher.

Die Beziehungen zu Ostdeutschland bildeten einen integralen Bestandteil der deutschen Ostpolitik. Die Westdeutschen wollten die DDR zum besseren Umgang mit ihren Bürgern bewegen, was bedeutete, daß die ostdeutsche Regierung beschwichtigt und stabilisiert werden mußte. Die Amerikaner dachten in dieser Hinsicht völlig anders, wie Timothy Garton Ash plastisch beschreibt:»Die herrschende Metapher der ›Differenzierung‹ [der amerikanischen Politik] hieß ›Zuckerbrot und Peitsche‹. Demnach hielt man die osteuropäischen Machthaber im Grunde für Esel. Im Gegensatz zu dieser Metapher schienen die osteuropäischen Machthaber in der westdeutschen Entspannungsidee eher als Kaninchen aufzutreten. Ein Kaninchen wird im Scheinwerferlicht erstarren. Wenn du es ängstigst, könnte es sogar beißen. Aber sprich ganz sanft mit ihm und biete ihm Karotten an – eine Menge Kartotten –, und es wird sich entspannen.«[59]

Tatsächlich bewirkten beide Vorgehensweisen innerhalb der DDR nicht viel. Die Bundesrepublik stützte ein kommunistisches Regime, das sich in den späten achtziger Jahren immer mehr zum Hardliner entwikkelte, während die Sowjetunion sowohl im Innern als auch in der Außenpolitik umwälzende Reformen in Gang setzte. Westdeutsches Geld half der DDR-Regierung, wirtschaftliche und politische Unruhe zu vermeiden und eines der zentralisiertesten und tyrannischsten Regime des Ostblocks am Leben zu erhalten. Eine sichtbare Bewegung der DDR-Führung in Richtung Einheit hatten die westdeutschen Bemühungen nicht zur Folge. Sie untermauerten vielmehr die bekannte Einsicht, daß die territoriale Vereinigung nicht auf der Tagesordnung stand.[60]

Das harte Urteil über die westdeutsche Entspannungspolitik wird allerdings durch zwei Überlegungen abgemildert. Erstens brachte sie vielen Ostdeutschen menschliche Erleichterungen. Zweitens gab es eine wachsende, wenn auch gut versteckte wirtschaftliche Abhängigkeit des anscheinend stabilen ostdeutschen»Konsumkommunismus« einerseits von westdeutschem Geld und andererseits von zu Billigpreisen gelieferten sowjetischen Rohstoffen. Im dritten und vierten Kapitel wird geschildert, wie Kohl diesen ökonomischen Hebel Ende 1989 einsetzte, um in der in Aufruhr geratenen DDR umwälzende Veränderungen zu erzwingen.

Die westdeutsche Strategie der Verständigung zahlte sich auch im Verhältnis zur Sowjetunion aus. Die jahrelange Kooperation hatte die sowjetische Haltung gegenüber der BRD spürbar entschärft und zumindest bei einigen Vertretern der Sowjetführung eine tragfähige Vertrauensbasis geschaffen, die sowohl dem westdeutschen Staat galt als auch den Deutschen als einer neuen Nation, die mit ihrer Vergangenheit gebrochen hatte. Diese Resultate der deutschen Ostpolitik trugen dazu bei, daß 1987, als sich Gorbatschow näher mit der deutschen Problematik befaßte, etwas entspanntere Ansichten über Deutschland Fuß fassen konnten. Aber die Sowjets behielten auch unter Gorbatschow die Kontrolle über die Beziehungen zwischen den beiden deutschen Staaten fest in der Hand. Das Ergebnis war, daß die Vereinigung noch weiter in die Ferne rückte und fast undenkbar wurde. »Die fruchtlose Diskussion, wie offen wohl die Deutsche Frage sei«, forderte Willy Brandt 1984 in einem Vortrag, »sollte beendet werden. Sie bringt nichts.«[61]

1987 wurde in Bonn zum ersten Mal der rote Teppich für einen ostdeutschen Staatschef ausgerollt. Erich Honecker wurde in der Villa Hügel, dem ehemaligen Familiensitz der Krupps, bewirtet und in München vom erzkonservativen bayerischen Ministerpräsidenten Franz Josef Strauß festlich empfangen. Und ein Jahr später löste es keinen Sturm der Entrüstung aus, als der Stuttgarter Oberbürgermeister Manfred Rommel einem Journalisten gegenüber erklärte, daß »die Idee der Wiedervereinigung ... völlig aussichtslos« sei.[62] Helmut Schmidt bezeichnete die Vereinigung im selben Jahr als eine Aufgabe fürs nächste Jahrhundert und fügte hinzu, er habe das Wort »Wiedervereinigung« seit dreißig Jahren nicht benutzt.

Es gab also einen radikalen neuen Führer des geschwächten Sowjetreichs. Die ideologische Teilung Europas brach zusammen und mit ihr der Kalte Krieg. Aber nur wenige sahen, daß die von Natur aus instabile Teilung Deutschlands ebenfalls bedroht war. Sie war das Fundament gewesen, auf dem die Annäherung zwischen Ost und West stattgefunden hatte, und die strukturellen Schwachstellen dieses Fundaments waren von jenen, die ihre Bauten auf ihm errichteten, vergessen oder verharmlost worden. Helmut Kohl jedenfalls glaubte nicht, daß er sich eines Tages mit den alten Fragen von Potsdam oder den Konferenzprotokollen des Rats der Außenminister würde befassen müssen. Er hielt zwar öffentlich wie privat stets hartnäckig daran fest, daß die deutsche Frage offen sei. Aber als er nach seiner Moskaureise von 1988 gefragt wurde, ob er die

Wiedervereinigung noch erleben werde, antwortete er: »Wahrscheinlich werde ich sie nicht erleben.« Und im Oktober 1989 wischte er den Gedanken an eine mögliche deutschlandpolitische Initiative der Sowjets brüsk vom Tisch: Dies gehöre in den Bereich der Phantasie, Gorbatschows Interessenlage sei eine völlig andere.

Das Ende der Ostpolitik
und der Fall der Berliner Mauer

Im Frühjahr 1989 deutete nichts darauf hin, daß die Frage der deutschen Vereinigung auf die internationale Tagesordnung zurückkehren würde. Nicht einmal die Deutschen selbst strebten danach. In einer im April 1989 durchgeführten Meinungsumfrage sprach sich fast die Hälfte der Befragten gegen die Beibehaltung des Ziels der Wiedervereinigung aus.[1] Die Ostdeutschen wurden nicht gefragt.

Im Mai gab Ungarn, ein beliebtes Reiseziel im Ostblock, in einer spektakulären Aktion vor laufenden Fernsehkameras die Öffnung seiner Grenze zu Österreich und damit zum Westen bekannt. Daß die Ostdeutschen diese Einladung zur Ausreise in Scharen annehmen würden, damit rechnete niemand. Die Grenze war geöffnet worden, weil sie keinen Sinn mehr hatte, da fast alle Ungarn in den Westen reisen durften. Der seit März 1989 amtierende neue Ministerpräsident Miklós Németh, ein Bewunderer Gorbatschows, hielt den stacheldrahtbewehrten Eisernen Vorhang für einen »grausamen Anachronismus«.[2] Der Abbau der Grenzsperren war als symbolische Geste ohne größere praktische Folgen gedacht. DDR-Bürger, die versuchten, illegal die Grenze zu überqueren, sollten weiterhin aufgegriffen und in die DDR zurückgeschickt werden. Im Vorjahr hatte es rund vierzig solcher Fälle gegeben.[3]

Die Wirklichkeit sah anders aus. Ostdeutsche Touristen suchten, vor allem in Ungarn, aber auch in anderen Ostblockstaaten, Zuflucht in den Botschaften der Bundesrepublik, um ihre Ausreise in den Westen zu erzwingen. Ende Juni weigerte sich eine Handvoll Ostdeutscher, die westdeutsche Botschaft in Budapest zu verlassen, und die diplomatischen Vertretungen der BRD in Warschau, Prag und Ost-Berlin wurden ebenfalls von Flüchtlingen »besetzt«. Viele der überwiegend jungen Menschen, die im Sommer nach Ungarn kamen, waren keine Urlauber mehr, die aus einer Momententscheidung heraus auszureisen versuchten. Sie hatten ihre

Reise einzig und allein zum Zweck der Ausreise in die Bundesrepublik angetreten. Die ostdeutsche Führung war beunruhigt; das Ganze erinnerte fatal an die dramatischen Tage, bevor sie die Mauer gebaut und die Grenze zu Westdeutschland abgeriegelt hatte. Günter Schabowski, damals Politbüromitglied, beschrieb die Reaktion auf »diese unerhörte und unerträgliche Manifestation der Abkehr« von der DDR später als spontanes, wenn auch meist unausgesprochen gebliebenes Gefühl von »Betroffenheit und Unbehagen«.[4]

Der Ausbruch der unterdrückten Unzufriedenheit der Ostdeutschen regte die zersplitterte Opposition an, sich besser zu organisieren, und als sich die Flüchtlingskrise im Spätsommer verschärfte und die Handlungsunfähigkeit des Honecker-Regimes immer deutlicher zutage trat, fanden die Oppositionsgruppen endlich auch breitere Unterstützung.[5] Anfang August machte die US-Botschaft in Ost-Berlin mit Botschafter Richard Barkley an der Spitze Washington darauf aufmerksam, daß das wachsende Flüchtlingsproblem zu einer »stillen Krise« der DDR geworden sei. Man hielt es jedoch für »kaum vorstellbar«, daß sie ernste internationale Spannungen auslösen würde. Statt dessen würde die Abwanderung wertvoller Arbeitskräfte, spekulierten Barkley und sein Stab, möglicherweise Veränderungen in der überalterten Führung zur Folge haben und damit den Weg zu inneren Reformen à la Gorbatschow frei machen.[6] Das US-Außenministerium sah sich in seiner Einschätzung bestärkt, daß eine neue Politik nicht nötig sei.[7] Dennis Ross, der Chef des Politischen Planungsstabs, riet Baker zwar, in einen langfristigen Dialog mit den Westdeutschen über Veränderungen in der DDR einzutreten. Aber dies sollte geschehen, »ohne Instabilität zu erzeugen oder gefährliches Wiedervereinigungsgerede zu entfachen«.[8]

Die DDR-Führung zeigte keinerlei Neigung, Gorbatschows Beispiel zu folgen. Sie fiel vielmehr in alte Propagandamuster zurück, indem sie die Bundesrepublik beschuldigte, die Unruhen provoziert zu haben und anständige DDR-Bürger zu dem Irrglauben zu verleiten, die kapitalistische BRD sei das Land, wo Milch und Honig fließen.[9] Die Ständige Vertretung der Bundesrepublik in Ost-Berlin wurde Mitte August, als sich über hundert Asylsuchende in ihr aufhielten, für den Publikumsverkehr geschlossen. In der Botschaft in Budapest hatten bis zum 11. August über hundertfünfzig Menschen Zuflucht gesucht, und jede Woche kamen Hunderte hinzu.[10] Die ostdeutsche Führung schimpfte weiter auf den Westen, während sie mit täglich zunehmendem Aufwand versuchte, ihre Bürger zum Bleiben zu überreden.

Die Aushöhlung der Ostpolitik

Ungarn war trotz der Grenzöffnung weiterhin an ein Abkommen mit der DDR gebunden, in dem es sich 1969 verpflichtet hatte, Ostdeutsche an der Ausreise in den Westen zu hindern und jene, die bei dem Versuch aufgegriffen wurden, in die DDR abzuschieben. Aber es kamen immer mehr Ostdeutsche. Einigen gelang es, den Polizeiposten auszuweichen und nach Österreich zu fliehen; andere suchten in der westdeutschen Botschaft Zuflucht, aber die meisten wurden aufgegriffen. Sie wurden zu Hunderten in die DDR zurückgeschickt. Doch die Zahlen wuchsen weiter.

Die Ungarn wußten nicht, wie sie vorgehen sollten. Die Bundesrepublik hatte darum gebeten, keine Flüchtlinge mehr abzuschieben. Außerdem spielte in den Überlegungen der ungarischen Regierung noch ein anderer Faktor eine Rolle, der für gewöhnlich übersehen wird. Nicht nur Ostdeutsche versuchten über Ungarn in den Westen zu gelangen. Es gab auch Tausende von rumänischen Flüchtlingen, die wie magisch von dem Loch im Eisernen Vorhang angezogen wurden. Aus verschiedenen Gründen, die in historischer Feindschaft gegen das rumänische Regime im allgemeinen und dessen stalinistischen Diktator, Nicolae Ceauşescu, im besonderen wurzelten, hatten sich die Ungarn bereits entschieden, die Rumänen nicht auszuweisen. Wie konnten sie da die Ostdeutschen in die DDR zurückschicken? In dieser Situation beschloß das immer noch von den Kommunisten regierte, sich aber im Übergang zur Demokratie befindende Ungarn, eine schöpferische Pause einzulegen.[11] Am 9. August wurde die Abschiebung von DDR-Bürgern gestoppt. An der Grenze zu Österreich wurden weiterhin Tausende von Ausreisewilligen abgewiesen, doch jede Woche schlüpften Hunderte von ihnen durchs Netz, und die Nachricht von der Laxheit der Ungarn ermutigte noch mehr DDR-Bürger, den Versuch zu wagen.[12]

Die Westdeutschen vermieden es, eine Krise zu provozieren. Einer der Grundsätze der Ostpolitik bestand darin, zugunsten von langfristig guten Beziehungen zwischen den beiden deutschen Staaten auf kurzfristige Vorteile zu verzichten. Das Problem von asylsuchenden Ostdeutschen, die auf diesem Weg in den Westen gelangen wollten, war im übrigen nicht neu. In der Vergangenheit hatte man es für gewöhnlich gelöst, indem man die Asylsuchenden unter der Zusicherung, daß sie keine Repressalien zu befürchten hatten, überredete, in die DDR zurückzukehren und dort einen Ausreiseantrag zu stellen. Sodann hatte Bonn hinter den Kulissen die nötigen, für gewöhnlich finanziellen Hebel in Bewegung gesetzt, um die Bewilligung der Anträge zu erreichen. Die wirkliche Lösung des Problems wären nach westdeutscher Ansicht allerdings einfachere und berechenbarere DDR-Reisebestimmungen gewesen.[13]

Auch auf die neueste Welle von Asylsuchenden reagierte die Bundesrepublik zunächst nach diesem Muster. Rudolf Seiters, der Chef des Kanzleramts, appellierte am 9. August an ausreisewillige DDR-Bürger, in ihrem Land zu bleiben oder wenigstens nicht in westdeutschen Botschaften Zuflucht zu suchen. Er wies darauf hin, daß allein in den ersten sieben Monaten des Jahres 1989 über sechsundvierzigtausend Menschen legal aus der DDR ausgereist seien, und riet allen, die das Land verlassen wollten, es auf dem legalen Weg zu tun.[14] Kohl meinte am 18. August gegenüber Journalisten, daß sowohl er selbst als auch Honecker »eine Politik des guten Willens fortsetzen« wollten.[15] Aber das Maßnahmenrepertoire aus den alten Zeiten der Ostpolitik vermochte den Exodus aus der DDR nicht zu stoppen. Schlimmer noch, auf den Frontseiten der westdeutschen Zeitungen erschienen täglich Fotos von ostdeutschen Familien, die sich in den Westen durchzuschlagen versuchten. Und die Bundesregierung durfte Ostdeutsche, die in der BRD leben wollten, nach Recht und Gesetz nicht zwangsweise in die DDR zurückschicken.[16]

Im Verlauf des August veränderte die Regierung Kohl nach und nach die Leitsätze, die ihre Haltung zur Auswanderung aus der DDR bestimmten. Bisher war man bestrebt gewesen, die ostdeutsche Regierung der guten Absichten der BRD zu versichern, die legale Ausreise aus der DDR zu fördern und die DDR zu ermutigen, liberalere Reisebestimmungen einzuführen, um den Druck zu verringern, und schließlich ostdeutsche Flüchtlinge aufzunehmen, soweit man dazu verpflichtet war. Nun unternahm die Bundesregierung Schritte, die in eine andere Richtung wiesen. Zwar wollte man nach wie vor vermeiden, die DDR-Regierung öffentlich in Verlegenheit zu bringen oder zu provozieren, doch galt es nun, den Ostdeutschen zu helfen, den Westen zu erreichen, selbst wenn es gegen DDR-Gesetze verstieß, und die DDR mit Nachdruck dazu zu bewegen, das Problem durch eine tiefgreifende Revision des Reisegesetzes sowie politische und wirtschaftliche Reformen zu lösen.

Diese neue Politik stellte eine Abkehr vom Geist der bisherigen Ostpolitik dar, was deren Anhängern sofort ins Auge stach. Horst Ehmke, damals stellvertretender SPD-Vorsitzender, warf der Bundesregierung am 15. August vor, die Krise durch die Aufnahme der Flüchtlinge geschürt zu haben. Unter westdeutschen Intellektuellen war schon den ganzen Sommer über eine Debatte darüber geführt worden, ob das nominelle Staatsziel der Wiedervereinigung nicht endgültig aufgegeben werden sollte.[17] Und in einer Titelgeschichte des *Spiegel* wurde scharf gefragt, warum die Regierung die Botschaften nicht schon früher für Asylsuchende geschlossen habe.[18]

Die Umorientierung der Ostpolitik war eher eine Reaktion auf die Ereignisse als eine bewußte Entscheidung für einen politischen Kurswechsel. Das westdeutsche Außenministerium wurde von der Entwicklung jedenfalls »völlig überrumpelt«.[19] Kohls Berater Horst Teltschik meinte später allerdings, die westdeutsche Strategie sei keineswegs neu gewesen: Die Bundesrepublik habe Ost-Berlin als humanitäre Geste finanzielle Hilfe angeboten, wenn Honecker den Weg für die Flüchtlinge frei machte, so daß sie Ungarn verlassen konnten.[20] Kohl selbst schrieb Honecker Mitte August einen Brief, in dem er versicherte, sein Wunsch sei es, »daß die Menschen in ihrer angestammten Heimat ein für sie lebenswertes Leben führen können«.[21]

Den klaren Bruch mit der Politik der Vergangenheit herbeizuführen blieb Ungarn vorbehalten. Einen Monat nach der symbolischen Grenzöffnung wechselte die ungarische Regierung. Németh blieb Ministerpräsident, teilte sich jetzt aber die Macht mit anderen Reformern, die offen auf ein Mehrparteiensystem und freie Wahlen hinarbeiteten. Németh zufolge hatte Gorbatschow in einem Vieraugengespräch im März grünes Licht dafür gegeben.

Ungarns Beziehungen zur DDR waren immer etwas unterkühlt gewesen, sogar in der wohlgeordneten Breschnew-Ära. Um so weniger fühlte sich die Regierung Németh Mitte August 1989, während sie sich als Reformregierung zu profilieren versuchte, auf westliche Hilfe hoffte und freie Wahlen vorbereitete, den Genossen in Ost-Berlin in irgendeiner Weise verpflichtet. Am 10. August stellte Gyula Horn in einem der entscheidenden Gespräche einer kleinen Ministerrunde die Frage, ob jemand in einem System wie dem der DDR leben wolle. Sowohl er selbst als auch Németh verneinten es. Aber sie wußten nicht, was sie tun sollten. Am 21. August wurde ein Ostdeutscher bei einem Handgemenge mit einem Grenzsoldaten erschossen, während sich in den Flüchtlingslagern Tausende von Ostdeutschen sammelten. Némeths Ungarn wollte in der Welt nicht als Bewacher von Honeckers Grenzen dastehen.[22]

Vor die Wahl zwischen kommunistischer Vergangenheit und demokratischer Zukunft gestellt, entschied sich Ungarn für die Zukunft. Am 25. August führten Németh und Horn auf Schloß Gymnich bei Bonn Geheimgespräche mit Kohl und Genscher, der sich gerade von seinem zweiten Herzinfarkt erholte und das Krankenhaus verlassen hatte, um an dem Treffen teilzunehmen. Die Ungarn informierten ihre Gesprächspartner, daß sie vorhatten, die Flüchtlinge in den Westen ausreisen zu lassen. Kohl soll daraufhin einen Kredit in Höhe von fünfhundert Millionen Mark zugesagt haben, doch die Teilnehmer des Gesprächs bestreiten dies vehement.[23]

Eine Woche später reiste Horn nach Ost-Berlin und überbrachte DDR-Außenminister Oskar Fischer die schlechte Nachricht. Laut Horns Bericht polterte Fischer los:»Aber das ist ja Erpressung! Ja sogar Verrat! Wissen Sie denn, daß Sie damit die DDR im Stich lassen und zur anderen Seite überwechseln? Das wird schwerwiegende Folgen für Sie haben.« Die Ungarn annullierten am 10. September ungerührt das Abkommen mit der DDR und öffneten ihre Westgrenze für die ostdeutschen Flüchtlinge. Zur Begründung verwies die ungarische Regierung darauf, daß zwischenstaatlichen Verträgen nicht der Vorrang vor der internationalen Verpflichtung zur Einhaltung der Menschenrechte eingeräumt werden dürfe.[24] Bis Ende September flohen weitere vierzigtausend DDR-Bürger über Ungarn in den Westen.

Die DDR-Führung startete eine wütende Kampagne gegen Ungarn, die »schwerwiegenden Folgen« aber blieben aus. Wenn die Ostdeutschen Hilfe aus Moskau erwartet hatten, dann wurden sie enttäuscht. Die sowjetische Regierung schwieg sich in bezug auf die Krise weitgehend aus. Die Berichte ihrer Botschaft in Ost-Berlin blieben unbeachtet.[25] Es schien fast, als wären ihr die Geschehnisse gleichgültig. Der Eindruck trog; man wußte nur nicht, was man tun sollte. Die sowjetische Reaktion auf diese erste Krise, von der die ostdeutsche Regierung bedroht wurde, verdient, genauer betrachtet zu werden, denn sie bildete ein Muster, das bis in den September hinein beibehalten wurde, als die Fluchtbewegung bereits Unruhen in der DDR nach sich gezogen hatte. Gorbatschow wollte die sozialistische Welt, einschließlich der DDR, verändern. Er hatte es nach der Rückkehr von seiner triumphalen Reise in die Bundesrepublik Honecker persönlich gesagt: Die Sowjetunion verändere sich, was nicht allen, gerade auch in der DDR, gefalle. Aber es gebe keinen anderen Weg: »Dies sei das Schicksal der Sowjetunion, aber nicht nur ihr Schicksal, sondern unser gemeinsames Schicksal.«[26]

Im weiteren Verlauf des Gesprächs erklärte Gorbatschow jedoch, daß man bei allen Veränderungen die historischen Realitäten respektieren müsse. Das habe er bei seinem Besuch in Bonn auch Helmut Kohl gesagt. Der Bundeskanzler habe sich erkundigt, wie Honecker zur Umgestaltung in der Sowjetunion stehe, worauf er, Gorbatschow, geantwortet habe, daß die Sowjetunion jetzt nur nachhole, womit die DDR schon vor zehn bis fünfzehn Jahren begonnen habe. Man studiere sogar die in der DDR verwirklichten Lösungen, etwa in der Sozialpolitik. Er habe Kohl gewarnt, daß der Westen einen »großen Fehler« begehen würde, wenn er versuchen sollte, die »Übergangsphase« in Polen und Ungarn »für eine Destabilisierung der Situation von außen zu nutzen«. Wenn dies geschähe, »würde die ganze Wende zur Friedensperiode in den Ost-West-Beziehungen zunichte gemacht werden«. Kohl habe ihm »im Prinzip« beigepflichtet, berichtete Gorbatschow. Er glaube, daß er den Westdeutschen eine »klare Grenze« gezogen und ihnen klargemacht habe, daß man »in die schlimmsten Zeiten des Kalten Krieges zurückfallen«

könne, wenn sich der Westen in die sozialistische Umgestaltung einmische.[27]

Wie reagierte die sowjetische Regierung nun auf den Vorwurf der DDR-Führung, die Bundesrepublik würde sich »einmischen«? Die Quellen geben darauf keine einheitliche Antwort. Anfang September beklagte sich Genscher im Gespräch mit Lawrence Eagleburger darüber, daß die Sowjets seine Bemühungen, die ostdeutschen Flüchtlinge aus Ungarn herauszubringen, durchkreuzten.[28] Als Ungarn schließlich bereit war, zu einer Vereinbarung mit Bonn zu kommen, ließ man der sowjetischen Botschaft in Budapest zwar einen deutlichen Wink zukommen, aber Németh wollte Gorbatschow nicht zu einer formellen Entscheidung über das ungarische Vorgehen zwingen und beschloß, Schweigen für Zustimmung zu nehmen.[29] Sergei Tarassenko, immerhin hoher Beamter im sowjetischen Außenministerium, kann sich nicht erinnern, einen Hinweis auf die bevorstehende ungarische Grenzöffnung erhalten zu haben.[30]

Die sowjetische Führung scheint es vorgezogen zu haben, sich herauszuhalten und die Frage als Angelegenheit Ungarns und der beiden deutschen Staaten zu betrachten. Im August griffen zwar einige Zeitungskommentatoren die ostdeutschen Unterstellungen auf und erhoben darüber hinaus den Vorwurf, Präsident Bush provoziere Unruhen, wenn er sage, die Bewohner von Gorbatschows gemeinsamem europäischen Haus müßten die Freiheit haben, von einem Zimmer ins andere gehen zu können.[31] Aber die meisten Medienberichte zeigten Verständnis für die schwere Wahl, vor der Ungarn gestanden hatte.[32]

Vor allem aber wurde die Aufmerksamkeit der sowjetischen Führung im August und September 1989 von anderen, dringlicheren Problemen abgelenkt. Polen befand sich mitten in einer weiteren politischen und wirtschaftlichen Krise. Die polnische Regierung hatte der ökonomischen Probleme Herr zu werden versucht, indem sie die Subventionen für Lebensmittel und Beamtengehälter kürzte. Die anschließenden Panikkäufe hatten eine inflationäre Spirale in Gang gesetzt, die Preise waren gestiegen, und überall im Land waren Streiks ausgebrochen, von denen einige gewalttätig verliefen. Polen brauchte unbedingt eine handlungsfähige Regierung. Doch die ausgefeilten Regeln für die Bildung einer neuen Regierung, auf die sich der Runde Tisch im April geeinigt hatte, wurden von den Ereignissen überholt. Bei den Wahlen im Juni erlitten die Kommunisten eine verheerende Niederlage. Nur wenige Kandidaten der Polnischen Vereinigten Arbeiterpartei (PVAP) hatten in ihrem Wahlbezirk die absolute Mehrheit der Stimmen erreicht, die sie für den Einzug ins Parlament benötigt hätten. Die Folge war, daß die Solidarność in beiden Häusern des Sejm eine überwältigende Mehrheit besaß. Damit hatte niemand gerechnet. Sowohl die Kommunisten als auch die Solidarność selbst hatten angenommen, daß die Gewerkschaftsbewegung in der Opposition bleiben würde.

Der polnische Machthaber, General Wojciech Jaruzelski, versuchte eine Regierung aus den Reihen der PVAP zu bilden und ernannte den früheren Innenminister Czesław Kiszczak zum Ministerpräsidenten. Er hatte angesichts des Wahldebakels der Kommunisten kaum eine Chance und trat am 19. August zurück, nachdem es ihm nicht gelungen war, eine vom Sejm akzeptierte Regierung zu bilden. Nach einigen Tagen voller Spekulationen beauftragte Jaruzelski ein langjähriges Mitglied der Solidarność, Tadeusz Mazowiecki, mit der Regierungsbildung. Die PVAP mußte befürchten, dabei völlig übergangen zu werden. Damit sah sich Gorbatschow zum ersten Mal mit der realen Möglichkeit konfrontiert, daß ein anderer Weg zum Sozialismus zu einer Regierung ohne Sozialisten führen konnte. Der Erste Sekretär der PVAP, Mieczysław Rakowski, versuchte die sowjetische Karte zu spielen, indem er anmerkte, daß eine große Koalition notwendig sei, um »die Befürchtungen von Verbündeten und ausländischen Partnern zu zerstreuen«.[33] Am 16. August hatte er erklärt, Polen sei in eine »Periode des offenen Kampfes um die Macht« eingetreten. Es drohe der Bruch der am Runden Tisch getroffenen Vereinbarungen. »Die Situation ist bedrohlich«, sagte er, »aber es ist nicht die Zeit, die Hände zu heben.«[34] In Moskau wiederholte die *Prawda* die Warnungen Rakowskis und sprach davon, daß sich die Situation in Polen »gefährlich verschärft« habe.[35]

Die Sowjets hatten die Krise schweigend verfolgt; nur das Außenministerium ließ am 16. August verlautbaren: »Die Sowjetunion ist zutiefst daran interessiert, was in einem befreundeten Nachbarstaat geschieht, der ein Mitglied des Warschauer Pakts ist ..., aber sie hat nicht die Absicht, sich einzumischen.«[36] Mit der Verschärfung der Krise vertieften sich aber auch die Sorgenfalten der Kremlherren. Die sowjetische Presse berichtete jetzt ausführlich über die Ereignisse in Polen, und es wimmelte von Hinweisen darauf, was für die Sowjetunion auf dem Spiel stand. Gorbatschow selbst schaltete sich am 24. August in die Vorgänge ein, indem er Rakowski anrief. Die Zeitungen meldeten nur, er habe »sein Vertrauen darin ausgedrückt, daß die PVAP die gegenwärtige Situation im gesellschaftlichen und politischen Interesse Polens lösen werde«.[37] In Wirklichkeit dürfte er die neue polnische Führung unter Druck gesetzt haben, um zu erreichen, daß Kommunisten in Schlüsselpositionen der Regierung berufen wurden.[38] Zwei Tage später, am 26. August, reiste der KGB-Vorsitzende Wladimir Krjutschkow zu Gesprächen mit dem neuen Ministerpräsidenten und der PVAP-Führung nach Warschau. Kurz darauf verkündete Mazowiecki, was die Sowjets vor allem hören wollten: daß die Posten des Verteidigungs- und des Innenministers mit Kommunisten besetzt würden und Polen Mitglied des Warschauer Pakts bleibe.

Von nun an verfolgte das gesamte sowjetische Politbüro die Ereignisse in Polen mit höchster Aufmerksamkeit. Die Gespräche innerhalb der sowjetischen Führung wurden von zwei Themen beherrscht: Polens Mitgliedschaft im Warschauer Pakt und der Besorgnis über die Zusammenarbeit der Solidarność mit »unabhängigen« Organisationen im übrigen Osteuropa, insbesondere in der DDR.[39] Als das Politbüro am 28. September zusammentrat, befaßte es sich nicht mit der auf ihrem Höhepunkt angekommenen Fluchtwelle aus der DDR, sondern beriet über umfangreiche Empfehlungen für die Polenpolitik.[40] Hinzu kam, daß auch in der Tschechoslowakei am 21. August, dem Jahrestag des Einmarschs der Truppen des Warschauer Pakts im Jahr 1968, eine erste öffentliche Protestaktion stattfand. Die tschechische Führung ging mit aller Härte gegen die paar hundert Demonstranten vor, aber Moskau wußte jetzt, daß auch die Tschechoslowakei vom Virus des Aufruhrs befallen war.

Darüber hinaus tauchten in den eigenen Grenzen ernste Probleme auf. Die in Estland lebenden Russen traten in den Streik, um gegen die Absicht der estnischen Regierung zu protestieren, die estnische Staatsbürgerschaft neu zu regeln. Die Esten wiederum gingen, ebenso wie die Letten und Litauer, aus Anlaß des fünfzigsten Jahrestages der Unterzeichnung des Hitler-Stalin-Pakts, der es Stalin ermöglicht hatte, die unabhängigen

Baltenrepubliken zu kassieren, in Massen auf die Straße und demonstrierten gegen den erzwungenen Anschluß ihrer Länder an die Sowjetunion. Auch im Süden der Sowjetunion wurde gestreikt. Dort stritten sich die Sowjetrepubliken Armenien und Aserbaidschan um den Besitz von Nagorni-Karabach. In der Moldauischen Sowjetrepublik an der Grenze zu Rumänien rumorte es ebenfalls. Ende August schwappte die Welle der ethnischen Unruhen in den von Abchasen bewohnten Teil Georgiens über. In der Ukraine forderten nationalistische Demonstranten die Unabhängigkeit. Kurz, die sowjetische Führung war von Nationalitätenproblemen geradezu umstellt. Gorbatschow berief für den 19. und 20. September ein Plenum des ZK der KPdSU ein, das sich ausschließlich mit diesem Thema befaßte und erhebliche personelle Folgen nach sich zog, unter anderem die Ablösung des langjährigen Parteichefs der Ukraine.

Die Probleme der DDR, so groß sie waren, wurden also eine Zeitlang von den vordringlichen Krisen in Polen und der Sowjetunion selbst überschattet. Ende September begann man jedoch der Fluchtwelle und der Unruhe in der DDR mehr Aufmerksamkeit zu schenken. Im sowjetischen Außenministerium dachte damals mancher, daß die Flüchtlingskrise auch ihr Gutes habe, weil sie Honecker möglicherweise veranlaßte, auf Reformkurs zu gehen. Schewardnadse setzte sich bei DDR-Außenminister Fischer für liberalere Reisebestimmungen und eine Vereinbarung zwischen DDR und BRD über ein geordnetes Ausreiseverfahren ein. Er glaubte, daß die DDR den auf ihrer Wirtschaft lastenden Druck verringern könnte, indem sie eine große Zahl von Menschen ausreisen ließ. Die DDR solle eine Kommission bilden, um die Reisebestimmungen zu überarbeiten, und bei der Gelegenheit auch gleich andere Reformen einleiten, schlug Schewardnadse seinem ostdeutschen Amtskollegen vor. Auf diese Weise könne die Führung die oppositionellen Kräfte einspannen und ihre eigene Popularität steigern, indem sie ihre Bereitschaft zeigte, sich an die Spitze der Reformbestrebungen zu setzen.[41] Es fällt schwer, sich Fischer und Honecker als Vorreiter des Wandels vorzustellen, aber im sowjetischen Außenministerium fand man, daß die Flüchtlingskrise genau das war, was man brauchte – beängstigend genug, um die Ostdeutschen aufzurütteln, aber nicht gefährlich genug, um ihren völligen Zusammenbruch zu bewirken.

Schewardnadse beschäftigte sich auch eingehender mit der westdeutschen Haltung. Er erwartete von der Bundesrepublik, daß sie den Prinzipien der Ostpolitik gemäß dazu beitragen würde, die politische Situation in der DDR zu stabilisieren. Als er Ende September am Rande der UN-Vollversammlung in New York mit Genscher zusammenkam, legte er ihm dieselben Gedanken über gelockerte Reisebestimmungen dar, die er mit Fischer erörtert hatte. Genscher versicherte ihm, daß die BRD nichts unternehmen werde, um die Stabilität der DDR zu unterminieren. Konkrete Schritte wurden nicht diskutiert.[42]

Von orthodox-kommunistischer Seite wurde Ostdeutschland mehr Unterstützung zuteil. Als Jegor Ligatschow Ost-Berlin besuchte, um landwirtschaftliche Fragen zu besprechen (dem Ressort, in das er 1988 abgeschoben worden war), unterstrich er, daß vierzig Jahre DDR auch »vierzig Jahre unverbrüchliche Freundschaft mit der Sowjetunion« seien. Er verurteilte die »tendenziöse Kampagne« der Bundesrepublik gegen die DDR und kündigte ohne Wissen und Zustimmung Gorbatschows dessen Teilnahme an den Feierlichkeiten zum vierzigsten Jahrestag der DDR an.[43]

Gorbatschow hatte gezögert, sein Kommen zuzusagen, weil er nicht den Anschein erwecken wollte, er würde hinter Honecker stehen.[44] Einen Tag nach Ligatschows Ankündigung erklärte ein Sprecher des sowjetischen Außenministeriums vorsichtig, der Besuch sei »durchaus möglich« und eine Delegation »auf höchster Ebene« nicht ausgeschlossen. Dem Kreml blieb aber kaum etwas anderes übrig, als wenig später zu bestätigen, daß Gorbatschow an den Feiern in Ost-Berlin teilnehmen werde.[45]

Die sowjetische Führung steckte in einer Zwickmühle. Einerseits mußte die DDR unterstützt werden, obwohl Honecker als Belastung empfunden wurde. Andererseits mußte die BRD zur Zurückhaltung ermahnt werden, ohne die guten Beziehungen mit Bonn zu gefährden. Der ostdeutschen Führung ist vermutlich die Galle hochgekommen angesichts der Tatsache, daß die »normalen« Kontakte zwischen sowjetischen und westdeutschen Regierungsbeamten aller Ebenen auch dann unvermindert gepflegt wurden, als *Prawda* und TASS die Zerrüttung der DDR durch den Westen anprangerten. Selbst militärische Kontakte blieben davon unberührt. Es muß Ost-Berlin gehörig gewurmt haben, aus Moskau statt der erhofften Zeichen der Unterstützung eine Ausgabe der *Krasnaja swesda*, der Zeitung der sowjetischen Armee, zu erhalten, in der ein für Mitte Oktober vorgesehener Besuch des westdeutschen Kriegsschiffs *Rommel* in der Sowjetunion begrüßt und die enger werdenden deutsch-sowjetischen Beziehungen gefeiert wurden.[46]

Gleichzeitig bemühten sich sowjetische Regierungsvertreter nach Kräften, die Bundesrepublik davon abzuhalten, die aufgewühlte Lage in der DDR zu ihrem Vorteil zu nutzen. Die ostdeutsche Regierung hatte die Reisemöglichkeiten nach Ungarn beschnitten, so daß sich der Strom der ausreisewilligen DDR-Bürger ab Mitte September zunehmend in die Tschechoslowakei ergoß. Ziel der meisten Flüchtlinge war die bundesdeutsche Botschaft in Prag, die offiziell schon seit Wochen geschlossen war. Aber die Flüchtlinge kletterten einfach über den Zaun, um auf das Botschaftsgelände zu gelangen.

Im selben Maß, wie der von den Flüchtlingen ausgelöste Druck auf die DDR zunahm, wuchs in Moskau das Unbehagen. Als die britische Premierministerin Thatcher im September auf der Rückreise von einem Besuch in Japan in Moskau Station machte, hatte sie eine Botschaft von Präsident Bush im Gepäck. Dieser ließ Gorbatschow wissen, daß die Veränderungen in Osteuropa nicht als Bedrohung der sowjetischen Sicherheitsinteressen betrachtet werden sollten. Gorbatschow war skeptisch. Vermutlich mit Blick auf den polnischen Kompromiß erklärte er der britischen Premierministerin, daß die sowjetischen Sicherheitsinteressen die Funktionstüchtigkeit des Warschauer Pakts einschlössen.[47]

Als sich die Flüchtlingskrise auf die Tschechoslowakei ausdehnte, nahmen die Pressekommentare, die im Vormonat noch teilweise wohlwollend gewesen waren, einen anderen Ton an. Jetzt verurteilten die sowjetischen Zeitungen die westdeutsche »Hetzkampagne« gegen die DDR und warnten vor Spekulationen über die Veränderung des Status quo.[48] Bemerkenswert ist, daß sich das Politbüro der KPdSU die Zeit nahm, diese Kommentare zu sichten, und sie ausdrücklich guthieß. Besonders verärgert war Moskau über den Ton, der auf dem am 11. September in Bremen abgehaltenen CDU-Parteitag angeschlagen worden war, auf dem einige Delegierte von der Wiederherstellung Deutschlands in den Grenzen von 1937 gesprochen hatten. Der sowjetische Botschafter in Bonn, Juli Kwizinski, berichtete nach Moskau, daß Kohl nichts unternommen habe, um solche Äußerungen zu unterdrücken. Statt dessen habe er erklärt, daß man der »Verwirklichung dieser Vision«, in der alle Deutschen »Freiheit und Einheit« genießen könnten, noch nie so nahe gewesen sei. Kohl sei in den Einzelheiten zwar vage geblieben, habe sein Publikum aber darauf hingewiesen, daß man am Beginn eines historischen Prozesses stehe. Kwizinski fand, daß es an der Zeit war, einen diplomatischen Warnschuß abzugeben.[49]

Die Sowjets besprachen ihre Besorgnisse über das deutsche Verhalten mit den Amerikanern. Schewardnadse schnitt das Thema während seines USA-Besuchs Ende September an, als er mit Baker nach Jackson Hole flog, wo die beiden Außenminister in der grandiosen Landschaft von Wyoming tiefergehende Gespräche führen wollten. Mitten in einer langen Diskussion über die innenpolitische Lage in der Sowjetunion und die Veränderungen in Osteuropa lenkte Schewardnadse Bakers Aufmerksamkeit auf den CDU-Parteitag. Kohls dortige Äußerungen erinnerten an »das, was deutsche Führer in den dreißiger Jahren verkündet haben«. Baker erwiderte, daß die Vereinigten Staaten Selbstbestimmung anstrebten, nicht Instabilität. Dennoch sei es ihr Ziel, Osteuropa als Teil eines ungeteilten und freien Europa zu sehen, dessen Trennlinien auf friedlichem Wege aufgehoben worden seien. Dies sei, soweit er wisse, auch die Position der BRD. Schewardnadse erklärte, daß seine Regierung das Konzept des gemeinsamen europäischen Hauses vertrete. Dennoch sei es wichtig, die bestehenden Realitäten anzuerkennen. Baker ging nicht darauf ein, sondern wies auf die Notwendigkeit einer Perestroika in der DDR hin. Der Gedankenaustausch über Deutschland endete in einem freundlichen Streit über den Ernst der inneren Krise der DDR.[50]

Fünf Tage später, am 26. September 1989, machte Schewardnadse die sowjetischen Sorgen in einer Rede vor der UN-Vollversammlung öffentlich. In Moskau hatten Falin und andere Experten neue, schärfere Äußerungen über Deutschland formuliert, die nach New York gekabelt wurden, um in die Rede eingefügt zu werden. Schewardnadse begann mit einer ausführlichen Verurteilung aller Formen des Nationalismus, bei denen »der nationale Gedanke im Widerspruch zu den gemeinsamen Interessen« stehe. Diese Äußerungen waren zum Teil sicherlich als Verteidigung der Moskauer Nationalitätenpolitik zu verstehen, doch die folgende

Bemerkung war eindeutig auf Deutschland gemünzt:»Es ist bedauerlich, daß manche Politiker ein halbes Jahrhundert nach dem Zweiten Weltkrieg dessen Lehren zu vergessen beginnen.« Es folgte eine unmißverständliche Warnung:»Heute, da die Kräfte des Revanchismus, die nach Revision und Veränderung der Nachkriegsrealitäten in Europa dürsten, vor unseren Augen wieder aktiv werden, sind wir verpflichtet, jene zu warnen, die sie bewußt oder unbewußt ermuntern. Die Bewegung des Revanchismus ist gefährlich und bedroht jenen Friedensmarsch, von dem gestern Präsident Bush an dieser Stelle gesprochen hat.«[51]

Die Sowjets versuchten verspätet, die Grenzen ihrer Duldsamkeit abzustecken. Zwischen der Nichteinmischungspolitik gegenüber Osteuropa und der Absicht, Angriffe auf die Nachkriegsordnung in Deutschland zu vereiteln, klaffte jedoch ein fundamentaler Widerspruch. Die Folge war, daß die sowjetische Haltung zwischen schrillen Pressekommentaren und demonstrativen Hinweisen auf die guten Beziehungen zur BRD hin- und herschwankte.

Nach seiner Rede vor der UNO fragte Schewardnadse den ungarischen Außenminister Horn:»Was meinen Sie, wie viele Bürger der DDR wohl in die Bundesrepublik übersiedeln wollen?« Das könne er nicht sagen, antwortete Horn, vielleicht ein bis zwei Millionen. Schewardnadse erwiderte, daß man diese Menschen nicht mit Gewalt zurückhalten dürfe und gehen lassen sollte.[52] Daß diese Resignation in bezug auf die DDR-Verhältnisse und die Warnung vor einer Veränderung der Nachkriegsrealitäten, die er gerade ausgesprochen hatte, nicht zusammenpaßten, schien er nicht zu bemerken.

In Prag stiegen Tausende von DDR-Bürgern über den Zaun der westdeutschen Botschaft. Ost-Berlin versuchte sie wie üblich mit der Zusage, ihnen die legale Ausreise zu gewähren, zur Rückkehr in die DDR zu überreden. Bei den ersten zweihundertfünfzig zog dieses Versprechen auch. Aber Ende September drängten sich über fünftausend Menschen auf dem vom Regen aufgeweichten Botschaftsgelände. Die Bundesrepublik konnte kaum etwas dagegen tun. Sie konnte die Menschen nicht zwingen, in die DDR zurückzukehren. Die Zusage der legalen Übersiedlung in den Westen hatte ihre Wirksamkeit verloren. Der westdeutsche Botschafter in Prag telegrafierte nach Bonn, daß die»kritische Grenze« erreicht sei, insbesondere bei den sanitären Einrichtungen – was von der ostdeutschen und sowjetischen Presse weidlich ausgeschlachtet wurde, um Bonn in Verlegenheit zu bringen. Genscher mußte die tschechoslowakische Regierung dazu bringen, die Flüchtlinge gehen zu lassen.[53] Die Prager Führung andererseits beunruhigte das Bild, das diese vielen in die Freiheit strebenden Menschen boten. Sie fürchtete die Wirkung, die das Spektakel auf die wiedererwachende Dissidentenbewegung im eigenen Land haben könnte.

Als sich die Außenminister der Mitgliedsstaaten zur UN-Vollversammlung in New York versammelten, arbeitete Genscher fieberhaft daran, einen Ausweg aus der Sackgasse zu finden. Am Abend des 27. September diskutierte er mit DDR-Außenminister Fischer die Möglichkeit, die Flüchtlinge in Zügen der Reichsbahn über das Gebiet der DDR in den Westen reisen zu lassen. Fischer schien bereit zu sein, über diese Lösung nachzudenken, und Genscher beschwor ihn, sich angesichts der ernsten Situation sofort mit Ost-Berlin in Verbindung zu setzen.

Aus Bonn erreichten Genscher beunruhigende Berichte, in denen vor einer Katastrophe in der Prager Botschaft gewarnt wurde. Nicht nur Seuchen würden drohen, es bestehe auch Brand- und Einsturzgefahr. Genscher bat um einen dringlichen Termin bei Schewardnadse, und wenig später jagte er in einem Streifenwagen der New Yorker Polizei mit eingeschaltetem Blaulicht zur sowjetischen Botschaft. Er drängte Schewardnadse, sich bei den Tschechen für die Flüchtlinge einzusetzen. Der sowjetische Außenminister war betroffen vom Schicksal der fünfhundert Kinder, die auf dem Botschaftsgelände campierten, und sagte seine Hilfe zu. Als nächstes sprach Genscher mit dem tschechoslowakischen Außenminister, der erklärte, daß seine Regierung nicht für den Schlamassel verantwortlich sei. Bei einem Abendessen der G-7-Außenminister drängte Genscher seinen französischen Kollegen, Roland Dumas, ebenfalls bei der tschechoslowakischen Regierung zu intervenieren. US-Außenminister Baker fragte von sich aus: »Hans-Dietrich, was kann ich für dich tun?« Genscher bat ihn, seinen Einfluß bei den Tschechen geltend zu machen und den ostdeutschen Flüchtlingen in der US-Botschaft in Prag weiterhin Zuflucht zu gewähren. »Sie können bleiben«, versprach Baker, ohne zu zögern. Es war, wie Genscher später sagte, ein »denkwürdiger Augenblick«. Am nächsten Tag, dem 29. September, traf die Zustimmung der DDR zu der zwischen Genscher und Fischer vereinbarten Lösung ein. Genscher flog nach Bonn zurück und von dort in Begleitung von Rudolf Seiters weiter nach Prag, wo er in einem dramatischen Auftritt vom Balkon der Botschaft aus die gefundene Lösung verkündete. Anschließend fuhren die Flüchtlinge, von einigen hohen bundesdeutschen Regierungsbeamten begleitet, in versiegelten Eisenbahnzügen in den Westen.[54]

Die DDR-Regierung erklärte am 1. Oktober störrisch, die Flüchtlinge hätten »sich selbst aus unserer Gesellschaft ausgegrenzt«; man solle ihnen »keine Träne nachweinen«.[55] TASS begrüßte am 2. Oktober die Entscheidung der DDR, »die Ausreise zu erlauben«, und auch Falin stellte sich in einem Interview mit der *Welt* hinter den Beschluß der DDR-Regierung.[56] Die Beziehungen des Honecker-Regimes zu Bonn sollten sich jedoch nie von dem Flüchtlingsdrama erholen. Die DDR verwahrte sich dagegen, daß Genscher »nunmehr den ›Ruhm‹ in Anspruch« nahm, die Regelung über die »Ausweisung ehemaliger DDR-Bürger aus den BRD-Botschaften in Prag und Warschau« durchgesetzt zu haben. Dies entspreche »schlicht der Unwahrheit«. Es habe sich vielmehr um »eine einseitige Entscheidung der DDR gehandelt«, die »ausschließlich aus humanitären Gründen« getroffen worden sei.[57]

Kohl sondiert neue Möglichkeiten

Die Richtlinien der Bonner Deutschlandpolitik wurden von einer kleinen Gruppe von Schlüsselpersonen bestimmt. Die Aufzählung beginnt mit Bundeskanzler Helmut Kohl, der 1989 neunundfünfzig Jahre alt war und seit 1982 die Geschicke der Bundesrepublik lenkte. Er war im Schatten des großen Staatsmannes Konrad Adenauer aufgewachsen. Seine Familie hatte die katholische Zentrumspartei gewählt, der Adenauer angehörte, und als Kohl Ministerpräsident von Rheinland-Pfalz wurde, stellte er eine Fotografie Adenauers auf seinen Schreibtisch.

Kohl war seit seinem siebzehnten Lebensjahr als Mitglied der CDU politisch aktiv. Seine erste Wahlrede hatte er schon 1949, im Alter von neunzehn Jahren, gehalten. Zweifellos hatte er in diesen prägenden Jahren, zuerst in der Jungen Union und dann in der CDU selbst, Adenauers Vision von der Lösung der deutschen Frage mittels »Wandel durch Stärke« in sich aufgesogen. Er vertrat über Jahrzehnte hinweg die offizielle Version dieser Politik, die Ostdeutschland – die »DDR« – als widerrechtlichen Pseudostaat behandelte, Amerikaner und Franzosen als die engsten Freunde Deutschlands betrachtete und die Verbindung zwischen europäischer Integration und deutscher Wiedervereinigung betonte.[58] Kohl war der erste Bundeskanzler, der im Zweiten Weltkrieg noch nicht im wehrpflichtigen Alter gewesen war. Er repräsentierte die Nachkriegsgeneration, zu deren Grunderfahrungen das Leid der deutschen Teilung und die Berliner Luftbrücke gehörten. Seine Ehefrau stammte aus einer Flüchtlingsfamilie aus den ehemaligen deutschen Ostgebieten. Kohls Generation war, insbesondere im Rheinland, sowohl proamerikanisch als auch frankophil eingestellt.[59]

Da er nie ein charismatischer Redner oder Parteivisionär gewesen war und sich nicht als ideologischer Bannerträger hervorgetan hatte, war Kohl während seiner gesamten Karriere unterschätzt worden. Daß er dennoch so erfolgreich war, ist in zwei Besonderheiten begründet. Die erste ist die vollkommene Beherrschung der CDU-Parteipolitik, verbunden mit einem feinen politischen Gespür. Kohl entscheidet sich fast immer instinktiv für die Mitte, bevor andere überhaupt erkannt haben, wo diese liegt. Die zweite Besonderheit ist sein persönlicher Stil, der ihn deutlicher kennzeichnet als seine Ideologie. Er vermittelt eine Bodenständigkeit, mit der sich viele Menschen identifizieren können. Selten auch nur den Anschein von Weltläufigkeit erweckend, bezeugt er sowohl privat als auch öffentlich die Bindung an traditionelle Familienwerte und einen tiefempfundenen, wenn auch manchmal defensiven Stolz auf sein Vaterland. Beides, Stolz und Rechtfertigung, treten bei der geringsten Provokation zutage, wobei Kohl als promovierter Historiker für gewöhnlich einen historischen Vergleich zieht, um seine Gedanken zu illustrieren. Diese Angewohnheit hat gelegentlich zu politischen Irritationen geführt, wie zum Beispiel 1986, als er Gorbatschows Öffentlichkeitsarbeit mit der von Hitlers Propagandaminister Joseph Goebbels verglich.

Kohl waren wie Bush die grundlegenden Prinzipien oder Überzeugungen wichtiger als die Einzelheiten politischer Debatten. Er war daher ganz in seinem Element, als er sich in den achtziger Jahren während der Kontroverse über die Nachrüstung an die Spitze der konservativen Tendenzwende setzte, die Unterschiede der Systeme in Ost und West hervorhob und die Bundesrepublik fest auf die Einbindung in westliche Organisationen wie die NATO ausrichtete. Seine Kinder besuchten Colleges in den USA.[60]

Dennoch hat Kohl seine Prinzipien häufig den Gegebenheiten angepaßt. Obwohl er die Ostpolitik jahrelang verdammt hatte, führte er sie, als er an die Regierung kam, weiter, weil er wußte, daß die meisten Westdeutschen sie mit dem hervorragenden außenpolitischen Ruf der SPD/FDP-Koalition assoziierten. Außerdem war ihm klar, daß er, da die Freien Demokraten jetzt *seine* Koalitionspartner waren, Hans-Dietrich Genscher, den Außenminister seines Vorgängers, behalten würde.

Der Chef des Kanzleramts, Rudolf Seiters, war ein wichtiger Berater bei allen inneren und äußeren Aspekten der deutschen Frage, aber in internationalen Angelegenheiten war der damals neunundvierzigjährige Horst Teltschik zweifelsohne Kohls wichtigster Ratgeber. Da Genscher und das Auswärtige Amt sowohl von den deutsch-deutschen Vereinigungsverhandlungen als auch von einigen diplomatischen Entwicklungen auf höchster Ebene ausgeschlossen waren, wurde Kohl in jenen Monaten zur zentralen Figur auf seiten der Bundesrepublik, flankiert von seinem wichtigsten diplomatischen Helfer Teltschik. Die innerdeutschen Verhandlungen führte Innenminister Wolfgang Schäuble.[61]

Teltschik hatte die Folgen des Zweiten Weltkriegs am eigenen Leib erlebt. Er war sechs Jahre alt gewesen, als seine Familie aus dem Sudetenland vertrieben wurde und nach Bayern floh. Er studierte Politologie und schlug eine akademische Laufbahn ein. Seine Dissertation, die er bei Richard Löwenthal schrieb, beschäftigte sich mit dem wechselseitigen Verhältnis zwischen DDR und Sowjetunion; er sprach außer Englisch auch Russisch. Die Dissertation wurde nie fertig, denn nachdem er bereits früh nach Möglichkeiten gesucht hatte, die Politik direkt zu beeinflussen, begann er 1972 für einen wenig bekannten Landespolitiker namens Helmut Kohl zu arbeiten und blieb über alle Höhen und Tiefen der folgenden Jahre hinweg an dessen Seite, bis er 1982 zum außen- und sicherheitspolitischen Chefberater des neuen Kanzlers wurde. Im Kanzleramt galt er aufgrund seiner analytischen Schärfe und seines herausragenden politischen Instinkts als das »As«.[62]

Im Auswärtigen Amt, wo Genscher zu einer Institution geworden war, und zwar einer mächtigen, machte sich Teltschik allerdings weder mit seinem Einfluß noch mit seiner direkten Art Freunde. Als Außenminister mit einer beispiellosen Amtszeit von schließlich achtzehn Jahren (1974–1992) war Genscher eine der dienstältesten und populärsten Figuren der westdeutschen Politik. Im Dritten Reich aufgewachsen, war er 1937 als Zehnjähriger der Hitlerjugend beigetreten, hatte als Sechzehnjähriger zunächst als Luftwaffenhelfer gedient, bevor er zum Reichsarbeitsdienst kam und bei Kriegsende schließlich als regulärer Soldat in amerikanische Gefangenschaft geriet. Nach der Freilassung war er in seine Heimatstadt Halle zurückgekehrt und hatte begonnen, Jura zu studieren. Doch das Leben unter kommunistischer Herrschaft wurde ihm unerträglich, und so entschloß er sich 1952, inzwischen fünfundzwanzig Jahre alt, in den Westen zu fliehen.

Erste Erfahrungen in der westdeutschen FDP sammelte Genscher, nachdem er in Halle bereits der Liberal-Demokratischen Partei angehört hatte, in Bremen und anschließend in Bonn. Die Freien Demokraten vertraten eine freiheitliche Ideologie und lehnten Kommunismus, Sozialismus (SPD) und Klerikalismus (CDU) gleichermaßen ab. 1965 in den Bundestag gewählt, wurde Genscher 1969 Innenminister im Kabinett Brandt und 1974 in der Regierung Schmidt Außenminister. Als sich die SPD Anfang der achtziger Jahre stärker nach links orientierte, führte Genscher als konsequenter Anhänger der Westbindung den Bruch der Regierungskoalition herbei, um anschließend als Außenminister unter Kohl die Rolle des Vorreiters für den Dialog mit dem Osten auszufüllen. Genscher, dessen Frau ebenfalls aus einer Flüchtlingsfamilie aus den ehemaligen Ostgebieten stammte, teilte Kohls tiefe Überzeugung von Deutschlands größerer nationaler Identität. Dennoch verstand er sich als jemand, der eine Brückenfunktion zwischen Ost und West ausübte. Diese Haltung machte ihn ebenso populär wie seine rastlose Reisediplomatie. 1989 war er für eine ganze Generation, die sich kaum an eine Zeit ohne ihn als Außenminister erinnern konnte, zur Personifizierung der deutschen Außenpolitik geworden.

Genscher stützte sich in Fragen des deutschen Vereinigungsprozesses auf zwei Hauptberater. Der wahrscheinlich engste Vertraute war sein Büroleiter Frank Elbe. Er wirkte jünger und markanter als viele seiner hochrangigen Altersgenossen im Auswärtigen Amt und kam, zumal er fließend Englisch sprach, hervorragend mit den Amerikanern zurecht. Der andere Hauptberater, Dieter Kastrup, der Politische Direktor des Ministeriums, verkörperte dessen institutionelle Erfahrungen und Fähigkeiten. Er war Berufsdiplomat und als Chef der Politischen Abteilung für die Ost-West-Beziehungen und die Sicherheitspolitik zuständig. Wenngleich kein Intellektueller, schätzte man ihn wegen seiner kühlen analytischen Fähigkeiten und seiner Professionalität, die er mit Geduld und stetem Blick für die Nuancen zur Geltung brachte. Er stammte aus Bielefeld, hatte in Köln studiert und war 1965, nachdem er in der juristischen Vorbereitungszeit unter anderem bei der EG-Kommission in Brüssel gearbeitet hatte, in den diplomatischen Dienst eingetreten. Dort war er viele Jahre mit der Ostpolitik in bezug auf die Sowjetunion und die DDR beschäftigt gewesen. 1990 schließlich machte ihn Genscher zum Chefunterhändler auf Beamtenebene in allen bedeutenden Verhandlungen des Jahres. Kastrup hatte sich mit seiner Zuverlässigkeit das Vertrauen seiner Kollegen erworben. Einer von ihnen beschrieb ihn mit den Worten: »Kastrup führt seinen Pflug und zieht schnurgerade Furchen.«[63]

Anfang Oktober 1989 hielt man die ostdeutsche Flüchtlingskrise in der Bundesrepublik weithin für eine emotionale Episode, die der überalterten, kranken Führungsriege der DDR längst überfällige politische und ökonomische Reformen abnötigen würde. (Honecker lag den größten Teil des August und September über mit Gallen- und Darmbeschwerden im Krankenhaus.) Reformen in der DDR waren das Ziel; die Einheit war immer noch ein Traumbild.[64] Dennoch fand Kohl die Mittel, die laut Ostpolitik bei Problemen in der DDR anzuwenden waren, nicht mehr angemessen. Zu sehr wühlten die Bilder von Tausenden von Ostdeutschen, die in den Westen zu fliehen versuchten, seine Gefühle auf. Doch das war nicht alles. Im nächsten Jahr stand die Bundestagswahl bevor, und die CDU mußte nach allen Voraussagen mit einer Niederlage rechnen, was die Christdemokraten derart beunruhigte, daß Kohls Führungsposition in der Partei ernsthaft in Frage gestellt wurde. Auf dem Parteitag in Bremen stimmten 147 von 738 Delegierten gegen seine Wiederwahl zum Parteivorsitzenden. Ein schlechteres Ergebnis hatte er nur 1973 erreicht, als er zum ersten Mal in dieses Amt gewählt wurde.[65]

Kohl begann die Grenzen des Möglichen zu erproben. Am 22. August verkündete er öffentlich, daß die deutsche Frage »nach wie vor auf der Tagesordnung der internationalen Politik« stehe,[66] und CSU-Chef Theo Waigel versprach ebenfalls, das Thema der deutschen Einheit neu zu beleben. Nachdem der Leitfaden der Ostpolitik offenbar fallengelassen worden war, begann Kohl in die Sprache einer anderen Zeit und eines anderen Staatsmannes zurückzufallen. Als er seinen Parteifreunden in Bremen erklärte, das Ende des Kommunismus stehe bevor und die Vision der deutschen Einheit sei der Verwirklichung noch nie so nahe gewesen, stürzte sich die sowjetische Presse natürlich sofort darauf. Laut dieser »Konzeption zur Einverleibung der DDR«, wetterte der Kommentator der *Prawda*, »sollen die Länder der Europäischen Gemeinschaft sich ebenfalls vor den alten Adenauerschen Karren der Großmächtebestrebungen spannen lassen und versuchen, ihn auf die Hauptwege der internationalen Europapolitik zu zerren«. Als besonders verwerflich wurde Kohls Hinweis kritisiert, daß mit der von ihm und Gorbatschow unterzeichneten Bonner Erklärung ein anderer Weg eingeschlagen worden sei als jener der alten Ostpolitik, wie sie 1970 mit dem Moskauer Vertrag besiegelt worden war.[67] Gorbatschow selbst sprach wenig später empört von einer »zweifelhaften Interpretation der im Juni in Bonn unterzeichneten sowjetisch-westdeutschen Erklärung«.[68]

In Kohls Regierungskoalition zeigten sich Risse. Genscher wollte im Gegensatz zum Kanzler öffentliche Spekulationen über die Wiedervereinigung dämpfen. Er selbst vermied es sowohl im Gespräch mit Eagleburger Anfang September als auch gegenüber Baker, mit dem er am 26. September zusammentraf, die weitergehenden nationalen Implikationen der Flüchtlingsfrage anzusprechen.[69] Am 25. September erschien im *Spiegel* ein Interview, in dem Genscher forderte, die Bundesrepublik solle den bisherigen deutschlandpolitischen Kurs beibehalten und die DDR drängen, sich nach dem Vorbild der Sowjetunion zu reformieren. »Es gibt weder eine sozialistische deutsche Nation noch eine kapitalistische deutsche Nation«, erklärte er. »Das Wort ›Wiedervereinigung‹ ist zu einem Zeitpunkt geprägt worden, zu dem man von einem Europa der Nationalstaaten ausging.« Er habe von der deutschen Einheit »Jahr für Jahr vor den Vereinten Nationen gesprochen. Aber stets eingebettet in die europäische Entwicklung.«[70]

Kohl hörte jedoch mehr auf die unterstützenden Worte aus Amerika. Während sich die Flüchtlingskrise aufheizte, kommentierten die US-Medien die Möglichkeit der deutschen Vereinigung zwar überwiegend negativ. Bush war jedoch bei der Haltung geblieben, die er Ende Mai in seiner Rede über ein »ungeteiltes und freies Europa« eingenommen hatte, wie Eagleburger am 7. September gegenüber Seiters bestätigte: »Obwohl es für die USA wenig Sinn hat, viele Worte über das Thema Wiedervereinigung zu verlieren, sollen Sie in bezug auf die US-Politik eines wissen: Wenn Präsident Bush sagt, daß er die Wiedervereinigung befürworte, dann meint er es auch. Die private Position der USA zur Wiedervereinigung ist dieselbe wie unsere öffentliche – wir sind dafür.«[71] Bush fand bald Gelegenheit, diese öffentliche Position zu bestätigen.[72]

Die Vereinigten Staaten waren an den diplomatischen Bemühungen rund um die Flüchtlingskrise im August und September kaum beteiligt gewesen. Das Weiße Hause war ganz von den politischen Ereignissen in Polen und dem Schnüren eines wirtschaftlichen Hilfspakets für Polen und Ungarn in Anspruch genommen, und Baker und sein Stab konzentrierten sich auf die Verbesserung der amerikanisch-sowjetischen Beziehungen und die Vorbereitung von Schewardnadses Besuch in Jackson Hole. Die ostdeutsche Krise wurde als Herausforderung der kommunistischen Führung, nicht als Bedrohung für den Bestand der DDR betrachtet. Das Thema der Vereinigung kam nur selten zur Sprache.[73]

Dann veröffentlichten am 18. September sowohl die *Washington Post* als auch das *Wall Street Journal* Kommentare zu dieser Frage. In der *Washington Post* wies Jim Hoagland darauf hin, daß die westdeutsche Ostpolitik »für die Deutschen auf der anderen Seite der Mauer keine plausible Alternative zur Wiedervereinigung« mehr darstelle.[74] Vor dem Hintergrund dieser Meinungsäußerungen fragte ein Reporter Bush bei einem Besuch in Montana, ob die Wiedervereinigung Deutschlands seiner Meinung nach stabilisierend oder destabilisierend wäre. Bush gab ihm eine direkte Antwort: »Ich denke, das ist eine Sache, die die Deutschen entscheiden müssen. Aber lassen Sie es mich einmal so sagen: Wenn das zwischen den Deutschlands ausgehandelt worden ist, dann sollten wir es nicht als schlecht für den Westen betrachten. Ich denke, daß sich in Deutschland nach dem Zweiten Weltkrieg ein dramatischer Wandel vollzogen hat. Und deshalb habe ich keine Angst vor ihm ... Es gibt bei manchen ein Gefühl – nun, daß ein wiedervereinigtes Deutschland dem Frieden in Europa – in Westeuropa – abträglich wäre. Ich kann das nicht nachvollziehen, ganz und gar nicht.«[75] Bush kam fortan regelmäßig auf das Thema zu sprechen. Als er am 26. September Theo Waigel in Washington empfing, eröffnete er das Gespräch mit der Frage, was Waigel über die Wiedervereinigung denke. Sein Gast dankte ihm für die amerikanische Unterstützung. Aber selbst der konservative Waigel verlegte die Vereinigung in eine nebelhafte Zukunft, in der sich ein allgemeiner Wandel der europäischen Politik vollzogen haben würde. Die gegenwärtigen Auseinandersetzungen, meinte er, würden die Chance bieten,»die Teilung Deutschlands im Kontext einer europäischen Friedensordnung und der Selbstbestimmung aller Völker zu beenden«.[76]

Die ostdeutsche Krise kehrt heim

Als die DDR die Grenze zur Tschechoslowakei geschlossen und Genscher die Prager Botschaftsflüchtlinge in den Westen geführt hatte, schien die Krise vorüber zu sein. Das Leck war gestopft. Doch die Massenflucht hatte eine Protestwelle im Innern ausgelöst. Von der Flüchtlingskrise und den Reformbewegungen in der Sowjetunion, in Polen und Ungarn ermutigt, gingen Ende September und Anfang Oktober Gruppen von Oppositionellen auf die Straße. Ihr Ziel war nicht,»die DDR zu zerstören, sondern sie zu reformieren. Für die demokratischen Revolutionäre stellte die Ausreisewelle nur den Kontext dar, in dem die Vertrauensbasis des Regimes zerbrach.«[77] Die DDR-Führung mit dem kranken, greisen Honecker an der Spitze konnte sich nicht entscheiden, wie sie diesem ersten Ausbruch des Protests begegnen sollte. So kam es, daß sich die Staatsmacht zwischen dem 25. September und dem 3. Oktober zurückhielt. Als deutlich wurde, daß die Demonstranten keine ernsthaften Gegenmaßnahmen fürchten mußten, schlossen sich ihnen zuerst Jugendliche, dann auch Arbeiter an, und mit ihrer Zahl wuchs die Zuversicht der Demonstranten, daß man sie nicht alle bestrafen konnte. Härtere Mittel wurden nur gegen die Demonstranten ergriffen, die sich in Dresden versammelten, als die

Flüchtlingszüge aus Prag die Stadt passierten. Die tschechoslowakische Grenze wurde am 3. Oktober geschlossen.

Die Entscheidung darüber, wie mit den Demonstranten verfahren werden sollte, fiel zwischen dem 4. und 9. Oktober. Gelegentliche Übergriffe der Polizei hatten die Menschen in Wut versetzt, aber nicht abgeschreckt. Zum Angelpunkt der Entwicklung wurde eine Massendemonstration, die am 9. Oktober in Leipzig stattfand. Robert Darnton, ein amerikanischer Historiker, der damals in Ostdeutschland lebte, berichtete später, daß Stasi, Volkspolizei und Betriebskampfgruppen mit insgesamt achttausend Mann aufmarschiert waren, um gegen die Demonstranten vorzugehen: »Fast alle Teilnehmer dieser Demonstration waren überzeugt, daß die Regierung beschlossen hatte, ein Massaker wie das auf dem Platz des Himmlischen Friedens in Peking anzurichten. Doch in letzter Minute zogen sich die Truppen zurück.« Die politisch Verantwortlichen in Leipzig waren nicht in der Lage gewesen, eindeutige Anweisungen aus Ost-Berlin zu erhalten. Die DDR-Führung war viel zu befangen in ihrer Unentschlossenheit, um eine gewalttätige »chinesische Lösung« anzuordnen.[78]

Die Entscheidungsfähigkeit der SED wurde von Selbstzweifeln und verbreiteter interner Unzufriedenheit mit der starren Honecker-Führung untergraben. Für die meisten Spitzenfunktionäre lautete die Alternative: Repression oder Verlust der DDR; für die »Dissidenten« unter ihnen (wie für die Reformer in der Sowjetunion) lautete sie dagegen: Repression oder Verlust des verkalkten, realitätsfernen Honecker. Die Mittel für eine »chinesische Lösung« waren vorhanden. Die ostdeutschen Sicherheitskräfte waren auf die landesweite Niederschlagung der Opposition bestens vorbereitet, bis hin zum Schußwaffeneinsatz gegen Demonstranten und zur Verhaftung von Tausenden von Menschen. Ein Befehl des greisen Staatssicherheitsministers Erich Mielke verlangte »offensive Maßnahmen zur Unterbindung und Auflösung von Zusammenrottungen«. Die Stasi hatte für den Ernstfall detaillierte Pläne ausgearbeitet.[79] Aber Honecker schreckte davor zurück, ihre Ausführung anzuordnen, und einige seiner Genossen schienen kurz vor Toresschluß zu der Einsicht gelangt zu sein, daß die Lage möglicherweise beherrschbar war, nur nicht unter seiner Führung.

Den größten äußeren Einfluß auf die ostdeutsche Führung übte in dieser entscheidenden Phase Anfang Oktober die Sowjetunion aus. Der Streit über ihre Rolle beim Sturz Honeckers hält bis heute an. Einige Autoren vertreten die Ansicht, daß sich die Sowjets mit den ostdeutschen Reformern verschworen hatten, um Honecker aus dem Sattel zu heben, und die ostdeutschen Sicherheitskräfte von der »chinesischen Lösung« abhielten. Dieser Theorie zufolge arbeitete das KGB eng mit seinem alten Mitstreiter Markus Wolf zusammen, dem brillanten Chef der DDR-Auslandsspionage von 1953 bis 1986, der sich öffentlich als Befürworter von Reformen im Stile Gorbatschows zu erkennen gegeben hatte.[80]

Im sowjetischen Regierungsapparat hegte man wenig Sympathie für Honecker. In der Ära der Perestroika waren die sowjetischen Analytiker nicht geneigt, die politische Sterilität seines Regimes zu entschuldigen. Viele ostdeutsche Regierungsbeamte waren sich dieser Geringschätzung zweifellos bewußt.[81] Dennoch verhielt sich die Sowjetunion während des Oktobers im wesentlichen passiv. Warum? Ein Grund war die Beunruhigung wegen des Geredes über die Wiedervereinigung, das aus Westdeutschland und den USA zu hören war. Die Sowjetunion fühlte sich verpflichtet, die DDR gegen solche Spekulationen zu stärken. Deshalb willigte Gorbatschow widerstrebend ein, zu den Feiern zum vierzigsten Jahrestag der DDR nach Ost-Berlin zu reisen, verkleinerte aber die vorgesehene Delegation und strich das Programm für seinen Aufenthalt in Ostdeutschland zusammen. Sowjetische Kommentatoren mochten anläßlich des Jahrestages auf die Notwendigkeit von Reformen in der DDR hinweisen, aber insgesamt herrschte ein positiver Grundton vor. Die Zeitungen waren voller Lobeshymnen auf die ostdeutsche Wirtschaft, und Honecker erhielt reichlich Platz in der *Prawda*, um die Erfolge seines Landes zu verkünden.[82]

Gorbatschow erlebte in Berlin steife, förmliche Feierlichkeiten, ergänzt durch ein Gespräch mit Jugendlichen und einen Besuch am Grabmal des unbekannten Soldaten.[83] Seine öffentlichen Äußerungen waren zurückhaltend. Jedes Land müsse seinen eigenen Weg der Erneuerung finden, erklärte er. Die gesamte Rede war durchsetzt mit Bemerkungen über die Bedeutung der DDR als Bündnisgenosse, über ihre Rolle bei der Erhaltung des Friedens und ihren Beitrag für die Weiterentwicklung des Sozialismus. Statt die DDR offen zu kritisieren, hob er das neue politische Denken in Europa hervor, das eine gute Ausgangsbasis für die Zukunft geschaffen habe. Dann zitierte er in einer merkwürdigen Abschweifung den russischen Lyriker Fjodor Tjutschew, der die Bismarcksche »Blut und Eisen«-Reichseinigung mit den Versen kommentiert hat:

> Zur Einheit – wie der Große prophezeite –
> Wird man mit Eisen nur und Blut getrieben …
> Doch wir versuchen es mit Liebe –
> Wer recht hat, wird in Zukunft dann entschieden.

Es war sicherlich ein interessanter Verweis, aber auch eine sonderbare Art, die Bundesrepublik zur »Anerkennung der Nachkriegsrealitäten« zu ermahnen.[84]

Gorbatschow kam während seines Aufenthalts sowohl mit dem gesamten Politbüro der SED als auch mit Honecker unter vier Augen zusammen. Den ostdeutschen Aufzeichnungen über diese Gespräche läßt sich entnehmen, daß er zwar einen versöhnlichen Ton anschlug, aber seinen Gesprächspartnern zwei Punkte klarzumachen versuchte: erstens, daß harte Entscheidungen um so schmerzlicher wurden, je länger man sie hinauszögerte, und zweitens, daß die UdSSR nicht in die ostdeutsche Innenpolitik eingreifen würde. Die Sowjetunion, erklärte er, habe ihren Reformweg gewählt, der sie vor komplizierte Probleme stelle; andere müßten ihre eigenen Entscheidungen treffen. Honecker kam mehrmals kritisch auf Kohl zu sprechen und griff dessen Absicht an, westdeutsche Wirtschaftshilfe von politischen Reformen in der DDR abhängig zu machen. Dies werde von der DDR »natürlich massiv abgelehnt«. Gorbatschow ging nicht darauf ein.[85]

Seine berühmte Mahnung: »Wer zu spät kommt, den bestraft das Leben«, ist so nicht geäußert worden. Der tatsächliche Wortlaut klang weit weniger ominös. Außerdem war die Bemerkung, wie er Egon Krenz später anvertraute, eigentlich auf ihn selbst bezogen. Im weiteren Verlauf des Treffens mit dem Politbüro wiederholte er sie in leicht abgewandelter Form: »Unsere Erfahrungen und die Erfahrungen von Polen und Ungarn haben uns überzeugt: Wenn die Partei nicht auf das Leben reagiert, ist sie verurteilt.« Vor allem aber betonte er das Gewicht, das die DDR innerhalb der sozialistischen Staatengemeinschaft besaß.[86]

Die sowjetische Politik bestand darin, die DDR zu Reformen zu ermutigen, sich aber nicht in ihre Innenpolitik einzumischen. Am Vorabend der entscheidenden Leipziger Demonstration vom 9. Oktober rief Krenz besorgt beim sowjetischen Botschafter in Ost-Berlin, Wjatscheslaw Kotschemassow, an und teilte ihm mit, daß er von Honecker den Auftrag erhalten habe, zusammen mit Vertretern des Innenministeriums und der Armee nach Leipzig zu fliegen, »um die Situation einzuschätzen und die notwendigen Maßnahmen zu treffen«. Kotschemassow erwiderte: »Wie ich es verstehe, besteht das Wichtigste darin, kein Blutvergießen zuzulassen. Deshalb mein kategorischer Rat: auf keinen Fall repressive Maßnahmen ergreifen und schon gar nicht von der Armee.« Krenz pflichtete ihm bei, daß das undenkbar sei. Nach Kotschemassows Ansicht war sich Krenz darüber schon vorher im klaren gewesen und hatte nur bei ihm angerufen, um sich der Unterstützung der sowjetischen Botschaft zu versichern, falls er sich weigerte, Honeckers Befehle auszuführen. Kotschemassow setzte sich nach dem Telefongespräch mit Krenz mit dem Oberbefehlshaber der Westgruppe der sowjetischen Streitkräfte in Verbindung und wies ihn in eigener Verantwortung an, seine Truppen von den in Leipzig zu erwartenden Demonstrationen fernzuhalten. Die Anweisung wurde am nächsten Tag von Moskau bestätigt.[87]

Honecker hatte offensichtlich den Schutz der Sowjetunion verloren, und die Nichteinmischung stellte eine bemerkenswerte Abweichung von der Art dar, wie Moskau bisher mit Ost-Berlin umgegangen war. Aber die Sowjets sägten nicht an Honeckers Stuhl. Sie hätten mit jedem zusammengearbeitet, der die nötigen Schritte unternahm, um die Situation unter Kontrolle zu bekommen. Honeckers Nachfolger Krenz glaubte nicht, daß Gorbatschows Besuch in Ost-Berlin viel zum Sturz des alten Parteiführers beigetragen hatte. Er schickte jedoch kurz vor Honeckers Absetzung einen Spitzenfunktionär nach Moskau, um die Sowjets von dem bevorstehenden Ereignis zu unterrichten. Krenz zufolge hatte Gorbatschow dem Abgesandten gesagt, daß er den Verschwörern viel Erfolg wünsche. Tschernjajew meinte im Rückblick, daß sich Gorbatschow einfach nicht in die Angelegenheit hineinziehen lassen wollte.[88]

Igor Maximytschew, Kotschemassows Stellvertreter an der Botschaft in Ost-Berlin, war ein aufmerksamer Beobachter der Ereignisse. Für ihn ist eine der zentralen Fragen, warum die Sowjetunion, »deren Einfluß auf die DDR entscheidend war, nichts unternahm (außer den fruchtlosen Versuchen Gorbatschows, Honecker die Vorteile der Perestroika zu ›verkaufen‹), um den Deckel des Kessels, in dem der Druck fast die kritische Marke erreichte, wenigstens ein wenig anzuheben«. Maximytschew hat dafür zwei Erklärungen: Erstens seien die sowjetischen Apparatschiks so sehr daran gewöhnt gewesen, den »Willen der Partei« mit dem »Willen des Volkes« gleichzusetzen, daß sie sich das umstürzlerische Potential von Volksbewegungen nicht vorzustellen vermochten. Zweitens habe die sowjetische Regierung selbst keine Lösung für die ostdeutsche Krise gewußt: »Alle Vorschläge, unserer Mißbilligung des selbstmörderischen Kurses der ostdeutschen Führung Ausdruck zu geben, wurden mit der Begründung abgelehnt, daß die Lage in der Republik vollständig in die Verantwortung der deutschen Führung falle. Wenn man ihr etwas aufzwinge, würde man ihr diese Verantwortung mit allem, was daraus folgte, abnehmen. In weniger offiziellen Worten wurde die Weigerung, Druck auf Honecker auszuüben, damit erklärt, daß wir, um den Erfolg der Perestroika sicherzustellen, Stabilität in der ›sozialistischen Gemeinschaft‹ benötigten, zu deren Stützpfeilern die DDR gehörte. Inoffiziell hieß es außerdem, daß Honecker die Situation in der DDR besser kenne als jeder sonst und daß er alles tun werde, um eine Explosion zu verhindern, von deren Ausbleiben sein eigenes Schicksal abhing.«[89] Tschernjajew schrieb später, daß Gorbatschow am liebsten über seine eigenen Erfahrungen mit der Perestroika sprach und es den anderen sozialistischen Parteiführern überließ, das herauszufiltern, was für sie relevant war.[90]

In der Woche vor Honeckers Sturz verfaßten Krenz und Schabowski eine Erklärung, in der den DDR-Bürgern Reformen versprochen wurden. Das Politbüro diskutierte am 10. und 11. Oktober ausführlich über die innere Lage. Honecker vertrat dabei die Ansicht, daß ein radikaler Wandel größere Gefahren mit sich bringen würde als die Verteidigung des Status quo. Die Erklärung wurde schließlich angenommen, aber unter »einer dicken Schicht der üblichen Phrasen« begraben.[91]

Nachdem sich die SED gegen die »chinesische Lösung« entschieden hatte, war Honeckers Position unhaltbar geworden, und am 18. Oktober wurde er schließlich von einer Gruppe von Politbüromitgliedern unter der

Führung von Krenz abgesetzt. Die neue Parteiführung wollte Gorbatschows Modell folgen und den Forderungen der Bevölkerung entgegenkommen, um das sozialistische System zu retten.[92]

Krenz und Gorbatschow schmieden einen Plan

Egon Krenz hoffte, der deutsche Gorbatschow zu werden. Die Menschen, die in den Westen geflohen waren, wurden zur Rückkehr in die DDR aufgefordert. Man werde ihnen »im Rahmen des Möglichen dabei behilflich sein, in ihrer angestammten Heimat wieder Fuß zu fassen«.[93] Krenz und sein Politbürokollege Schabowski wollten eine »SED mit menschlichem Antlitz« schaffen; sie wußten nur nicht, wie. Statt dessen verlas Krenz im Fernsehen lange, trockene Verlautbarungen. Die Führung hatte sichtlich Mühe, mit der eskalierenden Protestwelle Schritt zu halten.

Die Opposition forderte ein tiefgreifendes politisches und wirtschaftliches Reformprogramm, das neben einer wesentlich umfangreicheren Ablösung der alten Garde im Politbüro unter anderem freie Wahlen ohne das garantierte Machtmonopol der SED und die Aufhebung der Reisebeschränkungen in den Westen (einschließlich der Öffnung der Berliner Mauer) beinhalten sollte.[94] Dennoch rief Helmut Kohl höflich beim neuen SED-Generalsekretär an, um ihm eine glückliche Hand und Erfolg zu wünschen und ihm zu versichern, daß er an einer »ruhigen, vernünftigen Entwicklung« in der DDR interessiert sei.[95]

Im Westen gingen die Meinungen darüber auseinander, ob Krenz in der Lage sein würde, die Stabilität und Glaubwürdigkeit der DDR-Führung wiederherzustellen. Die Lagebeurteilungen, die im Oktober und Anfang November in Washington eintrafen, ließen sogar Zweifel daran aufkommen, daß er auch nur die Parteikrise bewältigen würde. Botschafter Barkley und sein Stab dagegen glaubten, daß Krenz durchaus Erfolg haben könnte.[96] Die sowjetische Regierung ihrerseits stellte sich vorbehaltlos hinter Krenz als den Mann, der wieder für stabile Verhältnisse in der DDR sorgen sollte. Und die sowjetischen Zeitungen waren voller Berichte über die Reformaktivitäten der neuen Krenz-Führung.

Am 31. Oktober reiste Krenz zum obligatorischen Antrittsbesuch nach Moskau, wo er am nächsten Tag mit Gorbatschow zusammenkam. Es war ein entscheidendes Treffen sowohl für Krenz selbst als auch für die DDR. Gorbatschow beschäftigte sich eingehend mit den deutschen Problemen. Endlich hatte er es mit einem SED-Chef zu tun, mit dem er offen sprechen konnte, und er hatte sich intensiv auf das lange, ins einzelne gehende Gespräch vorbereitet. Es wurde in Russisch geführt, und außer Krenz und Gorbatschow waren nur noch die Protokollanten beider Seiten anwesend.[97] Gorbatschow erklärte, daß alle Welt jetzt sehen könne, wie schnell die SED die Veränderungen vorantreibe. Krenz solle sich von den vor ihm liegenden komplizierten Problemen keinen Schrecken einjagen lassen. Die Perestroika sei auch in der Sowjetunion noch nicht abgeschlossen:»Das Pferd sei gesattelt, aber der Ritt noch nicht vollendet.« Sowohl Krenz als auch Gorbatschow bescheinigten sich »gute menschliche Beziehungen« zu Honecker, nachdem sie lang und breit über seine Fehler gesprochen hatten. Gorbatschow bezeichnete die Entwicklung als »großes persönliches Drama« des abgehalfterten SED-Chefs, fügte aber kritisch hinzu,»Genosse Erich Honecker habe sich offensichtlich für die Nummer eins im Sozialismus, wenn nicht sogar in der Welt gehalten. Er habe nicht mehr real gesehen, was wirklich vorgehe.« Krenz hatte vorher bereits vom fehlenden Realitätsbezug der alten SED-Führung gesprochen, der zu Vorbehalten gegenüber dem DDR-Sozialismus geführt habe, weil die Menschen »plötzlich spürten, daß in Grundfragen der Entwicklung des Sozialismus zwischen der Sowjetunion und der DDR kein Schulterschluß mehr vorhanden war«.

Auch einige andere SED-Führer wurden erwähnt. Krenz erzählte Gorbatschow unter anderem, daß er von Honecker einmal den Auftrag erhalten habe, Hans Modrow abzusetzen. Er hätte jedoch erreichen können, daß Modrow nur gerügt wurde, aber im Amt bleiben konnte. Dann kamen die beiden Parteiführer auf den entscheidenden Punkt – die Ökonomie. Gorbatschow erklärte, daß der Sowjetunion die wirkliche Lage der Volkswirtschaft der DDR bekannt sei. Die offiziellen Zuwachsraten habe man seit langem für übertrieben gehalten. Was Krenz dann erläuterte, war dennoch ein Schock für Gorbatschow. Die DDR, eröffnete er ihm, werde Ende 1989 mit 26,5 Milliarden Dollar im Westen verschuldet sein, und die Devisenbilanz weise ein Defizit von 12,1 Milliarden Dollar auf. Der DDR-Protokollant notierte an dieser Stelle: »Genosse Gorbatschow fragte erstaunt, ob diese Zahlen exakt seien. So prekär habe er sich die Lage nicht vorgestellt.«

Die Zahlen waren korrekt. Allein die Zinszahlungen, fuhr Krenz fort, beliefen sich auf 4,5 Milliarden Dollar, was 62 Prozent des jährlichen Exporterlöses der DDR in Devisen entspreche. Die DDR lebe über ihre Verhältnisse, und das schon seit Anfang der siebziger Jahre. Wenn man ausschließlich die eigene Leistung zugrunde legte, würde der Lebensstandard sofort um dreißig Prozent sinken. Krenz brauchte Kredite. Er hatte schon daran gedacht, sich an den Internationalen Währungsfonds (IWF) zu wenden, glaubte aber, daß eine »äußerst ungünstige politische Situation« eintreten könnte, wenn der westlich dominierte IWF Einfluß auf die ostdeutsche Wirtschaft bekäme.

Gorbatschow riet Krenz, der Bevölkerung mitzuteilen, daß man über seine Verhältnisse gelebt habe. Die Sowjetunion werde weiterhin die lebensnotwendigen Rohstoffe liefern. Wichtig sei auch die Fortführung der »prinzipiellen und flexiblen Politik« gegenüber der Bundesrepublik. »Natürlich müsse man stets so handeln«, fügte Gorbatschow laut Protokoll hinzu, »daß die Entscheidungen in Berlin und nicht in Bonn gefällt werden.« Krenz stimmte ihm zu. An erster Stelle standen für ihn eine engere Kooperation und eine »weitere Konkretisierung der Arbeitsteilung« mit der UdSSR, zumal zwischen der DDR und den anderen sozialistischen Ländern ein wichtiger Unterschied bestehe: Die DDR »sei in gewisser Weise das Kind der Sowjetunion, und die Vaterschaft über seine Kinder müsse man anerkennen«. Gorbatschow pflichtete ihm bei.

Die offensichtliche Gefahr bestand darin, daß der Westen die Schwäche der ostdeutschen Wirtschaft ausnutzen könnte, um auf die Vereinigung Deutschlands zu drängen. Gorbatschow war jedoch zuversichtlich, daß diese Absicht auch bei anderen auf Widerstand stoßen würde. Er erzählte Krenz von einem Gespräch zwischen Alexander Jakowlew und Zbigniew Brzezinski, dem Sicherheitsberater Präsident Carters, die sich darüber unterhalten hatten, ob sie sich die deutsche Vereinigung vorstellen könnten. Brzezinski habe gesagt, aus seiner Sicht würde dann alles zusammenbrechen. Gorbatschow fuhr fort, bisher hätten die DDR, die Sowjetunion und die anderen sozialistischen Länder die richtige Linie verfolgt. Sie habe zur internationalen Anerkennung der Existenz zweier deutscher Staaten geführt. Dies treffe auch im Westen auf Zustimmung. In seinen jüngsten Gesprächen mit Thatcher und Mitterrand, aber auch mit Jaruzelski und dem italienischen Ministerpräsidenten Giulio Andreotti sei »klargeworden, daß all diese Politiker von der Bewahrung der Realitäten der Nachkriegszeit, einschließlich der Existenz zweier deutscher Staaten, ausgehen. Die Fragestellung nach der Einheit Deutschlands wurde von ihnen allen als äußerst explosiv für die gegenwärtige Situation betrachtet.« Sie wollten auch nicht, daß der Warschauer Vertrag und die NATO aufgelöst werden, weshalb sie für den Verbleib Polens und Ungarns im Warschauer Pakt seien.

Die Amerikaner gaben mehr Anlaß zur Besorgnis. In der Vergangenheit hätten sie eine ähnliche Haltung wie die Westeuropäer eingenommen, erklärte Gorbatschow. Doch gegenwärtig gebe es »unter den Verbündeten der BRD viele Diskussionen. Man sympathisiere in Worten mit den Sorgen der BRD über das geteilte Deutschland. In den USA gab es dazu in der letzten Zeit einige Nuancen, die noch zu untersuchen seien.« Gorbatschows Protokollant, Georgi Schachnasarow, warf an dieser Stelle ein, daß diese Äußerungen wohl mehr für das breite Publikum bestimmt seien. Gorbatschow war derselben Meinung. In der Praxis setzten die USA ihre »alte Linie« fort, meinte er.

Ein weiteres Argument gegen die Vereinigung stammte von Willy Brandt. Dieser hatte Gorbatschow zufolge erklärt, daß das Verschwinden der DDR eine eklatante Niederlage der Sozialdemokratie wäre, denn diese sehe in der DDR eine »gewaltige Errungenschaft des Sozialismus. Wenn er [Brandt] sich auch von den Kommunisten abgrenze, so betrachte er die Sozialdemokratie doch als Zweig der Arbeiterbewegung und halte an der sozialistischen Idee fest.« Egon Bahr habe dies »offen im Klartext« ausgesprochen. Die beste Linie für die sozialistischen Länder, fuhr Gorbatschow fort, bestehe darin, zu betonen, daß die gegenwärtige Lage ein Ergebnis der Geschichte sei. Menschliche Kontakte zwischen den beiden deutschen Staaten könne niemand verhindern; man müsse sie aber »unter Kontrolle halten und steuern«.

In bezug auf die Beziehungen zwischen der DDR und der BRD hob Gorbatschow drei Aspekte hervor: Erstens seien sie im Dreieck DDR, BRD und Sowjetunion besser zu koordinieren. Zwischen Berlin und Moskau sollte es keine Geheimnisse geben, zumal es sinnlos sei, irgendwelche Aspekte der Beziehungen zu Westdeutschland vor der Sowjetunion verheimlichen zu wollen. Sie erfahre »aus anderen Quellen« sowieso, was vorgehe, so wie sie nach drei Tagen wisse, was im Nationalen Sicherheitsrat der USA beraten wurde. Die USA wüßten umgekehrt gut über die Entwicklung in der Sowjetunion Bescheid. Gorbatschow schlug vor, ein gemeinsames Büro einzurichten, um die Beziehungen der DDR und der Sowjetunion zur Bundesrepublik zu koordinieren. Ein solches Büro habe es schon einmal gegeben. Das sollte man jetzt wiederbeleben. Krenz stimmte zu, und Gorbatschow empfahl ihm, diese Frage im Politbüro oder »einem noch kleineren Kreis« zu beraten.

Der zweite Aspekt betraf die Schaffung engerer Beziehungen zwischen Moskau und Bonn. Im genannten Dreieck würde davon auch Ost-Berlin profitieren, erklärte Gorbatschow. Bonn sei zu breiter Zusammenarbeit bereit, erwarte dafür aber Hilfestellung bei der Wiedervereinigung. Der Schlüssel dafür liege in Moskau, heiße es bei den Westdeutschen. Die Amerikaner sagten dies ebenfalls. Für sie sei es eine bequeme Ausrede: So könnten sie den Westdeutschen ihre Unterstützung für die Wiedervereinigung zusichern, während sie den Schwarzen Peter an Moskau weitergaben. Andererseits seien die Amerikaner nicht besonders erfreut, daß es zu einer Annäherung zwischen Bonn und Moskau auf ökonomischem und politischem Gebiet komme. Diese sei allerdings noch nicht weit gediehen, fügte Gorbatschow einschränkend hinzu. Es bestehe also kein Grund zur Eile. In Bonn dauere alles seine Zeit. Die DDR solle bei der Verbesserung ihrer Beziehungen zur BRD im Rahmen des Dreiecks BRD–DDR–UdSSR Vorsicht walten lassen, um dem »ideologischen Gegner« nichts in die Hand zu geben, das er ausnutzen könnte. Dann enthüllte Gorbatschow implizit, wie Moskau die Beziehungen zwischen den beiden deutschen Staaten zu regulieren gedachte: durch die Verknüpfung der Rohstofflieferungen an die DDR mit der geforderten Vorsicht bei der Weiterentwicklung ihrer Beziehungen zur Bundesrepublik, um »zu vermeiden, in die Umarmung der BRD zu geraten«.

Der dritte Aspekt waren gute Beziehungen der DDR zu anderen Ländern außerhalb des Dreiecks DDR–BRD–UdSSR. Sie solle versuchen, von anderer Seite wirtschaftliche Hilfe zu erhalten – nicht nur von der Sowjetunion. Diese könne, wie Gorbatschow zugab, ökonomisch wenig tun. Aber sie könne helfen, Unterstützung aus dem Westen zu bekommen. Ungarn und Polen seien auf diesem Gebiet bereits sehr aktiv.

Gorbatschow war überzeugt, daß diese Politik funktionieren würde. Es gebe keinen Grund, »Vermutungen darüber anzustellen, wie sich die deutsche Frage einmal lösen wird. Die gegenwärtigen Realitäten müßten berücksichtigt werden. Dies sei das wichtigste.« Wenn die Annäherung in Europa trotz der unterschiedlichen Gesellschaftssysteme »mehrere Jahrzehnte lang« anhalte und der Austausch von geistigen und materiellen Gütern weiterentwickelt würde, dann werde sich die Frage der Vereinigung möglicherweise eines Tages anders stellen. Aber dies sei »heute kein Problem der aktuellen Politik. In der aktuellen Politik müsse die bisherige Linie weitergeführt werden.« Krenz pflichtete ihm bei, wies aber auf den beunruhigenden Trend zur »Entideologisierung« der Beziehungen zwischen den beiden deutschen Staaten hin. »Entideologisierung würde hier [an der Grenze der Blöcke] den Verzicht auf die Verteidigung des Sozialismus bedeuten«, erklärte er mit einem indirekten Seitenhieb auf Gorbatschow.

Der Sowjetführer wechselte das Thema. Die Zeit sei reif, sagte er, um eine zufriedenstellende »Formel« für das Reise- beziehungsweise Flüchtlingsproblem zu finden. In der bundesdeutschen Politik werde die nationale Frage stark in den Vordergrund gerückt. Es gebe Leute in den Regierungsparteien, die Kohl loswerden wollten. Deshalb habe er »auf das Pferd des Nationalismus gesetzt«. Die Wiedervereinigung sei zum Gegenstand wilder Spekulationen geworden.

Krenz erwiderte, daß bereits ein Programm zum Umgang mit dem Flüchtlingsproblem vorliege. Die DDR werde den Schußwaffengebrauch an der Grenze abstellen, und das Politbüro habe den Entwurf eines neuen Reisegesetzes verabschiedet, der noch vor Weihnachten von der Volkskammer angenommen werden solle. Er eröffne nahezu allen DDR-Bürgern die Möglichkeit, einen Paß und ein Ausreisevisum für Reisen in alle Länder zu erwerben. Man könne zwar das Reisen erlauben, aber nicht die Ausfuhr konvertierbarer Währung. Die Deviseneinnahmen reichten nicht aus, um DDR-Reisende mit Valuta auszustatten.

Gorbatschow war erfreut über die Maßnahmen und wies auf die posi-

tiven internationalen Reaktionen hin, die er insbesondere nach der Volks-
kammerrede des SED-Chefs erhalten habe. Nunmehr gehe es darum,
»den positiven Eindruck zu vertiefen«. Krenz berichtete daraufhin von
dem erwähnten Telefongespräch mit Kohl. Gorbatschow nutzte die Gelegenheit, um Krenz sein Bild von Kohl zu vermitteln. Dieser sei »keine intellektuelle Leuchte, sondern ein Kleinbürger. Von diesen Schichten
werde er auch am besten verstanden. Aber er sei trotz allem ein geschickter und hartnäckiger Politiker.« Dieselbe Mischung von Eigenschaften sei
auch die Erklärung dafür, warum Reagan so populär gewesen sei und sich
so lange habe halten können.

Krenz wandte sich sodann der nächsten Zukunft zu. Auf der bervorste-
henden 10. Tagung des ZK der SED werde man über eine radikale Wirtschaftsreform diskutieren. Man werde die Antworten auf die ökonomischen Probleme der DDR natürlich im Sozialismus suchen, nicht in der
Marktwirtschaft. Ein zweites Thema der ZK-Tagung sei »die breite Entfal-
tung der sozialistischen Demokratie«. Man wolle das neue Wahlgesetz
vorbereiten und mehr Pressefreiheit zulassen. Auch »die führende Rolle
der Partei unter den neuen Bedingungen« müsse erörtert werden. Kritik
und Selbstkritik müßten stärker ausgebildet werden, »um Subjektivismus
auszuschließen«. Man denke außerdem daran, die Amtszeiten hoher
Funktionäre zeitlich zu begrenzen. Schließlich werde man auf der Tagung
auch über »Kaderfragen« sprechen. Krenz zählte diejenigen auf, die von
ihren Ämtern zurücktreten würden, und bemerkte, daß die Forderungen
nach Veränderung in der Partei noch viel weiter gingen. Gorbatschow äußerte sich in seiner Erwiderung nur zu Stoph (positiv) und Mittag (negativ) und meinte, man dürfe »nicht alle alten Genossen in einen Topf
werfen«.

Zuletzt brachte Krenz die Demonstrationen in der DDR zur Sprache. Er
sagte zu, daß keine Gewalt gegen die Demonstranten eingesetzt würde,
erwähnte aber auch – was im Licht dessen, was eine Woche später geschehen sollte, recht merkwürdig klingt –, daß man für die am 4. November geplante Großdemonstration in Berlin Vorsichtsmaßnahmen treffen
werde, um einen Massensturm auf die Mauer zu verhindern. Wenn es
dazu käme, wäre es schlimm, erklärte er, »denn dann müßte die Polizei
eingesetzt und müßten gewisse Elemente eines Ausnahmezustandes ein-

geführt werden«. Krenz hielt diesen Fall zwar für unwahrscheinlich, »aber man müsse darauf vorbereitet sein«.

Alles in allem hatten sich Gorbatschow und Krenz auf einen detaillierten Aktionsplan geeinigt, wobei Gorbatschow den Ostdeutschen mit konkreten Vorschlägen den Weg gewiesen hatte und eine berechnende, disziplinierte Seite seiner Persönlichkeit zu erkennen gegeben hatte, die man im Westen fast nie zu Gesicht bekam. Die Flüchtlingskrise war zu Ende. Es wurde allgemein erwartet, daß die DDR ihr Reisegesetz änderte, um ihren Bürgern Reisen in den Westen zu gestatten. Immerhin hatte sie in den fünfziger Jahren eine wesentlich offenere Grenze überlebt. Als Krenz mit seiner Delegation aus Moskau abflog, witzelten allerdings einige Sowjetbeamte: »Da geht das Komitee zur Auflösung der DDR.«[98]

Kohls Verhalten war ein entscheidender Faktor in der von Krenz und Gorbatschow aufgemachten Rechnung. Der Erfolg ihres Plans hing davon ab, daß Kohl im Fahrwasser der alten Ostpolitik blieb. Dazu hätte gehört, daß die Bundesrepublik die Befürchtungen der DDR über ihre Absichten beschwichtigte, die Verbesserung der Lebensbedingungen der Ostdeutschen anmahnte, so daß es zu keinem neuen Exodus kommen würde, beruhigend auf die Sowjetunion einwirkte, Wirtschaftshilfe leistete, um die DDR zu stabilisieren, und maßvolle Reformen einforderte. Alldem hätte die Annahme zugrunde gelegen, daß Krenz dem polnischen oder ungarischen Weg folgen würde. Der Sozialismus mochte überleben, aber man hätte einen in geordneten Bahnen verlaufenden Reformprozeß in Gang gesetzt. Dies war die Politik, die Gorbatschow und Krenz von der westdeutschen Regierung erwarteten. Aber ausgerechnet an diesem heiklen Punkt änderte Kohl den Kurs der deutschen Politik. Nachdem er schon im August und September die alten Wahrheiten der Ostpolitik über Bord geworfen hatte, indem er ziemlich unverhohlen von der realen Möglichkeit der Wiedervereinigung sprach, holte er jetzt, gerade als Krenz und Gorbatschow einen Plan umsetzen wollten, der von ihren Beziehungen zur Bundesrepublik abhing, zu einem noch schwereren Schlag gegen die Überreste der Ostpolitik aus.

Die Bundesrepublik stand vor einer schweren Wahl. Sie mußte sich entscheiden, ob sie Krenz helfen wollte, die DDR zu stabilisieren. Nach den Grundsätzen der Ostpolitik wäre dies der einzige Weg zu schrittweisen Veränderungen gewesen. Aber die Ereignisse im August und September hatten viele veranlaßt, diese Grundsätze zu überdenken. Die unterschiedlichen westdeutschen Reaktionen wurden im Verlauf des September und Oktober deutlich sichtbar. In den USA erklärte Baker in einer Notiz, in der er Bushs Aufmerksamkeit auf die Unruhen in der DDR lenkte, daß die westdeutsche Führung einhellig für Stabilität und Reformen in der DDR eintrete.[99] Es sollte jedoch bald klarwerden, daß Kohl den ostpolitischen Konsens aufgekündigt hatte. Während westdeutsche Regierungsbeamte besorgt fragten, wie die vielen in der Bundesrepublik eintreffenden Ostdeutschen integriert werden sollten, hatte er seine Koalition auf eine feste Position eingeschworen: Die Ankömmlinge waren willkommen zu heißen, und dem DDR-Regime war jede wirtschaftliche Unterstützung zu verweigern, bis es tiefgreifende politische Reformen eingeleitet hatte. Während Krenz verzweifelt auf Hilfe hoffte, um sein Land zu stabilisieren, wollte ihm Kohl diese erst gewähren, wenn er das bestehende System stürzte.

Bei alldem behielt Kohl stets die internationalen Reaktionen auf sein Verhalten im Blick. Amerikanische Diplomaten in Bonn erinnerten Washington daran, daß die ausländische Haltung zur Frage der deutschen Einheit den entscheidenden Faktor der westdeutschen Politik darstelle: »Den Westdeutschen ist tief in ihrem Innern klar, daß es nur zur Wiedervereinigung kommen kann, wenn die europäischen Verbündeten der BRD und die Sowjetunion den Vereinigungsprozeß nicht nur mitmachen, sondern aktiv unterstützen. Die westdeutsche Führung glaubt nicht, daß dies schon der Fall ist.«[100] Mindestens ebenso wichtig wie solche diplomatischen Erwägungen war für Kohl die Tatsache, daß die Haltung des Auslands in der westdeutschen Innenpolitik Widerhall fand. Das Bewußtsein ihrer besonderen historischen Verantwortung hatte die Empfänglichkeit der Westdeutschen für die Meinung der Welt außerordentlich geschärft. Internationale Mißbilligung konnte die Wähler der Opposition zutreiben. So achtete Kohl bei jedem Schritt mit einem Auge darauf, was im Ausland, besonders in Washington und Paris, passierte.

Die Abkehr von der alten Ostpolitik würde nicht mit einem Vorstoß in Richtung Vereinigung beginnen. Vorher würde die DDR gedrängt werden, den Sozialismus aufzugeben und sich zu einer echten Demokratie zu wandeln. Wenn sie aber den Sozialismus über Bord warf, würde sie die Hauptrechtfertigung für ihre Existenz als eigenständiger Staat verlieren. Als der Kommunismus in Bedrängnis geriet, war es daher kaum verwunderlich, daß die Westdeutschen – wie so viele andere im Westen – Spekulationen über die Möglichkeit der deutschen Wiedervereinigung anzustellen begannen. Dennoch glaubte »so gut wie niemand ..., daß die Wiedervereinigung an erster Stelle auf der deutsch-deutschen Tagesordnung steht«, wie die Bonner US-Botschaft Ende Oktober nach Washington berichtete.[101] Die SPD betonte die Notwendigkeit von inneren Reformen in der DDR und nahm deshalb die christdemokratischen Anspielungen auf die Wiedervereinigung unter Beschuß. Manche Sozialdemokraten gingen sogar noch weiter und verurteilten den Wunsch nach Vereinigung der beiden deutschen Staaten überhaupt.[102]

Die Bundesregierung strebte nach Aussage Teltschiks damals nicht die territoriale Vereinigung an, sondern engagierte sich im »Kampf um politische Veränderungen in der DDR – um ökonomische Reformen und Schritte hin zur Demokratie«.[103] Es ist allerdings möglich, daß Teltschik nicht bemerkt hatte, wie Kohls latente innere Überzeugungen langsam, aber stetig an die Oberfläche drangen, und was Bush am 18. September in Montana zur deutschen Einheit gesagt hatte, dürfte Kohl in seinem Instinkt bestärkt haben. Gorbatschow machte sich bereits Sorgen über die von Bush zu vernehmenden »Nuancen«, und sogar Brent Scowcroft war beunruhigt darüber, daß Bush in seinen Äußerungen weiter vorpreschte als die Deutschen selbst. Auch Baker sprach sich in der Öffentlichkeit explizit zugunsten einer möglichen deutschen Vereinigung aus.[104] Als er eine große Rede über die sowjetisch-amerikanischen Beziehungen halten sollte, bat Scowcroft den Außenminister, nicht von »Wiedervereinigung« zu sprechen, sondern von »Aussöhnung«. Baker ging darauf ein. Doch die Presse sah in der neuen Wortwahl nur einen amerikanischen Rückzieher.[105]

Kohl brauchte mehr internationale Unterstützung und rief am 23. Oktober Bush an, um ihn um Hilfe zu bitten. Er war verärgert über die Medienberichte, die seiner Ansicht nach den Eindruck vermittelten, als wäre die Bundesrepublik, weil sie die Sowjetunion als Schlüssel zur Einheit betrachte, stärker an der Aufrechterhaltung guter Beziehungen zum Osten als an den Bindungen zum Westen interessiert. Das sei Unsinn, erklärte Kohl. Er sage vielmehr stets, daß die Veränderungen in Europa in der Stärke des Westens wurzelten, in einer starken NATO und einer starken EG. Dann fragte Kohl, ob Bush öffentlich unterstreichen könne, daß die westliche Solidarität die Voraussetzung für weitere Veränderungen im Osten sei? Es war das klassische Argument, mit dem Adenauer die Westintegration verteidigt hatte. Bush wies auf die Flut von Kommentaren hin, die voraussagten, daß das Ergebnis der deutschen Wiedervereinigung ein neutrales Deutschland und eine Bedrohung der westlichen Sicherheit sein werde, versicherte aber: »Wir glauben das nicht.« Selbstverständlich, fügte er hinzu, würden die Vereinigten Staaten vorsichtig auf Veränderungen in der DDR reagieren. Aber er finde, daß Kohl seine Sache gut mache, und er werde einen Weg finden, um zu signalisieren, wie wichtig die Beziehungen zur Bundesrepublik für die USA seien, »insbesondere im Hinblick auf diese mißgünstigen Artikel«.[106]

Bush wartete nicht lange ab, bis er sein Versprechen einlöste. Als er am nächsten Tag R. W. Apple von der *New York Times* ein Interview gab, erwähnte er Kohls Telefonanruf und verkündete, daß er große Veränderungen im Status Deutschlands erwarte. Dann fuhr er fort: »Ich teile die Sorgen nicht, die manche europäische Länder in bezug auf ein wiedervereinigtes Deutschland haben.« Er glaube, daß »Deutschlands Bindung an und Wertschätzung für die Allianz unerschütterlich« seien, und betonte, es werde »eine Menge geschrieben, womit ich persönlich nicht einverstanden bin«. Er wolle Deutschland nicht diktieren, was es tun solle: »Ich glaube nicht, daß wir uns hinstellen und die Idee der Wiedervereinigung vorantreiben oder Zeitpläne aufstellen oder über den Atlantik kommen und eine Menge Erklärungen zu dem Thema abgeben sollten. Es braucht Zeit. Es braucht eine besonnene Entwicklung. Es braucht Zusammenarbeit [zwischen Ost- und Westdeutschen]. Und es braucht eine Verständigung zwischen Franzosen und Deutschen und zwischen Briten und

Deutschen über all das. Die Frage steht jetzt so sehr im Mittelpunkt wegen der rapiden Veränderungen, die in Ostdeutschland vor sich gehen.«[107] Mit diesem Interview hatte Bush sein Verständnis für die Sorgen der Europäer bewiesen. Aber indem er die Unterstützung der deutschen Bestrebungen wiederholte, hatte er es den Westeuropäern schwergemacht, ihre Zweifel und Befürchtungen öffentlich zu äußern.

Das Interview fand auf beiden Seiten des Atlantiks ein großes Echo. An dem Tag, als es veröffentlicht wurde, gab der Staatssekretär im US-Außenministerium Robert Kimmitt ein Essen für die Politischen Direktoren der Außenministerien von Irland, Spanien und Frankreich. Der französische Teilnehmer, Bertrand Dufourcq, fragte Kimmitt bei dieser Gelegenheit nach der amerikanischen Haltung zur Entwicklung in Deutschland, worauf Kimmitt erwiderte:»Das ist leicht zu beantworten«, und auf die Frontseite der *New York Times* verwies.[108]

In der westdeutschen Regierung wurde Bushs Position begrüßt. Andere Europäer reagierten beunruhigt. Conor Cruise O'Brien sprach für viele, als er in der Londoner *Times* schrieb, daß Bushs Äußerungen»eher eine Deklaration als eine Beteuerung« gewesen seien. Bisher sei die amerikanische Unterstützung der Wiedervereinigung»vage und theoretisch« gewesen, jetzt aber habe Bush»Großbritannien und Frankreich die Warnung zukommen lassen, daß die USA Versuchen von deren Seite, der Wiedervereinigung Steine in den Weg zu legen, entgegentreten werden«, und das Gewicht dieser Warnung solle nicht unterschätzt werden.[109]

Scowcroft hatte versucht, die amerikanischen Äußerungen zur deutschen Vereinigung einzudämmen, um Bush davon abzuhalten, der deutschen Meinungsbildung vorzugreifen. Jetzt gab er auf. Bush hatte die Frage ein für allemal entschieden.[110] Und auch Baker ließ den Begriff der »Aussöhnung« wieder fallen und kehrte zur direkten Unterstützung der möglichen Vereinigung Deutschlands zurück,[111] obwohl die Leitartikel der amerikanischen Tageszeitungen das Thema überwiegend ablehnend kommentierten.[112]

Nachdem er sich vergewissert hatte, daß die Vereinigten Staaten hinter ihm standen, ging Kohl bald darauf einen Schritt weiter, um zu sehen, was möglich war. Am 8. November versprach er der DDR vor dem Bundestag»umfassende Hilfe« unter der Bedingung, daß sie eine »grundlegende« Reform der *politischen*, nicht nur der wirtschaftlichen Verhältnisse durchführte. Konkret verlangte er, daß die SED auf ihr Machtmonopol verzichtete, die Bildung unabhängiger Parteien zuließ und freie Wahlen zusicherte. Genau diese Bedingungen aber konnte Krenz nicht akzeptieren. Sodann sprach Kohl offener als bisher von der Möglichkeit der Wiedervereinigung. Er zeigte sich dankbar für Bushs Äußerungen vom 24. Oktober (und für Mitterrands vorsichtigere Bemerkungen vom 3. November, auf die im nächsten Kapitel eingegangen wird). Seine Regierung, erklärte er, halte an dem in der Präambel des Grundgesetzes verankerten Ziel fest,»in freier Selbstbestimmung die Einheit und Freiheit Deutschlands zu vollenden«. Voraussetzung der Wiedervereinigung sei also die Ausübung des Selbstbestimmungsrechts durch alle Deutschen.»Unsere Landsleute«, fuhr er fort,»haben keine Belehrungen nötig, von welcher Seite auch immer. Sie wissen selbst am besten, was sie wollen. Und ich bin sicher: Wenn sie die Chance erhalten, werden sie sich für Freiheit und Einheit entscheiden.« Es gebe weniger denn je»Grund zur Resignation, und weniger denn je haben wir Grund, uns auf Dauer mit der Zweistaatlichkeit Deutschlands abzufinden«. Die Rede schloß bezeichnenderweise mit einem Zitat von Konrad Adenauer, der seinem»Enkel« das Ziel vorgegeben hatte:»In einem freien und geeinten Europa ein freies und geeintes Deutschland.«[113]

Damit hatte Kohl die DDR unter maximalen Druck gesetzt und zugleich klargestellt, daß Bonn – nicht Ost-Berlin und nicht Moskau – darüber befinden würde, wann die politischen Reformen in der DDR weit genug gediehen waren, um diese in den Genuß der Großzügigkeit der Bundesrepublik gelangen zu lassen. Man konnte kaum falschliegen, wenn man voraussagte, daß die geschwächte ostdeutsche Führung dem Druck nicht standhalten und den demokratischen Kräften den Weg frei machen würde. Wenn das nicht Adenauers Politik des»Wandels durch Stärke« war, dann kam sie dieser zumindest sehr nahe.

Unbehagen in London und Paris

Während die anderen westlichen Regierungen noch darüber nachdachten, ob die Vereinigung Deutschlands wirklich in ihrem Interesse lag, hatte eine Regierung diese Frage bereits beantwortet, die des engsten Verbündeten der Vereinigten Staaten: Großbritannien. Die Antwort stand allerdings in scharfem Gegensatz zur amerikanischen Haltung. England hatte sich schon in den ersten Nachkriegsjahren nicht besonders verpflichtet gefühlt, die deutsche Einheit wiederherzustellen. Statt dessen hatte London 1946 und 1947 mit Ideen und Tatkraft zur Schaffung einer separaten westdeutschen Verwaltungseinheit beigetragen, und jetzt war man nicht sonderlich erpicht darauf, eine neue Machtkonzentration auf dem Kontinent entstehen zu sehen, ob nun in der Sowjetunion oder in Deutschland. Der ehemalige britische Premierminister Edward Heath sprach 1989 vielen aus dem Herzen, als er erklärte:»Wir haben natürlich gesagt, daß wir an die deutsche Wiedervereinigung glauben, weil wir wußten, daß sie nicht passieren würde.«[114]

Wenn sie auch sonst nicht häufig mit ihm übereinstimmte, war die britische Premierministerin in dieser Frage entschieden mit Heath einer Meinung. Margaret Thatcher hatte ihre Befürchtungen seit September 1989 gegenüber ausländischen Staatsmännern zum Ausdruck gebracht – nur nicht gegenüber Präsident Bush, dessen prodeutsche Einstellung nur allzu deutlich geworden war. Statt dessen besprach sie ihre Sorgen mit einem Staatsführer, von dem sie mehr Verständnis erwarten durfte: Michail Gorbatschow. Gelegenheit dazu hatte sie, als sie im September 1989 auf der Rückreise von Tokio einen Zwischenstopp in Moskau einlegte. Wie sie sich später erinnerte, erklärte sie dem Sowjetführer in einem offenen Gespräch,»daß uns in der NATO diese Aussicht nun doch recht bedenklich stimmte – obwohl wir uns aus Tradition zur deutschen Wiedervereinigung bekannten«. Ein anderer westlicher Staatsmann stimme mit ihr überein, habe sie hinzugefügt. Sie nannte ihn gegenüber Gorbatschow nicht namentlich, meinte aber den französischen Präsidenten François Mitterrand, mit dem sie sich in diesem Punkt geistesverwandt glaubte. Was sie von Gorbatschow hörte, war ebenfalls beruhigend. Auch die Sowjetunion wolle die Wiedervereinigung nicht, erklärte er.»Dies bekräftigte mich in meinem Entschluß«, schrieb Thatcher später,»das damals schon rasante Tempo der Entwicklung zu bremsen.« Sie war natürlich wie Gorbatschow für demokratische Reformen in der DDR, aber die Vereinigung stellte in ihren Augen eine besondere Frage dar,»bei der die

Wünsche und Interessen der Nachbarn Deutschlands und anderer Mächte zu berücksichtigen waren«. Sie glaubte damals noch, daß auch die Westdeutschen dies akzeptierten.[115]

Im britischen Außenministerium machte man sich ebenfalls Gedanken über Deutschland, wenn auch mit wesentlich vorsichtigeren Schlußfolgerungen. Das Ministerium befand sich selbst im Umbruch, da das kurze, unter einem unglücklichen Stern stehende Gastspiel John Majors als Außenminister zu Ende ging und in Kürze die lange Amtszeit seines Nachfolgers Douglas Hurd beginnen sollte. Dennoch legte der Stab des Ministeriums Ende Oktober eine eingehende Analyse der deutschen Frage vor. Die früheren britischen Regierungen, heißt es in diesem Papier, hätten stärker das Ziel der Selbstbestimmung als das der Wiedervereinigung in den Vordergrund gerückt und damit angedeutet, daß die deutsche Nation ihre Einheit auch in anderer Form wiedererlangen könne als in der vollen Wiedervereinigung des deutschen Staates. Diese Position entsprach der des Planungsstabes des US-Außenministeriums, und die Briten horchten daher auf, als Baker in seiner Rede am 16. Oktober den behutsameren, wenn auch kurzlebigen Begriff der Aussöhnung benutzte. Was die eigentliche Frage der Wiedervereinigung betraf, war man in London skeptisch, daß alle Hindernisse überwunden werden könnten. In der Analyse des Außenministeriums wurde festgestellt, daß die DDR durchaus als eigener Staat bestehenbleiben könnte, auch wenn die kommunistische Existenzbegründung wegfiele. Dennoch empfahlen die Verfasser, daß man nicht riskieren sollte, sich die Deutschen zu entfremden, indem man die Wiedervereinigung offen ablehnte. Am besten bleibe man bei der vorsichtigen Sprache der Vergangenheit.[116]

Frankreich teilte die britischen Sorgen über die mögliche deutsche Vereinigung. Aber Margaret Thatcher irrte sich, wenn sie glaubte, in Mitterrand einen zuverlässigen diplomatischen Verbündeten gewonnen zu haben. Ein mächtiges geeintes Deutschland mußte in einem Land, das in etwas mehr als hundert Jahren dreimal von diesem Nachbarn angegriffen worden war, historisch begründete Ängste wecken. Außerdem würde sich die deutsche Vereinigung auf Frankreichs Stellung in der europäischen Politik und der EG auswirken. Doch diese Befürchtungen wurden von Mitterrands persönlicher Überzeugung gedämpft, daß die französisch-deutsche Zusammenarbeit das Kernstück der französischen Europa-politik bleiben sollte. Wie Stanley Hoffmann angemerkt hat, folgte Mitter-rand lieber »ausgetretenen Pfaden oder wich nur geringfügig von ihnen ab, statt eine völlig neue Richtung einzuschlagen«. Sein Stil war von »ta-stenden Annäherungsversuchen, vagen Äußerungen und abwechseln-den Vorstößen und Rückziehern« geprägt. Das »Erdbeben von 1989/90 überstieg seine Erwartungen und Berechnungen; er mußte improvisie-ren, und das merkte man«. Mitterrands Position war also alles andere als klar. Dennoch bewies er allein schon dadurch, daß er nicht eindeutig *gegen* Kohls Äußerungen Stellung nahm, mehr Duldsamkeit gegenüber den deutschen Bestrebungen als alle anderen aus der Führungsriege der regie-renden Sozialistischen Partei.[117]

Am 3. November verlas Mitterrand nach einem Treffen mit Kohl auf ei-ner gemeinsamen Pressekonferenz eine längere Erklärung zur möglichen deutschen Wiedervereinigung. Es war eine für Mitterrand typische Wort-meldung. Er betonte die Bedeutung friedlicher Veränderungen und wies auf die Notwendigkeit hin, die damit verbundenen rechtlichen Probleme zu lösen. Entscheidend sei aber, was die Deutschen wollten, erklärte er, um fortzufahren: »Aber wo steht die Deutsche Demokratische Repu-blik? … Was wollen jene, die sie regieren? Was wollen jene, die regiert werden? … Ist in jenen Kreisen sogar die Wiedervereinigung ein Thema? Ich will es bei diesen Ausführungen belassen, bis die Tatsachen da sind.« Er habe jedoch keine Angst vor der Wiedervereinigung: »Ich stelle mir sol-che Fragen nur in dem Maße, wie die Geschichte fortschreitet.« Er nehme die Geschichte, »wie sie ist. Ich glaube, daß das Streben nach Wiederver-einigung für die Deutschen legitim ist. Wenn sie es wollen und wenn sie es können. Frankreich wird seine Politik so anpassen, daß es zum Besten der europäischen und seiner eigenen Interessen handeln kann. … In dem Maße, in dem sich Osteuropa entwickelt, muß sich Westeuropa stärken, seine Strukturen stärken und seine Politik definieren.« Diese Bemerkun-gen wurden damals als ziemlich weitgehend betrachtet, obwohl Mitter-rand auch erklärte: »Ich gebe keine genauen Prognosen ab, die Wieder-vereinigung wirft so viele Probleme auf, und in dem Maße, wie die Dinge sich ereignen, werde ich darüber nachdenken.«[118]

Die Dinge ereigneten sich, und das mit außerordentlichem Tempo. Während sich die neue ostdeutsche Führung auf die ZK-Tagung vorbereitete, auf der sie ihr Reformprogramm verkünden wollte, strömten die Menschen auf die Straßen, um dem aufgestauten Unmut über jahrzehntelang ertragene Mängel und Repressionen Luft zu machen. Die Protestwelle gipfelte in der Demonstration, zu der am 4. November mehr als eine halbe Million Menschen in Berlin zusammenkamen.

Am Vorabend der Demonstration hatte Krenz die Rücktrittsgesuche mehrerer Mitglieder des Poltibüros der SED bekanntgegeben, darunter Kurt Hager und Erich Mielke. Auf der 10. ZK-Tagung wurde dann das gesamte Politbüro neu gewählt, wobei neben anderen Hans Modrow in die Führungsspitze der Partei aufstieg. Außerdem wurde die Zulassung des Neuen Forums und anderer Oppositionsparteien angekündigt. Die US-Botschaft in Ost-Berlin berichtete nach Washington, die ZK-Tagung sei ein Anzeichen für »eine bedeutende Verschiebung hin zu potentiell glaubwürdiger Reform, hauptsächlich wegen des dramatischen Aufstiegs von Modrow«.[119]

Der Sowjetführung, die seit langem freundliches Interesse am Dresdner Parteichef gezeigt hatte, behagte Modrow sicherlich mehr als Krenz,[120] und sie fühlte sich jetzt, nachdem Reformer wie Schabowski und Modrow in den Vordergrund getreten waren, noch stärker verpflichtet, eine neue Parteiführung zu unterstützen, von der sie hoffte, daß sie die Lage in der DDR stabilisieren würde. In einem Telefongespräch mit Botschafter Kotschemassow sagte Gorbatschow am 6. November eindringlich:»Unser Volk würde uns nie vergeben, wenn wir die DDR verlieren würden.«[121]

Die neue Führung sah sich sofort wieder mit dem Reiseproblem konfrontiert. Am 4. November war bekanntgegeben worden, daß DDR-Bürger jetzt aus der Tschechoslowakei direkt in die Bundesrepublik ausreisen könnten. Wieder hatten sich Zehntausende auf die Reise nach Süden gemacht, und die westdeutsche Botschaft in Prag begann sich erneut mit Flüchtlingen zu füllen. Krenz hatte bei seinem Besuch in Moskau angekündigt, daß jeder DDR-Bürger die Möglichkeit erhalten würde, frei zu reisen, und Gorbatschow hatte keine Einwände erhoben.[122] Der sowjetische Regierungsapparat wußte davon offenbar nichts, denn als die Sowjetbotschaft in Ost-Berlin erfuhr, daß ein neues Reisegesetz vorbereitet wurde, fragte sie in Moskau an, wie sie reagieren solle. Schewardnadses Stellvertreter Anatoli Kowaljow rief daraufhin bei Kotschemassow an, um ihm mitzuteilen, daß er sich nicht einmischen und das Reisegesetz als Angelegenheit der DDR betrachten solle. Kotschemassow verlangte eine schriftliche Bestätigung dieser Anweisung, und ein paar Tage später traf tatsächlich ein Telegramm ein, in dem formell festgestellt wurde, daß das Reisegesetz »eine innere Angelegenheit der DDR« sei.[123]

Ein erster Entwurf des neuen Reisegesetzes wurde in der Woche nach der Rückkehr von Krenz aus Moskau fertiggestellt. Ausgearbeitet hatte ihn das in Reisefragen federführende Ministerium für Staatssicherheit, das zu diesem Zeitpunkt noch von Mielke befehligt wurde, der erst am 7. November, einen Tag nach der Veröffentlichung des Gesetzentwurfs, zusammen mit der gesamten Regierung zurücktrat. Gleichzeitig verstärkte sich der Druck der Tschechoslowakei, die darauf drängte, sie von dem Flüchtlingsproblem zu befreien. Am 8. November erhielt deshalb eine kleine Arbeitsgruppe aus je zwei Obersten des Staatssicherheits- und des Innenministeriums den Auftrag, einen Vorschlag zur Regelung der »ständigen Ausreise« aus der DDR zu unterbreiten, der als Ministerratsbeschluß schon am 10. November in Kraft treten sollte. Die Obersten fanden es jedoch absurd und innenpolitisch gefährlich, Auswanderer einseitig zu bevorzugen, und bezogen deshalb alle Arten von Reisen in ihren Entwurf ein – und alle Grenzen, einschließlich der zwischen Ost- und West-Berlin. Daß die Regelung damit auch auf eine Grenze – die Berliner Mauer – und eine Stadt Anwendung finden würde, die zumindest theoretisch unter Viermächtekontrolle standen, scheint niemandem aufgefallen zu sein. Sowjetische Beamte, die den Fehler vielleicht bemerkt hätten, waren nicht konsultiert worden. Die entscheidende Passage des Entwurfs lautete: »Privatreisen nach dem Ausland können ohne Vorliegen von Voraussetzungen (Reiseanlässe und Verwandtschaftsverhältnisse) beantragt werden. Die Genehmigungen werden kurzfristig erteilt. Versagungsgründe werden nur in besonderen Ausnahmefällen angewandt.« Auslandsreisen ohne die vorherige Erteilung von Ausreisevisa zu gestatten lag sicherlich nicht in der Absicht dieser Bestimmung, die im übrigen nur als Übergangsregelung bis zur Verabschiedung des neuen Reisegesetzes gedacht war. Der Entwurf wurde den zweihundertdreizehn Mitgliedern des ZK der SED vorgelegt, und niemand erhob Einspruch.[124]

Nach der Annahme durch das ZK drückte Krenz diesen »Beschluß zur Veränderung der Situation der ständigen Ausreise von DDR-Bürgern nach der BRD über die ČSSR« Schabowski in die Hand, der die täglichen Pressekonferenzen zum Verlauf der ZK-Tagung abhielt – und der den Beschluß nicht kannte, da er nicht im Sitzungssaal gewesen war, als er vorgestellt wurde. Krenz war mit anderen Dingen beschäftigt. Er bereitete die wichtigste Verlautbarung des Tages vor: die Ankündigung, daß für den Dezember eine Parteikonferenz einberufen werde, auf der die SED-Führung umgebildet werden sollte. Bei dieser Gelegenheit wollte Krenz auch verkünden, daß am nächsten Tag, dem 10. November, die neue Reiseregelung bekanntgegeben würde, *nachdem* die Sicherheitskräfte überall im Land genaue Instruktionen für deren praktische Umsetzung erhalten hätten.

Schabowski übersah den Schlußsatz des Textes, dem zufolge die Presse erst am nächsten Tag informiert werden sollte, und verlas den Beschluß am Ende seiner einstündigen Pressekonferenz. Abwechselnd vom Blatt ablesend und extemporierend, erklärte er, daß vorläufige Reisevorschriften erarbeitet worden seien, die es jedem erlaubten, Privatreisen ins Ausland zu beantragen. Die Genehmigungen würden kurzfristig erteilt. Visa für die ständige Ausreise würden von den zuständigen Polizeidienststellen »unverzüglich« erteilt, ohne daß dafür wie bisher besondere Voraussetzungen erfüllt sein müßten. Wann die Bestimmungen in Kraft träten, wurde er gefragt. »Sofort, unverzüglich«, antwortete er. Dann fuhr er nach Hause. Es war kurz nach 19 Uhr.

Die Pressekonferenz hatte alle, die sie im Fernsehen verfolgt hatten, verblüfft und neugierig gemacht. Aber der Text des Reisebeschlusses war nirgendwo zu bekommen. So hielten sich die Journalisten an ihre eigene Interpretation und schufen mit ihrer willkürlichen Wiedergabe dessen, was sie gehört hatten, im Laufe der Nacht vom 9. auf den 10. November eine Sensation. Verwirrte Diplomaten und westdeutsche Regierungsbeamte versuchten herauszufinden, was Schabowski gemeint hatte. In der Ständigen Vertretung der BRD in Ost-Berlin soll der Pressereferent – der die Bedeutung der Verlautbarung offenbar klarer erfaßt hatte als Schabowski selbst – während der Fernsehübertragung laut aufstöhnend die Hände vors Gesicht geschlagen haben und dann aus dem Raum geeilt sein, um Alarm zu geben. Die Regierung in Bonn, einschließlich der Geheimdienste, wurde völlig überrascht.[125] Bald verbreitete sich das Gerücht, daß alle Reisebeschränkungen, einschließlich des Visumzwangs, aufgehoben worden seien. An den Berliner Grenzübergängen versammelten sich Tausende von Menschen, die sich bei den Grenzwachen nach den neuen Vorschriften erkundigten. Aber die Soldaten wußten von nichts. Niemand hatte sie informiert.

In den nächsten Stunden wuchs die Zahl der Menschen an der Berliner Mauer immer weiter an. Die Grenzwachen hatten immer noch keine Instruktionen erhalten. Sie wußten nicht, was sie tun sollten, und waren unsicher, worin ihre Pflicht bestand. Eine geplante Demonstration hätten die Sicherheitskräfte möglicherweise auflösen können, aber dies war keine Demonstration. Als die Grenzwachen sich immer dringlicher vor die Wahl gestellt sahen, entweder die Schlagbäume zu öffnen oder in die Menge zu schießen, gaben die kommandierenden Offiziere vor Ort schließlich den Weg frei. Der überrumpelte Innenminister konnte die an der Basis getroffene Entscheidung nur noch bestätigen, während die Massen bereits nach West-Berlin strömten. Die Mauer war offen, und der folgende Tag wurde in Berlin buchstäblich zum Feiertag.

Krenz machte gute Miene zum aus seiner Sicht bösen Spiel und gab vor, die Öffnung der Mauer sei beabsichtigt gewesen. Im Grunde stimmte es sogar. Nur hatte es nicht auf diese Weise geschehen sollen. Tatsächlich war die Führung derart durcheinander, daß selbst Schabowski Monate brauchte, um die Ereignisse jener Nacht zusammenzufügen. Am Morgen des 10. November rief Kotschemassow bei Krenz an, um ihm mitzuteilen, daß Moskau über die Entwicklung beunruhigt sei. Krenz erwiderte, daß nur um ein paar Stunden vorgezogen worden sei, was man sowieso vorgehabt hatte. Aber nicht auf diese Weise, entgegnete der sowjetische Botschafter, und nur an der Grenze zur Bundesrepublik, nicht in Berlin. Die Öffnung der Mauer berühre die Interessen der Vier Mächte. Krenz erwiderte, so habe er die Sache nicht verstanden; doch dies sei jetzt nur noch eine theoretische Frage.[126]

Die Wahrheit ist, daß die Öffnung der Berliner Mauer ein Irrtum war. Durch eine der phantastischsten administrativen Fehlleistungen in der langen, wechselvollen Historie der staatlichen Bürokratie hatte die ostdeutsche Führung die schwerwiegendste Entscheidung ihrer gesamten Geschichte den Menschen auf der Straße überlassen. Robert Darnton bemerkte eine Woche später, besonders in Ost-Berlin hätte sich »die Vorstellung durchgesetzt, mit der Eroberung der Mauer habe das Volk die Macht übernommen«.[127] Es sollte sie nicht wieder hergeben. Für das kommunistische Regime war die Maueröffnung der Todesstoß.

Schabowski machte sich darüber allerdings noch keine Gedanken. Er war einfach nur froh, daß die Führung, der er angehörte, endlich etwas Populäres getan hatte. »Daß mit der Maueröffnung das Ende der Republik seinen Anfang genommen hatte, ahnten wir nicht«, erinnerte er sich später. »Im Gegenteil, wir hatten einen Stabilisierungsprozeß erwartet, der sich ja zunächst auch einstellte.« Doch die jahrelange Entfremdung von den Gefühlen der Menschen hatte bei der Führung den Instinkt dafür verkümmern lassen, wie sie die Chance dieses historischen Augenblicks nutzen konnte. In den nächsten Tagen zeigte sich nicht ein einziger Vertreter der DDR-Führung an der Mauer, während auf der anderen Seite sämtliche Spitzenpolitiker der Bundesrepublik aufmarschierten. Was sie sagten, galt sowohl den Westdeutschen als auch den neuen Machthabern im Osten – den gewöhnlichen Leuten.[128]

DIE EINHEIT
ALS GREIFBARES ZIEL

Helmut Kohl erfuhr in einem Gästehaus in Warschau von Schabowskis Pressekonferenz. Auch er war völlig überrascht. Die Lage in der DDR war ihm natürlich nicht aus dem Kopf gegangen. Erst am Tag zuvor hatte er vor dem Bundestag als Vorbedingung für westdeutsche Wirtschaftshilfe radikale politische Reformen in der DDR gefordert. Und er hatte seine Zuversicht ausgedrückt, daß die Ostdeutschen, wenn sie die Chance dazu hätten, die Einheit wählen würden. Es entsprach den tumultartigen Zeiten, daß sich der Bundeskanzler sofort nach dieser Rede einem anderen historischen Ereignis zugewandt hatte, seinem ersten Staatsbesuch in Polen, um die Demokratisierungsbemühungen in diesem Land zu loben und die deutsch-polnische Aussöhnung zu feiern. Jetzt gab es diese Nachrichten aus Berlin. Bedeuteten sie, daß die Mauer gefallen war?

Für Analysen war keine Zeit. Kohl und Außenminister Genscher wurden zum offiziellen Abendessen erwartet, das der neue polnische Ministerpräsident Tadeusz Mazowiecki in der verblichenen Eleganz des Palais Radziwill zu Ehren des Bundeskanzlers gab. Die Gespräche an diesem Abend wurden von den Ereignissen in Berlin beherrscht. Lech Wałesa, das lebendige Symbol der polnischen Demokratisierung, glaubte nicht, daß die ostdeutsche Führung in der Lage war, Reformen durchzuführen. Sie besäße kein Vertrauen mehr, hatte er am Nachmittag zu Kohl gesagt. Der einzige Weg sei, die Grenzen zu öffnen und demokratische Veränderungen einzuleiten. In spätestens zwei Wochen, prophezeite Wałesa, werde die Mauer nicht mehr stehen. Aber was dann? Die Situation in der DDR sei sehr gefährlich. Das Land könnte in revolutionärem Chaos versinken. Ebenso besorgt äußerte er sich am nächsten Tag gegenüber Teltschik. Nun sei doch alles viel schneller gegangen als erwartet, sagte er. Er befürchte nur, daß Polen »den Preis dafür zahlen« müsse.[1]

Zu diesem Zeitpunkt hatte sich Kohl bereits entschieden, den Besuch in Polen abzukürzen, nachdem schon in der Nacht darüber diskutiert worden war, ob er sich nicht so schnell wie möglich nach Berlin begeben sollte. Er konnte jedoch nicht direkt in die Stadt fliegen, da deutsche Flugzeuge nach alliiertem Recht dort nicht landen durften. Der US-Botschafter in Bonn, Vernon Walters, kam den Deutschen zu Hilfe, indem er dafür sorgte, daß in Hamburg eine amerikanische Militärmaschine bereitstand. Kohl verließ also Polen und wechselte in Hamburg das Flugzeug, um von den Amerikanern nach Berlin geflogen zu werden. Die Symbolträchtigkeit dieses Vorgangs scheint damals niemand bemerkt zu haben.[2]

Grund der Eile war eine kurzfristig angesetzte Kundgebung in West-Berlin. Willy Brandt, der Regierender Bürgermeister von Berlin gewesen war, als die Mauer errichtet wurde, feierte unter dem Jubel der Menschen, die sich vor dem Rathaus Schöneberg versammelt hatten, ihren Sturz und das Ende der »Zerstückelung unseres Kontinents«. Genscher, der sich bereits Sorgen über die Haltung der Nachbarn Deutschlands machte, verkündete, daß sich niemand fürchten müsse, »wenn sich jetzt die Tore öffnen zwischen West und Ost« und »Freiheit und Demokratie in der DDR verwirklicht werden«.

Kurz bevor Kohl an die Mikrofone trat,[3] war Teltschik ans Telefon gerufen worden. Am anderen Ende der Leitung war Juli Kwizinski, der ihm eine Botschaft Gorbatschows übermittelte, in der Kohl eindringlich davor gewarnt wurde, die DDR durch unüberlegte Äußerungen zur deutschen Einheit zu destabilisieren. Gorbatschow bat den Kanzler, die Leute zu beruhigen und eine »chaotische Situation mit unübersehbaren Folgen« zu verhindern.[4] Teltschik hatte kaum die Zeit, die Botschaft weiterzugeben, bevor sich der Kanzler an die Menge wandte. Kohl reagierte nicht direkt auf Gorbatschows Mahnung. Er sprach zwar von der Notwendigkeit, »besonnen zu bleiben und klug zu handeln«, unterstrich dann aber mit Nachdruck das Recht der Deutschen auf Selbstbestimmung. Er dankte den Westalliierten für ihre Unterstützung und Solidarität und bekundete Gorbatschow seinen Respekt dafür, daß er sich zum Selbstbestimmungsrecht der Völker bekannt hatte. Dann wurde er deutlicher: »Wir fordern dieses Recht für alle in Europa. Wir fordern es für alle Deutschen.« Es gehe um Einigkeit und Recht und Freiheit, zitierte der jetzt sichtlich bewegte Kanzler die westdeutsche Nationalhymne, bevor er seine Rede mit dem Ausruf schloß:»Es lebe ein freies deutsches Vaterland! Es lebe ein freies, einiges Europa!«

Die Öffnung der Berliner Mauer war ein aufwühlendes, emotionsgeladenes Ereignis, wie es die Welt seit vielen Jahren nicht erlebt hatte. Obwohl der Fall der Mauer sofort die Frage nach dem Bestand der Nachkriegsordnung und der Zukunft Deutschlands aufwarf, dachte im Augenblick kaum jemand darüber nach. Im Vordergrund standen vielmehr die menschlich anrührenden Szenen, in denen sich die Überwindung der deutschen Teilung widerspiegelte: Familien, die nach jahrelanger Trennung wiedervereint waren, Menschen, die staunend vor der Vielfalt eines Warenangebots standen, das sie nur aus dem Fernsehen kannten. Und es war auf beiden Seiten ein Nationalgefühl lebendig geworden, von dem viele geglaubt hatten, daß es schon lange tot und begraben war. Ein Anzeichen dafür war, daß die Abgeordneten im Bundestag spontan die Nationalhymne anstimmten, als die Nachricht von der Maueröffnung bekannt wurde.

In der ersten Woche besuchten rund neun Millionen Ostdeutsche den Westen, über die Hälfte der Bevölkerung der DDR. Sie wurden als Brüder und Schwestern begrüßt. Die ganze deutsche Nation befand sich im Freudentaumel. Die meisten Ostdeutschen kehrten in ihre Heimat zurück, obwohl manche diesen Schritt hinauszögerten, um zu sehen, wie sich die Dinge entwickelten. Niemand, ob Arbeiter oder Staatschef, wußte, was als nächstes geschehen würde oder sollte.

Im Rückblick gewinnt man leicht den Eindruck, als hätte der Drang zur Einheit sofort eingesetzt und als wäre er unwiderstehlich gewesen. Er war es nicht. Auch nachdem knapp zwei Wochen später, am 19. November, in Leipzig die ersten Rufe nach der Wiedervereinigung laut geworden waren, meinten viele Ostdeutsche immer noch, daß die DDR als eigener Staat bestehenbleiben sollte, und selbst jene, die für die Vereinigung waren, wollten den Sozialismus erhalten.[5] Das soll nicht heißen, daß die Kommunisten populär waren; immerhin wurden auch in ihren eigenen Reihen Veränderungen gefordert. Am 11. November notierte ein US-Diplomat, der die Geschehnisse aus nächster Nähe miterlebte:»Die SED ist alles andere als ein Zwei-Millionen-Bollwerk für Krenz. Die totale Kontrolle, die sie über die Gesellschaft besaß, ist unrettbar verloren, und die aufgebrachte Mitgliedschaft stellt vielleicht die größere Bedrohung für seine Position dar.«[6] Durch die Art und Weise der Maueröffnung war der DDR-Führung jede Möglichkeit genommen, sich das Verdienst daran anzuheften, und die Ostdeutschen verlangten weiterhin mehr Wohlstand und noch größere Freiheit. Die führenden Vertreter der Opposition strebten dennoch nicht die Vereinigung an. Bärbel Bohley, eine Mitbegründerin des Neuen Forums, war ungehalten über die Art, in der die Mauer geöffnet worden war. Die ostdeutschen Dissidenten wollten einen besseren Sozialismus in einem eigenen deutschen Staat, der nicht wie der Westen durch Materialismus und Ausbeutung geprägt war.[7]

Der politische Referent der US-Botschaft in Ost-Berlin, ein Kenner der ostdeutschen Stimmungslage, faßte seine Beobachtungen am 12. November in einer Denkschrift zusammen, die den Amerikanern das Verständnis der Geschehnisse erleichtern sollte. Was die Reformer wollten?»Im wesentlichen die demokratischen und Menschenrechtsprinzipien der Schlußakte von Helsinki.« Ob die Kommunisten am Ende waren?»Nicht unbedingt. Durch Refomen im Stile Gorbatschows könnten sie sich an der Macht halten.« Gab es Alternativen zu den Kommunisten?»Natürlich, aber jede von ihnen hat ihre eigenen Probleme.« Ob es zur Wiedervereinigung komme? Das sei die falsche Frage.»Gegenwärtig liegt der Schwerpunkt auf Selbstbestimmung, nicht auf Wiedervereinigung, was nicht notwendigerweise dasselbe ist.«[8]

Auch Helmut Kohl zielte nicht sofort auf die Vereinigung ab. Nachdem er am frühen Abend des 10. November nach Bonn geflogen war, telefonierte er mit Margaret Thatcher. Öffentlich hatte sie diesen»großen Tag für die Freiheit« begrüßt, und jetzt wollte sie wissen, was Kohl als nächstes vorhatte. Sie regte einen EG-Sondergipfel über die weitere Entwicklung an und drängte Kohl, bald mit Gorbatschow zu sprechen.[9] Anschließend setzte sich Kohl mit Bush in Verbindung. Bush hatte am Nachmittag des 9. November von der neuen Reiseregelung der DDR erfahren. Einen Tag zuvor hatte zufälligerweise eine Geheimdienstpräsentation über den sich beschleunigenden Reformprozeß in Osteuropa und die Möglichkeit einer radikaleren Entwicklung in Ostdeutschland stattgefunden. Der Hauptreferent hatte seinen Vortrag mit der Bemerkung begonnen, die

Lage verändere sich derart schnell, daß er seine Notizen auf dem Weg zum Weißen Haus dreimal zerrissen habe.[10]

Jetzt, am 9. November, empfing Bush einige Journalisten im Oval Office, die erfahren wollten, wie er auf die Nachricht über die neue Reiseregelung der DDR reagierte. Bush äußerte sich ausgesprochen zurückhaltend. »Ich bin sehr erfreut über diese Entwicklung«, sagte er. Ob dies das Ende des Eisernen Vorhangs sei, wollte ein Reporter wissen. »Nun«, antwortete Bush, »ich glaube nicht, daß ein einzelnes Ereignis schon das Ende dessen ist, was Sie als Eisernen Vorhang bezeichnen.« Ob er sich jemals vorgestellt habe, daß so etwas passieren würde? »Nun ja, ich habe es nicht vorausgesehen, aber vorgestellt habe ich es mir schon.« Auf die Frage, warum er nicht mehr Begeisterung zeige, erwiderte er: »Ich bin nun mal kein emotionaler Mensch ... Ich bin hocherfreut.« Abgeordnete und Journalisten überhäuften ihn mit Kritik und mokierten sich über seine unterkühlte, distanzierte Reaktion auf ein derart folgenschweres Ereignis. Bush war verärgert. Er hatte sich absichtlich zurückgehalten, um die Sowjets nicht durch schadenfrohe Bemerkungen zu demütigen, oder wie es ausgedrückt hatte: »Ich werde mir nicht auf die Brust schlagen und auf der Mauer tanzen.« Als er mit den Journalisten sprach, war sein Hauptproblem allerdings der Mangel an Informationen. Niemand wußte genau, was Schabowskis Pressekonferenz bedeutete.[11]

Bush hätte der Kritik den Boden entziehen können, wenn er am nächsten Tag, als feststand, daß die Mauer offen war, eine beredtere, wenngleich besonnene Erklärung abgegeben hätte. Aber auf diese Idee kam offenbar niemand. Das war typisch für Bush und seinen Beraterstab in Sicherheitsfragen: Man übersah über der fundierten sachlichen Arbeit allzuoft die zeremonielle Seite der Präsidentschaft. Seiner diplomatischen Pflichten angesichts der dramatischen Entwicklung war sich Bush jedoch bewußt. Er sprach Kohl in dem erwähnten Telefongespräch seinen Glückwunsch aus, und der Kanzler erwiderte dankbar, daß dieser historische Augenblick ohne die Unterstützung der Vereinigten Staaten nicht eingetreten wäre. Doch Bushs Augenmerk galt den Sowjets. In weniger als einem Monat sollte vor Malta das erste Gipfeltreffen mit Gorbatschow stattfinden. Kohl und Bush vereinbarten, einander bis zu Bushs Abreise ins Mittelmeer intensiv zu konsultieren.[12]

Spät am Abend des 10. November rief Kohl seine engsten Berater zu einer letzten Lagebesprechung zusammen. Es war ein langer Tag gewesen, seit sie in Warschau aufgewacht waren. Innenminister Schäuble berichtete, daß die Übersiedlerzahlen zurückgegangen seien. Noch würden die Flüchtlinge mit Sympathie begrüßt, fügte er hinzu. Wenn die Zahlen wieder stiegen, könnte die Stimmung jedoch umschlagen. Andere Probleme standen vor der Tür. Die ostdeutsche Führung, glaubte die Beraterrunde, würde schnelle Hilfe der Bundesregierung erwarten, um die Situation im Land zu stabilisieren. Kohl wollte am nächsten Tag mit Krenz telefonieren und mußte sich entscheiden, wie er die DDR-Führung für die Öffnung der Mauer belohnen wollte. Von Wiedervereinigung sprach an diesem Abend niemand. Das Thema schwebte allerdings in diesem Raum in Bonn ebenso in der Luft wie in ähnlichen Räumen in anderen europäischen Hauptstädten auch.[13]

Während der Besprechung wurde Teltschik ans Telefon gerufen, um einen Anruf von Brent Scowcroft entgegenzunehmen. Scowcroft hatte Neuigkeiten. Gorbatschow hatte eine Botschaft geschickt, in der er Washington wörtlich über die Mitteilung informierte, die Kohl am Vortag von ihm erhalten hatte, und ein sofortiges Treffen von Vertretern der Vier Mächte vorschlug, »damit die Ereignisse nicht einen Verlauf nehmen, der nicht wünschenswert ist«. Gleichlautende Botschaften waren an Mitterrand und Thatcher gegangen.[14] Während in Berlin weitergefeiert wurde, machte die Euphorie in Bonn, Washington, Paris und London nüchternen Überlegungen über die nächste Zukunft Platz. In Moskau war nie gefeiert worden.

Erste Reaktionen

Nach den Vorgängen in Berlin hatten die Sowjetführer zu kämpfen, um in ihrer Osteuropapolitik wieder festen Boden unter die Füße zu bekommen. Dabei hätte die *beabsichtigte* Öffnung der symbolkräftigen Berliner Mauer die Krönung des Neuen Denkens sein können, die grandioseste Initiative eines Mannes, der für die meisterliche Beherrschung des diplomatischen Spiels bekannt war. Immerhin hatte Gorbatschow in Osteuropa die Ablösung orthodoxer Parteiführer durch Befürworter von Reformen ermutigt. Die Sowjetunion hatte die Breschnew-Doktrin widerrufen, und die Welt hatte einen Seufzer der Erleichterung ausgestoßen, als Moskau sie angesichts der Ereignisse in Polen nicht wieder hervorholte. Gorbatschow und Schewardnadse hatten sich seit langem für die Lockerung der Reisebestimmungen der DDR als einen ersten Schritt eingesetzt. Wie viele in Ost-Berlin glaubten auch sie, daß eine reformierte, aber immer noch sozialistische DDR überleben konnte, ohne ihre Bürger einzusperren.

Doch Moskau erhielt nie die Chance zu der großen Geste. Die Mauer wurde nicht abgebaut, sie wurde überrannt. Dieser Ablauf sollte zum Grundmuster der sowjetischen Politik in bezug auf Osteuropa und Ostdeutschland werden. Der Gorbatschow vom November 1989 muß ein wesentlich weniger zuversichtlicher und selbstsicherer Mann gewesen sein als der, der im Juni im Triumph durch die Bundesrepublik gefahren war. Die sowjetische Annahme, daß das Tempo des Reformprozesses steuerbar und seine Richtung vorhersehbar sei, hatte sich in Polen, in Ungarn und nun auch in der DDR als falsch herausgestellt. Die sowjetische Europapolitik war dabei, in Scherben zu zerfallen.

Kein Wunder, daß die erste Regung Moskaus, Gorbatschows Botschaft an die drei Westalliierten vom 10. November, eine kaum verschleierte Panikreaktion war. Der Sowjetführer sprach von einer »ziemlich extremen« Lage, die ihn bürgerkriegsähnliche Unruhen in Berlin – »eine chaotische Situation mit unübersehbaren Folgen« – befürchten ließ. Dann warnte er rundheraus vor »politischem Extremismus«, der in der Bundesrepublik auftreten könnte. In der DDR gingen tiefe und bedeutsame Veränderungen vor sich, betonte Gorbatschow und fuhr fort: »Wenn aber in der BRD Erklärungen laut werden, die auf ein Anheizen der Emotionen im Geiste der Unversöhnlichkeit gegenüber den Nachkriegsrealitäten, also der Existenz zweier deutscher Staaten, abzielen, dann können solche Erscheinungen des politischen Extremismus nicht anders eingeschätzt werden denn als Versuche, die sich jetzt in der DDR dynamisch entwickelnden Prozesse der Demokratisierung und Erneuerung aller Bereiche des gesellschaftlichen Lebens zu untergraben. Mit Blick auf die Zukunft kann dies eine Destabilisierung der Lage nicht nur im Zentrum Europas, sondern auch darüber hinaus nach sich ziehen.«

Der 10. November war in Washington ein Feiertag, und so übergab der sowjetische Emissär diese ominöse Botschaft Robert Gates und Condoleezza Rice. Sie fanden den Text besorgniserregend – verunsichert und drohend zugleich. Gates rief Scowcroft zu Hause an und schlug vor, die Deutschen ins Bild zu setzen. Die Folge war, daß Teltschik aus der nächtlichen Lageberatung im Kanzlerbungalow in Bonn geholt wurde. Scowcroft informierte ihn über den Vorschlag von Viermächtegesprächen, der in der sonst fast identischen Botschaft an Kohl vom 9. November nicht enthalten gewesen war. Das Bundeskabinett hatte erst am Tag zuvor beschlossen,»Viermächtekontakte über die Köpfe der Deutschen hinweg« abzulehnen.[15]

Das Weiße Haus antwortete nicht sofort auf Gorbatschows Botschaft. Zuerst sollte mit Briten, Franzosen und Westdeutschen eine gemeinsame Position abgesprochen werden. Es war das erste, aber bei weitem nicht das letzte Mal, daß die Vereinigten Staaten die Rolle des Moderators übernahmen, um eine einheitliche westliche Antwort auf die Ereignisse in Deutschland zustande zu bringen. Baker riet in den Telefongesprächen, die er an diesem Tag führte, zur Vorsicht. Seinem westdeutschen Kollegen Genscher sagte er, daß es von der Reisefreiheit zur Vereinigung noch ein langer Weg sei und daß es verfrüht wäre, letztere jetzt schon ins Gespräch zu bringen. Genscher erwiderte ausweichend, daß als nächstes freie Wahlen in der DDR stattfinden müßten, und ein freies, demokratisches Deutschland werde niemals eine Bedrohung für seine Nachbarn sein. Wie Scowcroft und Teltschik hielten auch Baker und Genscher eine Viermächtekonferenz über Deutschland für keine gute Idee.[16]

Als Baker am nächsten Tag, dem 11. November, mit dem britischen Außenminister Hurd telefonierte, berichtete er ihm von dem Gespräch mit Genscher. Hurd stimmte ihm zu, daß die deutsche Vereinigung noch weit entfernt sei. Baker erzählte Hurd auch, daß Genscher auf seine Bitte, keine voreiligen Spekulationen über die Wiedervereinigung anzustellen, mit der Bekräftigung der Westbindungen der Bundesrepublik geantwortet habe. Hurd pflichtete ihm darin bei, daß man in der Öffentlichkeit einer vorsichtigen Linie folgen sollte.[17]

In der von den Vereinigten Staaten vorgeschlagenen Antwort an Gorbatschow wurde seine Zustimmung zur ostdeutschen Entscheidung, die

Mauer zu öffnen, begrüßt, auf seine Warnungen aber nur insofern eingegangen, als versichert wurde, daß man es gleichfalls für wichtig halte, die öffentliche Ordnung aufrechtzuerhalten. Doch man sei zuversichtlich, daß Westdeutschland an einem geordneten, schrittweisen Veränderungsprozeß gelegen sei. Die Westalliierten stimmten dem Entwurf zu, und Bush sandte Gorbatschow das Antwortschreiben am 17. November zu.[18] Nur die britische Premierministerin ging über den Entwurf hinaus, um Gorbatschow zu erklären, wie gut sie seine Befürchtungen verstehen könne. »Ich stimme Ihnen zu«, schrieb sie dem Sowjetführer, »daß die Geschwindigkeit, mit der sich diese Veränderungen vollziehen, selbst eine Gefahr für die Stabilität darstellt.« Thatchers Meinung nach war »eine nüchterne Einschätzung der weiteren Entwicklung« angebracht.[19]

Der Sprecher des sowjetischen Außenministeriums, Gennadi Gerassimow, sagte in Moskau, Bush reagiere »wie ein echter Staatsmann« auf die Öffnung der Berliner Mauer, warnte die Westdeutschen aber davor, »die Grenzen des Nachkriegseuropa neu ziehen zu wollen«. Die DDR müsse ein militärischer Verbündeter der Sowjetunion bleiben.[20] Verärgert über Kohls Rede vom 9. November, die Schewardnadse in einem Telefongespräch mit Genscher am 11. November als besorgniserregend bezeichnete,[21] schien die Sowjetführung entschlossen zu sein, im Verhältnis zur Bundesrepublik eine harte Haltung einzunehmen.

Als Kohl am selben Tag, dem 11. November, mit Gorbatschow telefonierte, war von Aufregung jedoch nichts zu spüren. Kohl versuchte von Anfang an, die Wogen zu glätten. Die Ostdeutschen sollten in ihrer Heimat bleiben, sagte er. Er wünsche »keine Destabilisierung der Lage in der DDR«. Seine Zusage, der Sowjetunion bei ihren wirtschaftlichen Reformen zu helfen, habe nach wie vor Bestand. Gorbatschow erklärte, daß die Veränderungen in Osteuropa viel schneller vor sich gingen als erwartet. Die DDR brauche mehr Zeit, um die notwendigen Reformen durchzuführen. Alle Beteiligten müßten ihre Handlungen jetzt »sehr genau durchdenken«. Man erlebe eine historische Wende und dürfe »nicht zulassen, daß dieser Wende durch ungeschickte Aktionen Schaden zugefügt wird. Auf keinen Fall sollte die Entwicklung durch ein Forcieren der Ereignisse in eine unvorhersehbare Richtung, ins Chaos gelenkt werden.« Gorbatschow bat Kohl, sein politisches Gewicht und seinen Einfluß einzuset zen, um zu verhindern, daß die Dinge aus dem Ruder liefen. Kohl erwiderte, daß die gesamte Bundesregierung seiner Einschätzung zustimme, und versicherte Gorbatschow, daß er sich seiner besonderen Verantwortung für die historischen Folgen seiner Handlungen durchaus bewußt sei.[22]

Kohl und Teltschik waren nach den ominösen Botschaften der letzten beiden Tage erleichtert. Gorbatschow hatte keine Kritik an den Reden der Westdeutschen geübt und den Vorschlag von Viermächtegesprächen mit keinem Wort erwähnt. »Keine Drohung, keine Warnung«, notierte Teltschik, »nur die Bitte, Umsicht walten zu lassen.«[23] Von anderen Vertretern der Sowjetführung waren jedoch weiterhin scharfe Äußerungen zum deutschen Verhalten zu hören. Der französische Außenminister Roland Dumas, der als erster westlicher Minister nach der Maueröffnung Moskau besuchte, erfuhr von Schewardnadse, daß die Sowjetunion sich große Sorgen über die Bestrebungen mache, die deutsche Wiedervereinigung auf die »Ebene der aktuellen Politik« zu heben. Dies wäre nicht weniger als ein Angriff auf »die territoriale und politische Gestalt des Kontinents als Ganzem«. Im Kanzleramt in Bonn, das umgehend über diese Äußerungen informiert wurde, verstand man sie zwar als »unmißverständliche Warnung«, ließ sich aber nicht von ihnen beirren, sondern hielt sich statt dessen an den völlig anderen Eindruck, den man aus dem Gespräch mit Gorbatschow gewonnen hatte.[24]

Tschernjajew zufolge rechnete Gorbatschow damals noch mit einer gewissen Übergangsperiode, in der die DDR einen inneren Erneuerungsprozeß durchlaufen würde. Vor allem aber fürchtete er die möglichen Folgen unkontrollierter Vereinigungsbestrebungen. Dennoch hielt er gegenüber Kohl mit seiner Beunruhigung hinterm Berg.[25] Vielleicht wollte er die deutlicheren Worte anderen Kanälen überlassen, so daß er im persönlichen Gespräch mit Kohl einen freundlicheren Ton anschlagen und sich anstelle direkter Warnungen mit Andeutungen begnügen konnte. Er mag auch geglaubt haben, daß Kohl ihn tatsächlich beruhigen wollte und daß er seine Versicherungen für bare Münze nehmen konnte. Doch welche Gründe er auch gehabt haben mag, Kohl und Teltschik entschieden sich für die günstigste aller möglichen Interpretationen: daß er privat verständnisvoller war, als sich die Sowjetführung öffentlich den Anschein gab. An dieser beruhigenden Einschätzung prallten alle anderen aus Moskau kommenden Signale ab.

Die konfusen Wortmeldungen aus Moskau – an einem Tag gereizt, am nächsten ruhig, je nach Absender einmal unnachgiebig, einmal flexibel – bildeten ein Muster, das sich in den folgenden Monaten ständig wiederholen sollte. Die Sowjets scheinen nach dem Fall der Berliner Mauer zu Improvisationen Zuflucht genommen zu haben, statt eine Strategie mit eindeutiger Zielrichtung auszuarbeiten. Damit gaben sie anderen die Gelegenheit, sich ihre Unschlüssigkeit zunutze zu machen und selbst den politischen Fahrplan zu bestimmen.

Bonn und Ost-Berlin ergreifen die Initiative

Die ostdeutsche Führung befand sich in der wenig beneidenswerten Lage, auf westdeutsche Hilfe angewiesen zu sein, um den Lebensstandard im Land zu halten, während die Bonner Forderungen nach politischen Veränderungen die Lebensfähigkeit ihres Regimes untergruben. Trotzdem hielt die angeschlagene ostdeutsche Führung am Existenzrecht der DDR fest. Krenz erklärte Kohl in einem Telefongespräch am 11. November, daß die Wiedervereinigung gegenwärtig nicht auf der Tagesordnung stehe. Das konnte Kohl nicht unwidersprochen hinnehmen. Da sei er ganz anderer Meinung, entgegnete er. Schließlich sei er aufs Grundgesetz vereidigt – und damit auf dessen Wiedervereinigungsgebot. Danach stimmte er Krenz jedoch darin zu, daß im Augenblick andere Aufgaben im Vordergrund standen.[26]

Für sich hatte Kohl bereits entschieden, wie er mit den ostdeutschen Hilfeersuchen umgehen würde. Er würde bei der Position bleiben, die er in seiner Bundestagsrede am 8. November eingenommen hatte. Umfassende Wirtschaftshilfe würde an die Bedingung tiefgreifender politischer Reformen geknüpft bleiben: freie Wahlen, Aufgabe des Machtmonopols der SED und die Zulassung unabhängiger Parteien. Was die Vereinigung betraf, würde er auf dem Selbstbestimmungsrecht der Ostdeutschen beharren und seine Überzeugung vertreten, daß diese sich, wenn sie die Wahl hätten, für die Vereinigung entscheiden würden. Er wußte, daß der amerikanische Präsident hinter ihm stand, und die Tatsache, daß Gorba-

tschow die scharfe Sprache seiner Botschaft vom 10. November zurück-
genommen hatte, ermutigte ihn zu der Annahme, daß es keine Grenzen
für die Reformen in der DDR gab, solange keine besonderen sowjetischen
Sicherheitsinteressen berührt waren.[27]

Ganz in diesem Sinne erklärte Kohl am 16. November vor dem Bundestag, die BRD sei zu einer »völlig neuen Dimension der Hilfe und Zusammenarbeit« bereit, wenn die DDR grundlegende Reformen in Angriff
nehme, von freien, gleichen und geheimen Wahlen über eine freie Presse
bis hin zur Marktwirtschaft. »Wir sind noch lange nicht am Ziel«, sagte er.
»Das Recht aller Deutschen auf Selbstbestimmung ist noch nicht verwirklicht; der Auftrag des Grundgesetzes, die Einheit und Freiheit Deutschlands zu vollenden, ist noch nicht erfüllt.« Die Menschen in der DDR
müßten selbst entscheiden, welchen Weg sie in die Zukunft nehmen wollten: »Sie wissen am besten, was sie wollen.« Das gelte auch für die Frage
der deutschen Einheit. Man werde »jede Entscheidung, die die Menschen
in der DDR in freier Selbstbestimmung treffen, selbstverständlich respektieren«.[28]

In der DDR fielen tatsächlich zukunftweisende Entscheidungen. Die erste war am 13. November die Wahl einer neuen Regierung. Nach Abschluß der ZK-Tagung waren deren politische Vorschläge der Volkskammer unterbreitet worden. Doch das Parlament war nicht mehr nur der
legislative Erfüllungsgehilfe der Beschlüsse der SED. Wenn es einen vertrauenswürdigen Reformer gab, dann war es Hans Modrow, der SED-Be-
zirkssekretär von Dresden, und dieser wurde jetzt von der Volkskammer
zum neuen Ministerratsvorsitzenden gewählt. Der von ihm gebildeten
Regierung gehörten einige neue Gesichter an, darunter auch solche, die
nicht aus der SED kamen. Die Wahl Modrows »verschaffte der ostdeutschen Regierung eine Atempause. DDR-Bürger und Westmedien hielten
ihn für einen ›Hoffnungsträger‹, da seine Bescheidenheit sprichwörtlich
war und sein Einsatz für die Perestroika ihm im Februar 1989 fast sein
Amt gekostet hatte«.[29]

Am 17. November gab Modrow seine Regierungserklärung ab. Er kündigte konkrete Reformen an, von Verbesserungen in der Bildungspolitik
bis zu Maßnahmen zum Umweltschutz. Vertreter der Opposition begrüßten diese Initiativen. Was die nationale Frage anging, unterbreitete Mo-

drow einen Gegenentwurf zu Kohls Äußerungen vom Vortag. Die angestrebten und bereits begonnenen politischen Reformen, erklärte er, würden »die Legitimation der DDR als sozialistischer Staat, als souveräner deutscher Staat erneuern«. Nicht durch bloße Worte, sondern durch eine neue Realität werde »den ebenso unrealistischen wie gefährlichen Spekulationen über eine Wiedervereinigung« eine Absage erteilt. Die beiden deutschen Staaten könnten in »kooperativer Koexistenz« in allen Bereichen zusammenarbeiten, von Abrüstung und Friedenssicherung bis zu Kultur und Tourismus. Modrow schwebte eine »Vertragsgemeinschaft« auf der Grundlage der bestehenden Verträge und Abkommen vor, in der die beiden deutschen Staaten zu Stützen des »gemeinsamen europäischen Hauses« werden könnten.[30]

Was bedeutet Selbstbestimmung?

Man konnte kaum widersprechen, jedenfalls nicht öffentlich, wenn Westdeutschland erklärte, daß alle Deutschen das Recht auf Selbstbestimmung besäßen. Die Staaten waren durch ihre Zustimmung zur KSZE-Schlußakte von 1975 und die allgemeine Auffassung gebunden, daß den Mitgliedstaaten der Vereinten Nationen durch die UN-Charta ein gewisses Selbstbestimmungsrecht eingeräumt worden sei.[31] Außerdem hielt sich Kohl an eine relativ enge Interpretation dieses Prinzips. Er verlangte nicht, daß das deutsche Volk als Ganzes über das Schicksal der DDR entscheiden solle, sondern betonte, daß die Entscheidung allein bei den Ostdeutschen liege und daß die Bundesrepublik verpflichtet sei, deren Votum zu respektieren.[32] Die Sowjets konnten dagegenhalten – und sie taten es –, daß die Entscheidungsfreiheit der Deutschen durch verschiedene Abkommen eingeschränkt sei, mit denen die beiden deutschen Staaten freiwillig ihre Souveränität begrenzt hätten. Aber Moskau und Ost-Berlin konnten nicht sagen, daß die Ostdeutschen kein Recht auf Selbstbestimmung hätten, noch konnten sie behaupten, daß sich dieses Recht nicht auch auf die Regierungsform beziehe. Vor diesem Hintergrund übten Völkerrechtsnormen und internationale Vereinbarungen starken Einfluß auf Begrifflichkeit und Verlauf der beginnenden Debatte über die Vereinigung Deutschlands aus. Es gab dennoch viele Interpretationen des Begriffs der Selbstbestimmung, und es herrschte große Unsicherheit darüber, was politisch möglich war. Bonn und Ost-Berlin hatten kontroverse Vorstellungen über die deutsche Zukunft auf den Tisch gelegt, und in den nächsten zehn Tagen wurde hektisch versucht, den Deutschen zu erklären, was möglich sei und was nicht.

Mitte November schien sich das Blatt gegen Kohl und seine Annahme zu wenden, daß Selbstbestimmung Vereinigung bedeute. Modrows Vorschlag für das Zusammengehen der beiden deutschen Staaten schob die Vereinigung geschickt beiseite. Zum ersten Mal gab es in Ost-Berlin eine Stimme, die Kohls Vision von Deutschland wirkungsvoll entgegentrat. Es gab zwar auch im Osten Rufe nach der Einheit, aber sie waren noch schwach. Am 19. November begannen in Leipzig die ersten Demonstranten den Slogan »Wir sind *das* Volk« in »Wir sind *ein* Volk« abzuändern. Doch das verstärkte nur die Ostberliner Bemühungen, die DDR-Bürger davon zu überzeugen, daß der Weg zur Einheit nicht gangbar sei, und das durchaus mit Erfolg, wie eine Beobachterin bemerkte: »Westliche Interviews mit Demonstranten und mehrere Meinungsumfragen ... ließen auf eine starke Unterstützung für den Erhalt der DDR als eigenständigem Staat schließen.«[33] Führende ostdeutsche Intellektuelle, die gegen die Vereinigung waren, konnten sowohl in der DDR als auch in der Bundesrepublik breite öffentliche Zustimmung für ihre Haltung mobilisieren.[34]

Kohl wollte die Einheit jedoch nicht so einfach in den Hintergrund gedrängt sehen. Die Ostdeutschen sollten glauben, daß sie erreicht werden konnte. Er war überzeugt, daß sie sich zu diesem Ziel bekennen würden, wenn sie es für realisierbar hielten. Entscheidend war, das Thema trotz des wachsenden Drucks der öffentlichen Meinung im In- und Ausland im Gespräch zu halten. Kaum hatte Kohl von Modrows Vorschlag für eine Vertragsgemeinschaft gehört, griff er zum Telefon und rief George Bush an. Der amerikanische Präsident war gut vorbereitet auf den Anruf. Die US-Administration hatte die vorangegangene Woche genutzt, um über die Reaktion auf die Veränderungen in der DDR und die mögliche deutsche Vereinigung nachzudenken. Sowohl Bush als auch Baker war geraten worden, für den Augenblick eine passive Politik zu verfolgen und sich wie Kohl für das Recht auf Selbstbestimmung einzusetzen. Diese Linie konnte zur Vereinigung führen, war aber weich genug gezogen, um die Sowjets nicht noch stärker zu beunruhigen. Man hatte sich bereits entschlossen, Gorbatschows Vorschlag von Viermächtegesprächen abzulehnen.[35]

Kohl berichtete Bush, was er den Ostdeutschen und den Sowjets gesagt hatte. Den Ostdeutschen habe er erklärt, daß Hilfeleistungen an tiefgreifende politische Reformen geknüpft seien, und Gorbatschow habe er versichert, daß die Bundesrepublik nichts tun werde, um die DDR zu destabilisieren. Wenn dort keine Reformen wie in Polen oder Ungarn eingeleitet würden, werde die neue Führung allerdings dennoch scheitern. Bush gefiel die Position des Bundeskanzlers, auch wenn das Gorbatschow gegebene Versprechen unaufrichtig klingen mochte. Er sagte Kohl, daß sich die USA in ihren öffentlichen Äußerungen über die Zukunft Deutschlands zurückhalten würden. Seine größte Sorge sei, daß westliche Schadenfreude die zerbrechliche sowjetische und ostdeutsche Neigung zu fundamentalen Reformen erschüttern könnte. Die überschwengliche Begeisterung in den Vereinigten Staaten beschwöre Reaktionen der UdSSR oder der DDR herauf, die sich als gefährlich erweisen könnten:»Wir werden nicht mit großen Reden zur Wiedervereinigung ermuntern und auch keine Zeitpläne aufstellen. Wir werden das Problem nicht verschärfen, indem der Präsident der Vereinigten Staaten vor der Berliner Mauer posiert.« Dann vereinbarte er mit Kohl weitere Gespräche vor und nach seinem Treffen mit Gorbatschow vor Malta. Kohls Meinung zu kennen, sagte Bush, sei ihm noch nie so wichtig gewesen wie bei der Vorbereitung dieses Gipfeltreffens.[36]

François Mitterrand und Margaret Thatcher verfolgten die Ereignisse in Deutschland weit weniger gelassen. Der französische Präsident lud die zwölf Staats- und Regierungschefs der EG für den 18. November zu einem Sondergipfel nach Paris ein, um die Lage in Deutschland zu besprechen. Thatchers Memoiren zufolge waren Kohls Äußerungen vor dem Bundestag der Grund für den hastig anberaumten Gipfel. Von ihrem Außenminister hatte sie allerdings erfahren, daß Genscher in einem vertraulichen Gespräch versichert habe, die Deutschen wollten »das Gerede von der Wiedervereinigung« unterbinden.

Mitterrand eröffnete die Diskussion, indem er eine Reihe von Fragen über Kohls Absichten aufwarf, unter anderem die nach den europäischen Grenzen. Kohl wiederholte in einer vierzigminütigen Erwiderung seine öffentlichen Äußerungen, betonte die Achtung der Selbstbestimmung und erklärte, daß er eine Grenzdiskussion für überflüssig halte. Anschließend erläuterte Margaret Thatcher ihre Befürchtungen. Jegliche Diskussion über Grenzänderungen oder die deutsche Wiedervereinigung würde Gorbatschows Autorität untergraben und eine wahre Büchse der Pandora an territorialen Forderungen öffnen. Um die Stabilität zu gewährleisten, müßten sowohl die NATO als auch der Warschauer Pakt intakt bleiben.[37] Kohl erhob keinen Einspruch. Die Wiedervereinigung erwähnte er auf dem Gipfel mit keinem Wort. Er wollte kein Öl ins Feuer gießen. Die unterschiedlichen Reaktionen der ausländischen Regierungen wurden natürlich genaustens registriert. Die Amerikaner verhielten sich am wohlwollendsten, die Franzosen etwas zurückhaltender und Briten und Niederländer ausgesprochen kühl.[38]

Tatsächlich begann die amerikanische Position konkretere Gestalt anzunehmen. Die Bürokratie des Außenministeriums empfahl, die nationalen Bestrebungen der Deutschen zu unterstützen, riet aber zur Vorsicht, denn »im Augenblick sprechen weder die Menschen in der DDR noch die Regierung der BRD von der Wiedervereinigung. ... Die Betonung liegt auf der Demokratisierung, und wir sollten unser Schwergewicht ebenfalls darauf legen.«[39] Baker selbst fand die von zwei Mitarbeitern seines Planungsstabes, Dennis Ross und Francis Fukuyama, unterbreiteten Richtlinien zur deutschen Vereinigung allerdings einleuchtender. Diese »vier Prinzipien, die unsere Politik leiten sollten«, lauteten: (1) Die USA unterstützen die deutsche Selbstbestimmung, ohne sich auf ein bestimmtes Ergebnis festzulegen. (2) Die Vereinigung hat auf eine mit der Mitgliedschaft in NATO und EG verträgliche Weise zu erfolgen. (3) Die Einheit soll in einem friedlichen, schrittweisen Prozeß erreicht werden. (4) Hinsichtlich der Nachkriegsgrenzen sind die Grundsätze der KSZE-Schlußakte zu beachten, »in denen die Unverletzlichkeit der Grenzen in Europa und die Möglichkeit einer friedlichen Veränderung festgeschrieben wurden«.[40]

Als er am 20. November Genscher in Washington empfing, wollte sich Baker jedoch nicht auf eine Diskussion darüber einlassen, was diese Prinzipien im einzelnen bedeuten mochten. Genscher seinerseits spielte das Thema der deutschen Einheit herunter, indem er betonte, daß die Vereinigung ein Prozeß sei, der sich im Rahmen der allgemeinen politischen

Veränderung in Europa vollziehe, wozu die Bindungen der Bundesrepublik an die EG, die Haltung der NATO gegenüber der Sowjetunion und die Ost-West-Beziehungen gehörten. Präsident Bush brachte die Vereinigung schließlich zur Sprache. Er sei für die deutsche Selbstbestimmung, sagte er Genscher, um ihn dann zu fragen:»Wird die Wiedervereinigung schneller vorangehen, als wir alle denken?«Das könne man nicht wissen, erwiderte Genscher. Aus der DDR seien unterschiedliche Stimmen zu hören. Als erstes müsse in der DDR die Demokratie eingeführt werden. Die Bundesrepublik werde auch weiterhin zu ihren Verpflichtungen gegenüber NATO und EG stehen. Bei allem, was man tue, müsse man jedoch darauf achten, die Sowjetunion nicht zu beunruhigen.[41]

Bei einem separaten Treffen mit Genscher fragte Scowcroft den Bundesaußenminister, ob er glaube, daß die Sowjets beim bevorstehenden Gipfeltreffen vor Malta Verhandlungen über einen Friedensvertrag anregen würden, um den Status und die Grenzen Deutschlands zu klären. Genscher bezweifelte das. Er hielt es allerdings für möglich, daß der sowjetische Präsident einen KSZE-Gipfel vorschlagen würde, um die zwischen NATO und Warschauer Pakt geführten Abrüstungsverhandlungen über die konventionellen Streitkräfte in Europa (VKSE) zu beschleunigen – eine Idee, die Genscher gefiel. Für ein Forum, das von den Vier Mächten dominiert würde, hatte er dagegen nichts übrig.»Wir wollen nicht am Katzentisch Platz nehmen«, sagte er. In der Vergangenheit hatten die Deutschen bei Viermächteverhandlungen abseits gesessen, eben am »Katzentisch«. Außerdem, fügte Genscher hinzu, müßten die Dinge im Gesamtrahmen der Ost-West-Beziehungen behandelt werden.»Das Schicksal Deutschlands darf nie wieder isoliert werden. Dies würde geschehen, wenn Viermächtegespräche die deutsche nationale Frage von der europäischen Frage trennten. ... Zusammen mit unseren Freunden können wir ein neues Europa aufbauen. Wir haben das siegreiche Konzept. Wir sollten nicht zuviel darüber reden, aber wir wissen, daß die Dinge in unserem Sinne laufen.«[42]

Die Vereinigten Staaten und die Bundesrepublik Deutschland waren sich also Ende November einig darin, die deutsche Selbstbestimmung in den Vordergrund zu stellen und als unmittelbares politisches Ziel die Demokratisierung in der DDR zu fördern. Präsident Bush war zufrieden mit der Bonner Politik und drängte Kohl nicht, seine Vorstellungen über die Zukunft Deutschlands zu konkretisieren.

In London und Paris herrschte weiterhin Unbehagen. Thatcher war sich über ihre Haltung bereits im klaren, und wie von ihr kaum anders zu erwarten, unternahm sie nicht den geringsten Versuch, sie abzuschwächen oder gar zu verhehlen. Zum ersten Mal beschrieb sie die Politik ihrer Regierung in einer Rede, die sie am 13. November, wenige Tage nach dem Fall der Berliner Mauer, beim traditionellen Bankett des Lord Mayor hielt. Darin wiederholte sie öffentlich, was sie an Gorbatschow geschrieben hatte. Das Ziel in der DDR müsse sein, eine wahrhafte Demokratie zu entwickeln. Das allein wäre schon ein »enormer Erfolg«. Doch seit »die Forderungen nach Demokratie laut geworden sind, neigen sie zur Überstürzung. In der Tat könnte die Geschwindigkeit des Wandels die angestrebte Demokratie in Gefahr bringen. Die jüngsten Ereignisse haben auf allen Seiten starke Emotionen bewirkt, jetzt kommt es auf eine nüchterne Einschätzung der künftigen Entwicklung an.« In einem Brief an Präsident Bush kam sie wenige Tage später auf den Punkt: »Wir müssen demonstrieren, daß wir nicht die Absicht haben, die Situation zum Nachteil der Sicherheitsinteressen der Sowjetunion auszunutzen. Dafür ist es unter anderem notwendig, unsere Ansicht deutlich zu machen, daß die Zukunft des Warschauer Pakts – wie die der NATO – eine Frage ist, über die dessen Mitglieder ohne Einmischung von außen zu entscheiden haben, und daß die deutsche Wiedervereinigung kein Thema ist, das gegenwärtig behandelt werden muß.« Am Schluß kündigte Thatcher an, daß sie Bush anrufen werde, um sich zu vergewissern, daß er in diesen Punkten einer Meinung mit ihr sei.[43]

Das Telefonat fand am 17. November statt, einige Stunden, nachdem Bush mit Kohl gesprochen hatte. Bush pflichtete Thatcher bei, daß die Veränderungen nicht zu schnell vorgenommen werden sollten, um die Sowjets nicht unnötig aufzuregen. Die britische Premierministerin beharrte darauf, daß eine Diskussion der deutschen Wiedervereinigung verfrüht und unklug wäre. »Das Gerede darüber hat hier bei uns starke Gefühle hervorgerufen«, sagte sie. »Die Geschichte ist hier noch sehr lebendig.« Der Westen solle »Gorbatschows Wunsch respektieren, die Grenzen des Warschauer Pakts zu behalten«. Bushs Anregung, gleich nach dem Gipfeltreffen vor Malta einen NATO-Gipfel einzuberufen, fand ihre Zustimmung. Es werde Kohl beruhigen, wenn die Verbündeten über Deutschland sprächen: »Eine Diskussion in einem weiteren Kreis könnte wirklich helfen, das Schiff auf Kurs zu halten.«[44]

In den Tagen nach diesem Telefonat bereitete sich Bush darauf vor, mit Thatcher ausführlicher über das Thema zu sprechen. Sie wurde am 24. November für einen ganzen Tag in Camp David erwartet. Da sie augenscheinlich eine harte Haltung einnahm, beschwor der NSC den Präsidenten, sich nicht auf Formulierungen festlegen zu lassen, die zwar das deutsche Selbstbestimmungsrecht unterstrichen, die Wiedervereinigung aber als fernes, unerreichbares Ziel erscheinen ließen. Scowcroft empfahl Bush: »Ihre Position sollte eindeutig die bleiben, daß wir bereit sind, die Entscheidung, die das deutsche Volk über seine Zukunft trifft, anzuerkennen – auch die für die Wiedervereinigung; daß wir für eine friedliche Veränderung in geordneten Bahnen eintreten; und daß wir zufrieden damit sind, wie Bonn der Herausforderung durch die jüngsten Ereignisse begegnet.« Bush las diese Empfehlungen und vermerkte seine Zustimmung.[45]

Bei dem Treffen in Camp David betonte Thatcher, daß die oberste Priorität der Konsolidierung der Demokratisierungsbewegung in Osteuropa zukomme.[46] Um dieses Ziel zu erreichen, sei ein stabiles Umfeld vonnöten, was bedeute, daß sowohl die NATO als auch der Warschauer Pakt erhalten bleiben müßten. Das Schicksal Deutschlands hänge nicht nur von der Selbstbestimmung ab. Die Grenzfrage, die Rolle der Vier Mächte in Berlin und das KSZE-Prinzip der Unverletzlichkeit der Grenzen seien ebenfalls zu berücksichtigen. Sie hob insbesondere zwei Themen hervor: die Grenzfrage, die sie anhand einer Landkarte behandelte, und die Gefahr für Gorbatschow. Die Wiedervereinigung Deutschlands würde dessen Ende bedeuten, prophezeite sie. Der Warschauer Pakt würde auseinanderbrechen. Man solle das Augenmerk statt dessen auf die Demokratisierung in der DDR richten. Zwar würde es schwerfallen, die Deutschen von der Vereinigung abzuhalten, wenn sie diese wollten, aber man könne zumindest ihre Erwartungen dämpfen.

Bush ging zunächst nicht auf Thatchers Argumente ein. Er bat sie vielmehr, Ostdeutschland für einen Augenblick beiseite zu lassen und sich zu überlegen, was passieren würde, wenn andere osteuropäische Staaten aus dem Warschauer Pakt austreten wollten. Seiner Ansicht nach müsse die NATO auch in diesem Fall bestehenbleiben. Die britische Premierministerin erwiderte, der Punkt sei, daß eine Destabilisierung Europas aufgrund der Entwicklung in Deutschland zur Folge haben könnte, daß die Demokratie nirgendwo in Osteuropa eine Chance bekomme. Bush blieb unverbindlich. »Der Präsident erhob keine direkten Einwände gegen meine Argumentation«, resümierte Thatcher später, aber die Diskussionen trugen »nicht dazu bei, die Atmosphäre zwischen uns zu verbessern«.

Die britische Regierung war nicht die einzige, die sich einer »verfrühten« Diskussion der deutschen Vereinigung verweigerte. Die französische war gleichfalls besorgt. Aber Präsident Mitterrand nahm, zumindest öffentlich, eine philosphischere Haltung ein, indem er vor allem die Notwendigkeit betonte, die europäische Integration zu vertiefen – und damit auch die Bindungen der Bundesrepublik an die EG. Am 17. November, dem Tag, an dem Bush mit Kohl und Thatcher über Deutschlands Zukunft gesprochen hatte, telefonierte er auch mit Mitterrand. Aber keiner von beiden kam auf Deutschland zu sprechen.[47]

Nachdem Kohl auf dem Pariser EG-Sondergipfel am 18. November seine beschwichtigende Rede gehalten hatte, unternahmen die Franzosen keine weiteren Anstrengungen, eine gemeinsame europäische Haltung zu Deutschland zustande zu bringen. Doch als Ende November auf den ostdeutschen Straßen der Ruf nach einem einigen Vaterland erscholl, wurde der Ton der politischen Kommentare in Frankreich sorgenvoller, und Mitterrand begann seine philosophische Ruhe zu verlieren. Am 27. November schrieb er einen Brief an Bush, in dem er eine Frage aufwarf, die der EG Kopfzerbrechen bereite: Wie könne die Gemeinschaft Ostdeutschland zu mehr Demokratie ermuntern, »ohne eine Modifizierung des strategischen Gleichgewichts zu verursachen, auf die die Sowjetunion nicht vorbereitet ist«? Er beantwortete die Frage selbst: »Jede unserer Regierungen ist sich der Rolle bewußt, welche die EG bei der Herausbildung eines neuen europäischen Gleichgewichts spielen kann und muß, sobald sie ihren eigenen Zusammenhalt verstärkt hat.« Obwohl der Ton wie üblich schwammig war, kam die Botschaft doch an: Der EG komme eine entscheidende Rolle zu, und eine radikale Veränderung des Status quo müsse mit einer Vereinbarung über eine stärkere europäische

Integration verbunden sein, wenn diese ihr nicht sogar vorausgehen sollte.

Am 30. November besuchte Genscher Paris. Mitterrand erklärte ihm, daß Frankreich der deutschen Wiedervereinigung nicht im Weg stehen werde, fügte jedoch hinzu:»Aber ich frage Sie: Wird Deutschland den Prozeß der europäischen Vereinigung fortführen?« Genscher hat ihm zweifellos versichert, daß die europäische Integration jetzt sogar noch wichtiger sei als bisher. Von diesem Zeitpunkt an verfolgte Mitterrand die Strategie, die deutsche Frage mit seiner eigenen Agenda für eine schnellere Herbeiführung der europäischen Vereinigung zu verknüpfen. Es mag eine Reaktion auf den besorgten Ton der Debatte im französischen Senat gewesen sein, daß er, ohne sich mit Bonn abzusprechen, für den Dezember eine Reise nach Ostdeutschland ankündigte, noch vor Kohls erstem Besuch in der DDR. Kurz darauf gab die französische Regierung bekannt, daß Mitterrand in Kürze zu einem Treffen mit Gorbatschow nach Kiew reisen würde.[48]

Bushs Bereitschaft, die deutsche Vereinigung zu akzeptieren, war offenbar weder durch Warnungen aus Europa noch durch die Besorgnisse amerikanischer Leitartikler zu erschüttern.[49] Am 21. November antwortete er im Gespräch mit ausländischen Journalisten auf die Frage, was er einem Franzosen oder Engländer, der gegen die deutsche Wiedervereinigung sei, sagen würde:»Ich würde ihm sagen: Das ist eine Sache, die das deutsche Volk zu entscheiden hat. Und es gibt Leute, die sich deshalb Sorgen machen. Ich verstehe, daß Mr. Gorbatschow gewissen Zwängen ausgesetzt ist, weil er auf Grenzen schaut und in die Geschichte – er ist besorgt. Aber ... wir schreiben das Jahr 1989. Wir können aus der Geschichte lernen, und wir können auch in die Zukunft schauen. Meine Ansicht ist: Laßt die Menschen in Deutschland diese Sache bestimmen.«[50]

Eine offene Auseinandersetzung zwischen den USA und ihren wichtigsten Verbündeten über die Deutschlandfrage konnte nur vermieden werden, weil sie ein gemeinsames kurzfristiges Interesse verband: das an der Fortführung der politischen Reformen in der DDR. Sogar Moskau konnte sich diesem Ziel anschließen. Die sowjetische Regierung hoffte verzweifelt, daß es Modrow gelingen würde, die Situation mit einer Mischung aus inneren Reformen, dem Köder einer Vertragsgemeinschaft mit der BRD und der Ablehnung jeder anderen Form von Vereinigung in den Griff zu bekommen. Doch an einem entscheidenden Punkt ermutigten sowjetische Regierungsbeamte die Deutschen, möglicherweise unabsichtlich, dazu, über die Umgestaltung der DDR hinauszusehen und den Weg zur Vereinigung der beiden deutschen Staaten ins Auge zu fassen.

Am 15. November, einen Tag vor Kohls Bundestagsrede, in der er Bonner Wirtschaftshilfe an die Bedingung politischer Reformen in der DDR knüpfen und das Recht der Selbstbestimmung für alle Deutschen einfordern sollte, sagte Alexander Jakowlew auf dem Weg nach Japan zu Journalisten, die Sowjetunion lasse sich nicht in die Rolle des Bösewichts drängen:»Die USA, Großbritannien und Frankreich wollen die Vereinigung Deutschlands nicht und hoffen, daß die Sowjetunion eine solche Entwicklung verhindert.« Dennoch waren es die Sowjets, die am unnachgiebigsten auf der Respektierung der Nachkriegsrealitäten bestanden. Modrow hatte in seiner Regierungserklärung vom 17. November im sicheren Gefühl der sowjetischen Unterstützung die Wiedervereinigung kategorisch ausgeschlossen, und nach Kohls Bundestagsrede hatten die Präsidenten des westdeutschen Bundestages und der französischen Nationalversammlung, Rita Süssmuth und Laurent Fabius, von Gorbatschow persönlich gehört, daß»die Wiedervereinigung nicht auf der Tagesordnung« stehe.[51]

Doch dann traf der ZK-Mitarbeiter Nikolai Portugalow am 21. November mit Horst Teltschik zusammen.[52] Portugalow übergab Teltschik ein handgeschriebenes Papier. Der erste Teil, in dem die Umgestaltung der DDR mit der Perestroika in der Sowjetunion gleichgesetzt wurde, besaß laut Portugalow»offiziellen Charakter« und war mit Falin und Tschernjajew abgestimmt worden. Den zweiten Teil hatte er nur mit Falin besprochen. Darin wurde eine Vielzahl von Fragen behandelt, die zu lösen waren, bevor es zur Vereinigung kommen konnte.»Wie Sie sehen«, sagte Portugalow,»denken wir in der deutschen Frage alternativ über alles Mögliche nach, sogar das quasi Undenkbare.« Die Sowjetunion könne sogar grünes Licht für eine deutsche Konföderation geben.

Teltschik war, wie er selbst berichtet,»elektrisiert«. Die Überlegungen der sowjetischen Führung schienen weiter gediehen zu sein, als man es sich in Bonn vorgestellt hatte. Das»grüne Licht« hat Teltschik, der wenig später beginnen sollte, Kohls Zehn-Punkte-Plan für die Vereinigung Deutschlands zu entwerfen, offenbar Mut gemacht. Es ist allerdings alles andere als ausgemacht, daß dies die Botschaft war, die Portugalow übermitteln wollte. Immerhin hatte er selbst nur wenige Tage vorher davon gesprochen, daß die Vereinigung »keinem der Nachbarn der beiden deutschen Staaten« gefallen würde und »mit den Erfordernissen der Stabilität geopolitisch wie geostrategisch unvereinbar« sei. Er hatte sogar hinzugefügt, er glaube, »daß in absehbarer Zukunft, aber auch langfristig, die beiden deutschen Staaten souverän und gleichberechtigt ... weiterexistieren werden«.[53] Portugalow hatte diese Worte nicht vergessen. Er erwähnte das Interview sogar bei seinem Treffen mit Teltschik. Wie es scheint, haben beide Seiten die Äußerungen der anderen nur selektiv wahrgenommen. Portugalow konnte nicht wissen, daß Teltschik eine große Rede für den Bundeskanzler vorbereitete und deshalb in bezug auf Anzeichen für sowjetische Flexibilität besonders hellhörig war. So ist dieses handschriftliche, von keinem Vertreter des Außenministeriums geprüfte Papier eines untergeordneten sowjetischen Parteimitarbeiters ein gutes Beispiel dafür, warum altgediente Diplomaten so nachdrücklich auf präziser schriftlicher und mündlicher Ausdrucksweise bestehen.

Für Kohl stellte sich die politische Landschaft also recht unsicher dar. Er war von verschiedenen Seiten, insbesondere von Modrow, mit Versuchen konfrontiert, die Vereinigung von der politischen Tagesordnung zu streichen. Deshalb beschloß er, die Initiative zu ergreifen und die Vereinigung wieder in den Mittelpunkt der Aufmerksamkeit zu rücken.

Ein Programm zur Überwindung der Teilung

Kohl und seine engsten Berater kamen überein, ein Programm auszuarbeiten, das einen gangbaren Weg zur Vereinigung aufzeigen sollte. Man wollte »in die Offensive gehen«, und ein solches Programm bot sich aus mehreren Gründen an: Erstens würde es das Verlangen nach Vereinigung, das im trockenen Unterholz der Unruhen und überschwenglichen Erwartungen in Ostdeutschland Feuer zu fangen begann, weiter anfachen. Zweitens würde es Kohl von seinen vorsichtigeren politischen Gegnern abheben und sein Image im Hinblick auf die Bundestagswahlen im nächsten Jahr aufpolieren. Drittens könnte es sich als entscheidender Schlag gegen Modrows Idee einer Vertragsgemeinschaft herausstellen, indem es diese vom Tisch fegte, bevor sich ein breiter internationaler Konsens bilden konnte, durch den Kohl in die Ecke gedrängt worden wäre.[54] In Ost-Berlin begann man bereits laut darüber nachzudenken, wie die Vertragsgemeinschaft zur Konföderation werden könnte, worunter sich die verschiedensten Formen des Zusammengehens unabhängiger Staaten vorstellen ließen.[55]

Im Kanzleramt äußerte Rudolf Seiters Bedenken gegen den geplanten Wiedervereinigungsplan. Er fürchtete scharfe Reaktionen der DDR und des Auslands, und seine Vorsicht war nicht unbegründet. Die Meinungen der Bundesbürger zur Wiedervereinigung gingen auseinander. In einer Meinungsumfrage, die eine Woche nach dem Fall der Mauer durchgeführt wurde, erklärte ein Viertel der Befragten, daß die Bundesrepublik in den kommenden Jahren nach Westen und eine eigenständige DDR nach Osten orientiert bleiben werde. Die relative Mehrheit, vierundvierzig Prozent, sahen engere Beziehungen zwischen den beiden deutschen Staaten voraus, ähnlich denen zu Österreich und der Schweiz.[56] Eine andere Meinungsumfrage, die Teltschik verständlicherweise vorzog, hatte ergeben, daß die meisten Westdeutschen die Wiedervereinigung zumindest im Prinzip bejahten, und knapp die Hälfte glaubte, daß sie in weniger als zehn Jahren erreicht werden konnte.[57] Kohls wahrscheinlicher Gegenkandidat bei den Wahlen des nächsten Jahres, Oskar Lafontaine, wies unterdessen darauf hin, daß das »alte Leitbild des Nationalstaates«, das der »konservative, der rechte Flügel der Union … als Orientierung vor Augen« habe, nicht mehr zeitgemäß sei und auch nichts mit den Wünschen und Gefühlen der Menschen in der DDR zu tun habe.[58]

Die wirtschaftliche Situation in der DDR verschlechterte sich weiter, und der Strom der Übersiedler riß nicht ab. Allein im November gingen hundertdreißigtausend Ostdeutsche – ein Prozent der DDR-Bevölkerung – in den Westen.[59] Als die Masse der Ostdeutschen das ganze Ausmaß der Misere ihres Landes erkannte und die Schwierigkeiten bei ihrer Überwindung abschätzte, begann sie die Vereinigung mit der Bundesrepublik, einem Land, das die Vorteile von Demokratie und Wohlstand vor Augen führte, als vielversprechendste Antwort zu betrachten. »Redner in Leipzig«, heißt es in einem deutschen Zeitungskommentar, »forderten die Wiedervereinigung vor allem und ausschließlich, weil für sie der Real-Sozialismus zusammengebrochen ist. Weil sie nicht fünf Jahre, nicht ein Jahr, nicht einen Monat mehr ihr Leben für eine vage Reformzukunft opfern wollen.«[60]

Politische Führer können die Meinung der Menschen formen. Indem sie Stellung nehmen, können sie einen Brennpunkt für konfuse oder unsichere Ansichten bilden. Helmut Kohl gelang genau dies, als er am 28. November im Bundestag sein Zehn-Punkte-Programm für die Überwindung der deutschen Teilung präsentierte. Es lautete:

1. Sofortmaßnahmen zur Förderung des Reiseverkehrs zwischen Ost und West.
2. Intensivierung der technischen Kooperation mit der DDR, zum Beispiel in Umweltschutz, Telekommunikation und Eisenbahnbau.
3. Ausweitung der Wirtschaftshilfe für die DDR in großem Stil, *wenn* »ein grundlegender Wandel des politischen und wirtschaftlichen Systems in der DDR verbindlich beschlossen und unumkehrbar in Gang gesetzt wird«. Gemeint waren damit vor allem freie Wahlen ohne garantierten Machterhalt der SED und die Abschaffung der Planwirtschaft. »Wir wollen nicht unhaltbar gewordene Zustände stabilisieren«, sagte Kohl.
4. Bildung einer Vertragsgemeinschaft mit der DDR, um auf verschiedenen Gebieten eine institutionelle Verflechtung zu erreichen.
5. Entwicklung »konföderativer Strukturen« zwischen den beiden deutschen Staaten »mit dem Ziel, eine Konföderation, d. h. eine bundesstaatliche Ordnung, in Deutschland« zu schaffen. Voraussetzung dafür war die Abhaltung freier Wahlen in der DDR. Die bisherige Politik der »kleinen Schritte« zur Milderung der Folgen der deutschen Teilung sollte durch neue Formen institutioneller Zusammenarbeit abgelöst werden, angefangen mit gemeinsamen Regierungsausschüssen und einem gemeinsamen »parlamentarischen Gremium«. »Wie ein wiedervereinigtes Deutschland schließlich aussehen wird«, sagte Kohl, »das weiß heute niemand. Daß aber die Einheit kommen wird, wenn die Menschen in Deutschland sie wollen, dessen bin ich sicher.«

6. Einbettung der innerdeutschen Entwicklung in den gesamteuropäischen Prozeß und die Ost-West-Beziehungen.

7. Unterstützung der EG bei der Öffnung für die DDR und die anderen »reformorientierten Staaten Mittel-, Ost- und Südosteuropas«.

8. Stärkung des KSZE-Prozesses, zum Beispiel durch neue Institutionen zur Koordinierung der wirtschaftlichen Zusammenarbeit zwischen West und Ost oder des Umweltschutzes.

9. Unterstützung zügiger Fortschritte in Abrüstung und Rüstungskontrolle.

10. Schaffung eines »Zustands des Friedens« in Europa, in dem die deutsche Wiedervereinigung vollzogen werden kann. Dazu gehörte vor allem die Lösung der »ebenso schwierigen wie entscheidenden Frage übergreifender Sicherheitsstrukturen in Europa«.

Diese zehn Punkte, sagte Kohl resümierend, ermöglichten durch die »Verknüpfung der deutschen Frage mit der gesamteuropäischen Entwicklung und den Ost-West-Beziehungen ... eine organische Entwicklung, die den Interessen aller Beteiligten Rechnung trägt und ... einer friedlichen und freiheitlichen Entwicklung in Europa den Weg bahnt«.[61]

Damit hatte Kohl den Weg zur Einheit innen- wie außenpolitisch vorgezeichnet. Das im wesentlichen von Teltschik entworfene Konzept war brillant. Auf den Bundestagsreden vom 8. und 16. November aufbauend, zollte es mit Hinweisen wie dem auf den »gesamteuropäischen Prozeß« und die angestrebte Friedensordnung in Europa der Ostpolitik verbalen Tribut, vollendete tatsächlich aber deren Sturz und die Rückkehr zum »Wandel durch Stärke«. Das Programm beschrieb einen schrittweisen Prozeß, der über Modrows Vertragsgemeinschaft und die jüngste Konföderationsidee hinweg zur Einheit führte, auch wenn dieses Ziel in vage Formulierungen gehüllt wurde, um die verbreiteten Sorgen zu beschwichtigen. Dennoch, das Endziel, die Wiedervereinigung, war unmißverständlich markiert. Kohls Rede war der erste Bauplan für die Brücke, mit der die Kluft zwischen dem abstrakten Wunsch nach Wiedervereinigung und ihrer Verwirklichung überwunden werden konnte. Den Ostdeutschen wurde nicht nur gezeigt, daß die Idee immer noch im Raum stand, sondern daß sie eine reale Möglichkeit darstellte, etwas, das man einfordern konnte. Das Zehn-Punkte-Programm bot der sich wandelnden Stimmung in der DDR einen Kristallisationspunkt – und einen Anführer. Teltschik jubelte in seinem Tagebuch über den »Riesenerfolg«: »Wir haben unser Ziel erreicht: Der Bundeskanzler hat die Meinungsführerschaft in der deutschen Frage übernommen.«[62] Insbesondere seinen Koalitionspartner hatte Kohl überrumpelt. Genscher hatte im November allgemeines Lob für eine allem Anschein nach äußerst erfolgreiche Außenpolitik geerntet und damit wertvolle Wählerstimmen für die FDP gesichert. Doch nun hatte Kohl einen Plan vorgelegt, der zwar aus Rücksicht auf die zu erwartenden Reaktionen nur eine schrittweise Integration der beiden deutschen Staaten in einem flexiblen Beziehungsgeflecht vorsah, aber deutlich über die öffentlichen und diplomatischen Äußerungen Genschers hinausging, der die Bedeutung der Vereinigung als operatives politisches Ziel stets heruntergespielt hatte. Hinzu kam, daß Kohl, um seinen politischen Coup sicherzustellen, niemanden in der Regierung von seinem Vorhaben unterrichtet hatte, auch nicht seinen Außenminister. Der Zehn-Punkte-Plan war jedoch derart überzeugend, daß Genscher nicht anders konnte, als Kohl zu dieser »großen Rede« zu gratulieren und sich hinter das Programm zu stellen. Und auch aus der SPD erfuhr Kohl Zustimmung.[63]

Aus Furcht vor Indiskretionen hatte Kohl die Verbündeten nicht im voraus über die Rede informiert. Wie hätte er auch ausländischen Regierungen mitteilen können, was er nicht einmal seiner eigenen anvertraute? Einige seiner Berater, unter anderen Rudolf Seiters, hatten befürchtet, daß die Initiative, wenn sie ohne jede Vorwarnung verkündet wurde, kontraproduktiv sein könnte. Doch Teltschik wollte das Überraschungsmoment nutzen, und Kohl pflichtete ihm bei. Nur Bush sollte der Redetext zusammen mit einem ausführlichen Schreiben, in dem Kohl seine Absichten erläuterte, wegen der Zeitverschiebung schon am frühen Morgen übermittelt werden. Alle anderen würden hinterher von Teltschik informiert werden und den Wortlaut der Rede über die bundesdeutschen Botschaften zugestellt bekommen.[64]

In Washington fand am 28. November im Oval Office eine weitere Präsentation in Vorbereitung auf das Gipfeltreffen von Malta statt, diesmal über die deutsche Frage und Berlin. James Dobbins vom Außenministerium gab einen Überblick über die internationale Lage. Die Ereignisse, insbesondere die Stimmung der ostdeutschen Bevölkerung, so sagte er, drängten auf eine Beschleunigung der deutschen Vereinigung. Die gerade erst eingetroffene Nachricht von Kohls Rede bezeichnete er als bedeutende Entwicklung, die die Vereinigung mit einem konkreten Programm für ihre Verwirklichung auf die politische Agenda setze. Die Geheimdienstanalytiker stimmten ihm zu.[65] Bush reagierte gelassen auf die Aussicht eines beschleunigten Vereinigungsprozesses. Am selben Tag fertigte Robert Zoellick für Baker eine informelle Analyse von Kohls Rede an, die ebenfalls positiv ausfiel und hervorhob, daß die Rede eine Vielzahl von Möglichkeiten zulasse, die am Ende zu irgendeiner Form von Einheit führen würden.[66]

Kohl informierte Bush in seinem Brief nicht nur über die Rede vom 28. November, sondern äußerte sich im Hinblick auf dessen bevorstehendes Treffen mit Gorbatschow auch eingehend zu allen wichtigen Aspekten der Ost-West-Beziehungen, beginnend mit seinem Verständnis der »Malta-Philosophie«. Er äußerte seine Genugtuung über die Klarheit, mit der Bush »jede Parallele zwischen Jalta und Malta zurückgewiesen« hatte. Aus diesem Grund wende er sich auch gegen alle Versuche, »Volksbewegungen einzugrenzen oder zu kanalisieren«, erklärte Kohl. Malta dürfe kein »Status-quo-Gipfel« werden. Was die deutsche Frage speziell betraf, dankte der Bundeskanzler dem amerikanischen Präsidenten für seine Unterstützung. Dann wies er darauf hin, daß Gorbatschow möglicherweise auf den »existierenden Grenzen zwischen Ost und West« bestehen werde, und fügte hinzu, er hoffe, daß Bush bei seiner bisherigen Position bleiben werde. Die Bundesregierung werde nicht versuchen, »das nationale Ziel der Deutschen im Alleingang zu erreichen«. An der unerschütterlichen Treue der Bundesrepublik zur NATO könne nicht gezweifelt werden. Es folgte eine Zusammenfassung des Zehn-Punkte-Programms. Kohl schloß mit den Worten: »Lieber George, ich wäre Ihnen besonders verbunden, wenn Sie gegenüber Generalsekretär Gorbatschow die in diesen zehn Punkten zum Ausdruck kommende Politik unterstützen und ihm verdeutlichen würden, daß nicht das Festhalten an überkommenen Tabus, sondern dieser zukunftsgerichtete Kurs im besten Interesse auch seines Landes liegt.«[67]

Am selben Tag erhielt Bush eine völlig andersgeartete Botschaft des ostdeutschen Staatsratsvorsitzenden. Krenz betonte, daß die Existenz zweier deutscher Staaten, die verschiedenen Bündnissen angehörten, ein grundlegendes Element der Sicherheit in Europa sei. Nationalismus, ein Wiedererstarken nazistischer Ideen und das Bestreben nach Revision der Ergebnisse des Zweiten Weltkrieges seien dem Ziel eines gesicherten Friedens in Europa abträglich.[68] Krenz erhielt nie eine Antwort auf diesen Brief.

Die US-Administration begriff sofort, daß sich Kohl mit dem Zehn-Punkte-Programm weit aus dem Fenster gelehnt hatte. Er konnte in der Bundesrepublik leicht in Bedrängnis geraten, wenn die Öffentlichkeit den Eindruck gewinnen würde, er hätte eine internationale Krise ausgelöst. Das Unbehagen der Sowjets wurde bald deutlich, obwohl Kohl Gorbatschow konsultiert hatte. Das US-Außenministerium und der NSC kamen deshalb zu dem Schluß, daß Washington stärker in Erscheinung treten müsse, um Kohls Initiative zu stützen und ihn vor ernstzunehmender internationaler Kritik abzuschirmen. Man hoffte, daß Bush nach Malta einen Konsens des Westens zustande bringen konnte, um einerseits Kohl den Rücken zu stärken und andererseits sicherzustellen, daß sein Programm die westlichen Kriterien für die Einheit erfüllte. In Washington war unangenehm aufgefallen, daß Kohl die Treue zur NATO zwar im persönlichen Gespräch bestätigt hatte, aber nicht in seiner Rede.

Am Morgen nach Kohls historischer Rede führte Bush ein halbstündiges Telefongespräch mit dem Bundeskanzler.[69] Kohl war überzeugt, daß die Veränderung in der DDR weitergehen würde. Für den Herbst 1990 oder Anfang 1991 erwartete er die Abhaltung freier Wahlen. Die Wiedervereinigung sei ein langfristiger Prozeß. (Im Gespräch mit seinen Beratern hatte Kohl geschätzt, daß es fünf bis zehn Jahre dauern würde, die Einheit zu verwirklichen.) Der Frage der Bündniszugehörigkeit eines geeinten Deutschland wich er aus: »Sie werden im Pakt bleiben und wir in der NATO.« Konkretere Vorstellungen äußerte er darüber, wie er sich die französische Unterstützung für seinen Plan sichern konnte. Er würde auf dem bevorstehenden EG-Gipfel am 8. Dezember in Straßburg, dem letzten, bevor Frankreich die Präsidentschaft im Europäischen Rat turnusgemäß abgab, gemeinsam mit Mitterrand für rasche Fortschritte auf dem Weg zur europäischen Wirtschafts- und Währungsunion (WWU) eintreten.»Es ist ein ehernes Gesetz, daß es keine deutschen Alleingänge geben wird«, versicherte Kohl. Die Deutschen könnten sich glücklich schätzen, fuhr er fort:»Die Geschichte hat uns gute Karten gegeben; mein Wunsch ist es jetzt, diese geschickt zu spielen.«

Bush stimmte Kohl grundsätzlich zu. Stabilität sei gewiß vonnöten, und er habe sich bemüht,»nichts zu tun, das die UdSSR zu einer Reaktion zwingen würde… Wir befinden uns auf einer Wellenlänge. Ich habe Ihre zehn Punkte und Ihre Ausführungen über Deutschlands Zukunft aufmerksam gelesen.« Am Schluß des Gesprächs sagte Kohl:»Die Deutschen in Ost und West hören sehr genau hin. Jedes Wort der Sympathie für Selbstbestimmung und Einheit ist jetzt sehr wichtig.«

Bush war bereit, diese Worte der Sympathie zu sagen. Als er später am selben Tag, dem 29. November, mit der Presse sprach, erwähnte er das Telefongespräch mit Kohl.»Ich bin zuversichtlich«, sagte er.»Ich denke, wir sind auf dem richtigen Weg.« Auf die Frage, was er für Europa wolle, antwortete er:»Was das ›Visionäre‹ betrifft, die Aspirationen, so habe ich es schon im Frühjahr und Sommer in einigen wenig beachteten Reden verkündet. Die sollte sich jeder von Ihnen noch einmal durchlesen. … Sie werden darin einiges ›Visionäre‹ finden – ein ungeteiltes und freies Europa. Nun, und das bekommt heute, wie mir scheint, etwas mehr Relevanz, wenn man sich die Veränderungen ansieht, die schon stattgefunden haben oder gerade im Gang sind. … Um aber auf Ihre Frage zurückzukommen: Ich denke, ein ungeteiltes und freies Europa ist weniger Vision als vielmehr mögliche Realität. Wie wir es erreichen und was das bedeutet und wann die deutsche Frage gelöst wird und all diese Dinge – das kann ich jedoch nicht genauer sagen.«[70]

Am nächsten Tag, dem 30. November, reiste Bush zum Seegipfel von Malta und zum anschließenden NATO-Gipfel nach Europa. Er würde zum ersten Mal als Präsident mit Gorbatschow konferieren, und die westlichen Staats- und Regierungschefs würden zum ersten Mal zusammenkommen, nachdem Kohls Zehn-Punkte-Programm rund um die Welt Schlagzeilen gemacht hatte. Die nächste Woche würde über das Schicksal seiner Initiative entscheiden, und bis jetzt sah es, die USA ausgenommen, nicht gut für sie aus. Wie von einigen Kanzlerberatern vorausgesagt, hatten sowohl der

Plan selbst als auch die Tatsache, daß vor seiner Bekanntgabe keine Konsultationen stattgefunden hatten, fast überall in Europa ablehnende Reaktionen hervorgerufen. Französische Diplomaten beklagten sich bei ihren deutschen Kollegen über den »Überrumpelungsversuch«, während Außenminister Dumas öffentlich vor einer »Überstürzung« in der deutschen Frage warnte. Premierministerin Thatcher ließ Kohl wissen, daß die deutsche Wiedervereinigung »nicht auf der Tagesordnung« stehe.[71]

Die Sowjets waren nicht weniger verärgert. Kurz vor Kohls Rede hatten Gorbatschow und Schewardnadse den kanadischen Premierminister Brian Mulroney in Moskau empfangen, der Bush später berichtete, daß Deutschland die größte Sorge der Sowjetführer sei. Ihrer Ansicht nach sollten die Deutschen die Wiedervereinigung einfach vergessen. Besonders erzürnt hatte Gorbatschow offenbar, daß sich der amerikanische Botschafter in Bonn öffentlich für die Vereinigung ausgesprochen hatte. Er agiere »wie ein deutscher Gauleiter«, hatte er ihm vorgeworfen. Der kanadische Außenminister Joe Clark, der mit Mulroney in Moskau gewesen war, erinnerte sich an Schewardnadses Hinweis, daß die meisten Europäer mit den Sowjets einer Meinung seien, denn »wir alle, die wir im Krieg waren, sind gegen Revanchismus und Neonazis«. Noch ominöser fand Mulroney jedoch Gorbatschows Bemerkung, es seien »schon Menschen an unreifen Früchten gestorben«.[72]

Die Sowjetführung attackierte Kohl sowohl öffentlich als auch unter vier Augen. Gorbatschow erklärte in einer Rede vor Studenten: »Es gibt zwei deutsche Staaten. Die Geschichte hat es so gefügt. Und diese Tatsache wird von der Weltgemeinschaft allgemein anerkannt. ... Ich denke nicht, daß die Frage der Wiedervereinigung dieser Staaten gegenwärtig ein drängendes politisches Problem ist.«[73] Die Moskauer Gereiztheit stellte eine große Gefahr für Kohl dar, da sie sich zu einer echten Krise ausweiten konnte. Mit einer harten, streitbaren Reaktion konfrontiert, könnten die westeuropäischen Verbündeten Kohl die Schuld geben, statt ihm beizustehen. Die westdeutsche Öffentlichkeit könnte die Geheimhaltung bei der Vorbereitung seiner Initiative als gefährlich und provokativ verurteilen.

Die Sowjetunion zählte immer noch auf Modrows Fähigkeit, die Lage in der DDR unter Kontrolle zu bekommen.[74] Ende November fanden manche in der Sowjetführung jedoch, daß dies ein allzu schwankender Boden war, um seine Hoffnungen darauf zu gründen. Dem Bonner Sowjetbotschafter Kwizinski reichten vage öffentliche Erklärungen nicht mehr aus. Er hielt eine dynamischere Politik für nötig, um die Beziehungen zur DDR zu schützen und auf die deutsche Zukunft Einfluß zu nehmen. Er telegrafierte nach Moskau, daß »die Existenz der DDR nur noch eine Frage der Zeit« sei. Der Exodus in Richtung Westen erinnerte ihn an die Monate vor dem Mauerbau im August 1961. Die Ostdeutschen würden nicht zu Hause bleiben und im Osten arbeiten, wenn sie hundert oder zweihundert Kilometer weiter mit der gleichen Arbeit das Vier- bis Sechsfache verdienen könnten. Kwizinski schloß daraus, daß es keinen Sinn mehr habe, sich gegen die nationale Einheit der Deutschen zu stemmen. Die DDR und der Sozialismus könnten jedoch erhalten werden, wenn man Kohl mit der Idee einer Konföderation zuvorkäme, in der sich zwei eigenständige Staaten mit unterschiedlichen Gesellschaftssystemen zusammenfinden würden. Die Initiative sollte nicht von der SED ausgehen, der man wahrscheinlich nicht glauben würde, sondern von den neuen Parteien und Bürgerbewegungen in der DDR. Es bleibe aber nicht viel Zeit. Das alles müßte innerhalb weniger Wochen geschehen, wenn die Chance nicht endgültig verpaßt werden sollte.[75]

Schewardnadse antwortete umgehend und stimmte der Idee zu. Doch dann folgte ein Anruf aus Moskau, in dem Kwizinski mitgeteilt wurde, Schewardnadses Telegramm sei nicht die endgültige Meinung der sowjetischen Regierung, sondern lediglich ein Zeichen des Interesses an der Idee, die man in vieler Hinsicht für übereilt und strittig halte. Man gab Kwizinski zu verstehen, daß er die Situation dramatisiere: Von einem Verschwinden der DDR könne überhaupt nicht die Rede sein. Die Sowjetunion werde dies nicht zulassen.

Der Gipfel von Malta

Die Amerikaner fragten sich, wo Moskau stand. Mulroneys Bericht ließ darauf schließen, daß die Sowjets auf Malta eine harte Linie verfolgen würden. Scowcroft legte Bush eine von Rice verfaßte Einschätzung des NSC-Stabes vor. Sie enthielt vier Punkte:

1. Die Sowjets haben die Kontrolle über ihre Osteuropapolitik verloren. Sie haben die gegenwärtige Entwicklung nicht antizipiert und reagieren nur noch auf die Tagesereignisse.
2. Moskau ist gegen die deutsche Vereinigung, die »dem sowjetischen Sicherheitssystem das Herz herausreißen« würde. Ihr schlimmster Alptraum ist ein mit der NATO verbündetes geeintes Deutschland. »Ein Warschauer Pakt, der seinen osteuropäischen Anker verloren hat, würde rasch zerfallen, so daß die sowjetische Verteidigungslinie an der Grenze der Ukraine verliefe.«
3. Die Sowjets arbeiten derzeit hektisch an der Entwicklung einer Politik, mit der die Existenz zweier deutscher Staaten gesichert werden kann. Sie versuchen, mit Frankreich und Großbritannien zusammenzugehen, um den Status quo zu erhalten.
4. Es gibt noch kein Anzeichen dafür, daß Moskau wegen der deutschen Frage in Panik gerät. Sollte ihr Einfluß jedoch weiter abnehmen, könnte die UdSSR auf Forderungen aus den fünfziger Jahren zurückgreifen, etwa der nach einem gesamteuropäischen kollektiven Sicherheitssystem oder der nach Verhandlungen über einen Friedensvertrag mit Deutschland.[76]

Von der CIA kam eine ähnliche Analyse, in der nur noch hinzugefügt wurde, daß Gorbatschows persönliche Äußerungen über Deutschland eine gewisse Ambivalenz erkennen ließen. Er neige möglicherweise zu einer pragmatischeren Sichtweise. Aus einer Reihe von Gründen erwartete die CIA jedoch nicht, daß Gorbatschow dem amerikanischen Präsidenten seine wahren Ansichten über Deutschland offenbaren würde. Statt dessen werde er eine besorgte, aber gelassene Haltung zur Schau tragen – insbesondere dann, wenn er tatsächlich zum Pragmatismus neige.[77]

Auf der Grundlage dieser Analysen arbeiteten Blackwill, Rice und Zelikow gemeinsam mit Zoellick und Ross intensiv an politischen Richtlinien für Bushs Europareise. Die deutsche Frage war natürlich nur ein Punkt auf der komplexen amerikanisch-sowjetischen Agenda. Weitere Punkte waren der Zeitplan für ein reguläres Gipfeltreffen (Malta war als »Zwischengipfel« gedacht, auf dem sich die beiden Präsidenten näher kennenlernen konnten), die Zukunft der Perestroika, Wirtschaftsbeziehungen, Rüstungskontrolle und Regionalkonflikte. Um Indiskretionen auszuschließen, blieb die Gipfelvorbereitung auf den kleinen Kreis der genannten fünf Regierungsbeamten und ihrer direkten Vorgesetzten beschränkt.

In bezug auf Deutschland setzten sich die Amerikaner für die Gipfeltreffen von Malta und Brüssel drei operative Ziele: Erstens sollte der Präsident vermeiden, die Sowjets zu beunruhigen, indem er die Vorrangigkeit von demokratischen Reformen und Selbstbestimmung in der DDR betonte; notfalls sollte er jedoch das Ziel der deutschen Einheit bekräftigen und einen etwaigen Vorschlag für eine Friedenskonferenz der Vier Mächte strikt ablehnen. Zweitens sollte Bush sich bemühen, die Alliierten zur Unterstützung von Kohls Zehn-Punkte-Plan zu bewegen, während er andererseits seine Sonderstellung bei den Deutschen nutzen sollte, um die Bonner Bindung an die NATO zu zementieren und eine vernünftige Haltung in der Grenzfrage zu bewirken. Drittens sollte er als Rahmen der politischen Umwälzungen in Mitteleuropa eine Vision für eine gesamteuropäische Umgestaltung vorstellen.

Gorbatschow unternahm unterdessen seine eigenen Initiativen. Die wichtigste verkündete er in Italien, wo er auf dem Weg nach Malta Station machte: Er erneuerte seine Hoffnung auf ein gemeinsames Haus Europa aus souveränen und wirtschaftlich unabhängigen Staaten und schlug vor, im folgenden Jahr ein Gipfeltreffen der Staats- und Regierungschefs der fünfunddreißig Unterzeichnerstaaten der KSZE-Schlußakte einzuberufen. Auf dieser Konferenz könne als Teil des Gesamtkomplexes der europäischen Sicherheit und Zusammenarbeit auch über Deutschlands Zukunft gesprochen werden. Ein gesamteuropäischer Prozeß sei wichtig, betonte Gorbatschow. Dabei müsse jedoch die Existenz zweier deutscher Staaten akzeptiert werden.[78] Die Amerikaner reisten deshalb mit der Sorge nach Malta, daß Gorbatschow Bush vorschlagen könnte, die deutsche Frage dem schwerfälligsten aller denkbaren europäischen Gremien anzuvertrauen – der KSZE. Dort würde man dann bis zum Ende des Jahrhunderts über sie debattieren.

Als die politischen Führer der beiden Supermächte auf Malta eintrafen, war ein gewaltiger Sturm im Anzug. Ursprünglich hatten die Gespräche an Bord von Kreuzern der beiden Marinen stattfinden sollen. Aber der Wind heulte derartig, daß man auf die im Hafen ankernde *Maxim Gorki* ausweichen mußte, ein Kreuzfahrtschiff, das als Residenz der sowjetischen Delegation nach Malta beordert worden war.[79]

Bush hatte beschlossen, seine Karten gleich zu Beginn auf den Tisch zu legen. Er wußte, daß Gorbatschow ihn immer verdächtigte, die Perestroika nicht zu unterstützen. Deshalb eröffnete er die Gespräche mit einer langen Erklärung, in der er fast zwanzig politische Initiativen anregte, darunter Vorschläge für die Abrüstungsverhandlungen und Ideen für verstärkte wirtschaftliche Zusammenarbeit zwischen den USA und der UdSSR.

Gorbatschow erwiderte, er hätte schon seit langem auf ein greifbares Zeichen der amerikanischen Unterstützung gewartet. »In Ihrer Eingangserklärung habe ich es vernommen«, sagte er. »Eigentlich wollte ich Sie heute bitten, den Worten Taten folgen zu lassen. Aber Sie haben ja bereits damit begonnen.« Zuvor hatte er angeführt, die ideologische Konfrontation habe sich nicht bewährt, die Methoden des Kalten Krieges seien in strategischer und philosophischer Hinsicht gescheitert. Er wisse, daß manche Amerikaner glaubten, weil Osteuropa auseinanderbreche, sei die Politik des Kalten Krieges richtig gewesen, und die USA müßten nur »die Körbe bereithalten, um die Früchte einzusammeln«. Er sei jedoch überzeugt, daß der amerikanische Präsident nicht so denke. Bush beruhigte ihn, indem er darauf hinwies, daß die US-Regierung während des Wandels in Osteuropa »weder enthusiastisch noch überheblich reagiert« habe: »Ich habe mich selbst zurückgehalten, um Ihnen das Leben nicht schwerzumachen. Deshalb bin ich nicht auf der Berliner Mauer herumgesprungen.« Gorbatschow erwiderte, er habe das bemerkt und sei dankbar dafür.

Dann entließen Bush und Gorbatschow ihre Berater und führten ein Gespräch unter vier Augen (und denen der Dolmetscher), in dem auch die deutsche Frage zur Sprache kam. Er wisse, sagte Gorbatschow, daß einige Verbündete Westdeutschlands wegen der Wiedervereinigung besorgt seien. Er sei es ebenfalls, nur sage er »im Gegensatz zu Ihren Bündnispartnern und Ihnen« offen und ehrlich:»Es gibt zwei deutsche Staaten – so fügte es die Geschichte.« Kohl kenne seine Verantwortung, fuhr er mit Bezug auf das Telefongespräch vom 11. November fort. Er werde sich an die im Juni in Bonn erzielten Vereinbarungen halten. Bush versprach, keine übereilten Schritte zu unternehmen, um die Wiedervereinigung zu forcieren. Aber selbst die westlichen Länder, die mit der sowjetischen Position übereinstimmten, versuchten,»sich die politische Lage vorzustellen, wenn die Begriffe BRD und DDR in die Geschichte eingegangen sein werden«. Bush forderte Gorbatschow auf, die im Gang befindlichen Veränderungen zu akzeptieren. Er seinerseits würde nichts unternehmen, das gefährliche Folgen haben könnte. Er habe»nicht die Absicht, vor der Mauer zu demonstrieren, weil hier viel zuviel auf dem Spiel steht«.»In der Tat«, erwiderte Gorbatschow lachend,»vor Mauern zu demonstrieren gehört sich nicht für einen Präsidenten.«[80]

Am nächsten Tag, dem 3. Dezember, wurde das Thema Deutschland in größerem Kreis erneut angesprochen.[81] Der Gipfel ging dem Ende zu, und die Atmosphäre war freundlich. Bushs Initiativen waren gut angekommen, ebenso seine Empfänglichkeit für Gorbatschows politische Philosophie. Dieser hatte umgekehrt Verständnis gezeigt für Bushs Sorgen in bezug auf die Abhaltung freier Wahlen in Nicaragua oder die sowjetische Unterstützung für Kubas außenpolitische Abenteuer. Jetzt konterte Bush Gorbatschows These vom Vortag, die Existenz zweier deutscher Staaten sei eine historische Tatsache. Man könne von den Vereinigten Staaten nicht erwarten, daß sie die deutsche Wiedervereinigung ablehnten, sagte Bush. Er wisse, wie heikel dieses Thema für Moskau sei. Deshalb habe er sich bislang Zurückhaltung auferlegt. Auch seien ihm die Bestimmungen der KSZE-Schlußakte über die vorhandenen Grenzen bewußt. Ihn interessiere aber, wie Gorbatschow die Möglichkeit sehe, über den Status quo hinauszugehen.

Gorbatschow erklärte zunächst, daß er das amerikanische Engagement in Europa anerkenne. Dies nicht zu tun wäre»unrealistisch und nicht konstruktiv«. Was die Veränderungen anbelange, und zwar in ganz Europa, so stellten sie einen»objektiven Prozeß« dar,»der die Länder des Kontinents einander näherbringt«. Alle Europäer, sogar Kohl, stimmten darin überein, daß »alles im Kontext von Helsinki getan werden [sollte], statt das Erreichte zu zerstören«. Deshalb schlage er ein »Helsinki II« vor, um in besonnener, verantwortlicher Weise die neue Lage zu erörtern. Damit werde man die Stabilität stärken und bewirken, daß sich NATO und Warschauer Pakt aus rein militärischen Bündnissen in stärker politisch geprägte Organisationen umwandelten.

Dann griff Gorbatschow die amerikanische Vorstellung an, »die Teilung Europas sei auf der Grundlage westlicher Werte zu überwinden«. Wenn dies in praktische Politik umgesetzt werde, könne viel Porzellan zerschlagen werden. »Früher wurden der UdSSR ähnliche Vorwürfe gemacht – die Revolution zu exportieren«, hielt er den Amerikanern vor. Die Entwicklung zu mehr Demokratie und größerer Offenheit und die Anerkennung der universellen menschlichen Werte in Osteuropa eröffneten statt dessen die »Möglichkeit, friedlich und ruhig innezuhalten«. Es wäre gefährlich, die Entwicklung »künstlich zu forcieren«, um einen einseitigen Vorteil zu erlangen. In Gorbatschows Vision liefen die Veränderungen schrittweise und gesteuert ab, um eine »chaotische Situation« zu vermeiden. Er war optimistisch: »Man kann zittern oder in Panik geraten. Betrachtet man die Dinge jedoch philosophisch, dann rückt alles an seinen Platz. Wir haben es mit fundamentalen Prozessen zu tun. Wenn Nationen und ganze Völker im Umbruch sind, kann man nicht erwarten, daß alles glatt verläuft.«

Bush gab zu, daß demokratische Werte universell seien und nicht »westlich«, und Gorbatschow konzedierte, daß jedes Land das Recht haben müsse, sein politisches, kulturelles und wirtschaftliches System selbst zu wählen. Bush schloß daraus, daß es offenbar keine Meinungsverschiedenheit in bezug auf die Selbstbestimmung gebe. An dieser Stelle warf US-Außenminister Baker ein, daß die US-Regierung im Zusammenhang mit der deutschen Vereinigung von westlichen Werten gesprochen habe, um im Unterschied zur Situation im Dritten Reich die Bedeutung von Offenheit und Pluralismus hervorzuheben. Die Sowjets – Gorbatschow, Schewardnadse und Jakowlew – wollten diese gemeinsamen Werte jedoch nicht als »westliche« bezeichnen wissen. »Es sind auch unsere Werte«, sagte Gorbatschow. Baker schlug daraufhin vor, von »demokratischen Werten« zu sprechen. Damit war Gorbatschow einverstanden.

Es folgte wiederum ein Vieraugengespräch der beiden Präsidenten. Deutschland wurde nicht mehr erwähnt. Nachdem sie sich gegenseitig versichert hatten, daß der Gipfel wie erhofft verlaufen war, diskutierten sie über die potentiell explosive Situation in den baltischen Republiken. Bush sicherte Gorbatschow zu, ihn bei der Suche nach einer politischen Antwort auf das Unabhängigkeitsverlangen der baltischen Völker nicht dadurch zu behindern, daß er die amerikanische Unterstützung der Ziele der Balten hervorkehre. Bedingung sei aber, daß die Sowjetunion keine Gewalt anwende. Gorbatschow stimmte zu.[82]

Derselbe verbindliche Ton wie in den Sitzungen war auch auf der Pressekonferenz zu spüren, die Bush und Gorbatschow zum Abschluß des Gipfels gaben. Die Entscheidung, gemeinsam vor die Presse zu treten, war spontan gefallen. Auf Thema Deutschland und Kohls Plan angesprochen, sagte Bush, daß die USA und die NATO seit langem eine feste Position dazu hätten, und fügte mißverständlich hinzu, daß in Helsinki »ein Konzept permanenter Grenzen formuliert« worden sei. Washington werde sich zurückhalten: »Also nicht auf der Berliner Mauer ... demonstrieren, um zu zeigen, wie glücklich wir über den Wandel sind. Wir sind sehr glücklich über die Veränderungen.« Deren Tempo, fügte er hinzu, sei von den Menschen in dem jeweiligen Land zu bestimmen.

Gorbatschow griff die Frage auf und verwies auf den KSZE-Prozeß, »in dem die Ergebnisse des Zweiten Weltkriegs ihren Ausdruck fanden und der die Ergebnisse dieses Krieges festgeschrieben hat. Und das sind die Realitäten.« Die beiden deutschen Staaten seien eine solche Realität: »Die Geschichte hat es so entschieden.« Man müsse erkennen, »daß die Geschichte selbst über die Prozesse und das Schicksal des europäischen Kontinents sowie über das Schicksal beider deutscher Staaten entscheidet«. Dann warnte er vor einer »künstlichen Beschleunigung« dieses Prozesses.[83] Er hatte während des Gipfels öffentlich und privat den Eindruck vermittelt, daß ihm die Entwicklung in Deutschland zwar unbehaglich war, aber keine ernsthaften Sorgen bereitete. Von der Feindseligkeit, die Mulroney eine Woche zuvor erlebt hatte, war nichts zu spüren gewesen. Bush andererseits hatte seine Darstellung der amerikanischen Haltung zur deutschen Frage weichgezeichnet und seinen Vorteil aus der Zurückhaltung der Sowjets gezogen.

Das entspannte Verhalten, das Gorbatschow an den Tag legte, über-
zeugte die Amerikaner davon, daß er in der deutschen Frage beeinflußbar
war. Baker und Scowcrofts Berater waren im Verlauf der Malta-Gesprä-
che zu dem Schluß gelangt, daß man alles vermeiden sollte, was die Sowjets dazu zwingen könnte, zu einem bestimmten Vorschlag für
Deutschland nein zu sagen. Sie schienen nicht zu wissen, wohin der Zug
rollte; deshalb, so die Argumentation der US-Berater, sollte der Westen
Gorbatschow nicht zu grundsätzlichen Äußerungen verleiten.

War dies der Eindruck, den Gorbatschow vermitteln wollte? Sein enger
Berater Tschernjajew gibt darauf eine indirekte Antwort, wenn er bei der
Beschreibung von Gorbatschows Statur als Staatsmann bemerkt, was ihn
kennzeichne, sei seine »bekannte Neigung, stets nach einem Kompromiß
zu suchen, sein Verlangen, überall Frieden zu stiften, und die daraus folgende vorsätzliche Bereitschaft, zu akzeptieren, was er nicht wirklich bil-
ligt. Wenn er dies tut, dann weil er es für notwendig hält, sein Gegenüber
zu beschwichtigen, um zu verhindern, daß er unerwünschte Schlüsse
zieht oder etwas Falsches macht, und weil er glaubt, daß die Dinge sich
hinterher von selbst regeln werden oder eine Vereinbarung erzielt werden kann.« Dieser Charakterzug war laut Tschernjajew »zugleich eine
Stärke und eine Schwäche des Menschen und des Politikers Gorbatschow«.[84]

Im Rückblick hielten manche die Art und Weise, wie Gorbatschow das
Thema Deutschland auf dem Gipfel von Malta behandelt hatte, für einen
fatalen Fehler. Einer der sowjetischen Teilnehmer des Gipfeltreffens, Marschall Achromejew, klagte später bitter darüber, daß Gorbatschow keine
konkrete Antwort auf die deutsche Frage gegeben hatte. Der Westen
müsse daraus geschlossen haben, daß ihm aus der Sowjetunion kein nen-
nenswerter Widerstand entgegenschlagen würde. Bush sei klargewesen,
»daß Gorbatschow eine solche Position auf Malta ausgedrückt hätte,
wenn sie entwickelt worden wäre. ... Ohne Zweifel hat Bush kurz darauf
Kohl informiert.« Die Schuld trugen Achromejew zufolge Gorbatschow
selbst und ein Außenministerium, das in dieser Frage »zu keiner ernsthaften Diskussion bereit« war.[85]

Die europäischen Gipfel

Als Bush zum Treffen mit den NATO-Partnern von Malta nach Brüssel flog, lag eine weitere schwere Aufgabe vor ihm. Nachdem er sich überzeugt hatte, daß die Sowjetunion in bezug auf Deutschland im großen und ganzen weiterhin stillhalten würde, waren nun die übrigen operativen Ziele seiner Reise zu verwirklichen. Entscheidend war, die Bündnispartner auf Kohls Zehn-Punkte-Programm zu verpflichten, so daß einerseits Kohl im sicheren Hafen wäre und andererseits die USA die solide Beziehung zu ihm nutzen könnten, um die Vereinigungsbestrebungen mit der festen Verankerung Deutschlands in der NATO zu verknüpfen.

Bald nach der Ankunft in Brüssel traf sich Bush zum Abendessen mit Kohl. Baker nahm absichtlich nicht teil, damit Präsident und Kanzler ohne die Anwesenheit von Genscher (seinem Gegenüber) miteinander sprechen konnten und Kohl die Möglichkeit erhielt, sich freier zu äußern.[86] Bush berichtete zunächst ausführlich über den Gipfel von Malta. Dabei wies er darauf hin, daß Gorbatschow finde, die Deutschen hätten es zu eilig.

Kohl erwiderte, er habe dem Sowjetführer bereits versichert, daß niemandem daran gelegen sei, die Entwicklung in der DDR außer Kontrolle geraten zu lassen. Dann dankte er dem Präsidenten für die »ruhige« Aufnahme des Zehn-Punkte-Programms. Man werde nichts überstürzen, es gebe keinen Zeitplan. Die Bundesrepublik sei ein Teil Europas und der EG. Er habe stets eng mit Präsident Mitterrand zusammengearbeitet. Die weitere Westintegration sei eine Vorbedingung der zehn Punkte. Nach freien Wahlen in der DDR sei der nächste Schritt die Konföderation, aber mit zwei eigenständigen Staaten. Die dritte Phase, die Föderation, liege in weiter Ferne. Sie werde sich erst in Jahren, vielleicht in fünf, verwirklichen lassen.

Bush erklärte, er habe Gorbatschows Haltung als unsicher empfunden. Deshalb müsse ein Weg gefunden werden, der weiterführe, ihn aber nicht in Bedrängnis bringe. Kohl versicherte, daß er Gorbatschow nicht in die Ecke drängen wolle. Die Zeitungen seien voller Unsinn. Kissingers Voraussage, daß die Einheit schon in zwei Jahren erfolgen könne, sei augenscheinlich unmöglich – das wirtschaftliche Gefälle zwischen den beiden deutschen Staaten sei zu groß. Bush dürfe aber nicht verkennen, daß sich die deutsche Frage »wie eine Grundwelle im Ozean« entwickle. Die westeuropäischen Reaktionen seien gemischt. »Ich brauche eine Phase der ruhigen Entwicklung«, erklärte Kohl. Er klang nach den außerordentlichen Ereignissen des November ein wenig erschöpft.

Sowohl das Weiße Haus als auch das Kanzleramt fanden, daß das Gespräch zwischen Bush und Kohl wichtig gewesen sei. Die Amerikaner hatten den Eindruck gewonnen, daß Kohl entschlossen war, den Vereinigungsprozeß voranzutreiben, und die Deutschen waren erleichtert über die Haltung, die Gorbatschow auf Malta in der deutschen Frage eingenommen hatte. Scowcroft war sich sicher, daß Kohl begriffen hatte, daß die Vereinigten Staaten zu ihm halten würden, und so war es.

Beim Treffen der Staats- und Regierungschefs der sechzehn NATO-Mitgliedstaaten am 4. Dezember in Brüssel sollten zwei Sitzungen stattfinden. In der Morgensitzung wollte Bush über den Gipfel von Malta berichten. Am Nachmittag wollte er einen Ausblick auf die Zukunft Europas geben, den Blackwill und Zelikow vor der Reise entworfen hatten. Das Ausgangspapier war entstanden, als Blackwill mit der Idee einer gemeinsamen Deklaration von Bush und Gorbatschow gespielt hatte, aus der dann eine Erklärung über die amerikanische Deutschland- und Europapolitik wurde. Besonders herausgestellt wurden darin NATO, KSZE und EG als die Organisationen, die für die Zukunft Europas von zentraler Bedeutung waren. Die Möglichkeit der deutschen Vereinigung wurde ausdrücklich begrüßt. Bei Verteidigungsminister Cheney war der Entwurf auf begeisterte Zustimmung gestoßen.

Auf der Reise erfuhr der Redetext erhebliche Änderungen, vor allem durch Zoellick und Blackwill. Besonders tiefgreifend waren die Korrekturen hinsichtlich der Deutschlandpolitik. Am 29. November, während der Information des Pressekorps des Weißen Hauses über das bevorstehende Gipfeltreffen, hatte Baker die von Ross und Fukuyama entwickelten vier Prinzipien zur deutschen Vereinigung an die Öffentlichkeit gebracht.[87] Die Zeitungen hatten kaum Notiz davon genommen, doch auf der Reise schlug Zoellick vor, die vier Prinzipien in Bushs Rede einzufügen. Blackwill stimmte zu, und das Reiseteam machte sich daran, sie zu überarbeiten, um die Befürwortung der deutschen Vereinigung stärker hervorzuheben. Der fertige Text wurde von Scowcroft, Baker und Bush abgesegnet.

Bush eröffnete die Nachmittagssitzung des NATO-Gipfels am 4. Dezember mit seiner Erklärung über ein »neues Europa« und einen »neuen atlantischen Geist«. Das Bündnis stehe vor der Aufgabe, die Ergebnisse der friedlichen Revolutionen in Osteuropa zu sichern und den »strukturellen Rahmen für weitere friedliche Veränderungen« zu schaffen. Die Vereinigten Staaten und die NATO hätten die schmerzliche Teilung Europas nie hingenommen und seien stets für die Wiedervereinigung Deutschlands eingetreten. Die US-Regierung sei der Auffassung, daß sich das Ziel der deutschen Wiedervereinigung auf vier Grundsätze stützen sollte: »*Erstens* muß die Selbstbestimmung so ausgeübt werden, daß das Ergebnis des Prozesses nicht vorweggenommen wird. Wir sollten zum jetzigen Zeitpunkt kein bestimmtes Modell der Einheit befürworten oder ausschließen. *Zweitens* sollte die Wiedervereinigung von dem unveränderten Bekenntnis Deutschlands zur NATO und einer mehr und mehr zusammenwachsenden Europäischen Gemeinschaft ausgehen, und sie müßte die Rechte und Verantwortlichkeiten der alliierten Mächte gebührend berücksichtigen.[88] *Drittens* müssen im Interesse der allgemeinen Stabilität in Europa Maßnahmen in Richtung auf die Wiedervereinigung friedlich, allmählich und schrittweise getroffen werden. *Schließlich* sollten wir in der Frage der Grenzen unser Bekenntnis zu den Prinzipien der Schlußakte von Helsinki bekräftigen.«

Das Ende der unnatürlichen Teilung Europas und Deutschlands, fügte Bush hinzu, »muß auf der Grundlage und in Anwendung der Wertvorstellungen erfolgen, die immer mehr zu allgemeingültigen Idealen werden, je mehr sich alle Staaten Europas in einem Bund freier Völker zusammenfinden«. Er wisse, daß sein Freund Helmut Kohl diese Auffassung »uneingeschränkt teilt«. Bush verwies auf die im Mai verkündete Formel vom »ungeteilten und freien Europa« und schlug vor, daß die NATO die Förderung der Freiheit im Osten zu einem Grundelement ihrer Politik machen sollte. Gleichzeitig müsse das Bündnis in dieser historischen Umbruchphase ein Garant der Stabilität bleiben. In diesem Zusammenhang erklärte er: »Ich verbürge mich hier und heute dafür, daß die Vereinigten Staaten auch weiterhin bedeutende Streitkräfte in Europa unterhalten werden, solange unsere Verbündeten unsere Anwesenheit als Teil unserer gemeinsamen Bemühungen um Sicherheit wünschen.« Die Vereinigten Staaten würden

»eine europäische Macht bleiben«. Schließlich sprach sich Bush für eine noch intensivere Integration der EG und engere Beziehungen zwischen den USA und der EG aus.[89]

Als Bush seine Erklärung beendet hatte, meinte Kohl, daß niemand den Standpunkt des Bündnisses besser hätte zusammenfassen können, und schlug vor: »Die Sitzung sollte sich einfach vertagen.« Nach einer verlegenen Pause bat der italienische Ministerpräsident Giulio Andreotti ums Wort. Er warnte davor, daß das Prinzip der Selbstbestimmung Schwierigkeiten heraufbeschwören könne, wenn es zu weit getrieben werde. Kohl gab spitz zurück, daß Andreotti vermutlich anders dächte, wenn der Tiber sein Land teilen würde. Der niederländische Ministerpräsident Ruud Lubbers unterbrach das deutsch-italienische Scharmützel und drückte seine Zustimmung zu Bushs Haltung aus. Dabei konnte es Premierministerin Thatcher nicht bewenden lassen. Sie äußerte Verständnis für Andreottis Bedenken und meinte, daß Bushs Ausführungen sorgfältig geprüft werden müßten. Doch dann sprachen sich die anderen Bündnispartner einer nach dem anderen für Bushs Vorschlag aus.[90] Thatcher mußte sich geschlagen geben. »Es blieb ... die Tatsache bestehen«, resümierte sie später, »daß ich von den Amerikanern in bezug auf eine Verlangsamung der deutschen Wiedervereinigung weiterhin nichts erwarten konnte – dafür aber möglicherweise viel mehr, als mir lieb war, im Hinblick auf einen zügigen europäischen Einigungsprozeß.«[91] Kohl und seinen Beratern war dagegen ein Stein vom Herzen gefallen. Weder beim Pariser EG-Sondergipfel noch auf Malta noch beim NATO-Treffen in Brüssel waren Hürden auf dem Weg zur deutschen Einheit aufgerichtet worden. »Im Gegenteil!« schrieb Teltschik. »Das Signal steht auf grün – zur Vorsicht wird ermahnt, aber die Weichen sind richtig gestellt.«[92]

Gorbatschow schlägt zurück

Auch die Führer der Mitgliedstaaten des Warschauer Pakts hatten sich am 4. Dezember versammelt, um sich über das Gipfeltreffen von Malta zu informieren.[93] Abgesehen von Polen und Rumänien wurden diese Staaten inzwischen allesamt von »Reformern« regiert. Gorbatschow lobte das Gipfeltreffen und Präsident Bush persönlich. Dieser habe ihn nie belehren wollen, wie es Reagan manchmal getan hatte, sondern »langsam und nachdenklich« seine sorgfältig abgewogenen Positionen formuliert. In dem Buch, in dem er seine öffentlichen und privaten Äußerungen publiziert hat, gab Gorbatschow dem Kapitel über Malta die Überschrift »Ein historischer Durchbruch«. Auch persönlich hatte er das Gefühl, daß er Bush vertrauen konnte.

In bezug auf Deutschland hatte sich Gorbatschow jedoch eines anderen besonnen. Einem Teilnehmer des Warschauer-Pakt-Treffens zufolge erklärte er, daß beide Militärbündnisse erhalten bleiben müßten, um die Sicherheit Europas zu gewährleisten. Kohl sei in seiner Zehn-Punkte-Rede zu weit gegangen. Der Aufforderung zu Stellungnahmen folgte nur einer der Anwesenden, der rumänische Diktator Ceaușescu, der drei Wochen, bevor er gestürzt und hingerichtet wurde, noch einmal zu einer bitteren Tirade ausholte. Hans Modrow, der ebenfalls zu dem Treffen nach Moskau gereist war, wurde von Gorbatschow zu einem persönlichen Gespräch empfangen. Der Kremlchef erklärte seinem Gast, daß die ostdeutsche Idee einer Vertragsgemeinschaft nur akzeptabel sei, wenn sie nicht zur deutschen Einheit führe.

Über Modrows so hoffnungsvoll angetretener Regierung waren Sturmwolken aufgezogen. Anfang Dezember war jedem klar, daß die ostdeutsche Bevölkerung die Abhaltung freier Wahlen erzwingen würde, was immer dies für die Zukunft des Sozialismus in der DDR bedeuten mochte. Am 1. Dezember strich die Volkskammer die führende Rolle der Arbeiterklasse und ihrer Partei aus der Verfassung der DDR. Das Land wurde von Enthüllungen über Amtsmißbrauch und Korruption der Führungsclique erschüttert. Am 3. Dezember traten Politbüro und Zentralkomitee der SED geschlossen zurück. Am selben Tag wurden die ersten ehemaligen Spitzenfunktionäre unter dem Vorwurf von Korruption und Machtmißbrauch verhaftet. Krenz demissionierte am 6. Dezember als Vorsitzender des Staatsrates und des Nationalen Verteidigungsrates. Die öffentliche Ordnung begann zusammenzubrechen. In mehreren Städten besetzten Bürgerkomitees Amtsgebäude, um die Vernichtung von Stasi-Unterlagen und anderer belastender Dokumente zu verhindern.[94] Es kam zu Übergriffen auf militärische Einrichtungen der Nationalen Volksarmee (NVA) und dann auch der Sowjetstreitkräfte. Die sowjetische Presse warnte empört davor, daß Angriffe gegen militärische Objekte nicht geduldet würden.[95]

Botschafter Kwizinski wurde aus Bonn nach Moskau gerufen, um an der Abfassung eines streng geheimen ressortübergreifenden Papiers für Verhandlungen mit der DDR-Regierung mitzuarbeiten. Die Denkschrift enthielt auch Kwizinskis immer noch umstrittenen Vorschlag, die Ostdeutschen sollten als Alternative zur Vereinigung die Idee einer Konföderation ins Spiel bringen. Vor der Umsetzung mußte das Papier jedoch vom Politbüro angenommen werden, und Kwizinski vermutete zu Recht, daß es dann schon überholt sein würde. Jakowlew und Falin reisten am 8. Dezember nach Berlin, um am Parteitag der in Bedrängnis geratenen SED teilzunehmen. Aber außer philosophischen Reflexionen über die Notwendigkeit der Existenz zweier deutscher Staaten hatten sie ihren frustrierten Gastgebern wenig zu bieten.[96]

Dann gab Gorbatschow überraschend seine philosophische Haltung auf. Die Appelle an die Geschichte und an Kohls Verantwortungsgefühl hatten nichts gefruchtet. Bei Bush und Kohl war der Eindruck entstanden, daß Gorbatschow über Deutschland nicht beunruhigt war – vielleicht wegen der von Tschernjajew erwähnten Neigung Gorbatschows, im Gespräch jede Konfrontation zu vermeiden. Doch jetzt schien er enttäuscht und wütend zu sein, daß sie seine Botschaft mißverstanden hatten. Tschernjajew zufolge hatte ihn am meisten verärgert, daß Kohls Zehn-Punkte-Plan nicht mit ihm abgesprochen worden war. Doch als er Gelegenheit gehabt hatte, dies dem US-Präsidenten direkt zu sagen, hatte er es nicht getan.

Wahrscheinlich kann man keine einzelne Ursache für den Stimmungsumschwung herausheben. Die Situation in Ostmitteleuropa verschlechterte sich zusehends. Die Tschechoslowakei, Bulgarien und Rumänien steckten mitten in einer Krise. In der UdSSR selbst erhöhte sich der Druck von seiten der Unionsrepubliken und eines mit gnadenloser Offenheit auftretenden Boris Jelzin. Und nun war die DDR erneut ins Wanken geraten. Damit war eine weitere Hoffnung – diesmal die auf Modrow – fadenscheinig geworden. Es stand viel auf dem Spiel. Wenn sich die Lage in der DDR weiter verschlechterte, mußte Gorbatschow einen Gesichtsverlust befürchten, der die Machtverhältnisse in Moskau kippen und alles zerstören könnte, wofür er gearbeitet hatte.[97]

Genscher war der erste, der den Zorn des in die Enge getriebenen Sowjetführers zu spüren bekam. Bei einem ungewöhnlichen Treffen, das laut Tschernjajew, der anwesend war,»weit über die Grenzen« der sonst üblichen Gespräche mit ausländischen Staatsmännern hinausging, behandelte Gorbatschow den Bundesaußenminister wie ein ungezogenes Kind.[98] Er kündigte Genscher einleitend an, daß es um ernste Dinge gehe und er ihn nicht schonen werde. Sie würden sich jetzt schon so lange kennen; er glaube deshalb, daß er offen sprechen könne. Dann gab Genscher eine allgemeine Erklärung über die deutsch-sowjetische Annäherung ab. Gorbatschow entgegnete, daß er solche Worte nur begrüßen könne. Doch es gebe noch mehr zu sagen. Dies sei die Probe aufs Exempel. Er könne nicht verstehen, warum Kohl diesen Zehn-Punkte-Plan verkündet habe. Besonders empörend finde er, daß Kohl tiefgreifende politische Veränderungen in der DDR zur Vorbedingung für wirtschaftliche Hilfe gemacht habe:»Das kann man nur als Ultimatum bezeichnen, als ›Diktat‹.« Die Initiative sei für ihn eine»absolute Überraschung« gewesen. Er hätte geglaubt, in dem Telefongespräch am 11. November eine Verständigung mit dem Kanzler erreicht zu haben.»Und dann das – solch ein Schritt!«

Möglicherweise, fuhr Gorbatschow fort, glaube der Bundeskanzler ja, daß er diese Verständigung nicht mehr benötige:»Vielleicht glaubt er, daß seine Melodie, die Melodie seines Marsches, schon gespielt wird und er schon dazu marschiert.« Diese Haltung könne mit Reden über den Bau eines gemeinsamen europäischen Hauses nicht verdeckt werden. Kohl habe ihm eine ausgewogene, verantwortungsvolle Politik versprochen, sagte Gorbatschow. Dann wandte er sich den zehn Punkten im einzelnen zu. Was bedeute diese Konföderationsidee für die Verteidigung und die Bündniszugehörigkeit, wollte er von Genscher wissen. Würde die BRD nun der NATO oder dem Warschauer Pakt angehören?»Haben Sie das alles durchdacht?«

Genscher verteidigte getreulich die Politik seiner Regierung, obwohl Kohls Initiative ihn genauso überrascht hatte wie Gorbatschow. Er verwies auf die erläuternden Passagen der Rede, auf die vagen Versicherungen und den guten Willen des deutschen Volkes, das aus seinen Fehlern gelernt habe. Das Programm sei kein Ultimatum, sondern ein Vorschlag. Gorbatschow ließ sich nicht besänftigen.»Das hat alles nichts zu sagen«, entgegnete er. Der Bundeskanzler behandle die Bürger der DDR, als wären sie seine Untertanen. »So etwas hat sich nicht einmal Hitler erlaubt«, warf Schewardnadse dramatisch ein. Gorbatschow wies darauf hin, daß Kohls Bedingungen für Hilfeleistungen an die DDR auf eine grundlegende Umwälzung hinausliefen. Auf Genschers Erklärungsversuche erwiderte Gorbatschow, er lasse sich nicht zum Narren halten. Die von Kohl verfolgte Linie sei »grober politischer Unfug«. Gorbatschow ließ keinen Zweifel daran, daß die DDR ein eigenständiger Staat und Mitglied des Warschauer Pakts bleiben mußte. In der sowjetischen Presse war es inzwischen üblich geworden, Differenzen zwischen westlichen und östlichen Staatsmännern herunterzuspielen. Diesmal wurde eine Ausnahme gemacht: Genschers Gespräche mit Gorbatschow, Schewardnadse und Jakowlew, hieß es in den Zeitungen, seien »äußerst freimütig« gewesen.[99]

Am 9. Dezember erläuterte Gorbatschow vor dem Plenum des ZK der KPdSU seine Deutschlandpolitik. »Wir erklären mit aller Entschiedenheit«, verkündete er, »daß wir die DDR nicht im Stich lassen werden. Sie ist unser strategischer Verbündeter und Mitglied des Warschauer Vertrages.« Westliche Versuche, »auf die Entwicklungen in den sozialistischen Ländern Einfluß zu nehmen«, wies er vehement zurück. Man werde alles tun, um »Versuche einer solchen Einmischung von außen zu neutralisieren, insbesondere gegenüber der DDR«.[100]

Als Mitterrand einen Tag nach dem Bundesaußenminister in Kiew mit Gorbatschow zusammenkam, konnte er sich aus erster Hand von der sowjetischen Verärgerung über das Verhalten Bonns überzeugen. In einem Telefongespräch mit dem französischen Präsidenten soll Gorbatschow Ende November angeblich prophezeit haben, an dem Tag, an dem sich Deutschland vereinige, werde »ein Marschall der Sowjetunion meinen Platz einnehmen«. Bei dem Treffen in Kiew eröffnete er das Gespräch mit philosophischen Gedanken, aus denen er jedoch von Mitterrand herausgerissen wurde, der nüchtern erwiderte: »Das heutige Problem ist Deutschland.« Dann betonte er die Perspektive des gesamteuropäischen Prozesses. Die deutsche Komponente solle eines der Elemente der Europapolitik sein und sie nicht überrumpeln. Er habe keine Angst vor einem geeinten Deutschland, sei aber dafür, daß die Vier Mächte über die Ausgewogenheit der Beziehungen Deutschlands zu Europa wachten.

200

Mitterrand war wie Gorbatschow der Meinung, daß Kohl es zu eilig hatte. Das habe er am 30. November auch zu Genscher gesagt, berichtete er dem Sowjetführer, und Genscher habe nicht widersprochen. Gorbatschow erzählte im Gegenzug von dem »rauhen« Gespräch, das er am Vortag mit Genscher geführt hatte, und von seiner Kritik an Kohls zehn Punkten, die in seinen Augen ein »Diktat« darstellten. Mitterrand erwähnte seine Absicht, die DDR zu besuchen, und fragte Gorbatschow, ob er ihn nicht begleiten wolle. Der Doppelbesuch hätte Modrow gewaltigen Auftrieb gegeben, aber Gorbatschow war zu überrascht, um auf die Idee einzugehen. Im Verlauf des Gesprächs fragte Mitterrand einmal: »Was sollen wir konkret tun?« Darauf wußte keiner der beiden Staatsmänner eine Antwort, und das Treffen endete ergebnislos.[101]

Mit den sowjetischen Besorgnissen im Kopf flog Mitterrand nach Paris zurück, um sich auf einen weiteren europäischen Gipfel vozubereiten, eine Tagung des Europäischen Rates, die am 8. und 9. Dezember unter seinem Vorsitz in Straßburg stattfinden würde. Dabei wurde er gewahr, daß die Briten hofften, mit seiner Hilfe eine zweite Front gegen Kohls Plan eröffnen zu können. Bushs Haltung auf dem NATO-Gipfel in Brüssel hatte Thatcher zwar enttäuscht, aber sie hatte noch nicht aufgegeben, sondern den Blick nach Frankreich gewandt. »Falls es noch Hoffnung gab, die deutsche Wiedervereinigung aufzuhalten oder zumindest zu verlangsamen«, schrieb sie später, »so mußte eine entsprechende Initiative von Großbritannien und Frankreich ausgehen.« Sie kam am Rande des EG-Gipfels in Straßburg zweimal inoffiziell mit Mitterrand zusammen. Einziges Thema war Deutschland. Mitterrand war nach Thatchers Aussage noch besorgter als sie. Er kritisierte Kohls Zehn-Punkte-Plan und äußerte sich herabsetzend über die Deutschen. Also, was konnte man tun? Kohl sei bereits weit über die Versicherungen hinausgegangen, die er auf dem Pariser Sondergipfel gegeben habe, meinte Mitterrand. In der Vergangenheit, fuhr er laut Thatcher fort, »habe Frankreich in Augenblicken großer Gefahr stets besondere Beziehungen zu Großbritannien entwickelt. Nun habe er das Gefühl, eine solche Zeit sei wieder gekommen.« Aber sie konnten sich nicht auf einen Aktionsplan einigen.[102]

Mitterrand konnte sich wenigstens mit dem Gedanken beruhigen, daß die Schritte in Richtung deutsche Einheit durch ähnlich große Schritte auf dem Weg zur Europäischen Union ausbalanciert werden konnten. Dies war auch der Standpunkt, den Jacques Delors, der Präsident der Europäischen Kommission, einnahm. Für Kohl war dieser Punkt kein Problem. Mitterrand rannte also offene Türen ein, als er in Straßburg seine Zustimmung für das wichtigste operative Ziel, das er sich für diesen Gipfel gesetzt hatte, zu gewinnen versuchte: die Einberufung einer Regierungskonferenz, die Ende 1990 zusammentreten sollte, um die für die Wirtschafts- und Währungsunion erforderlichen Vertragstexte zu erarbeiten. Im Gegenzug unterstützte die EG in ähnlichen Worten, wie sie Präsident Bush in seinen vier Grundsätzen auf dem NATO-Gipfel am 4. Dezember vorgeschlagen hatte, die deutsche Wiedervereinigung.

Der Wortlaut der Passage über Deutschland war allerdings umstritten. Die deutschen Unterhändler unter Führung von Kastrup wollten die uneingeschränkte Selbstbestimmung verankert wissen, während Franzosen und Italiener einwandten, die Deutschen könnten nicht allein über die Zukunft Deutschlands bestimmen. Genscher glaubte, daß die deutsche Haltung zur Währungsunion der Testfall sein würde, der darüber entschied, ob die Bundesrepublik Mitterrands Unterstützung erhielt oder nicht.[103] Bonn bestand den Test, und nach einer zeitweise hitzigen Diskussion einigte sich der Europäische Rat auf einen einzigen gemäßigten Absatz zur deutschen Frage:»Wir streben die Stärkung des Zustands des Friedens in Europa an, in dem das deutsche Volk in freier Selbstbestimmung seine Einheit wiedererlangt. Dieser Prozeß muß sich auf friedliche und demokratische Weise, unter Wahrung der Abkommen und Verträge sowie sämtlicher in der Schlußakte von Helsinki niedergelegten Grundsätze im Kontext des Dialogs und der Ost-West-Zusammenarbeit vollziehen. Er muß auch in die Perspektive der europäischen Integration eingebettet sein.«[104]

Kohl sprach später vom»eisigen Klima«, das ihm in Straßburg entgegengeschlagen sei. Der aus Moskau herüberwehende Wind war nicht weniger frostig. Die Vereinigten Staaten verfolgten beunruhigt, wie Kohl immer stärker unter Druck geriet. Er schien von allen Seiten isoliert zu sein. Gorbatschow mochte auf Malta die Ruhe selbst gewesen sein, jetzt war er in Rage. Für Teltschik waren die sowjetischen Sorgen allerdings nicht mehr als»Appelle und Warnungen«. Schließlich hatte die Sowjetunion

1983, als die Bundesrepublik der Aufstellung neuer amerikanischer Atomraketen zustimmte, mit »Krieg und Raketenzäunen« gedroht.[105] Es war ein glücklicher Umstand für Bonn, daß die Regierungen in Moskau, London und Paris zwar einen Standpunkt besaßen, aber keine Politik. In Moskau suchte man vor allem nach einem diplomatischen Hebel, um die Entwicklung in Deutschland zu verlangsamen. Gorbatschows Vorschlag von Ende November, eine zweite KSZE – Helsinki II – einzuberufen, lag immer noch auf dem Tisch, obwohl er ihn auf Malta nicht wiederholt hatte. Aus sowjetischer Sicht konnte die deutsche Frage bei solch einem Gipfeltreffen im Rahmen umfassenderer Veränderungen der politischen Strukturen in Europa behandelt werden, zum Beispiel im Hinblick auf die Natur der beiden Bündnissysteme. Mitterrand hatte sich öffentlich hinter den sowjetischen Vorschlag gestellt, und andere westeuropäische Regierungen standen ihm ebenfalls positiv gegenüber, wenngleich Genscher mehr Interesse an ihm bekundete als Kohl.

Die US-Administration dachte ernsthaft über den Vorschlag nach, war sich aber uneins darüber, wie er beantwortet werden sollte. Im Außenministerium wurde Baker von Seitz und Ross aufgefordert, »positiver auf Helsinki II zu reagieren, sogar darauf zu drängen«. Es sei eine Möglichkeit, die Verbündeten bei der Stange zu halten und breitere Zustimmung zu den Ideen für einen europaweiten Wandel zu erhalten, die Bush in Brüssel verkündet hatte. Seitz' konkrete Empfehlungen fielen allerdings zurückhaltender aus, da seiner Ansicht nach vor der Einberufung eines KSZE-Gipfels mehrere Voraussetzungen erfüllt sein mußten, unter anderem die Unterzeichnung eines KSE-Vertrages. Auch Zoellick schwebten Bedingungen vor, die sowohl die VKSE umfaßten als auch eine gesamteuropäische Einigung auf demokratische und marktwirtschaftliche Prinzipien. Baker schien die Diskussion etwas zu abstrakt zu sein, da, wie er anmerkte, bereits die von Seitz aufgestellten Bedingungen das KSZE-Treffen »auf frühestens Ende 1991 oder 1992 verlegen« würden.[106]

Der NSC-Stab war kategorisch gegen Helsinki II und riet dem Präsidenten, der Idee zu widerstehen, wenn er im Dezember mit Mitterrand zusammentraf. Blackwill befürchtete, daß ein KSZE-Gipfel die Aufmerksamkeit von den VKSE ablenken würde. Seiner Ansicht nach sollte 1990 nur ein Gipfel abgehalten werden, und zwar der zur Unterzeichnung des

KSE-Vertrages. Aus Helsinki II könnten sich »im schlimmsten multilateralen Rahmen, den man sich vorstellen kann, endlose Verhandlungen über die Zukunft Europas entwickeln«. Scowcroft war derselben Meinung. Glücklicherweise mußte die Sache nie entschieden werden. Mitterrand drängte nicht auf ein KSZE-Treffen, und die Amerikaner blieben, da sie an der Zweckmäßigkeit einer solchen Konferenz zweifelten und nicht zu einer Entscheidung gezwungen waren, bei ihrer reservierten Haltung. Die Folge war, daß die Idee eines KSZE-Treffens zur deutschen Frage auf die lange Bank geschoben wurde.[107]

Schließlich schob die Sowjetunion, die in dieser Phase eine politische Linie selten lange beibehielt, selbst ihren Vorschlag beiseite, um ihn durch einen neuen zu ersetzen. Am 8. Dezember, einen Tag vor Gorbatschows Bericht ans ZK der KPdSU, schlug die Sowjetunion vor, »innerhalb kürzester Zeit« in Berlin ein Botschaftertreffen der Vier Mächte abzuhalten, um über die Besorgnisse angesichts der Entwicklung in der DDR und des möglichen Zusammenbruchs der dortigen öffentlichen Ordnung zu sprechen. Die Zustimmung von Franzosen und Briten war nicht schwer zu erhalten. Mitterrand, der sich noch beim EG-Gipfel in Straßburg aufhielt, beriet sich mit seinen Kollegen und stellte sich hinter den sowjetischen Vorschlag für das erste Botschaftertreffen der Vier Mächte seit Abschluß des Berlin-Abkommens von 1971. Auf die Frage, ob Bonn über ein Viermächtetreffen nicht ungehalten sein würde, erwiderte ein hoher französischer Regierungsvertreter:»Deshalb sollte man es abhalten.«[108] Seit dem 10. November, als sie die Idee auf Drängen der Amerikaner noch abgelehnt hatten, war eine Menge passiert, um das Unbehagen von Franzosen und Briten zu steigern.

US-Außenministerium und Weißes Haus waren einhellig der Ansicht, daß der sowjetische Vorschlag der Mitte November akzeptierten amerikanischen Politik zuwiderlief, die eine Intervention der Vier Mächte zur Regelung der inneren Verhältnisse in Deutschland ablehnte. Um einen offenen Bruch mit den Verbündeten zu vermeiden, wurde ein Antwortschreiben an Frankreich und Großbritannien aufgesetzt, in dem zwar einem Viermächtetreffen zugestimmt wurde, aber nur, um die alliierte Berlin-Initiative zu diskutieren, die 1987 von Reagan angeregt und im Mai 1989 von Bush erneuert worden war und den Status von Berlin als internationaler Stadt durch Sportereignisse wie die Olympischen Spiele, durch Konferenzen und Studentenaustausch stärken sollte. Als souveräner Staat könne die Sowjetunion natürlich jedes Thema anschneiden, das sie zu besprechen wünsche.[109] Dieser Vorschlag wurde anders als bisher bei Viermächtekonsultationen üblich auch an Bonn übermittelt.

Für die Bundesregierung war ein Treffen der Siegermächte des Zweiten Weltkriegs ein rotes Tuch. »Wir waren außer uns«, erinnerte sich Kastrup. Genscher fühlte sich »peinlich berührt«. Sie rieten Kohl, die Idee als absolut inakzeptabel zurückzuweisen. Trotzdem fand sich Bonn schließlich mit dem amerikanischen Vorschlag eines Treffens mit begrenzter Tagesordnung ab. Die Amerikaner wollten es nur schnell und ohne großes Aufheben hinter sich bringen. Baker stand kurz vor einer Reise nach Berlin – er sollte am Abend des 11. Dezember abfliegen –, und die US-Regierung wollte, daß diese Viermächteangelegenheit erledigt war, bevor er dort eintraf.

Das Treffen der vier Botschafter fand am 11. Dezember im Kontrollratsgebäude im amerikanischen Sektor von Berlin statt.[110] Es begann mit einer sorgfältig formulierten amerikanischen Erklärung zur Berlin-Initiative. Sowjetbotschafter Kotschemassow wiederholte in seiner Erwiderung die inzwischen hinlänglich bekannte Ansicht, daß die Existenz der beiden deutschen Staaten eine historische Tatsache sei, über deren Schicksal nur die Geschichte entscheiden könne, und schlug regelmäßige Botschaftertreffen vor, die von einer »multilateralen Arbeitsgruppe« vorbereitet werden könnten. Damit wäre dieses Viermächtegremium zum regulären Forum der diplomatischen Gespräche über die Entwicklung in Deutschland geworden. Die USA konnten auf der Stelle einen westlichen Konsens erreichen, diesen Vorschlag abzulehnen.

Trotz des begrenzten Gesprächsrahmens rief allein schon die Tatsache, daß dieses Treffen stattfand, den Unmut der Westdeutschen hervor. Selbst US-Botschafter Walters bezeichnete das vor dem Gebäude des Alliierten Kontrollrats aufgenommene Pressefoto der vier Botschafter als »das schlimmste Bild des Jahres«. Einer der sowjetischen Teilnehmer sah in dem Treffen dagegen den Warnschuß, der »ohne jeden Zweifel einer der Hauptgründe dafür war, daß die Revolution in der DDR weiterhin unblutig verlief«. Die Amerikaner hatten sich überlegt, daß die Spannungen für den Augenblick am besten entschärft werden konnten, wenn man etwas unternahm, um die Sowjets zu beruhigen. Sie brauchten ein Ventil für ihre Ängste, und das Treffen, so unangenehm es für die Deutschen war, erfüllte diesen Zweck.

Wichtiger war für die Amerikaner jedoch, daß der Weg für Kohl offengehalten wurde – frei von Bedingungen, die Moskau oder, was ebensogut möglich war, London oder Paris stellen mochten. Die einzigen Ergänzungen, die Kohls zehn Punkte bis Anfang Dezember erfahren hatten, waren die von Bush verkündeten vier Prinzipien, durch die Kohl öffentlich auf die Beibehaltung der deutschen Bindung an die NATO verpflichtet wurde. Bushs Vier-Punkte-Plan konnte insofern als Antwort auf Kohls Vorstoß betrachtet werden, wie einer von Genschers engsten Beratern angemerkt hat: »Darin hatte Bush die NATO-Mitgliedschaft Deutschlands ebenso zur unabdingbaren Voraussetzung der amerikanischen Unterstützung für den späteren Vereinigungsprozeß gemacht wie die Lösung der Grenzfrage mit Polen.«[111]

Eine Woche nach dem Straßburger Gipfel flog Mitterrand auf die Karibikinsel St. Martin, um mit Bush persönlich die Entwicklungen in Europa zu erörtern.[112] Dabei kamen die beiden Präsidenten auch ausführlich auf die Zukunft Deutschlands zu sprechen. Obwohl Mitterrand keineswg so beunruhigt wirkte, wie ihn Thatcher während des EG-Gipfels erlebt hatte, zeigte er sich doch besorgt über die Entwicklung in Deutschland. Gleichwohl stimmte er diesmal mit Bush darin überein, daß sich Deutschland unter gewissen Bedingungen vereinigen könne. Die Bedenken von Sowjets, Polen, Tschechen, Belgiern, Dänen, Italienern und anderen dürften aber nicht außer acht gelassen werden. Dann betonte er noch einmal, daß für ihn die Entwicklung in Deutschland mit der von NATO und EG verknüpft sei. Er könne die Wünsche der Deutschen verstehen, und sie dürften kaum aufzuhalten sein. Wenn Kohl aber zu schnell vorgehe, könne er eine diplomatische Krise auslösen. Damit würden die Ost-West-Beziehungen gerade in dem Augenblick belastet, in dem der Westen die Oberhand gewonnen habe.

Baker, der ebenfalls an dem Treffen teilnahm, warf ein, daß die Gipfeltreffen von NATO und EG den Weg zu einer abgestimmten Haltung gewiesen hätten. Mitterrand stimmte ihm zu, erklärte aber, er habe mit den Widersprüchen der Situation zu kämpfen. Zu schnelle Schritte könnten das Gleichgewicht in Europa stören und die Grenzproblematik aufreißen. Wie Gorbatschow sei auch er über die Prophezeiung von Botschafter Walters verstimmt, daß die deutsche Vereinigung in nur fünf Jahren erreicht werden könnte. Diese Äußerung entspreche nicht der offiziellen Haltung, erklärte Bush, und er habe sie auch nicht wiederholt. Tatsache bleibe, entgegnete Mitterrand, daß Walters es in Deutschland gesagt habe und daß die Deutschen es gehört hätten. Man sollte nicht auch noch zu größerem Tempo aufrufen. Außerdem seien Fortschritte bei der Rüstungskontrolle, der europäischen Integration und den europäisch-amerikanischen Beziehungen erforderlich. Dann trat das ganze Ausmaß seiner Beunruhigung zutage: Es müsse ein neues Europa entstehen, oder Europa werde auf den Stand von 1913 zurückfallen (ein Vergleich, den er schon in Kiew gezogen hatte).

Baker reist nach Berlin und Potsdam

Als Baker am 11. Dezember nach Berlin flog, wußte er also um das angespannte politische Umfeld. Die Befürchtungen der Sowjets wuchsen, und die beschwichtigende Wirkung des Viermächteventils, das die Westalliierten ihnen geöffnet hatten, würde nicht lange vorhalten. Nach Einschätzung der CIA war jetzt binnen weniger Monate mit einer völligen Umgestaltung Ostdeutschlands zu rechnen, die zu einer nichtkommunistischen Regierung und zu einem dramatischen Anwachsen des Verlangens nach Wiedervereinigung führen werde. Das Außenministerium erhielt Berichte, aus denen hervorging, daß die westdeutschen Parteien Kohls Programm unterstützten, wenn auch mit Einschränkungen. Genscher tat das seine dazu, indem er der Sowjetunion versicherte, daß man ihre Interessen berücksichtigen werde. Im Dezember schien selbst im konservativen Bayern »ein allgemeines Unbehagen über die unvermutet schnelle Entwicklung die Oberhand zu gewinnen«. Wenn Kohl ins Stolpern geriet, würde möglicherweise auch der Wille der Bundesrepublik, die schwierige Aufgabe der Vereinigung auf sich zu nehmen, brüchig werden.[113]

Baker legte auf der Reise nach Berlin einen Zwischenstopp in London ein und hörte sich zum wiederholten Mal Margaret Thatchers Sorgen über die verfrühten Überlegungen zur deutschen Vereinigung an. In Berlin stand als erster bedeutender Termin eine (im wesentlichen von Zoellick entworfene) Rede auf dem Programm, die er im Hotel Steigenberger vor dem Berliner Presseclub halten sollte. Sie galt dem vorrangigen Ziel seiner Reise: der Herausbildung gemeinsamer westlicher Vorstellungen darüber, wie die politischen Strukturen Europas den neuen Umständen angepaßt werden sollten, wenn die Teilung des Kontinents – und Deutschlands, wie zu hoffen war – überwunden würde. Es ging um eine »neue Architektur für eine neue Zeit«, ein »neues Europa« und einen »neuen Atlantizismus«.[114]

Bush hatte in seiner Rede in Brüssel bereits davon gesprochen, daß der Westen vor der Aufgabe stehe,»die Früchte dieser friedlichen Revolution zu sichern« und die Architektur für weitere friedliche Veränderungen zu schaffen. Baker erklärte nun in Berlin, daß die »neue Architektur« erstens die Chance eröffnen müsse,»die Teilung Berlins und Deutschlands durch Frieden und Freiheit zu überwinden«, und zweitens gewährleisten sollte, daß die Sicherheit der Vereinigten Staaten an die Sicherheit Europas gekoppelt blieb. Das erste Element dieser neuen Architektur sei eine neue Aufgabenstellung der NATO. Neben ihrer traditionellen Rolle als Instrument der Abschreckung und Verteidigung solle sie in Zukunft nichtmilitärische Aspekte der Sicherheit stärker einbeziehen, vor allem die Verifizierung des KSE-Vertrages und anderer Abrüstungsvereinbarungen. Außerdem solle das Bündnis Regionalkonflikten und dem Problem der Verbreitung von Massenvernichtungswaffen mehr Aufmerksamkeit zuwenden sowie über Initiativen nachdenken, um – etwa im Rahmen des KSZE-Prozesses – wirtschaftliche und politische Beziehungen zum Osten aufzubauen. Das kooperative, nicht auf Zwang gegründete Sicherheitsbündnis der NATO biete den Staaten Osteuropas, so Baker, ein attraktives Modell internationaler Beziehungen. Die Erhaltung eines vitalen Nordatlantikbündnisses liege auch im Interesse der Sowjetunion.

Das zweite Element sei die Weiterentwicklung der Europäischen Gemeinschaft. An Bushs Ankündigung vom Mai anknüpfend, daß die Vereinigten Staaten ihre Unterstützung der wirtschaftlichen und politischen Integration Europas neu beleben würden, schlug Baker vor,»entschieden verbesserte institutionelle und konsultative Verbindungen« zwischen den USA und der EG zu schaffen. Darüber hinaus forderte er die EG zu verstärkter Unterstützung der neuen Demokratien in Osteuropa auf. Das dritte Element der neuen Architektur sei der KSZE-Prozeß. Dieser sei über den pessimistischen Ansatz von 1975, als er nur den Status quo festgeschrieben habe, hinausgewachsen. Die KSZE habe in bezug auf Menschenrechte und Verhaltensnormen Maßstäbe gesetzt, die dazu beigetragen hätten, daß die Überwindung der Teilung Europas begonnen habe. Jetzt sei es an der Zeit, die drei KSZE-»Körbe« – Sicherheit, Wirtschaftsbeziehungen und Menschenrechte – mit neuem Inhalt zu füllen.

Dann wandte sich Baker dem Thema Deutschland zu. Er gab zunächst die vier Prinzipien wieder, die Bush in Brüssel verkündet hatte, und fügte hinzu:»Dieser so positive Weg wird jedoch nicht leicht werden. Wir dürfen nicht drängen. Er muß friedlich und demokratisch gegangen werden. Und die legitimen Sorgen aller Mitgliedstaaten in dem neuen Europa müssen berücksichtigt werden.« Diesmal erregten die vier Prinzipien in Westeuropa mehr Aufmerksamkeit. Die französische und britische Presse bewertete sie positiv, und die meisten westdeutschen Zeitungen sahen in der amerikanischen Haltung, um die *Welt* zu zitieren,»eine entscheidende Stütze des sich neuformierenden Gesamteuropas und besonders der deutschen Wiedervereinigung«.[115] Sogar Schewardnadse meinte später im Gespräch mit Manfred Wörner, ihm sei positiv aufgefallen, daß Baker ein schrittweises Vorgehen empfohlen habe.[116] Bush hatte amerikanische Führung versprochen, und mit seiner eigenen Erklärung auf dem NATO-Gipfel in Brüssel und Bakers Berliner Rede war dieses Versprechen eingelöst worden.[117]

Leicht irritiert waren die Amerikaner allerdings von den CDU-Parteitagsplakaten am Straßenrand, auf denen die Losung»Ein Volk, eine Nation!« prangte. Bei einem gemeinsamen Frühstück am 12. Dezember riet Baker dem Bundeskanzler, vorsichtiger mit den Sowjets, Briten und Franzosen umzugehen.[118] Begonnen hatte er das Gespräch, indem er die amerikanische Unterstützung der deutschen Vereinigung bekräftigte. Doch Kohl könne sicher verstehen, fuhr er fort, daß bei anderen Nervosität herrsche, bei der Sowjetunion ebenso wie bei Frankreich und Großbritannien.

Kohl warnte davor, die Wünsche des deutschen Volkes zu übergehen. Damit würde der Westen einen potentiell gefährlichen Weg einschlagen.

Die Bundesrepublik wolle das gegenwärtige Gleichgewicht in der DDR nicht aushebeln. Aber das gefährlichste Tor »auf diesem Slalomkurs« sei die öffentliche Meinung, im Unterschied zur veröffentlichten. Die Menschen in den beiden deutschen Staaten wollten zusammenwachsen. Dafür müsse man ihnen eine realistische Perspektive bieten. Kohl wiederholte seine Einschätzung, daß die Vereinigung noch Jahre auf sich warten lassen würde. Vorher würde es »vertragliche Beziehungen« geben und danach konföderative Strukturen – zum Beispiel gemeinsame Regierungsausschüsse –, bevor es zur Konföderation selbst käme, die immer noch keine Föderation wäre. Aber man müsse den Menschen einen Weg zeigen, sonst bestehe die Gefahr, daß sich die Frustration in der DDR in gewalttätigen Unruhen Luft mache.

Dann teilte er Baker im Vertrauen mit, daß er hoffe, bald mit Gorbatschow zusammenzukommen. Tatsächlich hielten ihn die Sowjets hin und weigerten sich bis zum Februar des nächsten Jahres, ihn zu empfangen. Kohl sagte, daß er die noch aus dem Krieg herrührenden Sorgen der Sowjets verstehe. Aber er habe den Eindruck, daß Gorbatschow am Zehn-Punkte-Plan nur das Ziel der Föderation mißfalle. Wäre er nicht mit seinem Plan hervorgetreten, hätten die Sowjets möglicherweise in einer Neuauflage des Stalin-Tricks von 1952 die Vereinigung zum Preis der Neutralisierung angeboten. Ein solcher Schritt habe in der Luft gelegen. Er sei froh, daß die Amerikaner nicht solche Komplexe gegenüber Deutschland hätten wie die Europäer. Thatcher glaube, die Vereinigung würde einfach verschwinden, wenn sie den Begriff nicht verwende. Die Briten hätten zwei Weltkriege gewonnen und ein Weltreich verloren. Deutschland habe zweimal verloren, stehe aber wirtschaftlich wieder als Vormacht in Europa da. Für manche sei die Vorstellung, daß weitere siebzehn Millionen Menschen zu dieser Kraft hinzukommen sollten, ein Alptraum. Er habe einmal kurz nach einem Besuch am Grab Churchills zu Thatcher gesagt, der Unterschied zwischen ihr und ihm, Kohl, bestehe darin, daß er in der Zeit *nach* Churchill lebe. Mitterrand sei weitsichtiger als Thatcher. Er begreife, daß der Schlüssel darin liege, Deutschland in Europa, in die EG einzubinden. Deshalb sei er, Kohl, auch bereit, trotz der Einwände der Bundesbank die neue europäische Währungsgemeinschaft voranzutreiben.

Baker erwiderte, daß die nervösen Nachbarn Deutschlands eine neuerliche Bestätigung der Westbindung der Bundesrepublik brauchten. Die Grenzfrage sei ebenfalls von Bedeutung. Kohl entgegnete, daß jene, die sich wegen der Oder-Neiße-Linie Sorgen machten, von Grenzen im Plural sprächen, weil sie die innerdeutsche Grenze ebenfalls einfrieren wollten. Was die Oder-Neiße-Linie anbelange, habe sich die Bundesrepublik gegenüber Polen vertraglich festgelegt, und daran werde sie sich halten, auch wenn sie *de jure* noch nicht berechtigt sei, für Deutschland als Ganzes zu sprechen. Dann verknüpfte Kohl die Frage der deutsch-polnischen Grenze implizit mit der Flexibilität hinsichtlich der innerdeutschen Grenze, indem er fortfuhr, daß es, wenn morgen die Wiedervereinigung stattfände, keine Probleme mit der polnischen Grenze geben würde. Er sei stets offen zu den Amerikanern gewesen. Die Beziehung zu den Vereinigten Staaten sei die wichtigste internationale Verbindung der Bundesrepublik. Er wisse die positive Reaktion der Amerikaner auf seinen Zehn-Punkte-Plan zu schätzen und werde bei einer schrittweisen Vorgehensweise bleiben. Er hoffe, weiterhin auf das Verständnis und die Unterstützung der Vereinigten Staaten bauen zu können.

Baker riet, sämtliche Erklärungen zur deutschen Frage sorgfältig abzustimmen. Außerdem sollte Kohl darauf achten, daß seine Äußerungen nicht aus dem Zusammenhang gerissen werden. Er sei erfreut, daß der Bundeskanzler eine schrittweise, friedliche Strategie befürworte, die auf die Sorgen anderer Rücksicht nehme. Man müsse mit Widerstand rechnen. Deshalb sei es wichtig, den Prozeß richtig zu handhaben.

Nach dem Gespräch mit Kohl mußte Baker entscheiden, ob er die DDR besuchen würde oder nicht. Ende November hatte er eine CIA-Analyse über die sich verändernden Beziehungen der beiden deutschen Staaten gelesen, aus der er den Schluß gezogen hatte: »Schlüssel liegt in der DDR.«[119] Er würde als erster US-Außenminister das eigentliche Territorium der DDR besuchen, nicht nur Ost-Berlin. Die politische Lage dort war äußerst instabil und bot Anlaß zu ernsten Sorgen. Würde sein Besuch als Anerkennung der Existenz zweier deutscher Staaten und damit als Zurückweisung Kohls verstanden werden? Er beriet sich am Abend des 11. Dezember mit seinen Mitarbeitern, den Botschaftern Barkley und Walters sowie dem Missionschef in Berlin, Harry Gilmore. Barkley war für den Besuch, Walters dagegen. Baker entschied sich zu fahren.[120] Nach Konsultationen mit Kohl und Genscher entschloß er sich zu einem Treffen in Potsdam, wo er außer mit Modrow auch mit Kirchenführern zusammenkommen würde, die eine so entscheidende Rolle bei der Mobilisierung der Opposition gespielt hatten. In der Abenddämmerung des 12. Dezember überquerte Baker die Glienicker Brücke im Süden Berlins, auf der in den eisigsten Tagen des Kalten Krieges so viele Spione ausgetauscht worden waren.

Ein Zweck seines Besuchs war, der Regierung Modrow genügend Rückhalt zu geben, damit sie die für Mai 1990 geplanten freien Wahlen vorbereiten konnte.[121] Zu Beginn des Gesprächs mit Modrow kam es auf amerikanischer Seite kurzzeitig zu Irritationen, als ein Mann den Raum betrat, der aussah wie Egon Krenz. Baker hätte einem Treffen mit dem ehemaligen SED-Chef nie zugestimmt. Doch dann stellte sich heraus, daß es ein Kellner war, der Krenz nur verblüffend ähnlich sah.

Im Gespräch mit Modrow verknüpfte Baker Wirtschaftshilfe für die DDR mit fundamentalen politischen und ökonomischen Reformen, wie es auch Kohl getan hatte. Er betonte vor allem die Bedeutung freier Wahlen. Modrow beteuerte seinen Reformwillen, und auch die Kirchenvertreter, mit denen Baker anschließend zusammenkam, vertrauten darauf, daß der neue Ministerpräsident den Weg zu freien Wahlen ebnen würde. Dann sprachen sie über ihre Befürchtungen für die Zukunft. Die Enthüllungen über die Korruption innerhalb der früheren Führung hätten in weiten Kreisen der Bevölkerung Wut ausgelöst. Darüber hinaus gebe es den Wunsch nach Rache an der verhaßten Stasi. Die Gefahr von Gewalttätigkeiten sei nicht von der Hand zu weisen. Auch glaubten die Kirchenvertreter, daß der Wunsch nach Vereinigung als der kürzeste Weg zum Lebensstandard des Westens stärker werde. Sie sympathisierten nicht vorbehaltlos mit dieser Stimmung, hatten sie aber zu berücksichtigen. Baker bemerkte, daß sich die beiden deutschen Staaten wirtschaftlich zusammenschließen könnten, bevor sie sich politisch vereinten. Seine Gesprächspartner glaubten, daß dies den Menschen nicht genügen würde. Zugleich befürchteten sie, daß die internationalen Umstände die schnellen Schritte in Richtung Einheit verhindern würden, die nötig wären, um der verbreiteten Forderung nach Beschleunigung des Prozesses die Spitze zu nehmen.

Unmittelbar nach diesem Gespräch reiste Baker nach Brüssel weiter, wo er am 13. Dezember mit den Außenministern der EG-Staaten zusammenkam, um mit ihnen über die Wirtschaftshilfe für Osteuropa zu beraten. Bedeutsamer war jedoch ein Arbeitsessen, bei dem er am Abend des 13. Dezember mit seinen Kollegen Hurd, Dumas und Genscher über Berlin und Deutschland diskutierte. Die Europäer äußerten sich positiv über seine Berliner Rede. Nur die Deutschen hatten immer noch das Foto der Botschafter der Vier Mächte vor Augen. Genscher erklärte gereizt, daß dies hoffentlich das letzte Treffen dieser Art gewesen sei. Nie wieder dürften die Deutschen am »Katzentisch« plaziert werden. Hinter den Kulissen hatten Genschers Berater die Warnung vor einem neuen Friedensvertrag »à la Versailles« verbreitet. Baker legte Genscher schließlich die Hand auf den Arm und sagte: »Hans-Dietrich, wir haben dich verstanden.«[122]

Andere europäische Staatsmänner setzten unterdessen ihre Bemühungen fort, die sich beschleunigende Entwicklung in Richtung Einheit zu bremsen. Am 21. Dezember traf Mitterrand am Ende einer Reihe diplomatischer Konsultationen in Ost-Berlin ein, wo er Modrow ein behutsameres Vorgehen und engere Bindungen an Westeuropa anriet. Zugleich machte einer seiner Berater in einem Vermerk an Teltschik erneut darauf aufmerksam, daß man in Paris befürchte, Kohl könnte ein zu schnelles Tempo einschlagen.[123]

Als sich das Jahr 1989 dem Ende zuneigte, war klar, daß Helmut Kohl derjenige war, der die Fäden in der Hand hielt, die über Deutschlands Zukunft entschieden. Bush und Baker hatten sich hinter sein Programm gestellt und ihm ein weiteres Ziel hinzugefügt – Deutschlands fortdauernde Mitgliedschaft in der NATO und damit seine feste Verankerung im Westen. Die amerikanische Diplomatie verfolgte nun die Absicht, die Sowjets zu beruhigen und die Verbündeten daran zu hindern, in überwundene nationale Feindseligkeiten zurückzufallen, so daß Washington und Bonn in Ruhe ihre Ziele durchsetzen konnten. Kohl seinerseits versuchte die Sowjets zu besänftigen, indem er Gorbatschow in einem Brief erneut zusagte, die Situation in Europa nicht zu destabilisieren. Die Menschen selber hätten die deutsche Frage auf die Tagesordnung gesetzt. Jede künftige Entwicklung werde in gesamteuropäische Strukturen eingebettet sein. Er erkenne die legitimen Sicherheitsbedürfnisse der Sowjetunion an. Kohls

Brief überschnitt sich mit einem Schreiben Gorbatschows, der in kühlem Ton wiederholte, was er am 9. Dezember vor dem ZK-Plenum gesagt hatte: Die UdSSR werde alles tun, um jede Einmischung in die inneren Angelegenheiten der DDR zu »neutralisieren«. Die DDR sei ein strategischer Verbündeter der Sowjetunion, und die Existenz zweier deutscher Staaten sei eine historische Realität.[124]

Kohl versuchte, wie er Baker angekündigt hatte, eine Begegnung mit Gorbatschow zu verabreden, aber der Sowjetführer ließ ihn abblitzen. Er habe im Augenblick keine Zeit, hieß es. Die Sowjetunion war nach Aussage mehrerer damaliger Regierungsbeamter gerade dabei, ihre politischen Optionen einer neuerlichen Prüfung zu unterziehen.[125] Möglicherweise war Gorbatschow immer noch verärgert und wollte Kohl warten lassen. Das Resultat war jedenfalls, daß Moskau wiederum eine Chance ungenutzt ließ, die politische Tagesordnung zu bestimmen. Als es im Februar 1990 schließlich zu dem Treffen kam, war die DDR nur noch eine wandelnde Leiche.

Von Gorbatschows Zurückweisung unbeeindruckt, ging Kohl daran, die ersten Schritte seines Zehn-Punkte-Plans umzusetzen, indem er am 19. Dezember nach Dresden reiste und mit Modrow erste Verhandlungen über die Weiterentwicklung der sozialen, kulturellen und wirtschaftlichen Beziehungen zwischen den beiden deutschen Staaten führte. Dabei deutete er seine Bereitschaft an, zur Stabilisierung der DDR beizutragen, und hörte sich verständnisvoll eine Geldforderung in Milliardenhöhe an. Die ostdeutsche Seite teilte mit, daß am Brandenburger Tor ein Grenzübergang eingerichtet werde und rechtzeitig zu Weihnachten die verbliebenen Hindernisse im Reiseverkehr zwischen Ost und West – Visumpflicht und Mindestumtausch – beseitigt würden.

Der Besuch in Dresden war von großer Bedeutung für Kohl. Die begeisterte Teilnahme der Bevölkerung führte aller Welt den Willen der Ostdeutschen vor Augen, und Kohl nutzte die Gelegenheit, die sich ihm bot. In einer Rede vor der Frauenkirche sprach er mit emotionalen Worten von der deutschen Nation, und die jubelnde Menschenmenge antwortete ihm mit Sprechchören, die die Vereinigung forderten. Kohl hatte seine Partei für seine Sache gewonnen. Sein Programm für die Vereinigung lag auf dem Tisch. Und jetzt griffen die Menschen in der DDR, wie er gehofft hatte, den Traum auf, von dem er ihnen gesagt hatte, daß er wahr werden könne.[126]

Sogar in Washington begann sich die Sorge breitzumachen, daß der Kanzler und seine Partei unbesonnen handeln würden. Baker hielt in einer Aktennotiz für Bush fest, daß Kohl mit seinem Besuch in Ostdeutschland einen großen Medienerfolg erzielt habe. Seine Handlungen »könnten bei manchen allerdings erneut die Frage aufkommen lassen, ob der Kanzler durch seine innenpolitischen Interessen hinsichtlich der Vereinigung zu weit und zu schnell vorangetrieben wird; er entfacht Emotionen, die schwer zu kontrollieren sein werden«.[127]

Die hektischen diplomatischen Aktivitäten im Monat nach dem Fall der Berliner Mauer hatten die politische Landschaft dramatisch verändert. Wie sehr, veranschaulichen zwei Äußerungen von Genschers Büroleiter Frank Elbe. Hatte er Mitte November noch zu Zoellick gesagt, das Tempo der deutschen Vereinigung dürfe die Stabilität in Europa nicht gefährden, so bemerkte er jetzt, Anfang Dezember, daß die Stabilität in Europa gefährdet werde, wenn die deutsche Einheit *nicht* komme.[128] Als der Druck 1990 weiter zunahm, zweifelte niemand mehr daran, daß die beiden deutschen Staaten eine Einheit bilden würden. Die schwierigste Aufgabe bestand jetzt darin, zu bestimmen, wann und wie dies geschehen sollte, und dabei eine neue Ost-West-Krise, durch die Europa in den Kalten Krieg zurückgeworfen werden würde, zu vermeiden.

Auf dem Weg zu den
»Zwei plus Vier«-Verhandlungen

Der sowjetische Außenminister Eduard Schewardnadse dachte Anfang Dezember 1989 darüber nach, wie er die Moskauer Sorgen über die Entwicklung in Deutschland in internationale Politik umsetzen konnte. Er war sich bewußt, daß seine Regierung die Initiative verloren hatte. Im November hatte ihn sein Botschafter in Bonn, Juli Kwizinski, gedrängt, Kohl zuvorzukommen und mit einem Plan für ein konföderatives Deutschland die Initiative zurückzugewinnen. Aber die sowjetische Regierung hatte den Plan für zu radikal gehalten, und als die DDR die Idee einer begrenzten Konföderation ins Spiel brachte, war man in Moskau zwar beunruhigt, blieb aber passiv.

So waren Wochen vergangen, ohne daß Kohls Plan eine eindeutige öffentliche Zurückweisung erfahren hatte. Kohl hatte geschickt mit dem Begriff der Konföderation hantiert, aber die Deutschen in Ost und West wußten, daß sein Kompaß nur auf einen Pol ausgerichtet war, die Vereinigung. In diesem Klima begannen viele Ostdeutsche an das Undenkbare zu denken: die direkte Vereinigung mit Westdeutschland ohne die Vorstufe einer wie auch immer gearteten Konföderation zweier eigenständiger Staaten. Die Sowjetunion stand also vor der schweren Entscheidung, ob sie sich die Vereinigung Zentimeter für Zentimeter abtrotzen lassen oder sich hinter die deutschen Bestrebungen stellen sollte, um auf Bedingungen bestehen zu können, die sowohl die vermeintlichen Interessen der ostdeutschen Republik als auch die der UdSSR zur Geltung bringen würden.

Schewardnadse bereitete sich auf eine große Rede vor, die er am 19. Dezember vor dem Politischen Ausschuß des Europäischen Parlaments in Brüssel halten sollte.[1] Unzufrieden mit der von der Europaabteilung seines Ministeriums entworfenen Hardliner-Rede, bat er seinen Berater Sergej Tarassenko, einige stärker in die Zukunft weisende Bemerkungen zu formulieren. Schewardnadse wollte die Möglichkeit der deutschen Vereinigung einräumen, die Westeuropäer aber auf die ernsten Probleme aufmerksam machen, die damit zusammenhingen. Tarassenko war kein Deutschlandexperte, und die Aufgabe, die heikle Rede zu entwerfen, die Schewardnadse von ihm erwartete, wurde noch durch Gorbatschows ZK-Rede vom 9. Dezember erschwert. Die vermutlich von Valentin Falin, dem obersten außenpolitischen Berater des Zentralkomitees, beeinflußten Äußerungen des Staats- und Parteichefs ließen keinen Zweifel daran, daß die Sowjetunion für das Weiterbestehen der DDR und die Anerkennung der Nachkriegsrealitäten kämpfen würde. Dieser Standpunkt mußte sich in Schewardnadses Rede widerspiegeln. Er konnte also nicht andeuten, daß Moskau die Vereinigung akzeptieren würde. Tarassenkos Kompromiß bestand darin, die Möglichkeit der deutschen Einheit zu unterstellen und sich auf die Vorbedingungen zu konzentrieren.

Der Entwurf ging an die Europaabteilung zurück. Alexander Bondarenko und sein Stellvertreter waren entsetzt. Sie stellten Tarassenko zur Rede und erklärten kategorisch, daß sie die Möglichkeit der Vereinigung nicht akzeptieren könnten. In dieser Weise könne darüber keinesfalls diskutiert werden.»Sagt das dem Minister«, gab Tarassenko zurück. Der Streit wurde Schewardnadse vorgetragen, der auf Bondarenkos Vorhaltung, daß er nicht über Gorbatschows Erklärung hinausgehen dürfe, schroff erwiderte, daß er Minister sei, kein Papagei. Er könne nicht nach Brüssel gehen und Unsinn reden. Moskau brauche eine konstruktive Position, nicht nur eine Abwehrhaltung, um Entwicklungen zu blockieren.

Die Rede erhielt den letzten Schliff, und Schewardnadse reiste mit einer weitgehend erhalten gebliebenen Fassung ab, die weder mit dem Politbüro noch mit dem Stab des ZK abgestimmt war. Nur Kwizinski, dessen Kenntnisse über Deutschland er schätzte, vertraute er den Text an. Kwizinski fand ebenfalls, daß Tarassenkos Entwurf zu weit ging, und redigierte die Rede, indem er die implizite Akzeptanz der Vereinigung geschickt abschwächte und die Voraussetzungen verschärfte. Schewardnadse erhielt Kwizinskis Neufassung in letzter Minute, als er bereits in Brüssel eingetroffen war. Tarassenko protestierte gegen die Änderungen, aber Schewardnadse behielt sie bei. Das Ergebnis – die erste zusammenhängende politische Erklärung der Sowjetunion über die wiederbelebte deutsche Frage – war eine seltsame Mischung aus Altem und Neuem.[2] Schewardnadse schien seine Unschlüssigkeit vor der Welt auszubreiten, indem er Fragen stellte, ohne sie zu beantworten. Die Rede setzte voraus, daß die deutsche Frage auf der Tagesordnung stand. Zumindest die Möglichkeit mußte also erwogen werden. Doch dann schien Schewardnadse die Vereinigung auszuschließen, nur um gleich darauf Fragen darüber zu stellen, unter welchen Bedingungen sie denkbar wäre. Eine Alternative für Ostdeutschlands Zukunft bot er nicht an. Die Wirkung seiner Ausführungen war ebenso verwirrend wie ominös.

Europa stehe vor der Wahl, sagte Schewardnadse, entweder eine »Zone der Kräftepole« zu bleiben oder eine »polyzentrische Gemeinschaft der Völker und Staaten« zu werden. Man müsse jedoch stets die gesamte historisch entstandene Rechtslage in Europa in Rechnung ziehen, sonst »könnte dieses oder jenes Detail angestoßen und damit die ganze Konstruktion zum Einsturz gebracht werden«. Dann wiederholte er die Erklärungen, die Gorbatschow auf dem ZK-Plenum abgegeben hatte, einschließlich der Warnung, daß jede Abweichung von den Nachkriegsrealitäten die Lage in Europa zu destabilisieren drohe. Die friedliche Zusammenarbeit zwischen DDR und BRD »bei Achtung der Gleichheit und Souveränität der beiden deutschen Staaten« werde die Sowjetunion jedoch unterstützen. Deren Zukunft werde »vom Verlauf der Geschichte im Rahmen der Entwicklung des gesamteuropäischen Prozesses bestimmt«, hänge also von gleichzeitigen Fortschritten des KSZE-Prozesses ab. Bei dieser Kooperation, so Schewardnadse weiter, handle es sich um jene »zwischenstaatliche Zusammenarbeit«, die der 1972 abgeschlossene Grundlagenvertrag zwischen der DDR und der BRD vorgesehen habe. Mit anderen Worten, die Sowjetunion war jetzt bereit, eine Konföderation hinzunehmen.

Dann wurde Schewardnadses Ton wieder schärfer: Der Helsinki-Prozeß der gesamteuropäischen Zusammenarbeit dürfe »auf deutschem Boden nicht in Frage gestellt und nicht verletzt werden«. Das sei »unzulässig«. Die alliierten Mächte besäßen Rechte in bezug auf Deutschland, und als wäre dies noch nicht genug, fügte Schewardnadse drohend hinzu, die Vier Mächte verfügten in beiden deutschen Staaten »über ein beträchtliches Potential an Streitkräften, die mit Nuklearwaffen ausgerüstet sind«. Die Nachkriegsrealitäten könnten nicht ignoriert werden, zu denen auch die Nachkriegsgrenzen in Europa gehörten. Wer nicht anerkenne, daß diese Grenzen »endgültig und unumkehrbar« seien, der blockiere weitere Fortschritte in den Beziehungen zwischen DDR und BRD. Die Selbstbestimmung sei ein wichtiges Recht, schließe aber keine Vorschriften darüber ein, »wie und in welcher Frist die Staatsordnung der DDR zu ändern ist«. Es habe eine Chance für ein geeintes demokratisches Deutschland gegeben, aber diese Zeit sei vorüber. Sie sei zu Ende gegangen, als der Westen die sowjetische Note von 1952 zurückgewiesen habe und die Bundesrepublik der NATO beigetreten sei.

Nachdem er die deutsche Vereinigung kategorisch abgelehnt hatte, stellte Schewardnadse sieben Fragen, die jeder würde beantworten müssen, der die deutsche Einheit wiederherstellen wollte:

1. Wo sind die politischen, gesetzlichen und materiellen Garantien, daß die deutsche Einheit nicht in Zukunft eine Bedrohung für die nationale Sicherheit anderer Staaten und für den Frieden in Europa schafft? Auf diese Frage gibt es keine Antwort.

2. Wird solch ein hypothetisches Deutschland, wenn es mit der Zeit Formen annimmt, bereit sein, die bestehenden Grenzen in Europa anzuerkennen und auf jedwede Gebietsansprüche zu verzichten? Wie bekannt, weicht die Regierung der Bundesrepublik Deutschland einer Beantwortung dieser Frage aus.

3. Welchen Platz würde dieses nationale deutsche Gebilde in den militärpolitischen Strukturen, die in Europa existieren, einnehmen? Schließlich kann man nicht ernsthaft erwarten, daß sich der Status der DDR radikal ändert, während der Status der Bundesrepublik derselbe bleibt.

4. Wenn die deutsche Einheit Formen annimmt, was wären das militärische Potential eines solchen Gebildes, seine Militärdoktrin und die Struktur seiner Streitkräfte? Wird man bereit sein, eine Entmilitarisierung zu akzeptieren, einen neutralen Status anzunehmen und die wirtschaftlichen und anderen Beziehungen mit Osteuropa grundsätzlich umzustrukturieren, wie es in der Vergangenheit beabsichtigt war?

5. Wie würde die Haltung gegenüber der Präsenz von alliierten Truppen auf deutschem Boden, gegenüber einer fortgesetzten Tätigkeit der militärischen Verbindungsmissionen und gegenüber dem vierseitigen Abkommen von 1971 aussehen?

6. Wie wird sich die mögliche Schaffung eines solchen deutschen Gebildes mit dem KSZE-Prozeß vereinbaren, und würde sie zu dessen konstruktiver Entwicklung in Richtung auf die Überwindung der Spaltung Europas, zur Beseitigung jeglicher Diskriminierung in den Beziehungen zwischen den europäischen Ländern und zu weiterem Fortschritt bei der Schaffung eines einheitlichen Rechts-, Wirtschafts-, Umwelt-, Kultur- und Informationsraumes in Europa beitragen?

7. Werden die deutschen Staaten, wenn sie sich in dieser oder jener Form für den Beginn eines Prozesses zur Einheit der Deutschen aussprechen, bereit sein, die Interessen der anderen europäischen Staaten zu berücksichtigen und auf kollektiver Grundlage nach gegenseitig annehmbaren Lösungen für alle Fragen und Probleme zu suchen, die in diesem Zusammenhang auftreten können, darunter einem europäischen Friedensabkommen?

Im Rückblick betrachtete Schewardnadse diese Rede als wichtigen Durchbruch, bei dem er die Möglichkeit der Vereinigung zugestanden habe, um die Initiative zurückzuerlangen. Dies mag ursprünglich seine Absicht gewesen sein. Doch die Rede, die er schließlich hielt, reflektierte eher das Dilemma, in dem die sowjetische Außenpolitik steckte, als einen Ausweg aus ihm aufzuzeigen.[3]

In den westdeutschen Zeitungen gingen Schewardnadses Warnungen neben den Berichten über Kohls tumultuösen Besuch in Dresden, über Unruhen in Rumänien und die US-Invasion in Panama fast völlig unter. Im Außenministerium war man jedoch besorgt. Die Sowjets hatten jetzt auch öffentlich die harte Haltung eingenommen, die sie zwei Wochen zuvor beim Treffen mit Genscher an den Tag gelegt hatten. In einer Sitzung mit Regierungsbeamten hielt Genscher einen Artikel aus der *Bild-Zeitung* hoch, in dem Schewardnadses Fragen beantwortet wurden. Wer die deutsche Antwort auf diese Fragen wissen wolle, sagte er, der solle diesen Artikel lesen. Darin hieß es, daß die Neutralisierung Deutschlands nicht zur Debatte stehe. Über eine »Entmilitarisierung bis auf ein Mindestmaß« und die Reduzierung der amerikanischen Truppenpräsenz auf ein »symbolisches Kontingent« ließe sich jedoch reden. Die Sowjetunion müsse nur sagen, was sie wolle.[4] Teltschik interpretierte Sche-

30. Mai 1989. US-Präsident George Bush auf Staatsbesuch in Bonn, hier mit Bundeskanzler Helmut Kohl während einer Rheinpartie.

Oben: US-Außenminister James Baker und Präsident George Bush beim NATO-Gipfel in Brüssel, Mai 1989.

Unten: 10. November 1989. Der Morgen nach der Maueröffnung in Berlin.

Oben: 11. Dezember 1989. Anläßlich der aktuellen Ereignisse in Deutschland treffen sich die Botschafter der Vier Mächte ein letztes Mal zu Gesprächen in Berlin. Von links: Vernon A. Walters (USA), Christopher Mallaby (Großbritannien), Wjatscheslaw Kotschemassow (UdSSR) und Serge Boidevais (Frankreich).

Unten: 20. Dezember 1989. DDR-Ministerpräsident Hans Modrow empfängt Bundeskanzler Helmut Kohl am Flughafen Dresden. Links Kanzleramtsminister Rudolf Seiters.

Oben: Besuch der britischen Premierministerin Margaret Thatcher bei US-Präsident Bush in Camp David, November 1989.

Unten: Treffen der Präsidenten François Mitterrand und George Bush auf der französischen Antilleninsel St. Martin, Dezember 1989.

Oben: Präsident Bush mit Beratern im Weißen Haus. Von links: Brent Scowcroft, Vizepräsident Dan Quayle, Bush, James Baker, Robert Gates und Pressesprecher Marlin Fitzwater.

Unten: Bush im Kreis von Beratern auf seinem Sommersitz in Kennebunkport, Maine. Von links: Finanzminister Nicholas Brady, Dan Quayle, Philip Zelikow, Bush, Robert Blackwill, James Baker, Raymond Seitz, Dick Cheney, Robert Zoellick und Colin Powell.

Oben: 10. Februar 1990. Arbeitsgespräch zwischen Helmut Kohl und Michail Gorbatschow im Kreml. Links Horst Teltschik, links von Gorbatschow Anatoli Tschernjajew.

Unten: 24. Februar 1990. Helmut Kohl zu Besuch bei US-Präsident George Bush auf dessen Landsitz in Camp David. Rechts US-Außenminister James Baker.

Bundeskanzler Helmut Kohl empfängt den neuen DDR-Ministerpräsidenten Lothar de Maizière, März 1990.

Oben: 5. Mai 1990. Erstes Zwei-plus-Vier-Treffen in Bonn. Von links: James Baker (USA), Eduard Schewardnadse (UdSSR), Hans-Dietrich Genscher (BRD), Roland Dumas (Frankreich); Markus Meckel (DDR), Douglas Hurd (Großbritannien).

Unten: Vorbereitung auf das Gipfeltreffen mit Michail Gorbatschow, Mai 1990. Von links: John Sununu, Stabschef des Weißen Hauses, Marlin Fitzwater, Dennis Ross, Condoleezza Rice, Brent Scowcroft, James Baker und George Bush.

wardnadses Fragen positiver. Er sah in ihnen ein Signal für die »Bereitschaft zum Dialog«.[5]

Die offene Feindseligkeit der Sowjetunion setzte Kohl innenpolitischer Kritik aus, und er geriet weiter in Bedrängnis, als ihn Politiker aus seiner eigenen Partei aufforderten, die Nachkriegsgrenze mit Polen verbindlich anzuerkennen. Der allseits geachtete Bundespräsident, Richard von Weizsäcker, drängte die Regierung, die Unverletzlichkeit dieser Grenze zu bekräftigen, und Bundestagspräsidentin Rita Süssmuth schlug vor, die beiden deutschen Staaten sollten in einer »gemeinsamen Willenserklärung« deren Anerkennung bestätigen. Kohl bezeichnete die neu entfachte Grenzdiskussion als »gänzlich unnötig«. Die Haltung der Bundesrepublik sei eindeutig: Sie habe keine Gebietsansprüche an Polen. Diese Erklärung sei »völlig ausreichend«. Mehr könne man von der Bundesrepublik, die nur für sich selbst sprechen könne, nicht erwarten. Kohls Position war völkerrechtlich gerechtfertigt, zumal sich die Vier Mächte das letzte Wort über die Grenzen von »Deutschland als Ganzem« vorbehalten hatten. Viele Westdeutsche hielten seine Argumentation allerdings für einen geschickten Schachzug, der jene Wähler besänftigen sollte, die den Verlust der deutschen Ostgebiete immer noch nicht verwunden hatten und von der CDU zu Parteien am äußersten rechten Rand des politischen Spektrums abzuwandern drohten. Kohl mußte sich daher den Vorwurf gefallen lassen, die internationale Stabilität auf dem Altar der Innenpolitik zu opfern.[6]

Auch von seiten der neuen, reformwilligeren DDR-Regierung unter Hans Modrow geriet Kohl unter Druck. Modrows Regierung war zwar schwach, bemühte sich aber nach Kräften um eine breitere Unterstützung in der Bevölkerung. Sie war eine Partnerschaft mit dem Runden Tisch eingegangen, einem unter der Schirmherrschaft von Kirchenvertretern tagenden Dialogforum zwischen alten Parteien und neuen Oppositionsgruppen. Die meisten der über dreißig Delegierten des Runden Tisches vertraten die Ansichten der Dissidentenkreise, die die Demonstrationen im Oktober und November angeführt oder organisiert hatten. Sie waren wie Modrow gegen die Vereinigung und suchten für die DDR statt dessen nach einem »dritten Weg« zwischen Kommunismus und Kapitalismus. Vertreter der ostdeutschen Gewerkschaft drohten sogar mit dem Generalstreik, wenn die Regierung Schritte in Richtung der Vereinigung mit dem kapitalistischen Westen unternähme.

Der Runde Tisch einigte sich für die erste freie Volkskammerwahl auf einen Termin im Mai 1990. Insgesamt nahm er immer stärker die Rolle eines Ersatzparlaments an, das sich auch des immer noch mächtigen, widerspenstigen Stasi-Apparats annahm und neue Enthüllungen über dessen mörderische Tätigkeit veröffentlichte. Die Sozialistische Einheitspartei Deutschlands wechselte unter ihrem neuen, reformerischen Vorsitzenden Gregor Gysi den Namen und mutierte zur Partei des Demokratischen Sozialismus (PDS), vorläufig noch mit dem Doppelnamen SED-PDS. Für kurze Zeit sah es so aus, als könnte die DDR mit einem neuen, reformsozialistischen Programm wieder Tritt fassen.

Nachdem das Datum der Volkskammerwahl feststand, richtete Modrow den Blick auf Bonn und drängte Kohl, das in Dresden gegebene Versprechen umfassender Hilfe einzulösen. Doch Kohl sperrte sich. Er lehnte Modrows Bitte um Soforthilfe in Höhe von fünfzehn Milliarden Mark ab, gewann aber Zeit, indem er Verhandlungen über Wirtschaftshilfe für die DDR autorisierte. Unterdessen erwarb sich die Regierung Modrow zunehmend Respekt, und obwohl die durchgeführten Meinungsumfragen nicht unbedingt verläßlich waren, hat es doch den Anschein, als wäre die Unterstützung für Modrows Vertragsgemeinschaft größer gewesen als die für den Zusammenschluß beider deutscher Staaten.[7]

Kohl stand erneut an einem Scheideweg. Die Lage in Ostdeutschland war ungewiß. Die Sowjets verhielten sich feindselig. Er selbst befand sich unter Beschuß aus der eigenen Partei und von seiten des Koalitionspartners. Sein Vereinigungsplan lag auf dem Tisch, doch was war der nächste Schritt? Die Gespräche, die er Anfang 1990 mit dem französischen Präsidenten auf dessen Landsitz in Südwestfrankreich führte, brachten keine neue Inspiration. Die Bewegung in Richtung Einheit hatte sich an der Jahreswende 1989/90 merklich verlangsamt.[8]

Die Sowjets drängen auf Viermächtegespräche

In Washington machte sich ebenfalls Unruhe breit. Bushs vier Prinzipien für die deutsche Vereinigung hatten Kohls Programm um die deutsche

Mitgliedschaft in der NATO erweitert und damit vor Attacken aus dem Westen abgeschirmt. Sie hatten ihren Zweck erfüllt. Mit anderen Worten, auch die Vereinigten Staaten brauchten eine neue Politik.

Robert Blackwill fragte sich, ob die USA den Prozeß bremsen sollten, an dessen Beschleunigung sie nicht unbeteiligt gewesen waren. Was ihm Sorgen bereitete, waren die nächsten Schritte der Sowjets. In einem Memorandum, das er zusammen mit Robert Hutchings, einem Mitarbeiter seines Stabes, für Scowcroft verfaßte, wies er darauf hin, daß die Bedrohung der Existenz der DDR Gorbatschow dazu veranlassen könnte, die Abhaltung einer Friedenskonferenz zu fordern, zu der er möglicherweise sämtliche Kombattanten des Zweiten Weltkrieges einladen würde.[9] Würde er gesprächsweise andeuten, daß sein politisches und vielleicht sogar persönliches Überleben davon abhänge, könnte es ihm durchaus gelingen, andere Länder zur Teilnahme zu bewegen. Auf einer solchen Friedenskonferenz könnte der Sowjetführer dann einen sich über mehrere Jahre erstreckenden Vereinigungsprozeß vorschlagen – unter der Bedingung der Neutralität und Entmilitarisierung Deutschlands. Die Sowjets könnten zum Beispiel anregen, daß Deutschland zwar Mitglied der EG bleiben solle, aber nicht der NATO. Die Ostdeutschen würden die Sowjets in den wesentlichen Punkten unterstützen, während sich Briten und Franzosen von dem Wunsch leiten lassen würden, die Bewegung in Richtung Einheit zu stoppen. Bonn und Washington wären diplomatisch isoliert.

Kohl würde sich, wie es in dem Papier der NSC-Mitarbeiter weiter hieß, unter unerträglichem Druck befinden, der Sowjetunion den Abzug ausländischer Streitkräfte und Atomwaffen aus Deutschland anzubieten, um deren Einwilligung zur Vereinigung zu erhalten. Er könnte versuchen, die deutsche NATO-Mitgliedschaft durch eine Reihe bilateraler Sicherheitsgarantien zwischen Deutschland, den USA und anderen Staaten zu ersetzen. Geheimdienstanalytiker seien bei der Einschätzung der wahrscheinlichen deutschen und europäischen Reaktionen auf den Verlauf einer möglichen Friedenskonferenz über Deutschland zum selben Ergebnis gelangt. Blackwill und Hutchings zogen deshalb die Schlußfolgerung, daß es »angesichts der Schwierigkeiten, die ein von einem verzweifelten Gorbatschow vorgebrachter Vorschlag für eine Friedenskonferenz bereiten würde, ... unser Ziel sein [sollte], dafür zu sorgen, daß es niemals zu einer solchen sowjetischen Initiative kommt«. Um dies zu erreichen, könnte es nötig werden,»unseren ganzen Einfluß einzusetzen, um den Wiedervereinigungsprozeß in diesem Jahr künstlich zu verlangsamen und etwas Ordnung und Berechenbarkeit in ihn hineinzubringen – sowohl zu unserem als auch zu Gorbatschows Nutzen«.

Scowcroft war anderer Meinung. Er machte sich zwar ebenfalls Sorgen über das weitere sowjetische Verhalten. Aber die Würfel waren zugunsten von Kohl gefallen, und Bushs Ansichten waren klar. Die Vereinigten Staaten würden einen anderen Weg finden müssen, um mit dem sowjetischen Problem fertig zu werden.

Die Sowjets suchten tatsächlich verzweifelt nach einem Mittel, mit dem der Vereinigungsprozeß gebremst werden konnte. Sie entschieden sich für einen Viermächtevorstoß. Schewardnadse übermittelte eine Botschaft, der zufolge die»Großen Vier« darin übereinstimmen sollten, daß »es erforderlich werden könnte, einige parallele oder koordinierte Schritte in bezug auf die deutschen Angelegenheiten zu unternehmen«. Ihnen könnten die zwischen der DDR und der BRD geführten Verhandlungen über eine neue Vertragsgemeinschaft nicht gleichgültig sein. Viermächtegespräche über die Entwicklung der Beziehungen zwischen den beiden deutschen Staaten seien vonnöten. Schewardnadse schlug vor, daß Sondergesandte oder die vier Botschafter in Deutschland diese Aufgabe übernehmen sollten.[10]

Die Amerikaner informierten umgehend die Bundesregierung über den sowjetischen Vorschlag. Genscher schrieb verschreckt an Baker, Hurd und Dumas und bat um»engste Abstimmung« über einen Vorschlag, der eine derart»fundamentale Bedeutung« für die Deutschen und die Ost-West-Beziehungen habe. Was die USA betraf, war seine Sorge überflüssig. Baker hatte sich erst einen Monat zuvor in Brüssel mit Genscher darauf geeinigt, sowjetische Forderungen nach einer Viermächteintervention in die deutsche Politik zurückzuweisen. Washington schlug seinen Verbündeten dementsprechend vor, die sowjetische Note mit dem Angebot von Gesprächen auf untergeordneter Ebene über kulturelle und kommerzielle Kontakte in Berlin zu beantworten.

Wie erwartet, wollten Briten und Franzosen deutlicher zum Ausdruck bringen, daß sie ein offenes Ohr für die sowjetischen Sorgen hatten. Schließlich einigten sich die vier westlichen Länder jedoch auf eine Antwort im Sinne der Amerikaner.[11] Damit war der Vorstoß für eine Viermächteregelung der deutschen Vereinigung vorläufig abgeblockt. Die Westdeutschen waren in diesem Punkt unerbittlich. Genscher hatte im Dezember klargemacht, daß er keine weiteren Botschaftertreffen der Vier Mächte wollte, und jetzt teilte sein Politischer Direktor, Dieter Kastrup, seinen Kollegen in den Außenministerien der USA, Frankreichs und Großbritanniens kategorisch mit, daß sich die Siegermächte des Zweiten Weltkriegs unter keinen Umständen in der Alliierten Kommandantura in Berlin treffen könnten, um über die politische Lage in Deutschland zu beraten. Kastrup wurde pflichtschuldig versichert, daß man nicht die Absicht habe, ein Viermächtedirektorium ins Leben zu rufen, das über die Köpfe der Deutschen hinweg verhandeln würde.[12]

Die Sowjetunion gab sich aber noch nicht geschlagen. Ende Januar nutzte sie einen Protest gegen die mögliche Teilnahme von Westberlinern an bundesdeutschen Wahlen, um erneut eine Viermächteintervention zu fordern. Dazu beschwor sie Gespenster der Vergangenheit herauf, indem sie auf »die jüngst intensivierten Aktivitäten der rechtsextremistischen und neofaschistischen Kräfte in der BRD, der DDR und einigen anderen westeuropäischen Ländern« aufmerksam machte. »Versuche, die Größe der neonazistischen Gefahr herunterzuspielen«, hieß es in der Note weiter, »sind unhaltbar, da sie durch die Tatsachen widerlegt werden.« Die Vereinigten Staaten sollten sich angesichts des »Anwachsens der ›braunen‹ Gefahr, von dem die Annäherung der beiden deutschen Staaten begleitet ist«, zum gemeinsamen Handeln im Rahmen der KSZE und der Viermächtemechanismen entschließen. Im US-Außenministerium lösten sowohl die Art der Übergabe der Note (durch den Geschäftsträger und nicht den Botschafter) als auch ihre »altmodische und fast hysterische Sprache« Erstaunen aus. Man informierte Bonn und andere Verbündete über diese zweite Demarche, beschloß aber ansonsten, sie zu ignorieren. Dennoch war es ein verstörender Einblick in die Vorstellungswelt, von der das sowjetische Bild der Entwicklung in Deutschland bestimmt wurde.[13]

Im Januar hegten die USA ebenso wie die Bundesrepublik, Frankreich und Großbritannien die Hoffnung, daß sie in Ruhe nach Antworten auf die schwierigen Fragen suchen könnten, die der Vereinigungsprozeß aufwarf. Währenddessen war ein heikles Gleichgewicht zu bewahren. Sowohl Washington als auch Bonn hofften, daß Modrow sein Land bis zu den Wahlen im Mai zusammenhalten konnte. Zwar wollte weder Bush noch Kohl die kommunistische Regierung stabilisieren, aber ein plötzlicher Zusammenbruch wäre ebensowenig in ihrem Sinn gewesen. Wenn alles nach Kohls Wunsch verlief, würden die Kommunisten im Mai aus dem Amt gejagt werden und würde die neue Regierung die DDR schrittweise, wie es sein Plan vorsah, über die Konföderation zur Föderation und 1994 oder 1995 schließlich zur Vereinigung mit der Bundesrepublik führen. In der unsicheren Situation am Ende des Kalten Krieges schien allerdings keine politische Linie von langer Dauer zu sein. Nur wenige Wochen zuvor hatte es noch den Anschein gehabt, als könne Modrow die DDR stabilisieren. Doch jetzt, im Januar 1990, verschlechterte sich die Lage, und politische Vorstellungen, die im November und Dezember kühn gewirkt hatten, standen kurz davor, von den Ereignissen überholt zu werden.

Bonn und Washington machen Druck

Modrow überstand zwar den Sturm der politischen Kritik, der nach der ersten Welle von Enthüllungen über Korruption und Stasi-Verbrechen losgebrochen war, wurde aber zunehmend von schweren wirtschaftlichen Problemen belastet, insbesondere dem Mangel an Devisen. Bei seinem Moskaubesuch Anfang November hatte Krenz das ganze Ausmaß der Misere enthüllt, und nachdem die Pressezensur aufgehoben worden war, erfuhren die Menschen in Ostdeutschland, was Krenz Monate zuvor Gorbatschow mitgeteilt hatte: daß die DDR wirtschaftlich ein Potemkinsches Dorf war und seit fast einem Jahrzehnt über ihre Verhältnisse lebte. Am Leben erhalten hatten die DDR-Wirtschaft westdeutsche Kredite, mit denen die Unzulänglichkeiten der Planwirtschaft ausgeglichen und die Rechnungen für westliche Waren bezahlt wurden.

Die ostdeutsche Regierung wußte keinen Ausweg aus der Wirtschaftskrise. Modrow hatte Schwierigkeiten, Schlüsselpositionen zu besetzen, und war nicht in der Lage, einen Staatshaushalt aufzustellen. Das von Wirtschaftsministerin Christa Luft entworfene ökonomische Programm enthielt zunächst nur wenige marktwirtschaftliche Elemente und bot wenig Raum für Privatisierungen, obwohl abzusehen war, daß die Staatsbetriebe mangels Subventionen bankrott gehen würden. Gleichzeitig wuchsen die Spannungen zwischen DDR-Regierung und Rundem Tisch auf der einen und Bundesregierung sowie Westberliner Senat auf der anderen Seite. Aus Bonner Sicht wären Finanzhilfen für Ostdeutschland ohne grundlegende marktwirtschaftliche Reformen reine Verschwendung gewesen. In Ost-Berlin begriff man, daß die westdeutschen Bedingungen auf die Einführung des westlichen Wirtschaftssystems hinausliefen. Ihre Annahme hätte jede Hoffnung darauf zunichte gemacht, einen »dritten Weg« zu finden, auf dem die DDR im Sinne eines wirklich demokratischen Sozialismus umgestaltet werden könnte. Sowohl Modrow als auch die Ostberliner Intellektuellen, die den Runden Tisch dominierten, glaubten, daß Kohl den wirtschaftlichen Hebel benutzen wollte, um Wählerstimmen für ihren politischen Gegner, Lothar de Maizières Ost-CDU, zu kaufen.

Aber auch in politischer Hinsicht hatte die Regierung Modrow die Reformwünsche der Bevölkerung nicht hinreichend erfüllt. Einige Vertreter der alten, diskreditierten Führung befanden sich immer noch im Amt, und die Regierung übernahm die Moskauer Warnung vor der neofaschistischen Gefahr, um das Weiterbestehen der verhaßten Stasi zu rechtfertigen, wenn auch unter neuem Namen. Am 15. Januar stürmten und verwüsteten Zehntausende von Demonstranten die ehemalige Stasi-Zentrale in Ost-Berlin. In manchen Bereichen versagte die ostdeutsche Verwaltung vollends. So bat Ost-Berlin den Westberliner Senat, die Müllabfuhr in der Osthälfte der Stadt zu übernehmen. Westdeutsche Regierungsvertreter, die Mitte Januar mit der DDR-Regierung zusammentrafen, hatten den Eindruck, daß Modrow und sogar der ostdeutsche CDU-Chef de Maizière am Rand der Verzweiflung standen.[14]

Ein großer Teil der ostdeutschen Bevölkerung war nicht länger bereit, auf Reformen zu warten. Im Januar siedelten im Durchschnitt täglich zweitausend Menschen in den Westen über, darunter viele der am besten ausgebildeten Jüngeren, und selbst Modrow mußte eingestehen, daß viele andere schon die Koffer packten. Jenen, die blieben, erschien der

Weg zu tiefgreifenden Reformen derart lang, daß sie die Vereinigung mit der Bundesrepublik als einzige Rettung anzusehen begannen. Es schien die gegebene Alternative zu dem schmerzlichen Reformprozeß zu sein, wie ihn Polen und Ungarn durchlitten.

Die Stabilität der Regierung Modrow wurde vom Erfolg der von Kohl verbreiteten Idee, daß die Vereinigung möglich sei, zerfressen. Die Menschen begannen sich der Vorstellung zuzuwenden, daß der Anschluß an die Bundesrepublik ihnen den augenblicklichen Übergang zu einem mustergültigen Wohlfahrtssystem sowie die Sicherheit ihrer künftigen Einnahmen bescheren würde und daß die Trümmer der alten, abgelehnten, ja verhaßten kommunistischen Strukturen auf keinem anderen Weg so gründlich entsorgt werden würden wie auf diesem. Die darin zum Ausdruck kommende wachsende Kluft zwischen Bevölkerung und politischen Repräsentanten beschwor die Gefahr herauf, daß die DDR, möglicherweise unter gewalttätigen Auseinandersetzungen, noch vor den Wahlen im Mai zusammenbrach.

Die Bundesrepublik und die Vereinigten Staaten sahen wochenlang zu, wie sich die Lücke zwischen ihrer Politik und den Tatsachen vergrößerte. Im Januar überprüften beide Regierungen ihre politischen Optionen. Ein bestimmter Zeitpunkt, an dem Bonn beschloß, den bisherigen Stufenplan fallenzulassen, ist nicht ausmachen. Die vorgesehenen konföderativen Strukturen, einschließlich der Wirtschafts- und Währungsunion, und die gleichzeitige Aufnahme der DDR in die EG hätten als Grundlage eines neuen, nichtkommunistischen ostdeutschen Staates eine lebensfähige DDR erfordert. Doch die Aussicht darauf verschlechterte sich täglich, während die Ungeduld der Menschen in Ostdeutschland wuchs. Kohls Warnung vom Dezember, daß der Anstoß zur Vereinigung von den Straßen kommen könnte, klang plötzlich wie eine Prophezeiung. Auf den Kundgebungen und Demonstrationen wurde immer häufiger der Ruf »Deutschland einig Vaterland« laut. Am Rande einer Tagung in Davos vertraute Modrow Kohl an, er könne sich in manchen Bereichen nicht mehr darauf verlassen, daß seinen Anordnungen Folge geleistet werde. Der ostdeutsche Staat schien endgültig aus dem Gleis geworfen zu sein. Er konnte seine Schulden nicht mehr bezahlen, und es herrschte allgemein der Eindruck, daß die DDR zerfiel.

Kohl hatte öffentlich angekündigt, daß er im Februar zum Abschluß einer weiteren Verhandlungsrunde über die angestrebte Konföderation mit Modrow zusammentreffen werde. Inzwischen aber waren seine Zweifel gewachsen, ob er überhaupt noch etwas mit Modrow oder irgendeinem anderen Vertreter der alten kommunistischen Führung zu tun haben sollte. Als Modrow schließlich einen Vertragsentwurf für die Schaffung der Konföderation vorlegte, war Kohl nicht mehr daran interessiert. Statt dessen setzte er zu einem neuen riskanten Sprung nach vorn an. Im Bewußtsein, daß die Ost-CDU trotz ihrer Vergangenheit als »Blockflöte« unter dem Dirigat der SED der einzig verfügbare Bündnispartner seiner eigenen Partei im Osten war und daß die Wahlen in der DDR gewissermaßen einen Probelauf der Bundestagswahl im Herbst darstellten, begann er, sich einen direkten Weg zur Vereinigung nach seinen Bedingungen vorzustellen. Er war wie Teltschik der Meinung, daß die Wahlen früher stattfinden sollten, nicht erst im Mai. Die DDR stand unter enormem Druck, und Modrow selbst erkannte, daß er sein Land nicht bis zum Frühjahr würde zusammenhalten können. Als Regierung und Runder Tisch beschlossen, die Wahlen vom 6. Mai auf den 18. März vorzuverlegen, begrüßte Kohl die Entscheidung, obwohl er wie Modrow und die westdeutsche SPD glaubte, daß der frühere Termin die Kommunisten und die Ost-SPD begünstigte, da sie von allen DDR-Parteien am bekanntesten und am besten organisiert waren.

Kohl sprach in bezug auf die Vereinigung immer noch von einem Zeitraum von fünf Jahren. Als Mitterrand-Berater Jacques Attali am 30. Januar Teltschik anrief und ihm im Lauf des Gesprächs die Wette anbot, daß Deutschland bis zum Ende des Jahres vereinigt sein würde, lachte der Kanzlerberater nur überrascht auf. Doch Kohl hatte durch die Entscheidung, nicht mehr über einen Stufenplan mit Modrow zu verhandeln, bereits einen radikalen Kurswechsel vollzogen. Die Alternative zu Verhandlungen über konföderative Strukturen war eine schnurgerade, ohne Aufenthalt zur Einheit führende Straße. Und für die Fahrt auf dieser Straße war nur ein Zeitplan denkbar: der kürzeste, den der internationale (Gegen-)Verkehr erlaubte. Als Teltschik am 3. Februar bei einer Tagung in München Scowcroft begegnete, stellte er fest, daß das Weiße Haus zum selben Schluß gelangt war: Bonn sollte den direkten Weg einschlagen, und das so schnell wie möglich.[15]

Washington begann seine politische Linie in der zweiten Januarhälfte den Gegebenheiten anzupassen. In der Bürokratie wurde derweil unverdrossen weiter darüber nachgedacht, wie man die Modrow-Regierung stützen konnte. Auf einer Beamtensitzung am 11. Januar einigte man sich auf die Empfehlung, für die DDR ein Hilfsprogramm wie für Polen und Ungarn aufzustellen. In den Augen der Spitzenbeamten fand die Idee, Modrow amerikanische Gelder zukommen zu lassen, jedoch keine Gnade.[16] Im Weißen Haus verfolgte Blackwill, wie er Scowcroft mitteilte, voller Sorge, daß alles weitergehe wie gehabt:»… langwierige ressortübergreifende Dispute über Dinge, die zu klein sind, um sie ohne Lupe sehen zu können; routinemäßige, beiläufige Konsultationen mit unseren Verbündeten usw. Sie werden die Art der Gespräche über die atemberaubenden Entwicklungen in Europa von Ihren Frühstückstreffen mit Baker/Cheney kennen.« Die Vereinigten Staaten brauchten eine tatkräftigere Politik. Blackwill hatte den Pessimismus, der ihn im Dezember beherrscht hatte, inzwischen abgeworfen und war zu dem Schluß gelangt, daß die deutsche Vereinigung möglichst bald vollzogen werden sollte, je eher, desto besser. Man sollte, schrieb er, nach den zwischen den USA und der Bundesrepublik vereinbarten Richtlinien eine De-facto-Einheit schaffen und die internationale Staatengemeinschaft vor vollendete Tatsachen stellen. Das mochte heißen, daß die USA ihre Viermächterechte aufgeben mußten, aber Washington sollte keine Mühe scheuen, sich den Deutschen als größter Verfechter ihrer nationalen Einheit zu präsentieren.[17]

Wenn der Vereinigungsprozeß über Jahre hinausgezogen würde, könnten die Sowjetunion und andere, wie Blackwill befürchtete, zu oft Gelegenheit erhalten, ihre Zustimmung zur Einheit von Bonner Zugeständnissen in bezug auf die NATO-Mitgliedschaft Deutschlands, seine militärische Mitarbeit im Bündnis und die Präsenz amerikanischer Streitkräfte und Atomwaffen in Europa abhängig zu machen. Im Augenblick suchten die Sowjets die Freundschaft des Westens, und ihre Deutschlandpolitik sei vorsichtig, um nicht zu sagen konfus. Doch diese Tür würde nicht immer offenstehen. Der Westen sollte die westeuropäischen Sorgen hintanstellen und sich zu raschem Handeln entschließen.»Die Wiedervereinigung kommt schnell«, schrieb Blackwill am 26. Januar an Scowcroft,»nicht allmählich und Schritt für Schritt, und der Prozeß wird nicht auf ›eine mehr und mehr zusammenwachsende Europäische Gemeinschaft‹ warten«, die Bush in seinen vier Prinzipien zur Bedingung der deutschen Vereinigung gemacht hatte. Baker und seine Berater waren unabhängig vom NSC zu derselben Einschätzung gelangt.[18] Aber was würden die Sowjets tun? Blackwill bat Rice, diese Frage für Scowcroft zu beantworten. In ihrem Papier heißt es, daß eine »schleichende Wiedervereinigung – weil alle Angst haben, über die Bedingungen zu reden – ... wahrscheinlich nicht sehr klug« wäre. Natürlich werde Gorbatschow besorgt reagieren, wenn man das Tempo anzog. Rice riet deshalb zu sechsseitigen Verhandlungen unter Einschluß der beiden deutschen Staaten, um eine schnelle Vereinigung zu erreichen. Die Sowjets würden sich einem solchen Vorgehen sicherlich widersetzen, befänden sich aber in einer schlechten Position. Rice meinte, daß die USA in die Offensive gehen und aufs Gaspedal treten sollten. Ihre entscheidende Schlußfolgerung lautete: »Ich glaube (und dies ist eine reine Vermutung; wenn wir uns an sie halten, werde ich wahrscheinlich eine Menge Zeit in der Kirche verbringen, um dafür zu beten, daß ich recht behalten möge), daß die Sowjets den Deutschen nicht einmal drohen werden. Wenn sich die Dinge weiter so entwickeln wie bisher, würde ihnen in sechs Monaten sowieso niemand mehr glauben.«[19]

Gorbatschow und Modrow entwickeln einen neuen Plan

Während die Amerikaner Vermutungen darüber anstellten, was die Sowjets dachten, versuchte man sich in Moskau darüber klarzuwerden, was man tun sollte. Aufgrund des Tempos der inneren und äußeren Entwicklung fiel es der Sowjetführung jedoch wiederum schwer, sich auf die deutsche Frage zu konzentrieren, obwohl sie als das gewichtigste außenpolitische Problem bezeichnet werden kann, vor dem die Sowjetunion damals stand. Die Verhältnisse, die Anfang 1990 im Kreml herrschten, lassen sich nur schwer nachvollziehen. Die Sowjetführer müssen mit Wehmut zurückgeschaut haben in die Frühzeit der Perestroika und des Neuen Denkens, als die Ereignisse nach Gorbatschows Taktstock zu tanzen schienen und die Welt jedem seiner Auftritte applaudierte. Jetzt, im Winter 1989/90, entschuldigte sich Gorbatschow-Berater Wadim Sagladin bei Condoleezza Rice, nachdem er sie hatte warten lassen, mit den Worten:»Es ist heutzutage nicht leicht. Ich gehe morgens nur zur Arbeit, um nachzusehen, welche neue Katastrophe uns heimgesucht hat.«

Als Schewardnadse im Dezember über die Deutschlandpolitik nachdachte, war er nur halb bei der Sache gewesen. Zu stark war seine Empörung darüber gewesen, daß die Regierung versuchte, die Fakten über das an Bürgern seiner Heimatstadt Tbilissi begangene Massaker zu verschleiern. Er reichte seinen Rücktritt ein, doch Gorbatschow nahm ihn nicht an und überredete Schewardnadse, im Amt zu bleiben.

Noch größere Konflikte bahnten sich in den baltischen Republiken an. Einst Teil des Zarenreichs, hatten Litauen, Lettland und Estland nach dem Ersten Weltkrieg die Unabhängigkeit erlangt, die sie aber schon 1940 wieder verloren, als sie nach dem Hitler-Stalin-Pakt von der Sowjetunion annektiert wurden. (Die Vereinigten Staaten haben die Einverleibung der drei baltischen Staaten nie anerkannt.) Die kommunistische Führung von Litauen fühlte sich von Gorbatschows Neuem Denken und dem Aufruhr im ehemaligen sozialistischen Lager zu dem kühnen Schritt ermutigt, die Beziehungen zur Zentralregierung in Moskau formell abzubrechen. Anfang 1990 verlangte die litauische Führung die volle Unabhängigkeit von der UdSSR. Nachdem er die Forderung nach sofortigem Einsatz von Gewalt gegen die abtrünnige Republik mit Müh und Not hatte zurückweisen können, sagte Gorbatschow alle Auslandstermine ab und flog am 11. Januar mit einer großen Delegation in die litauische Hauptstadt Vilnius. Die Gespräche, die er dort führte, blieben jedoch ergebnislos. Gut eine Woche später schickte er Verteidigungsminister Dmitri Jasow nach Aserbaidschan, um die dort ausgebrochenen nationalistischen Unruhen zu beenden. Jasow griff zur Gewalt, und in den Kämpfen, die am 20. Januar in Baku stattfanden, kamen Hunderte von Menschen ums Leben.

Die sowjetische Deutschlandpolitik trat unterdessen auf der Stelle. Gorbatschow hatte die Telefonanrufe bei Botschafter Kotschemassow in Ost-Berlin eingestellt und schien das Interesse am deutschen Tagesgeschehen verloren zu haben. Den sporadischen Forderungen nach Viermächtegesprächen folgten keine Taten, und auch Schewardnadses Straßburger Rede hatte keine spürbaren Folgen gehabt. Einen Monat, nachdem er seine sieben Fragen über die deutsche Vereinigung gestellt hatte, grübelte er immer noch über die Entwicklung nach und richtete Warnungen an den Westen, ohne eigene Ideen vorzubringen. Die Sowjets deuteten an, daß sie den Vorschlag des neuen Parteichefs der ostdeutschen Kommunisten unterstützen würden, alle Atomwaffen aus Deutschland abzuziehen, und bewiesen ihr Interesse, indem sie darüber hinaus den Abzug aller ausländischen Truppen von deutschem Boden anregten. Diplomatische Initiativen gingen aus diesen Äußerungen allerdings nicht hervor. Gerade der Stillstand der Diplomatie aber, zumal vor dem Hintergrund einer drohenden internationalen Krise, rief in Washington Besorgnis hervor, weniger die offene Gewaltanwendung. Den Amerikanern war bewußt, daß die Gefahr einer Ost-West-Krise erhebliche Auswirkungen auf die innenpolitische Situation in der Bundesrepublik gehabt hätte. Im Dezember hatte Blackwill befürchtet, Gorbatschow könnte zu einer Friedenskonferenz über Deutschland aufrufen. Aber weder diese noch irgendeine andere bedrohliche Initiative war Realität geworden.[20]

Vor diesem Hintergrund berief Gorbatschow am 26. Januar eine außerordentliche Sitzung seiner Berater ein, um über die Deutschlandpolitik zu diskutieren.[21] Die Idee eines deutschlandpolitischen Krisenstabes stammte von Falin. Teilnehmer dieser ersten Sitzung in Gorbatschows Arbeitszimmer im Kreml waren Schewardnadse, Ministerpräsident Nikolai Ryschkow, Politbüromitglied und ZK-Sekretär Alexander Jakowlew, Valentin Falin, dessen Stellvertreter Rafael Fjodorow, KGB-Chef Wladimir Krjutschkow sowie Gorbatschows persönliche Berater Sergej Achromejew, Anatoli Tschernjajew und Georgi Schachnasarow. Gorbatschow gab den Ton an. »Wir wollen ganz offen darüber sprechen, was bevorsteht«, sagte er zu Beginn der Sitzung, »alle Prämissen sind erlaubt, außer einer: ein Einsatz unserer Streitkräfte.« Es folgte eine vierstündige Diskussion, in der es zeitweise hoch herging.

Tschernjajew vertrat einen radikal prowestlichen Standpunkt. Er schlug Gorbatschow vor, sich an der Haltung der BRD zu orientieren und ein Übereinkommen mit der Regierung Kohl anzustreben. Insbesondere dieser selbst sei ein verläßlicher Partner. Mit der deutschen Einbindung in die NATO müsse man sich abfinden. Immerhin halte Kohl an der Idee fest, die Wiedervereinigung im Rahmen des gesamteuropäischen Prozesses zu vollziehen. Gorbatschow solle die diskreditierte ostdeutsche Regierung fallenlassen und ein Treffen mit Modrow und besonders mit Gregor Gysi, dem neuen Chef der zur PDS »reformierten« SED, ablehnen.

Falin und Fjodorow erhoben Einspruch. Man dürfe die DDR und ihre kommunistische Führung nicht aufgeben. Fjodorow verstieg sich sogar zu der Behauptung, daß in Westdeutschland niemand die Wiedervereinigung wolle. Aber was tun? fragte Gorbatschow. Jede Option schien den Einsatz von Truppen einzuschließen. Falin meinte, daß die Sowjetunion jetzt zusammen mit der DDR die Früchte einer kurzsichtigen Politik erntete. Wie sich die Deutschen auch entscheiden mochten, die UdSSR habe alles Recht der Welt, auf der Beachtung ihrer Interessen zu bestehen. Es sei falsch, die Einbeziehung Ostdeutschlands in die NATO fatalistisch als etwas Unvermeidliches hinzunehmen. Falin machte sich auch Gedanken über die Art der Vereinigung – wenn es denn zu ihr kommen sollte. Er versuchte den grundlegenden Unterschied zwischen dem direkten Zusammenschluß durch Eingliederung der DDR in die Bundesrepublik und dem völlig anders gearteten Weg der Konföderation von zwei gleichgestellten, souveränen Staaten begreiflich zu machen. Wie Tschernjajew später zugab, wußte jedoch niemand im Raum, wovon Falin sprach.

Schewardnadse und Ryschkow nahmen eine mittlere Position ein. Sie sprachen sich dafür aus, den Veränderungen in Deutschland aufgeschlossen gegenüberzutreten und sie nicht zu blockieren. Krjutschkow äußerte sich als Repräsentant des KGB in der Sache neutral, merkte aber an, daß die SED »als solche« bereits nicht mehr existiere und die staatlichen Strukturen der DDR in Auflösung begriffen seien. Einer von Ryschkow eingeworfenen Bemerkung stimmten alle zu: »Wir dürfen Kohl nicht alles geben.« Die Sowjetunion sollte enger mit jenen zusammenarbeiten, die Bonn zügeln wollten, insbesondere mit Frankreich und Großbritannien. Tschernjajew erinnert sich, die Bildung eines »sechsköpfigen Gremiums« angeregt zu haben, in dem die vier Siegermächte des Zweiten Weltkriegs und die beiden deutschen Staaten über alle im Zusammenhang mit der Wiedervereinigung stehenden Fragen verhandeln könnten. Den Gedanken einer Friedenskonferenz oder die ältere Idee eines KSZE-Treffens über Deutschland scheint niemand angesprochen zu haben.

Am Ende faßte Gorbatschow die Ergebnisse der Sitzung zusammen, wobei er allen Seiten gerecht zu werden versuchte. Die Idee der »Sechsergruppe« hatte allgemeine Zustimmung gefunden. Außerdem würde sich die UdSSR stärker an Kohl orientieren. Gorbatschow war klar, daß ihm realistischerweise keine andere Wahl blieb, als sich mit dem Bundeskanzler zu verständigen. Außerdem stand er ihm jetzt positiver gegenüber als noch im Dezember. Anfang des Jahres hatte er Kohl an dessen im Juni 1989 gegebenes Versprechen erinnert und ihn um dringend benötigte Lebensmittellieferungen gebeten. Zwei Wochen später hatte Bonn einen Plan für den Sonderverkauf großer Mengen von Lebensmitteln ausgearbeitet, der von der Bundesregierung mit zweihundertzwanzig Millionen D-Mark subventioniert wurde.[22]

Andererseits erklärte Gorbatschow in seiner Zusammenfassung, daß die ostdeutschen Genossen nicht übergangen werden dürften. Sowohl Modrow als auch Gysi sollten für Ende Januar nach Moskau eingeladen werden. Außerdem würde die Sowjetunion engen Kontakt mit London und Paris halten. Falls nötig, werde er, Gorbatschow, in beide Hauptstädte reisen, um eine gemeinsame Front aufzubauen. Die Vereinigung Deutschlands dürfe die NATO nicht näher an die sowjetische Grenze bringen. Schließlich forderte er Marschall Achromejew auf, den Abzug der sowjetischen Truppen aus der DDR vorzubereiten, ein Vorhaben, das mit dem ostdeutschen Vorschlag verknüpft werden sollte, alle ausländischen Truppen aus den beiden deutschen Staaten abzuziehen.[23]

Der ostdeutschen Führung wurde diese neue politische Linie vermittelt, als Modrow am 30. Januar nach Moskau kam.[24] Er brachte einen noch während des Fluges ausgefeilten und ins Russische übersetzten Stufenplan für die Schaffung einer Föderation der beiden deutschen Staaten mit, der den sowjetischen Vorstellungen entgegenkam. Modrows Plan sah als ersten Schritt einen Vertrag vor, durch den sich die beiden deutschen Staaten in wirtschaftlicher Hinsicht und in einigen Aspekten staatlichen Handelns zusammenschließen sollten, ohne ihre politische Unabhängigkeit aufzugeben. In einem späteren Schritt seien dann gewisse Souveränitätsrechte an die Konföderation zu übertragen. Am Ende sollte die Bildung eines »einheitlichen Staates in Form einer Föderation oder eines Deutschen Bundes« stehen.

Modrow fand Gorbatschow geistig beweglich und integrationsfähig, aber auch unentschlossen. Außerdem fehlte es ihm nach Ansicht seines Gastes an tieferem Verständnis für Wirtschaftsfragen. Der mit Kohl um die Herzen und Köpfe der Ostdeutschen ringende Modrow erwartete von Gorbatschow, daß er beim westdeutschen Kanzler darauf drängte, die versprochene Wirtschaftshilfe zu leisten. Gorbatschow sparte das Thema Wirtschaft jedoch aus und verwies auf Ministerpräsident Ryschkow. Modrow und Gorbatschow fanden dennoch eine gemeinsame Sprache. Der Bundeskanzler, erklärte Gorbatschow, begehe einen Fehler, wenn er versuche, die DDR zu destabilisieren. Diese Versuche könnten auf die BRD und andere europäische Staaten zurückschlagen. Er sei im übrigen zuversichtlich, daß die Menschen bei der Wahl am 18. März für den Erhalt der DDR stimmen würden. Obwohl sich die Sowjetunion bislang noch nicht für die Bildung einer Konföderation ausgesprochen hatte, gefiel Gorbatschow Modrows Plan, der gut zur neuen politischen Linie des Kreml paßte. Es war das erste Mal, daß die Sowjets die Bereitschaft erkennen ließen, die deutsche Vereinigung zu akzeptieren. Eine Bedingung nannte Gorbatschow allerdings: daß die sowjetischen Sicherheitsinteressen berücksichtigt wurden und die künftige deutsche (Kon-)Föderation militärisch neutral sein würde. Er könne sich vorstellen, gemeinsam mit Frankreich und Großbritannien einen Plan für ganz Europa auszuarbeiten, der zusammen mit der Umgestaltung der beiden Militärbündnisse zur Neutralisierung Deutschlands führen würde. Besiegelt werden sollte das Ganze durch einen Friedensvertrag.

Modrow nahm sich nicht die Zeit, seine Regierung oder den Runden Tisch zu konsultieren, sondern gab seinen Plan am 1. Februar bekannt.[25] In der Folgezeit hoben Gorbatschow und Schewardnadse wiederholt die Logik des von Modrow vorgeschlagenen stufenweisen Vorgehens hervor, bekannten sich gleichzeitig aber auch zum Selbstbestimmungsrecht der Deutschen. Als weitere Elemente der »Annäherung« der beiden deutschen Staaten nannten sie stets einen Friedensvertrag, den »gesamteuropäischen Prozeß« sowie die Neutralisierung und Entmilitarisierung des neuen Deutschland. Moskau hatte endlich eine mit Ost-Berlin abgestimmte kohärente Politik gefunden.

In einem Brief an Bush erläuterte Gorbatschow die neue Moskauer Linie, wobei er düster feststellte: »Die Vereinigungsgefühle kochen über, was unübersehbar von jemandem ausgenutzt wird, um eine unkontrollierbare Situation zu schaffen.« Der beste Weg, mit diesem Druck fertig zu werden, sei Modrows Stufenplan, der auch die äußeren Interessen berücksichtige. »Jede Hast, jedes Überspringen von Stufen, allzu apodiktische Folgerungen oder Einschätzungen können nur im Chaos enden«, schrieb Gorbatschow und fuhr im Widerspruch zu der in seinem Krisenstab besprochenen Idee eines Sechsergremiums fort, daß Modrow ebenfalls von der Notwendigkeit überzeugt sei, bei der Bewältigung der anstehenden Probleme die Vier Mächte einzubeziehen. Die Situation erfordere ein »erhöhtes Verantwortungsgefühl«.[26]

Bonn und Washington waren jedoch zu dem Schluß gelangt, daß die Vereinigung schneller vonstatten gehen sollte, nicht langsamer. Darüber hinaus verdunkelten sich die Moskauer Aussichten auf eine Koalition mit Frankreich und Großbritannien gerade in dem Augenblick, in dem die Sowjets ihre neue Politik durch Absprachen mit Paris und London diplomatisch zu unterfüttern trachteten. Margaret Thatcher hatte einen letzten Versuch unternommen, eine britisch-französische Achse gegen die Deutschen zu schmieden. Da der Weg zu Viermächtegesprächen von Washington blockiert wurde und es ihr im November in Camp David nicht gelungen war, Präsident Bush auf ihre Seite zu ziehen, hatte sie ihre ganze Hoffnung auf ein Gespräch mit Mitterrand gesetzt, das am 20. Januar im Elysée-Palast stattfand.[27] Mitterrand war offenbar verärgert über das Verhalten der Westdeutschen. Er gestand den Deutschen zwar das Recht auf Selbstbestimmung zu, nicht aber das Recht, die Realitäten in Europa umzustürzen oder ihr Bestreben nach Wiedervereinigung über alle anderen Themen zu setzen.

Mitterrand stimmte Thatchers Analyse des Problems zu, wußte aber nicht, was man tun konnte. Thatcher glaubte dagegen, daß man einiges tun könne, um den Vereinigungsprozeß zu verlangsamen. Das Problem sei nur, daß manche Regierungen ihre Befürchtungen nicht öffentlich aussprächen. Das Treffen endete ohne konkrete Ergebnisse. Es wurde vereinbart, daß die Außen- und Verteidigungsminister über die Wiedervereinigung und eine engere britisch-französische Zusammenarbeit in der Verteidigungspolitik konferieren sollten, doch es blieb die Tatsache, wie Thatcher später eingestand, »daß diesen Diskussionen zwischen Präsident Mitterrand und mir nur wenige oder gar keine praktischen Schritte im Hinblick auf die deutsche Frage folgten«.

Eine andere Achse, die zwischen Bonn und Washington, machte es den NATO-Verbündeten nahezu unmöglich, ihre Besorgnisse über die deutsche Vereinigung an die Öffentlichkeit zu bringen. Noch viel weniger konnten sie etwas unternehmen, um die Entwicklung aufzuhalten. Ohne amerikanische Rückendeckung wirkten die diplomatischen Optionen der Briten und Franzosen fast alle absurd. Außerdem wollte Mitterrand seine Vision für die Zukunft der Europäischen Gemeinschaft nicht durch eine Konfrontation mit Bonn aufs Spiel setzen.

Der Zwei-plus-Vier-Gedanke wird geboren

Nachdem die US-Administration zu dem Schluß gelangt war, daß die Vereinigung auf direktem Wege und so schnell wie möglich verwirklicht werden sollte, mußte sie sich den daraus folgenden Problemen stellen. Ende Januar 1990 waren dies vor allem drei Fragen: Wie schnell sollte die Vereinigung konkret vonstatten gehen und mit welchem Ergebnis hinsichtlich der NATO? Welchen Mechanismus sollte man für die Regelung der äußeren Aspekte der Vereinigung wählen? Welche Militärpräsenz sollte man in den neunziger Jahren in Europa und speziell in Deutschland beibehalten und wie sollte sich dies in den Rüstungskontrollverhandlungen widerspiegeln?

Robert Blackwill vom Stab des NSC empfahl, gemeinsam mit der Bundesrepublik eine Blaupause der erwünschten sicherheitsrelevanten Resultate einer schnellen Vereinigung anzufertigen. In Blackwills Entwurf wurden die drei Fragen so beantwortet: Das gesamte vereinigte Deutschland wird der NATO angehören, auch wenn das Gebiet der ehemaligen DDR entmilitarisiert werden sollte. Reduzierte, aber immer noch starke US-Streitkräfte werden in Deutschland stationiert bleiben. Die gegenwärtigen Grenzen von BRD und DDR werden die Grenzen des vereinigten Deutschland bilden. Schließlich werden die Vier Mächte, die BRD und eine neue, frei gewählte DDR-Regierung einen Friedensvertrag aushandeln, der dann – zur Kenntnisnahme – der KSZE vorgelegt wird.[28]

Blackwill diskutierte mit mehreren Spitzenbeamten des Außenministeriums über seine Ideen, unter anderen mit Zoellick. Auf unterer Ebene hatte man dort bereits über dieselben Fragen nachgedacht, allerdings mit völlig anderen Ergebnissen. Einige Mitglieder des Planungsstabes glaubten, daß die USA in der NATO-Frage möglicherweise zurückstecken müßten. Selbst wenn ein vereinigtes Deutschland Mitglied der NATO bleiben könnte, sollte man darüber nachdenken, es aus der militärischen Organisation zu entlassen und Verhandlungen über den Abzug sämtlicher amerikanischen und sowjetischen Streitkräfte von deutschem Boden aufzunehmen. In der Europaabteilung pflegte man eine andere Form von diplomatischem Pessimismus. Deren Mitarbeiter glaubten, daß sich die USA auf Verhandlungen über den Abzug aller Atomwaffen aus Deutschland vorbereiten sollten. Außerdem fanden sie, daß man die Vier Mächte aus dem Prozeß heraushalten und der KSZE Gelegenheit geben sollte, eine diplomatische Lösung zu bestätigen, nicht nur zur Kenntnis zu nehmen. Keine dieser Vorstellungen wurde jedoch Baker oder dem Weißen Haus unterbreitet, und so blieb Blackwills Blaupause im Weißen Haus sowie bei Baker und Zoellick die einflußreichste Darstellung der amerikanischen Präferenzen für den internationalen Status des geeinten Deutschland.[29]

Die amerikanischen Präferenzen konnten Bonn jedoch nicht einfach aufgezwungen werden. In Washington war nicht unbemerkt geblieben, daß Kohl Mitte Januar in einem Interview auf die Frage, ob ein vereinigtes Deutschland Mitglied der NATO sein werde, erwidert hatte, daß es noch zu früh sei, dies zu sagen. Bundespräsident Weizsäcker hoffte, daß die deutsche Vereinigung schrittweise in einen europäischen Rahmen eingebettet werden würde, wollte sich jedoch nicht genauer äußern. Eine Antwort auf die NATO-Frage hatte auch er nicht.[30] Also ließ die US-Regierung sie für den Augenblick auf sich beruhen und beschäftigte sich statt dessen mit der Frage, welchen Mechanismus sie für die Vereinigung Deutschlands vorschlagen sollte. Beim NSC-Stab hatte man sich in dieser Frage bisher absichtlich zurückgehalten, weil Scowcroft, Blackwill, Rice und Zelikow hofften, daß die beiden deutschen Staaten rasch eine De-facto-Vereinigung erreichen würden, bevor die Sowjets und andere effektiven diplomatischen Widerstand organisieren konnten. Vor diesem Hintergrund hätten dann die beiden deutschen Staaten und die Vier Mächte zusammenkommen können, um das Ergebnis offiziell anzuerkennen. Zu diesem Zeitpunkt, so hoffte man beim NSC, würden die Sowjets keine andere Wahl mehr haben als zuzustimmen.

Bakers Berater Dennis Ross und Rober Zoellick waren anderer Ansicht.[31] Sie hielten es für angeraten, die Sowjets an dem Prozeß zu beteiligen, in dem die Aspekte der Vereinigung beraten werden sollten, und nicht erst, nachdem sie faktisch bereits vollzogen war. Wie der NSC-Stab lehnten Ross und Zoellick sowohl die Vier Mächte als auch die KSZE als Forum dieser Verhandlungen ab. Sie hatten einen alternativen Mechanismus entworfen, den sie Baker unter dem Namen »Zwei-plus-Vier-Mächte-Gespräche« vorschlugen. »Die Vereinigung«, warnten sie den Außenminister, »könnte sich in den nächsten Monaten in einem Maß beschleunigen, daß die ausgewogene Vorgehensweise, die Sie in Ihrer Berliner Rede dargelegt haben, hinfällig wird.« Es sei nötig, auf die »Zeitrafferversion der Vereinigung« umzuschalten. Dafür schlugen sie vor, das Forum der Vier Mächte zu einer Zwei-Plus-Vier-Runde zu erweitern.

Sie wußten, daß die Westdeutschen jede Viermächteintervention zurückweisen würden. Durch ihre Beteiligung am Zwei-plus-Vier-Prozeß wurde dieser Einwand zwar entschärft, dennoch wollten Ross und Zoellick ausdrücklich festgestellt wissen, daß »die USA die Zwei-plus-Vier-Mächte-Gespräche nutzen werden, um die deutsche Einheit zu verwirklichen«. Sie sollten darüber hinaus erst aufgenommen werden, wenn eine frei gewählte ostdeutsche Regierung an ihnen teilnehmen konnte, das hieß nach den Wahlen am 18. März.

Die Schaffung eines Gesprächsforums war nach Ansicht der beiden Baker-Berater also kein Selbstzweck, sondern an drei »Mindestbedingungen« geknüpft: (1) Die ostdeutschen Delegierten mußten eine frei gewählte Regierung vertreten. (2) Die beiden deutschen Staaten mußten gleichberechtigt an den »Konsultationen« mit den Vier Mächten beteiligt werden. (3) Alle teilnehmenden Staaten mußten sich öffentlich damit einverstanden erklären, daß die Gespräche ein Mandat zum Ziel hatten, das die beiden deutschen Staaten ermächtigen würde, die Vereinigung zu vollziehen. Ross und Zoellick glaubten, daß Moskau die Zwei-plus-Vier-Idee begrüßen würde, weil es diplomatischen Einfluß auf die deutsche Vereinigung gewinnen wollte, »aber an den Bedingungen für solche Gespräche möglicherweise schwer zu schlucken haben wird«. Dennoch hielten sie diese Bedingungen für unverzichtbar, wenn man die Westdeutschen überreden wollte, die Einbeziehung der Vier Mächte in die Entscheidung über die Zukunft Deutschlands zu akzeptieren.

Nachdem sie Baker ihr Memorandum vorgelegt hatten, teilten Ross und Zoellick dessen Inhalt auch Raymond Seitz mit, dem Chef der Europaabteilung des Außenministeriums. Seitz entschloß sich nach Rücksprache mit James Dobbins und einem anderen Berater, Brunson McKinley, Widerspruch gegen den Vorschlag einzulegen.[32] In seinem Vermerk für Baker führte er drei Hauptargumente gegen die Zwei-plus-Vier-Idee ins Feld. Erstens mochte die Vereinigung schneller vor sich gehen, als man es in Europa wollte, aber man habe es nicht mit einer »durchgehenden Herde« zu tun. Die Deutschen hätten einen vernünftigen Plan für Verhandlungen zwischen den beiden deutschen Staaten. »Eine Alternative oder auch nur einen ergänzenden Mechanismus einzuführen, ist zumindest verfrüht«, schrieb Seitz. Und McKinley bemerkte in seiner Stellungnahme: »Zwei plus Vier ist keine ›Zeitrafferversion‹, sondern eine in Zeitlupe. Zwei plus Null ist die schnelle Variante.« Das war natürlich auch die Meinung des NSC-Stabes.

Zweitens meinte Seitz, die Zwei-plus-Vier-Formel würde »als das gesehen werden, was sie ist: ein Vier-Mächte-Forum unter deutschem Zelt«. Damit würde man die Deutschen vor den Kopf stoßen. Amerika würde als Gegner der deutschen Selbstbestimmung dastehen, Mißtrauen gegenüber der Bundesrepublik signalisieren und den starken Einfluß aufs Spiel setzen, den man in Bonn besitze. Drittens würde es nicht im amerikanischen Interesse liegen, »die Sowjets in eine im wesentlichen deutsche Angelegenheit hineinzuziehen, ganz sicher nicht in dieser Phase«. Die Vier Mächte sollten auf der Grundlage »einer streng eingegrenzten, vorher abgesprochenen Tagesordnung« am Ende des Prozesses beteiligt werden, nicht am Anfang. Washington sollte statt dessen die bilateralen Beziehungen sowohl zur Bundesrepublik als auch zur Sowjetunion stärken. Gemeinsam mit den Westdeutschen könnten wahrscheinlich annehmbare substantielle Resultate erzielt werden. Dabei sollte man sich stärker an Kohl und das Kanzleramt halten als an Genscher.

Zoellick leitete diese abweichende Ansicht mit der Bemerkung an Baker weiter, daß die Meinungsverschiedenheit im Grunde die Frage betreffe, wie man den Sowjets begegnen sollte. Er unterstrich, daß die Bundesrepublik ohne ein multilaterales Forum wahrscheinlich gezwungen sein werde, eine zweiseitige Übereinkunft mit der Sowjetunion anzustreben. Das sei riskant: »Wenn die Deutschen die Vereinigung mit den Sowjets aushandeln, bleibt die NATO außen vor und wird zu einem Hindernis.« Ohne einen funktionierenden multilateralen Mechanismus könnten auch die Vereinigten Staaten selbst beiseite gedrängt werden. Das Timing des Zwei-plus-Vier-Forums sei zwar eine berechtigte Frage, »aber wenn es zu einem reinen Ratifizierungsinstrument wird, werden wir einen Handel ratifizieren, den die BRD mit der UdSSR eingegangen ist«.

In die deutschlandpolitischen Überlegungen spielten darüber hinaus Erwägungen über die Zukunft der amerikanischen Streitkräfte in Europa hinein. Die militärische Dimension war offensichtlich: Es mußte entschieden werden, welche Streitkräfte noch gebraucht wurden, während die Spannungen des Kalten Krieges abklangen. Aber es gab auch eine diplomatische Komponente: Zum einen wollte Washington den KSE-Vertrag 1990 unter Dach und Fach bringen; zum anderen lag aus Moskau und Ost-Berlin der Vorschlag auf dem Tisch, alle ausländischen Streitkräfte und Atomwaffen von deutschem Boden abzuziehen.

Im Vorjahr hatte Bush versprochen, weiterhin nukleare und konventionelle US-Streitkräfte in bedeutendem Umfang in Europa zu stationieren. Seine Administration war der festen Überzeugung, daß die Vereinigten Staaten auf absehbare Zeit eine erhebliche militärische Präsenz in Europa aufrechterhalten sollten, auch wenn die unmittelbare militärische Bedrohung durch die Sowjetunion nachließ. Dafür gab es mehrere Gründe: die ebenso turbulente wie unsichere Lage in Europa, die Bedeutung der in Europa stationierten US-Streitkräfte für das Gewicht der Vereinigten Staaten in anderen Regionen, etwa im Nahen Osten, und die Tatsache, daß die sowjetische Militärmacht auf jeden Fall groß genug bleiben würde, um Westeuropa einzuschüchtern, wenn die Amerikaner abzögen. Jeder europäische Staats- oder Regierungschef, mit dem Bush sprach, hatte den Wunsch geäußert, daß die Amerikaner in Europa blieben, und zwar in beträchtlicher Stärke. Die amerikanische Truppenpräsenz stellte insofern auch einen Garant dafür dar, daß die USA in der europäischen Politik weiterhin eine zentrale Rolle spielten. Die Bush-Administration maß der Sicherung dieses Einflusses einen hohen Stellenwert bei, wie es in Bushs nüchterner Feststellung zum Ausdruck kam, die Vereinigten Staaten seien und blieben »eine europäische Macht«.

Im amerikanischen Regierungsapparat hoffte man, daß das Rückgrat der US-Militärpräsenz in Europa weiterhin die Truppen in der Bundesrepublik Deutschland bilden würden, wo achtzig Prozent – rund zweihundertfünfzigtausend – der mehr als dreihunderttausend jenseits des Atlantiks stationierten US-Soldaten Dienst taten. Dem schwindenden Militärpotential des Warschauer Pakts entsprechend sollte die Streitkräfteplanung jedoch revidiert werden. Die Administration wollte noch im Januar einen Fünfjahresplan vorlegen, in dem den Veränderungen Rechnung getragen wurde. Aber der Kongreß hatte dazu seine eigenen Vorstellungen. Es bestand die reale Gefahr einer drastischen Reduzierung der amerikanischen Truppenpräsenz, so daß die Bündnispartner im ungewissen darüber gewesen wären, ob die USA weiterhin ihren Teil zur Sicherheit Europas beitragen würden. Präsident Bush stand daher vor der Aufgabe, einen Weg zu finden, um die starke Truppenpräsenz in Europa aufrechtzuerhalten, den Verteidigungshaushalt zu konsolidieren und ein verläßlicher, berechenbarer Führer des atlantischen Bündnisses zu bleiben.

Es ging um schicksalhafte Entscheidungen. Die Bush-Administration war entschlossen, das europäische Sicherheitssystem der NATO auch nach Beendigung des Kalten Krieges in seinen Grundzügen zu erhalten. Deutschland sollte sich zu seinem Schutz weiterhin auf die NATO stützen, und die Vereinigten Staaten würden als Unterpfand ihrer Verpflichtungen weiterhin in erheblichem Umfang Streitkräfte in Europa stationieren. Die Deutschen sollten also auf eine rein nationale Verteidigung, einschließlich der Entwicklung eigener Atomwaffen, verzichten, während die Amerikaner ihre Pflichten als europäische Macht akzeptierten, weil sie erkannt hatten, daß ihr Schicksal, ob es ihnen gefiel oder nicht, mit dem Westeuropas verknüpft blieb.

Im Mai 1989 hatte Bush den Sowjets zur Belebung der VKSE den Vorschlag gemacht, für die in Europa stationierten Truppen beider Seiten eine Obergrenze von jeweils 275 000 Mann festzulegen. Das hätte bedeutet, daß die amerikanischen Truppen um zehn Prozent und die sowjetischen um mehr als die Hälfte verringert worden wären. Als Reaktion auf die folgenschweren Ereignisse von Ende 1989 wurden Bush nun drei Alternativen vorgelegt: Verteidigungsminister Richard Cheney, Generalstabschef Colin Powell und NATO-Oberbefehlshaber John Galvin wollten an der Obergrenze von 275 000 Mann festhalten und keine Debatte darüber auslösen, wie tief sie noch gedrückt werden konnte. Scowcroft und sein Stab glaubten, daß diese Diskussion nicht zu vermeiden war, und empfahlen Bush deshalb, ihr durch den Vorschlag seinen Stempel aufzudrücken, die Obergrenze auf ein Minimum von 200 000 Mann abzusenken und dies im KSE-Vertrag festzuschreiben. Baker schließlich wollte bei der Zahl von 275 000 Mann bleiben, bis der KSE-Vertrag unterzeichnet war, und danach eine einseitige Reduzierung auf 200 000 Mann verkünden.[33]

Bush bevorzugte die NSC-Variante, wollte aber gewährleistet wissen, daß der Abschluß des KSE-Vertrages im laufenden Jahr nicht durch neue Initiativen verhindert wurde. Er bat das Pentagon, ihm eine optimale Zahl nahe bei 200 000 zu nennen. Der Vorschlag des Verteidigungsministeriums lautete, daß bis 1994 die beiderseitige Truppenstärke in Mittel- und Osteuropa auf 195 000 und in Europa insgesamt auf 225 000 Mann reduziert werden sollte. Das bedeutete, daß rund ein Viertel der US-Truppen und der größte Teil der außerhalb der UdSSR stationierten sowjetischen Streitkräfte aus Europa abgezogen werden müßten.[34]

Bush telefonierte zuerst mit Kohl, der hundertprozentig mit dem Vorschlag einverstanden war. Darüber hinaus äußerte er den Wunsch, nach Washington zu kommen, um mit dem Präsidenten über Deutschland zu sprechen. Es wurde ein Termin im nächsten Monat vereinbart.[35] Auch vom italienischen Ministerpräsident Andreotti erhielt Bush Unterstützung. Mitterrand vermochte sich jedoch nicht so schnell mit dem geplanten amerikanischen Schritt anzufreunden.[36] Er wollte erst Kohls Reaktion erfahren. Bush teilte ihm mit, daß sowohl Kohl als auch Andreotti der Initiative zugestimmt hätten. Doch Mitterrand befürchtete, daß die ständigen Reduzierungen zur Neutralisierung Deutschlands führen würden. Bush versicherte ihm, daß die Vereinigten Staaten dies nicht zulassen würden. Dann erwähnte der französische Präsident, daß Frankreich ebenfalls über seine Militärpräsenz in Deutschland nachdenke. Er wolle sichergehen, daß Bush einen französischen Truppenrückzug nicht mit der

Unterstützung der Neutralisierung Deutschlands verwechselte. Diese sei das Ziel der Sowjetunion.

Bush stimmte ihm zu und fragte ihn dann, ob ihm eine mögliche deutsche Neutralität jetzt mehr Sorgen bereite als bisher. Mitterrand erwiderte, daß angesichts des starken Drangs zur Wiedervereinigung die große Gefahr bestehe, daß Parlamente, die gewählt wurden, um die Einheit zu erreichen, eine Massenbewegung auslösten, die den Abzug aller ausländischen Truppen und Atomwaffen aus Deutschland verlangen könnte. Er halte den amerikanischen Vorschlag für durchaus sinnvoll, frage sich aber, ob Kohls positive Reaktion nicht auch ein wenig beunruhigend sei. Der amerikanische Plan sei jedenfalls nur dann durchführbar, wenn allen Beteiligten klar sei, daß die notwendige Truppenreduzierung nicht bedeute, daß zwischen der Sowjetunion und Westeuropa keine amerikanischen Truppen mehr stünden.

Schließlich rief Bush in London an. Thatcher fand die scheibchenweise Aufgabe von NATO-Positionen ohne Berücksichtigung des Drucks, der im Verlauf der deutschen Wiedervereinigung entstehen konnte, ebenfalls besorgniserregend. Ihr Botschafter in Bonn, berichtete sie, habe sie über Kohls Plan informiert, die Einheit in fünf Jahren zu erreichen, Ende 1994. Man müsse eine grundsätzliche politische und strategische Beurteilung der Lage in Mitteleuropa vornehmen. Sie werde demnächst mit ihren außen- und verteidigungspolitischen Experten über diese Fragen beraten. Bush und sie sollten ihre grundsätzlichen politischen Einschätzungen anschließend miteinander abstimmen, »wie nur wir es können, ohne daß etwas durchsickert«. Bush gestand ein, daß es zwischen ihm und Thatcher in bezug auf Deutschland einen »Hauch von Differenz« gebe und daß sie darüber sprechen müßten. Dann kam Thatcher wieder auf die NATO zu sprechen. Sie befürchte, daß sich ein geeintes Deutschland für die »Entnuklearisierung« seines Territoriums entscheiden könnte. Bush pflichtete ihr insofern bei, als die Folgen des Wandels in Europa noch nicht abzusehen seien, verteidigte aber sein Vorhaben, die US-Truppen zu reduzieren.[37]

Lawrence Eagleburger und Robert Gates, die als Bushs Gesandte nach Europa reisten, um die KSE-Initiative zu erläutern, stießen auf ähnliche Reaktionen, wie sie Bush bereits in seinen Telefongesprächen erfahren hatte. Zwischen London und Bonn waren ernstzunehmende Spannungen zu verspüren. Mitterrand hatte keine Probleme mit dem Vorschlag selbst, wiederholte aber, daß die Neutralisierung Deutschlands unbedingt vermieden werden müsse. Kohl bekräftigte seine Unterstützung für die weitere Präsenz von US-Truppen in Deutschland, sprach aber irritierenderweise kaum von der NATO. Im Kanzleramt suchte man nach Mitteln und Wegen, um den Vereinigungsprozeß stärker in die gesamteuropäische Entwicklung einzubetten, und Teltschik fand es erfreulich,»wie Bush und Baker uns dafür den Boden bereiten«.[38]

Nach den Konsultationen mit den wichtigsten Verbündeten sandte Bush am 31. Januar, dem Tag, an dem er die Initiative in seiner Rede zur Lage der Nation vor dem Kongreß bekanntgeben wollte, eine Botschaft mit seinem Vorschlag an Gorbatschow. Er schrieb dem Sowjetführer, daß die Vereinigten Staaten beabsichtigten,»unterhalb dieser Obergrenze und mit Zustimmung unserer Verbündeten auf absehbare Zeit eine beträchtliche militärische Präsenz in Europa aufrechtzuerhalten, unabhängig davon, welche Entscheidungen Sie in bezug auf Ihre eigenen Streitkräfte treffen«. Nach Übermittlung seines Briefs rief Bush in Moskau an und bekräftigte diesen Punkt. Gorbatschow wiederholte die Mitteilung, um sicherzugehen, daß er sie richtig verstanden hatte. Dann sagte er Bush zu, seinen Vorschlag in konstruktivem Geist zu prüfen.[39]

Damit hatte die US-Administration bis Ende Januar drei politische Richtlinien für Mitteleuropa entwickelt. Erstens hatten sich das Weiße Haus und das Außenministerium darauf verständigt, den schnellsten Weg zur deutschen Einheit zu unterstützen, und es war geklärt, welchen Platz die NATO am Ende dieses Weges einnehmen sollte. Zweitens waren im Außenministerium die Grundlagen eines Zwei-plus-Vier-Mechanismus für die Verhandlungen über die äußeren Aspekte der deutschen Vereinigung entwickelt worden. Er würde jenen ein Ventil bieten, die auf einem internationalen Gesprächsforum bestanden, dieses aber weder der Kontrolle der Vier Mächte unterstellen noch zum Podium der fünfunddreißig KSZE-Teilnehmerstaaten machen. Darüber hinaus würden die Zwei-plus-Vier-Teilnehmer von vornherein anerkennen müssen, daß der Prozeß, an dem sie beteiligt waren, die Vereinigung zum Ziel hatte. Drittens hatte Bush entschieden, in welcher Stärke amerikanische Truppen in Europa stationiert bleiben sollten und wie diese Entscheidung in die laufenden Abrüstungsverhandlungen einfließen konnte.

In der ersten Februarhälfte trafen somit zwei neue politische Ansätze aufeinander, der amerikanische und der sowjetische. Gleichzeitig ordneten die Westdeutschen ihre Gedanken über die nächsten Schritte auf dem Weg zur Einheit, und die Diplomatie verfiel angesichts der Einsätze, die auf dem Spiel standen, in hektische Aktivität. Die Außenminister Frankreichs und Großbritanniens kamen in Washington zusammen; der US-Außenminister flog nach Moskau, wo nach ihm der Bundeskanzler begrüßt wurde; und schließlich versammelten sich die Außenminister der NATO und des Warschauer Pakts in Ottawa – alles innerhalb von nur zwei Wochen.

Neue Strategien von Baker und Genscher

In Washington kamen Baker und Bush zusammen, um das weitere Vorgehen in der Deutschlandpolitik abzusprechen. Es gibt kein Protokoll des Treffens, doch Bakers Notizen zufolge wies er darauf hin, daß die Sowjets jetzt von der Vereinigung ausgehen würden,»aber auch die Bedingungen klarmachen, um die es dabei gehen wird«. Die große Gefahr bestehe darin, daß die Sowjetunion die Vereinigung nicht zulassen werde, falls Deutschland in der NATO bleiben sollte. Das amerikanische Beharren auf der NATO-Mitgliedschaft könnte sich als Hindernis für die Einheit erweisen, und es wären dann die Amerikaner, nicht die Sowjets, die sich dem Zug in den Weg stellten. Man müsse also offen mit den Westdeutschen über die Notwendigkeit der NATO-Mitgliedschaft eines geeinten Deutschland sprechen, selbst wenn die Osthälfte des Landes entmilitarisiert werden sollte. Baker hatte ein klares Quidproquo im Sinn: Die Vereinigten Staaten würden helfen, die Vereinigung zu verwirklichen, *wenn* sich die Westdeutschen in der NATO-Frage auf die Seite der Amerikaner stellten.[40]

Bakers erster diplomatischer Schritt auf diesem Weg war ein Treffen mit dem neuen britischen Außenminister Douglas Hurd, der während seines Besuchs in Washington auch mit Scowcroft und Bush sprach.[41] Sie alle stimmten darin überein, daß Deutschland die wichtigste politische Frage für den Westen sei. Hurd, der gerade die DDR besucht hatte, war wie seine amerikanischen Gesprächspartner der Ansicht, daß die Vereinigung unumgänglich war und schnell geschehen könnte. Er befürchtete jedoch, daß deren Konsequenzen nicht restlos durchdacht worden seien. Dies sei der Grund für die Zurückhaltung der Premierministerin: Sie sei eine »zögernde Befürworterin der Vereinigung. Nicht dagegen, aber zögernd.« Hurd glaubte, daß Mitterrand diese Haltung teilte (wenigstens, wenn er mit Thatcher zusammen war), sich aber scheute, dies öffentlich auszudrücken.

Sodann nannte Hurd die Problemkreise, die zu berücksichtigen seien: erstens Deutschland und die EG, denn die Gemeinschaft sei nicht bereit, sechzehn Millionen Menschen aus einem anderen Wirtschaftssystem neu aufzunehmen; zweitens die NATO, deren Sicherheitssystem durch die Vereinigung einen schweren, vielleicht sogar tödlichen Schlag erhalten könnte; und drittens die UdSSR, die mit Vorsicht zu behandeln sei. Die Bedeutung des NATO-Problems wurde von allen Anwesenden gesehen, ohne daß jemand eine Lösung wußte. Baker brachte dann den Verhandlungsmechanismus zur Sprache. Die Vereinigten Staaten, erklärte er, würden den Sowjets mitteilen, daß Viermächtegespräche nicht in Frage kämen. Hurd stimmte zu.

Zwei höhere britische Diplomaten, Patrick Wright und Botschafter Anthony Acland, luden Blackwill und Zoellick für denselben Abend in die britische Botschaft ein, um die Diskussion fortzusetzen. Thatcher hatte Bush einige Tage zuvor aufgefordert, einen diskreten Kanal für bilaterale Gespräche über die Entwicklung in Mitteleuropa einzurichten. Hurd hatte die Bitte wiederholt, und nun wurde der Kanal mit der britischen Botschaft am einen Ende und Blackwill und Zoellick am anderen eröffnet. Zoellick informierte die Briten über die Zwei-plus-Vier-Idee. Sie zeigten sich interessiert, legten sich aber nicht fest. Sie neigten wie die Franzosen (und Genscher) dazu, sich dem sowjetischen Vorschlag eines KSZE-Treffens anzuschließen, das sie sich als Forum vorstellten, auf dem die deutschen Belange mit den Sorgen und Interessen aller europäischen Staaten abgestimmt werden konnten. Tatsächlich hatten die Außenminister der EG, wie Baker und Scowcroft von Hurd erfuhren, soeben auf einer Tagung in Dublin beschlossen, den sowjetischen Vorschlag eines noch im laufenden Jahr einzuberufenden KSZE-Gipfels anzunehmen.

Die Amerikaner hatten ihre eigene Meinung zu diesem Forum. Baker erklärte, daß Washington einem KSZE-Gipfel nur zustimmen könne, wenn bestimmte Bedingungen erfüllt seien: Erstens müsse es größere Fortschritte bei den Menschenrechten geben, wie zum Beispiel die Zustimmung zu der US-Initiative, einen Prinzipienkatalog für freie Wahlen aufzustellen – vielleicht auf der im Juni geplanten Kopenhagener Konferenz von Diplomaten der KSZE-Teilnehmerstaaten. Zweitens müsse vor dem Gipfel der KSE-Vertrag spruchreif sein. (Da dieser das sowjetische Übergewicht bei den konventionellen Streitkräften in Europa beseitigen würde, die Sowjetunion also einen seit Jahrzehnten bestehenden Vorteil aufgeben mußte, wollten die Amerikaner deren Interesse an dem KSZE-Gipfel als Hebel benutzen, um ihre Zustimmung zu dem Vertragswerk zu erhalten.) Scowcroft wies Hurd außerdem darauf hin, daß die USA nicht zulassen würden, daß der KSZE-Gipfel in eine Friedenskonferenz umfunktioniert werde. Bundeskanzler Kohl stehe zur NATO, aber in der Atmosphäre einer Friedenskonferenz würde er sich möglicherweise dem Druck von seiten Gorbatschows und anderer Teilnehmer beugen.

Das nächste Treffen des US-Außenministers war in mancher Hinsicht der wichtigste Schritt seiner diplomatischen Offensive. Nach Hurd stattete Hans-Dietrich Genscher Washington einen Besuch ab, wo er am 2. Februar mit Baker zusammentraf. Genscher war entschlossen, die Initiative nicht Kohl allein zu überlassen, sondern seinerseits die Führungsrolle bei der diplomatischen Behandlung der deutschen Frage zu übernehmen. Er hatte öffentlich verkündet, daß die Vereinigung unvermeidlich sei, und sich für konkrete Schritte zur Schaffung der Einheit eingesetzt, beginnend mit der Wirtschafts- und Währungsunion. Was den Verhandlungsprozeß betraf, schloß er jeden Rückgriff auf Viermächtestrukturen aus. Der Öffentlichkeit präsentierte er seine diplomatische Strategie für die kommenden Monate und Jahre am 31. Januar in einer in der Evangelischen Akademie Tutzing gehaltenen Rede über die »deutsche Einheit im europäischen Rahmen«, an der er, nur von ein oder zwei Beratern unterstützt, seit Wochen gearbeitet hatte. Auf Analysen von Experten seines Ministeriums hatte er sich, zumindest in den Hauptpunkten, kaum gestützt.[42] Genscher glaubte, daß die beiden deutschen Staaten nach den Volkskammerwahlen am 18. März allein über einen »Vertrag über den

Weg zur deutschen Einheit in Europa« verhandeln könnten. Dieser werde auch die Stellung Deutschlands in Europa klären. Die bestehenden Grenzen würden respektiert werden. Das geeinte Deutschland werde Mitglied der EG und des westlichen Bündnisses bleiben:»Ein neutralistisches Gesamtdeutschland wollen wir nicht.«

Der Plan paßte insofern zur sowjetisch-ostdeutschen Position, als auch er einen Vertrag über den Weg zur deutschen Einheit vorsah, indirekt also eine schrittweise Entwicklung zur Konföderation beinhaltete. In bezug auf die NATO wich Genscher allerdings vom Standpunkt der DDR ab. Zu deren Beruhigung fügte er jedoch einschränkend hinzu, daß es»eine Ausdehnung des NATO-Territoriums nach Osten ... nicht geben« werde. Die frühere DDR werde nicht in die militärischen Strukturen der NATO einbezogen werden. Darüber hinaus würden die beiden Bündnisse»von der Konfrontation zur Kooperation übergehen und Elemente kooperativer Strukturen der Sicherheit in ganz Europa werden«.

Als weiteres Element wollte Genscher den KSZE-Prozeß gestärkt wissen. Dazu sollten sich die Teilnehmerstaaten auf der geplanten Gipfelkonferenz darauf verständigen, gemeinsam einen neuen»Stabilitätsrahmen« und ein»Sicherheitsnetz« für Europa zu schaffen. Der KSZE-Gipfel sollte als bedeutendstes diplomatisches Forum des Kontinents über die»künftige Struktur Europas« sprechen, unter anderem über Mitterrands Vorschlag einer europäischen Konföderation. Genscher selbst regte konkret die Gründung von zehn KSZE-Institutionen an, von einer Einrichtung zur Koordinierung der wirtschaftlichen Zusammenarbeit über ein»Konfliktzentrum« bis hin zu Agenturen für Umweltfragen, Rechtsangleichung, Wissenschaft und Menschenrechte. Die deutsche Vereinigung müsse in diese Perspektive gestellt werden, erklärte er. Durch die Vertiefung des KSZE-Prozesses werde die deutsche Entwicklung in einen europäischen Rahmen eingebunden.

Genschers Plan hatte vieles für sich, obwohl unklar blieb, wie ein geeintes Deutschland in die NATO eingegliedert werden sollte, wenn Bündnis und Bündnistruppen auf das Gebiet der alten Bundesrepublik beschränkt blieben. NATO und Warschauer Pakt wurden als gleichartige Strukturen behandelt, die in ein neues, noch nicht definiertes Sicherheitssystem übergehen würden. Amerikanischen Geheimdienstberichten zufolge rechnete Genscher nur noch kurzfristig mit der Existenz der NATO und dachte daran, im Lauf des Jahres weitere Konzepte zur gesamteuropäischen Sicherheit zu verkünden. Auch fand man es in Washington bedenklich, daß er in seiner Rede kein Wort darüber verloren hatte, was aus den amerikanischen Atomwaffen sowie den US-Truppen und anderen ausländischen Streitkräften in Deutschland werden sollte.

Eines war jedoch klar: Das Gebiet der DDR sollte außerhalb der NATO bleiben. Nach Genschers Vorstellungen sollte es sowohl neutralisiert als auch entmilitarisiert werden.»Es wäre illusorisch«, sagte er am 23. Januar dem früheren US-Senator Charles Mathias,»zu glauben, daß die Grenze der NATO durch die deutsche Vereinigung dreihundert Kilometer ostwärts verschoben werden könnte ... Kein vernünftiger Mensch kann von der Sowjetunion erwarten, daß sie dem zustimmt.«[43] Öffentlich drückte er sich nicht weniger deutlich aus:»Wer die Grenze der NATO bis zur Oder und Neiße ausdehnen will, schlägt die Tür zu für ein geeintes Deutschland.«[44] In seinen Augen würde diese Idee in der Realität weniger Probleme aufwerfen als in der Theorie. Teltschik jedoch fragte erstaunt:»Wie soll das in der Praxis aussehen: ein geeintes Deutschland, davon zwei Drittel in der NATO, ein Drittel draußen?«[45] Genscher wußte, daß seine Tutzinger Formel angreifbar war. Aber die größten Sorgen bereitete ihm die sowjetische Reaktion. Elbe erinnerte sich später, wie nervös Genscher gewesen war, weil er spürte, daß er sich mit der Festlegung auf die NATO-Mitgliedschaft auf dünnes Eis begeben hatte.[46] Seit er im Dezember von Gorbatschow ins Gebet genommen worden war, kannte Genscher den sowjetischen Zorn besser als jeder andere westliche Staatsmann.

Auf der anderen Seite wich Genschers Strategie von der des US-Außenministeriums ab. Die Vier Mächte wurden nur am Rande erwähnt. Die äußeren Aspekte der deutschen Vereinigung sollten von den beiden deutschen Staaten geregelt und anschließend von einem KSZE-Gipfel abgesegnet werden. Dies kam zwar den sowjetischen Wünschen entgegen, aber in Washington befürchtete man, daß ein KSZE-Gipfel unweigerlich von unbeteiligten Staaten als Gelegenheit genutzt werden würde, die deutsche Frage zu diskutieren. Außerdem hielt man die KSZE, der auch neutrale Länder wie Schweden, Finnland und Zypern angehörten, nicht für das richtige Forum, um die Frage der politischen und militärischen Bindung Deutschlands an den Westen zu klären.[47]

Schon im Vorfeld des Treffens in Washington hatte man jedoch dafür gesorgt, daß es zwischen Baker und Genscher nicht zum Dissens kam. Genscher hatte Elbe vorausgeschickt, um mit Zoellick und Ross zu konferieren, und die Amerikaner hatten die Tutzinger Formel gebilligt, nach der die NATO nicht ostwärts ausgedehnt werden sollte. Umgekehrt hatte Elbe dem von Bakers Beratern entworfenen Zwei-plus-Vier-Mechanismus zugestimmt, auch dessen Schlüsselelement, der ausdrücklichen Zustimmung zum Ziel der deutschen Einheit. Elbe erwartete Genscher auf dem Dulles Airport und setzte seinen Chef und dessen Politischen Direktor, Dieter Kastrup, während der Fahrt zum Außenministerium ins Bild. Genscher war »hochzufrieden« mit der Zwei-plus-Vier-Idee, solange klar war, daß es »Zwei plus Vier« hieß und nicht »Vier plus Zwei«, die Deutschen also zuerst genannt wurden.[48]

In einem zweistündigen Gespräch in herzlicher, entspannter Atmosphäre – man hatte die Jacketts abgelegt – erläuterte Genscher sodann seinem amerikanischen Kollegen seine Ideen.[49] Nach Bakers Verständnis legte er dar, daß Deutschland Mitglied der NATO bleiben werde, die Sowjets aber darüber beruhigt werden müßten, daß das NATO-Gebiet nicht um die DDR erweitert und die Verteidigungsverpflichtung des Nordatlantikvertrages nicht auf deren Territorium ausgedehnt würde. Als Baker in der anschließenden Pressekonferenz bemerkte, der deutsche Außenminister trete für die weitere NATO-Mitgliedschaft Deutschlands ein, ergänzte Genscher prompt, zwischen ihm und Baker herrsche »vollstes Einvernehmen, daß nicht die Absicht besteht, das Verteidigungs- und Sicherheitsgebiet der NATO nach Osten auszudehnen«. Als die Journalisten nachhakten und von Genscher erklärt haben wollten, wie seine Tutzinger Formel funktionieren sollte, erwiderte er: »Niemand hat etwas von einer halben Mitgliedschaft gesagt, weder so noch so. Was ich gesagt habe, ist, daß nicht die Absicht besteht, das NATO-Gebiet nach Osten auszudehnen. Ansonsten, denke ich, sollten Sie die weitere Entwicklung abwarten. … Das wird Thema dieses Gipfels sein, des KSZE-Gipfels.«

Baker seinerseits konnte verkünden, daß Genscher den amerikanischen Bedingungen dieses Gipfels zugestimmt habe. »Auf einem solchen

Gipfel«, erklärte er, »sollte ein KSE-Vertrag unterzeichnet werden. ... Wir stimmen außerdem darin überein, daß auf einem solchen Gipfel das Recht auf freie Wahlen in den KSZE-Korb der Menschenrechte aufgenommen werden sollte.« Was er nicht bekanntgab, war Genschers Zustimmung zum Zwei-plus-Vier-Mechanismus. Der KSZE-Prozeß, hatte Baker gegenüber seinem deutschen Kollegen argumentiert, sei nicht das richtige Verfahren, um über die Zukunft Deutschlands oder die Besorgnisse der Sowjetunion zu sprechen. Ebensowenig, darin stimmten beide Außenminister überein, wäre zu akzeptieren, wenn die Vier Mächte allein handelten. Genscher wollte den Zwei-plus-Vier-Plan jedoch bis nach den Wahlen in der DDR zurückhalten, weil die Sowjets seine Bekanntgabe als Versuch mißverstehen könnten, den westlichen Druck auf die DDR zu vergrößern und sich in deren innere Angelegenheiten einzumischen. Baker wollte den Plan unterdessen benutzen, um die Sowjets zu beruhigen.

Genscher repräsentierte natürlich nicht die gesamte westdeutsche Regierung. Im Zusammenhang mit der Vereinigung wurde ein großer Teil der Politik im Bundeskanzleramt festgelegt, wo eigens eine neue Arbeitsgruppe Deutschlandpolitik unter Leitung von Rudolf Seiters gebildet worden war. Genscher hatte seine Tutzinger Formel weder mit dem Kanzleramt noch mit dem Kabinett abgesprochen. Umgekehrt erfuhr er von Gorbatschows Einladung an Kohl durch Baker, nicht durch Kohl.

Während Baker mit Genscher sprach, waren Scowcroft und Blackwill auf dem Weg nach Deutschland, um an der Wehrkundetagung in München teilzunehmen. Sie kamen in ein Land, das ganz von der Frage der Vereinigung beherrscht wurde. Als sie am 3. Februar in Deutschland eintrafen, hatte der Westberliner Oberbürgermeister Walter Momper gerade einen Neun-Punkte-Plan für die Vereinigung vorgestellt. Nach diesem Fahrplan sollte die westdeutsche Gesetzgebung nach einer Übergangsphase auf Ostdeutschland ausgedehnt werden. Ausgenommen wären nach Mompers Vorstellungen nur die Wehr- und Verteidigungsgesetze, da die DDR entmilitarisiert werden sollte. Auf ihrem Gebiet sollten sowjetische Truppen in gleicher Stärke wie die in der Bundesrepublik stehenden alliierten Streitkräfte stationiert bleiben. Außerdem war den militärischen Verbindungsmissionen der Vier Mächte eine wichtige Rolle bei der Überwachung der rechtlichen Angleichung der DDR und der Einhaltung der militärischen Bestimmungen zugedacht. Momper wollte mit seinem Plan einen dritten Weg zwischen dem neutralen Deutschland des Modrow-Plans und der gesamtdeutschen NATO-Mitgliedschaft des CDU/CSU-Vorschlags aufzeigen.[50] Scowcroft und Blackwill kamen in München mit Teltschik zusammen und erfuhren von ihm, daß Kohl beabsichtigte, Gorbatschow darauf hinzuweisen, daß eine Massenübersiedlung von Ostdeutschen oder eine einseitige Aktion des ostdeutschen Parlaments nach den DDR-Wahlen am 18. März sehr schnell die Vereinigung erzwingen könnte.[51] Entsprechend der in Washington entwickelten politischen Linie verständigten sich Teltschik und die beiden Vertreter des Weißen Hauses über eine enge Zusammenarbeit beim von beiden Seiten favorisierten schnellen Vereinigungsprozeß. Teltschik teilte den beiden Amerikanern außerdem mit, daß Kohl gegenüber Gorbatschow eine Neutralisierung Deutschlands entschieden ablehnen werde. Die NATO-Pläne für die Modernisierung der nuklearen Kurzstreckenraketen müßten aber möglicherweise fallengelassen werden. Kohl werde dies bei seinem Besuch in Camp David ansprechen. Er wolle sich beim Thema Atomwaffen im bevorstehenden westdeutschen Wahlkampf nicht das Heft aus der Hand nehmen lassen.

In bezug auf den diplomatischen Prozeß zeigte sich Teltschik besorgt über eine Viermächteintervention. Er glaubte, daß die Sowjets alles unternehmen würden, um das Tempo zu verlangsamen, und daß sich Frankreich und Großbritannien versucht fühlen könnten, sie zu unterstützen. Scowcroft versicherte ihm, daß Präsident Bush nichts tun werde, was die Deutschen enttäuschen oder Kohl politisch schwächen könnte. Ein KSZE-Gipfel, darin waren sich Scowcroft und Teltschik einig, durfte nicht zu einer »Ersatz-Friedenskonferenz« werden. Die Zwei-plus-Vier-Alternative sprach Scowcroft jedoch nicht an, weil er und Blackwill noch Vorbehalte gegen sie hatten und weil sie nicht wußten, wie weit Baker sie bereits auf den Weg gebracht hatte.

Es war nicht zu übersehen: Gorbatschow und Modrow hatten mit ihrer Bereitschaft, Schritte in Richtung Einheit zu akzeptieren, die Erwartung geschürt, daß die tatsächliche Vereinigung wesentlich früher zustande kommen könnte, als man bisher für möglich gehalten hatte. Dies wirkte auf Politiker und Bevölkerung gleichermaßen faszinierend und berauschend. Kohls Zeitrahmen von fünf Jahren war schon überholt. Die Einheit, glaubten die Menschen, war in ein, zwei Jahren erreichbar. Riesige Erwartungen trafen auf ebenso große Unsicherheit. Eine Wirtschaftsunion zwischen den beiden deutschen Staaten hielten alle Hauptbeteiligten für notwendig. Sie ließ sich immerhin mit den Plänen für die europäische Wirtschafts- und Währungsunion in Einklang bringen. Aber Kohl dachte, wie die Amerikaner wußten, bereits über die explosive Idee nach, den Weg zur Konföderation zu verlassen und statt dessen die direkte Verschmelzung der DDR mit der Bundesrepublik Deutschland anzustreben. Scowcroft schrieb Präsident Bush, Deutschland sei wie ein Dampfkochtopf. Die Amerikaner müßten ebenso wie Kohl ihre ganze Kraft aufwenden,»damit der Deckel in den vor uns liegenden Monaten nicht weggesprengt wird«.[52]

Das Zentrum der diplomatischen Aktivitäten verlagerte sich jetzt nach Moskau. Baker traf am 7. Februar dort ein, Kohl drei Tage später. Gorbatschow würde, so oder so, seine Haltung klarstellen müssen.»Das Politbüro«, schrieb Blackwill an Scowcroft,»muß wissen, daß Kohl, wenn er in der UdSSR nur das schwammige Zeug zu hören bekommt, das die sowjetische Position heute darstellt, wahrscheinlich den Schluß zieht, daß er tun kann, was ihm gefällt.« Blackwills eigener Schluß lautete:»Auf jeden Fall hat begonnen, was John J. McCloy ›Das Große Spiel‹ der Festlegung der Nachkriegsgeographie von Europa genannt hat.«[53]

Baker in Moskau

Auf dem Flug nach Moskau hatte Baker erneut Gelegenheit, die Überzeugungskraft seiner Zwei-plus-Vier-Idee zu prüfen. Da die dreißig Jahre alte Boeing 707, mit der er flog, zum Auftanken im irischen Shannon zwischenlanden mußte, nutzte er den Stopp, um sich dort um zwei Uhr nachts mit dem französischen Außenminister Roland Dumas zu treffen, der sich zu einer EG-Tagung in Irland aufhielt.[54] Baker stellte ihm den Zwei-plus-Vier-Mechanismus als ein Instrument vor, mit dem die äußeren Aspekte der deutschen Vereinigung geregelt werden konnten, während die inneren Fragen von den beiden deutschen Staaten selbst geklärt werden sollten. Die Sowjets brauchten ein diplomatisches Ventil für ihre Befürchtungen, erklärte Baker. Eine Viermächteintervention wäre jedoch das falsche Mittel. Dumas stimmte ihm zu. Die Sowjets seien tatsächlich nervös. Aber sie seien nicht die einzigen, fügte Dumas hinzu. Briten, Holländer und Polen seien nicht weniger unruhig. Dumas bestand nicht auf der KSZE als Forum für Verhandlungen über Deutschland, obgleich sich sowohl Mitterrand als auch die EG offiziell für einen solchen KSZE-Gipfel ausgesprochen hatten. Vielleicht hatte er erkannt, daß die Zwei-plus-Vier-Runde als das exklusivere Forum Frankreich mehr Gewicht verleihen würde. Jedenfalls schien er von der Idee eingenommen zu sein.

Baker flog von Irland nach Prag weiter, wo er mit dem ehemaligen Dissidenten und plötzlich zum Präsidenten aufgestiegenen Schriftsteller Václav Havel zusammenkam. Die Tschechen wollten den Warschauer Pakt auflösen und die auf ihrem Boden stationierten sowjetischen Truppen loswerden. Havel, der vor einem Gespräch mit Modrow stand, versprach Baker, dem ostdeutschen Ministerpräsidenten nahezubringen, daß Deutschland nicht neutral werden könne. Ein der NATO angehörendes geeintes Deutschland konnte er sich allerdings auch nicht vorstellen. In seinem Bericht an Bush schrieb Baker:»Die Ideen befinden sich hier in rasanter Bewegung – aber sie sind in sich nicht schlüssig.«[55]

Die Amerikaner waren sich über die wesentlichen Elemente der neuen sowjetisch-ostdeutschen Politik im klaren: Neben der grundsätzlichen Zustimmung zur Einheit standen die Vorstellung eines allmählichen Prozesses mit der Zwischenstufe einer Konföderation und die unnachgiebige Forderung nach Neutralisierung und Entmilitarisierung eines geeinten Deutschland. Es war auch bekannt, daß manchen in der sowjetischen Führung selbst diese Haltung noch zu weich war. Deutschland war das wichtigste Beweisstück in einem Angriff, dem sich Gorbatschow von seiten des rechten Flügels des ZK der KPdSU ausgesetzt sah. Wortführer der Revolte war Politbüromitglied Jegor Ligatschow, der von Gorbatschow forderte,»ein zweites München zu verhindern«. In einem emotionsgeladenen vertraulichen Brief an den Parteiführer schrieb er im nächsten Monat:»Die sozialistische Staatengemeinschaft fällt auseinander, während die NATO an Stärke gewinnt. Die deutsche Frage hat entscheidende Bedeutung erlangt.«[56]

Schewardnadse wirkte daher sehr bedrückt, als Baker in einem Gespräch, bei dem außer den beiden Außenministern nur die Dolmetscher und Protokollanten anwesend waren, das Thema Deutschland anschnitt.[57] Baker begann mit einer vorsichtigen Darstellung des amerikanischen Standpunkts. Die Vereinigung, sagte er, werde schnell kommen. Man brauche ein Verfahren, um die äußeren Aspekte zu klären und zugleich die Stabilität und die Achtung der Interessen anderer sicherzustellen. Dieses Verfahren müsse Ost- und Westdeutschland und die Vier Mächte einschließen. Dieser Zwei-plus-Vier-Mechanismus könnte in Gang gesetzt werden, sobald sich die beiden deutschen Staaten nach den DDR-Wahlen am 18. März über die inneren Fragen einig geworden seien. Ein Viermächteforum sei für das deutsche Volk unannehmbar, und die KSZE sei zu schwerfällig. Im Hinblick auf das Resultat dieses Prozesses erklärte Baker, daß die Vereinigten Staaten gegen Modrows Vorschlag der Neutralisierung Deutschlands seien. Die Sowjetunion müsse einsehen, daß ein neutrales Deutschland eine größere Gefahr für Moskau darstellen würde als ein der NATO angehörendes. Ein neutrales Deutschland würde eigene Atomwaffen erwerben, während ein fest in der NATO verankertes Deutschland kein eigenes Atomwaffenarsenal benötigen würde.

Um die sowjetischen Sorgen zu zerstreuen, griff Baker die von Genscher entwickelte Formel auf, wonach die NATO-Mitgliedschaft eines geeinten Deutschland von der Garantie begleitet wäre,»daß die Zuständigkeit und die Streitkräfte der NATO nicht ostwärts verschoben werden«. Amerikanische Truppen würden allerdings in Europa stationiert bleiben, solange die Verbündeten der USA dies wünschten. Baker kündigte außerdem an, daß die NATO in Zukunft stärker politisch und weniger militärisch geprägt sein werde.

Schewardnadse stimmte in seiner Erwiderung mit Baker überein, daß der Vereinigungsprozeß schneller vorangehe als allgemein erwartet – aus Moskauer Sicht zu schnell. Um die Einheit zu ermöglichen, müsse sich ganz Europa verändern. Doch dieser Wandel halte mit der deutschen Entwicklung nicht Schritt. Die Sowjetunion habe schon früher ein vereinigtes Deutschland vorgeschlagen, allerdings ein neutrales. Ein vereinigtes Deutschland könne nicht in die Bündnisse eingefügt werden, wie sie gegenwärtig existierten. Die Sowjetunion sei das einzige Land, das seine Besorgnis über die Gefahr ausdrücke, die von einem massiv militarisierten

Deutschland ausgehen würde. Sie sei nicht gegen die Vereinigung oder die Selbstbestimmung an sich. Aber man brauche Sicherheitsgarantien, und zwar nicht nur von der KSZE. Die Sowjetunion habe die Schrecken des Krieges noch nicht vergessen. Mit anderen Worten, Moskau unterstützte den Modrow-Plan. Es war kein Geheimnis, daß Modrow seine Ideen mit der Sowjetunion abgestimmt hatte, bevor er sie der Öffentlichkeit präsentierte. Schewardnadse gefielen die Vorstellung einer allmählichen, mehrere Phasen durchlaufenden Entwicklung und der Gedanke der gleichzeitigen Stärkung der euopäischen Strukturen. Außerdem sprach er sich für umfassendere Rüstungskontrolle und die Einführung von defensiv orientierten Militärdoktrinen aus. Die Vereinigung jedoch werde »passieren, bevor wir die nächste Stufe der Abrüstung erreichen können«. Dann setzte er mit einem Anflug von Resignation hinzu: »Ich fürchte, so wird es kommen, und ich sehe keinen Weg, es zu verhindern.« Die Vereinigung sei im Grunde ein Fait accompli.

Schewardnadse war ungehalten darüber, daß sein Vorschlag der Viermächteintervention zurückgewiesen worden war. Die Schuld daran trügen die Amerikaner. Ein geeintes Deutschland werde sich möglicherweise deutlich von der gegenwärtigen Bundesrepublik unterscheiden. Die Geschichte werde es nicht verzeihen, wenn man den Viermächtemechanismus nicht effektiv einsetze. Man solle ihn insbesondere aktivieren, um über einen Friedensvertrag zu verhandeln. Darüber hinaus habe er ein europäisches Referendum über die deutsche Einheit vorgeschlagen, das aber von den Deutschen abgelehnt worden sei. Er sei »in Deutschland zum Feind Nummer eins geworden«, sagte Schewardnadse. Er könne sich trotzdem vorstellen, die Vereinigung zu unterstützen, aber nur, wenn sie langsam vor sich gehe, in mehreren Phasen. Es gebe so viele Probleme zu klären, nicht zuletzt die wirtschaftlichen. Briten und Franzosen teilten die sowjetischen Bedenken. Die Chance auf eine friedliche, atomwaffenfreie Welt könnte vertan werden. In Deutschland selbst könnten die Neonazis an die Macht kommen. Die Partei der Republikaner könnte auf zwanzig Prozent der Wählerstimmen kommen. Sie sei eine ernstzunehmende Kraft.

Baker erkundigte sich, ob die Idee der Entmilitarisierung eines neutralisierten Deutschland von Modrow stamme. Nein, antwortete Schewardnadse, diese Forderung sei in Moskau hinzugefügt worden. Modrow habe befürchtet, daß er sich sein politisches Grab schaufeln würde, wenn er die Frage der Entmilitarisierung aufwarf. Baker stellte daraufhin klar, daß diese auch für die Vereinigten Staaten unannehmbar sei. Man dürfe ein geeintes Deutschland nicht entwaffnen. Die Sowjetunion bleibe eine große Landmacht, und Deutschland habe das Recht, die Mittel für seine Verteidigung zu besitzen. Nach dem amerikanischen Vorschlag würde die deutsche Militärmacht jedoch fest in westlichen Institutionen verankert sein. Dies wäre sogar eher im Sinne Moskaus als die Neutralität.»Ich weiß, daß dies für Sie schwer einzusehen ist«, sagte Baker.»Denn letztlich bedeutet es, daß die Bedrohung nicht von den Vereinigten Staaten ausgeht, die Sie lange Zeit als Ihren Feind angesehen haben, sondern in viel größerem Ausmaß von einem neutralen Deutschland, das militaristisch wird.« Deshalb wollten die USA, daß Deutschland in der NATO bleibe und weiterhin amerikanische Truppen auf seinem Boden stationiert würden. Der Zwei-plus-Vier-Mechanismus könne dazu beitragen, dieses Ergebnis zu erzielen – einschließlich eines absoluten Verbots des Aufenthalts von NATO-Truppen im Ostteil Deutschlands. Baker wies darauf hin, daß es sich um einen amerikanischen Vorschlag handle. Er könne nicht dafür garantieren, daß die Deutschen ihm zustimmten. Er habe mit Genscher darüber gesprochen, der keine Einwände erhoben habe. Zugestimmt habe er aber auch nicht.

Der nächste, dem Baker seinen Vorschlag präsentierte, war Gorbatschow selbst.[58] Von diesem kam der erste Hinweis darauf, daß die Sowjets ihrerseits schon über ein Sechserforum nachgedacht hatten:»Ich sage Vier-plus-Zwei. Sie sagen Zwei-plus-Vier. Was halten Sie von diesen Formeln?«

»Zwei plus Vier ist die bessere Variante«, antwortete Baker – sie plazierte die Deutschen an erster Stelle. Dann erläuterte Baker wie schon gegenüber Schewardnadse die Gründe, weshalb die USA ein neutrales Deutschland ablehnten. Zu seiner Überraschung reagierte Gorbatschow völlig anders als sein Außenminister. Es gab kein Händeringen über die historische Gefahr des deutschen Militarismus. Statt dessen sagte Gorbatschow:»Grundsätzlich teile ich Ihre Meinung.« Die UdSSR müsse sich den neuen Gegebenheiten anpassen:»Die Aussicht auf ein geeintes Deutschland hat nichts Erschreckendes an sich.« Er wisse, daß manche Länder, wie Frankreich und Großbritannien, sich fragten, wer der Hauptakteur in Europa sein werde. Doch dies sei ebensowenig das Problem der Sowjetunion wie das der USA:»Wir sind große Staaten und haben unser eigenes Gewicht.«

Der diplomatische Prozeß, fuhr Gorbatschow fort, erfordere Takt und Feingefühl, da auf verschiedene Empfindlichkeiten Rücksicht genommen werden müsse. Es war nur wenige Stunden her, daß Schewardnadse, der Linie des Regierungsapparats folgend, eine Viermächteintervention gefordert hatte, und jetzt stimmte Gorbatschow Bakers Idee zu, die fast aufs Haar der Sechs-Mächte-Formel glich, die Tschernjajew im Januar in der Sitzung des Krisenstabes vorgeschlagen hatte.»Der Mechanismus des Zwei plus Vier oder Vier plus Zwei«, sagte er,»ist der Situation angemessen, vorausgesetzt, er basiert auf internationalem Recht.«

Baker hatte die zweite Hälfte des Entwurfs von Ross und Zoellick, die Vorbedingungen des Mechanismus, nicht vergessen. Er erklärte Gorbatschow, daß es, um die Zustimmung der Deutschen zu erhalten, notwendig sei, den Zwei-plus-Vier-Prozeß erst nach den ostdeutschen Wahlen am 18. März zu starten,»und erst nachdem die inneren Aspekte der Vereinigung von den Deutschen diskutiert worden sind«. Der Zwei-plus-Vier-Prozeß würde sich ausschließlich mit den äußeren Aspekten befassen, also etwa mit Sicherheitsfragen oder dem Status von Berlin. Baker wiederholte, daß er mit Bundeskanzler Kohl noch nicht über diesen Mechanismus gesprochen habe. Er glaube jedoch, daß Genscher einverstanden sei. Kohl, der sich im Wahlkampf befinde, werde allerdings unbedingt den Eindruck vermeiden wollen, er würde die Frage der Vereinigung anderen überlassen.

Gorbatschow nutzte den Hinweis auf die deutsche Innenpolitik, um auf die unterschiedlichen Meinungen der Westdeutschen zur Wiedervereinigung hinzuweisen. Ein Teil von ihnen wolle eine Konföderation, andere wollten eine Föderation. Die Mitgliedschaft in der NATO sei umstritten. Manche befürworteten die Neutralität. Andere sprächen sich für eine Konföderation aus, in der beide deutsche Staaten ihre Bündniszugehörigkeit beibehielten, bis die gegenwärtigen Bündnisse durch neue KSZE-

Strukturen ersetzt worden seien. Am überraschendsten fand Gorbatschow die Position Willy Brandts, der meinte, Deutschland solle die Einheit vollziehen, ohne den KSZE-Prozeß abzuwarten, wobei Westdeutschland in der NATO verbleiben sollte, während die ehemalige DDR einen Sonderstatus erhalten würde. Die meisten Westdeutschen, merkte Gorbatschow an, fänden, daß Brandt zu weit gegangen sei. Man halte ihm entgegen, daß ein solcher deutscher Nationalismus einen russischen Nationalismus aufbrechen lassen könnte. Er, Gorbatschow, glaube dies auch. Keinesfalls dürfe man sich von Gefühlen mitreißen lassen. Statt dessen sollte man »nicht aufhören, darüber nachzudenken, wie die gegenwärtigen Ereignisse und der Vereinigungsprozeß zu kanalisieren sind. Sorgen wir dafür, daß wir realistische Kräfte erkennen und ihnen Rechnung tragen.«

Baker stimmte ihm zu. Deshalb brauche man ein Verfahren, »um die äußeren Aspekte der Vereinigung so zu regeln, daß es die Stabilität erhöht«. Dann fragte er Gorbatschow, was ihm lieber sei, ein unabhängiges Deutschland außerhalb der NATO, ohne US-Truppen auf seinem Boden, oder ein vereinigtes Deutschland, das in die NATO eingebunden sei, mit der verbindlichen Zusage, »daß es keine Ausdehnung der gegenwärtigen NATO-Zuständigkeit nach Osten geben wird«.

Gorbatschow erwiderte, daß er darüber nachdenken werde. »Wir werden bald ein Seminar mit unserer politischen Führung abhalten, um über all diese Optionen zu sprechen.« Eines sei jedoch jetzt schon klar: »Jede Ausdehnung der NATO-Zuständigkeiten ist unannehmbar.«

»Einverstanden«, sagte Baker.

Gorbatschow fügte hinzu, daß er die Vorteile der Anwesenheit amerikanischer Truppen in Deutschland sehe. Von Bakers Argumentation sichtlich beeindruckt, erklärte er: »Das von Ihnen umrissene Vorgehen ist durchaus vorstellbar. Wir wollen ganz gewiß keine Wiederholung von Versailles, als die Deutschen sich unabhängig wiederbewaffnen konnten. … Der beste Weg, diesen Prozeß aufzuhalten, ist, dafür zu sorgen, daß Deutschland in die europäischen Strukturen eingebunden ist. Was Sie über Ihre Vorgehensweise und Ihre Präferenzen gesagt haben, ist sehr realistisch. Also lassen Sie uns darüber nachdenken. Aber verlangen Sie nicht von mir, Ihnen auf der Stelle eine endgültige Antwort zu geben.«

Bakers Gespräch mit Gorbatschow war von herausragender Bedeutung. Der sowjetische Staatschef hatte sowohl hinsichtlich des diplomatischen Prozesses als auch in bezug auf dessen Ergebnis, die deutsche Vereinigung, eine Haltung eingenommen, die sich in ihrer Flexibilität von allem unterschied, was Baker von Schewardnadse, Seitz von seinem Gesprächspartner im sowjetischen Außenministerium und Rice von Sagladin und Achromejew gehört hatten.[59] Gorbatschow schien als einziger in der deutschen Frage flexibel zu sein. Baker war außerdem der erste westliche Staatsmann gewesen, der Gorbatschow seine Version von Genschers Tutzinger Formel präsentiert hatte. Allerdings hatten weder er selbst noch die ihn begleitenden NSC-Mitarbeiter – Gates und Rice – die rechtlichen Folgen für die Beistandsverpflichtung der Artikel fünf und sechs des Nordatlantikvertrages völlig erfaßt. In Washington waren zwei andere NSC-Mitarbeiter – Blackwill und Zelikow – nach Bakers Abreise nach Europa bei der Analyse dieser Frage zu einem völlig anderen, erheblich von Genschers Vorschlag abweichenden Ergebnis gelangt. Dieser vom Weißen Haus vertretenen Formel zufolge sollte das gesamte Territorium Deutschlands zur NATO gehören und die Schutzgarantie des Bündnisses genießen. Außerdem sollte Ostdeutschland nicht entmilitarisiert werden, sondern nur einen »besonderen militärischen Status« innerhalb der NATO erhalten.

Noch in Moskau erhielt Baker den Entwurf eines Briefs von Bush an Kohl, in dem der Präsident diese neue amerikanische Linie erläuterte. Baker schloß sich ihr sofort an und begann sich umgehend von der Tutzinger Formel zu lösen, die er eben noch gegenüber Gorbatschow vertreten hatte. Auf seiner Moskauer Pressekonferenz erklärte Baker: Wenn das vereinigte Deutschland zur NATO gehöre, werde »die DDR ein Teil dieser Mitgliedschaft sein«. Im Gegenzug für diese Mitgliedschaft müsse nur »eine gewisse Sicherheitsgarantie in bezug auf ostwärts verlegte NATO-Streitkräfte oder ostwärts ausgedehnte NATO-Zuständigkeit« gewährt werden. Es könnte, mit anderen Worten, »hinsichtlich der Ausdehnung von NATO-Stationierungen nach Osten einige Sonderregelungen innerhalb der NATO geben. Das ist alles, was ich damit gemeint habe.«[60]

In der US-Administration war man insgesamt sehr zufrieden mit den Ergebnissen der Gespräche, die Baker mit Gorbatschow über Deutschland geführt hatte. Washington konnte mit Grund annehmen, daß Gorbatschow der von den Vereinigten Staaten entwickelten Politik für die unmittelbar bevorstehende deutsche Vereinigung grünes Licht gegeben hatte. Genschers Büroleiter Elbe rechnete Baker später das Verdienst zu, eine »entscheidende Hilfe für die deutsche Seite« gewesen zu sein, indem er sich mit dem ganzen Gewicht der westlichen Führungsmacht bei Gorbatschow für sie stark gemacht hatte.[61] Als nächstes gingen die Amerikaner daran, ihr diplomatisches Vorgehen mit dem von Bundeskanzler Kohl abzustimmen, der in Moskau gewissermaßen in Bakers Fußstapfen trat.

Kohl, die Amerikaner und Gorbatschow

Da Kohl so kurz nach Baker mit Gorbatschow zusammentreffen würde, war Präsident Bush der Ansicht, daß die amerikanische und die westdeutsche Position absolut identisch erscheinen sollten. Auch war er sich bewußt, unter welchem Druck Kohl auf seiner Reise nach Moskau stand, und er wollte ihn wissen lassen, daß Washington hinter ihm stand. »Kohl unternimmt den vermutlich bedeutsamsten Auslandsbesuch seines Lebens«, schrieb Scowcroft an Bush. »Ich denke, Sie sollten ihm sowohl Ihre ganze persönliche Unterstützung zuteil werden lassen als auch unsere Prioritäten in bezug auf das künftige vereinigte Deutschland deutlich machen.«[62]

Um die Vereinigung zu beschleunigen und die deutsche Zustimmung zu den grundlegenden Sicherheitsfragen zu gewinnen, sandte die US-Regierung am 9. und 10. Februar zwei Botschaften an Kohl, eine von Bush und eine von Baker. Das Weiße Haus hatte zwei grundverschiedene Briefentwürfe zur Auswahl gehabt.[63] Der eine stammte vom NSC-Stab und gab Kohl in direkten, persönlichen Worten auf beispiellose Weise Rückendeckung für seinen Vorstoß in Richtung Einheit; außerdem wurde noch einmal betont, daß es notwendig sei, NATO-Mitgliedschaft, amerikanische Truppenpräsenz und nukleare Abschreckung beizubehalten. Den zweiten Entwurf hatte die Europaabteilung des Außenministeriums vorgelegt. Darin wurde Kohl empfohlen, die Sowjets über die deutschen Absichten zu beruhigen; außerdem wurde eine neue Lösung des NATO-Problems vorgeschlagen: Das Gebiet der DDR sollte nicht durch die NATO geschützt werden, sondern Gegenstand von Beistandsverpflichtungen sein, die die Vereinigten Staaten, Frankreich und Großbritannien außerhalb des Nordatlantikvertrages gegenüber Bonn abgeben sollten.

Blackwill fand den Entwurf des Außenministeriums zu defensiv und lehnte die vorgeschlagene NATO-Lösung ab. Die Vereinigten Staaten sollten Kohl den Rücken stärken, nicht zur Beschwichtigung sowjetischer Befürchtungen drängen. Außerdem war es ausgeschlossen, daß die USA neue Sicherheitsgarantien für einen Teil Deutschlands abgaben, bevor die Administration den Vorschlag analysiert und die Zustimmung der betroffenen Behörden, zum Beispiel des Verteidigungsministeriums, eingeholt hatte. Scowcroft ließ beide Briefentwürfe nach Moskau schicken, um Bakers Meinung zu erfahren. Der Außenminister zog wie Scowcroft den NSC-Entwurf vor, und nachdem Bush ihrer Empfehlung zugestimmt hatte, wurde der Brief am 9. Februar an Kohl übermittelt. Bush kam darin sofort auf den Punkt. Es werde bald zur deutschen Vereinigung kommen, schrieb er. Diese neue Entwicklung ändere nichts »an der Haltung der Vereinigten Staaten, dem deutschen Volk die Erfüllung seiner tiefsten Sehnsüchte zu wünschen. Wenn die Ereignisse schneller als erwartet voranschreiten, bedeutet es nur, daß unser gemeinsames Ziel in all diesen Jahren, die deutsche Einheit, noch schneller als erhofft verwirklicht werden wird.«

Ähnlich direkt äußerte sich Bush zur Frage einer Viermächteintervention. Amerika besitze in der Tat Rechte über Deutschland. Sei seien aber nur durch das Anliegen gerechtfertigt, einen friedlichen, demokratischen deutschen Staat zu schaffen. Dies sei bereits erreicht worden. »Wie ich es sehe«, schrieb Bush, »kann niemand an der Stärke und Lebenskraft der demokratischen Institutionen der Bundesrepublik Deutschland zweifeln.« Welche »formelle rechtliche Rolle den Vier Mächten bei der Anerkennung des frei zum Ausdruck gebrachten Willens des deutschen Volkes« auch immer zukommen möge, Washington werde »nichts tun, was Ihre Landsleute zu dem Schluß veranlassen könnte, daß wir ihre Entscheidung über die Zukunft ihrer Nation nicht respektieren würden«. Dann gab Bush ein Versprechen ab, das an Klarheit nichts zu wünschen übrigließ: »Auf keinen Fall werden wir zulassen, daß die Sowjetunion den Viermächtemechanismus als Instrument benutzt, um in einem ihr genehmen Tempo ein Deutschland nach Moskauer Vorstellungen zu schaffen.«

Kohl reiste also mit einer außergewöhnlichen Garantie der amerikanischen Unterstützung nach Moskau, die nicht deutlicher hätte formuliert werden können. Dann wandte sich Bush den Themen zu, die er für besonders wichtig hielt, vor allem der Frage der NATO-Mitgliedschaft. Er sei »zutiefst befriedigt über Ihre Ablehnung des Vorschlags der Neutralität und Ihre feste Zusage, daß ein vereinigtes Deutschland im Nordatlantischen Bündnis bleiben werde«. Kohl stimme gewiß mit ihm darin überein, daß die weitere deutsche Mitgliedschaft in der NATO, obwohl diese »mehr Gewicht auf ihre ursprüngliche politische Rolle« legen müsse, die Anwesenheit amerikanischer Truppen auf deutschem Boden und zu deren Schutz eine glaubwürdige nukleare Abschreckung erfordere.[64]

Anschließend erläuterte Bush seine Formel für den künftigen Status des Gebiets der DDR innerhalb der NATO. Blackwill und Zelikow hatte die Formulierung von NATO-Generalsekretär Manfred Wörner gefallen, der am 8. Februar in einer Rede in Hamburg davon gesprochen hatte, daß Ostdeutschland einen »besonderen militärischen Status« erhalten könnte, und Scowcroft hatte der Verwendung dieses Terminus im Brief des Präsidenten zugestimmt. So schlug Bush formell vor, daß »eine Komponente der Mitgliedschaft eines geeinten Deutschland im Atlantischen Bündnis ... ein besonderer militärischer Status des heutigen Territoriums der DDR« sein könnte. Dieser besondere Status würde, wie Bush erwartete, von einem umfangreichen, wenn nicht völligen Abzug der sowjetischen Truppen aus Mittel- und Osteuropa begleitet sein. Der Sonderstatus der Ex-DDR bedeutete, daß die Verteidigungsverpflichtung der NATO für ganz Deutschland gelten würde, und da es unlogisch gewesen wäre, wenn sowjetische Truppen in einem unter NATO-Schutz stehenden Gebiet verblieben wären, ging Bush davon aus, daß sie abziehen würden.[65]

Dieser Brief war sowohl für Kohl als auch für Bush von enormer Bedeutung. Als sich beide Staatsmänner zwei Wochen später gemeinsam der Presse stellten, sagte Kohl: »Ich will die Gelegenheit nehmen, Herr Präsident, Ihnen auch hier vor dem Forum der Öffentlichkeit Ihres Landes noch einmal dafür zu danken, daß Sie mir am Vorabend meiner Reise nach Moskau ein Schreiben übermittelt haben, das nicht nur die Unterstützung für unsere Politik beinhaltet, sondern das in seinem freundschaftlichen Geist und in der Selbstverständlichkeit der Partnerschaft zu den großartigen Dokumenten deutsch-amerikanischer Freundschaft gehört.«[66]

Ergänzt wurde Bushs Botschaft durch das parallel übermittelte Schreiben von Baker.[67] Der US-Außenminister bereitete Kohl zunächst auf das vor, was er von Gorbatschow zu hören bekommen würde, bevor er zum Kern seiner Botschaft kam: zu den Gründen, die für die Annahme der Zwei-plus-Vier-Idee sprachen. Die inneren Aspekte der Vereinigung würden allein Angelegenheit der Deutschen sein, schrieb er. Aber jeder wisse, daß die äußeren Aspekte auch die Interessen anderer berührten. Eine Viermächteintervention käme nicht in Frage, und die KSZE sei zu schwerfällig. Sie könne »das Ergebnis des Vereinigungsprozesses sanktionieren, aber nicht als kurzfristiger praktischer Mechanismus dienen, um ihn zu gestalten«. Der Zwei-plus-Vier-Prozeß sei der realistischste Vorschlag. Er würde erst nach den DDR-Wahlen am 18. März sowie nach dem Abschluß der Verhandlungen über die inneren Aspekte und nur mit Zustimmung der Deutschen in Gang gesetzt werden.

In bezug auf die NATO gab Baker die Frage wieder, die er Gorbatschow über die Wahl zwischen einem unabhängigen und einem in die NATO eingebundenen geeinten Deutschland gestellt hatte, einschließlich der Versicherung, daß es keine Ausdehnung der NATO-Zuständigkeit nach Osten geben werde (der Brief war verfaßt worden, bevor Baker die in Bushs Botschaft enthaltene neue Linie in der NATO-Frage übernommen hatte). Gorbatschow habe nicht unzugänglich gewirkt, bemerkte Baker. Er »könnte durchaus bereit sein, einem vernünftigen Verfahren zuzustimmen, das ihm eine Deckung oder Erklärung für sein Handeln bietet. Ich vermute, daß die Kombination aus Zwei-plus-Vier-Mechanismus und einem breiteren KSZE-Rahmen dies leisten würde.«

Bush und Baker hatten Kohl also des Rückhalts der Vereinigten Staaten versichert und ihn über die amerikanischen Prioritäten, die zu erwartende Haltung der Sowjets und das für die Behandlung der äußeren Aspekte der Vereinigung geeignete Verfahren ins Bild gesetzt. Die Westdeutschen stützten ihre politischen Erklärungen auf Bakers Hinweise und stellten fest, daß die Sowjetführung ihnen gegenüber dieselben Argumente anführte wie gegenüber den Amerikanern.[68]

Kohl und Genscher kamen am 10. und 11. Februar mit der Sowjetführung zusammen.[69] Das entscheidende, zweieinhalbstündige Gespräch zwischen Kohl und Gorbatschow fand am 10. Februar statt. Die Atmosphäre war freundlich. Kohl, der im Januar bereitwillig auf Gorbatschows Bitte um Lebensmittellieferungen eingegangen war, traf nicht auf den verärgerten Gorbatschow, mit dem es Genscher im Dezember zu tun gehabt hatte. Als Kohl die sich verschlechternde politische und wirtschaftliche Lage in der DDR schilderte, versuchte Gorbatschow gar nicht erst, der düsteren Voraussage für die Zukunft des ostdeutschen Staats zu widersprechen. Überhaupt war von ihm kein einziges kritisches Wort über Kohl selbst oder die Politik der Bundesrepublik zu hören.

Kohl hob die wirtschaftlichen Vorteile hervor, die der Sowjetunion aus einer freundlichen Beziehung zu einem geeinten Deutschland erwachsen würden. Die DDR sei für die UdSSR einer der Hauptlieferanten von Industrieprodukten, halte ihre Lieferverpflichtungen aber nicht ein. Eine rasche Vereinigung würde verläßlichere Lieferungen von besseren und billigeren Produkten nach sich ziehen. Die Bundesrepublik sei willens, mit Moskau über Lieferverträge zu verhandeln und die engen Wirtschaftsbeziehungen zwischen der jetzigen DDR und der UdSSR aufrechtzuerhalten. Darüber hinaus erhielte die Sowjetunion durch den Handel mit einem geeinten Deutschland Zugang zum Gemeinsamen Markt der EG.

Gorbatschow erwiderte wie schon im Gespräch mit Baker, daß er prinzipiell bereit sei, die deutsche Vereinigung hinzunehmen. Die Deutschen müßten selbst darüber entscheiden, ob sie die Einheit wollten oder nicht. In ihrer Entscheidung liege es auch, die Regierungsform, unter der sie leben wollten, das Tempo der Vereinigung und die Bedingungen, unter denen sie stattfinden sollte, zu bestimmen. Kohl versicherte Gorbatschow, daß von deutschem Boden nur Frieden ausgehen dürfe. Er warf Teltschik einen Blick zu, als wollte er sagen:»Geschafft!«, während diesem, der das Gespräch protokollierte, die Hand»flog«, um jedes Wort präzise aufzuschreiben und nichts auszulassen.»Das ist der Durchbruch!« notierte er später in seinem Tagebuch. Gorbatschow wiederholte seine Worte im Verlauf des Gesprächs. Ein Mißverständnis war ausgeschlossen. Er selbst war allerdings der Ansicht, daß seine Äußerung mit der Position in Einklang stand, die er Ende Januar mit Modrow abgesprochen hatte.

Danach wandte sich die Diskussion dem NATO-Problem zu. Kohl erklärte, daß Deutschland in der NATO bleiben müsse. Er könne sich aber vorstellen, daß die Stationierung von NATO-Streitkräften – nicht die NATO-Zuständigkeit – auf die alte Bundesrepublik beschränkt blieb. Die ostdeutsche Armee könnte in eine paramilitärische Truppe ähnlich dem Bundesgrenzschutz umgewandelt werden. Gorbatschows Erwiderung verblüffte die Westdeutschen. Im Gegensatz zu Schewardnadse, der die NATO-Mitgliedschaft eines geeinten Deutschland ausgeschlossen hatte, verlangte Gorbatschow weder Neutralisierung noch Entmilitarisierung und noch nicht einmal den Abzug westlicher Atomwaffen. Wie schon gegenüber Baker fächerte er einfach das Spektrum der möglichen Resultate auf und sagte, er müsse die verschiedenen Möglichkeiten noch genauer durchdenken. »Wieder eine Sensation«, notierte Teltschik später im Tagebuch, »keine Einforderung eines Preises und schon gar keine Drohung. Welch ein Treffen!«

Kohl erklärte, die sowjetischen Truppen könnten auf dem Gebiet der DDR bleiben. Vielleicht glaubte er, daß sich die Angelegenheit von selbst regeln würde, weil die sowjetischen Militärs einsehen mußten, daß ihre Stellung in einem geeinten Deutschland unhaltbar war. Gorbatschow wollte wissen, ob die gegenwärtigen Zahlungen der DDR für den Unterhalt der sowjetischen Streitkräfte in D-Mark bezahlt werden könnten. Darüber hatte die Bundesregierung noch nicht nachgedacht. Kohl und Genscher versicherten ihren Gesprächspartnern, daß auch ein geeintes Deutschland keine nuklearen und biologischen Waffen erwerben werde. Kohl versicherte Gorbatschow außerdem, daß die Grenzen in Europa nicht angetastet werden würden. Er sei bereit, formell zu bestätigen, daß die Grenzen eines geeinten Deutschland denen von DDR und BRD entsprechen würden und keine Ansprüche auf ehemals deutsche Gebiete bestünden.

In der Frage des diplomatischen Prozesses zur Regelung der äußeren Aspekte der Vereinigung setzte sich Bakers Zwei-plus-Vier-Formel durch. Gorbatschow äußerte sich zustimmend, wobei ihm offenbar klar war, daß nicht die Vier Mächte die beiden Deutschlands zu Verhandlungen einladen würden: Es würde kein Vier-plus-Zwei-Prozeß sein. Er hatte außerdem eingesehen, daß die KSZE zu schwerfällig war, um als Forum für die

Diskussion der deutschen Frage dienen zu können. Die Westdeutschen konnten ihm nur zustimmen. Kohl stellte das Treffen auf Drängen Teltschiks vor der Presse als »historisches Ereignis« dar. Seine »Botschaft an alle Deutschen« lautete: Der sowjetische Staatschef hat grünes Licht für die Vereinigung gegeben.[70] Genscher und seine Berater waren entsetzt. Derartiger Jubel über einen »Durchbruch« hätte den Sowjets unangenehm aufstoßen und negative Reaktionen auslösen können. Außerdem hatte sich Gorbatschow theoretisch bereits mit der Einheit abgefunden, als er sich Ende Januar mit Modrow auf eine gemeinsame Position verständigte, und es war durchaus nicht klar, daß in der Sache entscheidende Fortschritte gemacht worden waren. Genscher war bei seiner Begegnung mit Schewardnadse jedenfalls auf eine vorsichtigere Haltung gestoßen. Teltschik, fanden Genscher und seine Diplomaten, war ein außenpolitischer »Amateur«.[71]

Tatsächlich jedoch hatte Teltschik mit seinen Formulierungen ebenso den entspannten Ton des Treffens eingefangen wie den Sinn von Gorbatschows Äußerungen. Sie halfen Kohl, den Augenblick politisch zu dramatisieren, und sie hatten zur Folge, daß Genschers Rolle in den Schatten gerückt wurde. Im übrigen dürfte kaum ein Zweifel daran bestehen, daß Kohl und seine Umgebung zutiefst überzeugt waren, einen historischen Augenblick erlebt zu haben. Wie Genscher und Elbe anmerkten, standen schwierige Zeiten bevor. Doch mit dem »Jubel« über das Jawort des Kreml hatte Kohl die Schwungkraft gewonnen, die seiner Sache in den bevorstehenden ostdeutschen Wahlen zum Sieg verhelfen sollte.

Altgediente Sowjetbeamte begriffen sofort, was Kohl tat, und sie beeilten sich ebenso hastig wie verärgert, die grellen Farben seiner Darstellung der in Moskau gefallenen Entscheidung zu dämpfen. Den Anfang machte der nunciertere offizielle Pressebericht über den Besuch des Bundeskanzlers. Es folgte eine »offizielle« Version der von Kohl und Genscher in Moskau geführten Gespräche, die von den sowjetischen Botschaftern in Washington, London und Paris Spitzenbeamten der jeweiligen Außenministerien übergeben wurde. Nach dieser Fassung stand es den Deutschen frei, die Einheit zu wählen, aber ihre Verwirklichung mußte untrennbar mit der »gesamteuropäischen Entwicklung« verknüpft sein und die Interessen anderer berücksichtigt. Die Sowjets behaupteten, sie hätten »die Einmischung der BRD in den Wahlkampf in der DDR, ihre Politik der Beschleunigung der Entwicklung und des Aufheizens der Emotionen rund um die Frage der Vereinigung scharf kritisiert« und »die Vorstellung, daß ein vereinigtes Deutschland Teil der NATO sein könnte, kategorisch zurückgewiesen«. Genschers Tutzinger Formel fand die Sowjetführung angeblich unverständlich.[72] Sie versuchte verzweifelt zu beweisen, daß die Sowjetunion immer noch eine gebieterische Macht darstellte. Aber die Maske war verrutscht. Gorbatschow hatte sowohl den Amerikanern als auch den Deutschen erlaubt, Moskau in dem Glauben zu verlassen, daß er nicht beabsichtigte – vielleicht auch nicht in der Lage war –, ihren Plänen ernsthaften Widerstand entgegenzusetzen. Und genau so war es. Gorbatschow hatte nicht vor, Kohl unter Druck zu setzen, um ihn zu Hilfeleistungen an Modrow zu drängen. Er war offenbar zu der Ansicht gelangt, daß Modrow keine politische Zukunft besaß. Dies wurde in dem sachlichen Telefongespräch deutlich, in dem er Modrow über die Besuche von Baker und Kohl informierte. Gorbatschow erwähnte, daß ihn die gemeinsame Haltung der Amerikaner und Westdeutschen beeindruckt habe. Auf Modrows leidenschaftliche Bitte um Unterstützung bei den Verhandlungen mit Kohl ging er nicht ein. Statt dessen sagte er nur, daß es wichtig sei, einen konsequenten Kurs beizubehalten, und wünschte dem kampfgebeutelten Modrow viel Erfolg. Vielleicht hatte sich der sowjetische Staatschef angesichts all der Umwälzungen um ihn herum mit dem Unvermeidlichen abgefunden und sein Augenmerk stärker den drängenden innenpolitischen Problemen zugewandt. Tschernjajew meinte im Rückblick, Gorbatschow habe ungefähr zu diesem Zeitpunkt den Schluß gezogen, daß vor dem Hintergrund des zusammenbrechenden Ostblocks das wichtigste Ziel darin bestehe, die Perestroika zu stärken, um zu verhindern, daß die Sowjetunion mit in den Abgrund gezogen wird.[73]

Bonn und Washington gedachten, die sich bietende Gelegenheit wahrzunehmen, mußten aber auf die politische Lage in der Sowjetunion Rücksicht nehmen, denn der Schlüssel zur deutschen Einheit lag nach wie vor bei Gorbatschow. Sie bemühten sich daher, den Vereinigungsprozeß so zu gestalten, daß nicht der Anschein erweckt wurde, als wäre die Sowjetunion der große Verlierer. Eine Demütigung der Sowjetführung hätte den konservativen Flügel auf den Plan rufen können, der, wie die US-Administration befürchtete, bereits seine Kräfte sammelte. Gorbatschow befand sich in einer heiklen Lage, und der Westen konnte es sich nicht leisten, ihn zu verlieren.

Die Konferenz von Ottawa

Während sich die Entwicklung in Europa beschleunigte, kamen in Ottawa die Außenminister der NATO und des Warschauer Pakts zusammen. Die Konferenz war ursprünglich anberaumt worden, um ernsthafte Verhandlungen über das Konzept des »Offenen Himmels« zu eröffnen, eine Initiative, die auf einen Vorschlag von Präsident Eisenhower aus dem Jahr 1955 zurückging und im Mai 1989 von Bush in erweiterter multilateraler Form erneuert worden war, um die Bereitschaft der Sowjetunion zu wahrer Glasnost, also Offenheit zu testen. Der diplomatische Wirbel um die deutsche Einheit und die Zukunft Europas hatte den eigentlichen Gegenstand der Konferenz jedoch in den Hintergrund gedrängt.

Am Abend des 11. Februar verständigten sich die NATO-Außenminister auf eine gemeinsame Verhandlungsposition. Sie wollten über die Schaffung eines diplomatischen Forums für Diskussionen über die Veränderungen in Europa sprechen. Die EG-Minister schlugen in Übereinstimmung mit der sowjetischen Linie vor, einen KSZE-Gipfel nach Paris einzuberufen. Baker konnte jedoch durchsetzen, daß dieses Gipfeltreffen erst stattfinden sollte, wenn der Vertrag über die Reduzierung der konventionellen Streitkräfte in Europa unterschriftsreif war. Die VKSE waren angesichts der raschen Veränderungen in Europa nicht mehr nur Abrüstungsverhandlungen, sondern darüber hinaus ein Symbol für die politische Lage. Die Vereinigten Staaten hatten eine zahlenmäßige Verringerung der in Europa außerhalb der Sowjetunion stationierten amerikanischen und sowjetischen Truppen angeregt, und Gorbatschow hatte dem in Moskau grundsätzlich zugestimmt, unter der Bedingung, daß für die Truppenstärke auf beiden Seiten dieselbe Obergrenze galt. Baker und Bush wollten jedoch vermeiden, daß in der Öffentlichkeit der Eindruck entstand, amerikanische und sowjetische Truppen würden gleich behandelt. Ihr Standpunkt war, daß die sowjetischen Truppen abziehen mußten, während die amerikanischen blieben, wo sie waren. Bush wies Baker deshalb an, auf Obergrenzen zu beharren, die den USA eine größere Truppenpräsenz in Europa ermöglichten als der Sowjetunion.[74] Der französische Außenminister sah Schwierigkeiten voraus und wandte ein, daß der KSZE-Gipfel möglicherweise ohne Rücksicht auf Fortschritte bei den VKSE stattfinden müßte, um über Deutschland zu beraten. Genscher und Baker stellten sich einmütig dagegen, wobei Genscher von seiner früheren Ansicht abweichend erklärte, daß der KSZE-Gipfel nicht Deutschland zum Thema haben sollte. Baker machte unmißverständlich klar, daß die Vereinigten Staaten nur dann an einem solchen Treffen teilnehmen würden, wenn der KSE-Vertrag unterschriftsreif sei.[75]

Anschließend einigten sich Baker und Schewardnadse auf einen Kompromiß über die Truppenstärke. Danach sollte für beide Seiten in Mitteleuropa – wozu die beiden deutschen Staaten, die Beneluxländer, Dänemark, Polen, die Tschechoslowakei und Ungarn gezählt wurden – eine Obergrenze von 195 000 Mann gelten. Den Amerikanern würde es darüber hinaus gestattet sein, weitere 30 000 Mann in anderen Teilen Europas zu stationieren, etwa in Großbritannien oder Italien. Die Sowjets hatten außerhalb der »Zentralzone« keine Truppen stationiert, und für sie sollte auch keine derartige Sonderregelung gelten. Damit gab die Sowjetunion die noch in Moskau erhobene Forderung nach gleichen Obergrenzen auf, und der Kompromiß lag bemerkenswert nahe an Bushs ursprünglichem Vorschlag.[76] Das politische Signal war das gewünschte: Amerikanische und sowjetische Truppen wurden nicht gleichgesetzt.

Der nächste Tag, der 12. Februar, begann mit einem Arbeitsfrühstück, an dem Baker, Schewardnadse sowie der gastgebende Premierminister Brian Mulroney und dessen Außenminister, Joe Clark, teilnahmen. Schewardnadse war immer noch besorgt über Deutschland. Er sagte, daß die Russen, wenn sie die Wahl hätten, zu neunzig Prozent gegen die Wiedervereinigung stimmen würden. Mulroneys Einwurf, daß er sich nicht vorstellen könne, wie die EG das Gewicht eines vereinten Deutschland verkraften solle, war in dieser Situation wenig hilfreich. Der Wandel der politischen Strukturen Europas, fuhr Schewardnadse fort, müsse mit der deutschen Entwicklung Schritt halten. Die sowjetischen Konservativen hätten »einst ihre Mauer, ihren Honecker, ihre Sicherheitsgarantien gehabt – und was haben sie jetzt? Das wollen sie wissen.« Derart eingestimmt, begaben sich die Minister zur Eröffnung der Konferenz.[77] Baker nutzte jede freie Minute zwischen den Plenarsitzungen für Vieraugengespräche über Deutschland, unter anderen mit Schewardnadse. Der sowjetische Außenminister hatte wenig Zeit gehabt, um mit Moskau Rücksprache zu halten, und war sichtlich nervös. Viele von Bakers Besprechungen waren kurzfristig verabredet worden. So kam er zum Beispiel am 13. Februar mindestens fünfmal mit Schewardnadse zusammen, traf sich ebenso oft mit Genscher, führte Gespräche mit Hurd und Dumas, nahm an zwei Vierertreffen (mit den Außenministern Westdeutschlands, Frankreichs und Großbritanniens) teil und leitete eine Sitzung der NATO-Außenminister – das alles neben dem formellen Konferenzbetrieb und den vorher vereinbarten bilateralen Begegnungen. Baker ging es nicht nur darum, das Zwei-plus-Vier-Forum als solches durchzusetzen, sondern auch darum, die Zustimmung zur zweiten Hälfte des Vorschlags zu erhalten: einer öffentlichen Erklärung, durch die dieses Forum mit der ungehinderten Vereinigung Deutschlands verknüpft wurde.

Die Vereinigten Staaten skizzierten eine gemeinsame Erklärung, die am 13. Februar Wort für Wort überarbeitet wurde. Dabei wurde festgeschrieben, daß das neue Gesprächsforum ausschließlich die »äußeren Aspekte« der Vereinigung diskutieren sollte. In der Presseerklärung vom gleichen Tag wurde lediglich bekanntgegeben, daß sich die Außenminister der beiden deutschen Staaten mit ihren Kollegen aus Frankreich, Großbritannien, der Sowjetunion und den Vereinigten Staaten treffen würden, »um die äußeren Aspekte der Herstellung der deutschen Einheit, einschließlich der Fragen der Sicherheit der Nachbarstaaten, zu besprechen«. Vorbereitende Gespräche auf Beamtenebene würden in Kürze aufgenommen. Nachdem eine Einigung über den diplomatischen Prozeß zustande gekommen war, standen die Amerikaner unter Druck, ihn umgehend in Gang zu setzen. Genscher und Baker hatten als Beginn der Zwei-plus-Vier-Gespräche ursprünglich einen Termin nach den DDR-Wahlen am 18. März vorgesehen, wenn der innere Vereinigungsprozeß bereits die ersten Hürden genommen hatte. Jetzt erklärten Ross und Zoellick dem Kommuniqué von Ottawa entsprechend nur, daß vor dem

18. März keine *Minister*treffen stattfinden würden. Gespräche auf Beamtenebene könnten »in Kürze« beginnen, also schon vor den Wahlen in der DDR.[78]

Das Vorhaben stieß auf heftige Kritik seitens anderer NATO-Mitglieder, die sich übergangen fühlten, da sie nichts von der Schaffung dieses Forums gewußt hatten. Der niederländische Außenminister Hans van den Broek bemängelte, daß keine Konsultationen stattgefunden hatten. Der Verlautbarung zufolge würden die Sechs über Fragen verhandeln, die alle Nachbarländer Deutschlands berührten. Auch der italienische Außenminister Gianni de Michelis war verärgert. »Wir arbeiten seit vierzig Jahren im Bündnis zusammen«, hielt er den vier westlichen Außenministern der Zwei-plus-Vier-Runde vor. Luxemburg, Norwegen, Belgien, Spanien und Kanada schlossen sich seinen Vorwürfen an. Besonders peinlich war die Situation für die Kanadier, immerhin die Gastgeber der Konferenz. Amerikaner, Briten, Franzosen und Westdeutsche versuchten die Wogen zu glätten. Baker versprach regelmäßige Konsultationen über den Fortgang der Zwei-plus-Vier-Gespräche. Als de Michelis damit nicht zufrieden war, platzte Genscher schließlich der Kragen. Er wandte sich dem italienischen Außenminister zu und sagte scharf: »You are not part of the game!« (Sie sind nicht mit im Spiel!) Das anschließende verblüffte Schweigen nutzte der kanadische Außenminister, um die Sitzung zu schließen.[79]

Verstimmte Verbündete waren nicht die einzige Sorge, die Baker hatte. Auch der NSC-Stab hatte sich noch nicht mit der Zwei-plus-Vier-Idee angefreundet. Scowcroft und Blackwill waren wie die Europaabteilung des Außenministeriums überzeugt, daß sie nur zu Einmischungen in den deutschen Vereinigungsprozeß und damit zu seiner Verlangsamung führen würde. Dies wiederum hätte zur Folge, daß die Vereinigung nicht in dem von den Deutschen gewählten Tempo vor sich gehen könnte – nämlich so schnell wie möglich. Aber Baker hatte Seitz und die Europaabteilung überstimmt. Er hatte Bush erklärt, daß es notwendig sei, den Zwei-plus-Vier-Mechanismus voranzutreiben, und Bush hatte ihm beigepflichtet. Auch wußte Baker, daß Genscher auf seiner Seite stand und daß Kohl gegenüber Gorbatschow der Idee zugestimmt hatte. Deshalb bat er Genscher jetzt, Kohl aufzufordern, mit Bush zu telefonieren.

Kohl rief am 13. Februar in Washington an. Er drückte Bush zuerst seinen tiefen Dank für die Briefe aus, die er vor seinen Gesprächen mit Gorbatschow von ihm und Baker erhalten hatte. Dann unterrichtete er Bush über deren Verlauf und sagte, er wisse, daß in Ottawa an der Umsetzung der Zwei-plus-Vier-Idee gearbeitet werde. Nach dem Telefonat war Bush immer noch im Zweifel darüber, ob sich Kohl eindeutig für die Zwei-plus-Vier-Idee ausgesprochen hatte. Also griff er erneut zum Telefonhörer und rief Kohl zurück. Der Bundeskanzler beruhigte ihn:»George, ich habe das Gefühl, da liegt ein Mißverständnis vor. Was die Außenminister in Ottawa beraten, hat meine vollste Zustimmung.« Kohl war geschmeichelt, daß Bush es für nötig hielt, seine Meinung einzuholen.[80]

Bush gab Baker grünes Licht. Scowcroft stand der Zwei-plus-Vier-Idee jedoch weiterhin mißtrauisch gegenüber. Er befürchtete wie Blackwill, daß Sowjets, Briten und Franzosen damit ein Mittel an die Hand gegeben wurde, mit dem sie den Vereinigungsprozeß verlangsamen konnten. Darüber hinaus würde Gorbatschow auf diesem Forum gezwungen sein, in der deutschen Frage Stellung zu beziehen, was er bisher, wie sie glaubten, absichtlich vermieden hatte. Scowcroft bemängelte außerdem, daß die Idee weder angemessen in der US-Administration diskutiert noch ausreichend mit den NATO-Verbündeten abgestimmt worden sei. Seiner Meinung nach hatte Baker den Präsidenten mit vollendeten Tatsachen konfrontiert, so daß er notgedrungen, wenn auch zögernd, zugestimmt hatte.[81]

Diese Episode war der bei weitem schwerwiegendste Dissens innerhalb der US-Regierung während des deutschen Vereinigungsprozesses. Er beruhte zum großen Teil auf Mißverständnissen zwischen Außenministerium und Weißem Haus über die Frage, wie weit das Zwei-plus-Vier-Konzept gediehen war. Baker, der jede Gelegenheit ergriffen hatte, um die Idee zu lancieren, sah in Ottawa die Chance, sie durchzuboxen. Das Weiße Haus hatte durchaus Kenntnis von seiner Absicht, sie umzusetzen. Blackwill hatte spätestens Ende Januar, zur Zeit der Besuche von Hurd und Genscher, davon erfahren. Darüber hinaus hatte das Weiße Haus Bakers Brief an Kohl vom 10. Februar abgesegnet, in dem dieser die Idee erläutert hatte. Doch hatte weder das Weiße Haus noch das Außenministerium, wenn auch aus unterschiedlichen Gründen, den Versuch unternommen, die Zwei-plus-Vier-Idee zum Gegenstand eines formellen

Entscheidungsprozesses mit abschließender Vorlage beim Präsidenten zu machen. Die Verantwortung zur Einleitung eines solchen Prozesses lag bei Scowcroft beziehungsweise Baker. Im Wirbel der Ereignisse hatte sich nie die Gelegenheit ergeben, die unterschiedlichen Positionen rechtzeitig gegeneinander abzustimmen. Hinzu kam, daß weder Scowcroft noch Baker die Besorgnisse des jeweils anderen richtig verstanden. Ironischerweise verfolgten beide Seiten das Ziel der Beschleunigung der deutschen Vereinigung und unterstellten der jeweils anderen, sie wolle das Gegenteil erreichen.

Am bemerkenswertesten aber ist vielleicht, daß nichts von diesem internen Disput an die Presse durchsickerte. Die persönlichen Beziehungen waren zwar angespannt, zerbrachen aber nicht, und nachdem der Zwei-plus-Vier-Prozeß in Ottawa eingeleitet worden war, wandten sich sowohl der NSC-Stab als auch das Außenministerium rasch der praktischen Frage zu, wie er gestaltet werden sollte.

Bestandsaufnahme

Baker hatte in Ottawa mehr erreicht als nur die Zustimmung zur Schaffung eines Mechanismus, mit dem die deutsche Vereinigung diplomatisch bewerkstelligt werden konnte. Die gemeinsame Presseerklärung dokumentierte die öffentliche Anerkennung der Tatsache, daß die Vereinigung aus dem Reich der Wünsche und Spekulationen in das der täglichen Planung übergegangen war. Plötzlich »dämmerte es den Leuten, daß die deutsche Vereinigung sehr schnell kommen würde«.[82] Kohl jubilierte. »Noch nie«, sagte er im Bundestag, »sind wir unserem Ziel, der Einheit aller Deutschen in Freiheit, so nahe gekommen wie heute.«[83] Falin quittierte das Geschehen mit einem Warnschuß: »Wenn das westliche Bündnis auf seiner Forderung nach einer NATO-Mitgliedschaft für ganz Deutschland besteht, wird es überhaupt keine Wiedervereinigung geben.«[84]

Genau diese Forderung aber wollten zumindest die Amerikaner durchsetzen. Bush besprach das Problem am 10. Februar mit Manfred Wörner, dem ehemaligen Verteidigungsminister der Bundesrepublik und jetzigen NATO-Generalsekretär.[85] Die deutsche Frage, erklärte er, beherrsche alles andere und mache die Fragen der Stärke der US-Truppen sowie der

Rolle der USA in Europa noch komplizierter. Wörner stimmte ihm zu, beharrte aber darauf, daß das vereinigte Deutschland fest in der NATO verankert bleiben müsse, sonst würde »die alte Pandorabüchse voll Streit und Rivalität in Europa wieder geöffnet«. Neutralität wäre gefährlich, für Deutschland wie für Europa. Deutschland würde sehr wahrscheinlich irgendwann Atomwaffen erwerben. Ein entmilitarisiertes Deutschland sei ebenso unannehmbar. Ein neutrales oder nicht zufriedengestelltes Deutschland wäre versucht, zwischen den Seiten hin und her zu wechseln und Ost und West gegeneinander auszuspielen. EG und KSZE bestünden nur aus Gerede. Die NATO sei die einzige stabile Sicherheitsstruktur und durch nichts zu ersetzen. Es sei Bushs »historische Aufgabe«, die Deutschen vor dieser Versuchung zu schützen, Europa vor Instabilität zu bewahren und jene zu stärken, die ein neues Europa möglich machten. Dies sei auch der Weg, um die Befürchtungen anderer westeuropäischer Länder zu zerstreuen.

Bush und Wörner glaubten beide, daß Gorbatschow die Zugehörigkeit Deutschlands zur NATO akzeptieren werde, wenn die USA fest blieben. Dem amerikanischen Präsidenten war allerdings klar, daß es ihn einige Mühe kosten würde, den sowjetischen Staatschef zu überreden. Wörner stellte ausdrücklich fest, daß die deutsche Mitgliedschaft in der NATO auch die Einbeziehung in deren militärische Strukturen bedeute. Die Bundesrepublik sei der Schlüssel zur Integration der Mitgliedsarmeen in einem Militärkommando des Bündnisses. Politisch sei dies von entscheidender Bedeutung, denn es verwandle die europäische Verteidigung aus einer nationalen Angelegenheit, die mit nationalen Rivalitäten verbunden sei, in eine multinationale Anstrengung. Was seinen Terminus des besonderen militärischen Status für Ostdeutschland betreffe, erklärte Wörner, so bedeute er keineswegs die Entmilitarisierung. Er wußte noch nicht, daß Bushs Stab sich bereits seines Konzepts bedient und es Kohl als amerikanischen Standpunkt präsentiert hatte.

Der Weg zur deutschen Einheit führte jedoch immer noch über Moskau. Sowjets und Ostdeutsche wollten die Vereinigung zu einem längeren, stufenweisen Prozeß ausdehnen. Ihre Hoffnungen ruhten dabei auf einem von den meisten Beobachtern vorausgesagten Sieg der Linken in den bevorstehenden Wahlen in der DDR. Schewardnadse glaubte nicht, daß er durch die Annahme des Zwei-plus-Vier-Vorschlags einem schnelleren Vereinigungstempo zugestimmt hatte.[86]

Es hat im Rückblick den Anschein, als wäre die sowjetische Position damals bereits chancenlos gewesen. In Washington und Bonn sah man es anders. Dort wußte man, daß die UdSSR die Mittel besaß, um die Ereignisse in Mitteleuropa in ihrem Sinne zu beeinflussen. Die Sowjets konnten die Deutschen vor die Wahl zwischen Vereinigung und NATO-Mitgliedschaft stellen und den Wunsch nach Vereinigung gegen die Allianz ausspielen. Sie konnten sie mit der Allternative konfrontieren, entweder die sowjetischen Wünsche zu respektieren oder eine internationale Krise zu verschulden. Wenige Tage nach der Bekanntgabe des Übereinkommens von Ottawa nahm Falin in einem *Spiegel*-Interview dazu Stellung. Auf die Frage, wie die Sowjets Bonn und Washington die Zustimmung zur Neutralisierung Deutschlands abringen wollten, erwiderte er:»Ich glaube, das Leben wird die Amerikaner und die Bundestagsmehrheit überzeugen. ... Die einzige richtige Antwort wäre, das Problem nicht zu verniedlichen, nicht so zu tun, als ob wir außerstande seien, [die sowjetischen] Interessen rechtlich – und nicht nur rechtlich – zu verteidigen. ... Es gibt kein Rechtsvakuum in Deutschland. Entweder erfüllt die DDR – egal, welche Regierung dort an der Macht sein wird – ihr Mandat und ihre Verträge, die Verpflichtungen, die diese Republik gegenüber dem Warschauer Vertrag und uns übernommen hat, oder die latenten Rechte der Sowjetunion [in bezug auf die DDR und Deutschland als Ganzes] werden akut. ... Die Deutschen sind intelligent genug, um zu verstehen, daß es nicht in ihrem Interesse sein kann, eine Konfrontation herauszufordern. Wir drohen niemandem, wollen aber auch nicht bedroht werden.«[87]

Die US-Regierung war sich im klaren darüber, daß Kohl und den westdeutschen Wählern, insbesondere in einem Wahljahr, nicht der Sinn danach stand, eine internationale Konfrontation mit Michail Gorbatschow auszulösen, der in der Bundesrepublik ein Jahr zuvor als Held der Perestroika gefeiert worden war. Die Amerikaner standen in den Tagen nach Ottawa also vor zwei wichtigen Aufgaben: Zum einen mußten sie eine präzise, durchsetzbare Position in der Frage der äußeren Orientierung eines vereinigten Deutschland ausarbeiten, einschließlich einer diplomatischen Strategie, um diese Position im Zwei-plus-Vier-Prozeß zu behaupten. Zum anderen galt es, die Einwilligung einer geschwächten, aber immer noch bedrohlichen Sowjetunion für eine abrupte Umwälzung der europäischen Kräfteverhältnisse zu gewinnen. Die Vereinigten Staaten wollten die demokratischen Veränderungen in Europa konsolidieren, die sowjetische Militärmacht in Osteuropa reduzieren und ihre Präsenz in Deutschland beenden. US-Truppen sollten dagegen auf deutschem Boden stationiert bleiben, wenn auch in geringerer Zahl. Sollten die Amerikaner ihr Ziel erreichen, käme dies für die Sowjetunion einer katastrophalen Niederlage gleich. Dies war die rauhe, unverschleierte Wahrheit. Die USA hatten beschlossen, die Vereinigung Deutschlands allein nach westlichen Bedingungen zu vollziehen.

Dennoch wollten die Amerikaner, daß die Sowjets dieses Resultat akzeptierten, und zwar in der Überzeugung, sich eine angemessene, obwohl verkleinerte Rolle in den europäischen Angelegenheiten bewahrt zu haben. In Moskau sollte keine Bitterkeit zurückbleiben, die eines Tages zu dem Versuch führen könnte, die neue europäische Ordnung umzustürzen. In der Vergangenheit, ob nun auf dem Wiener (1814/15) oder dem Berliner Kongreß (1878), war Rücksicht auf die Interessen der Unterlegenen ein anerkanntes Element der Politik des Gleichgewichts der Mächte gewesen. Geschlagene Mächte erhielten als Kompensation für den Verlust wertvoller Teile ihres Territoriums andere, wenngleich weniger wertvolle Gebiete zugesprochen. Auf diese Weise wollten die Sieger den Verlust für die Verlierer mildern und die Friedensregelung absichern. In unserem aufgeklärteren Zeitalter war eine solche Kompensation nicht möglich. Die Lösung mußte in weniger greifbaren Zeichen von Macht und Einfluß gesucht werden. Die Hindernisse schienen enorm zu sein, gleichwohl bemühten sich die Vereinigten Staaten, den Sowjets einen ehrenvollen Weg zu weisen, um den Abbau ihrer Präsenz und Autorität im neuen Europa hinzunehmen.

Ein neues Deutschland
wird entworfen

Am Nachmittag des 14. Februar 1990 betrat Präsident Bush den Roosevelt-Raum des Weißen Hauses, um ein Gesetz über Hilfeleistungen an die neue Regierung in Panama zu unterzeichnen. Vor der Zeremonie äußerte er seine Zufriedenheit über den in Ottawa erzielten »Durchbruch«, der zur Vereinigung Deutschlands führen werde. Damit werde »das Ziel verwirklicht, das ich im ersten Jahr meiner Präsidentschaft immer wieder betont habe: ein freies und ungeteiltes Europa«. Er wies allerdings auch wiederholt darauf hin, daß »alles ziemlich schnell gegangen« sei. Das Unbehagen des Weißen Hauses über Bakers Erfolg hatte sich offenbar noch nicht restlos gelegt.

Ein Journalist erinnerte Bush daran, daß er noch am 12. Februar eine Viermächtekonferenz über Deutschland abgelehnt habe. Was sich vom 12. auf den 13., dem Tag, an dem die Zwei-plus-Vier-Vereinbarung bekanntgegeben wurde, verändert habe? Nun, antwortete Bush, Bundeskanzler Kohl habe ihm erst gestern versichert, daß er Zwei-plus-Vier-Gespräche für einen vernünftigen Schritt halte. Auf den Unterschied zwischen einer Viermächtekonferenz und dem Zwei-plus-Vier-Mechanismus ging Bush nicht ein. Statt dessen beendete er seine Antwort mit der merkwürdigen Auskunft: »Wir schreiben niemandem dort drüben vor, wie es funktionieren soll. Ich habe diese Frage offengelassen. Aber Sie haben recht, es ging alles sehr, sehr schnell.« Dann fragte er Baker, ob er etwas hinzufügen wolle. Baker verneinte.[1]

Es ging in der Tat sehr schnell voran, und es gab noch viele dicke Fragezeichen. Für die Amerikaner ging es um die deutsche NATO-Mitgliedschaft, die US-Truppenpräsenz im geeinten Deutschland – einschließlich Atomwaffen – und einen besonderen militärischen Status für das Gebiet der DDR, der dessen Integration in die NATO erlaubte. Im Winter 1990 konnte allerdings kein Konzept für die politische Zukunft Deutschlands als der Wahrheit letzter Schluß gelten. Ein Konservativer wie Henry Kissinger stellte sich das neue Deutschland als Konföderation aus BRD und DDR vor, mit einem entwaffneten, aber in die NATO integrierten Ostteil. Auch verbindliche Obergrenzen der deutschen Streitkräfte und eine Reduzierung der alliierten Streitkräfte auf einen Bruchteil ihrer gegenwärtigen Stärke hielt Kissinger für möglich. Darüber hinaus sollten die NATO-Truppen nicht nur nicht nach Osten verlegt werden, sondern sich westwärts zurückziehen – hinter eine noch zu vereinbarende Linie östlich des Rheins.[2]

Die amerikanische Regierung verfolgte jedoch ebenso wie die westdeutsche ehrgeizigere Ziele. Die Bundesrepublik hatte die Idee einer Konföderation fallengelassen, und es war an der Zeit, eine Alternative zu entwikkeln. Im Bonner Kanzleramt trat am 31. Januar eine Arbeitsgruppe Deutschlandpolitik, die einem neuen Kabinettsausschuß »Deutsche Einheit« zuarbeiten sollte, unter Leitung von Rudolf Seiters zu ihrer konstitutiven Sitzung zusammen.[3] Sie einigte sich auf die unverzügliche Schaffung einer Wirtschafts- und Währungsunion mit der DDR. Die ostdeutsche Regierung wollte und brauchte sie, insbesondere die damit verbundene Wirtschaftshilfe; die großen westdeutschen Parteien unterstützten sie; und sie schien gut zu den Plänen der EG zu passen, die ebenfalls eine solche Union anstrebte. Die entscheidende Frage war die nach dem politischen Rahmen. Würde es auch in Zukunft eine autonome DDR geben, womöglich unter kommunistischer Herrschaft?

Die Bundesregierung beschloß, die Schaffung der Wirtschaftsunion mit dem Abbau des Sozialismus und der Einführung der Marktwirtschaft in der DDR zu verknüpfen. Ohne diesen Schritt, sagte Finanzminister Waigel im Bundestag, könne die D-Mark nicht als offizielle Währung in der DDR eingeführt werden. Dies aber wäre ein Mittel, um die Bewohner der DDR dazu zu bewegen, im Land zu bleiben. 1989 waren rund dreihundertvierzigtausend DDR-Bürger in die Bundesrepublik übergesiedelt, und seit Beginn des neuen Jahres waren täglich mehr als zweitausend hinzugekommen. Der Chef der Ost-CDU, Lothar de Maizière, glaubte, daß weitere zweieinhalb bis drei Millionen Menschen auf gepackten Koffern saßen. Ein solcher Exodus hätte nach Bonner Einschätzung nicht nur die DDR-Regierung in die Knie gezwungen, sondern auch die bundesdeutschen Wohnungsbau- und Sozialetats überfordert und Kohls Chancen auf die Wiederwahl zunichte gemacht. Wenn man nicht wolle, daß die Menschen »zur D-Mark kommen«, sagte Kohl, »muß die D-Mark zu den Menschen gehen«.[4]

Am 7. Februar beriet das Bundeskabinett über die Wirtschafts- und Währungsunion. Geld allein, sagte Kohl in der Begründung seines Vorschlags, könne die Probleme der DDR allerdings nicht lösen. Dafür seien tiefgreifende Reformen nötig. Die Vorsitzenden von CSU und FDP, Theo Waigel und Otto Graf Lambsdorff, stimmten mit ihm darin überein, daß die Währungsunion eine gemeinsame Wirtschaftsordnung voraussetzte. Deshalb wollte man unmittelbar nach den Wahlen am 18. März Verhandlungen über die Schaffung föderativer Strukturen mit der DDR aufnehmen. Waigel skizzierte drei mögliche Wege zur Währungsunion. Der umfassendste – der »Krönungsweg« – sei die Einführung der Währungsunion nach der Durchführung von Wirtschaftsreformen. Die zweite Variante sei die Festlegung eines von der Bundesbank zu garantierenden festen Wechselkurses zwischen D-Mark und Mark der DDR. Die dritte und einfachste Option sei die sofortige Einführung der D-Mark als alleiniges Zahlungsmittel in der DDR. Für diesen drastischen Schritt, fügte Waigel hinzu, müßte die Geld- und Finanzpolitik der DDR sofort der Bundesbank unterstellt werden und die DDR die westdeutsche Wirtschaftsordnung übernehmen.

Der Präsident der Bundesbank, Karl Otto Pöhl, der zu der Kabinettssitzung hinzugebeten worden war, hatte keine wesentlichen Einwände. Die Devisenreserve der DDR sei erschöpft, erklärte er. Man habe also keine andere Wahl als die Einführung der Währungsunion. Das Kabinett vertagte sich dennoch, ohne sich auf eine Option festgelegt zu haben. Teltschik erklärte in einem Hintergrundgespräch, das er anläßlich der bevorstehenden Moskaureise des Bundeskanzlers mit Journalisten führte, die DDR werde in wenigen Tagen »völlig zahlungsunfähig« sein, und am nächsten Tag sagte der baden-württembergische Ministerpräsident Lothar Späth, die bedingungslose ökonomische Kapitulation der DDR sei der einzige Weg, den unmittelbar bevorstehenden finanziellen Kollaps zu verhindern. Die Schlagzeilen der Zeitungen fielen entsprechend aufgeregt aus. Kohl äußerte sich nach seiner Rückkehr aus Moskau diplomatischer. Die DDR, sagte er, stehe keineswegs am Rand des Bankrotts. Seine Mitarbeiter erwarteten jedoch, daß Modrow bei seinem Bonnbesuch am 13. und 14. Februar Kohls Vorschlag der schnellen Verwirklichung der Wirtschafts- und Währungsunion zustimmen würde.[5]

Bei Modrows Besuch trat die Kluft zutage, die zwischen den Vorstellungen beider Seiten zur Wirtschafts- und Währungsunion bestand. Modrow hatte vom Runden Tisch den Auftrag, das ostdeutsche Sozialsystem zu schützen und eine »vorschnelle Preisgabe der Finanzhoheit« zu vermeiden. Finanzielle Hilfe der Bundesrepublik war allerdings willkommen – Modrow verlangte zehn bis fünfzehn Milliarden D-Mark. Mit anderen Worten, die Ostdeutschen wollten die Vorteile der Währungsunion nutzen, ohne ihre wirtschaftliche Eigenständigkeit aufzugeben. Modrow reiste mit siebzehn Ministern an, von denen acht vom Runden Tisch kamen. Aber die Präsentation der »Positionen des Runden Tisches« brachte nicht viel. Kohl wich nicht von der Verknüpfung von Hilfeleistungen und wirtschaftlichen Reformen ab. Er versprach der DDR die D-Mark, bestand aber darauf, daß die Bundesrepublik die Geldpolitik im Osten bestimmte. Die Ostdeutschen sperrten sich und warfen der Bundesregierung vor, sie wollte die DDR annektieren, wie es Hitler 1938 beim Anschluß Österreichs vorgemacht hatte. Beide Seiten konnten sich schließlich nur darauf einigen, ihre Unterhändler anzuweisen, die konkreten Bedingungen von »Währungsunion und Wirtschaftsgemeinschaft« auszuarbeiten.[6]

Am 15. Februar berichtete Kohl im Bundestag über die sich überstürzenden Ereignisse. Die Situation, erklärte er, sei durch drei wichtige neue Elemente gekennzeichnet: die positiv verlaufenen Gespräche mit Gorbatschow, die »weiterführenden Verabredungen in Ottawa« und die Aufnahme von Verhandlungen über die Währungsunion und Wirtschaftsgemeinschaft mit der DDR. Angesichts dieser Entwicklungen war kaum zu bestreiten, daß sich die Lage in Deutschland »qualitativ verändert« hatte.[7]

Der innenpolitische Druck auf Kohl ließ deshalb jedoch nicht nach, denn für Modrow war die festgefahrene Situation im Verhältnis zur Bundesrepublik nicht nur von Nachteil. Der Strom von Übersiedlern aus Ostdeutschland kratzte an Kohls Popularität. Der Bundeskanzler mußte sich entscheiden, welchen Weg zur Einheit er bevorzugte, welche von Waigels Optionen für die Währungsunion er umsetzen wollte und wie die Entwicklung zur politischen Union verlaufen sollte. Im deutschen Regierungsapparat hoffte man ebenso wie in Washington, daß die Zwei-plus-Vier-Gespräche hinter den Verhandlungen über die inneren Aspekte der Vereinigung hinterherhinken würden. Im besten Fall würde aus dem Zwei-plus-Vier bald ein Eins-plus-Vier werden.[8] Durch eine Verzögerung der Einigung zwischen den beiden deutschen Staaten wurde dieses Kalkül gefährdet. Die Grundsatzentscheidungen konnten nicht länger hinausgeschoben werden.

Übernahme statt Fusion

Die Bundesrepublik hatte die Wahl zwischen zwei Wegen zur Einheit, die im Grundgesetz verankert waren. Artikel 146 sah die freie Entscheidung des deutschen Volkes über eine neue Verfassung, indirekt also die Abhaltung gesamtdeutscher Wahlen für eine verfassunggebende Versammlung vor. Dies war der Weg zur Vereinigung, der dem Osten in der Ära Adenauer nach dem Vorbild der McCloy-Initiative von 1950 vorgeschlagen worden war. Er ließ sich mit der Bildung einer Konföderation vereinbaren und implizierte, daß das vereinigte Deutschland ein neuer Staat sein würde – mit neuer Verfassung und Regierungsform sowie neuen Rechten und Verantwortlichkeiten in den internationalen Beziehungen. Kurz gesagt, es war eine Bestimmung für eine Fusion, über deren Resultat eine eigens zu diesem Zweck gewählte Nationalversammlung entscheiden sollte.

Der zweite Weg wurde von Artikel 23 vorgezeichnet, der »anderen Teilen Deutschlands« den Beitritt zur Bundesrepublik erlaubte. Dieser Artikel war 1957 bei der Eingliederung des Saarlandes angewandt worden. Es war eine Bestimmung für eine Übernahme. Die DDR würde ein Teil der existierenden Bundesrepublik werden. Deren Verfassung, Regierungsform und internationale Verpflichtungen würden so bestehenbleiben, wie sie waren.

Kohls Beraterkreis neigte seit der ersten Sitzung der Arbeitsgruppe Deutschlandpolitik zur Übernahmelösung nach Artikel 23. Wenn das Grundgesetz zur Disposition gestellt würde, könnte der Druck, weitreichende Verfassungsänderungen vorzunehmen, unwiderstehlich werden, insbesondere wenn die Ost-SPD die DDR-Wahlen gewann und so die

Bundes-SPD die Vorherrschaft in einer verfassunggebenden Versammlung erlangte. Das Ergebnis war unkalkulierbar, gerade auch im Hinblick auf das internationale Spannungsfeld, in dem sich die Vereinigung abspielen würde. Außerdem würde sich die EG bei Anwendung von Artikel 23 leichter dazu bewegen lassen, Ostdeutschland zu integrieren. Eine Änderung der Römischen Verträge beziehungsweise der 1985 angenommenen Einheitlichen Europäischen Akte wäre nicht erforderlich.[9]

Anfang März sprach Kohl erstmals öffentlich davon, daß Artikel 23 der einzig akzeptable Weg zur Einheit sei, und die von der CDU unterstützten Parteien in Ostdeutschland schlossen sich seiner Haltung an.[10] Damit war Waigels Frage aus der Kabinettssitzung vom 7. Februar beantwortet, da der politischen Übernahme der DDR durch die Bundesrepublik die wirtschaftliche vorausgehen mußte. Mit anderen Worten, Waigels dritte Option würde verwirklicht werden: die Einführung der D-Mark als offizielles Zahlungsmittel in der DDR.

Den Ostdeutschen war klar, was auf dem Spiel stand. Die Anwendung von Artikel 23 würde praktisch auf eine Annexion der DDR hinauslaufen. Valentin Falin hatte schon in der Januarsitzung von Gorbatschows Krisenstab versucht, die Aufmerksamkeit auf diese bedeutsame Frage zu lenken, und aus Sicht der DDR-Regierung konnte aus der Anwendung von Artikel 23 nichts Gutes erwachsen. Kohl blieb also nur, sich auf die Unterstützung der ostdeutschen Bevölkerung zu verlassen und darauf zu hoffen, daß sie ihm bei den Wahlen am 18. März ein klares Mandat erteilen würden. Die politischen Orakel in Ost und West sagten allerdings einen Sieg der Ost-SPD voraus. Ein Grund für diese Annahme war die Tatsache, daß dort vor dem Machtantritt der Nazis einige traditionelle Hochburgen der Sozialdemokraten gelegen hatten. Ein anderer bestand in der verbreiteten Meinung, daß die West-SPD ihre Schwesterpartei wesentlich effektiver mit Geld, Sachmitteln, Ratschlägen und Rednern für den Wahlkampf unterstützte als CDU und FDP die Konkurrenten der Ost-SPD. Diese strebte wie die West-SPD die Währungsunion ohne die wirtschaftliche Übernahme durch die Bundesrepublik an. Sie setzte sich für den Konföderationsplan ein und zog Artikel 146 als Weg zur Einheit vor.

In einer gemeinsamen Erklärung zur Außenpolitik hatten Ost- und West-SPD verkündet, daß ein vereintes Deutschland »weder Mitglied der

NATO noch des Warschauer Vertrages« sein sollte.[11] Diese Forderung nach Neutralität konnte für Bonn und Washington zu einem ernsten Problem werden. Kohl und seine Berater wollten sich jedoch nicht auf einen außenpolitischen Streit mit der SPD einlassen. Die Idee der deutschen NATO-Mitgliedschaft war nicht übermäßig beliebt. Laut einer am 15. Februar veröffentlichten Umfrage sprachen sich erstaunliche achtundfünfzig Prozent der Westdeutschen für die Neutralität des vereinigten Deutschland aus. Die NATO-Befürworter im Regierungsapparat beruhigten sich mit dem Gedanken, daß sowohl die NATO als auch der Warschauer Pakt einem vielleicht unter dem Dach der KSZE angesiedelten gesamteuropäischen Sicherheitssystem weichen würden. Außerdem wurde weithin angenommen, daß Deutschland aus der integrierten Militärstruktur der NATO ausscheiden würde und die amerikanischen Atomwaffen – vielleicht sogar alle westlichen Streitkräfte – aus Deutschland abgezogen werden müßten. Die Regierung tat wenig, um solchen Spekulationen entgegenzutreten.

Verteidigungsminister Gerhard Stoltenberg versuchte die Frage des künftigen militärischen Status Ostdeutschlands zu klären.[12] In einer neu gebildeten außen- und sicherheitspolitischen Arbeitsgruppe des Kabinetts fragte er Genscher, wie der Schutz des östlichen Teils eines vereinigten Deutschland mit seine Tutzinger Formel über die NATO-Zuständigkeit vereinbar sei. Wie sollte die Stationierung von Bundeswehrverbänden behandelt werden, die allesamt dem Militärkommando der NATO unterstanden? Teltschik pflichtete Stoltenbergs Einwänden bei. Genscher, vermutlich über den Angriff auf seine Vorrangstellung in der Außenpolitik verärgert und besorgt über die sowjetischen Reaktionen, erwiderte scharf, daß seine Position die einzig realistische sei.

In der Annahme, seinen Kollegen von der Analyse des Verteidigungsministeriums überzeugt zu haben, stellte Stoltenberg zwei Tage später vor der Presse klar, daß die Neutralisierung der DDR nicht in Frage käme und Deutschland als Ganzes Teil der NATO sein werde. Auch eine Entmilitarisierung Ostdeutschlands schloß er aus. Die Bundeswehr werde dort Truppen stationieren. Damit brach Stoltenberg mit Genschers Tutzinger Formel und stellte sich auf den Standpunkt der Amerikaner. Als Zugeständnis räumte er jedoch ein, daß die im Osten stationierten Bundeswehrverbände nicht in die Kommandostruktur der NATO eingebunden sein würden. Genscher war jedoch alles andere als überzeugt. Er erklärte öffentlich, daß Stoltenberg nur seine »persönliche Meinung« geäußert habe. Das NATO-Gebiet werde keinesfalls nach Osten erweitert, noch würden auf dem Gebiet der DDR Bundeswehrtruppen stationiert, da sie in der Tat voll in die NATO integriert seien. Genscher und seine Berater schäumten. Sie hielten die vom Verteidigungsministerium und Kanzleramt eingenommene Haltung für unverantwortlich und gefährlich. Das NATO-Problem war überaus heikel. Der Außenminister sah keine Möglichkeit, wie die Sowjets überredet werden konnten, die deutsche Vollmitgliedschaft in der NATO zu akzeptieren. Außerdem lag es seiner Ansicht nach nicht im Interesse Bonns, wenn der Erfolg in dieser Frage damit erkauft wurde, daß Gorbatschow in innenpolitische Schwierigkeiten gebracht wurde.

Kohl sprach schließlich, verärgert über den öffentlich ausgetragenen Streit, ein Machtwort, und Stoltenberg mußte klein beigeben. Teltschik hatte dem Bundeskanzler erklärt, daß Stoltenberg recht habe, daß die Sowjets das NATO-Thema noch nicht für sich entdeckt hätten und daß es viel zu früh sei, um ihnen vorauseilende Zugeständnisse zu machen. Doch Kohl stellte sich hinter Genscher und verlangte eine gemeinsame Presseerklärung der beiden Minister, die unter Vermittlung von Seiters ausgehandelt und am 19. Februar veröffentlicht wurde. In dem Text hieß es zwar nicht ausdrücklich, daß das NATO-Gebiet nicht nach Osten ausgedehnt werden würde. Genscher und Stoltenberg bekräftigten aber wortwörtlich, was Kohl in seiner Regierungserklärung am 15. Februar zugesagt hatte: »daß keine Einheiten und Einrichtungen des westlichen Bündnisses auf das heutige Gebiet der DDR vorgeschoben werden«. Dies betreffe, fügten sie hinzu, »die der NATO assignierten und nichtassignierten Streitkräfte der Bundeswehr«. Die US-Botschaft in Bonn bemerkte dazu, daß Kohl gezwungen gewesen sei, eine Position einzunehmen, der zufolge der ostdeutsche Staat »nicht nur ›entNATOt‹, sondern auch entmilitarisiert« werden würde.

Angesichts der bevorstehenden Wahlen in der DDR und der waghalsigen Entscheidung für die Vereinigung gemäß Artikel 23 besaß die Solidarität mit Genscher für Kohl oberste Priorität. Auf Bushs Forderung, nicht mehr zuzugestehen als einen besonderen militärischen Status für Ostdeutschland, konnte er in diesem Augenblick keine Rücksicht nehmen.

Die Sowjetführung hatte Ende Januar ihre künftige Deutschlandpolitik festgelegt, und obwohl nicht wenige im Kreml das Gefühl hatten, daß Gorbatschow sie gegenüber Bush und Kohl nicht deutlich genug vertreten hatte, glaubte doch keiner von ihnen, daß die politische Linie geändert worden war. Ihre Aufgabe bestand jetzt darin, Gräben auszuheben und die Stellung zu befestigen. Die Sowjets hofften offenbar, daß ihnen der Zwei-plus-Vier-Mechanismus dabei helfen würde. Einen Tag nach der Konferenz in Ottawa sagte Alexander Bondarenko zu einem amerikanischen Diplomaten, daß die Vereinigung komplizierter sei, als die Deutschen es sich vorstellten. Die Vier Mächte müßten das Ruder übernehmen. Die sowjetische Öffentlichkeit, fügte er warnend hinzu, habe erst ansatzweise begriffen, wie ernst es um die Position der Sowjetunion in der DDR stehe. Die amerikanischen Sowjetexperten unterschieden jedoch zwischen den Auffassungen der sowjetischen Deutschlandexperten der mittleren Ebene und den vermuteten progressiveren Ansichten Schewardnadses. Die US-Botschaft in Moskau hielt sogar eine Ablösung der alten Garde für möglich.[13] Tatsächlich aber achtete Schewardnadse Bondarenko und stützte sich auf Kwizinskis Rat, und in der deutschlandpolitischen Arbeitsgruppe des sowjetischen Außenministeriums trafen sich »alte« und »neue« Denker in der Zustimmung zur bestehenden politischen Linie.

Während des Rückflugs von Ottawa gab Schewardnadse ein Interview, in dem er den sowjetischen Standpunkt bekräftigte. Gorbatschow selbst publizierte seine Ansichten über Deutschland auf der Frontseite der *Prawda*. Er war offenbar bereit, sich mit der Vereinigung oder dem Sturz Modrows abzufinden, aber die NATO-Mitgliedschaft des vereinigten Deutschland war für ihn völlig ausgeschlossen. Es mochte sein, schrieb er, daß »der Lauf der Geschichte ein unerwartet schnelles Tempo angenommen« hatte, aber das sei »nur die eine Seite der Medaille«. Die andere Seite sei, daß die Vereinigung nicht nur die Deutschen allein betreffe. Niemand dürfe sich durch die Einheit bedroht fühlen. Ein Friedensvertrag sei notwendig: »In diesem Vertrag wird der Status Deutschlands in der europäischen Architektur in Begriffe des Völkerrechts gefaßt werden können.« Darüber hinaus sei die gegenwärtige Rolle der beiden Militärbündnisse zu erhalten, da eine Veränderung des militärisch-strategischen Gleichgewichts nicht zugelassen werden dürfe. Gorbatschow kündigte an, daß sich die Sowjetunion jedem Versuch des Westens widersetzen werde, ihr im Rahmen des Zwei-plus-Vier-Mechanismus seine Bedingungen aufzuzwingen: »Wir lehnen ein Vorgehen ab, bei dem drei oder vier zuerst untereinander zu einer Übereinkunft kommen und dann ihre bereits abgestimmte Position den anderen Teilnehmern unterbreiten. Das ist unannehmbar.«[14]

Um auch noch dem letzten klarzumachen, daß Kohl keineswegs grünes Licht erhalten hatte, zu tun, was er wollte, berief die deutschlandpolitische Arbeitsgruppe im sowjetischen Außenministerium eine außerordentliche Sitzung der leitenden Beamten ein. Ergebnis dieser Sitzung war eine gemeinsame Erklärung, in der Schewardnadse, seine Stellvertreter und weitere vierzehn hohe Beamte des Außenministeriums feststellten, daß die Mitgliedschaft eines vereinigten Deutschland in der NATO für die UdSSR unannehmbar sei.[15] Schewardnadses Hauptsorge war, daß die westlichen Staaten die Entwicklung weiter vorantreiben könnten, während die Sowjetunion ihre Stellung befestigte. In Ottawa hatte er sich in einer Rede vor dem kanadischen Parlament über Politiker beklagt, »die politisches Schnellschach mit einer Zeitgrenze von fünf Minuten spielen wollen«.[16]

Er war nicht der einzige, der etwas gegen »politisches Schnellschach« einzuwenden hatte. Der französische Präsident hatte ebenfalls Schwierigkeiten, Schritt zu halten. Öffentlich sprach sich Mitterrand, wie er es von Anfang an getan hatte, mit zweideutigen Worten für die deutsche Einheit aus, während er in der Diplomatie – ob nun absichtlich oder nicht – Mittel und Wege suchte, um sie hinauszuzögern. Er wollte in Paris einen KSZE-Gipfel über die Zukunft Europas abhalten, und der Vorschlag war auch angenommen worden. Doch die Amerikaner waren entschlossen, die Frage der deutschen Zukunft aus der chaotischen Debatte dieses vielköpfigen Gremiums herauszuhalten. Für die EG verfolgte Mitterrand die ehrgeizigsten Ziele, die sich denken ließen, und Kohl hatte einem weiteren EG-Gipfel über Deutschland und andere Themen zugestimmt. Aber einem konkreten Vorstoß in bezug auf die Verhandlungen über die europäische Wirtschafts- und Währungsunion verweigerte er sich.

Mitterrand dachte öffentlich über die Auflösung beider Militärbündnisse innerhalb der nächsten zehn Jahre nach und drückte seine Gleichgültigkeit gegenüber dem NATO-Status Westdeutschlands aus. Die Bundesrepublik, sagte er, könne tun, was sie wolle. Tatsache bleibe, daß Frankreich Atomwaffen besitze und Deutschland nicht. »Die Hauptsache für mich ist«, erklärte er, »daß Europa nach der Selbstzerstörung in zwei Weltkriegen wieder den ihm gebührenden Platz in der Welt einnimmt. Kurzum, ich erwarte, daß die Europäer – wie ich selbst – stets eine Paraphrase jenes bekannten Ausspruchs im Gedächtnis behalten: ›Soll sich Europa um sich selbst kümmern.‹«[17] Wie dies nach der Auflösung der NATO, der Neutralisierung Deutschlands und dem Abzug der Amerikaner geschehen sollte, sagte Mitterrand nicht. Statt dessen entwarf er ein recht verschwommenes Bild einer Europäischen Union, die eines Tages eine militärische Weltmacht darstellen könnte. Im Zentrum stand merkwürdigerweise die französisch-deutsche Kooperation, obwohl sie mit einem neutralen Deutschland schwerlich zu erreichen sein würde. Ob die Amerikaner weiterhin eine Rolle in Europa spielen sollten oder nicht, blieb im dunkeln. Mitterrand zog es, während sich der Gang der Ereignisse beschleunigte, offenbar vor, in weiten Horizonten zu denken, jenseits der störenden Tagesgeschäfte.

In den Vereinigten Staaten löste diese Tendenz der französischen Politik Besorgnis aus. Die Franzosen wirkten bedrückt und schienen zu denken, die Amerikaner befänden sich auf dem Rückzug aus Europa. Ein altgedienter US-Diplomat, der Frankreich gut kannte und jetzt als Mitarbeiter des NSC-Stabs Paris besuchte, berichtete seinen Kollegen: »Nichts ist geblieben von der Vision eines Europa, das von Paris und Bonn als gleichberechtigten Partnern gemeinsam geführt wird, wobei die deutsche wirtschaftliche Überlegenheit durch Frankreichs nukleare Streitmacht und seine im Angesicht eines starken Warschauer Pakts unentbehrliche strategische Rolle ausgeglichen wird. Und bis heute ist keine alternative Vision in Sicht. ... Der schlagendste Eindruck, den ich in meinen vielen Unterhaltungen gewonnen habe, ist die fast totale Abwesenheit der USA in den mittel- und langfristigen Überlegungen der französischen Politiker. Die Franzosen scheinen derart davon überzeugt zu sein, daß die Amerikaner ihre Streitkräfte schnell aus Europa abziehen werden, daß sie denken und manchmal auch handeln, als wären wir bereits weg.«[18]

Die Aussicht auf die kommende deutsche Macht rief in Paris spürbare Sorgen hervor. Noch Monate nach dem Vorfall sorgte eine Äußerung für Gesprächsstoff, die ein deutscher Regierungssprecher Ende 1989 bei einem Abendessen in Paris gemacht haben soll: »Wer will bestreiten, daß Schlesien deutsches Territorium ist?« Es herrschte jedenfalls tiefes Mißtrauen gegenüber Deutschland, und die Gedanken an die Zukunft waren pessimistisch eingefärbt. Ende Februar sagte ein Spitzenbeamter des Quai d'Orsay zu einem amerikanischen Kollegen, Amerika und Frankreich sollten sich vor einer Situation in acht nehmen, in der Deutschland wieder zur »Hegemonialmacht« in Europa geworden sei. Bei den Zwei-plus-Vier-Gesprächen müsse man den Deutschen »sehr entschieden« gegenübertreten.[19]

Auch auf der anderen Seite des Ärmelkanals hatte sich das Unbehagen über die Entwicklung in Deutschland noch nicht gelegt. Premierministerin Thatcher unterstrich weiterhin öffentlich und privat ihre Vorbehalte gegen die deutsche Vereinigung.[20] Ende Januar beriet sie in Chequers, dem Landsitz des britischen Regierungschefs, mit ihren wichtigsten Beratern über die britische Europapolitik. Einer der anwesenden Minister, der Historiker Alan Clark, notierte in seinem Tagebuch, daß er sich dafür ausgesprochen habe, die Wiedervereinigung der Deutschen zu akzeptieren und auszunutzen, »solange sie noch unsere Unterstützung brauchen«. Thatchers Berater aus der Downing Street, Charles Powell und Percy Cradock, rieten der Premierministerin ebenfalls, eine verständnisvollere Haltung einzunehmen. Aber es half nichts, wie Clark berichtet: »Sie ist entschlossen, es nicht zu tun.« Später sprach er sie noch einmal auf die Diskussion an, die ihn allzusehr an den »alten Appeasement-Streit von 1938« erinnert habe. Thatchers Erwiderung lautete, wie Clark bewundernd notierte: »›Ja‹, sagte sie mit blitzenden Augen (sie ist im Augenblick in unglaublicher Form), ›und ich bin kein Appeaser.‹«[21]

Enttäuscht über die schwache Unterstützung, die sie von Mitterrand und sogar von Gorbatschow erhalten hatte, schlug Thatcher in einem langen Telefongespräch, das sie kurz vor Kohls Besuch in Camp David mit Präsident Bush führte, einen neuen Kurs ein.[22] Es war ein für beide Seiten unangenehmes Gespräch. Thatcher mißtraute den deutschen Absichten. Deutschland, sagte sie, »wird das Japan Europas sein, nur schlimmer als Japan«. Der französische Präsident sei genauso besorgt wie sie, daß die Deutschen »im Frieden bekommen werden, was Hitler im Krieg nicht geschafft hat«. Sie hätte mit Mitterrand eine »engere Entente cordiale« ins Auge gefaßt. Für Bush hielt sie eine andere Initiative bereit, den Vorschlag nämlich, der Sowjetunion zu gestatten, auf unbestimmte Zeit Truppen in Deutschland zu stationieren. Dies würde Gorbatschows Lage vereinfachen, und es würde helfen, die Deutschen im Zaum zu halten. Genscher, sagte sie, habe keine Einwände gegen den Vorschlag, und Polen würde es ebenfalls gern sehen, wenn sowjetische Truppen in Deutschland blieben.

Bush erwiderte höflich, daß er sich bei dem Gedanken, sowjetische Truppen in Deutschland zu belassen, nicht ganz wohl fühle. Ähnliches Unbehagen bereite ihm auch die Genscher-Stoltenberg-Erklärung, die den Schluß zulasse, daß Deutschland möglicherweise kein Vollmitglied der NATO bleiben werde. Thatcher war weniger beunruhigt. Ihrer Meinung nach war die amerikanische Haltung für Gorbatschow zu extrem, und daß sich Mitterrand viele Gedanken über die militärischen Strukturen der NATO machte, bezweifelte sie. Für diesen zähle nur die amerikanische Truppenpräsenz in Europa. Von Thatchers eindringlicher Darstellung der britischen und französischen Ansichten aufgeschreckt, schlug Bush vor, daß er, Thatcher und Mitterrand sich nach Kohls USA-Besuch zu einem »Triumvirat« zusammenfinden sollten, um über alles zu sprechen.

Die osteuropäischen Nachbarn Deutschlands beobachteten den sich beschleunigenden Vereinigungsprozeß ebenfalls mit gemischten Gefühlen. Polen, Ungarn und die Tschechoslowakei waren gleichermaßen um gute Beziehungen zur Bundesrepublik bemüht.[23] Aber Kohls Haltung in der Grenzfrage erregte besonders in Polen die Gemüter. Seine Weigerung, eine verbindliche Erklärung über die endgültigen Grenzen des vereinigten Deutschland abzugeben, stieß auf Befremden, auch wenn sich Kohl darauf berief, daß dies erst eine gesamtdeutsche Regierung tun könne, nachdem die Vier Mächte in Aktion getreten waren.

Der polnische Präsident, General Wojciech Jaruzelski, war der Ansicht, daß sowjetische Truppen in Polen stationiert bleiben müßten (um die logistische Verbindung in die DDR zu sichern), bis die Grenzen Polens anerkannt worden waren. Am 21. Februar sandte Ministerpräsident Tadeusz Mazowiecki in einer großangelegten diplomatischen Initiative Briefe an Bush, Gorbatschow, Thatcher und Mitterrand, in denen er die endgültige Anerkennung der Oder-Neiße-Linie als polnischer Westgrenze verlangte. Die beiden deutschen Staaten sollten einen Grenzvertrag paraphieren, der nach der Vereinigung von Deutschland und Polen unterzeichnet werden könnte. Außerdem forderte er die Vier Mächte formell auf, das Zwei-plus-Vier- zu einem Zwei-plus-Fünf-Forum zu erweitern, um Polen offiziell zu beteiligen. Polen »von der einschlägigen Phase der Diskussion« auszuschließen »käme einer Wiederholung der Jalta-Formel von 1945 gleich«. Bei der Aushändigung des Briefes an den amerikanischen Botschafter in Warschau sagte Außenminister Krzysztof Skubiszewski, daß seine Regierung die größtmöglichen Anstrengungen unternehmen werde, um die Bedingungen und den Verlauf der deutschen Vereinigung zu beeinflussen.[24]

Die US-Regierung äußerte als einzige Verständnis für Kohls Haltung in der Grenzfrage. Sie vertraute den Versicherungen des Bundeskanzlers und verstand die heikle innenpolitische Lage, in der er sich in einem Wahljahr befand, in dem er auf seine konservative Wählerschaft Rücksicht nehmen mußte. Für Washington war es unvorstellbar, daß Kohl oder irgendein anderer deutscher Staatsmann die Nachkriegsgrenzen tatsächlich in Frage stellen würde.[25] Lawrence Eagleburger versicherte Mazowiecki bei einem Besuch in Warschau, daß es kein zweites Jalta geben werde und daß die Vereinigten Staaten ihre Freunde nicht verkaufen würden.[26]

Bush zieht Kohl auf seine Seite

Damit war Mitte Februar 1990 der Konsens über Deutschland erneut bedroht. Es gab viele ungeklärte Punkte, von denen die Grenzfrage und die genaue Art der deutschen NATO-Mitgliedschaft die bei weitem bedeutendsten waren. Die Sowjetunion verhielt sich feindselig; Franzosen, Briten und Osteuropäer waren zögerlich und voller Bedenken, und Kohl hatte sich mit Blick auf die Wahlen in der DDR weit aus dem Fenster gelehnt, indem er sich auf Artikel 23 des Grundgesetzes als Weg zur Einheit festgelegt hatte.

Die Vereinigten Staaten wußten, was auf dem Spiel stand und daß der Zwei-plus-Vier-Mechanismus zwar notwendig, aber riskant war. Am 14. Februar, einen Tag nach dem Übereinkommen von Ottawa, besprachen Blackwill, Rice und Zelikow, wie das neue Verhandlungsforum konkret funktionieren könnte.[27] Die Entscheidung war nicht nach dem Geschmack des NSC-Stabes, aber sie war gefallen. Jetzt galt es, den Prozeß in Gang zu bringen. Das Resultat der Diskussion war ein langes, überwiegend von Rice verfaßtes Memorandum für Präsident Bush, in dem es hieß: »Wir sollten die mit diesen Gesprächen einhergehenden Gefahren nicht verkennen. Entscheidend ist, daß die Administration ihre Position formuliert und dann mit den Verbündeten koordiniert, damit wir die für den Westen wahrscheinlich wichtigsten Verhandlungen der Nachkriegszeit nicht falsch handhaben.«

Der NSC-Stab fürchtete, daß den Sowjets, deren Versuche der Einflußnahme auf die deutsche Entwicklung bislang so wenig Erfolg gehabt hatten, eine wirkungsvolle Waffe an die Hand gegeben worden war, die sie sowohl ermutigte als auch in die Lage versetzte, in ihrem Sinne tätig zu werden. Mit einer linken ostdeutschen Regierung an der Seite könnte Moskau in den Zwei-plus-Vier-Gesprächen versuchen, die westdeutsche Bevölkerung in der unberechenbaren Situation eines Wahljahrs vor die Alternative zu stellen: Einheit oder NATO-Mitgliedschaft. Für Kohl, der die Chance hatte, wiedergewählt zu werden und als ein moderner Bismarck in die Geschichte einzugehen, würde »alles andere zweitrangig und verhandelbar werden«.

Die Lösung des Problems lag darin, den Zwei-plus-Vier-Prozeß so zu gestalten, daß Moskau ihn nicht zum Nachteil der amerikanischen Interessen einsetzen konnte. Es hänge alles davon ab, so das Memorandum, »wie sorgfältig wir das Mandat der Sechsmächtediskussionen formulieren und ob wir und unsere Hauptverbündeten weiterhin einen gemeinsamen Standpunkt« in den grundlegenden Sicherheitsfragen einnehmen. Die USA standen daher vor drei Aufgaben: Erstens mußten die Westdeutschen und die anderen Verbündeten auf eine gemeinsame Position in den konkreten Sicherheitsbelangen verpflichtet werden, um die es bald Streit geben würde. Zweitens war der Zwei-plus-Vier-Prozeß zu verschleppen, während die deutsche Vereinigung im Eiltempo vorangetrieben wurde. Damit hätte die US-Administration auch Zeit gewonnen, um ihre Vorstellungen abzuklären. Drittens mußte der Gegenstand der Zwei-plus-Vier-Gespräche so eng wie möglich eingegrenzt werden. Behandelt werden sollten »nur die rechtlichen Fragen in bezug auf die Beendigung der Viermächterechte, die Folgen der Eingliederung der DDR in die BRD und die Frage, was aus den Streitkräften in der Osthälfte Deutschlands werden sollte«.

In der Europaabteilung des US-Außenministeriums waren Seitz und Dobbins zu ähnlichen Schlußfolgerungen gelangt. Sie hatten sich beide gegen den Zwei-plus-Vier-Mechanismus ausgesprochen. Jetzt, da er verwirklicht werden sollte, wollten sie, so gut es ging, verhindern, daß er Unheil anrichten konnte. Blackwill sprach mit Seitz, und anschließend legten Rice und Zelikow mit Seitz und Dobbins die gemeinsame Haltung zu den geplanten Verhandlungen fest: Verzögerung und begrenztes Mandat. Seitz hatte den Eindruck, daß Baker, Zoellick und Ross noch nicht entschieden hatten, was sie tun wollten. Der Planungsstab hatte ein Papier verfaßt, in dem den Zwei-plus-Vier-Gesprächen ein weitreichendes Mandat für Verhandlungen über die künftige deutsche Verteidigung und die europäische Sicherheit eingeräumt wurde. Seitz und Blackwill reagierten darauf, indem sie umgehend ihren wesentlich bescheidener dimensionierten Entwurf für das neue Verhandlungsforum zur Diskussion stellten.[28]

Seitz riet zu einem »eng begrenzten Herangehen an die Zwei-plus-Vier-Konferenz«. Der einzige Zweck der Verhandlungen bestehe darin, »die Viermächterechte an einen voll und ganz demokratischen, souveränen deutschen Staat auf dem Territorium von BRD und DDR zu übertragen«. Nach diesem Entwurf würde die Zwei-plus-Vier-Runde nur darüber entscheiden, auf welche Weise Deutschland die volle Souveränität zurückerlangen sollte. Die strittigen sicherheitspolitischen Fragen, einschließlich des Zeitplans für den Abzug der sowjetischen Truppen vom Gebiet der DDR, würden zwar diskutiert, zur Entscheidung aber an andere Verhandlungsgremien weitergeleitet werden. Über die Bündniszugehörigkeit hätte das souveräne Deutschland selbst zu entscheiden, und NATO-Fragen würden Sache der NATO-Mitglieder bleiben. Seitz wußte, daß den Sowjets dieser Entwurf nicht zusagen würde, doch die sowjetischen Interessen konnten in separaten Verhandlungen berücksichtigt werden. Im Augenblick war es nur wichtig, die Zustimmung der Westdeutschen, Franzosen und Briten zu gewinnen.[29]

Zoellick, der den Empfehlungen des Planungsstabes wenig Beachtung schenkte, sah in der Zwei-plus-Vier-Runde eine »Lenkungsgruppe« mit beschränktem Mandat. Diese Vorstellung floß nun zusammen mit den Ideen von Seitz und Blackwill in eine Empfehlung ein, die Zoellick für Bakers Präsentation des Zwei-plus-Vier-Plans beim Präsidenten schrieb. Zoellick betrachtete die geplanten Verhandlungen weniger als Weg, der zu einer abschließenden Regelung über Deutschland führen sollte, sondern vielmehr als einen »Prozeß ständiger Konsultationen«. Was Baker betraf, so wollte er gegenüber Bush folgende Punkte besonders hervorheben: (1) Den kleineren Verbündeten mußte versichert werden, daß man sie konsultieren würde. (2) Das Zwei-plus-Vier-Forum sollte stärker für Konsultationen als für Entscheidungen genutzt werden. (3) Das Verhandlungsmandat sollte auf die Übertragung der Viermächterechte und die Festlegung der Grenzen des geeinten Deutschland beschränkt sein. (4) Die souveräne Entscheidung des künftigen Deutschland über die Gestaltung seiner Verteidigung sollte bei den Zwei-plus-Vier-Gesprächen nicht einmal angeschnitten werden. Einige der Moskauer Sorgen könnten zwar diskutiert werden, erklärte Baker, aber ohne Entscheidungen zu treffen. Er glaubte die Sowjets dazu bewegen zu können, seinem Plan zuzustimmen. Jedenfalls wollte er nicht abwarten, bis ein sowjetisch-deutscher Handel die Lücke füllte.[30]

Zoellick wußte, daß der NSC-Stab einen Mißbrauch des Zwei-plus-Vier-Mechanismus durch die Sowjets befürchtete, war aber überzeugt, daß er so gesteuert werden konnte, daß die Sowjetunion nur dem Anschein nach über Einfluß verfügte. Er dachte an einige substantielle Zugeständnisse, durch die dies erreicht werden könnte. In Sicherheitsfragen vertrat Zoellick dieselbe Linie wie der NSC-Stab. So stimmte er mit der Absicht überein, den Zwei-plus-Vier-Prozeß zu verzögern, insbesondere auf Ministerebene, und auch er hielt eine knappe Tagesordnung für angebracht. Die Europaabteilung wollte den Zwei-plus-Vier-Prozeß jedoch insgesamt hinauszögern, bis die deutsche Vereinigung im wesentlichen vollzogen war. Das war zuviel, fanden Zoellick und Ross. Es würde die Ost-West-Beziehungen unnötig belasten und die Sowjets geradezu einladen, an den Vereinigten Staaten vorbei Druck auf die Westdeutschen auszuüben.[31]

In der Bundesrepublik beherrschte Kohls riskanter Vorstoß, die innere Einheit nach Artikel 23 durch Übernahme der DDR zu bewerkstelligen, die Diskussion. Teltschik, der sich immer noch nicht mit dem Ausgang des Streits zwischen Genscher und Stoltenberg abgefunden hatte, rief die Amerikaner auf, ihr Gewicht zugunsten des Kanzlers in die Waagschale zu werfen. Blackwill schmiedete daraufhin mit dem Kanzlerberater eine kleine Intrige. Teltschik wollte erreichen, daß Kohl das Zugeständnis, die NATO-Zuständigkeit nicht auf die DDR auszudehnen, zurücknahm, und Blackwill wollte, daß Baker von dieser Linie, die er auf Genschers Drängen angenommen und intern bereits wieder fallengelassen hatte, öffentlich Abstand nahm. Am Vorabend von Kohls Abreise nach Camp David sprach Teltschik gegenüber dem US-Botschafter in Bonn jedoch davon, daß Bakers Position geklärt werden müsse, obwohl er wissen mußte, daß Baker nur Genschers Tutzinger Formel wiederholte.[32]

Scowcroft und Blackwill empfahlen Bush, in der Frage der NATO-Mitgliedschaft auf einer Klärung zu bestehen, die sich an die Formel hielt, die er Kohl zwei Wochen zuvor kurz vor dessen Treffen mit Gorbatschow mitgeteilt hatte.[33] Es sei Zeit für »ein ehrliches und schnörkelloses Gespräch mit Kohl über seine Grundhaltung in Sicherheitsfragen«. Dabei müsse klargestellt werden, daß das gesamte Territorium Deutschlands zur NATO gehören werde, das vereinigte Deutschland in die integrierte Militärstruktur der NATO eingebunden bleibe, die westliche Militärpräsenz in Westdeutschland von der Vereinigung nicht berührt werde und Ostdeutschland einen besonderen militärischen Status erhalten werde, der noch zu definieren sei. In bezug auf den Zwei-plus-Vier-Mechanismus griff das zur Vorbereitung Bushs auf den Kanzlerbesuch verfaßte Memorandum auf Zoellicks Gedanken über die Notwendigkeit der Verzögerung und des beschränkten Verhandlungsmandats zurück. Durch die unerschütterliche Unterstützung der deutschen Vereinigung, hieß es in dem Papier weiter, befinde sich der Präsident in einer starken Position, die genutzt werden könne, »um einen historischen Handel zu untermauern: Kohls Zusage, die deutschen Sicherheitsverpflichtungen weder in der Form noch im Inhalt zu ändern, gegen das amerikanische Versprechen, daß der Zwei-plus-Vier-Prozeß nicht in die deutsche Vereinigung eingreifen wird«.

NSC und Außenministerium waren sich bewußt, daß diese harte Haltung in Moskau auf Widerstand stoßen würde. Man arbeitete deshalb bereits an einem Katalog von Anreizen. Einen besonderen Akzent sollte ein Gipfeltreffen zwischen Bush und Gorbatschow setzen, von dem man hoffte, daß es das produktivste der gesamten Nachkriegszeit werden würde. Aber was auch geschehen mochte, die Grundhaltung stand fest: »Letzten Endes ist die sowjetische Einflußmöglichkeit auf das künftige Deutschland gering, wie sehr sich Moskau auch beklagen mag. Stalin und seine Nachfolger haben ihr Hauptziel für die europäische Sicherheit in der Nachkriegsära darin gesehen, die Bindungen der BRD an die NATO zu kappen. Doch Adenauer hat nein gesagt. Der Westen hat den Moskauer Forderungen nicht nachgegeben, als die Sowjets stark waren, und Kohl wird uns in Camp David hoffentlich darin zustimmen, daß wir es jetzt, da die Sowjetunion schwach ist, ganz gewiß nicht tun sollten.«

Bush sprach kurz vor Kohls Besuch mit Thatcher und Mulroney. Die Gespräche offenbarten, daß er das Vorbereitungsmaterial für den Kohl-Besuch gelesen und die Hauptargumente für richtig befunden hatte. Sie gaben im übrigen einen Vorgeschmack auf die in der Zukunft lauernden Gefahren. Thatcher wollte nicht nur, daß sowjetische Truppen in Deutschland stationiert blieben, sondern verlangte auch, daß die Zwei-plus-Vier-Gespräche sofort aufgenommen werden sollten. Mulroney störte sich daran, daß die deutsche Einheit offenbar durch die Übernahme der DDR durch die BRD erreicht werden sollte. Bush erwiderte nur, daß sich die USA der Vereinigung nicht in den Weg stellen würden und daß sowjetische Truppen nicht in Deutschland bleiben sollten.[34]

Camp David war der richtige Ort für Grundsatzgespräche über die Pläne für die nächsten Monate. Die Deutschen fühlten sich geschmeichelt durch die Einladung – Kohl war als erster Bundeskanzler in Camp David zu Gast. Es war kalt, doch im Kamin brannte ein Feuer, und die Unterkünfte waren rustikal, aber bequem. Kohl und Bush waren beide in Begleitung ihrer Ehefrauen, und zum Essen gesellten sich weitere Angehörige der Familie Bush dazu. Daß die Atmosphäre entspannt werden würde, war bereits am Flughafen zu erkennen: Bush war in rotem Flanellhemd und Cowboystiefeln zur Begrüßung des Bundeskanzlers erschienen.

Die politischen Gespräche begannen am Nachmittag des 24. Februar, wurden zum Abendessen unterbrochen und am nächsten Morgen, einem Sonntag, fortgesetzt.[35] Kohl wurde von Teltschik und zwei weiteren Beamten aus dem Kanzleramt begleitet, aber weder von einem Vertreter des Außenministeriums noch vom deutschen Botschafter. Auf Bushs Seite waren nur Baker, Scowcroft und Blackwill anwesend. Kohl präsentierte sich in guter Form, nachdenklich und gut vorbereitet. Er erläuterte, wie sich sein Vereinigungsplan verändert hatte. Das Zehn-Punkte-Programm vom November 1989 war von den Ereignissen überholt worden. Die Entscheidung, die Konföderation als Ziel fallenzulassen und auf eine schnellere, direkte Übernahme hinzuarbeiten, sei Anfang Februar gefallen, nachdem klargeworden war, daß Modrows Regierung im Grunde bereits zusammengebrochen war. Jetzt wolle er so schnell wie möglich die Wirtschafts- und Währungsunion erreichen, und zwar nach westlichen Bedingungen. Das bedeute, daß man das Währungssystem der direkten Kontrolle der Bundesbank unterstellen und die DDR sofort nach den Wahlen am 18. März zur Einführung der Marktwirtschaft bewegen werde. Bald darauf werde die Bundesrepublik die Zahlung der Renten und Arbeitslosenhilfen übernehmen. Kohl wußte, was er wollte, während man sich in den anderen Parteien noch unschlüssig war, oder wie er selbst es ausdrückte: »Alle außer mir sind durcheinander.«

Seiner Meinung nach würde sich Ostdeutschland in drei bis fünf Jahren zu einem prosperierenden Gebiet entwickeln. Die Vereinigung sei aber auch eine Chance für Westdeutschland. Man sei fett und faul geworden. Jetzt sei wieder Bewegung ins nationale Leben gekommen. Kohl wußte seit Wochen, daß Washington den schnellstmöglichen Weg zur Einheit befürwortete. Die deutsch-amerikanische Freundschaft, erklärte er, sei stärker als je zuvor. Bush äußerte keine Bedenken gegen Kohls Pläne für die innere Einheit. Statt dessen drehte sich das Gespräch hauptsächlich darum, wie eine schnelle Lösung der schwierigen internationalen Fragen zu erreichen war.

Kohl war sich der in der Öffentlichkeit erhobenen Forderung, die Frage der künftigen deutsch-polnischen Grenze beizulegen, durchaus bewußt, aber er hielt sie nicht für ein ernstes Problem. Die überwiegende Mehrheit der Deutschen sei sich darüber im klaren, daß die gegenwärtige Grenze zu Polen entlang der Oder-Neiße-Linie als dauerhaft anzusehen sei. Vielen stoße es aber immer noch bitter auf, daß Deutschland ein Drittel des Staatsgebietes von 1937 verloren habe und mehr als zwölf Millionen unschuldiger Menschen aus ihrer Heimat vertrieben worden seien. 1945 seien immerhin zwei Millionen Menschen auf der Flucht aus den deutschen Ostgebieten ums Leben gekommen. Man werde einen Weg finden, um die Sicherheit der polnischen Grenzen zu garantieren. Rechtlich gesehen, könne die Bundesrepublik dies allerdings nicht allein tun. Die entscheidende Rolle bei der Klärung dieser Angelegenheit komme den Vier Mächten zu.

Das brachte Kohl auf die Frage, wie der Zwei-plus-Vier-Mechanismus in der Praxis funktionieren solle. Er war der Ansicht, daß Polen nicht formell beteiligt werden sollte, und Bush pflichtete ihm bei. Polen könnte die Verhandlungen durch Reparationsforderungen für im Zweiten Weltkrieg erlittene Schäden blockieren, fürchtete Kohl. Deutschland habe an Polen, Israel und Einzelpersonen bereits hundertfünfzig Milliarden D-Mark gezahlt. Es werde fünfzig Jahre nach dem Krieg keine weiteren Zahlungen leisten. Zur Beruhigung der polnischen Sorgen seien Konsultationen der richtige Weg. Bush erwiderte nur, daß es um so besser sei, je mehr Kohl für Polen tun könne.

Dann erläuterten Bush und Baker die amerikanische Idee des begrenzten Mandats der Zwei-plus-Vier-Gespräche, und Kohl stimmte ihr zu. Er sähe es höchst ungern, sagte Bush, wenn die Sowjetunion in die deutsche Entscheidung über die NATO-Mitgliedschaft einbezogen würde. Baker wies darauf hin, daß man den Zwei-plus-Vier-Prozeß so steuern könne, daß nur Entscheidungen in bezug auf anwesende Länder möglich seien und grundsätzliche Fragen, die andere Länder berührten, in deren Abwesenheit nicht entschieden werden dürften. Es werde kein zweites Jalta geben. In vielen Fragen werde man die Lösung von vornherein den Deutschen überlassen.

Einigkeit bestand auch in dem Punkt, daß der Zwei-plus-Vier-Prozeß langsam beginnen sollte. Bush betonte, daß die Gespräche nicht zum Hindernis für den innerdeutschen Dialog über den Weg zur Einheit werden dürften. Wenn man sie zu früh beginne, könnten sich die Sowjets zur Einmischung ermuntert fühlen. Kohl wollte kein Zwei-plus-Vier-Treffen vor den DDR-Wahlen am 18. März. Für Baker ging es mehr um die Notwendigkeit, der Sowjetunion zu zeigen, daß ihre Interessen berücksichtigt wurden. Doch Kohl hielt dagegen, daß die Vertreter Ostdeutschlands bis zum 18. März nur ein Sprachrohr der Sowjets wären. Scowcroft schloß sich Kohls Argument an, und Baker gab nach. Eigentlich, sagte er, seien es ja Briten und Franzosen, die auf einen frühen Beginn der Gespräche pochten. Die Angelegenheit wurde schließlich beigelegt, indem sich Bush und Kohl auf Eins-plus-Drei-Konsultationen mit Briten und Franzosen einigten, die in nächster Zukunft abgehalten werden sollten. Die erste Zwei-plus-Vier-Ministerrunde sollte erst im Mai stattfinden, kurz vor dem geplanten amerikanisch-sowjetischen Gipfeltreffen. Abgeschlossen werden sollten die Verhandlungen rechtzeitig zu dem im November anberaumten KSZE-Gipfel in Paris.

Das Zwei-plus-Vier-Forum sollte das einzige sein. Die sowjetische Idee, einen Friedensvertrag für Deutschland auszuhandeln, wies Kohl zurück. Im Mai 1945 hätten immerhin hundertzehn Länder im Krieg mit Deutschland gestanden. Beide Seiten verständigten sich darauf, sowohl diesen Vorschlag als auch einen Gipfel der fünfunddreißig KSZE-Teilnehmerstaaten zum Thema Deutschland abzulehnen. Der Zwei-plus-Vier-Prozeß sollte bis zum Herbst abgeschlossen sein, so daß der KSZE-Gipfel in Paris seine Resultate nur noch absegnen konnte.[36] Kohl akzeptierte auch Bushs Verknüpfung von KSZE-Gipfel und Unterzeichnung des KSE-Vertrages.

Als nächstes wurden die grundlegenden Sicherheitsfragen erörtert. Bush rannte mit seinen Argumenten für die weitere amerikanische Truppenpräsenz bei Kohl offene Türen ein. Er wolle die Amerikaner nicht nur wegen der Soldaten in Europa haben, sagte Kohl, sondern auch, um den Bau einer Festung Europa zu verhindern. Die Frage der Atomwaffen könnte für die deutsche Öffentlichkeit allerdings problematisch sein. Hinsichtlich der sowjetischen Truppen war Kohl mit Bush einer Meinung: Sie sollten nach einer gewissen Übergangszeit vollständig aus dem geeinten Deutschland abziehen. Der Status der amerikanischen Truppen könne jedoch nicht mit dem der sowjetischen gleichgesetzt werden. Sie müssen bleiben, sagte Kohl, auch wenn die Sowjets Deutschland verlassen.

Bush hob wiederholt die Notwendigkeit hervor, die Beziehung des künftigen Deutschland zur NATO zu klären. Es müsse dem Bündnis als Vollmitglied angehören, betonte er. Kohl warf die Frage auf, ob Deutschland nicht wie Frankreich behandelt werden, das heißt außerhalb der Militärstruktur der NATO bleiben könnte. Bloß kein zweites Frankreich, rief Bush aus. Deutschland müsse Vollmitglied bleiben. Kohl schnitt daraufhin die Frage der Verlegung von NATO-Truppen nach Ostdeutschland an und erklärte, NATO-Einheiten, auch solche der Bundeswehr, könnten dort nicht stationiert werden.

Als sich die Gespräche in Camp David dem Ende zuneigten, bestand Teltschik in Absprache mit Blackwill auf der Feststellung, daß sich die Einschränkung der NATO-Präsenz nur auf deren Streitkräfte, nicht aber auf die NATO-Zuständigkeit beziehe. Diese sollte vielmehr auf das Gebiet der ehemaligen DDR ausgedehnt werden. Er hatte gemeinsam mit Blackwill eine Presseerklärung formuliert, in der dieser Punkt bekräftigt wurde. Auch Baker, der in dieser Frage bisher Genschers Linie verfochten hatte, stimmte Teltschik zu. Kohls Frage, ob diese Klarstellung auch für die Öffentlichkeit bestimmt sei, bejahte er uneingeschränkt.

Nachdem sie sich auf ein gemeinsames Vorgehen geeinigt hatten, dachten Bush und Kohl darüber nach, wie die Sowjetunion zur Zustimmung bewegt werden konnte. Bush vertrat die Ansicht, daß die Sowjets nicht in der Position seien, zu diktieren, wie die Beziehung Deutschlands zur NATO auszusehen hätte. Gleichwohl bereite ihm der sowjetische Widerstand gegen die deutsche NATO-Mitgliedschaft Sorgen. Doch dann schob er seine Bedenken beiseite: »Zum Teufel damit. Wir haben die Oberhand gewonnen, und nicht sie. Wir können nicht zulassen, daß die Sowjets die Niederlage in einen Sieg ummünzen.«

Kohl warf einen Blick voraus auf die nächsten Monate, in denen die Amerikaner die Abrüstungsverhandlungen vorantreiben würden, während er selbst die europäische Integration zu beschleunigen versuche. Der EG-Gipfel werde Ende April stattfinden, teilte er Bush mit. Dann kam er auf die Sowjetunion zurück. Man müsse offen mit den Sowjets diskutieren. Er vertraue jedoch darauf, daß die Amerikaner die Last auf sich nähmen, die Frage der deutschen NATO-Mitgliedschaft außerhalb des Zwei-plus-Vier-Mechanismus zu klären. Man müsse den Sowjets begreiflich machen, daß zwischen den Vereinigten Staaten und der Bundesrepublik völlige Übereinstimmung herrsche. Die Zeit für Spiele sei vorüber. Die Sowjetunion sollte jetzt ihren Preis nennen.

Kohl stellte die Frage in den Raum, ob die Zustimmung der Sowjets möglicherweise nur vom Geld abhing. »Sie haben ja große Taschen«, meinte Bush trocken. Kohl glaubte, daß Gorbatschow die Angelegenheit direkt mit dem amerikanischen Präsidenten bereinigen wollte – von Supermacht zu Supermacht. Baker hatte im Verlauf des Gesprächs die sowjetischen Erklärungen mit den Eröffnungszügen eines Schachspiels verglichen, an dessen Ende die Sowjetunion die deutsche NATO-Mitgliedschaft akzeptieren werde. Kohl vermutete nun, daß Gorbatschow das entscheidende Wort gegenüber dem amerikanischen Präsidenten sprechen werde. Um dafür den Boden zu bereiten, sagte Baker, müsse Gorbatschow einerseits klargemacht werden, daß Deutschland unerschütterlich an der Vollmitgliedschaft in der NATO festhalte, und andererseits, daß der Westen willens sei, die legitimen sowjetischen Sicherheitsinteressen zu berücksichtigen. Deshalb sei es wichtig, warf Bush ein, daß die Vereinigten Staaten und die Bundesrepublik in engstem Kontakt blieben. Wir werden das Spiel gewinnen, erklärte er, aber wir müssen uns geschickt dabei anstellen.

Auf der gemeinsamen Pressekonferenz nach Abschluß der Gespräche verkündete Bush, wie vereinbart, die gemeinsame Ansicht, »daß ein geeintes Deutschland ein Vollmitglied der NATO und auch Teil des militärischen Verbundes der NATO bleiben muß. Wir sind uns einig, daß die amerikanischen Streitkräfte in einem vereinigten Deutschland und in anderen Teilen Europas weiter verbleiben sollen als weiterer Garant der Stabilität. Der Kanzler und ich waren uns ebenfalls einig, daß in einem geeinten Deutschland das frühere Staatsgebiet der DDR einen militärischen Sonderstatus genießen soll, der die legitimen Sicherheitsinteressen aller interessierten Länder einschließlich der Sowjetunion mit berücksichtigt und dem Rechnung trägt.«

Im weiteren Verlauf der Pressekonferenz hatte Kohl erneut Schwierigkeiten, die formale Rechtsposition seiner Regierung in der Grenzfrage verständlich zu machen, der zufolge die Bundesrepublik nicht befugt sei, die

Angelegenheit in eigener Regie endgültig beizulegen. Bush dagegen bekräftigte ohne Umschweife, daß die Vereinigten Staaten die gegenwärtige deutsch-polnische Grenze anerkannten und sie gemäß der KSZE-Schlußakte als unverletzlich betrachteten.[37]

Knapp zwei Wochen nach dem Besuch in Camp David reiste Kohl ins NATO-Hauptquartier, um den anderen Verbündeten persönlich zu versichern, daß ihre Ansichten für ihn zählten und Bonn ein verläßlicher Partner bleibe. Die Ständigen Vertreter der NATO-Mitgliedstaaten waren hocherfreut über diese außergewöhnliche Geste.[38]

Bush und Baker machten sich ebenfalls daran, die Vereinbarungen von Camp David umzusetzen. Auf Bakers Schreibtisch lag ein Brief des französischen Außenministers Dumas, der dem baldigen Beginn der Zwei-plus-Vier-Gespräche »persönlich große Bedeutung« beimaß und noch vor den Wahlen am 18. März erste Treffen auf Beamtenebene durchführen wollte. Baker wies seine Mitarbeiter getreu den Abmachungen von Camp David an, den Franzosen und Briten mitzuteilen, daß die Vereinigten Staaten einen Gesprächsbeginn nach dem 18. März vorzögen.[39] Außerdem schrieb er einen Brief an Genscher – der in Camp David nicht dabeigewesen war –, um ihm die Übereinkunft mitzuteilen, daß »das gesamte Territorium eines vereinigten Deutschland … die Sicherheitsgarantie des Bündnisses genießen« werde. Um jedes Mißverständnis auszuräumen, fügte er hinzu, daß Äußerungen über eine beschränkte NATO-Zuständigkeit »einige Verwirrung« gestiftet hätten und künftig unterbleiben sollten.[40]

Bush telefonierte mit Mitterrand und Thatcher. Der französische Präsident war verärgert über Kohls Haltung in der Grenzfrage und erklärte, die Vier Mächte sollten zu erkennen geben, daß sie es ablehnten, ihre strategischen Belange Kohls innenpolitischen Interessen unterzuordnen. (Kohl wartete bemerkenswerterweise über eine Woche ab, bis er Mitterrand über das Treffen in Camp David berichtete.) Bush sprach beruhigend von dem großen Respekt, den Kohl für den französischen Präsidenten hege. Mitterrand schloß mit der Warnung, daß die UdSSR immer noch eine Macht sei, mit der man rechnen müsse. Die britische Premierministerin hingegen war erfreut über Kohls Haltung in der NATO-Frage und kam nicht auf ihre Idee zurück, sowjetische Truppen in Deutschland zu belassen. Sie wußte, daß Bush dies ablehnte. Kohls Behandlung der Grenzfrage nahm Thatcher eher verächtlich als mit Sorge zur Kenntnis, doch Bush war sich sicher, daß es in dieser Hinsicht bald bessere Neuigkeiten zu vermelden geben würde.[41]

Die Sowjetunion hatte das Treffen von Camp David aufmerksam verfolgt.[42] Als Bush am 28. Februar mit Gorbatschow telefonierte, wiederholte er die Punkte, die er bereits auf der Pressekonferenz hervorgehoben hatte: deutsche Vollmitgliedschaft in der NATO, weitere amerikanische Truppenpräsenz in Europa, »solange die Europäer sie wollen«, und ein Sonderstatus für das Gebiet der DDR.[43] Die Vereinigung, erklärte er beruhigend, dürfe allerdings nicht die legitimen Sicherheitsinteressen anderer Staaten in Europa beeinträchtigen.

Gorbatschow bekräftigte das sowjetische Vertrauen in den »gesamteuropäischen Prozeß«. Der amerikanische Präsident, fuhr er fort, mochte mit Kohl in Sicherheitsfragen einer Meinung sein, die Sowjetunion jedoch befinde sich nicht in einem solchen Einverständnis mit dem deutschen Bundeskanzler. Er sei nicht davon überzeugt, daß ein vereinigtes Deutschland in ein Bündnis integriert sein müsse. »Wenn wir zu der Ansicht gelangen, daß sich dies nachteilig auf die Sowjetunion auswirken würde«, sagte Gorbatschow, »müßten wir lange und gründlich darüber nachdenken.« Er bedankte sich dafür, daß Bush ihn persönlich informiert hatte, und meinte mit Blick auf das Telefongespräch vom 31. Januar, als Bush ihn über die KSE-Initiative konsultiert hatte: »Das ist schon das zweite Mal. Ich stehe in Ihrer Schuld. Ich werde mir etwas überlegen müssen.«

Die Verlautbarungen von Camp David hatten in Moskau Besorgnis erregt und das Gefühl hervorgerufen, daß die Sowjetunion starr hinter ihren Festungsgräben ausharre, während der Westen seine Kräfte bündelte. Die Sowjets hofften wie die Franzosen und Briten, die Zwei-plus-Vier-Gespräche nutzen zu können, um eine größere Rolle in der im Gang befindlichen Entwicklung zu spielen.

Die Grenzfrage wird entschärft

Für die Regierungen, denen die deutsche Vereinigung Sorgen bereitete, war Kohls Zurückhaltung in der Frage der polnischen Westgrenze ein willkommener Kristallisationspunkt ihrer Frustrationen. Aber auch Genscher konnte sich die Verwirklichung von Mazowieckis Idee vorstellen, noch vor der Vereinigung einen neuen deutsch-polnischen Grenzvertrag auszuhandeln und ihn unmittelbar nach der Vereinigung zu unterzeichnen. Kohl wurde damit auf einer Kabinettssitzung am 28. Februar konfrontiert, und am Abend spekulierten er und seine Berater über die innenpolitischen Motive des Außenministers. Teltschik notierte in seinem Tagebuch: »Der Kanzler sieht die außenpolitischen Zwänge und die innenpolitische Kampagne vor dem Hintergrund der acht in diesem Jahr bevorstehenden Wahlen. Er weiß, daß er sich weiter bewegen muß, aber eigentlich will er nicht.« Er mußte außerdem darüber entscheiden, wie er seine Vorliebe für die direkte Übernahme der DDR nach Artikel 23 formell präsentieren sollte.[44]

Genscher setzte Kohl intern weiterhin unter Druck, ohne ihn allerdings öffentlich anzugreifen. Sie waren langjährige politische Partner und standen sich auch persönlich nahe, aber in dieser Frage wuchsen die Spannungen derart an, daß es zeitweise den Anschein hatte, als würde die Koalition auseinanderbrechen. Im Verlauf eines teilweise hitzigen Koalitionsgesprächs am 6. März gab Kohl schließlich nach. Man einigte sich auf eine Erklärung zur Grenzfrage, die nach den Wahlen in der DDR von beiden deutschen Parlamenten abgegeben werden sollte. Die Garantie für die polnische Westgrenze wurde auf Kohls Drängen allerdings mit zwei Bedingungen verknüpft: dem Verzicht Polens auf Reparationsforderungen (die es gegenüber der DDR bereits 1953 aufgegeben hatte) und der Bestätigung der Rechte der deutschen Minderheit in Polen. Darüber hinaus entschied sich die Koalitionsrunde endgültig für Artikel 23 als Instrument der Vereinigung. Von Washington wurde die Bonner Entscheidung öffentlich und im privaten Gespräch begrüßt.[45]

Am 8. März stellte Kohl den im Kabinett abgesprochenen Entschließungsantrag zur Grenzfrage im Bundestag zur Abstimmung. In seiner Rede legte er sich formell auf Artikel 23 als bestem Weg zur Einheit fest. Das Grundgesetz sollte nicht geändert werden, erklärte er. Bis es in Ostdeutschland in vollem Umfang in Kraft treten könne, müßten allerdings gewisse Übergangsmodalitäten gefunden werden. Kohl bekräftigte außerdem seine Entschlossenheit, das künftige Deutschland – mit der Einschränkung einer »militärischen Übergangsregelung« für das Gebiet der DDR – fest in der NATO zu verankern: »Der transatlantische Sicherheitsverbund zwischen Europa und Nordamerika bleibt für uns Deutsche wie für Europa von existentieller Bedeutung.« Danach verabschiedete der Bundestag den von Kohl eingebrachten Entschließungsantrag mit dem entscheidenden Satz: »Das polnische Volk soll wissen, daß sein Recht, in sicheren Grenzen zu leben, von uns Deutschen weder jetzt noch in Zukunft durch Gebietsansprüche in Frage gestellt wird.« Darüber hinaus wurde zugesagt, daß die Grenzfrage in einem Vertrag zwischen einer gesamtdeutschen Regierung und Polen abschließend geregelt werden sollte, und schließlich fand auch der polnische Verzicht auf Reparationsforderungen gegenüber der DDR von 1953 Erwähnung.[46]

Mit dieser Entschließung kam die Bundesrepublik den polnischen Forderungen weitgehend entgegen. Die US-Regierung war zufrieden, und auch die Briten äußerten sich intern erleichtert.[47] Doch die polnische Regierung stritt weiterhin für die volle Beteiligung ihres Landes am Zwei-plus-Vier-Prozeß. Unterstützung fand Mazowiecki in der französischen Hauptstadt, der er am 9. März einen Besuch abstattete. Franzosen und Polen arbeiteten einen Plan für die teilweise Einbeziehung Polens in den Zwei-plus-Vier-Prozeß aus, der vorsah, eine Gesprächsrunde in Warschau abzuhalten. Anschließend gaben Mitterrand und Mazowiecki eine gemeinsame Pressekonferenz, auf der Mitterrand ohne vorherige Absprache mit Bonn erklärte, daß der deutsch-polnische Vertrag *vor* der Vereinigung unterzeichnet werden sollte. Er schien es auf eine Konfrontation mit Kohl angelegt zu haben. Der Bundeskanzler war außer sich. Da hatte er gerade erst eine neue Position bezogen, und dann nahm sie der französische Präsident nur wenige Tage später öffentlich unter Beschuß. Zwei Tage später machte er seinem Unmut in einem Telefongespräch mit Mitterrand Luft. Bald darauf stellte die französische Regierung die Unterstützung der polnischen Forderungen ein.[48]

Die Vereinigten Staaten schlossen sich der französisch-polnischen Initiative nicht an. Vielmehr wiesen sie Mazowiecki brieflich darauf hin, daß die Bundesrepublik »einen bedeutenden positiven Schritt in Richtung einer endgültigen rechtlichen Lösung der Grenzfrage getan« habe. Man werde Polen nur an jenen Zwei-plus-Vier-Entscheidungen beteiligen, die lebenswichtige Interessen des Landes berührten. Die Art dieser Beteiligung wurde offengelassen.[49] Wenig später erreichte Genscher die französische Einwilligung, daß Polen nur dann zu den Zwei-plus-Vier-Gesprächen hinzugezogen werden würde, wenn die Frage der polnischen Westgrenze erörtert wurde. Die Idee, eine Gesprächsrunde in Warschau abzuhalten, lehnte er ab. Angesichts des Widerstandes, der ihnen aus Bonn und Washington entgegenschlug, ließen die Franzosen die Forderung fallen, vor der Vereinigung einen deutsch-polnischen Grenzvertrag abzuschließen.[50]

In der zweiten Märzhälfte konnte die Grenzfrage dann entschärft werden, was hauptsächlich der Tatsache zu verdanken war, daß Bush die Rolle des geheimen Vermittlers zwischen Kohl und Mazowiecki spielte. Mazowiecki befand sich auf dem Weg nach Washington, wo er, wie erwartet wurde, seinen Forderungen im persönlichen Gespräch mit dem Präsidenten Nachdruck verleihen wollte.[51] Bush telefonierte am 15. Februar mit Kohl, um ihm mitzuteilen, was er dem polnischen Ministerpräsidenten zu sagen beabsichtigte. Er versicherte Kohl, daß er zu der in Camp David getroffenen Übereinkunft in der Grenzfrage stehe und daß die Vereinigten Staaten die polnische Forderung nach Erweiterung des Zwei-plus-Vier-Rahmens ablehnten.[52]

Am 20. März telefonierten Bush und Kohl erneut miteinander. Der Bundeskanzler bat Bush, Mazowiecki auszurichten, daß er, Kohl, bereit sei, ihm zu helfen, aber auch sicher sein wolle, daß er in seinen Bemühungen um die deutsche Einheit fortfahren könne. Kohl gestand ein, daß er auch auf die Wahlergebnisse schauen müsse, obwohl er dies in der Öffentlichkeit nicht zugebe. Das bedeute jedoch nicht, daß er die existierenden Grenzen antasten wolle. Er verberge nichts, seine Absichten seien kein Geheimnis. Die Grenzen seien eine bittere Last der Geschichte, doch es sei an der Zeit, diese Frage ein für allemal beizulegen. Endgültig könne dies nach internationalem Recht jedoch nur eine gesamtdeutsche Regierung tun. Er könne den polnischen Wunsch nach einer früheren Regelung verstehen, erklärte Kohl. Über das Resultat könne aber kein Zweifel bestehen; schließlich nähmen beide deutschen Parlamente in dieser Frage dieselbe Haltung ein.

Obwohl er nicht über einen abschließenden Vertrag verhandeln konnte, bevor die Vereinigung vollzogen war, bot Kohl zur Besänftigung von Mazowiecki an, die entscheidenden Passagen im voraus vertraulich mit dem polnischen Ministerpräsidenten abzustimmen. Dies sei ein Versprechen, das er halten könne. Auf Bushs Frage, ob er das Angebot Mazowiecki nicht direkt unterbreiten wolle, antwortete Kohl, daß er abwarten wolle, wie der polnische Ministerpräsident im Gespräch mit Bush auf die Idee reagieren würde und ob er bereit sei, die Kontakte geheimzuhalten.[53]

Mazowiecki traf am nächsten Morgen, dem 21. März, in Washington ein. Nach der Begrüßungszeremonie im Garten des Weißen Hauses zogen sich Bush und Mazowiecki, jeweils nur von einem Berater begleitet, zu einem ersten Gespräch zurück.[54] Das erste Thema war Deutschland. Mazowiecki wollte einen Schlußstrich unter die Vergangenheit ziehen und den Blick in die Zukunft richten. Die von Deutschland abgetrennten polnischen Westgebiete sollten jedoch nicht als Geschenk Stalins betrachtet werden. Deren Status müsse von allen Mächten anerkannt werden, erklärte er, nicht nur durch einen einseitigen Akt einer von ihnen. Deshalb wolle Polen in den Zwei-plus-Vier-Prozeß einbezogen werden und einen verbindlichen Vertrag über seine Westgrenze schließen. Erklärungen reichten nicht aus. Was Polen brauche, sei ein vor der deutschen Vereinigung ausgehandelter Vertrag, der hinterher unterzeichnet werden könne. Es sei zu befürchten, daß Deutschland nach der Vereinigung weniger verhandlungsbereit sein würde.

Bush zog alle Register, um Mazowiecki davon zu überzeugen, daß Kohl in diesem Punkt zu vertrauen war. Er erklärte Kohls innenpolitisches Problem, wies auf die deutliche Sprache der Bundestagsentschließung vom 8. März hin und kam schließlich auf das zu sprechen, was er am Vortag mit Kohl verabredet hatte. Ob es hilfreich wäre, wenn er Kohl dazu bewegen könnte, sich schon jetzt mit ihm, Mazowiecki, über den Vertragstext zu verständigen, fragte Bush. Er sei überzeugt, daß Kohl nicht insgeheim das Ziel verfolge, den Grenzverlauf zu korrigieren. Mazowiecki zeigte sich skeptisch, was Kohl betraf, mußte aber zugeben, daß die Bundesrepublik sich bemüht hatte, auf die polnischen Sorgen einzugehen. Er werde über die Idee nachdenken, sagte er, um sogleich zu fragen, warum der Vertrag nicht vor der Vereinigung paraphiert werden könne.

Bush erläuterte ihm das Problem: Keiner der beiden deutschen Staaten befinde sich rechtlich in der Position, um im Namen des vereinigten Deutschland verhandeln zu können. Kohl habe eine gemeinsame Erklärung der beiden Parlamente in die Wege geleitet, in der zugesagt werde, daß eine gesamtdeutsche Regierung einen Grenzvertrag mit Polen abschließen werde. Statt einen Vertrag zu verlangen, der vor der Vereinigung paraphiert und hinterher unterzeichnet werden würde, solle Mazowiecki darüber nachdenken, ob er Kohl nicht überreden könnte, den Text im vorhinein mit ihm auszuhandeln. Dann stellte sich Bush mit seinem ganzen politischen Gewicht hinter Kohls Vorschlag. Die Vereinigten Staaten meinten es ernst, erklärte er. Sie vertrauten Kohl, aber ihre Politik stütze sich nicht auf einzelne. Die USA hätten Verständnis für die polnische Position in dieser Frage.

Mazowiecki unterbreitete daraufhin seinerseits einen Vorschlag. Polen denke nicht an ein neutrales Deutschland, sagte er. Aber es müsse etwas getan werden, um Gorbatschows Überleben zu sichern. Die NATO-Lösung sei für diesen untragbar.[55] Vielleicht sollten Truppen aus West *und* Ost in Deutschland bleiben. Er griff also auf die Idee einer auf Dauer angelegten sowjetischen Militärpräsenz zurück, die Thatcher bereits knapp einen Monat zuvor aufgebracht hatte. Auch Bush zeigte sich besorgt über Gorbatschows Schicksal. Die politischen Reformen seien noch nicht unumkehrbar, sagte er. Doch genau dies sei ein Grund für den Versuch, die sowjetischen Truppen aus Mittel- und Osteuropa herauszubekommen, solange es noch möglich sei. Der gute Wille der Sowjets halte möglicherweise nicht vor. Die Stationierung amerikanischer Truppen sei eine völlig andere Frage, stellte Bush fest. Sie seien eine stabilisierende Kraft. Wenn die Europäer dies anders sähen, würden die US-Soldaten auf der Stelle abziehen.

Noch am gleichen Tag sprach Blackwill mit Teltschik über das Gespräch zwischen Bush und Mazowiecki. Dabei wurden einige Mißverständnisse geklärt. Bei dem Text, der im vorhinein mit den Polen abgesprochen werden sollte, handelte es sich nicht um den gesamten Wortlaut des geplanten deutsch-polnischen Vertrages, sondern nur um die kritischen Formulierungen in bezug auf die Grenzfrage. Die vereinbarte Sprachregelung würde dann zunächst in die gleichlautenden Entschließungen der beiden deutschen Parlamente und später in den Vertrag mit dem vereinigten Deutschland übernommen werden.[56]

Am nächsten Tag trafen Bush und Mazowiecki erneut zusammen. Der polnische Ministerpräsident war immer noch nicht beruhigt. Bush erwiderte, daß Kohl ihm bereits weit entgegengekommen sei, und fügte dann ohne Umschweife hinzu, daß er Kohl nicht öffentlich unter Druck setzen werde, noch mehr zu tun. Er vertraue dem Bundeskanzler. Mit einem vereinigten Deutschland – unter Kohl – werde man in einer Reihe von Fragen leichter zu Rande kommen. Für die Vereinigten Staaten seien die Parlamentsentschließungen als Vorstufe für einen baldigen Vertrag völlig zufriedenstellend.[57] Als Mazowiecki aus Washington abreiste, wußte er also, was er von der westlichen Führungsmacht zu erwarten hatte.

Nachdem er Mazowiecki gedrängt hatte, Kohl zu vertrauen, rief Bush in Bonn an, um Kohl davon zu überzeugen, daß er Mazowiecki vertrauen könne.[58] Bush faßte die Argumente zusammen, mit denen er seine Aufforderung an den polnischen Ministerpräsidenten untermauert hatte, Kohl zu einer vorgezogenen Absprache über die wichtigen Punkte des künftigen Vertrages zu »überreden«. Kohl versicherte noch einmal, zu einer solchen Absprache bereit zu sein. Der entscheidende Satz des Vertrages könne in etwa lauten: »Die Republik Polen und die Bundesrepublik Deutschland erheben gegeneinander keinerlei Gebietsansprüche und betrachten die existierende Grenze als endgültig.« Er stelle sich das Ganze so vor, fuhr Kohl fort, daß man sich über den genauen Wortlaut verständigte und diesen in die Entschließungen der beiden deutschen Parlamente aufnähme. Diese würden dann von den beiden deutschen Regierungen zusammen mit einer Note, in der sie ihre Zustimmung ausdrückten, an Warschau übermittelt. Die Polen hätten damit verbindliche Erklärungen sowohl der Parlamente als auch der Regierungen beider deutscher Staaten in Händen. Danach könnte kein vernünftiger Mensch mehr an den deutschen Absichten zweifeln.

Bush fragte Kohl, ob er die Formulierung direkt mit Mazowiecki ausarbeiten wolle. Er habe ihn Mazowiecki gegenüber auf nichts festgelegt, sondern die Idee als seine eigene ausgegeben. Kohl hielt dieses Vorgehen für ein großes Zugeständnis, sagte nach einigem Zögern aber zu, den Wortlaut der zentralen Passage mit Mazowiecki vertraulich abzusprechen. Bush und Kohl waren überzeugt, daß das Problem nunmehr auf vernünftige Weise gelöst werden könnte. Und so geschah es: Die anschließenden diplomatischen Kontakte folgten der zwischen Bush, Kohl und Mazowiecki vereinbarten Linie. Die entscheidenden Formulierungen in den Entschließungen wurden mit Polen abgeklärt und fanden in den nach der Vereinigung abgeschlossenen deutsch-polnischen Grenzvertrag Eingang.

Die Ironie der Geschichte war, daß sie ausgelöst worden war, weil sich die Bundesrepublik nicht in der Lage sah, im Namen eines gesamtdeutschen Souveräns zu handeln. Nach der am 8. März formell verkündeten westdeutschen Entscheidung, die Vereinigung nach Artikel 23 des Grundgesetzes anzustreben, war dies jedoch nebensächlich geworden. Denn wenn die DDR der Bundesrepublik beitrat, blieben deren internationale Abkommen uneingeschränkt in Kraft, einschließlich des Warschauer Vertrages von 1970 mit seiner Bestandsgarantie für die polnische Westgrenze. Mit anderen Worten, das vereinte Deutschland wäre auf jeden Fall auf die Anerkennung der bestehenden deutsch-polnischen Grenze festgelegt gewesen.[59]

Der Westen berät über den Zwei-plus-Vier-Prozeß

Am 28. Februar kamen die Politischen Direktoren – die Spitzenbeamten unterhalb der Kabinettsebene – der Außenministerien der Vereinigten Staaten, der Bundesrepublik, Frankreichs und Großbritanniens in London zusammen, um darüber zu beraten, wie der Zwei-plus-Vier-Mechanismus funktionieren sollte. Baker hatte für diese Konferenz die übliche Zusammensetzung der amerikanischen Delegation verändert und Zoellick die Leitung übertragen, nicht Raymond Seitz, der als Leiter der Abteilung Europa und Sowjetunion überlicherweise als Politischer Direktor auftrat.[60] Die Delegationsleiter blieben das ganze Jahr über dieselben: Zoellick, Dieter Kastrup für die Bundesrepublik, John Weston für Großbritannien und Bertrand Dufourcq für Frankreich.[61]

Erster Gesprächsgegenstand war der Termin für den Beginn der Verhandlungen. Briten und Franzosen wollten schnell vorankommen, während Amerikaner und Westdeutsche gemäß der Übereinkunft von Camp David eine langsamere Gangart bevorzugten. Kastrup begann Boden preiszugeben, doch Zoellick blieb hart. Die Viererrunde einigte sich schließlich auf Zoellicks Vorschlag, das erste Ministertreffen erst nach den Wahlen in der DDR abzuhalten. Man kam außerdem überein, daß Deutschland nicht auf die Tagesordnung des geplanten KSZE-Gipfels gehörte. Falls die Vereinigung zum Zeitpunkt des Gipfels aus irgendeinem Grund noch nicht vollzogen worden sein sollte, würde die Zwei-plus-Vier-Runde den restlichen neunundzwanzig KSZE-Teilnehmern einfach einen Zwischenbericht vorlegen.

Dann wandte sich die Diskussion den Sicherheitsfragen zu. Kastrup erläuterte die westdeutsche Position in der Frage der NATO-Mitgliedschaft, wobei er (sich auf Baker berufend!) immer noch davon sprach, daß die NATO-Zuständigkeit nicht auf Ostdeutschland ausgedehnt werden sollte. Zoellick stellte dies sofort richtig, indem er die in Camp David erzielte Übereinkunft darlegte. Außerdem zog er die Erklärung von Genscher und Stoltenberg in Frage: Wie man denn, wenn in Ostdeutschland keine deutschen Streitkräfte stationiert würden, verhindern wolle, daß inmitten des eigenen Landes eine besondere entmilitarisierte Zone entstand? Er lehne ein solches Ergebnis ab, erklärte Zoellick, und Weston und Dufourcq schlossen sich ihm an. Kastrup wollte darauf nicht eingehen, ohne Rücksprache gehalten zu haben. Er möge Genscher berichten, sagte Zoellick, daß die Verbündeten ein großes Stoppschild an diesem Weg aufgestellt hätten.

Im Fortgang der Beratungen schälten sich einige bedeutsame Rechtsfragen heraus, die eingehender behandelt werden mußten, etwa die Frage, welche internationalen Verpflichtungen der DDR die Bundesrepublik nach deren Beitritt übernehmen würde. Kastrup vermutete, daß Bonn jene Verpflichtungen anerkennen würde, die mit den Gesetzen der Bundesrepublik vereinbar waren. Die Mitgliedschaft im Warschauer Pakt würde also nicht dazugehören. Und wie sollten die äußeren Aspekte der deutschen Einheit geregelt werden? Würde es einen Friedensvertrag geben? Die Briten nahmen es an, doch Kastrup entgegnete, daß seine Regierung fast fünfzig Jahre nach Kriegsende alles zurückweisen werde, was auch nur im entferntesten an einen Friedensvertrag erinnere. Eine weitere Frage lautete, ob die Westberliner, die immer noch der Viermächtekontrolle unterstanden, bei der nächsten Bundestagswahl voll stimmberechtigt sein sollten. Wenn ja, müßten die Vorbereitungen bald beginnen. Doch wurde eingewandt, daß es die Sowjetunion gleich zu Beginn des

Zwei-plus-Vier-Prozesses aufbringen könnte, wenn man die Berliner wählen ließe, als wäre ihre Stadt ein Teil Westdeutschlands.

Die Vorbereitungen der Sowjetunion

Wie kaum anders zu erwarten, waren die sowjetischen Ziele denen der Westdeutschen und der Amerikaner entgegengesetzt. Im Außenministerium war eine deutschlandpolitische Arbeitsgruppe gebildet worden, deren führende Mitglieder zu dieser Zeit der stellvertretende Außenminister Anatoli Adamischin und der Chef der Europaabteilung Alexander Bondarenko waren. Die amerikanischen und sowjetischen Interessen standen einander diametral gegenüber. Während die Amerikaner die Zwei-plus-Vier-Gespräche hinauszögern und ihren Gegenstand eng begrenzen wollten, strebten die Sowjets einen baldigen Beginn der Verhandlungen und ein möglichst weit gefaßtes Mandat an.

Das unmittelbare Problem bestand darin, den Zwei-plus-Vier-Prozeß in Gang zu bringen. Am 2. März, zwei Wochen nach der Konferenz von Ottawa, erklärte Schewardnadse in einem Brief an die Außenminister der anderen Zwei-plus-Vier-Staaten, daß im Falle unvorhergesehener Umstände im Zusammenhang mit den bevorstehenden Wahlen in der DDR jeder Zwei-plus-Vier-Teilnehmer das Recht haben müsse, eine Dringlichkeitssitzung einzuberufen. Willigten die anderen Botschafter nicht innerhalb von zwölf Stunden ein, sollte es dem betreffenden Land freistehen, »in Reaktion auf die herrschende Situation zu handeln« und die anderen nur von seinem Vorgehen zu unterrichten. Washington verlangte umgehend Aufklärung darüber, an welche unvorhergesehenen Umstände und welche Art einseitiger Aktionen die Sowjets dachten. Was sie beunruhigte, war offenbar die Möglichkeit, daß es nach den Wahlen am 18. März zu einem plötzlichen Vorstoß der Ostdeutschen in Richtung Einheit kam. Die französische Regierung sah in dieser Sorge einen weiteren Grund dafür, so bald wie möglich mit den Gesprächen zu beginnen.[62]

Einige Tage darauf unternahmen die Sowjets einen neuen Versuch, indem sie formell vorschlugen, am 12. oder 13. März in Genf ein Zwei-plus-Vier-Treffen auf Beamtenebene, das heißt der Politischen Direktoren, abzuhalten.[63] Das westdeutsche Außenministerium war bereit, den Vorschlag anzunehmen, und die Vereinigten Staaten gaben nun ebenfalls ihre Zustimmung zu einem ersten Zwei-plus-Vier-Treffen, das jedoch am 14. März in Bonn stattfinden sollte, nicht in Genf.

Währenddessen gingen Moskau und Ost-Berlin daran, sich dem zwischen Bush und Kohl herrschenden Konsens über die schnelle Vereinigung entgegenzustemmen. In Moskau hatte man endlich begriffen, was Falin im Januar gemeint hatte: daß Kohl die Übernahme der DDR nach Artikel 23 anstrebte. Am 5. und 6. März besuchte Modrow Moskau.[64] Danach verkündete Schewardnadse, daß die Vereinigung nach Artikel 23 unannehmbar und sogar »illegitim« sei, da man sich auf diesem Weg über die Souveränität der DDR und deren internationale Verpflichtungen gegenüber ihren Verbündeten im Warschauer Pakt und besonders der Sowjetunion hinwegsetzen würde.[65] Der sowjetische Botschafter in Washington, Juri Dubinin, suchte Zoellick auf, um ihm persönlich die Bedeutung von Schewardnadses Äußerungen zu erläutern.[66]

Gorbatschow und Modrow waren in der Frage der deutschen NATO-Mitgliedschaft gleichermaßen unerbittlich. Die Sowjetunion, erklärte Gorbatschow am 6. März in einem Interview, könne der Zugehörigkeit eines geeinten Deutschland zur NATO in keiner Form zustimmen. Das sei absolut ausgeschlossen, erklärte er. Man müsse statt dessen im Rahmen der KSZE einen Prozeß zur stufenweisen Umwandlung beider Bündnisse in rein politische Organisationen in Gang setzen. Dann griff er mit scharfen Worten all jene an, die solche Überlegungen nicht ernst nahmen.[67]

Zurück in Berlin, berichtete Modrow der Volkskammer, seine Regierung habe übereinstimmend mit der Sowjetunion erneut festgestellt, daß die NATO-Mitgliedschaft eines vereinigten Deutschland nicht in Frage käme. Aus dem Westen erhielt die Sowjetunion genau die Antwort, die sie erhofft hatte: Die Bundesregierung beeilte sich, ihr – und der deutschen Öffentlichkeit – zu versichern, daß die sowjetischen Interessen nicht verletzt werden würden. In einem neuen Sicherheitsverständnis, so Genscher, würden »die Bündnisse zunehmend zu Elementen kooperativer Strukturen der Sicherheit, in denen sie schließlich aufgehen können«.[68] Der Nebensatz war neu und näherte sich dem Standpunkt von gemäßigten SPD-Experten, die glaubten, daß die deutsche NATO-Mitgliedschaft nur vorübergehend sein würde, da sich das Bündnis innerhalb von ein, zwei Jahren auflösen werde. Die SPD-Linke lehnte die NATO-Mitgliedschaft kategorisch ab.[69]

Gleichzeitig wurden die sowjetischen Vorstellungen über den Zwei-plus-Vier-Prozeß deutlich. Schewardnadse zufolge sollte das Gremium alle Sicherheits- und Grenzfragen behandeln, einer künftigen militärischen Bedrohung aus Deutschland vorbeugen, die Möglichkeit der Wiedergeburt des Nazismus ausschließen, die deutsche Bündniszugehörigkeit klären, den Status der auf deutschem Boden stationierten ausländischen Truppen regeln sowie über die aus dem Zweiten Weltkrieg stammenden finanziellen und materiellen Ansprüche an Deutschland entscheiden. Das sowjetische Außenministerium wiederholte diese Punkte in einer offiziellen Erklärung, in der die Bundesrepublik außerdem in ungewohnt scharfer Form beschuldigt wurde, sich massiv in die inneren Angelegenheiten der DDR einzumischen und sie absichtlich in den wirtschaftlichen Ruin zu treiben.

Nach Ansicht von Marschall Achromejew und des im Ruhestand befindlichen Diplomaten Georgi Kornienko kamen diese Schritte allerdings zu spät. Erst im März, schrieben sie aufgebracht, »nachdem der NATO-Zug bereits abgefahren war oder sich zumindest in Bewegung gesetzt hatte, begannen wir Erklärungen über die Unzulässigkeit der Eingliederung des künftigen Deutschland in die NATO abzugeben ... und erst in dieser Zeit ... wurde in Gestalt einer Verlautbarung des Außenministeriums ein mehr oder weniger detailliertes sowjetisches Konzept für die mit der Vereinigung verbundenen Fragen vorgelegt. Aber es war zu spät.«[70]

Vorhutgefechte

Der Erfolg in den Zwei-plus-Vier-Gesprächen hing nach Ansicht der US-Regierung vom disziplinierten Vorgehen des Westens ab. Ziele und Verfahren der bevorstehenden Verhandlungen mußten in enger Koordination bestimmt werden. Deshalb wurde unmittelbar nach Kohls Besuch in Camp David ein detaillierter Plan für die Gespräche entwickelt und an die Verbündeten verteilt. Das westdeutsche Auswärtige Amt drückte (zumindest gegenüber den Amerikanern) seine Erleichterung darüber aus, daß Washington gerade jetzt, wo Moskau einen härteren Kurs einschlug, so eindeutig Stellung bezog.[71]

Wie die Vereinigten Staaten unmißverständlich klarstellten, hatte das Zwei-plus-Vier-Treffen am 14. März »vorbereitenden, verfahrenstechnischen Charakter«. Es diene dazu, »die Modalitäten der späteren substantiellen Gesprächsrunden zu besprechen«, die erst nach Bildung einer neuen DDR-Regierung und nach Beginn des deutsch-deutschen Dialogs über die inneren Aspekte der Vereinigung stattfinden würden.[72] Der NSC-Stab hatte allerdings Zweifel an der Fähigkeit des Außenministeriums, die Gespräche in diesem Rahmen zu halten. Obwohl Zoellick versicherte, daß die grundlegenden Sicherheitsfragen in der Zwei-plus-Vier-Runde nur diskutiert und nicht entschieden werden würden, befürchtete man im Weißen Haus, daß solche Selbstbeschränkungen in der realen Verhandlungssituation über Bord geworfen werden könnten. Es wurde sogar angeregt, daß Präsident Bush eine formelle Nationale Sicherheitsdirektive herausgeben sollte, um die Gespräche auf die knappe Tagesordnung zu begrenzen, »bevor wir uns an den Start begeben«.[73]

Die Spannungen innerhalb der US-Administration wurden schließlich in einer auf Zoellicks Initiative stattfindenden Diskussion zwischen Beamten des Außenministeriums und des NSC-Stabes beigelegt, in der man sich auf eine ungewöhnlich detaillierte Plattform für die Zwei-plus-Vier-Gespräche verständigte. Die Beamtenrunde hakte ein Dutzend Themenkreise ab. Kohls Entscheidung für Artikel 23 als Instrument der Vereinigung zum Beispiel wurde als innerdeutsche Frage von der Behandlung in den Zwei-plus-Vier-Gesprächen ausgeschlossen. Ross und Zoellick hoben hervor, daß es wichtig sei, Gorbatschow zu stützen, weshalb der Zwei-plus-Vier-Mechanismus eingesetzt werden solle, um die sowjetischen Sorgen in bezug auf ein vereinigtes Deutschland zu zerstreuen. Dennoch sollte das erste Zwei-plus-Vier-Ministertreffen ihrer Meinung nach nicht vor April stattfinden – nach dem geplanten Besuch Schewardnadses in Washington. Die NSC-Vertreter bestanden sogar darauf, es bis Mai zu verschieben.[74]

Der NSC-Stab faßte die Ergebnisse der Sitzung anschließend in einer Aufstellung zusammen, die unter anderem folgende Punkte enthielt:

- Viermächterechte, einschließlich der Berlinfrage: von den Zwei-plus-Vier zu entscheiden.

- Grenzen: von den Zwei-plus-Vier mit souveräner deutscher Stimme zu entscheiden.
- NATO-Zuständigkeit für die frühere DDR: souveräne deutsche Entscheidung; kein Gesprächsgegenstand der Zwei-plus-Vier.
- Deutsche Streitkräfte in der DDR: souveräne deutsche Entscheidung; kann von den Zwei-plus-Vier diskutiert werden.
- Sowjetische Truppen in der DDR: souveräne deutsche Entscheidung und Gegenstand bilateraler deutsch-sowjetischer Vereinbarungen; kann von den Zwei-plus-Vier diskutiert werden.
- Atomwaffen in der BRD: von Deutschland beziehungsweise in Abrüstungsverhandlungen zu entscheiden; kein Gesprächsgegenstand der Zwei-plus-Vier.
- Deutsche NATO-Mitgliedschaft: souveräne deutsche Entscheidung; kein Gesprächsgegenstand der Zwei-plus-Vier.
- Verbot deutscher nuklearer, biologischer und chemischer Waffen: souveräne deutsche Entscheidung; kann von den Zwei-plus-Vier diskutiert werden.
- Größe der Bundeswehr: von Deutschland beziehungsweise in Abrüstungsverhandlungen zu entscheiden; kein Gesprächsgegenstand der Zwei-plus-Vier.[75]

Zoellick benutzte diese Aufstellung bei dem Zwei-plus-Vier-Treffen und in Konsultationen mit den Verbündeten, um den amerikanischen Standpunkt darzustellen.

Am Vorabend des Treffens der Zwei-plus-Vier-Beamtenrunde kamen die vier westlichen Delegationen in Paris zusammen, um ihre Strategie abzusprechen. Man hatte sich bereits dafür entschieden, kleine, dreiköpfige Delegationen zu entsenden. Die amerikanischen Vertreter waren Zoellick, Seitz und Rice, die westdeutschen Kastrup, Elbe und Peter Hartmann aus dem Kanzleramt.[76] In Paris setzten die Amerikaner das begrenzte Verhandlungsmandat durch und erhielten die Zusage der anderen, daß es keine Diskussion über die westdeutsche Entscheidung geben werde, die Vereinigung nach Artikel 23 zu vollziehen.[77] Die Franzosen warfen jedoch einschränkend ein, daß die Zwei-plus-Vier-Runde ein umfassendes Mandat haben müsse, über »politisch-militärische Fragen« zu verhandeln. Dufourcq war bereits mit den Sowjets zusammengekommen und hatte – wie Moskau – eine umfangreiche Themenliste für das neue Verhandlungsforum, so daß es immer wieder zu Auseinandersetzungen mit Zoellick und Kastrup kam. Außerdem drängten sowohl Franzosen als auch Briten auf ein schnelleres Tempo des Zwei-plus-Vier-Prozesses, ohne deutsche Schritte zur inneren Vereinigung abzuwarten.[78] Die Atmosphäre war zeitweise recht angespannt, was aber nicht nur an den Meinungsverschiedenheiten, sondern auch an der Unsicherheit über die weitere Entwicklung lag.

Am nächsten Tag kamen die leicht gereizten Verbündeten in Bonn mit den Sowjets und den Ostdeutschen zum ersten Zwei-plus-Vier-Treffen zusammen. An der Spitze der sowjetischen Delegation stand der stellvertretende Außenminister Adamischin, der unter anderen von Botschafter Kwizinski begleitet wurde.[79] In Verfahrensfragen wurden die meisten westlichen Vorschläge ohne Widerspruch angenommen. Man kam überein, daß sich die Politischen Direktoren weiterhin auf deutschem Boden treffen würden, entweder in Bonn oder in Berlin. Die Sowjetunion brachte Schewardnadses Idee ins Gespräch, bei unvorhergesehenen Umständen kurzfristig eine Dringlichkeitssitzung einzuberufen. Zoellick und Rice handelten daraufhin einen Kompromiß aus, der eine längere Ankündigungszeit vorsah und eine genaue Begründung verlangte.

Die Amerikaner waren erfreut, daß keine Termine für weitere Treffen festgelegt wurden. Adamischin stimmte nach längerer Diskussion sogar der westlichen Tagesordnung zu, da deren Punkte – Grenzen, »militärisch-politische Fragen«, Berlin, Rechte und Verantwortlichkeiten der Vier Mächte – nicht klar definiert waren. Eine »Friedensregelung« als Ziel der Gespräche wurde von Amerikanern und Westdeutschen zurückgewiesen, obwohl außer den Sowjets, die einen formellen Friedensvertrag anstrebten, auch die Briten diesen Begriff bevorzugten.

Die Sowjets, berichtete Rice dem Weißen Haus, äußerten sich »nicht sehr klar und deutlich über das, was sie wollen. Sie haben sich heute zurückgehalten und wirkten unvorbereitet. Soweit die gute Nachricht.« Die schlechte, fuhr Rice fort, seien Anzeichen für Risse in der westlichen Solidarität. Die Briten wollten einen Friedensvertrag. Die Franzosen sträubten sich, die westlichen Ansichten zu koordinieren, weil sie sich angeblich nicht gegen die Sowjets verschwören wollten. Sowohl London als auch Paris würden für eine umfangreichere Zwei-plus-Vier-Tagesordnung eintreten, und die Westdeutschen würden sich dem nicht so vehement widersetzen, wie es die Amerikaner gern gesehen hätten. Zoellicks Bericht an Baker fiel ähnlich aus, nur daß er sich hinsichtlich der Franzosen weniger Sorgen machte. Er glaubte, daß sich Paris an eine westliche Absprache halten werde.[80]

Einen Tag nach dem Bonner Zwei-plus-Vier-Treffen telefonierte Kohl mit Bush und umriß die weitere Entwicklung: In der DDR würde eine neue Regierung gebildet werden; diese würde sich für die Währungsunion entscheiden und so mithelfen, die Abwanderung ihrer Bevölkerung zu verlangsamen; danach würde sich die Bundesrepublik darauf konzentrieren, mit ihren Nachbarn die außenpolitischen Fragen zu klären. Was er nicht sagte, war, daß die Währungsunion den Weg zur schnellen Eingliederung der DDR nach Artikel 23 ebnen würde. Durch die Zurückstellung der äußeren Aspekte, bis sich die DDR für die Währungsunion entschieden hatte, wäre dem Zwei-plus-Vier-Forum also die Möglichkeit genommen, in die innere Vereinigung einzugreifen. Bush bereitete ein solches Szenario keine Kopfschmerzen.

Kohl durchlebte ein Wechselbad der Gefühle. Er hatte sich als Wahlkampflokomotive der Ost-CDU betätigt und bei sechs Auftritten in der DDR über eine Million Menschen erreicht – fast zehn Prozent der Wähler. Doch die Anspannung war enorm. Er war ein großes Wagnis eingegangen, als er sich öffentlich für Artikel 23 als Instrument der Vereinigung ausgesprochen hatte. Genscher, sein Koalitionspartner, hatte ihn zu einer Konfrontation mit Verteidigungsminister Stoltenberg und zu einem Rückzieher in der Grenzfrage gezwungen. Mitterrand hatte ihn erst verärgert, dann beruhigt. Die Stimmungslage in der Bundesrepublik war ungewiß und labil. Vom Ausgang der Wahl in der DDR hing viel ab, und die Meinungsumfragen sahen die Ost-SPD mit vierundvierzig Prozent der Stimmen deutlich vor der CDU mit nur zwanzig Prozent.[81]

Die ostdeutsche CDU hatte sich mit zwei anderen konservativen Parteien, dem CSU-Pendant Deutsche Soziale Union (DSU) und dem Demokratischen Aufbruch (DA), zur Allianz für Deutschland zusammengeschlossen, und der Vorsitzende der Ost-CDU, Lothar de Maizière, hatte nach einem Thema gesucht, das die Allianz von der SPD abheben würde. In den Modalitäten der Vereinigung hatte er es gefunden. Eine Woche vor dem Wahltag war die Allianz Kohls Linie gefolgt und hatte sich für Artikel 23 entschieden. Auf einer Wahlkampfveranstaltung am 13. März in Cottbus ging Kohl noch einen Schritt weiter und versprach den Ostdeutschen, daß die Mark der DDR im Verhältnis eins zu eins in D-Mark umgetauscht werden würde. Den Westdeutschen konnte er seine Entscheidung für Artikel 23 mit der rhetorischen Frage nahebringen, ob sie diese (Bundes-)Republik oder eine andere wollten.[82] Den Ostdeutschen stellte er eine andere Frage: Ob sie nach vierzig Jahren kommunistischer Herrschaft ein neues Gesellschaftsexperiment probieren oder sich einem bewährten, im Wohlstand lebenden demokratischen Staat anschließen wollten?

Die West-SPD hatte sich wiederholt für Artikel 146 des Grundgesetzes als Weg zur Einheit ausgesprochen, und die Ost-SPD hatte sich auf ihrem Parteitag im Februar dieser Haltung angeschlossen. Manche SPD-Politiker in Ost wie West, allen voran Herta Däubler-Gmelin, wollten sich allerdings die Möglichkeit offenhalten, Artikel 23 anzuwenden, und vermieden es, gegen diese Option zu Felde zu ziehen. Diese Strömung wurde jedoch am 7. März durch eine formelle Entschließung des Parteivorstandes über »Schritte zur deutschen Einheit« überstimmt. Diesem Konzept zufolge sollte im Rahmen des KSZE-Prozesses ein neues europäisches Sicherheitssystem an die Stelle der beiden bestehenden Militärbündnisse treten, und die beiden deutschen Staaten sollten im Verlauf der Vereinigung durch Übergangsregelungen in diese neue Struktur eingebunden werden. Mit dem Wirksamwerden dieser Regelungen sollten die Viermächterechte erlöschen. Dies alles habe in Abstimmung mit den Vier Mächten, den Nachbarn Deutschlands und schließlich der KSZE zu geschehen. Weiter heißt es in der Entschließung: »Im Verlauf des dynamischen Einigungsprozesses darf Deutschland seine Partner und Nachbarn nicht vor vollendete Tatsachen stellen.« Als Instrument der Vereinigung war Artikel 146 des Grundgesetzes vorgesehen. Die von diesem geforderte neue Verfassung sollte das westdeutsche Grundgesetz jedoch nur in den Punkten »ändern oder ergänzen, in denen die Errichtung des Bundesstaates das erforderlich macht oder die besonderen Gegebenheiten der DDR das geboten erscheinen lassen«.[83]

Nachdem die beiden großen Volksparteien ihre Positionen eindeutig voneinander abgegrenzt hatten, sagten die meisten Beobachter, einschließlich der US-Botschaft in Ost-Berlin, einen Wahlsieg der Sozialdemokraten voraus. Laut einer Meinungsumfrage von Anfang März lag die SPD mit vierunddreißig Prozent an der Spitze, während die Allianz für Deutschland mit rund dreißig Prozent rechnen konnte und die PDS mit beachtlichen siebzehn Prozent den dritten Platz einnahm.[84] Kohls Aussichten schienen trübe zu sein. Er hatte die Bedingungen für die Einheit bestimmt, als diese nicht mehr als eine ferne Möglichkeit gewesen war, und jetzt lag die Entscheidung bei den Ostdeutschen. Kein Wunder, daß Kohl »fast depressiv« wirkte und kaum noch motiviert war. »Am liebsten würde er wieder nach Hause gehen«, notierte Teltschik in seinem Tagebuch. Kohl sollte seinen Kampfeswillen bald zurückgewinnen.[85]

Ein überwältigender Wahlsieg

Anfang März nahm der ostdeutsche SPD-Chef Ibrahim Böhme den Wahlsieg vorweg und stellte eine Schattenregierung auf. Sie sollte genau dies bleiben. Die Wähler entschieden sich in der ersten freien Wahl, die seit 1932 in Ostdeutschland abgehalten wurde, für den Anschluß an den größeren Wohlstand des Westens. Sie wählten Kohls Weg zur Einheit, und das – bei einer Wahlbeteiligung von über 93 Prozent – mit deutlicher Mehrheit: Die Allianz erreichte 48 Prozent, die SPD nur rund 22 Prozent. Die PDS erhielt gut 16 Prozent der Stimmen, viele davon in Berlin. Die Dissidenten von 1989, das Neue Forum und andere, die sich im Bündnis 90 zusammengeschlossen hatten, kamen auf nicht einmal drei Prozent. Den größten Widerhall hatte Kohls Plan bei Arbeitern und Bauern, bei praktizierenden Protestanten und Katholiken, in ländlichen Gemeinden und im Süden – in Thüringen und Sachsen – gefunden. Die Allianz für Deutschland stellte in der neuen Volkskammer 192 von 400 Abgeordneten und konnte ohne Schwierigkeiten eine Regierung bilden, die für die schnelle Vereinigung nach Artikel 23 eintrat. Mitte April wurden die Verhandlungen mit der SPD über die Bildung einer Großen Koalition erfolgreich abgeschlossen. Damit verfügte de Maizières Regierung über die für Verfassungsänderungen nötige Zweidrittelmehrheit und konnte außerdem darauf verweisen, daß sie einen breiten Konsens der Bevölkerung vertrat. Wenn es diesen Konsens gab, dann bezog er sich allerdings nicht auf de Maizière, sondern auf die Pläne und Versprechen und auf das Deutschland des Helmut Kohl.[86]

In Bonn herrschte Feststimmung. »Die Sensation ist perfekt«, jubelte Teltschik. »Wer hätte das erwartet?« Schon am 20. März konnte Schäuble vermelden, daß der Strom der Übersiedler aus Ostdeutschland zurückgehe. Am selben Tag rief Präsident Bush an, um Kohl zu gratulieren: »Sie sind ein verteufelt guter Wahlkämpfer!« Kohl und seine Berater revidierten umgehend ihre Zeitvorstellungen für die innere Vereinigung. Wenn die Konservativen ihre Schwungkraft bis zu den Kommunalwahlen in der DDR am 6. Mai aufrechterhalten konnten, so glaubten sie, könnte im Sommer oder Frühherbst 1990 die politische Vereinigung nach Artikel 23 durch die Bildung einer Wirtschafts- und Währungsunion vorbereitet werden, und zwar nach Kohls Bedingungen, das heißt in Form der Übernahme der DDR-Wirtschaft durch die Bundesbank und ein leistungsfähiges westdeutsches Management. Die Einigung über die äußeren Aspekte, hoffte Kohl nun, könnte bis Herbst 1990 erreicht sein, im besten Fall vor dem KSZE-Gipfel in Paris. Hinsichtlich gesamtdeutscher Wahlen war er vorsichtiger. Er wollte am westdeutschen Wahltermin im Dezember festhalten, 1991 die förmliche Vereinigung Deutschlands abschließen und die gesamtdeutschen Wahlen bis 1994 hinausschieben. Ende März korrigierte er seine Vorstellungen; er erwartete jetzt gesamtdeutsche Wahlen unmittelbar nach der Vereinigung im zweiten Halbjahr 1991.[87]

Das Ergebnis der DDR-Wahlen traf Moskau wie ein Blitz aus heiterem Himmel. Die Sowjetunion hatte mit einem schrittweisen konföderativen Vereinigungsprozeß auf der Grundlage von Artikel 146 gerechnet, der von einer sozialdemokratischen Regierung getragen werden würde. Schewardnadse und Gorbatschow hatten bereits den vermeintlichen nächsten Ministerpräsidenten der DDR, den ostdeutschen SPD-Chef Böhme, in Moskau empfangen. Und jetzt dieses Wahlergebnis, das nicht nur »völlig überraschend« gewesen war, wie ein sowjetischer Regierungsbeamter zugab, sondern auch ein eindeutiges Mandat für die Vereinigung nach Artikel 23 darstellte, gegen die sich Moskau öffentlich verwahrt hatte. Um die Sache noch schlimmer zu machen, hatten die Sowjets gerade eine unerquickliche Tagung ihrer alten Verbündeten aus dem Warschauer Pakt in Prag hinter sich, auf der es ihnen nicht gelungen war, eine gemeinsame Haltung zu Deutschland und noch nicht einmal zur Frage der deutschen NATO-Mitgliedschaft zustande zu bringen.[88]

Aber die Sowjetführung blieb standhaft. Vom 20. bis 22. März versammelten sich Schewardnadse, Baker, Genscher und andere Würdenträger in Windhuk, um die Unabhängigkeit des neuen Staates Namibia zu feiern.[89] Sie nutzten die Gelegenheit zu einer Reihe bilateraler Treffen. Schewardnadse vertrat im wesentlichen dieselben Ansichten wie sechs Wochen zuvor, als Baker und Genscher in Moskau mit ihm gesprochen hatten. Er machte sich immer noch Sorgen über die Machtstellung und die Absichten eines vereinigten Deutschland und schlug weiterhin die Neutralitätslösung mit dem Abzug sowohl der sowjetischen als auch der amerikanischen Truppen vor. Genschers Tutzinger Formel stieß bei ihm auf wenig Gegenliebe; ihm war möglicherweise noch nicht klar, daß Washington und Bonn sie inzwischen fallengelassen hatten und einen für ihn noch unattraktiveren Standpunkt einnahmen. Die Frage müsse auf höchster Ebene gelöst werden, meinte Schewardnadse. Baker fiel außerdem auf, daß sich die sowjetische Position in Abrüstungsfragen verhärtet hatte. Offenbar hatte das Militär an Einfluß gewonnen.

Genscher gegenüber versuchte Schewardnadse Verhandlungen über einen Friedensvertrag als Zweck der Zwei-plus-Vier-Gespräche durchzusetzen. Man müsse das Potsdamer Abkommen noch einmal Satz für Satz durchgehen, sagte er. Dann werde man weitersehen. Genscher hielt ihm die Argumente entgegen, die nach Bonner Ansicht gegen einen Friedensvertrag sprachen. Zwischen Baker und Genscher fand ein freundliches Gespräch statt, auch wenn Baker seinem deutschen Kollegen nicht in allem zu folgen vermochte, seien es dessen Vorstellungen über die Politik gegenüber Polen, sei es desssen Absicht, die KSZE wenigstens symbolisch aufzuwerten, indem man ihr die Verantwortung für die Verifizierung von Abrüstungsabkommen in Europa übertrug, was nach Bakers Ansicht einige schwerwiegende Probleme aufgeworfen hätte.

Der einzige Hoffnungsschimmer der Gespräche mit Schewardnadse war vermutlich ihr Ton. Baker berichtete nach Washington, der sowjetische Außenminister sei unter dem Druck der Ereignisse in Deutschland und Litauen nachdenklicher gewesen, als er ihn jemals erlebt habe. Schewardnadse und Gorbatschow, schrieb er, »scheinen ehrlich mit diesen Problemen zu ringen, müssen aber noch eine überzeugende kohärente Antwort finden. Außerdem haben sie noch ihre grundsätzliche Haltung festzulegen.« Amerika sollte daher seine »Fähigkeit nicht unterschätzen, ihre Entscheidungen und vielleicht sogar die Formulierung einiger ihrer Optionen zu beeinflussen«.[90]

Der Westen sammelt seine Kräfte

Armeen bereiten sich auf Schlachten vor, indem sie einen Plan ausarbeiten, damit die Soldaten wissen, was sie zu erwarten haben und was sie tun müssen, und indem sie alle verfügbaren Ressourcen zusammenziehen, um diesen Plan umzusetzen. In der Diplomatie geht man nicht viel anders vor. Auch dort werden Pläne erstellt und politische Kräfte versammelt, um sie zu verwirklichen. Ein Anzeichen für die Schwäche einer Armee ist es, wenn ihre Planungen unklar oder nicht bis zu Ende durchdacht sind, so daß die Soldaten der einzelnen Einheiten ihre Aufgabe nicht gut genug verstehen, um sich entsprechend an das Durcheinander auf dem Schlachtfeld anpassen zu können. In der Diplomatie sind die Details vielleicht noch wichtiger als auf dem Schlachtfeld. Es reicht nicht aus, sich im Prinzip einig zu sein. In den sechs Wochen nach den DDR-Wahlen am 18. März war die diplomatische Position des Westens in jeder Hinsicht stärker geworden, während die sowjetische Stellung geschwächt worden war. Dieses Ungleichgewicht trat beim ersten größeren Zusammenstoß beider Seiten offen zutage: der ersten Zwei-plus-Vier-Ministerrunde Anfang Mai.

Zwischen Präsident Bush und Bundeskanzler Kohl bestand nach Camp David in bezug auf ihre Ziele völlige Übereinstimmung, und Kohl hatte gegenüber Bush wiederholt beruhigende Versicherungen in der Frage der deutschen NATO-Mitgliedschaft abgegeben. Genscher hatte sich dagegen hinsichtlich des Geltungsbereichs der NATO-Schutzgarantie weiterhin bedeckt gehalten. In einer Rede, die er am 23. März vor der WEU-Versammlung in Luxemburg hielt, entwarf er einen zweistufigen Plan für den Wandel der Militärbündnisse. Auf der ersten Stufe würden sie zu einer engeren Zusammenarbeit finden, auf der zweiten sollten die dann »kooperativ strukturierten Bündnisse in einen Verbund gemeinsamer kollektiver Sicherheit überführt werden«. Dabei würden neue Sicherheitsstrukturen geschaffen, von denen die Bündnisse »zunehmend überwölbt« würden, um schließlich in ihnen aufzugehen.[91] Was er damit meinte, hat Genscher nie genauer erklärt. Kohl wies ihn wegen dieser Äußerungen in die Schranken, da sie den Eindruck erwecken konnten, als verträte die Bundesregierung in der Frage der NATO-Mitgliedschaft keinen einheitlichen Standpunkt. Solche Signale könnten die Sowjetunion in ihrer starren Haltung bestärken, hielt Kohl seinem Außenminister vor.

Nach einer Sitzung der außen- und sicherheitspolitischen Arbeitsgruppe des Kabinettsausschusses Deutsche Einheit am nächsten Tag, dem 27. März, und einer noch entscheidenderen Zusammenkunft des Bundessicherheitsrates am 2. April vertraten die Spitzen der Bundesregierung – von Kohl abwärts – öffentlich denselben Standpunkt wie die Amerikaner: Ausdehnung der Verteidigungsverpflichtung der NATO nach Osten, Zugehörigkeit zur Militärstruktur der NATO sowie Stationierung amerikanischer nuklearer und konventioneller Streitkräfte in Deutschland. Kohl stellte sich jetzt eindeutig hinter Stoltenbergs Ansicht, daß der Ostteil des vereinigten Deutschland nicht entmilitarisiert werden sollte.[92] Die sozialdemokratische Opposition war sich unterdessen über ihre Ablehnung all dieser Prinzipien klargeworden.[93]

Das Gefühl der Solidarität zwischen den USA und der Bundesrepublik wurde bekräftigt, als Genscher Anfang April Washington besuchte. Er wollte mit den Amerikanern besprechen, was sie Schewardnadse, dessen Besuch kurz bevorstand, zu sagen beabsichtigten. Bakers Gespräche mit Genscher verliefen ebenso zufriedenstellend wie Bushs Treffen mit dem westdeutschen Außenminister. Es herrschte Einvernehmen über die geplante Gestaltung des Zwei-plus-Vier-Prozesses, und in der NATO-Frage äußerte sich Genscher auf beruhigende Weise. Die Sowjetunion, merkte er an, würde die NATO-Mitgliedschaft möglicherweise im Prinzip akzeptieren, ihre Zustimmung aber an unannehmbare Bedingungen knüpfen. Das in seiner Rede vom 23. März entwickelte Konzept, das die Amerikaner ebenso beunruhigt hatte wie Kohl, hatte er fallengelassen und durch den Vorschlag ersetzt, der NATO die Aufgabe zuzuweisen, neue »kooperative Sicherheitsstrukturen« zu schaffen. Außerdem beriet er mit Baker darüber, wie der KSZE-Prozeß gestärkt werden könnte, und zählte mindestens neun Ideen für neue KSZE-Institutionen auf, doch die beiden Außenminister legten sich nicht auf konkrete Ergebnisse fest.[94]

Genschers Untergebene blieben allerdings bei ihrer zögerlichen Haltung. Als Briten (Weston) und Amerikaner (Zoellick und Seitz) beim nächsten Treffen der westlichen Beamtenrunde zur Vorbereitung der Zwei-plus-Vier-Gespräche am 10. April Einvernehmen über die gemeinsame Position in der NATO-Frage herbeiführen wollten, bissen sie bei Kastrup auf Granit. Was die Ausdehnung der Verteidigungsverpflichtung der NATO betraf, gestand er zwar zu, daß Kohl ihr zugestimmt hatte, fügte aber hinzu, daß die Frage noch im Kabinett diskutiert werde; mit anderen Worten, Genscher war noch nicht bereit einzulenken. Auch auf die weitere Stationierung westlicher nuklearer und konventioneller Streitkräfte in Deutschland wollte Kastrup sein Ministerium nicht festlegen. Die britische und amerikanische Position zum künftigen militärischen Status des Gebiets der DDR fand in seinen Augen ebenfalls keine Gnade, da sie von der Entmilitarisierungsforderung der Genscher-Stoltenberg-Erklärung vom Februar abwich.[95] Kohl blieb in seinen öffentlichen Äußerungen allerdings fest, und Genscher verhielt sich ruhig. Er stellte sich nicht mehr öffentlich gegen den Bundeskanzler.

Die französische Regierung hatte angesichts der abzusehenden deutschen Vereinigung ihre Hoffnungen darauf gesetzt, das mächtiger werdende Deutschland in ein Netz europäischer Perspektiven und Verpflichtungen einbinden zu können. Mitterrand verbreitete seit Ende 1989 die Vision einer europäischen Konföderation, in der sich alle europäischen Staaten vereinen würden, und die westdeutsche Regierung fühlte sich verpflichtet, darauf zu reagieren. Im März 1990 war ein Wendepunkt erreicht. Kohl und Genscher standen der Idee einer engeren Verflechtung Europas im Prinzip positiv gegenüber. »Wir wollen nicht ein deutsches Europa, sondern ein europäisches Deutschland«, erklärte Genscher mit einem Zitat von Thomas Mann.[96] Neue Initiativen in dieser Richtung sollten auf einem EG-Gipfel erörtert werden, der im April in Dublin stattfinden würde – Irland hatte turnusmäßig die Präsidentschaft des Europäischen Rats inne. Dennoch hatte Kohl im Januar, als seine eigenen

Vereinigungspläne noch in der Schwebe hingen, einige der radikaleren Schritte abgelehnt, mit denen Frankreich über den europäischen Wechselkursmechanismus hinausgehen und die nächste Etappe auf dem Weg zur gemeinsamen europäischen Währung in Angriff nehmen wollte. Die Bundesbank hegte seit 1989 ernste Bedenken gegen diesen Plan.[97] Ende Februar jedoch, nachdem sich Kohl für den kurzen Weg zur Einheit nach Artikel 23 entschieden hatte, hielten er und seine Berater es mehr denn je für notwendig, ihr kühnes Vorhaben durch Schritte zur Stärkung der EG und der Beziehungen zu Frankreich auszubalancieren.

Am 13. März telefonierte Kohl mit Jacques Delors, dem Präsidenten der EG-Kommission. Er sprach von seiner Bereitschaft, sich stärker für den europäischen Einigungsprozeß zu engagieren, und schlug noch für denselben Monat ein Treffen mit allen EG-Kommissaren vor. Zwei Tage später reiste Teltschik zu einem vertraulichen Treffen mit Mitterrands Beratern, vor allem mit Jacques Attali, nach Paris. Resultat der ganztägigen Gespräche war eine gemeinsame französisch-deutsche EG-Initiative. Die Bundesrepublik war jetzt nicht nur bereit, die zügige Schaffung der europäischen Wirtschafts- und Währungsunion mitzutragen, sondern unterstützte zusammen mit Frankreich auch die Aufnahme von Verhandlungen über die Politische Union. Als Teltschik am 20. März erneut mit Attali sprach, teilte dieser ihm mit, daß Mitterrand mit der geplanten Initiative sehr zufrieden sei. Am 23. März befürworteten sowohl Kohl, der in Brüssel mit der EG-Kommission zusammentraf, als auch Genscher in seiner Rede vor der WEU-Versammlung die beschleunigte Integration Europas. Kohl kündigte bei dieser Gelegenheit für den EG-Gipfel in Dublin die deutsch-französische Initiative zur Politischen Union an. Am 2. April kam Attali mit seinen Mitarbeitern nach Bonn, um gemeinsam mit Teltschik die Einzelheiten der EG-Initiative auszuarbeiten. Genscher konferierte am selben Tag mit Dumas und anderen Ministerkollegen. Die Ergebnisse dieser Beratungen wurden sowohl von Kohl als auch von Mitterrand gutgeheißen, und am 18. April richteten die beiden Staatsmänner eine formelle Note an den Präsidenten des Europäischen Rates, in der sie dazu aufforderten, Verhandlungen über die Politische Union einzuleiten.[98]

Die Stimmung auf dem EG-Sondergipfel am 28. und 29. April in Dublin unterschied sich völlig von der angespannten Atmosphäre auf den Treffen im Dezember 1989. Teltschik hatte den Eindruck, daß die EG-Länder »ihren Frieden mit dem deutschen Einigungsprozeß geschlossen« hatten.[99] Auf dem Gipfel wurde der französisch-deutsche Vorschlag für Verhandlungen über die Politische Union auf die europäische Tagesordnung gesetzt und ein Prozeß eingeleitet, der anderthalb Jahre später zum Abschluß des Maastrichter Vertrages führte, durch den die Europäische Union an die Stelle der Europäischen Gemeinschaft trat.

Auch in bezug auf den Zwei-plus-Vier-Prozeß nahm die Solidarität des Westens zu. Das britische Außenministerium beschäftigte sich jetzt ebenfalls intensiv mit den Details der fortdauernden deutschen NATO-Mitgliedschaft. Bei der konkreten Planung für den Fall der deutschen Vereinigung ergaben sich einige gravierende politische und rechtliche Probleme, die gelöst werden mußten, von der Form der abschließenden Regelung für Deutschland bis zur Absicherung der alliierten Stationierungsrechte.[100] Nicht alle diese Punkte mußten sofort abgehandelt werden, aber sie konnten sich als ernsthafte Hindernisse auf dem Weg zur raschen Vereinigung herausstellen, die von Amerikanern und Westdeutschen als so wesentlich betrachtet wurde. Sowohl in London als auch in Paris wurde allerdings bezweifelt, daß sämtliche Rechtsfragen vor dem KSZE-Gipfel oder auch nur vor der inneren Vereinigung ausgeräumt werden konnten. Man rechnete vielmehr damit, daß die Vier Mächte die Oberhoheit über Deutschland beibehalten müßten, bis es einige der Verpflichtungen – wie die in bezug auf die polnische Westgrenze – eingegangen war, die man fälschlicherweise als Voraussetzungen ansah, ohne die eine abschließende Regelung nicht getroffen werden konnte.[101] Als die Politischen Direktoren der vier westlichen Zwei-plus-Vier-Teilnehmer am 10. April in Brüssel zusammenkamen, war die Absicht, die Zwei-plus-Vier-Gespräche hinauszuzögern, bereits erreicht worden, und die Runde einigte sich darauf, daß die erste Ministerrunde am 5. Mai stattfinden sollte – fast zwei Monate, nachdem das Forum in Ottawa ins Leben gerufen worden war. Briten und Franzosen verhielten sich nach Kohls Erdrutschsieg in Ostdeutschland auffallend freundlich gegenüber der Bundesrepublik. Vom Abschluß eines Friedensvertrages zwischen Deutschland und seinen ehemaligen Kriegsgegnern war nicht mehr die Rede.[102] Die Franzosen ließen ihre Forderung fallen, über das Wahlrecht der Berliner bei den nächsten westdeutschen Wahlen zu sprechen, und sie stimmten mit den Briten zusammen zähneknirschend der deutsch-amerikanischen Position in der polnischen Grenzfrage zu. Die amerikanische Absicht, das Verhandlungsmandat der Zwei-plus-Vier-Gespräche eng zu begrenzen, wurde von allen vier Partnern unterstützt.[103]

Margaret Thatcher hatte sich in die Unvermeidbarkeit der deutschen Vereinigung ergeben und begann eine aktivere Rolle in dem Prozeß zu spielen, den sie nicht aufhalten konnte. Am 24. März kam auf ihrem Landsitz eine Gruppe von Akademikern zusammen, um in lockerer Atmosphäre über Deutschland zu diskutieren. Thatchers außenpolitischer Berater Charles Powell, der als Diplomat in Bonn gedient hatte, sagte später, daß er die Gesprächsrunde organisiert habe, um der Premierministerin dabei zu helfen, sich mit dem Geschehen in Deutschland abzufinden. In seinen vertraulichen Notizen über die lange Diskussion, die ihrerseits als Mittel gedacht waren, Thatcher in seinem Sinn zu beeinflussen, kam Powell zu dem Schluß: »Das Gewicht der Beweise und Argumente sprach für jene, die das Leben mit einem vereinigten Deutschland optimistisch betrachten. ... Statt uns aufzuregen, sollten wir erfreut sein. ... Was Fehler und unglückliche Eigenschaften betrifft, seien die Deutschen sicherlich nicht zu kurz gekommen, im Unterschied zur Vergangenheit seien sie aber eher bereit, dies selbst zu erkennen und zuzugeben. Alles in allem lautet die Botschaft: Wir sollten nett sein zu den Deutschen.«[104] Als Kohl Ende März England besuchte, war nicht zu übersehen, daß sich Thatcher bemühte, nett zu sein. Sie konzentrierte sich auf die Folgen der deutschen Vereinigung für die NATO, und die Atmosphäre war vielleicht nicht herzlich, hatte sich aber deutlich verbessert.[105]

Zwei Wochen später flog Thatcher zu einem Treffen mit Präsident Bush nach Bermuda. In der NATO-Frage, dessen war sich Bush sicher, war die britische Premierministerin einer Meinung mit ihm, und jetzt hoffte er, sie auch in bezug auf das Mandat und das Ziel der Zwei-plus-Vier-Gespräche auf seine Seite ziehen zu können.[106] Er legte ihr die amerikanische Position im einzelnen dar, und Thatcher erhob keine Einwände.[107] So verkündete er anschließend ihre gemeinsame Ansicht, daß die Zwei-plus-Vier-Gespräche vor allem der »Beendigung der besonderen Viermächterechte in bezug auf Berlin und Deutschland als Ganzem« zu dienen hätten. Ein vereinigtes Deutschland solle »die uneingeschränkte Kontrolle über sein gesamtes Territorium haben, ohne irgendwelche diskriminierenden Einschränkungen der deutschen Souveränität«. Teltschik vermerkte mit Genugtuung, Amerikaner und Briten hätten zum ersten Mal unmißverständlich festgestellt, daß Deutschland die volle Souveränität wiederlangen solle.[108]

Danach wandte Bush seine Aufmerksamkeit Frankreich zu. In knapp einer Woche sollte er in Key Largo am Südende von Florida mit Mitterrand zusammentreffen. Bei dieser Begegnung wollten die Amerikaner eine gemeinsame Position sowohl in der NATO-Frage als auch in bezug auf die Zwei-plus-Vier-Gespräche festlegen. Aber die Franzosen neigten manchmal mehr zu einem »postgaullistischen Gaullismus«[109] als dazu, alte Gewohnheiten aufzugeben und sich mit einer neuen Situation auseinanderzusetzen. Dennoch hatte Mitterrand von Zeit zu Zeit sein Interesse an engeren Beziehungen zwischen Frankreich und den Vereinigten Staaten geäußert.[110]

Bush sandte Mitterrand vor dem Treffen einen Brief, in dem er die amerikanischen Prioritäten für die Verhandlungen über die Zukunft Deutschlands und Europas erläuterte und die Punkte wiedergab, in denen er sich mit Thatcher geeinigt hatte. »Auf keinen Fall«, schrieb er, »sollten wir Moskau gestatten, den Zwei-plus-Vier-Mechanismus so zu manipulieren, daß die westliche Verteidigung und der unersetzliche Platz, den Deutschland in ihr einnimmt, auseinandergerissen werden können.« Wenn man zulasse, »daß die NATO ausgehöhlt wird, weil sie im neuen Europa keine politische Bedeutung mehr besitzt, könnte damit auch die Grundlage für eine langfristige US-Militärpräsenz zerstört werden«. Dies spräche nicht gegen eine gestärkte EG, meinte Bush. Man könne sich vielleicht darauf einigen, daß beide Organisationen mit politischen und Sicherheitsthemen befaßt seien und keine von ihnen versuchen sollte, »die andere in Fragen, an denen beide ein Interesse haben, vor vollendete Tatsachen zu stellen«.[111]

In Key Largo schlug Mitterrand dann vor, sich darauf zu verständigen, daß die NATO das Forum für die Gewährleistung der Sicherheit und des Gleichgewichts in Europa sei. Seine Idee einer europäischen Konföderation schob er als langfristiges, auf der EG aufbauendes Ziel in weite Ferne.

Aber sie würde die Vereinigten Staaten nicht ausschließen, erklärte er. Das wäre verrückt. Er wolle die engen Beziehungen zwischen Amerika und Europa weiterentwickeln, vielleicht mit einem Vertrag zwischen den Vereinigten Staaten und der EG. Die NATO solle bestehenbleiben und Frankreich weiterhin seine besondere Rolle im Bündnis erfüllen. Darüber hinaus müßten amerikanische Truppen in Europa stationiert bleiben, und Deutschland müsse auch in Zukunft Mitglied des Bündnisses sein. Einige Sorgen bereitete Mitterrand die deutsche Haltung. Er befürchtete, daß sich eine Mehrheit der Deutschen gegen die NATO entscheiden oder die Anwesenheit ausländischer Truppen auf ihrem Territorium ablehnen könnte. Was die Zwei-plus-Vier-Gespräche anging, hatte er nichts dagegen einzuwenden, daß Bush vor der Presse wiederholte, was er nach dem Treffen mit Thatcher gesagt hatte.[112]

Bush wiederholte den gemeinsamen Standpunkt anschließend noch einmal in Briefen an Kohl und Thatcher, um ganz sicher zu sein, daß die westliche Haltung in der NATO-Frage und in bezug auf die Zwei-plus-Vier-Gespräche absolut klar war.[113] Kohl erhielt das Schreiben, als er von einem zweitägigen Besuch in Paris nach Bonn zurückkehrte. Er war in den Gesprächen mit Mitterrand in beiden Fragen exakt bei der vereinbarten Linie geblieben. Meinungsverschiedenheiten hatte es nicht gegeben. Kohl war beglückt über die Atmosphäre seiner Vieraugengespräche mit Mitterrand. »So rege und so intensiv sind die Konsultationen und gegenseitigen Unterrichtungen noch nie gewesen«, notierte Teltschik in seinem Tagebuch.[114]

Ende April hatten Kohl und Bush allen Grund, mit der Einigkeit im westlichen Lager zufrieden zu sein. Die französisch-deutsche Initiative zur Politischen Union hatte die Beziehungen zu Paris und die Atmosphäre in ganz Westeuropa verbessert, und die Amerikaner hatten die Debatte über die Ziele der Zwei-plus-Vier-Gespräche bis Ende April im wesentlichen abgeschlossen. Auf einer Tagung der NATO-Außenminister am 3. Mai erhielt die mit Westdeutschen, Briten und Franzosen abgesprochene Position die Zustimmung des gesamten Bündnisses.[115] Kohls Augenmerk lag allerdings vorwiegend auf dem Mechanismus der inneren Vereinigung, insbesondere auf der wirtschaftlichen und finanziellen Eingliederung Ostdeutschlands. Die andere Hauptaufgabe lastete weitgehend auf den Schultern der

US-Regierung: eine erkennbare, dramatische Veränderung der NATO-Zielsetzung sowie einen gemeinsamen Standpunkt zur Weiterentwicklung der KSZE zu erreichen, was zusammengenommen helfen würde, die Sowjets (und die deutsche Öffentlichkeit) davon zu überzeugen, daß sich die europäischen politischen und militärischen Institutionen mit den Zeiten wandelten und eine um ein vereinigtes Deutschland verstärkte NATO keine Gefahr für die UdSSR darstellen werde.

Mit der deutschen Vereinigung waren alle anderen wesentlichen Sicherheitsfragen Europas eng verknüpft. Im Dezember 1989 hatte Baker eine grobe Skizze der neuen europäischen Architektur entworfen. Nun, im Februar 1990, erkannte man in Washington, daß man sich noch ehrgeizigere Ziele setzen mußte, und ging daran, die NATO-Strategie von Grund auf zu überdenken. Im Weißen Haus gelangte man zu der Ansicht, daß derart viel auf dem Spiel stand und die Probleme so vielfältig waren, daß eine ganz neue ressortübergreifende Arbeitsgruppe gebraucht würde. Blackwill und Rice traten mit der Idee an Scowcroft heran. Als Leiter der Gruppe hatten sie dessen Stellvertreter Robert Gates ausersehen, der in der Koordination ressortübergreifender Entscheidungsprozesse erfahren war. Anders als bei den üblichen Arbeitsgruppen zur Abrüstungspolitik sollten dem neuem Gremium auch Zoellick und Ross vom Außenministerium angehören. Insgesamt aber war es eine kleine Gruppe, deren Memoranden mit größter Geheimhaltung behandelt wurden. Sie firmierte als Europäische Strategie-Lenkungsgruppe. Die erste Sitzung fand am 21. Februar statt.[116]

Das drängendste Problem, mit dem sich die neue Arbeitsgruppe befassen mußte, war die Frage, ob die amerikanischen nuklearen Kurzstreckenraketen in Europa modernisiert werden sollten oder nicht.[117] Im Kongreß stand die Entscheidung über das von der Administration beantragte Budget für diese Modernisierung an. Das Thema war nach dem NATO-Gipfel vom Mai 1989 zwar auf die lange Bank geschoben worden und aus den Schlagzeilen verschwunden, aber stets virulent geblieben. In Washington herrschte die Ansicht vor, daß der bestehende Modernisierungsplan für ein »Folgesystem« der LANCE-Rakete (FOTL) keine Zukunft habe. Aber auf welche Weise sollte er begraben werden?

Die Amerikaner wollten durch die Streichung von FOTL weder eine

Debatte über die Stationierung amerikanischer Atomwaffen in Europa lostreten noch eine im weiteren Verlauf der neunziger Jahre mögliche Modernisierung von luftgestützten Waffensystemen ausschließen. Außerdem hatten sie versprochen, nach Abschluß des KSE-Vertrages eine neue Runde von Abrüstungsverhandlungen über nukleare Kurzstreckenwaffen zu beginnen. Kohl war verständlicherweise über jede Aktion auf diesem Gebiet besorgt. Bush hatte ihm im Februar in Camp David gesagt, FOTL sei »tot wie ein Sargnagel«, aber hinzugefügt, daß die allgemeine Position in der Frage der Stationierung von Atomwaffen in Europa davon nicht beeinträchtigt werden dürfe. Kohl hatte ihm beigepflichtet, jedoch keinen Weg gesehen, wie die nach der Bekanntgabe der Streichung von FOTL zu erwartende öffentliche Debatte zu vermeiden war. Er forderte Bush auf, sich nicht sowjetischem Druck zu beugen, sondern eine Möglichkeit zu finden, selbst die Initiative zu ergreifen und nicht zuzulassen, daß der Kongreß einfach das Ende des Programms verkündete. Bush, Baker, Scowcroft und Kohl erwogen verschiedene Lösungen, legten sich aber auf keine von ihnen fest. Das Thema stellte fraglos eine Gefahr für den Westen dar. Scowcroft vertraute einem britischen Besucher seine Befürchtung an, daß eine sowjetische Kampagne gegen Atomwaffen wie geschaffen wäre für die gegenwärtige Lage.

Die andere große Frage bestand darin, wie man in den Verhandlungen über die in Europa stationierten konventionellen Streitkräfte auf die deutsche Vereinigung eingehen sollte. Die Sowjets würden irgendwann einen Vertrag verlangen, um Obergrenzen für die Streitkräfte eines vereinigten Deutschland festzuschreiben. Der unselige Präzedenzfall für eine solche Obergrenze war der Versailler Vertrag von 1919, in dem Deutschland ein Heer von hunderttausend Mann zugestanden worden war. Dies war damals als Demütigung empfunden worden. Dennoch lehnten weder die Bundesrepublik noch die USA eine Begrenzung der deutschen Streitkräfte ab – sofern in der nächsten Runde der VKSE für alle anderen nationalen Armeen ebenfalls Obergrenzen vereinbart wurden. Auf diese Weise würden die Deutschen nicht in diskriminierender Weise »singularisiert« werden. Allerdings waren selbst die laufenden VKSE durch den wachsenden sowjetischen Widerstand gegen den sich abzeichnenden Vertrag ins Stocken geraten.[118]

Das US-Außenministerium hatte gehofft, diese und andere Fragen im Rahmen einer Überprüfung der NATO-Strategie zu lösen, die 1990 verkündet und mit einem NATO-Gipfel im nächsten Jahr abgeschlossen werden sollte. Doch das Weiße Haus wollte wesentlich schneller handeln. Das Ergebnis sollte rechtzeitig erkennbar werden, um die diplomatische Schlacht um Deutschland zu beeinflussen.[119] Auch NATO-Generalsekretär Wörner, der Anfang April Washington besuchte, drückte aufs Tempo.

Im März arbeitete der NSC-Stab ein Optionspapier für das Problem der nuklearen Kurzstreckenraketen aus, das heißt für die Frage, wie FOTL begraben werden sollte. Das Resultat war der Plan einer Bush-Initiative, die das Problem aus der Welt schaffen würde. Sie umfaßte zum einen die Streichung sowohl des LANCE-Folgesystems als auch der geplanten Modernisierung der veralteten nuklearen Artilleriegranaten und zum anderen den Vorschlag, nach Abschluß des KSE-Vertrages neue Abrüstungsverhandlungen über nukleare Kurzstreckenwaffen aufzunehmen. Nachdem dieser Plan feststand, kamen Baker, Cheney, Scowcroft und Colin Powell Anfang April überein, die Bekanntgabe der Atomwaffeninitiative mit einem ehrgeizigen Plan für den NATO-Gipfel zu verknüpfen. Der Öffentlichkeit sollte dies durch eine Rede des Präsidenten mitgeteilt werden. Mitterrand und Thatcher erfuhren im April bei ihrem Treffen mit Bush von diesen Plänen.[120]

Im Außen- und im Verteidigungsministerium gab es noch Widerstand gegen die ehrgeizige Tagesordnung des NATO-Gipfels und die geplante Bush-Rede. Doch Blackwill gewann Zoellicks Unterstützung für das Vorhaben, und das Pentagon wurde in einer weiteren, im Weißen Haus abgehaltenen Diskussion zwischen Baker, Scowcroft, Cheney und Powell überstimmt.[121] Darüber hinaus gewann die US-Regierung Klarheit über ihre Position zur Zukunft der KSZE.[122]

Bush hielt seine Rede am 4. Mai in der State University von Oklahoma. Er erklärte, daß die Vereinigten Staaten, deren Schicksal in der Geschichte untrennbar mit dem Europas verbunden sei, »im weitesten Sinne eine europäische Macht bleiben sollten – politisch, militärisch und ökonomisch«. Im Zusammenhang mit dem Vorschlag, den NATO-Gipfel vorzuziehen, kündigte er an, daß diese Tagung auf vier Gebieten für eine Revision der Strategie richtungsweisend sein werde, und zwar in bezug auf die politische Rolle der NATO im neuen Europa, die konventionelle Verteidigung, die nukleare Verteidigung, und gemeinsame westliche Ziele für den KSZE-Prozeß.[123]

Für gewöhnlich werden vor Gipfeltreffen die Erwartungen gedämpft, da die Resultate nicht garantiert werden können. Diese Vorgehensweise hatte sich beim NATO-Gipfel im Mai 1989 bewährt, doch diesmal verließ Bush die gewohnten Bahnen und verkündete öffentlich überaus hochgesteckte Ziele. Damit brachte er sich selbst in eine heikle Lage, denn jedes NATO-Mitglied konnte ihm durch sein Veto den Weg zu diesen Zielen versperren. Aber Bush glaubte, daß er für die Verhandlungen mit Moskau ein kühnes Versprechen vorlegen mußte, und er setzte darauf, daß er Initiativen in Gang bringen konnte, die weitreichend genug waren, um Moskau zufriedenzustellen, solide genug, um das Bündnis zu stärken, und anziehend genug, um die Unterstützung der europäischen Verbündeten zu finden.

Die Sowjets verharren in ihren Stellungen

Die US-Strategie hing von der Einigkeit des Westens und von Gorbatschows Abneigung gegen entschlossenes Handeln ab. Obwohl die westliche Politik die Zwickmühle, in der sich die Sowjetunion befand, mit jedem Tag deutlicher werden ließ, glaubten die Amerikaner, daß Gorbatschow es vermeiden würde, sich auf eine grundsätzliche Haltung festzulegen. Den Vereinigten Staaten konnte es gleich sein, denn nachdem die ostdeutschen Wahlen vorüber waren, war die Zeit eindeutig auf westlicher Seite.

Die Beamten des sowjetischen Außenministeriums, des ZK der KPdSU und der Verteidigungsbehörden hatten eine konservative Einstellung. Für sie war die NATO-Mitgliedschaft eines vereinigten Deutschland unannehmbar. Sie widersprach allem, was sowjetische Diplomaten vierzig Jahre lang vertreten hatten. In ihren Augen hätte die Einbeziehung eines geeinten Deutschland in den Militärblock des Westens die zu einem furchtbaren Preis errungenen Früchte des Sieges im Zweiten Weltkrieg zunichte gemacht.[124] Aber der Standpunkt dieser Beamten war weitgehend defensiv und unbeweglich. Sie wußten, was sie nicht wollten, organisierten aber keine eigene diplomatische Kampagne, keine koordinierte Gegenoffensive mit Blick auf die innenpolitische Lage in Deutschland, die mit der Drohung verbunden gewesen wäre, eine scharfe internationale Konfrontation auszulösen. Es gibt keinen Beleg dafür, daß sich Gorbatschow grundsätzlich dagegen entschieden hätte, eine wirksame Verteidigung aufzubauen. Aber Zweideutigkeit an der Spitze führte zu Kraftlosigkeit und Untätigkeit auf den Ebenen darunter.[125]

Amerikaner und Westdeutsche wollten von der Sowjetunion nicht nur die bittere, resignierte Billigung eines Resultats, das sie nicht mehr beeinflussen konnte. Sie hofften vielmehr ein Mittel zu finden, das die Sowjetführung mit dem von Washington und Bonn gewünschten Ausgang versöhnen würde, und Gorbatschows Zweideutigkeit schien ein Ansatzpunkt zu sein, um ihm und seinen Beratern eine andere Einschätzung der nationalen Interessen ihres Landes nahezulegen. Dazu mußte ihnen klargemacht werden, daß die deutsche Vollmitgliedschaft in der NATO im Rahmen einer veränderten Gesamtsituation keine Bedrohung darstellen würde und sogar besser wäre als die Alternativen.

Die US-Administration war seit Anfang 1990 überzeugt, daß man sich auf dünnem Eis bewegte. Wenn der deutsche Vereinigungsprozeß nicht bald vollendet werden konnte, würde man es möglicherweise mit einer anderen sowjetischen Regierung und einem unsichereren internationalen Umfeld zu tun bekommen. Als Margaret Thatcher im März Moskau besuchte, traf sie auf einen ungewöhnlich ernst gestimmten, wenn nicht sogar fatalistischen Gorbatschow. Nach ihrem Eindruck schien er von dem Gefühl erfüllt zu sein, das Beste gegeben zu haben, für die weiteren Konsequenzen aber nicht mehr einstehen zu können.[126]

Anfang April kam Schewardnadse zu ausführlichen Gesprächen nach Washington. Das alles andere überschattende Thema war die unmittelbare Gefahr von Blutvergießen in Litauen. Schewardnadse glaubte, daß die Krise in Litauen den Zusammenbruch der Perestroika nach sich ziehen konnte. Denn wie er Baker anvertraute, gab es eine Alternative zur Perestroika, die er der Presse gegenüber stets verleugnete: »Wenn die Perestroika scheitert, wird eine Destabilisierung der Sowjetunion die Folge sein. Und wenn das geschieht, wird es einen Diktator geben.« In dieser Atmosphäre konnte es keine Fortschritte in bezug auf Deutschland geben. Eine Arbeitsgruppe mit Bondarenko auf der einen Seite und Dobbins auf der anderen brachte wenig zustande, und Baker und Schewardnadse bekräftigten nur die Standpunkte ihrer Regierungen.[127]

Die sowjetische Haltung hatte sich seit Ende Januar nicht wesentlich geändert. Schewardnadse wurde von seinen Beratern empfohlen, in der deutschen Frage eine harte Linie zu vertreten und keinen Zweifel daran zu lassen, daß Moskau willens und in der Lage war, seine eigenen Interessen und die der DDR zu verteidigen.[128] Die Vereinigung hatte schrittweise zu erfolgen, mit einer gebührenden Übergangsphase und synchron zur Schaffung neuer Sicherheitsstrukturen im Rahmen der KSZE. Während dieser Übergangsphase konnten die beiden deutschen Staaten ihre gegenwärtige Bündniszugehörigkeit beibehalten. Daß ein vereinigtes Deutschland anschließend der NATO angehörte, war jedoch unannehmbar. Es mußte eine andere Lösung gefunden werden.[129] Auch die in Deutschland stationierten Truppen der Vier Mächte bleiben, wo sie waren. Schewardnadse glaubte, daß die Vereinigten Staaten derselben Meinung waren, was Baker richtigstellte. Deutschland müsse bei seinem Verzicht auf Massenvernichtungswaffen bleiben, fuhr Schwardnadse fort, und eine Obergrenze seiner Streitkräfte akzeptieren, die im Rahmen des KSE-Vertrages festgelegt werden könnte. Die äußeren Aspekte seien durch einen Friedensvertrag zu regeln, wie er 1945 in Potsdam anvisiert worden sei, und der besondere Status von West-Berlin sei aufrechtzuerhalten, bis ein solcher Friedensvertrag abgeschlossen worden sei. Außerdem müßten die beiden deutschen Staaten vertraglich zusichern, daß sie die bestehenden Grenzen und internationalen Verpflichtungen anerkannten. Beim nächsten Zwei-plus-Vier-Treffen sollte man sich auf eine Tagesordnung einigen und mit der inhaltlichen Arbeit beginnen. Der sowjetische Außenminister hielt sich uneingeschränkt an die Linie des altgedienten Deutschlandexperten und Hardliners Bondarenko. Ohne ihn, so Schewardnadse, werde er in bezug auf Deutschland keinen einzigen Schritt tun.

Die feste Haltung der Amerikaner erregte Schewardnadses Unwillen. Baker habe den Warschauer Pakt mit keinem Wort erwähnt. Ob er glaube, daß sich der Pakt bereits aufgelöst habe? Beide Bündnisse müßten sich wandeln. Auch die Sowjetunion habe zuzeiten Interesse daran geäußert, sich der NATO anzuschließen. Dies sei ein schmerzliches Thema, und beide Seiten müßten Rücksicht darauf nehmen, was vom sowjetischen Volk akzeptiert werden würde – nicht nur vom Obersten Sowjet. Niemand habe bisher die Kontrolle der Vier Mächte über Deutschland aufgehoben, und ohne die Sowjetunion werde man keine einzige Frage lösen können. Die Vereinigten Staaten müßten ihre Überlegungen auf Lösungen ausrichten, die sowohl bei der UdSSR als auch in der gesamten internationalen Staatengemeinschaft, einschließlich Frankreichs, Großbritanniens und ganz Europas, Zustimmung finden würden.

Am nächsten Tag wurde Schewardnadse von Präsident Bush empfangen. Bush betonte die amerikanische Sorge, daß ein scharfes Vorgehen gegen Litauen den Reformprozeß in der Sowjetunion gefährden würde, drohte aber nicht mit Sanktionen. Die US-Administration hatte sich vorgenommen, jede Überreaktion auf die Litauenkrise zu vermeiden. Bush wollte nichts versprechen, was er nicht halten konnte, und hatte, wie Rice später bemerkte, »Angst, ein Streichholz in einem mit Gas gefüllten Raum anzuzünden«.[130] Was Deutschland betraf, erläuterte er Schewardnadse noch einmal den amerikanischen Standpunkt. Den Wert eines gesamteuropäischen Sicherheitssystems bezweifelte er. Bisher seien alle Versuche in dieser Richtung fehlgeschlagen. Er könne die sowjetischen Gefühle gegenüber Deutschland verstehen, fügte er hinzu, und verwies auf die enormen Verluste im Zweiten Weltkrieg. Aber man werde ihn, Schewardnadse, noch davon überzeugen, daß die deutsche NATO-Mitgliedschaft keine Bedrohung für sein Land darstelle. Schewardnadse wußte darauf wenig zu erwidern.[131]

Auch Gorbatschow ließ keine Flexibilität erkennen. Als der britische Außenminister Hurd im April in Moskau mit ihm sprach, wollte der sowjetische Staatschef Gewaltmaßnahmen gegen Litauen nicht ausschließen, und auch in bezug auf Deutschland gab er keinen Boden preis. Darüber hinaus konnte er sich nicht vorstellen, wie die VKSE ohne eine angemessene Lösung der deutschen Frage zum Abschluß gebracht werden sollten. Schewardnadse deutete im Gespräch mit Hurd jedoch an, daß Moskau mit der von den Amerikanern vorgenommenen Verknüpfung von KSE-Vertrag und KSZE-Gipfel einverstanden sei.[132] Die sowjetische Position lautete, daß kooperative gesamteuropäische Sicherheitsstrukturen entwickelt werden müßten, die auf dem KSZE-Gipfel abgesegnet werden sollten. Die Amerikaner andererseits beharrten darauf, daß dieser Gipfel nur stattfinden könne, wenn der KSE-Vertrag unterschriftsreif war.

Dann hielt Schewardnadse Mitte April eine außergewöhnliche Rede, in der er vom bisherigen Konfrontationskurs abwich.[133] Es war, als hätte ein völlig anderer sie gehalten, jedenfalls nicht der dogmatische Außenminister der Washingtoner Gespräche. Vor heimischem Publikum geißelte Schewardnadse jene, die im alten Denken befangen waren. Hier ging es nicht darum, Bush und Baker zu demonstrieren, daß die Sowjetunion ihre Interessen zu wahren verstand. Schewardnadse mußte seine Zuhörer vielmehr auf die kommenden Veränderungen vorbereiten und sie davon überzeugen, daß sie möglicherweise ihre guten Seiten hatten. In Reaktion auf die in der Partei laut gewordene Kritik stellte er die Grundlagen der sowjetischen Außenpolitik – einschließlich der Haltung gegenüber Deutschland – in Frage. Welches denn die unverzichtbaren Sicherheitserfordernisse der Sowjetunion seien, fragte er. Vom Gefühl her wolle auch er, daß die UdSSR groß bleibe, sagte er. »Aber groß worin? Territorium? Bevölkerung? Rüstung? Oder in den Sorgen der Menschen? In mangelnden Rechten des Individuums? In der Unordnung des Lebens? Woraus beziehen wir, die wir die höchste Kindersterblichkeit der Welt haben, unseren Stolz?« Schewardnadse führte die Afghanistan-Invasion als Beleg für »staatliche Arroganz« an. Er nannte andere Beispiele des alten Denkens unter jenen, die sich von der »Politik der Stärke« nicht verabschieden wollten. »Wir leben in einer Welt der Realitäten und Gefühle«, erklärte er. »Die Realitäten diktieren ein bestimmtes Verhalten, und die Gefühle begehren dagegen auf.«

Zu Deutschland sagte Schewardnadse nur, daß eine Lösung gefunden werden müsse, »die vom sowjetischen Volk gebilligt wird und ihm die Zuversicht gibt, daß von deutschem Boden keine militärische Bedrohung mehr ausgehen wird«. Deshalb gebe es »gegenwärtig kein wichtigeres und schwerwiegenderes Anliegen für die sowjetische Außenpolitik, als gemeinsam mit anderen Staaten ein neues System der Sicherheit in Europa zu schaffen«. Abgesehen vom Hinweis auf den KSZE-Prozeß fehlte es aber immer noch an konkreten Vorschlägen, wie dieses neue Sicherheitssystem funktionieren sollte. Diese lieferte Schewardnadse, zumindest in bezug auf die KSZE, in einem Zeitschriftenartikel nach. Er regte an, alle zwei Jahre einen KSZE-Gipfel und zweimal jährlich ein Ministertreffen abzuhalten, ein KSZE-Sekretariat einzurichten und ein Zentrum für Risikoverringerung und Abrüstungskontrolle zu schaffen, das möglicherweise über eine kleine gesamteuropäische Friedenstruppe verfügen sollte, die Konfliktlösungen unterstützen könnte. NATO und Warschauer Pakt würden auf kurze Sicht weiterbestehen, im Rahmen der Ausweitung des KSZE-Mechanismus aber zunehmend miteinander verschmelzen. Für Deutschland sei daher in dieser Übergangsphase eine »doppelte Mitgliedschaft« sowohl in der NATO als auch im Warschauer Pakt denkbar.[134] Diese Vorschläge wurden jedoch weder von der Sowjetführung noch auf diplomatischer Ebene vorangetrieben.

Während die innere Vereinigung Deutschlands an Schwung gewann und die Wochen vergingen, ohne daß ernsthafte Zwei-plus-Vier-Gespräche begannen, glitt den Sowjets in der Deutschlandpolitik der Boden unter den Füßen weg. Die westliche Verzögerungspolitik hatte die gewünschte Wirkung. Schließlich erreichten die Sowjets, daß die Zwei-plus-Vier-Ministerrunde am 5. Mai in Bonn zum ersten Mal zusammentraf. Es sollte die erste wirkliche politische Diskussion über die deutsche Frage sein. Der Ausgang dieses Treffens war von entscheidender Bedeutung, und die sowjetische Führung, die sich jetzt augenscheinlich in einer geschwächten Position befand, sammelte ihre Kräfte für die Schlacht.

Die Berufsdiplomaten des Außenministeriums, mit Bondarenkos Deutschlandabteilung an der Spitze, entwickelten eine erzkonservative Position, die sich nahtlos in die bis in die fünfziger Jahre zurückreichende Geschichte der sowjetischen Diplomatie in bezug auf Deutschland einfügte. Tatsächlich war sie aus dieser Geschichte abgeleitet. Schewardnadse gab unabhängig davon, wie schon im Dezember, Tarassenko den Auftrag, einen Alternativentwurf anzufertigen. Er war hin- und hergerissen. Für den weiteren Fortschritt der Perestroika waren gute Beziehungen zum Westen vonnöten. Aber wie die Amerikaner bei seinem Besuch in Washington festgestellt hatten, war nicht einmal Schewardnadse in der Frage der deutschen NATO-Mitgliedschaft zum Einlenken bereit.

Die Frage war zu bedeutsam, um ihre Behandlung allein Schewardnadse zu überlassen – oder Gorbatschow. Darüber mußte das gesamte Politbüro entscheiden. In dem von Tarassenko verfaßten Positionspapier wurde eine kooperative, entgegenkommende Haltung empfohlen, ohne in der NATO-Frage einzulenken.[135] Es stieß dennoch auf unnachgiebigen Widerstand, besonders bei Ligatschow, der schon im Februar öffentlich vor einer sowjetischen Beschwichtigungspolitik à la München gewarnt hatte. Das Papier wurde daraufhin in Rücksprache mit der Deutschlandabteilung überarbeitet. In dieser konservativeren Fassung blieb es zwar bei der Ablehnung der deutschen NATO-Mitgliedschaft, aber Zugeständnisse wurden nicht ausgeschlossen, wenn der Westen bestimmte Bedingungen erfüllte, zum Beispiel der Schaffung eines gesamteuropäischen Sicherheitssystems zustimmte. Die Billigung der Eingliederung der DDR in die BRD nach Artikel 23 war angesichts des Wahlergebnisses in Ostdeutschland eher eine Fußnote. Schewardnadse sicherte sich für dieses Papier die Unterstützung von Jakowlew, Krjutschkow und Jasow.

Dem Politbüro war der neue Entwurf aber immer noch nicht hart genug. Ligatschow warnte vor einer »den Grenzen der Union [der Sozialistischen Sowjetrepubliken] näherrückenden NATO«. Gorbatschow schloß sich dieser Haltung an und erklärte in einer »stürmischen« Rede, daß er den Beitritt der DDR zur NATO nicht erlauben werde. Eher nehme er das Scheitern der Wiener KSE-Verhandlungen und des START-Vertrages über strategische Waffen in Kauf. Schewardnadse und seine Anhänger blieben stumm. So trug die konservativste aller denkbaren Positionen den Sieg davon, einschließlich einer Idee des Außenministeriums, der zufolge die innere Vereinigung von der Regelung der äußeren Aspekte abgekoppelt werden sollte. Die beiden deutschen Staaten konnten die innere Vereinigung vollziehen, während die Souveränität und die äußere Orientierung des geeinten Deutschland ungeklärt bleiben sollten, bis die internationalen Verhandlungen ein zufriedenstellendes Ergebnis erreicht hatten. Auf diese Weise würde die Sowjetunion nicht nach der Pfeife von Kohls inneren Vereinigungsplänen tanzen.

Tschernjajew, den man nicht nach seiner Meinung gefragt hatte, schrieb Gorbatschow am nächsten Morgen ein Memorandum, in dem er Ligatschows Argument der näherrückenden NATO als »Quatsch« bezeichnete und den Mitgliedern des Politbüros mangelnde Sachkenntnis unterstellte. Deren Haltung liege »auf der Ebene der Überlegungen von 1945 und des Pseudopatriotismus der Masse«. Mit einer statischen Abwehrhaltung könne man nichts erreichen: »Wir legen es geradezu auf ein Scheitern an, anstatt daß wir jetzt klare Bedingungen für unser Einverständnis stellen.« Aber seine Einwände kamen zu spät. Es gibt keinen Beleg dafür, daß Gorbatschow sie damals teilte. Möglicherweise hat er nur versucht, seine Flanken zu decken, während er nach einer Möglichkeit Ausschau hielt, um auf einen versöhnlicheren Kurs gegenüber Litauen einzuschwenken. Auf jeden Fall hatte Schewardnadse jetzt seine Instruktionen für Bonn.

Andere Berater, einschließlich Falins, glaubten, daß die Sowjetunion für eine Konfrontation gewappnet war. Im Mai sollte Falin sowjetischen Diplomaten in Berlin vertraulich mitteilen, daß eine Erweiterung der NATO um jeden Preis verhindert werden müsse, selbst wenn dafür eine Million zusätzlicher Soldaten herbeigeschafft werden müßte. Auf die Frage, ob dies nicht zu einem Massenexodus von Ostdeutschen in den Westen führen würde, soll Falin erwidert haben: »Um so besser – dann sind wir sie los und müssen sie nicht mehr ernähren.« Seine Gesprächspartner fanden daran offenbar nichts Ungewöhnliches. Sogar Schewardnadse schloß, während er nach anderen Optionen Ausschau hielt, eine Konfrontation mit dem Westen nicht aus.[136]

Was würde passieren, wenn Deutschland die innere Vereinigung vollzog, die äußeren Aspekte aber ungelöst blieben? Über diese Frage war in Bonn und Washington schon Anfang Februar nachgedacht worden. Wenn man die Vereinigung ohne sowjetische Zustimmung nach westlichen Bedingungen vorantrieb, würde es zu einer unangenehmen Kraftprobe kommen, die in den letzten Wochen des bundesdeutschen Wahlkampfs ausgetragen werden würde. Das mindeste wäre, daß sich die Sowjetunion weigern würde, ihre Viermächterechte aufzugeben. Immerhin verfügte sie in der DDR noch über mehr als dreihundertfünfzigtausend gut bewaffnete Soldaten und andere Mittel, um ihren diplomatischen Bemühungen den nötigen Nachdruck zu verleihen.[137] Würde der Westen zulassen, daß der Vereinigungsprozeß zum Stillstand kam?

Die vorläufige Antwort darauf lautete in Bonn wie in Washington nein. Zoellick hatte Genschers Mitarbeiter im März vertraulich gefragt, ob sie auch dann weitermachen würden, wenn die Sowjetunion entschlossen war, den Weg zur Einheit unpassierbar zu machen. Ihre Antwort war dieselbe wie die der Amerikaner: Man sollte mit Taktgefühl und Verständnis auf die Sorgen der Sowjets eingehen. Wenn sie darauf nicht reagierten, hätte man sich seiner Pflicht entledigt.[138] Den Sowjets mußte vor Augen geführt werden, daß sie diplomatisch isoliert waren. Zumindest sollten sie begreifen, daß sie ihre Unbeweglichkeit mit einer Verschlechterung der stabilen Beziehungen zu bezahlen hätten, die das günstige internationale Umfeld schufen, in dem sie sich auf ihre inneren Reformen konzentrieren konnte. Um diese Isolierung zu erreichen, mußte sich der Westen einig sein, und diesem Ziel hatten sich Westdeutsche und Amerikaner im März und April gewidmet in der Zeit, die sie durch ihre Verzögerungstaktik gewonnen hatten. Jetzt, beim Treffen der Außenminister der Zwei-plus-Vier-Staaten in Bonn, würde sich herausstellen, ob sie Erfolg gehabt hatten.

Die erste Ministerrunde

Kohl hatte die sechs Wochen seit den Wahlen in der DDR gut genutzt und die Schaffung der Wirtschafts- und Währungsunion der beiden deutschen Staaten in Angriff genommen. Am 2. Mai gaben die westdeutsche Regierung und die neue DDR-Regierung unter Lothar de Maizière deren Eckwerte bekannt.[139] Damit war trotz eines sowjetischen Protests, der allerdings nur auf unterer Ebene erfolgt war, der radikalste Weg zur Übernahme Ostdeutschlands beschritten.[140]

Am 6. Mai sollten die Ostdeutschen erneut an die Wahlurnen gehen, diesmal um ihre kommunalen Repräsentanten zu wählen. Die Wahlen galten als Stimmungsbarometer für den Grad der Unterstützung für Kohl. Die Bekanntgabe der Prinzipien der Wirtschafts- und Währungsunion, insbesondere der großzügige Umtauschkurs von DDR-Mark und D-Mark, kam gerade rechtzeitig, um die Kommunalwahlen in seinem Sinn zu beeinflussen. Intern hatte der Bundeskanzler klargestellt, daß er weder die westdeutschen Steuern erhöhen noch auf dem historischen Weg zur Einheit innehalten werde, nur weil die Bundesbank Bedenken hegte.[141]

Die äußeren Aspekte der Vereinigung befanden sich allerdings weiterhin in der Schwebe. Die westlichen Verbündeten hatten ihre Positionen koordiniert, zuletzt auf der NATO-Außenministertagung am 3. Mai. Aber viele Experten waren pessimistisch. Analytiker des US-Außenministeriums hielten die Aussichten, amerikanische Truppen in Deutschland behalten zu können, für »ziemlich trübe«.[142] Die Zwei-plus-Vier-Beamtenrunde hatte am 30. April getagt, um das Ministertreffen vorzubereiten, war aber zu keinem Ergebnis gekommen, da sich die Sowjets geweigert hatten, der begrenzten westlichen Tagesordnung zuzustimmen.[143] Die amerikanische und westdeutsche Politik beruhte auf einer genauen Zielvorgabe: deutsche NATO-Mitgliedschaft in Verbindung mit noch nicht näher bestimmten Veränderungen sowohl der NATO als auch der KSZE, die es Moskau erleichtern sollten, die westlichen Ziele zu billigen. Zoellick und Ross nannten dies das »Anreizpaket«.[144] Teltschik sprach schlicht von der »Paketlösung«.[145]

Baker traf nach seiner Ankunft in Bonn mit Kohl zusammen und stellte die völlige Übereinstimmung der von ihren Regierungen vertretenen Positionen fest. Anschließend bemerkte Kohl zu Teltschik, auf die Amerikaner sei »absoluter Verlaß. Eine stärkere Unterstützung könne man sich nicht wünschen, er werde das nicht vergessen.«[146] Sowohl Kohl als auch die in Bonn eintreffenden westlichen Außenminister führten Gespräche mit Schewardnadse. Kohl und Genscher erläuterten ihm den Plan für die deutsch-deutsche Wirtschafts- und Währungsunion und fügten der »Paketlösung« ein neues Element hinzu: einen bilateralen Vertrag über Partnerschaft und Zusammenarbeit zwischen Deutschland und der Sowjetunion, mit dem die sowjetischen Sorgen über die künftigen wirtschaftlichen und politischen Beziehungen zum geeinten Deutschland ausgeräumt werden sollten. Obwohl kaum etwas über den Inhalt eines solchen Vertrages gesagt wurde, hoffte Bonn, daß der symbolische Wert dieses Vorschlags nicht ohne Wirkung bleiben würde. Schewardnadse brachte die Frage eines Finanzkredits für die Sowjetunion zur Sprache, und Kohl sagte zu, er werde versuchen, in dieser Sache zu helfen.[147]

Baker führte ein fast vierstündiges Gespräch mit Schewardnadse, in dem er ihm in aller Ausführlichkeit die amerikanische Position darlegte, einschließlich des Verständnisses der Zwei-plus-Vier-Runde als »Lenkungsgruppe« mit beschränktem Mandat. Der sowjetische Außenminister konnte dies nicht akzeptieren und bestand darauf, daß man den Zwei-plus-Vier-Prozeß ohne Hast angehen sollte. Er widersprach nur wenigen von Bakers Argumenten, stimmte aber keiner der westlichen Positionen zu. Baker berichtete Bush, daß auch die Sowjets keine Lösung für die Quadratur des Kreises hätten: »Sie quälen sich damit herum. Ich vermute, Gorbatschow will sich eines derart emotional aufgeladenen Themas nicht gerade jetzt annehmen, höchstwahrscheinlich vor dem Parteitag [im Juli 1990] überhaupt nicht mehr.«[148]

Am nächsten Tag, dem 5. Mai, kamen die Zwei-plus-Vier-Außenminister zusammen und verlasen ihre Eingangserklärungen.[149] Da sie wenig über die interne Debatte in Moskau wußten, im Gespräch aber den Eindruck gewonnen hatten, daß Schewardnadse zu einer Lösung kommen wollte, waren die westlichen Minister überrascht über den unnachgiebigen Ton, den er anschlug. Alles, was man mit dem Kalten Krieg verbinde, sei mit dem Schicksal Deutschlands verknüpft, erklärte Schewardnadse. Auch die Gefühle des sowjetischen Volkes dürften nicht außer acht gelassen werden. Die Deutschland betreffenden Fragen könnten deshalb erst gelöst werden, wenn man einen völligen Interessenausgleich erreicht habe.

Ziel der Verhandlungen war es aus Moskaus Sicht, die Bündniszugehörigkeit Deutschlands und den Status der Truppen der Vier Mächte zu klären. Die Regelung sollte die Gültigkeit aller von den Vier Mächten getroffenen Besatzungsmaßnahmen bestätigen und der deutschen Innenpolitik neue Beschränkungen auferlegen, um ein Wiederaufleben des Nazismus zu verhindern. Die NATO-Mitgliedschaft eines geeinten Deutschland käme nicht in Frage, sagte Schewardnadse. Sie würde für die Sowjetunion eine »gefährliche militärisch-strategische Situation« schaffen, und das sowjetische Volk sei in diesem Punkt »unversöhnlich«. Statt dessen sollte der KSZE-Prozeß gestärkt werden. Schewardnadse schlug die Einrichtung eines neuen Zentrums »zur Verhütung der nuklearen Gefahr« vor, das in Deutschland angesiedelt und auf der Grundlage der bestehenden Viermächtemechanismen aufgebaut werden solle. Eine Aufgabe des Zentrums solle die Beobachtung der »militärisch-strategischen Lage in Deutschland« sein.

Um alle diese Themen zu beraten, brauche man Zeit, erklärte Schewardnadse. Deshalb brachte er die Idee der »Entkoppelung« der inneren und äußeren Aspekte der deutschen Vereinigung ins Spiel. Die Viermächterechte sollten nach der inneren Vereinigung gültig bleiben, um den

»synchronisierten« Verlauf von Vereinigungsprozeß und Aufbau eines neuen europäischen Sicherheitssystems zu gewährleisten. Er bat seine Kollegen, »daß wir in dieser Frage weder unser Spielchen treiben noch bluffen«, und schloß mit einem emotionalen Appell: »Versuche, einseitige Vorteile zu erlangen, den Partner in die Enge zu treiben, seine Interessen zu ignorieren, gerissen zu sein oder sich gegenseitig übers Ohr zu hauen, haben stets ein böses Ende genommen. Dies alles ist bei Fragen im Zusammenhang mit Deutschland und der europäischen Stabilität und Sicherheit noch unangebrachter. Lassen Sie uns dieses neue und letzte Spiel in deutschen Angelegenheiten auf nüchterne Weise und im vollen Bewußtsein der Gefahren spielen, die Europa auf dem Weg ins 21. Jahrhundert auflauern. Ich habe schon an vielen Verhandlungen und Sitzungen teilgenommen. Dennoch betrachte ich die Beteiligung an der Arbeit der ›Sechs‹ als die bedeutendste und weitreichendste Aufgabe, mit der ich jemals betraut worden bin.«

Die Sowjets hatten zwar den Widerstand gegen die innere Vereinigung Deutschlands aufgegeben, ihre Haltung zu den äußeren Aspekten aber hatte sich weiter verhärtet. Selbst die Idee einer gleichzeitigen deutschen Mitgliedschaft in NATO und Warschauer Pakt war fallengelassen worden. Die Vorstellung eines Eingriffs in die deutsche Innenpolitik, um die Ausbreitung neonazistischer Bewegungen zu verhindern, war für viele Deutsche beleidigend, und die neue KSZE-Idee lief darauf hinaus, daß nach dem Muster des alten Besatzungsregimes eine europäische Polizeitruppe in Deutschland stationiert werden sollte, um die Deutschen zu überwachen. Die Abkoppelung der äußeren Aspekte von der inneren Vereinigung schließlich konfrontierte Bonn mit der Aussicht auf ein vereinigtes Deutschland, das auf Jahre hinaus unter einer wie immer gearteten ausländischen Oberhoheit leben müßte.

Schewardnadse bedauerte auch im Rückblick nicht, in Bonn einen derart harten Standpunkt vertreten zu haben. Seiner Ansicht nach hatte die NATO noch nicht begonnen, sich grundlegend zu wandeln. Mit anderen Worten, der Westen hatte den in seinem »Anreizpaket« enthaltenen Entwurf einer neuen NATO noch nicht in Angriff genommen, obwohl Bushs Pläne für den NATO-Gipfel vielversprechend aussahen.[150]

Nach den Eingangserklärungen der Zwei-plus-Vier-Runde begann der

Streit über die Tagesordnung. Die westlichen Minister beharrten einmütig auf einem begrenzten Mandat, stimmten schließlich aber zu, unter dem allgemeinen Punkt der politisch-militärischen Fragen auch die Schaffung »geeigneter« Sicherheitsstrukturen in Europa zu behandeln. Genscher hatte »neue« Strukturen vorgeschlagen, doch Baker hatte das Wort »geeignet« durchgesetzt, um den vorhandenen Organisationen (wie der NATO) einen Platz offenzuhalten. Die deutsch-polnische Grenzfrage, die ebenfalls diskutiert wurde, erwies sich als völlig unstrittig. Dann befaßten sich die Minister mit der Presseerklärung. Genscher legte einen Entwurf vor, in dem es hieß, die deutsche Vereinigung würde »ohne Verzögerung« vorangetrieben werden. Schewardnadse erhob Einspruch, doch der ostdeutsche Außenminister Markus Meckel warf ein, daß dieser Wortlaut eine genaue Beschreibung der Situation sei. Schließlich stimmte Schewardnadse der von Baker vorgeschlagenen Kompromißformel zu, der zufolge die Vereinigung »ordnungsgemäß und ohne Verzögerung« vollzogen werden sollte. Danach wurde die Sitzung aufgehoben.[151]

Auf der anschließenden Pressekonferenz richteten die Journalisten ihre Fragen ausschließlich an den amerikanischen und den sowjetischen Außenminister. Schewardnadse schlug einen konzilianten Ton an; die Diskussion sei »nützlich, konstruktiv und freundschaftlich« gewesen, erklärte er. Nach deren Inhalt befragt, wiederholte er die in seiner Eingangserklärung enthaltenen Grundpositionen.[152]

Das erste Treffen zur Lösung der deutschen Frage war vorüber. Die Sowjetunion war unerbittlich geblieben: Ein vereinigtes Deutschland hatte neutral zu sein und außerhalb des westlichen Bündnisses zu bleiben. Umgekehrt hatte der Westen an einer Position festgehalten, die Moskau nicht annehmen konnte. Während die Außenminister in ihre Hauptstädte zurückflogen, mochten sie vermutlich darüber nachgrübeln, wie sie aus dieser Sackgasse herauskommen konnten.

Freundliche Überredung

In der Bonner Zwei-plus-Vier-Ministerrunde hatte Schewardnadse einen Vorschlag ins Gespräch gebracht, der den wichtigsten Vorteil des Westens zunichte machen konnte: den schnellen Gang der Ereignisse. Seit Ende Januar war man in Bonn und Washington entschlossen, die Vereinigung so schnell wie möglich zu erreichen. Westdeutsche und Amerikaner hatten gehofft, daß die Sowjetunion nicht zur Ruhe kommen würde, während sie mit einer untragbaren Alternative nach der anderen konfrontiert wurde, und sich schließlich mit der Vereinigung unter westlichen Bedingungen als dem kleineren Übel einverstanden erklären würde. Nach Schewardnadses Entkoppelungsvorschlag würde die deutsche Vereinigung zwar immer noch schnell vonstatten gehen können, aber die Sowjetunion hätte ihre Viermächterechte gewahrt, bis ihre Besorgnisse zufriedenstellend berücksichtigt worden waren. Die Zwei-plus-Vier-Gespräche könnten ohne jeden Zeitdruck geführt werden. Teltschik kommentierte diese Idee in einer Rede mit den Worten: »Es wäre äußerst problematisch, wenn Deutschland geeint, aber weder nach innen noch nach außen voll souverän sei ... Die Einheit Deutschlands wäre mit einem erheblichen Makel behaftet.«[1]

In der US-Administration vernahm man verwundert, daß Genscher die sowjetische Idee ernsthaft in Erwägung zog. Auch in London machte sich Besorgnis breit. Douglas Hurd berichtete beunruhigt, daß Genscher die Moskauer Idee ziemlich verlockend finde.[2] Der niederländische Außenminister hatte Hurd zufolge bei einer EG-Tagung in Brüssel am 7. Mai den Eindruck gewonnen, daß Genscher an dem sowjetischen Vorschlag interessiert war. Die Briten standen inzwischen voll und ganz auf dem amerikanischen Standpunkt und lehnten eine Entkoppelung vehement ab. Sie waren für den Fall, daß Moskau auf der Aufrechterhaltung der Viermächterechte bestand, sogar zu einem nicht ganz ungefährlichen, radikalen Schritt bereit: der einseitigen Aufgabe der Viermächterechte durch den

Westen, so daß die Sowjetunion als letzter Inhaber von Besatzungsrechten in Deutschland allein dastehen würde.[3]

Die Amerikaner glaubten damals – und Elbe hat es später bestätigt –, daß Genscher zögerte, Schewardnadses Idee rundweg abzulehnen, weil er um die politische Zukunft Gorbatschows besorgt war. Die Frage lautete, ob ein harter westlicher Standpunkt in bezug auf die deutsche Souveränität die Gefahr der Destabilisierung einer freundlich gesinnten Sowjetführung wert war. Deshalb Genschers Vorsicht,[4] und sein Argument war nicht von der Hand zu weisen. Der Maximalstandpunkt des Westens barg tatsächlich Risiken für Gorbatschow und die Perestroika. Genscher war sich nicht sicher, ob dies die richtige Prioritätensetzung war. Ihm mochte nicht bewußt gewesen sein, daß die US-Regierung zu dem Schluß gelangt war, die amerikanischen Ziele für Deutschland höher zu bewerten als den Schutz Gorbatschows. Sie war überzeugt, daß sich in der Sowjetunion bereits eine Opposition herausbildete, die stark von innenpolitischen, von außen nicht steuerbaren Faktoren geprägt wurde.[5] Diese Überzeugung hatte die Vereinigten Staaten zu schnellem Handeln veranlaßt, um den Rückzug der sowjetischen Truppen aus Osteuropa sicherzustellen, und sie gleichzeitig in ihrer Entschlossenheit bestärkt, das atlantische Sicherheitssystem zu erhalten. Darüber hinaus glaubten manche Regierungsbeamte, daß die Hauptziele für Deutschland sogar dann noch erreicht werden konnten, wenn die Sowjetunion einen anderen Kurs einschlagen sollte, vorausgesetzt, der Westen blieb einig und drückte aufs Tempo. Diese Fragen waren allerdings derart diffizil, daß sie – auch in vertraulichen Gesprächen – selten offen diskutiert und noch seltener schriftlich festgehalten wurden. Es war wesentlich einfacher, von der immer noch plausiblen Annahme auszugehen, daß die Sowjetführung unter Gorbatschow zu einem Sinneswandel bewogen werden konnte.

Genscher hatte nie eine Chance, alle diese verborgenen Alternativen öffentlich zu machen, um sie zur Diskussion zu stellen.[6] Am 8. Mai veröffentlichte die *Frankfurter Allgemeine Zeitung* einen Artikel, an dem Teltschik, wenn man Elbe glauben will, nicht unbeteiligt gewesen war. Die Schlagzeile lautete: »Genscher begrüßt Moskaus Bereitschaft zur Trennung der inneren und äußeren Aspekte der Vereinigung«. Kohl, der Schewardnadses Idee bereits verworfen hatte, stellte seinen Außenminister gemeinsam mit Seiters verärgert zur Rede. Er soll auf die Vorhaltungen erwidert haben, er habe die sowjetische Idee nicht gebilligt, sondern nur über sie nachgedacht. »Mehr brauchen die Russen nicht«, soll Seiters entgegnet haben. »Um Himmels willen, fangen wir jetzt nichts Neues an. Wir befinden uns mitten im Strom und sollten weiter geradeaus fahren.« Kohl warf Genscher vor, sowohl die Einigkeit der Regierung als auch das Einvernehmen mit den Vereinigten Staaten zu untergraben. Er habe nicht die Zeit, ständig von seinem Außenminister verursachte Probleme auszubügeln. Die Amerikaner stünden zu den Deutschen, und es dürfe keine unter der Hand getroffenen Abmachungen mit Schewardnadse geben.

Am Nachmittag desselben Tages erklärte Kohl in einer Sitzung der CDU/CSU-Bundestagsfraktion, daß eine Entkoppelung nicht in Frage käme, während Genscher vor der parallel tagenden FDP-Fraktion versicherte, er werde sich dafür einsetzen, daß sowohl die inneren als auch die äußeren Aspekte der Vereinigung ohne Verzögerung bis zum KSZE-Gipfel im November verwirklicht würden. Laut Genscher selbst und Elbe hatte er die Entkoppelungsidee nie wirklich in Betracht gezogen, ja, noch nicht einmal richtig verstanden; die ganze Affäre sei ein Sturm im Wasserglas gewesen.

Gleichzeitig sorgte Genscher auch mit seinen Äußerungen zur NATO-Frage in Washington für Sorgenfalten. »Der Teil von Deutschland, der in der NATO ist, wird in der NATO bleiben«, verkündete er in einem Rundfunkinterview. In den westlichen Hauptstädten war man überzeugt gewesen, daß die Frage der Ausdehnung der NATO-Mitgliedschaft auf ganz Deutschland schon vor Wochen ein für allemal geklärt worden war. Genschers Bemerkung wirkte um so beunruhigender, als sich sein Politischer Direktor, Dieter Kastrup, inzwischen in der Zwei-plus-Vier-Beamtenrunde am 10. April geweigert hatte, eine klare Position in bezug auf die NATO einzunehmen. Das westliche Einvernehmen benötigte offenbar eine Auffrischung, wenn sich kein Riß auftun sollte, der die Verbündeten in Verwirrung stürzen und die Sowjetunion in ihrer starren Haltung bestärken würde.[7]

Zoellick rief Elbe an, um mit ihm über den amerikanischen Unmut über Genschers Äußerung zu sprechen.[8] Der Außenminister, sagte Elbe, versuche nur die Bereitschaft der Sowjets zu fördern, den Vereinigungsprozeß geschehen zu lassen, ohne sie zu dem Eingeständnis zu zwingen, daß es eine Vereinigung in der NATO sein werde. Elbe versicherte Zoellick, daß es keinen Kurswechsel gegeben habe; es sei einfach nur ein Mißverständnis. Um ganz sicherzugehen, entwarfen Zoellick und Blackwill einen Brief, den Baker am 9. Mai an Genscher schickte. Darin wurden die gegen die Entkoppelung sprechenden Argumente zusammengefaßt. Eine Einschränkung der deutschen NATO-Mitgliedschaft, hieß es weiter, dürfe der Westen nicht zulassen, nicht einmal vorübergehend, »denn dann werden wir es möglicherweise nie mehr ändern können«. Um jedes Mißverständnis auszuschließen, ging dieser Brief auch an Hurd und Dumas.

Am 10. Mai legte Genscher die Entkoppelungsidee endgültig ad acta, indem er im Bundestag erklärte: »Das deutsche Volk hat einen Anspruch auf Herstellung der deutschen Einheit. Es hat auch Anspruch darauf, daß die äußeren Aspekte seiner Vereinigung ohne Verzögerung geklärt werden. Wir wollen das vereinigte Deutschland nicht mit offenen Fragen belasten ...« Elbe teilte Zoellick mit, daß es keine Meinungsverschiedenheiten gebe, und Genscher bestätigte dies in einem Brief an Baker. Die in Bakers Schreiben angesprochene NATO-Frage wurde in Genschers Antwort allerdings ausweichend behandelt, und als Hurd einige Tage später nach Bonn kam, erhielt er zwar ebenfalls beruhigende Auskunft, aber Genscher wollte sich auch diesmal nicht vorbehaltlos auf die alliierte Position in der NATO-Frage festlegen. Dennoch war die westliche Solidarität für den Augenblick gesichert. Die Stimmung in Westdeutschland war überschwenglich. Im Innern hatte man sich über die Wirtschafts- und Währungsunion geeinigt, und international herrschte zumindest auf westlicher Seite Einvernehmen über die äußeren Aspekte der Vereinigung.

In einer für Blackwill bestimmten Lageeinschätzung stellten Rice und Zelikow fest: »Wir haben die Schlacht in dieser ersten Phase [der Zwei-plus-Vier-Gespräche] im wesentlichen gewonnen.« Die Strategie der Verzögerung und der Herausbildung eines gemeinsamen westlichen Standpunkts in bezug auf das begrenzte Verhandlungsmandat und das Ziel der vollen Souveränität Deutschlands war erfolgreich gewesen. Die Sowjets strebten jedoch weiterhin langwierige, komplexe Verhandlungen über die äußeren Aspekte an, zuerst mit Hilfe der Entkoppelungsidee, dann mit dem neuerlichen Vorschlag, einen Friedensvertrag auszuhandeln, den Gorbatschow am 9. Mai in einer Rede aus Anlaß des Jahrestages des Sieges über Deutschland machte. Als Forum schwebte ihm eine Friedenskonferenz vor, an der außer den Vier Mächten Italien, Belgien, Jugoslawien, Polen und andere ehemalige Kriegsgegner Deutschlands teilnehmen sollten.[9]

Während die Sowjets verzweifelt versuchten, Zeit zu gewinnen, gelangte Washington zu der Überzeugung, daß der Vereinigungsprozeß sogar noch schneller verlaufen sollte. Der bestehende Zeitplan sah vor, im Juli die Wirtschaftsunion zu schaffen, im Oktober den Zwei-plus-Vier-Prozeß abzuschließen, dessen Ergebnisse im November dem KSZE-Gipfel vorzulegen, Anfang 1991 die Vereinigung zu vollenden und schließlich noch im selben Jahr die ersten gesamtdeutschen Wahlen abzuhalten. Nach Ansicht des NSC-Stabes sollte Bonn jedoch versuchen, die innere Vereinigung nach Artikel 23 gleichzeitig mit dem Abschluß des Zwei-plus-Vier-Prozesses zu erreichen, das heißt vor dem KSZE-Gipfel im Herbst. Die »innere Vereinigung sollte keine offene Frage mehr sein, wenn der gesamteuropäische Debattierklub zusammentritt«, hieß es in einem NSC-Papier. Zoellick war derselben Meinung, und so begannen die Amerikaner in aller Stille Eventualpläne zu diskutieren, wonach die Vereinigten Staaten, Großbritannien und Frankreich im Augenblick der deutschen Vereinigung ihre Absicht bekanntgeben würden, die Viermächterechte aufzugeben, selbst wenn die Sowjetunion sich ihnen nicht anschließen sollte. Wie die NSC-Mitarbeiter meinten, müsse man den Sowjets klarmachen, »daß der Westen nach einem bestimmten Datum das Spiel für beendet erklären, seine eigenen Viermächterechte ablösen und einen Rechtsstandpunkt vertreten werde, dem zufolge sämtliche Viermächterechte – einschließlich jener der Sowjets – erloschen seien«. Danach stünde die Sowjetunion vor der unpopulären Aufgabe, dem deutschen Volk erklären zu müssen, daß sie allein die Besatzungsrechte über ein frisch vereinigtes, demokratisches Deutschland aufrechterhalten wolle. Der Westen solle unter absoluter Geheimhaltung einen Alternativplan entwickeln für den Fall, daß bis zum vorgesehenen Vereinigungstermin im Herbst 1990 keine Übereinkunft unter Einschluß der Sowjetunion erzielt werden konnte.[10]

Vom indifferenten Ausgang der ersten Zwei-plus-Vier-Ministerrunde ermutigt, war Kohl inzwischen zu demselben Schluß gelangt. Er sah sich allerdings mit innenpolitischen Problemen konfrontiert. Die CDU hatte in den niedersächsischen Landtagswahlen am 13. Mai Verluste hinnehmen müssen, und Kohl befürchtete, daß die SPD mit dem Hinweis auf die Kosten der Währungsunion weiter an Boden gewinnen könnte. Zu warten, bis sich Ernüchterung über den Preis der deutschen Einheit breitmachte, konnte er sich nicht leisten, und so setzte er darauf, daß es ihm in einem halben Jahr gelingen würde, einen Stimmungsumschwung herbeizuführen. Am 14. Mai verkündete Kohl im Namen der CDU, daß die Vereinigung möglicherweise vorgezogen werde und gesamtdeutsche Wahlen bereits zum Zeitpunkt der kommenden Bundestagswahl stattfinden könnten.[11]

Als er am nächsten Tag den britischen Außenminister Hurd empfing, der zu einem Besuch in Bonn weilte, sagte Kohl, daß der Vereinigungszug jetzt in den Bahnhof einfahre. Die Deutschen könnten einsteigen oder ihn fahren lassen. Eine zweite derartige Gelegenheit werde es in seinem Leben nicht geben. Die Außenpolitik, fügte er hinzu, sei wie das Heumachen: Man müsse einfahren, was man gemäht habe, bevor ein Gewitter es vernichtete.[12] Kohl hatte offenbar die dunklen Wolken im Blick, die sich über Moskau zusammenzogen.

Einen Tag nach diesem Gespräch flog Kohl, diesmal in Begleitung von Genscher und Stoltenberg, nach Washington, um seine Politik persönlich mit dem US-Präsidenten abzustimmen.[13] Bush und Kohl erzielten problemlos Einvernehmen darüber, daß die Vereinigung so schnell wie möglich vollzogen werden sollte. Der Bundeskanzler wandte sich dabei mit einem herzlichen Dank an den US-Präsidenten: Er wolle ihn, Bush, nicht in Verlegenheit bringen. Aber er sei ein Glücksfall für die Deutschen und die Europäer. Da sie kaum etwas trennte, konzentrierten sich die beiden Staatsmänner auf die Lage in der Sowjetunion. Kohl betrachtete das für Ende Mai geplante amerikanisch-sowjetische Gipfeltreffen als Wendepunkt. Man stünde vor drei entscheidenden Ereignissen: dem Treffen zwischen Bush und Gorbatschow, dem NATO-Gipfel in London und dem G-7-Treffen in Houston, die beide im Juli stattfinden sollten. Kohl forderte Bush auf, den Kurs für diese Ereignisse vorzugeben und die Führungsrolle zu übernehmen, die der Westen brauche. Auf seine Unterstützung könne er zählen.

Insbesondere sagte Kohl zu, daß er auch in den folgenden Monaten in bezug auf die deutsche NATO-Mitgliedschaft und die amerikanische Militärpräsenz unerschütterlich bleiben werde. Im kleinen Kreis bat Bush den Bundeskanzler um seine ehrliche Meinung darüber, wie die Bevölkerung über die Anwesenheit amerikanischer Soldaten in Deutschland dachte. Kohl erwiderte, daß die US-Truppen für die NATO unabdingbar seien und die NATO für Deutschland. Er sehe die amerikanische Präsenz in Europa noch über das Jahr 2000 hinaus als Selbstverständlichkeit an. Wenn die Europäer den Abzug der Amerikaner zuließen, wäre es eine große Niederlage, die mindestens ebenso folgenschwer wäre wie Präsident Wilsons Fehlentscheidung nach dem Ersten Weltkrieg, das Engagement der Vereinigten Staaten in Europa zu beenden.

Bush und Kohl stellten übereinstimmend fest, daß die sowjetischen Truppen Deutschland bald nach der Vereinigung verlassen sollten. Die Deutschen erwarteten jedoch, daß sie noch für eine gewisse Zeit bleiben würden, aber nicht länger als drei Jahre; ein genauer Zeitplan mußte noch festgelegt werden. Bush wollte, daß die Sowjets so bald wie möglich aus Deutschland abzogen. Er hielt eine dreijährige Übergangsperiode für zu großzügig bemessen. Genscher versicherte, daß er gleichfalls den Abzug der sowjetischen Truppen anstrebe und entschieden dagegen sei, ihren Status mit dem der US-Streitkräfte in Deutschland gleichzusetzen. Kohl bekräftigte dies mit emotionaleren Worten: Bush solle sich keine Sorge über jene machen, die eine Parallele zwischen amerikanischen und sowjetischen Streitkräften zögen. Man werde die Sache durchdrücken. Seine Regierung werde ihre politische Existenz für die NATO und die Rolle der Vereinigten Staaten in Europa einsetzen.

Die Sowjets bitten um Geld

Die Beziehung zu Bonn war damit gefestigt, und sie sollte es bis zur Vollendung der deutschen Einheit bleiben. In bezug auf die Sowjetunion sah die Sache anders aus. Die US-Administration war nicht bereit, ihre Ziele aus Rücksicht auf Gorbatschow zurückzuschrauben. Doch das bedeutete nicht, daß man sich keine Sorgen um die Zukunft des sowjetischen Staatschefs und des Neuen Denkens machte. Weder die Amerikaner noch die Westdeutschen wollten sich darauf verlassen, jederzeit in der Lage zu sein, Moskau zu isolieren und jeden diplomatischen Angriff der Sowjets zurückzuschlagen. Deshalb arbeitete man sowohl in Bonn als auch in Washington an dem »Anreizpaket« für die Sowjets, das Gorbatschow und zumindest einige seiner Anhänger davon überzeugen sollte, daß die UdSSR auch in der neuen europäischen Ordnung eine Macht darstellen würde.

Die amerikanischen Überlegungen beruhten auf drei Grundpfeilern: Erstens nahm man an, daß der sowjetische Staatschef durch eine maßvolle Haltung von Amerikanern und Westdeutschen zu Themen wie dem baltischen Problem und durch begrenzte Wirtschaftshilfe dazu gebracht werden konnte, den Vertrag über die deutsche Einheit abzuschließen. Zweitens mußte sich die NATO erkennbar verändern, damit es der Sowjetunion leichter fiel, die bittere Pille der Vereinigung Deutschlands innerhalb des westlichen Bündnisses zu schlucken. Drittens hatte die Bundesrepublik mit der Sowjetunion finanzielle Vereinbarungen über die Verpflichtungen der DDR und vielleicht zusätzliche Finanzhilfen zu treffen. Es gab also eine gewisse Arbeitsteilung zwischen Bonn und Washington. Jetzt war es an den Vereinigten Staaten, der Sowjetunion – von Weltmacht zu Weltmacht – die Sicherheiten und die Gründe zu geben, die sie brauchte, um die deutsche Einheit akzeptieren zu können.

Die Entwicklung im Baltikum machte es den USA allerdings nicht leicht. Sie konnten nicht einfach billigen, was die Sowjetunion dort unternahm. Seit der litauischen Unabhängigkeitserklärung im März hatte Moskau Militärmanöver in der Republik genehmigt, zusätzliche KGB-Truppen dorthin verlegt, private Waffen konfisziert und die örtlichen Sicherheitskräfte entwaffnet, Druckerpressen und Eigentum der kommunistischen Partei beschlagnahmt und wirtschaftliche Sanktionen verhängt, unter anderem den Stopp der Erdöl- und Erdgaslieferungen. Die amerikanischen Zeitungen forderten ein gewaltsames Einschreiten der Vereinigten Staaten. Doch Bush widerstand dem Druck, und sowohl im Weißen Haus als auch im Außenministerium achtete man darauf, daß die Pressesprecher Marlin Fitzwater und Margaret Tutwiler in ihren täglichen Pressekonferenzen ausgewogene Erklärungen zu den Ereignissen in Litauen abgaben.

Von Bush ermutigt, sandten Kohl und Mitterrand, um die Krise zu entschärfen, am 26. April einen gemeinsamen Brief an die litauische Führung, in dem diese aufgefordert wurde, die Unabhängigkeitserklärung bis auf weiteres auszusetzen. In Washington wurde heftig darüber gestritten, ob die US-Regierung die Litauer unter Druck setzen sollte, um sie zur Annahme des deutsch-französischen Vorschlags zu bewegen. Gates, Blackwill und Rice wandten sich mit dem Argument dagegen, daß sich die Vereinigten Staaten nicht mit einer Initiative die Hände schmutzig machen sollten, die die baltischen Staaten von ihren Unabhängigkeitsbestrebungen abzubringen versuchte. Scowcroft, Baker und Ross wollten den Litauern dagegen indirekt die Botschaft zukommen lassen, daß die Amerikaner eine Lösung erwarteten. Zu diesem Zweck wurde ein sorgfältig formuliertes Schreiben aufgesetzt, das der Führung in Vilnius durch einen neutralen Emissär überbracht wurde. Derart von den Amerikanern bedrängt, stimmten die Litauer dem deutsch-französischen Vorschlag zum Abbau der Spannungen zu. Gorbatschows Pressesprecher bezeichnete den litauischen Schritt, ebenfalls auf Drängen der Amerikaner, als ermutigend. Der Kreml werde darüber nachdenken, das Erdgasembargo aufzuheben.

Am 1. Mai beschloß der US-Senat, der Sowjetunion Handelsvergünstigungen zu versagen, bis sie ihr Embargo beendet und Verhandlungen mit den Litauern aufgenommen hatte. Zwei Tage später empfing Bush die litauische Ministerpräsidentin Kazimiera Prunskiene im Weißen Haus. Sie bot an, die volle Umsetzung der Unabhängigkeitserklärung bis 1992 zu verschieben, falls konstruktive Verhandlungen mit Moskau in Gang kämen.[14] Als Bush mit Kohl zusammentraf, äußerte er seine Zufriedenheit über die deutsch-französische Initiative und wies darauf hin, daß die Vereinigten Staaten nicht in der Position seien, um sich in gleicher Weise zu exponieren. Die Spannungen ließen vorläufig nach. Als der Termin des amerikanisch-sowjetischen Gipfels näherrückte, wuchs jedoch der Druck auf die Administration, die härtere Linie des Senats zu übernehmen.

Die baltische Krise komplizierte die ohnehin schon schwierige Frage, wann und wie der Sowjetunion Wirtschaftshilfe gewährt werden sollte. Das Thema war zuletzt zur Sprache gekommen, als Schewardnadse am 4. Mai in Bonn um Geld gebeten hatte. Wie von Gorbatschow und Ministerpräsident Ryschkow angewiesen, hatte er sich nach der Möglichkeit eines Finanzkredits erkundigt, den Moskau für den Einkauf ausländischer Waren verwenden konnte. Das hätte zwar eine Erhöhung der sowjetischen Schulden bedeutet, aber Gorbatschow brauchte das Geld. Im Januar hatte die rasche Zusage von Lebensmittellieferungen dazu beigetragen, die Verärgerung zu zerstreuen, die Gorbatschow im Dezember 1989 über Kohl empfunden hatte. Jetzt, in einer neuen diplomatischen Pattsituation, waren sich die Westdeutschen bewußt, daß die Sowjets in bezug auf die deutsche Einheit wohl kaum auf Konfrontationskurs gehen würden, während sie gleichzeitig auf finanzielle Unterstützung hofften. Kohl war entschlossen zu helfen, so gut er konnte.

Ohne das Kabinett zu informieren – aber nachdem er Genscher von Schewardnadses Anfrage berichtet hatte –, setzte sich Kohl mit Hilmar Kopper von der Deutschen Bank und Wolfgang Röller von der Dresdner Bank in Verbindung. Er wollte Teltschik mit den beiden Bankern nach Moskau schicken, um in vertraulicher Mission zu klären, was die Sowjets brauchten und wie ihnen geholfen werden konnte.[15] Kwizinski hatte Teltschik am 5. Mai ein Schreiben zukommen lassen, aus dem hervorging, daß die Sowjetunion Kredite in Höhe von zwanzig Milliarden D-Mark benötigte. Moskau hoffte außerdem auf Garantien westlicher Regierungen, um Gerüchte auszuräumen, daß die Sowjetunion zahlungsunfähig sei, und so den Weg zu weiteren direkten Bankkrediten frei zu machen.

Teltschik erfuhr von den Banken, daß die internationalen Finanzmärkte das Vertrauen in die Kreditwürdigkeit der Sowjetunion verloren hatten, weil diese ihren Zahlungsverpflichtungen nicht mehr termingerecht nachkam. In der UdSSR baute sich offensichtlich eine Liquiditätskrise auf, wie sie in der DDR bereits in größerem Ausmaß ausgebrochen war. Die westdeutsche Regierung würde die Lage nach Auskunft der Banker allein nicht bereinigen können. Dafür wäre eine multilaterale Initiative des Westens nötig. Teltschik flog mit Kopper und Röller an Bord einer Bundeswehrmaschine nach Moskau, wo sie von Kwizinski empfangen wurden, der inzwischen zum stellvertretenden Außenminister mit Zuständigkeit für die Europapolitik aufgestiegen war.

Am 14. Mai kam Teltschik im Kreml mit Ryschkow und Schewardnadse zusammen, die ihre Dankbarkeit dafür ausdrückten, daß Kohl so schnell auf die sowjetische Bitte reagiert hatte. Dann malten sie ein düsteres Bild der wirtschaftlichen Lage der Sowjetunion. Um die Reformen weiterzuführen, müsse die Situation normalisiert und verhindert werden, daß der Lebensstandard sank. Ryschkow kam schließlich auf den Punkt: Die Sowjetunion brauche einen ungebundenen Kredit in Höhe von anderthalb bis zwei Milliarden Rubel, um ihre Zahlungsfähigkeit zu sichern und nicht international ins Gerede zu kommen. Darüber hinaus sei ein langfristiger Kredit von zehn bis fünfzehn Milliarden Rubel erforderlich, dessen Tilgungsfrist bei fünf Freijahren fünfzehn Jahre betragen sollte. (Der Wechselkurs des Rubels zur D-Mark lag damals bei eins zu eins.) Teltschik versprach, daß Kohl das Mögliche tun werde. Eine solche Unterstützung sei aber als Teil eines Gesamtpakets zu verstehen, das zur Lösung der deutschen Frage beitragen solle. Schewardnadse stimmte dem zu. Dann legten die Sowjets ihren westlichen Besuchern die Zahlungsbilanzsituation der UdSSR offen. Die Auslandsschulden beliefen sich auf rund dreiundzwanzig Milliarden D-Mark, die zu rund einem Viertel in der Bundesrepublik aufgenommen worden waren; es folgten in der Reihenfolge der Kreditsumme Japan, Italien, Frankreich, Österreich und Großbritannien.

Teltschik wurde anschließend von Gorbatschow empfangen, der die Kreditfrage ebenfalls mit der Weiterführung seines Wirtschaftsprogramms und der Perestroika insgesamt verknüpfte. Die Idee, einen bilateralen Partnerschaftsvertrag abzuschließen, begrüßte er. Ein solcher Vertrag werde ein Stützpfeiler des gemeinsamen europäischen Hauses sein. Was die Sicherheitsfragen im Zusammenhang mit der deutschen Vereinigung betreffe, müsse man so handeln, daß die Bevölkerung der Sowjetunion nicht den Eindruck erhalte, die Sicherheit ihrer Heimat sei gefährdet. Die beste Lösung wäre die Überwindung der Blöcke. Teltschik gab in der Sicherheitsfrage keinen Boden preis und betonte statt dessen die historische Tragweite eines Vertrages zwischen einem geeinten Deutschland und der Sowjetunion sowie die im Rahmen des Gesamtpakets zur Lösung der deutschen Frage nötige Zusammenarbeit und Unterstützung seitens der Sowjetunion. Er erinnerte Gorbatschow an seinen Vorschlag, Kohl einmal in den Kaukasus einzuladen, um ihm seine Heimat zu zeigen. Ob dieser Vorschlag noch gelte? Nach dem Treffen blieb Kwizinski in Gorbatschows Arbeitszimmer zurück, und als er herauskam, teilte er Teltschik mit, daß der Präsident an einem solchen Treffen in seiner Heimat interessiert sei.

Teltschik kehrte noch am selben Tag in der Überzeugung nach Bonn zurück, daß Kohls Initiative zum richtigen Zeitpunkt die zentralen Interessen der Sowjetunion angesprochen hatte.

Als Kohl einige Tage darauf nach Washington reiste, stand die Kreditanfrage der Sowjets ganz oben auf seiner Tagesordnung.[16] In einem vertraulichen Gespräch, an dem außer Bush und ihm selbst nur Scowcroft und Teltschik teilnahmen, sprach er das Thema an und berichtete von Teltschiks Besuch in Moskau. Kohl rechnete damit, daß die Sowjets auch an Washington herantreten würden, um Kredite für den Einkauf von Weizen zu erhalten. Seine Regierung, sagte er, sei bereit, für einen Kredit in Höhe von fünf Milliarden D-Mark zu bürgen. Bush sah sich nicht in der Lage, es ihm gleichzutun. Litauen dürfe zwar nicht zum Stolperstein werden, sagte er, aber ohne eine Änderung der Moskauer Politik gegenüber der Baltenrepublik könne er keine Kreditbürgschaft übernehmen. Außerdem halte er es nicht für angebracht, der Sowjetunion weitere Schulden aufzuladen, bevor nicht tiefgreifende Wirtschaftsreformen durchgeführt worden seien. Er gab allerdings zu, daß Gorbatschow verzweifelt klang. Kohl versuchte ihn umzustimmen, aber Bush blieb bei seiner Haltung. Auch die Meistbegünstigungsklausel im Handel mit den Vereinigten Staaten wollte er der Sowjetunion nicht zugestehen. Kohl sagte voraus, daß Gorbatschow auf dem Gipfeltreffen Ende Mai um Geld bitten werde. Doch Bush blieb dabei, daß unter den gegebenen Umständen nicht mit der Rückzahlung solcher Kredite gerechnet werden könnte. Kohl widersprach und drängte Bush, nicht abzuwarten, bis Gorbatschow gestürzt wurde, sondern ihm vorher zu helfen.

Ob Kohl glaube, daß ein Militärputsch bevorstehe? Ja, antwortete der Bundeskanzler, von einer zivilen Gruppe, die die Unterstützung des Militärs besitze. Er forderte Bush noch einmal auf, seine Haltung bis zum Gipfeltreffen zu überdenken. Gorbatschow müsse auf gleicher Stufe mit dem amerikanischen Präsidenten stehen. Bush versprach, Gorbatschow von gleich zu gleich zu behandeln und ihm in bezug auf die beiderseitigen Beziehungen und Abrüstungsfragen entgegenzukommen. Aber Geld könnten die Vereinigten Staaten Gorbatschow nicht geben, es sei denn, die Sowjetunion ändere ihre Politik gegenüber Litauen. Kohl sagte zu, Gorbatschow darauf hinzuweisen, welches Gewicht die USA dem litauischen Problem und weiteren wirtschaftlichen Reformen beimaßen. Bush blieb noch bis Ende Mai Zeit, über die Frage der Wirtschaftshilfe nachzudenken, und dabei beließ man es. Zum Schluß vereinbarten Bush und Kohl, ihr Gespräch streng vertraulich zu behandeln. Das Bundeskabinett war immer noch nicht voll informiert.

Moskaus »surrealistischer Wust von Ideen«

Mitte Mai 1990 kehrte Juli Kwizinski nach Moskau zurück, wo er als Schewardnadses Stellvertreter mit der Aufgabe betraut wurde, die Deutschlandpolitik in den Griff zu bekommen. Was er vorfand, war niederschmetternd. Es gab zwar viele Ideen, aber sie waren disparat und in sich nicht schlüssig. Kwizinski nannte es später selbst einen »surrealistischen Wust von Ideen«.[17]

Das Politbüro hatte Schewardnadse mit harten Richtlinien zum Zwei-plus-Vier-Ministertreffen nach Bonn geschickt, doch sein Bericht über die dortige Debatte war unmißverständlich: Der Westen war fest geblieben und vor allem einig. Die sowjetischen Vorschläge hatten keinerlei Zustimmung gefunden. Schewardnadse war jedoch beeindruckt, mit welcher Freundlichkeit die westlichen Kollegen ihm begegnet waren. Sie gaben ihm, wie er später schrieb, »ständig zu verstehen, daß sie Verständnis für eine besondere psychologische und politische Empfindlichkeit der Sowjetunion gegenüber den Ereignissen hätten. Ich erinnere mich sehr wohl daran, wie Baker auf diesen spezifischen Faktor verwies und sagte: ›Wir müssen eine Lösung finden, bei der es weder Gewinner noch Verlierer gibt. Gewinnen sollten wir alle.‹« Laut Tarassenko machte Schewardnadse nach dem Bonner Treffen einen zufriedenen Eindruck. Er hatte sein Bestes gegeben, war mit seinem harten Standpunkt aber nicht weitergekommen. Auch Tschernjajew betrachtete das Ergebnis der Bonner Ministerrunde als Beweis für das Scheitern der bisherigen Politik.[18] Insofern konnten sich die Kreditgespräche mit den Westdeutschen für Schewardnadses und Tschernjajews Bemühungen, Gorbatschow auf ihre Seite zu ziehen, nur positiv auswirken.

Die Konservativen wähnten sich jedoch weiterhin im Recht. Gorbatschow hatte am 9. Mai Verhandlungen über einen Friedensvertrag zwischen Deutschland und seinen ehemaligen Kriegsgegnern gefordert. Sein Sicherheitsberater, Marschall Achromejew, verwarf die amerikanischen Argumente über die Vorteile, die eine Verankerung Deutschlands in der NATO bieten würde. Er hing der sonderbaren Idee an, im geeinten Deutschland ein neues Viermächteregime einzurichten, und warnte davor, daß die Weiterführung des Vereinigungsprozesses ohne Zustimmung der Sowjetunion eine explosive Situation schaffen und die Ost-West-Beziehungen insgesamt gefährden würde. Verteidigungsminister Jasow verknüpfte einen möglichen sowjetischen Truppenabzug aus Deutschland mit dem gleichzeitigen Abzug westlicher Streitkräfte. Falin vertrat sogar einen noch unnachgiebigeren Standpunkt. Auf die amerikanischen Argumente für die deutsche NATO-Mitgliedschaft angesprochen, erwiderte er: »Behandeln Sie uns nicht wie Kinder!« Auch ihm schwebte eine durch die Vier Mächte ausgeübte permanente Kontrolle über Deutschland vor.[19]

Solche Stimmen, insbesondere jene der Militärs, gewannen in Moskau zunehmend an Einfluß. Während Bakers Besuch in Moskau im Februar hatte Schewardnadse eine Reihe von Konzessionen in Abrüstungsfragen angeboten, doch damals waren keine Vertreter des Generalstabs anwesend gewesen. Als Schewardnadse im April nach Washington kam, war von diesen Angeboten keine Rede mehr. Diesmal befand sich der sowjetische Außenminister in Begleitung von Generälen, die offensichtlich die Aufgabe hatten, darauf zu achten, daß die Richtlinien des Generalstabs eingehalten wurden. Im Verlauf seines Gesprächs mit Baker sagte Schewardnadse, daß die Vereinigten Staaten über einige Schlüsselfragen direkt mit Marschall Achromejew verhandeln müßten.

Bis Anfang 1990 hatten sich die sowjetischen Streitkräfte hinsichtlich der Ereignisse in Deutschland erstaunlich still verhalten. Doch als erkennbar wurde, daß die Entwicklung in Deutschland und Osteuropa ihre Stellung bedrohte, hatten sich die Uniformträger im Partei- und Staatsapparat bemerkbar gemacht. Tschernjajew zufolge hatten die VKSE die Sensibilität der Streitkräfte für die sich verschlechternde sowjetische Position in Mitteleuropa geschärft. Im Westen wurde erst später bekannt, in welchem Ausmaß der KSE-Vertrag und die Auseinandersetzungen über Deutschland die Militärs von Gorbatschow entfremdet hatten – mit verheerenden Konsequenzen für die Stabilität der Sowjetunion.[20]

US-Außenminister Baker sah in dem Besuch, den er Moskau vom 16. bis 19. Mai 1990 abstattete, die »letzte hochrangige Gelegenheit, die Vorbereitungen für einen produktiven, ergebnisorientierten Gipfel abzuschließen«, wobei für ihn drei Themen im Vordergrund standen: Litauen, Deutschland und die Abrüstung.[21] Aber die Gespräche verliefen wenig zufriedenstellend. Nach den Treffen mit Schewardnadse am 16. und 17. Mai berichtete Baker nach Washington, daß man kaum Fortschritte erzielt habe, »obwohl um die Fragen der Rüstungskontrolle wirklich hart gerungen wurde«. Die Militärs hatten in der Sowjetführung offenbar an Gewicht gewonnen. Schewardnadse fühlte sich jedenfalls bemüßigt, in Anwesenheit seiner Delegation das gesamte sowjetische Abrüstungsprogramm zu verlesen, so als wollte er beweisen, daß er den Moskauer Standpunkt korrekt zu vertreten imstande war. Auf amerikanischer Seite hatten manche allerdings den Eindruck, daß er sein Material nicht beherrschte und durcheinander war. Auf Baker wirkte Schewardnadse »beunruhigt und ein wenig überfordert. Die Wirtschaftsprobleme, das öffentliche Mißtrauen, das Gefühl, die Kontrolle zu verlieren, die Dringlichkeit der Nationalitätenfrage und die Sorge über Deutschland: dies alles lastet schwer auf ihm.«[22]

Am letzten Tag von Bakers Besuch sagte Schewardnadse überraschend die Vormittagssitzung ab, in der Baker mit Blick auf das bevorstehende Gipfeltreffen noch einmal hatte versuchen wollen, die verfahrene Situation zu retten. Jetzt rief er Rice und Zoellick zu sich, um sie zu fragen, was die Absage ihrer Meinung nach zu bedeuten hatte. Sie beschlossen, sich nicht auf Spekulationen zu verlassen. Als sie im Obsobnjak, dem Konferenzgebäude des Außenministeriums, eintrafen, befanden sich die Sowjets mitten in einer ressortübergreifenden Sitzung, zu deren Teilnehmern neben Schewardnadse sowohl Achromejew als auch Moissejew gehörten. Die Sowjets waren augenscheinlich nicht in der Verfassung, um mit dem amerikanischen Außenminister zu verhandeln.

Die Sowjetunion war handlungsunfähig, und die VKSE, die für Fortschritte in der deutschen Frage und bei der Vorbereitung des KSZE-Gipfels im Herbst so wichtig waren, traten auf der Stelle. Reginald Bartholomew und KSE-Unterhändler James Woolsey versuchten sie wieder in Gang zu bringen, indem sie neue Vorschläge unterbreiteten, die nicht nur über das hinausgingen, was mit den NATO-Partnern abgestimmt worden war, sondern auch über das, was von den anderen beteiligten Ressorts in Washington abgesegnet worden war. Schewardnadse stimmte der Verknüpfung des KSZE-Gipfels mit der Unterzeichnung des KSE-Vertrages zu, überließ die inhaltliche Diskussion aber einer Arbeitsgruppe, in der sich die sowjetischen Delegierten darauf beschränkten, die Amerikaner über ihre Ideen zu befragen.[23]

Beide Seiten begannen darüber nachzudenken, wie die KSE-Obergrenzen auf die Streitkräfte des vereinigten Deutschland angewendet werden könnten. Die NATO-Verbündeten hatten bereits ihre Zustimmung dazu gegeben, daß in den nach Abschluß des KSE-Vertrages geplanten Folgeverhandlungen über weitere Beschränkungen der Streitkräfte in der europäischen Zentralzone gesprochen werden konnte, da solche geographisch bezogenen Obergrenzen schon Gegenstand der laufenden Verhandlungen waren.[24] Die Sowjets wollten die Größe der deutschen Streitkräfte aber sofort aushandeln, und zwar in den Zwei-plus-Vier-Gesprächen, nicht in den VKSE. Baker lehnte dies ab. Als Schewardnadse fragte, ob man diese Frage nicht in den Zwei-plus-Vier-Gesprächen diskutieren und die Zahlen dann im KSE-Vertrag niederlegen könne, erhielt er von Baker ein glattes Nein zur Antwort.[25]

Die Gespräche über die politischen Fragen im Zusammenhang mit dem künftigen Deutschland waren kaum ersprießlicher. Am Vormittag des 18. Mai trafen sich Zoellick, Rice und Seitz mit Kwizinski und Bondarenko, um ihre Ansichten auszutauschen. Zoellick äußerte in der intensiven Diskussion Verständnis dafür, wie schwierig die deutsche Frage für die Sowjetunion war. Aber es gehe um langfristige Stabilität, und die Vereinigten Staaten wollten Deutschland weder singularisieren noch diskriminieren. Dann stellte er das amerikanische Konzept der Zwei-plus-Vier-Runde als »Lenkungsgruppe« vor, das dem sowjetischen Wunsch nach »Synchronisierung« der deutschen Vereinigung mit neuen europäischen Sicherheitsstrukturen entgegenkommen sollte, während die Sechsergruppe notwendigerweise Detailfragen an die zuständigen Gremien weiterleiten würde. Darüber hinaus präsentierte Zoellick den Sowjets zum ersten Mal in zusammenhängender Form das Paket von Vorschlägen, das Moskau dazu bewegen sollte, die deutsche NATO-Mitgliedschaft zu akzeptieren. Es faßte bisher nur getrennt geäußerte amerikanische und westdeutsche Überlegungen zu einem Gesamtbild zusammen, das aus folgenden neun Punkten bestand:

1. Um die Frage der Größe der Streitkräfte in Europa, einschließlich Mitteleuropas, zu klären, sind KSE-Folgeverhandlungen nötig – ein weiterer Grund, die laufenden VKSE so schnell wie möglich abzuschließen.
2. Der Beginn der neuen Rüstungskontrollverhandlungen über nukleare Kurzstreckenwaffen sollte vorgezogen werden.
3. Die Deutschen sagen zu, ihren Verzicht auf nukleare, biologische und chemische Waffen zu bekräftigen.
4. Während einer Übergangsperiode sollten auf dem Gebiet der DDR keine NATO-Truppen stationiert werden.
5. Deutschland soll eine Übergangsperiode für den Abzug der sowjetischen Truppen von deutschem Territorium festlegen.
6. Präsident Bush regt eine Überprüfung der NATO-Strategie an, welche die Veränderungen in Europa berücksichtigen soll. Demnach würde die NATO in Zukunft sowohl im nuklearen als auch im konventionellen Bereich völlig anders aussehen.
7. Die Grenzen des künftigen Deutschland müssen verbindlich bestimmt werden.
8. Die KSZE ist weiterzuentwickeln, um der UdSSR eine gewichtige Rolle im neuen Europa zu sichern. Im Sommer 1990 soll eine Konferenz über neue KSZE-Ideen abgehalten werden, der im September ein KSZE-Ministertreffen und schließlich der Pariser KSZE-Gipfel folgen sollen (der, wie Zoellick hinzufügte, vom Abschluß des KSE-Vertrages abhing).
9. Die wirtschaftlichen Beziehungen zwischen der Sowjetunion und Deutschland sollen so geregelt werden, daß sie der Perestroika nutzen. Diese Frage ist zwischen den beiden deutschen Staaten und der UdSSR zu klären.[26]

Zoellick forderte Kwizinski auf, die deutsche NATO-Mitgliedschaft als die stabilste Lösung anzuerkennen, die auf Dauer verhindern würde, daß Deutschland eine eigene nukleare Streitmacht aufbaute. Ziel sollte sein, die deutsche Einheit und die Ablösung der Viermächterechte vor Ende des Jahres zu erreichen. Kwizinski ging nicht darauf ein, wiederholte aber auch nicht Gorbatschows eine Woche zuvor erhobene Forderung nach einem Friedensvertrag.[27] Die Sowjetunion, sagte er, habe keine Angst vor einem Fait accompli, auch wenn manche dies anscheinend glaubten. Andere seien der Meinung, daß es ohne die Zustimmung der Sowjetunion keine Vereinigung Deutschlands geben werde. Der springende Punkt sei die Beziehung zwischen den Zwei-plus-Vier-Gesprächen und der Weiterentwicklung des gesamteuropäischen Prozesses. Man werde Zoellicks neun Punkte daraufhin prüfen müssen.

Die Sowjets sprachen sich weiterhin dafür aus, die Frage der Vereinigung von der Aufhebung der Viermächterechte zu trennen. Die UdSSR, sagte Kwizinski, wolle erst sehen, wie eine neue deutsche Regierung getroffene Vereinbarungen erfülle, bevor sie ihre Viermächterechte aufgebe. Um zu illustrieren, was ihm für den Vier-plus-Zwei-Prozeß und die deutschen Verpflichtungen vorschwebte, zog Kwizinski das Beispiel der militärischen Stärke des künftigen Deutschland heran. Die Sechs, erklärte er (den Sowjets hat der Vorrang der Deutschen in der Bezeichnung »Zwei plus Vier« nie behagt), könnten eine Obergrenze der Bundeswehr festlegen und die Orte bestimmen, an denen sie stationiert sein sollte. Diese Begrenzung der deutschen Streitkräfte könnte, wie von den Amerikanern gewünscht, in einen KSE-II-Vertrag einbezogen werden. Aber die Entscheidung der Sechs müsse, ungeachtet der Gespräche in Wien, respektiert und verwirklicht werden. Die Vereinigten Staaten sollten sich nicht länger hinter den VKSE oder anderen Foren verstecken. Die Entscheidungen über die Stabilität in Europa müßten jetzt von den Sechs getroffen werden, denn eine zweite Chance werde man möglicherweise nicht bekommen.

Über eines sollten sich die Amerikaner im klaren sein, fuhr Kwizinski fort: Eine deutsche Vollmitgliedschaft in der NATO komme für die Sowjetunion nicht in Frage. Dies sei nicht verhandelbar. Die Aussicht darauf sei unannehmbar, und kein sowjetisches Parlament würde einen Vertrag ratifizieren, der etwas Derartiges zulasse. Wenn in anderen Ländern Sorgen darüber bestünden, wie sich ein neutrales Deutschland verhalten werde, dann sollte man in dem von den Sechs verhandelten Vertrag entsprechende Regeln niederlegen. Man dürfe nicht glauben, daß das Problem mit der inneren Vereinigung automatisch gelöst sein werde. Kwizinski schloß mit der Bemerkung, er könne sich kaum vorstellen, daß Deutschland eine Haltung einnehmen werde, die der Position der Sowjetunion, der Vereinigten Staaten oder einer der anderen Mächte widerspräche. Das wäre eine Tragödie für alle.

Später am selben Tag führte Baker im Gespräch mit Gorbatschow ähnliche Argumente an wie Zoellick gegenüber Kwizinski.[28] Deutschland war das beherrschende Thema des Vieraugengesprächs. Baker wies Gorbatschow darauf hin, daß weder er noch Präsident Bush die demokratischen Umwälzungen in Ost- und Mitteleuropa zum Anlaß für hämische Kommentare genommen und auch nicht versucht hätten, sie auszunutzen. Die Vereinigten Staaten hätten den Zwei-plus-Vier-Mechanismus vorgeschlagen, um die Besorgnisse der Sowjetunion zu zerstreuen. Sie seien bestrebt, die legitimen sowjetischen Interessen zu berücksichtigen und zu signalisieren, daß die deutsche Einheit ohne die Sowjetunion nicht vonstatten gehen könne und werde. Dann erläuterte er Gorbatschow die neun Punkte.

Anschließend lenkte Gorbatschow das Gespräch auf seine Agenda. Er verwies auf die Auseinandersetzungen über Litauen und Deutschland und zog die wahren Absichten der Amerikaner gegenüber der Sowjetunion in Zweifel. Dann trat er, wie von Kohl vorausgesagt, an Baker mit demselben Kreditwunsch heran, den er schon an die Westdeutschen gerichtet hatte. Er brauche zwanzig Milliarden Dollar, um eine in den nächsten Jahren zu erwartende massive Finanzierungslücke schließen zu können. Die Beteiligung der Vereinigten Staaten sei allein schon als Symbol sehr wichtig. Die nächsten Jahre seien die entscheidende Phase des Übergangs zur Marktwirtschaft.

Baker hatte ihm wenig Beruhigendes zu bieten. Es sei kaum zu rechtfertigen, sagte er, das Geld der amerikanischen Steuerzahler einem Land zur Verfügung zu stellen, das seinerseits Kuba subventioniere und Litauen wirtschaftlich stranguliere. Baker wiederholte im wesentlichen die Argumente, die Bush einen Tag zuvor im Gespräch mit Kohl angeführt hatte. Hinsichtlich der deutschen Frage machte sich Gorbatschow ausführliche Notizen, während Baker das Neun-Punkte-Paket präsentierte. Er begrüßte die amerikanischen Zusagen, wandte aber ein, daß ein vereinigtes

Deutschland in der NATO für die Sowjetunion nicht in Frage komme. Dies würde eine grundlegende Veränderung des strategischen Gleichgewichts bedeuten und sein innenpolitisches Programm gefährden. »Es wäre das Ende der Perestroika«, erklärte er.

Die Argumente gingen hin und her. Gorbatschow sagte, er wisse, daß sich Deutschland an Amerika anlehnen werde, aber es sollte nicht dem westlichen Bündnis angehören. Wenn dies für die Vereinigten Staaten unannehmbar sei, könnte die Sowjetunion vielleicht um Aufnahme in die NATO ersuchen. Die Lösung der deutschen Frage sei ein Test für die Fähigkeit von Amerikanern und Sowjets, ein Einvernehmen herzustellen, das die Interessen beider Länder in gleichem Maße berücksichtige. Es müsse eine Lösung gefunden werden. Er werde bei seinem Besuch in Washington mit Präsident Bush darüber sprechen.

In seinem Bericht für Bush faßte Baker den Eindruck zusammen, den er von Gorbatschow gewonnen hatte. Dieser fühle sich offenbar in die Enge getrieben, schrieb Baker, und werde wahrscheinlich heftig auf jeden Schritt reagieren, der seine politischen Probleme im eigenen Land vergrößerte. Auch wachse ihm das Thema Deutschland »jetzt schon eindeutig über den Kopf. Wir sollten ... weiterhin versuchen, die sowjetischen Sorgen zu zerstreuen, aber nicht auf die Durchsetzung unserer Ziele drängen. Es ist am besten, den Dingen ihren Lauf zu lassen.« Angesichts des Stellenwerts, den das Thema Deutschland in der Sowjetunion einnehme, müsse Gorbatschow den Nachweis erbringen, daß die deutsche Bedrohung eingedämmt worden sei. Deshalb würden die Vereinigten Staaten »wahrscheinlich genauere Angaben darüber machen müssen, wie und wann die Begrenzungen der Bundeswehr erreicht werden, wenn wir eine KSE-Vereinbarung haben wollen«.

Einige Tage nach Bakers Besuch in Moskau sagte Gorbatschow in einem Interview mit dem Nachrichtenmagazin *Time*, die Sowjetunion werde sich niemals damit einverstanden erklären, der NATO »die führende Rolle beim Aufbau des neuen Europa anzuvertrauen«. Seine Abwehrhaltung hatte sich erneut verhärtet. Washington, sagte er, scheine jeden Vorwand nutzen zu wollen, um den Abzug amerikanischer Truppen aus Europa hinauszuzögern.[29] Gorbatschow hatte damit sowohl unter vier Augen als auch öffentlich seine Unbeweglichkeit in der Frage der deutschen Bündniszugehörigkeit demonstriert. Sein Berater Wadim Sagladin sagte Rice bei ihrem zweiten Treffen innerhalb von drei Monaten: »Früher gab es zwei Deutschlands – eines, das uns gehörte, und eines, das Ihnen gehörte. Jetzt wird es ein einziges geben, und Sie wollen, daß es Ihnen gehört. Das wäre eine unannehmbare Verlagerung des strategischen Gleichgewichts.« Ende Mai erklärte er gegenüber einem anderen Amerikaner, die NATO-Frage sei ein Vertragshindernis, es sei denn, das Bündnis unterziehe sich einem radikalen Wandel.[30]

Am 22. Mai trat in Bonn erneut die Zwei-plus-Vier-Beamtenrunde zusammen. Die westlichen Teilnehmer verständigten sich vor Beginn des Treffens problemlos auf eine gemeinsame Haltung. Wie verabredet, unterbreitete der Sitzungsleiter, Bertrand Dufourcq, den Vorschlag, daß die abschließende Regelung drei Punkte enthalten sollte: erstens eine Präambel mit einer kurzen politischen Erklärung; zweitens einzelne Abschnitte über die Vereinigung, über die deutschen Grenzen, über Berlin und über die Beendigung der Rechte und Verantwortlichkeiten der Vier Mächte; drittens die Anerkennung anderer Staatsakte durch die Vier Mächte, etwa des geplanten deutsch-polnischen Grenzvertrages und der Streichung des Artikels 23 des Grundgesetzes, der den Anschluß weiterer Gebiete an Deutschland erlaubte. Artikel 23 würde beim Beitritt der DDR zur Bundesrepublik zum letzten Mal Anwendung finden. Bondarenko erhob als Leiter der sowjetischen Delegation Einspruch gegen das westliche Konzept, das seiner Ansicht nach nicht die gesamte Bandbreite der politischen und militärischen Fragen abdeckte. Aber es folgte keine eingehende Diskussion dieser Themen – die Schlüsselfragen wurden auf höherer Ebene behandelt.[31]

Darüber hinaus war im westlichen Lager eine ernstzunehmende Meinungsverschiedenheit über den Zeitpunkt der abschließenden Regelung der deutschen Frage aufgebrochen. Britische und französische Juristen waren überzeugt, daß die Zwei-plus-Vier-Runde die Grenzfrage nicht vor der Vereinigung Deutschlands lösen könne. Die Bundesrepublik hingegen glaubte, daß beides gleichzeitig möglich war. Die Debatte besaß insofern Bedeutung, als aus dem französisch-britischen Standpunkt folgte, daß die Vereinigung Deutschlands vor dem Abschluß einer Zwei-plus-Vier-Regelung vollzogen werden müsse. Dies wiederum wies in die Richtung jener

Entkoppelung von innerer Vereinigung und Aufhebung der Viermächterechte, die Amerikaner und Briten für so gefährlich gehalten hatten, als Schewardnadse sie Anfang Mai ins Gespräch gebracht hatte. Die US-Juristen konnten die französisch-britischen Argumente nachvollziehen, wußten aber auch, daß sie zu einer Schlußfolgerung führten, die für die Vereinigten Staaten unannehmbar war.

Merkwürdigerweise fiel niemandem auf, daß die Anwendung von Artikel 23 diesen juristischen Streit überflüssig machte. Denn wenn die DDR Teil der bestehenden BRD wurde, würde das geeinte Deutschland nicht zum Nachfolgestaat der Bundesrepublik: Es bliebe völkerrechtlich *derselbe*, wenn auch größer gewordene Staat, und dieser hatte die gegenwärtige polnische Westgrenze bereits 1970 vertraglich anerkannt. Westdeutschland hätte dies aus eigener Rechtsvollkommenheit jederzeit bekräftigen können. Ein solcher Schritt wäre für die künftige, größere Bundesrepublik ebenso verbindlich gewesen wie der bestehende Vertrag. Von seiten der Vier Mächte hätte dafür nur der Vorbehalt zurückgezogen werden müssen, den sie gegen das Recht der BRD, ein solches Versprechen abzugeben, geltend gemacht hatten.[32] Glücklicherweise verebbte der juristische Streit angesichts des unerbittlichen deutsch-amerikanischen Widerstandes gegen die Entkoppelung, und Ende Mai beharrten nur noch die Franzosen (und die Sowjets) darauf, daß die Vereinigung vollzogen sein müsse, bevor Deutschland eine verbindliche Garantie der deutsch-polnischen Grenze abgeben und die Viermächterechte erlöschen könnten.[33]

Beschränkung der Bundeswehr

Genscher war sich wie Baker der Bedeutung bewußt, die Moskau der Begrenzung der künftigen deutschen Streitkräfte beimaß. Die beiden Außenminister waren übereinstimmend der Ansicht, daß diese Frage nicht von der Zwei-plus-Vier-Runde behandelt werden sollte. Aber die Zurückstellung bis zu den nächsten KSE-Verhandlungen war für die Sowjetunion offenbar nicht zufriedenstellend. Also wurde im deutschen Auswärtigen Amt ein neuer KSE-Vorschlag ausgearbeitet, den Genscher seinem sowjetischen Kollegen bei ihrem Treffen am 23. Mai in Genf unterbreiten wollte. Nach diesem Vorschlag sollte in den gerade verhandelten KSE-Vertrag die Klausel aufgenommen werden, daß kein Land in der Zentralzone, zu der laut Vertragsentwurf Großbritannien, Frankreich, Italien, Ostmitteleuropa und die westlichen Militärbezirke der UdSSR gehörten, mehr als vierhunderttausend Mann stationieren dürfe. Auf diese Weise hätte man nicht nur vermieden, Deutschland zu singularisieren, sondern auch eine effektive Obergrenze eingeführt, die sowohl die deutschen Streitkräfte als auch eine sowjetische Truppenkonzentration in der westlichen UdSSR begrenzen würde (die »vorübergehend« in Ostdeutschland stationierten Truppen sollten nicht mitgezählt werden).[34]

Scowcroft und sein Stab fanden, daß dieser Plan mehrere Probleme aufwarf. Erstens irrten sich Genschers Mitarbeiter nach Ansicht des NSC-Stabes, wenn sie glaubten, Moskau würde einer Obergrenze von vierhunderttausend Mann in einer Zone zustimmen, zu der auch Militärbezirke der UdSSR gehörten, in denen zu diesem Zeitpunkt nach Schätzung der Amerikaner rund eine Million Soldaten standen. Die Ausnahme der sowjetischen Truppen in der DDR war nur eine Teillösung (und wie sollten sie nach ihrem Abzug gezählt werden?). Zweitens hegte man in Washington den Verdacht, daß die Bundesregierung in bezug auf diesen Vorschlag nicht einer Meinung war. Verteidigungsminister Stoltenberg hatte gegenüber amerikanischen Regierungsvertretern erklärt, er sei dagegen, Deutschland durch konkrete Truppenobergrenzen zu singularisieren.[35] Drittens – und dies war der wichtigste Punkt – könnte der Vorschlag, statt die Tür zum Vertragsabschluß zu öffnen, eine völlig neue Diskussion in Gang setzen und die laufenden KSE-Gespräche ins Stocken bringen. Die Sowjets könnten einen Gegenvorschlag machen – mit einer Obergrenze von vielleicht zweihunderttausend Mann in einer kleineren Zone –, und schon wären die Verhandlungen festgefahren. Dies wiederum könnte den Zwei-plus-Vier-Prozeß blockieren und eine Verschiebung des Pariser KSZE-Gipfels nach sich ziehen, da inzwischen Einigkeit darüber herrschte, daß die Staats- und Regierungschefs nur anreisen würden, wenn der KSE-Vertrag unterschriftsreif war.

Die amerikanische Strategie des begrenzten Mandats der Zwei-plus-Vier-Gespräche hing aber von der Einhaltung eines sorgfältig abgestimmten Zeitplans ab, nach dem alle europäischen Verhandlungen rechtzeitig abgeschlossen werden sollten, damit Deutschland bis zum Dezember vereinigt werden konnte. Die nächsten Bundestagswahlen sollten bereits als gesamtdeutscher Urnengang abgehalten werden. Kohl fürchtete offenbar, daß er die Wahlen verlieren könnte, wenn sie nur im Westen stattfanden und die Vereinigung noch in der Schwebe war, und ein Wahlsieg der Sozialdemokraten unter Oskar Lafontaine hätte vermutlich eine dramatische Veränderung sowohl der amerikanischen als auch der sowjetischen Verhandlungspositionen in bezug auf die deutsche und europäische Zukunft zur Folge gehabt. Scowcroft berief daher eine Sitzung mit Baker, Cheney und Powell ein, auf der Genschers Idee einhellig für problematisch befunden wurde. Die Vereinigten Staaten mußten nach Ansicht der hochrangigen Runde jedoch mehr tun, als sie zu kritisieren. Man brauchte eine Alternative. Die mögliche Blockierung der VKSE war zu einer realen Bedrohung des Zeitplans für die deutsche Vereinigung geworden.[36]

Während sich die Amerikaner mit dem KSE-Problem herumschlugen, schrieb Kohl im Zusammenhang mit der Kreditfrage einen Brief an Gorbatschow. In dem Schreiben vom 22. Mai teilte er den Sowjets mit, daß Bonn bereit sei, kurzfristig die Bürgschaft für einen ungebundenen Kredit von bis zu fünf Milliarden D-Mark zu übernehmen. Für größere, langfristige Kredite sei ein internationaler Rahmen vonnöten. Er habe das Thema bereits gegenüber Präsident Bush angeschnitten und werde es bald auch mit seinen Partnern in der EG und in der G7 besprechen. Er hoffe, schrieb Kohl, daß Gorbatschow an die Zwei-plus-Vier-Gespräche im gleichen Geist der Zusammenarbeit und Freundschaft herangehe.[37]

Am nächsten Tag traf Genscher in Genf mit Schewardnadse zusammen. Der Bundesaußenminister hatte sich wie Kohl und die Amerikaner stets von dem abwägenden Ton ermutigt gefühlt, den Schewardnadse in der Diskussion über die NATO-Frage anschlug. In Bonn und Washington glaubte man, daß der sowjetische Außenminister nach einem Kompromiß suchte. Genscher sagte in einem am 14. Mai veröffentlichten Inteview selbstsicher voraus, daß die Sowjetunion letztlich der deutschen NATO-Mitgliedschaft zustimmen werde. Sowohl der Interviewer als auch seine Berater fragten sich jedoch, ob er sich dessen wirklich so sicher war.[38]

Das Treffen zwischen Genscher und Schewardnadse in Genf verlief in freundlicher, durch die Bonner Kreditzusage entspannter Atmosphäre, die Genscher noch weiter auflockern konnte. Sein Büroleiter Elbe war am 22. Mai von Zoellick über das Neun-Punkte-Paket und die Moskauer Gespräche informiert worden, so daß Genscher, wie Elbe später schrieb, »die gleichen Punkte im Gespräch mit Schewardnadse einen Tag später in Genf verwenden konnte«.[39] Dabei konzentrierte er sich besonders auf die Themen, von denen er wußte, daß sie für die Sowjets eine besondere symbolische oder psychologische Bedeutung besaßen, etwa die Sorge um sowjetische Ehrenmäler und Militärfriedhöfe in Ostdeutschland. Schewardnadse hatte keine Einwände gegen die beabsichtigte Beschleunigung der Vereinigung. Die Sowjetunion, sagte er, werde »nicht wie ein Verkehrspolizist handeln, der ohne Notwendigkeit die Ampeln auf Rot schaltet«. Dann schnitt Genscher das Thema der Truppenobergrenze an und drängte seinen sowjetischen Kollegen, sie in den VKSE auszuhandeln, nicht in den Zwei-plus-Vier-Gesprächen. Dieser hatte bisher stets einen »parallelen Prozeß zu den Wiener Verhandlungen« und eine Vereinbarung der Obergrenze durch die Sechs gefordert, rückte jetzt aber insofern davon ab, als er die Bereitschaft signalisierte, den KSE-Vertrag zu unterzeichnen, bevor die Zwei-plus-Vier-Runde die Obergrenze ausgehandelt hatte. Den neuen KSE-Vorschlag brachte Genscher offenbar nicht zur Sprache. Dafür erfuhr er von Schewardnadse, daß sich die Sowjets eine Obergrenze für die deutsche Armee von zweihundertfünfzig- bis dreihunderttausend Mann vorstellten, und erklärte im Gegenzug, daß er keine Vereinbarung akzeptieren könne, die Deutschland durch eine spezielle Obergrenze singularisiere.[40]

Von Genf flog Genscher nach Paris, um die Franzosen über das Gespräch zu informieren, und anschließend nach Washington. Der positive Ton des Gesprächs mit Schewardnadse hatte ihn optimistisch gestimmt. Außerdem war der Bonner Wirtschaftsminister Helmut Haussmann inzwischen in Moskau gewesen, um den Sowjets zu erläutern, wie die Bundesrepublik mit den wirtschaftlichen Verpflichtungen der DDR gegenüber der Sowjetunion umzugehen gedachte, und um erste Gespräche über die wirtschaftlichen Aspekte des Abzugs der sowjetischen Truppen aus Ostdeutschland zu führen. In der entscheidenden Frage der Begrenzung der deutschen Streitkräfte, teilte Genscher Baker mit, habe er Schewardnadse noch nicht über den neuen Vorschlag unterrichtet, im KSE-Vertrag eine zusätzliche Obergrenze für alle Truppen in der Zentralzone festzuschreiben. Dann fragte er, was Baker von diesem Plan halte. Man denke noch über ihn nach, erwiderte Baker, die Bedenken im Hinterkopf, die der Plan in Washington hervorgerufen hatte. Er versprach, bald zu einem abschließenden Urteil zu kommen.[41]

Genscher hatte das Bild einer kompromißbereiten sowjetischen Führung gemalt. Mitterrand war jedoch am 15. Mai mit Gorbatschow persönlich zusammengetroffen, und nachdem er von Bush ausführlich über Bakers Moskaubesuch informiert worden war, hatte er sich mit einem Bericht über das fünfstündige Gespräch im Kreml revanchiert, in dem es hauptsächlich um Deutschland gegangen war. Was Mitterrand mitzuteilen hatte, klang wenig ermutigend. Gorbatschows Ablehnung der Mitgliedschaft eines geeinten Deutschland in der NATO, schrieb er, »scheint mir weder vorgetäuscht noch taktischer Natur zu sein. In diesem Punkt wirkt er fest und entschlossen.« Er hatte gegenüber dem französischen Staatspräsidenten wiederholt, was er auf der Politbürositzung Anfang Mai gesagt hatte: Wenn der Westen die Sowjetunion in bezug auf Deutschland vor vollendete Tatsachen zu stellen versuche, werde sie in vielen Fragen, einschließlich der Rüstungskontrolle, ihre Haltung ändern. Als Mitterrand die für eine deutsche NATO-Mitgliedschaft sprechenden Argumente anführte, verwiesen die Sowjets auf die Möglichkeit einer Zugehörigkeit nach französischem Muster – außerhalb der militärischen Strukturen. Gorbatschow schien sowohl hinsichtlich der deutschen Frage als auch in bezug auf Litauen nur wenig Spielraum zu haben. Nach Mitterrands Meinung würde es schwerfallen, die deutsche Vereinigung im Herbst 1990 zu erreichen. In typischer Verschwommenheit erklärte er: »Der übliche Gang der Diplomatie wird ein schwieriges Klima im Sommer und Herbst nicht verhindern können.« Das Kanzleramt in Bonn erhielt einen ähnlich pessimistischen Bericht.[42]

Der kanadische Außenminister Joe Clark gewann in den Gesprächen, die er am 29. Mai in Moskau mit Schewardnadse und Achromejew führte, einen ebenso düsteren Eindruck von der Haltung der Sowjets. Achromejew warnte davor, daß die Mißachtung der sowjetischen Ansichten zur deutschen Frage einen Kurswechsel der sowjetischen Außenpolitik und die Rückkehr zu einer offensiveren Militärdoktrin bewirken würde.[43] Vorher schon hatte das sowjetische Außenministerium einen

Brief verbreitet, in dem die Schaffung neuer KSZE-Strukturen gefordert wurde, die an die Stelle der NATO treten könnten.[44] Aus all diesen Anzeichen zogen die Sowjetexperten des US-Außenministeriums den Schluß, daß Bush nicht allzuviel Flexibilität in der sowjetischen Position zu Deutschland erwarten sollte, wenn Gorbatschow nach Washington kam.[45]

Allerdings wußten sowohl in Washington als auch in Bonn nur wenige von Gorbatschows vertraulicher Kreditanfrage. Diejenigen, die davon wußten, neigten eher zu Genschers optimistischer Sichtweise als zu Mitterrands und Clarks Pessimismus. In einigen Tagen würde man klüger sein. Denn dann würde Gorbatschow zum Gipfeltreffen mit Präsident Bush in Washington eintreffen.

Der Wendepunkt

Als sich Gorbatschow Ende Mai auf seine Reise in die Vereinigten Staaten vorbereitete, stand er an einem Wendepunkt der Entwicklung der Ost-West-Beziehungen und der Perestroika. Einerseits hing enorm viel von der weiteren Kooperation mit dem Westen ab. Andererseits hatten sowohl er als auch Schewardnadse öffentlich erklärt, daß die inneren Reformen für sie Priorität besäßen, und dafür mußten Einschnitte in den Militärhaushalt vorgenommen und Ablenkungen durch eine internationale Krise verhindert werden. Außerdem hegten sowohl Gorbatschow als auch Schewardnadse vage, aber große, um nicht zu sagen übertriebene Hoffnungen auf westliche Wirtschaftshilfe. Sie glaubten, daß eine Kapitalspritze, auch wenn sie die Auslandsschulden der Sowjetunion vergrößerte, der entscheidende Anstoß für die Schaffung einer lebensfähigeren Wirtschaft sein könnte. Die künftige Prosperität des Landes hing in ihren Augen von einer Ausweitung des Handels und der Kooperation mit dem Westen ab.

Die Sowjetführung stand vor einem Dilemma. Bis 1989 mochten die Reformen im Innern auf Widerstand gestoßen sein, aber sie hatten international nur einen geringen Preis gekostet. Bezahlt worden war er mit der entwerteten Währung des sowjetischen Einflusses in der dritten Welt und mit abstrakten Zugeständnissen in den START- und INF-Verhandlungen. Im Gegenzug war Gorbatschow zum in aller Welt gefeierten Neuerer aufgestiegen, der revisionistischen Marxisten die Hoffnung gab, daß der Sozialismus endlich ein menschliches Gesicht erhalten würde. Aber 1989 war ein schwieriges Jahr gewesen, und die Schwierigkeiten hatten im ersten Halbjahr 1990 noch zugenommen. Die demokratischen Umwälzungen in Osteuropa waren weiter und schneller vorangeschritten, als es Moskau lieb war, und der Warschauer Pakt lag in den letzten Zügen.

Im Frühjahr 1990 schien sich die Sowjetunion mit dem Scheitern ihrer Politik in Osteuropa abgefunden zu haben. In einem langen, für das Politbüro bestimmten Memorandum von Mitarbeitern des ZK der KPdSU wurde die veränderte politische und ideologische Lage in Osteuropa unverblümt dargestellt und nüchtern darauf hingewiesen, daß gegenwärtig keine Politik vorhanden sei, um auf diese Situation zu reagieren. Statt dessen gebe es ein Vakuum, und das werde vom Westen gefüllt. Die UdSSR ziehe sich einfach zurück – »ohne rationale Erklärung und ohne Rücksicht auf das immense materielle und geistige Engagement, das wir eingegangen sind«. Bei den politischen Empfehlungen griffen die ZK-Mitarbeiter nach jedem Strohhalm: Es gebe immer noch die Möglichkeit, die kulturelle Präsenz, etwa das Interesse an der russischen Sprache, zu stärken. Man müsse Beziehungen zur Jugend, zu Gewerkschaften, Feministen und religiösen Gruppen aufbauen. Ungeachtet der Finanznöte des Landes erklärten die ZK-Mitarbeiter, daß eine solche neue Osteuropapolitik einen gewissen finanziellen Einsatz erfordern würde. »Wir sollten nicht geizen«, rieten sie dem Politbüro, »denn dies ist eine Kapitalanlage für die Zukunft.«[46]

Tatsache blieb jedoch, daß die auf der Möglichkeit eines reformierten Kommunismus fußende sowjetische Osteuropapolitik am Ende war. Deutschland und Litauen waren allerdings eine andere Sache. Die Teilung Deutschlands und die Herrschaft über dessen Osthälfte konnten als bedeutendste Errungenschaft der sowjetischen Außenpolitik der vergangenen fünfzig Jahre gelten. Der Vorposten im Herzen Europas war der größte und letzte verbliebene Ausgleich für die gewaltigen Opfer, die die Sowjetunion im Großen Vaterländischen Krieg erlitten hatte. Und jetzt drohte die NATO diese Bastion der sowjetischen Macht zu überrennen. Es schien unvorstellbar zu sein, daß sich die Sowjetunion widerstandslos in eine solche Niederlage fügen würde. Darüber hinaus hätte ein derartiges Zugeständnis Gorbatschows eigenes politisches Überleben gefährdet, und das um so mehr, als im Juli der Parteitag der KPdSU bevorstand.

Was Litauen betraf, so hatte die Unabhängigkeitserklärung vom März 1990 die Autorität in Frage gestellt, von der die Sowjetunion zusammengehalten wurde. Dies zwang sowohl Gorbatschow als auch Bush zu einem heiklen Drahtseilakt. Gorbatschow verhängte ein Wirtschaftsembargo gegen Litauen, griff aber nicht zu Gewaltmaßnahmen und nahm Mitte Mai Gespräche mit der litauischen Ministerpräsidentin Prunskiene auf, um die Aussetzung der Unabhängigkeitserklärung zu erreichen. Bush hielt unterdessen einen amerikanisch-sowjetischen Vertrag zurück, durch den der Weg zu einem normalen Handel zwischen beiden Ländern frei gemacht werden sollte, und weigerte sich, auf Gorbatschows vertrauliche Kreditanfrage einzugehen, solange das Embargo gegen Litauen nicht gelockert worden war. Aber Bush ordnete weder Vergeltungsmaßnahmen gegen Moskau an, noch sagte er das Gipfeltreffen ab. Privat erklärte er in dieser Zeit: »Ich will nicht, daß man in zwanzig oder vierzig Jahren zurückblickt und sagt: ›An diesem Punkt ist alles aus dem Ruder gelaufen. Da hat der Fortschritt aufgehört.‹«[47]

Bush hatte die Vergabe von Krediten an die Sowjetunion außerdem an die Bedingung tiefgreifender Wirtschaftsreformen geknüpft, und Gorbatschow bemühte sich daher nicht nur um die Entschärfung der litauischen Krise, sondern auch um Wirtschaftsreformen. Am 24. Mai verkündete Ministerpräsident Ryschkow ein Wirtschaftsprogramm, das unter anderem die Erhöhung der Lebensmittelpreise vorsah. Der Brotpreis, zum Beispiel, sollte sich verdreifachen. Panikkäufe und Aufruhr waren die Folge, so daß Gorbatschow am 27. Mai in einer Fernsehansprache zur Ruhe aufrufen mußte. (Das Programm wurde schließlich vom Obersten Sowjet abgelehnt, bevor die Maßnahmen greifen konnten.) Doch während der sowjetische Staatschef einen Weg in die Zukunft zu finden versuchte, wählte der Oberste Sowjet der Russischen Sowjetrepublik, als wollte er Gorbatschows bedrängte Lage noch herausstellen, gegen dessen Widerstand Boris Jelzin zum Vorsitzenden.

In der deutschen Frage wurde Gorbatschow von der Mehrheit des Politbüros gedrängt, hart zu bleiben. Hätte er sich für diese Option entschieden, so hätte er auf den traditionellen sowjetischen Sicherheitserfordernissen und Vorrechten bestehen und feststellen können, daß die westliche Position unannehmbar sei und zu einer tiefen internationalen Krise führen würde. Einem Gegenvorschlag mit Deutschland zu erteilenden Auflagen hätte er durch die Drohung Nachdruck verleihen können, die Zwei-plus-Vier-Gespräche platzen zu lassen, wenn der Westen nicht auf die sowjetischen Besorgnisse einging. Diese harte Politik wäre von den entscheidenden Gremien von Partei und Regierung begrüßt worden und hätte vermutlich auch in der Bevölkerung viel Zustimmung gefunden. Selbst wenn nicht alle Ziele durchgesetzt worden wären, hätte die Sowjetunion wahrscheinlich einen Teil der verlorenen Verhandlungsstärke zurückgewonnen. Kohl wäre in die Defensive gedrängt worden und seine Regierungskoalition möglicherweise auseinandergebrochen. Die ostdeutsche Regierung wäre von der Aussicht auf einen SPD-Sieg bei den Bundestagswahlen verunsichert worden. Vielleicht hätte der Schock sogar bewirkt, daß die Litauer und andere, die die Schwäche der Sowjetunion auszunutzen versuchten, eingeschüchtert wurden.

Gorbatschow kannte allerdings auch die Gefahren dieses Kurses. Die sowjetisch-deutschen Beziehungen hätten einen schweren Schlag erhalten. Die Westdeutschen hätten die Schuld wahrscheinlich im Innern gesucht und Kohl abgewählt. Aber auch Gorbatschow selbst hätte womöglich viel von der Sympathie verloren, die er in der deutschen Bevölkerung gewonnen hatte. Die sowjetisch-amerikanischen Beziehungen hätten ebenfalls Schaden genommen, und Europa wäre angesichts politischer Spannungen, einer instabilen Lage in Deutschland und festgefahrener Abrüstungsverhandlungen möglicherweise ins Konfrontationsverhalten des Kalten Kriegs zurückgefallen. In der sowjetischen Führung gab es sicherlich einige, die bereit waren, dies in Kauf zu nehmen, wenn dadurch die Früchte des Sieges im Großen Vaterländischen Krieg bewahrt werden konnten. Die Fragen, die Gorbatschow beantworten mußte, hätten jedenfalls nicht klarer sein können: Welchen Preis war die Sowjetunion bereit zu zahlen, um die Kooperation mit dem Westen aufrechtzuerhalten? Und sollte die Sowjetunion ihre Machtstellung in Europa gegen westliche Hilfe eintauschen?

Bush hatte gleichfalls eine schwierige Entscheidung zu treffen. Genscher fürchtete, daß eine kompromißlose westliche Haltung in der deutschen Frage Gorbatschows politisches Überleben gefährden würde, und Kohl hatte zwar nicht direkt zu einem Kompromiß geraten, aber davor gewarnt, daß die Ablehnung von Krediten dazu führen könnte, daß Gorbatschow gestürzt und von einer Marionette des Militärs ersetzt wurde. Während er sich auf das Gipfeltreffen mit Gorbatschow vorbereitete, wurde sich Bush der Notwendigkeit bewußt, dem sowjetischen Staatschef wenigstens das Versprechen oder den Anschein von greifbarer Wirtschaftshilfe anzubieten. Aber weder er noch Kohl scheinen erwogen zu haben, die Haltung in der deutschen Frage zu lockern, um Gorbatschow zu schützen.

Als das erste der drei entscheidenden Gipfeltreffen dieses Sommers näherrückte, versammelte Bush seine Berater im Kabinettsaal des Weißen Hauses. In deren Vorbereitungspapieren hatte er lesen können, daß Gorbatschow immer noch nach alternativen Antworten auf die grundlegende deutsche Frage suche. Die Vereinigten Staaten, so Scowcroft, sollten ihr Verständnis für die sowjetischen Sorgen bekunden, aber bei ihrem Grundsatz bleiben, daß »die deutsche Vollmitgliedschaft in der NATO nicht zur Disposition steht«.[48]

Nach Bonn zurückgekehrt, versuchte Genscher, den amerikanisch-sowjetischen Verhandlungen ein verlockendes Angebot hinzuzufügen – den neuen Vorschlag zur Begrenzung der künftigen Bundeswehr. Im Gespräch mit Schewardnadse in Genf hatte er seinen Plan nicht erwähnt, weil er erst die Unterstützung sowohl der eigenen Regierung als auch der Verbündeten gewinnen wollte. Nachdem ein skeptischer Baker seine Zustimmung zurückgehalten hatte, versuchte Genscher am 28. Mai Kohl von seinem Plan zu überzeugen. Er drängte zur Eile, damit der Vorschlag Washington rechtzeitig zum Gipfeltreffen übermittelt werden konnte. Kohl wollte die Meinung anderer Ministerien einholen und vertagte das Thema auf den nächsten Abend, damit es zwischen Auswärtigem Amt, Verteidigungsministerium und Kanzleramt ausreichend vorbereitet werden konnte.

Teltschik nutzte die Zeit, um mit Washington zu telefonieren. Er sprach mit Robert Gates und fragte ihn, ob die Amerikaner beim Gipfel mit Gorbatschow über eine Obergrenze für die deutschen Streitkräfte sprechen wollten. Der Bundeskanzler wolle auch in dieser Frage hilfreich sein. Ob das Weiße Haus einen Vorschlag für die Truppenobergrenze von Bonn haben wolle, fragte Teltschik. Gates verneinte. Washington halte einen solchen neuen Vorschlag für verfrüht. Aber er werde mit Scowcroft darüber sprechen. Außerdem würden Bush und Kohl am nächsten Tag miteinander telefonieren. Blackwill teilte seinen Kontaktpersonen im Bonner Verteidigungsministerium mit, daß Washington Genschers Plan skeptisch gegenüberstehe. Bei allem, was die deutsche Truppenstärke betreffe, sei zu beachten, daß Deutschland nicht durch eine spezielle Obergrenze singularisiert werden dürfe. Aber dieser Vorschlag sei besonders problematisch. Er könnte die VKSE und in der Folge auch die Zwei-plus-Vier-Gespräche blockieren. Washington sei der Meinung, daß man sich diese Angelegenheit für das diplomatische »Endspiel« aufheben sollte.

Auf der Sitzung im Bundeskanzleramt am Abend des 29. Mai erläuterte Genscher zunächst noch einmal seine Idee zur Truppenobergrenze. Baker habe sich aufgeschlossen gezeigt, sagte er. Vermutlich hatte er die Zurückhaltung des US-Außenministers mißverstanden. Stoltenberg sprach sich für die Beibehaltung der gegenwärtigen Position aus, der zufolge die Obergrenze der deutschen Streitkräfte im Rahmen eines künftigen zweiten KSE-Vertrages bestimmt werden sollte. Als Richtgröße nannte er Personalstärke von vierhundertdreißigtausend Mann. Kohl wollte sich noch nicht festlegen. Doch Genscher drängte auf eine sofortige Entscheidung über seinen Vorschlag. Er wollte ihn den Amerikanern für das Gipfeltreffen mit Gorbatschow an die Hand geben, um den Sowjets zu signalisieren, daß der Westen ernsthaft bemüht sei, auf ihre Interessen einzugehen. Auf diese Weise, so Genscher, könne in den laufenden Verhandlungen der tote Punkt überwunden werden. Stoltenberg war nicht überzeugt, und Kohl verwies darauf, daß er die Sache mit Bush besprechen werde.

Als Kohl am nächsten Tag mit dem US-Präsidenten telefonierte, hatten Kanzleramt und Verteidigungsministerium Washington bereits davon informiert, daß die Hartmann-Initiative, wie sie nach dem westdeutschen KSE-Unterhändler genannt wurde, vom Tisch sei. Teltschik hatte zehn Minuten vorher von Scowcroft gehört, was Bush jetzt zu Kohl sagte: Es sei zu begrüßen, daß Kohl hinsichtlich der Obergrenze für die deutschen Streitkräfte seine Hilfe anbiete, aber es sei noch zu früh, um einen neuen

Vorschlag einzubringen. »Der Wind hat mir einige Gerüchte zugeweht«, erwiderte Kohl. Aber man werde den Sowjets nur Vorschläge machen, wenn er und Präsident Bush ihnen zugestimmt hätten. Darauf könne Bush sich verlassen, versprach Kohl.[49]

Der Bundeskanzler wollte außerdem zwei andere Punkte besprechen, das NATO-Problem und die Kreditfrage. Hinsichtlich der NATO-Mitgliedschaft bekräftigte er, daß Bush die volle Unterstützung der Bundesrepublik habe. Die westdeutsche Position stimme vollständig mit der amerikanischen überein. In der heiklen Kreditfrage drängte Kohl den amerikanischen Präsidenten erneut, einen Weg zu finden, um Gorbatschow zu unterstützen. Bush bezweifelte, daß es beim Gipfeltreffen in bezug auf Deutschland einen Durchbruch geben würde. In der Kreditfrage blieb er bei dem, was er bereits in Washington zu Kohl gesagt hatte. Er erwähnte, daß Gorbatschow beim Treffen mit Baker in Moskau ebenfalls diese Frage angeschnitten habe. Aber ihm seien durch das sowjetische Verhalten gegenüber Litauen immer noch die Hände gebunden. Er werde statt dessen versuchen, Fortschritte bei der Abrüstung zu erreichen.[50]

Gorbatschow traf am selben Tag, dem 30. Mai, aus Kanada kommend, in Washington ein. Er hatte in Ottawa ein Vieraugengespräch mit Premierminister Mulroney geführt, in dem es fast ausschließlich um Deutschland ging, und Mulroney hatte Bush berichtet, daß Gorbatschow die deutsche Frage als Lackmustest der amerikanisch-sowjetischen Beziehungen betrachte und keinerlei Anzeichen von Flexibilität gezeigt habe. Er schien zu glauben, daß die Deutschen auf Geheiß Washingtons eine unvernünftigte Haltung in der NATO-Frage einnahmen. Mulroney meinte, daß Gorbatschow mehr Zeit brauche. Er müsse sich davon überzeugen, daß die NATO zu Veränderungen bereit sei, um für die Sowjetunion weniger bedrohlich zu sein.[51]

Am Morgen des 31. Mai wurde Gorbatschow in aller Form auf der Südseite des Weißen Hauses begrüßt. Kanonen schossen Salut, und ein Spielmannszug in Uniformen der Kontinentalarmee des 18. Jahrhunderts paradierte vor den beiden Präsidenten. Nach der Begrüßungszeremonie begaben sich Bush und Gorbatschow in Begleitung Scowcrofts und Tschernjajews sowie der Dolmetscher ins Oval Office. Gorbatschow kam sofort auf die erwünschte amerikanische Wirtschaftshilfe zu sprechen.

Ein Handelsabkommen sei unbedingt notwendig, erklärte er. Es war das einzige im Gespräch befindliche Thema, das Gorbatschow innenpolitisch helfen konnte. Er wußte, daß Litauen für die Amerikaner immer noch das Problem Nummer eins war, und versprach, nicht zu einer gewaltsamen Lösung zu greifen, sondern im Dialog mit der litauischen Führung einen friedlichen Ausweg zu suchen. Bush ging nicht darauf ein. In einem anderen Raum führten Baker und Schewardnadse unterdessen dieselbe Diskussion. Schewardnadse erklärte in bemerkenswert emotionalem Ton, daß er so noch nie gesprochen habe, aber ein amerikanisch-sowjetisches Handelsabkommen sei für Gorbatschow innenpolitisch von äußerster Wichtigkeit, um die Kooperation mit dem Westen zu verteidigen.[52]

Nach einem Mittagessen mit amerikanischen Intellektuellen und Berühmtheiten in der sowjetischen Botschaft kehrte Gorbatschow ins Weiße Haus zurück.[53] Diesmal drehte sich das Gespräch hauptsächlich um die Zukunft Deutschlands und Europas. Bush wollte das schwierige Thema gleich zu Beginn anpacken. Natürlich wußte er, daß die offene Frage des Handelsabkommens im Hintergrund schwelte. Er begann die Sitzung im Kabinettssaal mit einer Erklärung zur deutschen Frage. Zunächst erläuterte er die neun Punkte, mit denen die sowjetischen Sorgen in bezug auf die Vereinigung und die deutsche NATO-Mitgliedschaft ausgeräumt werden sollten. Dann begründete er die amerikanische Position zur NATO-Frage und zum Zwei-plus-Vier-Prozeß. Die NATO, erklärte er, werde eine stabilisierende Kraft für Deutschland sein, den Deutschen Vertrauen in ihre Sicherheit geben und es weniger wahrscheinlich machen, daß sie ihre Nachbarn beunruhigen oder eigene Atomwaffen erwerben würden.[54]

Gorbatschow setzte seinen Standpunkt dagegen, ein vereinigtes Deutschland könne beiden Bündnissen angehören oder keinem. Die Sowjets könnten mit beiden Varianten leben. Dann folgte eine weitschweifige Stellungnahme zur deutschen Frage, in der er unter anderem erklärte, daß die einseitige Mitgliedschaft Deutschlands in der NATO Europa aus dem Gleichgewicht bringen würde. Wiederholt sprach er von der Notwendigkeit einer längeren Übergangsperiode. An deren Ende könnte das vereinigte Deutschland sowohl in der NATO als auch im Warschauer Pakt verankert sein, die sich währenddessen zu politischen Organisationen gewandelt hätten. »Sie sind Seemann«, sagte er zu Bush. »Da werden Sie doch sicher verstehen, daß ein Anker gut ist, zwei aber besser sind.« Wenn sich die Vereinigten Staaten und die Sowjetunion über das weitere Vorgehen einigen könnten, würden die Deutschen sicher zustimmen.

Bush erwiderte, daß der grundsätzliche Unterschied zwischen ihren beiden Ländern darin bestehe, daß die Sowjetunion im Gegensatz zu Amerika ein tiefes Mißtrauen gegen Deutschland hege. Dabei könne Deutschland ein guter Freund der Sowjetunion werden, so wie es ein Freund der Vereinigten Staaten sei. Deutschland habe eine wahrhafte Demokratie aufgebaut. Bush erinnerte Gorbatschow erneut daran, daß er es stets vermieden habe, die Sowjetunion in Verlegenheit zu bringen. Er habe nicht laut gejubelt, als die Berliner Mauer fiel. Aber er glaube, daß die deutsche NATO-Mitgliedschaft die stabilste Lösung für die Sicherheit in Europa sei.

Gorbatschow pflichtete Bush bei, daß die Anwesenheit amerikanischer Truppen stabilisierend wirke, und diese Militärpräsenz sei mit der NATO verknüpft. Möglicherweise könnten die neuen Sicherheitsstrukturen später kommen, aber die NATO müsse sich jetzt verändern. Er könne die Gefühle der Deutschen verstehen, aber er könne auch die Einstellung seines eigenen Volkes nicht außer acht lassen. Dann wiederholte er den Vorschlag der Doppelmitgliedschaft. In den Zwei-plus-Vier-Gesprächen könne eine Vereinbarung über die Ablösung der Viermächterechte getroffen werden. Danach würde eine mehrere Jahre dauernde Übergangsperiode folgen, in der die Bündnisse eine Veränderung durchmachen würden. Implizit schien er andeuten zu wollen, daß eine Einigung über diese Übergangsperiode und deren Ergebnisse den Weg zum Abschluß des KSE-Vertrages frei machen würde.

Anschließend erhielten die Außenminister das Wort. Baker sprach über die Pläne für den bevorstehenden NATO-Gipfel und erläuterte das Neun-Punkte-Paket. Schewardnadse kam in seiner Erwiderung auf die Idee der Doppelmitgliedschaft zurück, wobei Gorbatschow einwarf, daß vielleicht alle beteiligten Länder beiden Bündnissen angehören könnten. Immerhin hätten schon Stalin, Roosevelt und Churchill eine Koalition gebildet. Möglicherweise könne auch die Sowjetunion der NATO beitreten. Bush fragte lächelnd zurück, wie es Marschall Achromejew – der ihm auf der anderen Seite des Tischs gegenübersaß – wohl gefallen würde, unter einem amerikanischen NATO-Befehlshaber zu dienen. Baker regte an, durch eine Vereinbarung zwischen NATO und Warschauer Pakt zu demonstrieren, daß an die Stelle der feindseligen Konfrontation freundliche Beziehungen getreten waren. Gorbatschow erwiderte, daß sich die Bündnisse in stärker politisch orientierte Organisationen wandeln könnten, die ihre Ansichten miteinander austauschen würden, während die NATO ihre Doktrin änderte. Aber Deutschland dürfe keinesfalls nur einem Bündnis angehören.

Dann brachte Bush ein Argument vor, das auf unterer Ebene bereits von amerikanischen und westdeutschen Regierungvertretern verwendet worden war: Gemäß der KSZE-Schlußakte hätten alle Staaten das Recht, ihre Bündniszugehörigkeit frei zu wählen. Also sollte auch Deutschland selbst entscheiden dürfen, welchem Bündnis es sich anschließen wolle.[55] Dies sei doch richtig? Gorbatschow nickte und pflichtete Bush bei. Die Amerikaner waren verblüfft. Sie sahen, wie Achromejew und Falin hochschreckten und unruhig auf ihren Stühlen hin- und herrutschten. Blackwill flüsterte dem neben ihm sitzenden Zoellick zu, daß er dem Präsidenten eine Notiz zukommen lassen wolle. Zoellick stimmte zu, und Blackwill schrieb rasch auf einen Zettel, daß Gorbatschow soeben überraschenderweise die amerikanische Position vertreten habe, der zufolge jedes Land das Recht habe, sein Bündnis selbst zu wählen. Ob der Präsident Gorbatschow dazu bringen könnte, dies zu wiederholen?

Bush konnte. »Ich freue mich, daß Sie offenbar mit mir darin übereinstimmen, daß jedes Land sein Bündnis frei wählen kann.«

»Wir formulieren also wie folgt«, erwiderte Gorbatschow. »Die Vereinigten Staaten und die Sowjetunioon sprechen sich dafür aus, … dem vereinten Deutschland selbst die Entscheidung zu überlassen, zu welchem Bündnis es gehören will.« Bush schlug eine etwas andere Formulierung vor: »Die Vereinigten Staaten sprechen sich eindeutig für eine Mitgliedschaft des vereinten Deutschland in der NATO aus, allerdings werden wir, falls es sich anders entscheiden sollte, die Entscheidung nicht anfechten, sondern tolerieren.« Gorbatschow war einverstanden.

In seiner Delegation hatte sich Unruhe breitgemacht. Für Zoellick war es eine der ungewöhnlichsten Szenen, denen er jemals beigewohnt hatte.

Gorbatschows Berater schienen sich durch Mienenspiel und Körpersprache gewissermaßen physisch von seinen Worten zu distanzieren. Doch dann kehrte Gorbatschow auf vertrauten Boden zurück und sprach wieder von der Notwendigkeit einer längeren Übergangsperiode, in der sich Europa auf die durch die deutsche Vereinigung veränderte Situation einstellen würde. Währenddessen schob er Falin einen Zettel zu, auf dem er ihn bat zu erklären, warum eine proatlantische Lösung für die Sowjetunion unannehmbar war. »Ich bin bereit«, kritzelte Falin auf den Zettel und schickte ihn zurück. Gorbatschow erteilte ihm mit einem Nicken das Wort, und Falin holte zu seinem Vortrag aus, während sich Gorbatschow mit Schewardnadse besprach. Als er sich wieder in die Diskussion einschaltete, schlug er vor, die deutsche Frage an die beiden Außenminister zu übergeben. Erstaunlicherweise verweigerte Schewardnadse zunächst seine Zustimmung, indem er vor den Ohren der Amerikaner erklärte, daß diese Frage von den Regierungschefs entschieden werden müsse. Auf Gorbatschows Drängen gab er jedoch nach und erklärte sich bereit, die Sache mit Baker durchzusprechen.

Nach dem Treffen stellten Bush und seine Berater einhellig fest, daß kein Mißverständnis möglich war: Gorbatschow hatte tatsächlich zugestanden, daß ein vereinigtes Deutschland sich für die Vollmitgliedschaft in der NATO entscheiden könne. Auf der anderen Seite, in der sowjetischen Botschaft, beklagte sich Gorbatschow, wie Falin später berichtet hat, über Schewardnadses Untätigkeit. Er fand es bedauerlich, daß der Außenminister nicht erkundet hatte, welche Varianten zur NATO-Mitgliedschaft die Amerikaner möglicherweise akzeptieren würden. Vielleicht hatte sich Schewardnadse, nachdem er Anfang des Monats vom Politbüro und von Gorbatschow persönlich zurückgepfiffen worden war, einfach gescheut, sich auf Glatteis zu begeben. Wenn Gorbatschow, nachdem er ihn überstimmt hatte, jetzt Konzessionen machen wollte, dann sollte er auch die Verantwortung dafür übernehmen.

Daß Gorbatschow eine Konzession gemacht hatte, war der sowjetischen Delegation nur zu deutlich bewußt. Unmittelbar nach dem Treffen wurde Tschernjajew, noch auf dem Rasen des Weißen Hauses, von Achromejew einem regelrechten Verhör über Gorbatschows Äußerungen unterzogen. Ob sie so in den Vorbereitungspapieren gestanden hätten? Warum sich Gorbatschow in dieser Weise geäußert habe? Tschernjajew antwortete, daß es spontane Äußerungen gewesen seien. Warum Gorbatschow sie getan habe, ohne Rücksprache zu halten, wisse er nicht.[56]

Gorbatschows und Schewardnadses Verhalten in der Sitzung erschien und erscheint heute noch merkwürdig. Es kommt in der Diplomatie selten vor, daß jemand direkt am Verhandlungstisch seine Meinung ändert. Die wahrscheinlichste Erklärung, die mit den Belegen in Einklang steht, ist die, daß Gorbatschows Entschlossenheit schon vor der Reise nach Washington Stück um Stück aufgeweicht worden war. Nichts, was die Sowjetunion in bezug auf Deutschland vorschlug, schien zu funktionieren. Die Entscheidungen des Politbüros von Anfang Mai hatten zu Schewardnadses Scheitern in Bonn geführt. Gorbatschow selbst hatte mehrfach die ganze Palette der alten Argumente wiederholt, zuerst gegenüber Baker, dann gegenüber Mitterrand und Mulroney. Als er schließlich in Washington mit Bush zusammentraf, war sozusagen die Luft heraus. Vielleicht hatte ihn der US-Präsident mit dem Verweis auf das von der KSZE zugestandene Recht auf freie Wahl der Bündniszugehörigkeit gewissermaßen auf dem falschen Fuß erwischt. Tschernjajew meinte später, daß es unlogisch gewesen wäre, diesen Gedanken zurückzuweisen, da Gorbatschow bereits zugestanden hatte, daß ein vereinigtes Deutschland die volle Souveränität erhalten würde. Darüber hinaus hatte der sowjetische Staatschef selbst oft genug das Recht auf freie Wahlen und nationale Selbstbestimmung im Munde geführt. Das Ergebnis war jedenfalls, daß die Mauer des Widerstands einstürzte, als Bush sie aus diesem neuen Winkel traf.

Für den Abend stand ein Staatsbankett im Weißen Haus auf Gorbatschows Terminkalender, und am nächsten Morgen, dem 1. Juni, folgte ein Frühstück mit einigen Kongreßabgeordneten, bei dem er wiederum den Abschluß des Handelsabkommens verlangte. »Wir werden aus Europa hinausgedrängt«, beschwerte er sich, und es werde »Druck zum einseitigen Vorteil der anderen Seite ausgeübt«. Sollte sich in Europa ein Ungleichgewicht herausbilden, müsse Moskau seine Position in Abrüstungsfragen überdenken. Dann schilderte Gorbatschow die Wirtschaftsprobleme seines Landes und bat die Kongreßabgeordneten, sich für das Handelsabkommen einzusetzen. Es werde zwar keine schnellen Ergebnisse zeitigen, da die amerikanisch-sowjetischen Handelsbeziehungen derart unterentwikkelt seien, aber er halte es »hauptsächlich aus politischen Erwägungen für sehr wichtig, daß Sie sich zu dieser Geste entschließen«.[57]

Am späten Vormittag sprach er mit Bush über das Thema. Der Präsident hatte sich inzwischen beraten lassen. Die Meinungen waren gespalten, doch Baker hatte sich für das Abkommen eingesetzt. Die Administration, sagte er, solle versuchen, eine Verknüpfung mit der sowjetischen Haltung gegenüber Litauen herzustellen, aber die Vereinigten Staaten müßten den Reformkurs in der Sowjetunion auf greifbare Weise unterstützen. Schewardnadse sei in diesem Punkt sehr überzeugend gewesen. Bush gab grünes Licht. Gorbatschows Zugeständnis in bezug auf Deutschland dürfte ihm die Entscheidung, dem bedrängten sowjetischen Staatschef zu helfen, sehr erleichtert haben.

Bush nahm sich die Zeit, Kohl anzurufen, um ihn über den Verlauf des Gipfeltreffens zu informieren.[58] Er erwähnte die »verschrobene Idee« der gleichzeitigen Mitgliedschaft in beiden Bündnissen, meinte aber, daß Gorbatschow der Charakter der NATO mindestens ebensoviel Sorgen bereite wie die deutsche Mitgliedschaft. Mit anderen Worten, Gorbatschow könne durch einen glaubwürdigen Schritt weg von der antisowjetischen Ausrichtung des Bündnisses positiv beeinflußt werden. Er habe ihm Artikel 2 des Nordatlantikvertrages vorgelesen, in dem die breite politische Zielsetzung des Bündnisses festgelegt war. Er halte Gorbatschows Ansichten nicht für unabänderlich. Entscheidende Bedeutung komme dem bevorstehenden NATO-Gipfel zu. Dann erklärte Bush eher beiläufig, Gorbatschow habe »gewissermaßen zugestimmt«, daß Deutschland das Recht habe, sich für die Vollmitgliedschaft in der NATO zu entscheiden.

Kohl erkundigte sich nach dem Stand der Dinge hinsichtlich der Wirtschaftshilfe für die UdSSR. Bush antwortete, daß man über das Handelsabkommen diskutiert habe, die Kreditfrage aber noch nicht zur Sprache gekommen sei. Er glaube, daß Gorbatschow dieses Thema erst am nächsten Tag in der privateren Atmosphäre von Camp David anschneiden wolle. Kohl bekräftigte seinen Standpunkt in der NATO-Frage und begründete ausführlich, warum die Bundesrepublik den Austritt aus dem Bündnis nicht einmal in Erwägung ziehen sollte. Er schien nicht mitbekommen zu haben, daß Gorbatschow den Deutschen das Recht konzediert hatte, sich für die NATO zu entscheiden, und so fragte Bush ihn direkt, ob er die Formulierung billigen könne, daß Deutschland gemäß der KSZE-Schlußakte dieses Recht besitze. Kohl bejahte, war aber mit den Gedanken immer noch bei der Wirtschaftsfrage, und Bush unterbrach ihn erneut, um zu wiederholen, was Gorbatschow über das souveräne Wahlrecht der Deutschen gesagt hatte. Der Bundeskanzler blieb dennoch bis zum Ende des Telefongesprächs beim Thema der sowjetischen Wirtschaft. Es war, als wäre die Neuigkeit, obwohl Bush sie mit allem Nachdruck hervorhob, zu verblüffend gewesen, um wahrgenommen zu werden.

Bush kehrte zu den Gesprächen mit Gorbatschow zurück. In den Beratungen am 1. Juni ging es hauptsächlich um Abrüstungsfragen. Man erzielte einige hart erkämpfte Fortschritte in bezug auf START, während sich hinsichtlich der VKSE wenig rührte. Die Presse und Bushs Berater waren allerdings gespannter darauf, ob es zum Abschluß des amerikanisch-sowjetischen Handelsabkommens kommen würde. Das Weiße Haus hatte für die feierliche Unterzeichnung einen Termin am späten Nachmittag des 1. Juni vorgesehen. Bevor Gorbatschow den East Room betrat, in dem die Zeremonie stattfinden sollte, vergewisserte er sich noch einmal: »Unterzeichnen wir jetzt das Handelsabkommen?« Bush bejahte es. Darüber hinaus hatte man der sowjetischen Forderung nachgegeben, den Vertrag nicht von der Entwicklung in Litauen abhängig zu machen. Er war lediglich an die Verabschiedung eines neuen, liberaleren sowjetischen Emigrationsgesetzes gekoppelt, das die Amerikaner schon seit langem forderten.

Die Entscheidung, den Vertrag zu unterzeichnen, war so kurzfristig gefallen, daß die Vertragsdokumente nicht rechtzeitig zum geplanten Termin im Weißen Haus eingetroffen waren, so daß Bush und Gorbatschow vor dem Saal warten mußten, während James Cicioni, der Sekretär des Stabes des Präsidenten, und Condoleezza Rice fieberhaft damit beschäftigt waren, Hinweise auf den Vertrag in Bushs Rede einzufügen. Dann war es soweit. Die beiden Präsidenten betraten den East Room und gaben ihre Erklärungen ab. Die an das Abkommen geknüpfte Bedingung wurde eher beiläufig erwähnt, als Bush erklärte, man sehe »der Verabschiedung eines sowjetischen Emigrationsgesetzes zuversichtlich entgegen«. Dennoch hatte der US-Präsident mit der Koppelung von amerikanisch-sowjetischem Handel und sowjetischer Innenpolitik etwas erreicht, was frühere Sowjetführer stets als unannehmbar zurückgewiesen hatten. In bezug auf Deutschland gab es nichts zu verkünden.[59]

Am Abend dieses Tages dachten Bushs Mitarbeiter darüber nach, wie man aus Gorbatschows Zugeständnis in der NATO-Frage Nutzen schlagen konnte. Der NSC-Stab entwarf eine Erklärung, die der Präsident auf der gemeinsamen Pressekonferenz zum Abschluß des Gipfels am Vormittag des 3. Juni abgeben sollte. Es galt, Gorbatschow öffentlich auf das Prinzip der freien Wahl der Bündniszugehörigkeit festzulegen, auch wenn die USA und die Sowjetunion unterschiedlicher Meinung darüber waren, wie diese Wahl im Fall Deutschlands ausfallen sollte. Die entsprechende Passage lautete schließlich: »Was die äußeren Bündnisse Deutschlands betrifft, bin ich der Auffassung, wie Kanzler Kohl und andere Mitglieder des Bündnisses auch, daß das vereinte Deutschland ein vollberechtigtes Mitglied der NATO sein soll. Präsident Gorbatschow, offen gesagt, teilt diese Auffassung nicht. Doch stimmen wir darin voll und ganz überein, daß die Frage der Bündnismitgliedschaft, in Übereinstimmung mit der Schlußakte von Helsinki, eine Sache ist, die die Deutschen entscheiden müssen.«[60] Um sicherzustellen, daß der sowjetische Staatschef »voll und ganz« mit Bush übereinstimmte, übergab Rice dem sowjetischen Botschafter Bessmertnych den Text der Erklärung zur Prüfung, und Bessmertnych besprach ihn als erfahrener Diplomat mit Gorbatschow und dessen Beratern.

Unterdessen waren Bush und Gorbatschow nach Camp David geflogen, wo sie in entspannter, privater Atmosphäre überwiegend über die weltweiten Regionalprobleme sprachen.[61] Wie Bush erwartet hatte, schnitt Gorbatschow aber auch die Frage der Gewährung amerikanischer Kredite an. Bush erwiderte, daß er gern helfen wolle, doch ohne weitere Wirtschaftsreformen, Bewegung in der Litauenfrage und eine Reduzierung der Zuschüsse an Kuba nicht viel tun könne. Fortschritte in bezug auf Deutschland würden ebenfalls dazu beitragen, ein Klima zu schaffen, in dem er den Kongreß um die Bewilligung von Krediten bitten könnte. Er versprach Gorbatschow, daß die G7 bei ihrem Treffen in Houston im Juli, gleich nach dem NATO-Gipfel, über ein umfassendes multilaterales Hilfsprogramm nachdenken würden.

Die Diskussion der Geschehnisse in der Dritten Welt entwickelte sich zu einem wirklichen Gespräch, in dem Meinungen und Gedanken ausgetauscht wurden, ohne bestimmte Absichten damit zu verfolgen. Beim Abendessen machte Gorbatschow einen unbeschwerten, heiteren Eindruck. Nach der Unterzeichnung des Handelsabkommens war die Stimmung warm und herzlich geworden. Dennoch warteten Blackwill und Rice bis tief in die Nacht gespannt auf die sowjetische Reaktion auf den Entwurf der Presseerklärung. Am frühen Sonntag morgen endlich ließ Bessmertnych Blackwill wissen, daß Gorbatschow keine Einwände gegen die geplanten Bemerkungen des Präsidenten habe. Bush gab die Erklärung in der vorbereiteten Form ab.

Die Journalisten schienen die Bedeutung von Bushs Erklärung nicht zu bemerken, und die amerikanischen Regierungsvertreter stießen sie nicht darauf. Sie spürten, daß Gorbatschow in der deutschen Frage zwar zu einem Entschluß gekommen war, sich aber noch auf schwankendem Boden bewegte. Wenn die Amerikaner jetzt in Siegesgeschrei ausbrachen, könnte er sich – politisch in eine peinliche Lage gebracht – schnell wieder eingraben. Die Folge wäre wie im Februar nach dem Treffen mit Kohl eine Verhärtung der Positionen gewesen. Das sowjetische Zugeständnis war aktenkundig, und die Amerikaner würden hinter den Kulissen daran arbeiten, den erreichten Fortschritt zu konsolidieren, bis die Sowjets von sich aus bereit waren, den grundlegenden Wandel ihrer Position einzugestehen. In derselben zurückhaltenden Weise informierte Bush in Telefongesprächen Kohl, Thatcher und Mitterrand über diese Passage seiner Presseerklärung. Statt Gorbatschows Zugeständnis aufzubauschen, verwies er darauf, daß jetzt ein erfolgreicher NATO-Gipfel folgen müsse. Keiner der Gesprächspartner schien beim ersten Hören die volle Bedeutung der Mitteilung zu erfassen, und keiner fragte nach. (Teltschik bezeichnete sie allerdings als »Sensation«.) Mitterrand bemerkte, daß Gorbatschow vermutlich damit rechne, seine sicherheitspolitischen Ziele über den Umweg der westdeutschen Innenpolitik zu erreichen. Bush blieb vorsichtig: »Wir werden natürlich abwarten müssen, ob sich darin echte Flexibilität der sowjetischen Position ausdrückt.«[62]

Die Vorsicht war überflüssig. Gorbatschows Bemerkung über das Wahlrecht der Deutschen war durchaus ernst gemeint.[63] Als Tschernjajew später gefragt wurde, wann die Sowjetunion der NATO-Mitgliedschaft eines vereinigten Deutschland zugestimmt habe, antwortete er: »Am 30. Mai, beim sowjetisch-amerikanischen Gipfel in Washington.«[64] Es war ein Wendepunkt. Gorbatschow sollte gegenüber der deutschen Zugehörigkeit zur NATO nie wieder eine unnachgiebige Haltung einnehmen. Statt dessen begannen sowohl er selbst als auch Schewardnadse mit Blick auf den im Juli bevorstehenden NATO-Gipfel in London darauf zu drängen, daß der Neun-Punkte-Plan umgesetzt wurde, insbesondere was die Veränderungen des atlantischen Bündnisses anbelangte. Diese und der innenpolitische Terminkalender mit dem Höhepunkt des Parteitags im Juli würden darüber entscheiden, wann die Zeit reif war, die neue sowjetische Haltung in der deutschen Frage öffentlich zu verkünden. Bis dahin würden weder im Politbüro noch in der kollektiven Führung Diskussionen über Deutschland stattfinden, die Gorbatschow und Schewardnadse die Hände gebunden hätten. Die deutsche Frage trug insofern zu der umfassenderen Entscheidung bei, den alten Apparat, mit dem die Sowjetunion bisher regiert worden war, auszumustern.

Unmittelbar nach dem Washingtoner Gipfel flogen sowohl Baker als auch Schewardnadse zu einer KSZE-Ministerkonferenz nach Kopenhagen. Nach einem Tag voller Reden über die »menschliche Dimension« der europäischen Sicherheitspolitik wandten sie sich wieder der deutschen Frage zu. Schewardnadse hatte im Lauf des Tages bereits kurz mit Genscher gesprochen, und am Abend traf er zu einem weiteren langen Gespräch mit dem amerikanischen Außenminister zusammen.[65] Baker schnitt zunächst die Sicherheitsfrage an. Ob Schewardnadse immer noch an einer Vereinbarung zwischen NATO und Warschauer Pakt interessiert sei? Dies sei eine sowjetische Idee. Was sich Moskau darunter vorstelle, wollte Baker wissen. Schewardnadse erwiderte, daß es noch keinen konkreten Vorschlag gebe, aber er könnte Punkte enthalten wie die Verpflichtung, nicht als erster Atomwaffen einzusetzen. Baker wandte ein, daß diese Idee schwer durchzusetzen sein würde, aber man müsse abwarten, wie der Vorschlag aussehe. Schewardnadse versprach, ihn binnen zehn Tagen vorzulegen. Dann forderte er Baker auf, dafür zu sorgen, daß die Vereinigten Staaten endlich öffentlich erklärten, was sie vertraulich bereits sagten: daß die Sowjetunion nicht mehr als Feind betrachtet werde.

Baker nahm es zur Kenntnis. Anschließend kam Schewardnadse auf die Idee einer Übergangsperiode zurück, die er und Gorbatschow in Washington vorgebracht hatten. Man müsse entscheiden, wie lange sie dauern und wie sie gestaltet werden sollte.

Schewardnadse kannte offenbar die amerikanische Einschätzung, der zufolge die Ereignisse in Deutschland jetzt zügig auf die Einheit und gesamtdeutsche Wahlen am Ende des Jahres zusteuerten, denn es folgte eine verblüffende Mitteilung, die nur aus dieser Kenntnis zu verstehen ist. Die Sowjetunion, sagte er, verfüge über Geheimdienstinformationen, die ihre Vermutung (die er schon in Washington kurz erwähnt hatte) bestätigten, daß der deutsche Vereinigungsprozeß nicht so schnell vonstatten gehe wie erwartet. Er wisse von Kohls Absicht, die innere Vereinigung bis zum Herbst zu vollenden, bezweifle aber, daß dies zu erreichen sei. Moskau habe aus zuverlässiger Quelle erfahren, daß viele Mitglieder der ostdeutschen Regierung Kohls Pläne nicht billigten, weil sie glaubten, daß der Bundeskanzler das Tempo der Vereinigung künstlich beschleunigte. Es sehe ganz danach aus, als würden die gesamtdeutschen Wahlen nicht vor 1991 stattfinden. Schewardnadse konnte sich nicht dafür verbürgen, wollte dem amerikanischen Außenminister seine Informationen aber nicht vorenthalten. Unter diesen Umständen, sagte er, könnte sich eine Übergangsperiode als sinnvoll erweisen.

Baker antwortete zurückhaltend. Er hoffe, sagte er, daß die Sowjetunion Deutschland nicht die Souveränität verwehren wolle, während die politische und wirtschaftliche Union Gestalt annehme. Das würde in Deutschland böses Blut machen. Falls die innere Vereinigung länger dauerte, wären die äußeren Fragen allerdings weniger drängend. Er hoffe jedoch, daß Schewardnadse nicht künstlich eine Übergangsperiode schaffen wolle, nur um die Regelung der äußeren Aspekte der Vereinigung hinauszuzögern. Die Fortschritte auf diesem Gebiet sollten denen der inneren Vereinigung nicht hinterherhinken. In diesem Fall würde sich die Sowjetunion selbst isolieren, besonders wenn sie versuchte, die Gewährung der Souveränität nach der Vereinigung zu verweigern. Dies werde nicht geschehen, versicherte Schewardnadse. Die sowjetischen Beziehungen zu Deutschland würden auf Gleichberechtigung und gegenseitiger Achtung gegründet werden. Selbst wenn es in der NATO bleibe, werde die Sowjetunion gute Beziehungen zu Deutschland entwickeln. Wenn sie die Entwicklung hätte stören wollen, hätte sie wohl kaum dem Zwei-plus-Vier-Mechanismus zugestimmt. Sie hätte Deutschland herausgehalten und die ganze Frage streng nach dem Potsdamer Abkommen als Angelegenheit der Vier Mächte betrachtet. Aber die Sowjetunion wolle sich nicht gegen den Strom stellen.

Baker brachte das Gespräch auf eine der Hauptforderungen der Sowjetunion: die Begrenzung der deutschen Streitkräfte. Schewardnadse war bereit, auf den amerikanischen Vorschlag einzugehen, die Obergrenze in künftigen KSE-Verhandlungen festzulegen. Wie er Genscher gesagt hatte, würde es ihm genügen, wenn die Bundesrepublik in einer Erklärung den Rahmen absteckte, der für sie als Klausel eines künftigen KSE-Vertrages akzeptabel wäre. Die Sowjets wollten nicht, daß der Abschluß der laufenden Wiener Verhandlungen durch diese Frage verzögert würde. Ein aus sowjetischer Sicht angemessener Rahmen der deutschen Streitkräfte wären 200 000 bis 250 000 Mann (was etwa der Hälfte der Bundeswehr-Stärke entsprach). Die Westdeutschen, so Schewardnadse, sprächen von 280 000 bis 300 000 Mann.

Der sowjetische Außenminister bewegte sich augenscheinlich auf einen Kompromiß zu. Er war bereit, sich in der Frage der Truppenobergrenze der vom Westen vorgeschlagenen Vorgehensweise anzuschließen und sich mit einer von den Deutschen genannten Zahl abzufinden, die erst kodifiziert werden sollte, wenn auch alle anderen europäischen Staaten eine Obergrenze für ihre Streitkräfte akzeptiert hatten. Er glaubte allerdings, daß die Deutschen ihm weiter entgegenkommen wollten, als es tatsächlich der Fall war. Weder Kohl noch Stoltenberg hatten einer derart niedrigen Zahl, wie sie Schewardnadse genannt hatte, zugestimmt – und sollten ihr auch in Zukunft nicht zustimmen. Entweder hatte Schewardnadse die westdeutsche Position mißverstanden, oder einer von Genschers Diplomaten hatte ihm Versprechungen gemacht, die er nicht halten konnte.[66]

Baker glaubte, daß der tote Punkt damit überwunden war. Die verworrenen Ansichten des neuen ostdeutschen Außenministers, Markus Mekkel, konnten getrost ignoriert werden.[67] Wenn Gorbatschow der traditionellen Linie der sowjetischen Sicherheitspolitik hätte folgen wollen, dann hätte er es in Washington getan. Es gab zwar immer noch viel zu tun, insbesondere auf dem NATO-Gipfel. Aber Baker war überzeugt, daß die Sowjets zu einer Einigung über Deutschland bereit sein würden, wenn Washington eine gewandelte NATO und ein greifbares Ergebnis des Weltwirtschaftsgipfels in Houston vorweisen konnte. Tarassenko hat später von einem langen Gespräch berichtet, das Gorbatschow und Schewardnadse im Juni 1990 führten. Da die DDR inzwischen kaum mehr als ein Kuriosum auf dem Weg zur deutschen Vereinigung darstellte, waren die beiden Sowjetführer besorgt über den schwindenden Einfluß der Sowjetunion. Vielleicht hofften sie gegen alle Wahrscheinlichkeit, daß sich ihre Geheimdiensterkenntnisse über die Verlangsamung des Vereinigungsprozesses als richtig erweisen würden. Denn ansonsten hatten sie wenig in der Hand, um die Entwicklung zu steuern. Der Strom war, wie Schewardnadse gesagt hatte, stärker geworden, und weder er noch Gorbatschow sahen einen Sinn darin, weiterhin gegen ihn anzuschwimmen.

Das letzte Angebot

Die amerikanisch-sowjetischen Gespräche in Washington und Kopenhagen markierten einen Wendepunkt, das Ende des sowjetischen Widerstands gegen die Vollmitgliedschaft des vereinigten Deutschland in der NATO. In Washington grübelte man über Schewardnadses überraschende Voraussage nach, daß der Vereinigungsprozeß durch die neue ostdeutsche Regierung gestört werden könnte. Man war allerdings überzeugt, daß er sich irrte. Bundeskanzler Kohl hatte sich am 28. Mai bei einem Treffen mit dem ostdeutschen Ministerpräsidenten Lothar de Maizière dessen Zustimmung zur schnellen Vereinigung bestätigen lassen. Der Vertrag über die Wirtschafts- und Währungsunion sollte im Juni vom Bundestag ratifiziert werden und am 2. Juli in Kraft treten, und der Beitritt der DDR zur BRD nach Artikel 23 würde noch vor Ende des Jahres stattfinden, rechtzeitig zur gesamtdeutschen Bundestagswahl.[1]

Anfang Juni flog Kohl zum dritten Mal in drei Monaten nach Washington. Er reiste ohne Genscher und ohne die große Delegation an, die er im Mai mitgebracht hatte, um im persönlichen Gespräch mit Bush die Strategie für die erfolgreiche Vollendung der Einheit zu besprechen. Die Amerikaner waren besonders gespannt darauf, wie er mit der Frage der Truppenobergrenze umgehen wollte.

Im schottischen Turnberry, wo sich zur selben Zeit die NATO-Außenminister trafen, hatte der deutsche Abrüstungsbeauftragte Josef Holik mit Genschers Zustimmung einen neuen Vorschlag in Umlauf gebracht. Er sah eine bindende Obergrenze für die Streitkräfte aller Staaten in Mitteleuropa vor. Die Sowjetunion und andere, außerhalb Mitteleuropas liegende NATO- und Warschauer-Pakt-Staaten sollten das Versprechen abgeben, ihre in Europa stationierten Truppen nicht zu verstärken. Außerdem waren alle Vertragsparteien aufgerufen, sich den mitteleuropäischen Staaten, darunter auch Deutschland, anzuschließen und die

Truppenobergrenzen anzuerkennen, die in der nächsten Runde der VKSE ausgehandelt werden sollten. Die Amerikaner betrachteten diesen Vorschlag des Auswärtigen Amts nicht als letztes Wort der Bundesregierung. Deshalb wollte Bush nun Kohls Position herausfinden, damit Bonn und Washington eine gemeinsame Linie festlegen konnten.[2]

Kohl hatte einen besonderen Besuchswunsch für diese Reise geäußert. Er wollte einen Abstecher zum Nationalfriedhof in Arlington machen, der Ruhestätte vieler Soldaten, die für Amerika im Krieg gefallen waren. Während er an den weißen Grabsteinen entlangschritt, sann Kohl über die Konflikte der Vergangenheit nach. Scowcroft, der ihn begleitete, war beeindruckt von seinen detaillierten Kenntnissen sowohl der militärischen als auch der politischen Geschichte.[3] Am Abend des 8. Juni war Kohl zu einem Abendessen mit Bush, Baker und Scowcroft ins Weiße Haus eingeladen.[4] Seine Hauptbotschaft war eindeutig: Die deutsche NATO-Mitgliedschaft war unverzichtbar und stand nicht zur Disposition. Aber die NATO mußte zeigen, daß sie bereit war, sich zu wandeln. Kohl wollte bei der Vorbereitung des NATO-Gipfels behilflich sein und bot an, Teltschik zu vertraulichen Gesprächen nach Washington zu schicken. Geheimhaltung sei absolut notwendig. Erwägenswert fand der Bundeskanzler auch die Idee eines Nichtangriffspakts zwischen NATO und Warschauer Pakt.

Bush war daran nicht interessiert. Verträge mit dem Warschauer Pakt würden seiner Ansicht nach nur eine Stütze des zerfallenden Ostblockbündnisses sein. In Moskau war soeben ein Gipfeltreffen der Warschauer-Pakt-Staaten zu Ende gegangen, bei dem Ungarn und Polen offen die Absicht geäußert hatten, die militärische Zusammenarbeit mit dem Ostblock aufzukündigen. Der Warschauer Pakt war bestenfalls dabei, zu einer politischen Organisation zu werden. Gorbatschow schien einen Vertrag zwischen NATO und Warschauer Pakt allerdings als wichtiges Zeichen dafür anzusehen, daß die Tür zur Entwicklung neuer gesamteuropäischer Sicherheitsstrukturen, die an die Stelle der bestehenden Bündnisse treten sollten, offengehalten wurde.[5]

Baker war in dieser Hinsicht anderer Meinung als Bush. Er hatte sich seit Wochen mit der Idee eines Vertrages zwischen den beiden Bündnissen beschäftigt und darüber mit seinen NATO-Kollegen beraten. Es widerstrebte ihm, sie einfach fallenzulassen. Er konzedierte, daß der Westen dem in Auflösung befindlichen Warschauer Pakt keine neue Legitimität verschaffen sollte. Wenn die Sowjets aber durch irgendein harmloses Abkommen dazu bewogen werden konnten, der deutschen Vollmitgliedschaft in der NATO zuzustimmen, dann wollte Baker zumindest darüber nachdenken.

In bezug auf die Truppenobergrenzen setzten Bush und Kohl als unumstößlich voraus, daß Deutschland nicht durch spezielle Beschränkungen singularisiert werden durfte und daß dies kein Thema für die Zwei-plus-Vier-Gespräche war. Den von seinem Abrüstungsbeauftragten Holik in Turnberry vorgelegten Plan schien Kohl nicht zu kennen oder für uninteressant zu halten. Aber er war sich bewußt, daß man den Sowjets in irgendeiner Form eine Verpflichtung zur Begrenzung der künftigen deutschen Streitkräfte anbieten mußte. Dies war, wie Kohl anmerkte, vor dem Hintergrund der lebendigen Erinnerung an die zwanzig Millionen Toten, die die Sowjetunion im Zweiten Weltkrieg zu beklagen gehabt hatte, dringend geboten. Sein Problem bestand darin, sich auf eine Zahl festzulegen. Er hatte dies bisher zum Teil deshalb vermieden, weil er noch darüber nachdachte, was aus der DDR-Volksarmee werden sollte. Aber er versprach, sich in der folgenden Woche für eine Zahl zu entscheiden und die Amerikaner dann erneut zu konsultieren.

Kohl kehrte mit einem klaren deutsch-amerikanischen Einvernehmen über das gemeinsame Vorgehen in den nächsten Wochen nach Deutschland zurück. Jetzt erfuhr auch die Öffentlichkeit von der Absicht, die innere Vereinigung noch schneller zu vollziehen. Wie von Kohl und de Maizière vereinbart, verkündete die Ost-CDU am 12. Juni, daß sie das Ziel unterstütze, die Bundestagswahl im Dezember als gesamtdeutsche Wahl abzuhalten; der Koalitionspartner FDP stellte sich ebenfalls hinter Kohls Plan.[6] Fraglich blieb allerdings, ob die Wähler die Kosten der Einheit tragen wollten. Eine Ende Mai durchgeführte Meinungsumfrage hatte ergeben, daß lediglich achtundzwanzig Prozent der Westdeutschen bereit waren, für die Vereinigung finanzielle Opfer zu bringen. Die Mehrheit fürchtete einen Anstieg der Arbeitslosigkeit und eine Schwächung der D-Mark,[7] und die SPD-Opposition unter Kanzlerkandidat Oskar Lafontaine verwies unablässig auf die politische Logik, die in diesem Umfrageergebnis zutage trat.[8] Aber Kohl glaubte nicht, daß er die Zügel schleifen lassen konnte. Sein Zeitplan hing allerdings vom rechtzeitigen Abschluß des Zwei-plus-Vier-Prozesses ab, zumal er in der Öffentlichkeit eisern darauf beharrte, daß innere und äußere Aspekte der Vereinigung untrennbar seien. Das bedeutete, daß binnen weniger Monate ein umfangreiches Vertragspaket, bestehend aus einer abschließenden Vereinbarung über die äußeren Aspekte, einer Regelung der Probleme mit Polen und dem KSE-Vertrag, geschnürt und vom KSZE-Gipfel abgesegnet werden mußte.[9]

Ein Vertragstext wird entworfen

Während sich die Bundesrepublik weiterhin bemühte, die Besorgnisse der Polen zu zerstreuen, unter anderem durch die Ankündigung, das Grundgesetz und das Staatsbürgerschaftsrecht so zu ändern, daß alle Befürchtungen vor einem deutschen Revanchismus ausgeräumt wurden,[10] kam am 9. Juni die Zwei-plus-Vier-Beamtenrunde im Schloß Niederschönhausen in Ost-Berlin zu ihrer nächsten Sitzung zusammen. Die Frage der zeitlichen Abfolge von Vereinigung und Lösung der äußeren Aspekte schoben die Politischen Direktoren kurzerhand beiseite, um sich statt dessen mit der praktischeren Frage der Grenzen des vereinigten Deutschland zu befassen. Daß diese in der abschließenden Regelung bestimmt werden mußten, war unstrittig. Auch darüber, daß das vereinte Deutschland »die Gebiete der Bundesrepublik Deutschland, der Deutschen Demokratischen Republik und ganz Berlins umfassen« werde, war sich die Beamtenrunde rasch einig. Die beiden deutschen Regierungen verpflichteten sich darüber hinaus, die deutsch-polnische Grenze in einem neuen Vertrag mit Polen zu bekräftigen, alle Gebietsansprüche offiziell aufzugeben und alle Artikel des Grundgesetzes der Bundesrepublik zu ändern, die nicht mit diesen »Prinzipien« vereinbar waren. Die Artikel, in denen die möglichen Wege zur Vereinigung festgelegt waren, vor allem also die Artikel 23 und 146, sollten nach der Vereinigung ersatzlos gestrichen werden. Die Vier Mächte, die die entsprechenden Verpflichtungen der beiden deutschen Staaten entgegennehmen sollten, erklärten im Gegenzug, »daß mit deren Verwirklichung der endgültige Charakter der Grenzen des vereinten Deutschland bestätigt wird«. Obwohl es keine Meinungsverschiedenheiten darüber gab, wie diese Grenzen zu ziehen waren, brauchte es viel Zeit, Formulierungen zu finden, die dem Urteil der Völkerrechtler nicht vorgriffen. »Dieser Eiertanz hat mindestens drei Stunden gedauert«, berichtete Seitz gereizt an Zoellick.[11]

Trotz der Zugeständnisse, die Gorbatschow und Schewardnadse in Washington und Kopenhagen gemacht hatten, beharrten die sowjetische und die ostdeutsche Delegation – vermutlich aufgrund der Trägheit der Regierungsapparate – auf den Hardliner-Forderungen, die Schewardnadse in der Ministerrunde im Mai hatte vertreten müssen.[12] Die westlichen Unterhändler sagten den Sowjets rundheraus, daß sie an diesen Ideen nicht interessiert seien, und beide Seiten einigten sich lediglich darauf, daß sie sich nicht einig waren. Dann legten sie den 20. Juni als Termin für die nächste Beamtenrunde fest. Zwei Tage später, am 22. Juni, sollte das nächste Ministertreffen stattfinden.[13] Die Sowjets blieben unbeweglich. Wahrscheinlich wollten sie abwarten, was die NATO auf ihrem bevorstehenden Gipfel tun würde.

Ebenfalls im Juni reiste der ostdeutsche Ministerpräsident de Maizière nach Washington.[14] Es war das erste und letzte Mal, daß ein DDR-Regierungschef mit dem amerikanischen Präsidenten zusammentraf. Bush und de Maizière führten ein freundliches Gespräch, und letzterer genoß die einmalige Gelegenheit sichtlich. Der US-Präsident wollte seinem Gast allerdings vor allem zu verstehen geben, daß er nicht glaube, daß die DDR eine konstruktive Rolle in den Zwei-plus-Vier-Gesprächen spiele. De Maizière war kurz zuvor in Moskau gewesen und hatte in seinem Gespräch mit Gorbatschow den Eindruck gewonnen, daß es dem sowjetischen Staatschef schwerfallen würde, die deutsche NATO-Mitgliedschaft zu akzeptieren, es sei denn, das westliche Anreizpaket würde um einige nicht näher bestimmte Elemente erweitert. So groß die wirtschaftlichen Probleme der Sowjetunion auch sein mochten, erklärte er Bush, Wirtschaftshilfe reiche nicht aus, um die Befürchtungen des sowjetischen Volkes auszuräumen.

Bush stellte in seiner Erwiderung klar, daß bei allem, was zur Beruhigung der Sowjets getan werde, eine Gleichbehandlung der Streitkräfte des Westens und der Sowjetunion nicht in Frage käme. Die Präsenz der Alliierten sei erwünscht, die der Sowjets nicht. De Maizière sah es nicht anders. Als sich Baker mit Kritik an der ostdeutschen Haltung in den Zwei-plus-Vier-Gesprächen zu Wort meldete, zuckte de Maizière nur mit den Schultern. *Ihn* müsse man nicht überzeugen, sagte er, auf die Tatsache anspielend, daß sein Außenminister, Markus Meckel, dem Koalitionspartner SPD angehörte. Von dessen Kopenhagener Vorschlag, eine neutrale Sicherheitszone in Mitteleuropa zu schaffen, habe er erst aus der Zeitung erfahren. Er selbst habe solche Ideen nie unterstützt.

Eine weitere Momentaufnahme von Gorbatschows Denken kam von Margaret Thatcher, die am 8. Juni in Moskau mit ihm gesprochen hatte. Kurz vor ihrer Abreise war sie mit Baker zusammengekommen, der anläßlich der NATO-Tagung in Turnberry in Großbritannien weilte. Bei dieser Begegnung hatte sie sich ebenfalls gegen die »kuriose Idee« eines Vertrages zwischen NATO und Warschauer Pakt gewandt. Baker erwiderte, daß ihm Schewardnadse einen detaillierten Vorschlag versprochen habe, was Thatcher mit der spöttischen Bemerkung quittierte, so bald würden die Sowjets keine Details liefern. Das sei nicht ihre Art. Sie planten nur von einem Tag auf den andern. Baker vermutete, sie würden einfach Bälle in die Luft werfen, um zu sehen, ob einer von ihnen aufgefangen werde. Er wolle dennoch versuchen, ihnen für die harte Entscheidung, die sie in bezug auf Deutschland und die NATO zu fällen hätten, »politische Deckung« zu geben. Dann warnte er Thatcher davor, daß Gorbatschow sie wahrscheinlich um Kredite bitten werde. In diesem Punkt war sie mindestens so skeptisch wie die Amerikaner. Ihrer Ansicht nach würde jeder neue Kredit angesichts des Zustands der sowjetischen Wirtschaft verschwendetes Geld sein. Sie wollte statt dessen technologische Unterstützung – einen »Know-how-Fonds« – anbieten, um die Reformen in der Sowjetunion voranzubringen.[15]

Nach der Rückkehr aus Moskau übermittelte sie Präsident Bush einen lebendigen Eindruck der Lage in Moskau.[16] Gorbatschow habe davon gesprochen, die Marktwirtschaft einzuführen und die Beziehungen der Sowjetrepubliken untereinander auf eine neue verfassungsmäßige Grundlage zu stellen. Der Besuch in den USA habe ihn offensichtlich tief beeindruckt. Er stecke voller Anekdoten über seine Erlebnisse in Amerika und sei offenbar überzeugt, eine gute Beziehung zu Präsident Bush geknüpft zu haben.

Der größte Teil des Gesprächs drehte sich jedoch um Fragen der europäischen Sicherheit sowie um Deutschland und die NATO. Thatcher stellte sich hinter Kohls Terminplan für eine schnelle Vereinigung bei gleichzeitiger Regelung der äußeren Aspekte. Gorbatschows Gedanken schienen sich noch im Fluß zu befinden, denn seine Äußerungen waren voller Unstimmigkeiten und Widersprüche. Aber zum Erstaunen der britischen Premierministerin schloß er die deutsche Mitgliedschaft in der NATO mit keinem Wort aus, obwohl er laut über unterschiedliche Varianten nachdachte – vom französischen Modell bis zum dänischen oder norwegischen – und auch wieder über die Schaffung neuer gesamteuropäischer Sicherheitsstrukturen philosophierte, in denen die bestehenden Bündnisse aufgehen sollten. Er schien inzwischen allerdings begriffen zu haben, daß dies kein gangbarer Weg war.

Thatcher sah nach diesem Gespräch wie Baker die Vorteile einer gemeinsamen Erklärung von NATO und Warschauer Pakt. Ihr schwebte jedoch – ebenfalls wie Baker – etwas weniger Gewichtiges als der von Kohl anvisierte Nichtangriffspakt vor, etwas, das Gorbatschow helfen würde, ohne daß »wir Wesentliches preisgeben«. Gorbatschow hatte unter anderem die Idee eines KSZE-Zentrums für Konfliktverhütung erwähnt. Thatcher drängte Präsident Bush, die sich bietenden diplomatischen Gelegenheiten energisch zu nutzen, bevor sich die Sowjets auf einen starren negativen Standpunkt zurückzogen. Sie war sicher, daß die UdSSR die deutsche NATO-Mitgliedschaft letztlich akzeptieren würde »und daß wir in der Praxis keinen hohen Preis dafür bezahlen müssen«.

Zum Thema Litauen hatte Gorbatschow erklärt, daß er das Problem leid sei. Thatcher glaubte nicht, daß es auf seiner Prioritätenliste weit oben stand. Ihr Reiseprogramm hatte sie auch in die Ukraine und nach Armenien geführt, wo sie erstaunt feststellte, wie stark die dort aufgebrochenen nationalen Gefühle waren. Alles in allem hatte sie den Eindruck, daß Gorbatschow nicht mit einer baldigen Besserung der Lage rechnen konnte, aber es sei »niemand in Sicht, der eine bessere Chance hätte, die Probleme zu bewältigen und in geordneten Bahnen hinter sich zu bringen«.

Während der Augenblick der Wahrheit näherrückte, verstärkte Genscher seine Bemühungen um die Sowjetunion. Schewardnadse hatte ihn zum Gedenken an die tragische deutsch-sowjetische Geschichte zu einer symbolischen Wallfahrt nach Brest eingeladen. Die Stadt war ein geschichtsträchtiger Ort. Hier war Lenin 1918 gezwungen worden, einen demütigenden Friedensvertrag mit dem deutschen Kaiserreich zu unterzeichnen. Auch die Polen verbanden bittere Erinnerungen mit der Stadt, die als Brest-Litowsk einst zu ihrem Land gehört hatte. Doch Schewardnadse hatte sich vermutlich von persönlichen Gründen leiten lassen, denn Brest war auch die Stadt, bei deren Verteidigung gegen die Deutschen sein Bruder Akaki 1941 gefallen war. Jetzt, da über die Zukunft Deutschlands entschieden werden sollte, würde Genscher mit Schewardnadse das Grab von Akaki besuchen.[17]

Der emotionsgeladene Augenblick, in dem Genscher an Akaki Schewardnadses Grab feierlich ein Blumengebinde niederlegte, hat der deutschen Sache wahrscheinlich mehr gedient als die ausführlichen, aber auf altbekannten Pfaden bleibenden politischen Gespräche. Schewardnadse erwog immerhin zum ersten Mal die verschiedenen Möglichkeiten, wie Deutschland seine Verbindung zur NATO gestalten konnte. Aber die westliche Position stand fest, und Genschers Erwiderung fiel wenig ermutigend aus. Im weiteren Verlauf des Gesprächs wurde auch der Abschluß eines Abkommens zwischen NATO und Warschauer Pakt angesprochen. Genscher war skeptisch in bezug auf solche Vereinbarungen, hielt es aber wie Schewardnadse für notwendig, die Beziehungen zwischen den Bündnissen den neuen Umständen anzupassen. Beide Seiten waren der Ansicht, daß der bevorstehende NATO-Gipfel eine hervorragende Gelegenheit darstellte, diesen Prozeß in Gang zu setzen.

Schewardnadse vertrat immer noch die Idee einer Übergangsperiode, in der die Viermächterechte nach der inneren Vereinigung noch für einige Zeit fortbestehen sollten. Wie lange, konnte er nicht abschätzen. Genscher wies eine solche Entkoppelung zurück. Warum eine Übergangsperiode überhaupt nötig wäre, wollte er wissen. Schewardnadse erwiderte, daß in dieser Zeit ein Vertrag über die veränderten Beziehungen zwischen

NATO und Warschauer Pakt abgeschlossen und das Problem der Militärpräsenz der Vier Mächte in Deutschland gelöst werden könne. Sowjetische Truppen sollten nach seiner Ansicht so lange in Deutschland bleiben, wie amerikanische beziehungsweise britische oder französische Truppen auf deutschem Boden stünden. In der Übergangsperiode müßten außerdem Vereinbarungen über die Stärke der deutschen Streitkräfte und die internationalen Verpflichtungen der beiden deutschen Staaten (insbesondere diejenigen der DDR gegenüber der Sowjetunion) getroffen werden. Schließlich werde die Länge der Übergangsperiode davon abhängen, ob es gelinge, neue gesamteuropäische Sicherheitsstrukturen zu schaffen. Die Sowjetunion brauche Antworten auf diese Fragen, bevor sie ihr Recht aufgebe, Truppen in Deutschland zu stationieren.

Genscher hielt dagegen, daß Deutschland, wenn es vereinigt sei, die volle Souveränität besitzen müsse. Er betonte diesen Punkt auch auf der anschließenden Pressekonferenz, und seinen Mitarbeitern fiel auf, daß sich Schewardnadse dafür entschied, ihm in diesem Punkt nicht öffentlich zu widersprechen. Von Genschers Stab erfuhren die Amerikaner auch, daß ihr Minister alle Versuche zurückgewiesen habe, die Anwesenheit von amerikanischen und sowjetischen Streitkräften gleichzusetzen.

Der Umfang der künftigen deutschen Streitkräfte war Gegenstand eines Vieraugengesprächs der beiden Außenminister. Es war eine für den Fortgang des Vereinigungsprozesses entscheidende Frage. Nach Genschers Ansicht sollte die Obergrenze der künftigen Bundeswehr in Wien ausgehandelt werden, aber ohne Deutschland zu diskriminieren oder zu singularisieren. Sobald bei den VKSE eine Einigung erzielt sei, könne sie in den Zwei-plus-Vier-Vertrag einbezogen werden. In welcher Form, darin war Genscher flexibel: Die Regelung könne die Absichtserklärung enthalten, in künftigen Verhandlungen eine Begrenzung der Streitkräfte zu vereinbaren, oder selbst zum Bestandteil des KSE-Vertrages gemacht werden. Über konkrete Zahlen wurde nicht gesprochen. Schewardnadse schien dieses Vorgehen wie schon in Kopenhagen zu akzeptieren. Die drei offenen Hauptfragen waren also: die NATO-Mitgliedschaft, der Zeitpunkt der Beendigung der Viermächterechte und die Stärke der künftigen deutschen Streitkräfte.

Unterdessen hatte Gorbatschow einen Brief an Kohl geschrieben, in dem er ihm für die Unterstützung in der Frage der Finanzkredite dankte und erklärte, er sei sicher, daß die äußeren Aspekte der deutschen Vereinigung vor dem KSZE-Gipfel geregelt werden könnten.[18] Die Rede, die er am nächsten Tag vor dem Obersten Sowjet hielt, enthielt keinen Hinweis darauf, daß sich in den Hauptfragen etwas bewegt hatte. In der anschließenden Fragestunde drückte er jedoch seine Hoffnung aus, daß auf dem bevorstehenden NATO-Gipfel in London eine grundlegende Veränderung des westlichen Bündnisses beschlossen werden würde.[19]

Kohl begrüßte in seiner Antwort die Tatsache, daß nunmehr von allen Seiten eine rasche Verständigung angestrebt werde. Dabei sei auch die Frage der Bündniszugehörigkeit des künftigen Deutschland zu klären. Hinsichtlich des im Mai zugesagten Finanzkredits kündigte er baldige Gespräche mit Bankenvertretern an. In einem weiteren Schreiben schlug Gorbatschow einen Termin sowohl für diese Kreditgespräche als auch für Kohls Moskaubesuch vor, Mitte Juli: wenn die Ergebnisse der Gipfeltreffen von NATO und G7 bekannt waren und er selbst den Parteitag, der für ihn schwierig zu werden versprach, hinter sich hatte.[20]

Genscher und Schewardnadse trafen am 18. Juni erneut zusammen, diesmal in Münster,[21] wo dem sowjetischen Gast ein rauschender Empfang zuteil wurde. Die Gespräche drehten sich auch hier um die neue Beziehung zwischen den Bündnissen, und Schewardnadse hob wiederum hervor, wieviel vom Ausgang des Londoner NATO-Gipfels abhing. Er hatte seine Vorstellungen über einen Vertrag zwischen NATO und Warschauer Pakt schriftlich niedergelegt und an alle KSZE-Außenminister verschickt. Genscher gefiel der sich abzeichnende Plan einer gemeinsamen Erklärung von NATO und Warschauer Pakt über die europäische Sicherheit, und er hoffte das Bündnis dazu bewegen zu können, diesen Punkt ins Abschlußkommuniqué des Londoner Gipfels aufzunehmen.

Schewardnadses Vorschläge für den Ausbau des KSZE-Prozesses waren überraschend gemäßigt. Er verlangte keinen großen Sprung nach vorn in ein neues europäisches Sicherheitssystem, sondern griff vielmehr Ideen auf, die schon von seiten der Amerikaner, Westdeutschen und Briten ins Gespräch gebracht worden waren: die Einrichtung eines Sekretariats als institutioneller Rahmen für Treffen hochrangiger Regierungsvertreter, eines Zentrums zur Konfliktvermeidung (mit unklarer Aufgabenstellung)

404

und eines Zentrums für die Überwachung militärischer Aktivitäten (mit ebenso unklarer Aufgabenstellung). Der sechs Wochen zuvor der Bonner Zwei-plus-Vier-Ministerrunde unterbreitete Vorschlag eines von den Vier Mächten getragenen Zentrums für die Beobachtung der militärischen Aktivitäten in Deutschland war offenbar fallengelassen worden. Zu der Frage, auf welche Weise die Begrenzung der deutschen Streitkräfte vorgenommen werden sollte, wurde wenig Neues gesagt.

Der Sinn von Schewardnadses »Übergangsperiode« war zunehmend unverständlicher geworden, und jetzt nahm er endgültig Abschied von dieser Idee. Der Chef seines Planungsstabs, Tarassenko, überreichte Genschers Büroleiter Elbe am Rand des Treffens ein Papier, das er zusammen mit Tejmuras Stepanow, einem seiner Mitarbeiter, niedergeschrieben hatte. Die Forderung, die Viermächterechte bis zum Ende einer Übergangsperiode aufrechtzuerhalten, wurde darin nicht mehr erwähnt. Mit anderen Worten, es gab dieselbe Position wieder, die Schewardnadse in Kopenhagen im privaten Gespräch mit Baker eingenommen hatte. Tarassenko versicherte Elbe, er brauche sich keine Sorgen zu machen, alles werde so laufen wie in diesem Papier. Elbe vertraute Tarassenko; er wußte, wie eng dessen Verhältnis zu Schewardnadse war, und begriff, daß die Ansichten im sowjetischen Außenministerium gespalten waren. Tarassenkos Voraussage sollte sich als richtig erweisen.

Die westlichen Verbündeten hofften, daß sie bei der nächsten Zwei-plus-Vier-Ministerrunde genauer erfahren würden, wo die Sowjets standen. Die Außenminister sollten am 22. Juni in Berlin zusammenkommen. Zwei Tage vorher trafen sich in Bonn die Politischen Direktoren. Die Übereinkunft in der Grenzfrage in die Endfassung zu bringen, die den Außenministern zur Zustimmung vorgelegt werden sollte, nahm wenig Zeit in Anspruch, und die Runde wandte sich anderen Themen zu. Zoellick, der die Sitzung leitete, hatte einen Entwurf für den gesamten Vertrag skizziert, und die anderen westlichen Teilnehmer stimmten ihm zu. Die Sowjets erhoben jedoch Einspruch gegen die Artikel über die Rückgabe Berlins an die Deutschen und die Aufhebung der Viermächterechte. Auch in den strittigen politisch-militärischen Fragen war man sich offenbar nicht nähergekommen.[22] Baker traf in Berlin als erstes mit de Maizière zusammen, um ihn, an dessen Begegnung mit Bush anknüpfend, aufzufordern, sich bei der Unterstützung der sowjetischen Position in den Zwei-plus-Vier-Verhandlungen zurückzuhalten – mit wenig Erfolg. Die Besorgnis über den sowjetischen Widerstand in der NATO-Frage überwog offenbar. Er sei soeben aus Paris zurückgekehrt, erklärte de Maizière, und Mitterrand habe die Frage der deutschen Bündniszugehörigkeit nur »beiläufig« behandelt. Was Mitterrand vor allem interessiere, sei die Schaffung neuer gesamteuropäischer Sicherheitsstrukturen auf dem KSZE-Gipfel im Herbst. Ob der französische Staatspräsident wirklich gesagt habe, daß diese neuen Strukturen die bestehenden ablösen sollten, fragte Baker nach. So weit war Mitterrand nicht gegangen, räumte de Maizière ein. Er selbst glaube jedoch, daß der Westen sich darauf vorbereiten sollte, das gegenwärtige NATO-System durch etwas anderes zu ersetzen. Als Baker widersprach, kam de Maizière schließlich auf den Kern des Problems zu sprechen: Die Sowjetunion hatte begonnen, mit harten Bandagen zu kämpfen. Während die anderen Aspekte der Vereinigung schnell vorankamen und die ostdeutsche Bevölkerung mit ihrem baldigen Vollzug rechnete, hatten die Sowjets die DDR-Regierung darauf hingewiesen, daß die Vereinigung ohne eine Regelung der äußeren Aspekte »problematisch« wäre. Dmitri Jasow, der sich zu einer Tagung der Verteidigungsminister des Warschauer Pakts in Ost-Berlin aufhielt, hatte diese Position im Gespräch mit de Maizière ausdrücklich bekräftigt. Eine von Mißtönen begleitete Vereinigung wäre nicht gut für Deutschland, sagte de Maizière. Die Sowjets würden bereits hinter den Zeitplan für den Abzug ihrer Truppen aus der DDR zurückfallen, und es sei nicht auszuschließen, daß es zu gewaltsamen Auseinandersetzungen zwischen sowjetischen Soldaten und DDR-Bürgern kommen würde.

Der amerikanische Standpunkt sei der, erwiderte Baker, daß die Entscheidung über die Stationierung ausländischer Truppen, abgesehen von einer Übergangszeit für die sowjetischen Streitkräfte, beim souveränen deutschen Staat liege. Genau dies, entgegnete de Maizière, sei die Crux an der Sache. Für die Sowjets sei eine solche Autorität undenkbar. Sie könnten sich nicht eingestehen, daß sie die Gewinne aus dem Zweiten Weltkrieg verloren hatten. Die Vier Mächte sollten einen Kompromiß finden.[23]

Wie sich herausstellte, hatte Baker bei de Maizière einen Vorgeschmack

vom Verlauf der gesamten Ministerrunde bekommen.[24] Trotz der gemeinsamen Zeremonie anläßlich des Abbaus des berühmten Grenzübergangs
Checkpoint Charlie blieben Ost und West am Verhandlungstisch unversöhnlich. Dem Text der Grenzregelung und dem Vorschlag, den polnischen
Außenminister zur nächsten Zwei-plus-Vier-Runde in Paris einzuladen,
konnten die Minister noch problemlos zustimmen. Doch als sie sich den offenen Fragen zuwandten, brachen die bekannten Debatten aus. Die Flexibilität und Vernunft, von denen die Treffen in Washington und Kopenhagen
geprägt gewesen waren, hatten sich verflüchtigt. DDR-Außenminister
Meckel eröffnete den östlichen Angriff, indem er feststellte, daß es notwendig sei, den militärischen Status Deutschlands zu klären, die Truppenobergrenze zu bestimmen und den Abzug aller Viermächtestreitkräfte sicherzustellen. Schewardnadse pflichtete ihm nachdrücklich bei.

Als der sowjetische Außenminister dann zu seiner eigenen, ausführlichen Erklärung ausholte, stimmte er seine Zuhörer unverzüglich auf den
Tenor seiner Ausführungen ein, indem er darauf hinwies, daß man am
neunundvierzigsten Jahrestag des faschistischen Angriffs auf die UdSSR
zusammengekommen sei. Was folgte, schien auf den Richtlinien zu beruhen, die im April für ihn ausgearbeitet worden waren, an die er sich aber
nicht gehalten hatte. Damals war ihm geraten worden, die deutsche Zugehörigkeit zum westlichen Bündnis entschieden abzulehnen. Jetzt folgte
er diesem Rat. Zuerst, sagte er, müßten die Bündnisse transformiert werden. Davon hänge alles andere ab. Dann wandte er sich den »Grundprinzipien einer endgültigen völkerrechtlichen Regelung mit Deutschland«
zu, wie der von den Sowjets vorgelegte Vertragsentwurf überschrieben
war. Dieser bewies zwar in bezug auf die Form Flexibilität – ein Friedensvertrag wurde nicht für nötig erachtet –, aber sobald es um den Inhalt
ging, war davon nichts mehr zu spüren. Die »Grundprinzipien« enthielten
eine Reihe von Punkten, die für den Westen völlig unannehmbar waren.
Es war, wie Elbe später bemerkte, ein »kalter Guß«, der über den westlichen Delegationen niederging.

Die Sowjets wollten sich nicht zu bloßen Objekten der westlichen Diplomatie degradieren lassen. Obwohl der Westen dies zu glauben schien,
trieb die sowjetische Politik »nicht völlig ziellos im Strom der Ereignisse«,
wie Kwizinski, der während der Berliner Verhandlungsrunde neben

Schewardnadse saß, später schrieb. Schewardnadse hatte sich in den Augen seines Stellvertreters »unvorstellbare Lasten« aufgebürdet und ein »irrsinniges Tempo« vorgelegt, indem er unablässig um die Welt jettete und von einem Empfang zum nächsten hetzte. Doch seit Kwizinski im Mai seinen neuen Posten angetreten hatte, war langsam Ordnung ins Durcheinander der sowjetischen Politik eingekehrt. Er befürchtete, was mancher im Westen tatsächlich insgeheim in Erwägung zog: daß die Westmächte allein einen Vertrag mit Deutschland aushandeln und die Sowjetunion ausschließen könnten, wie sie es schon einmal im Fall des Friedensvertrags mit Japan nach dem Zweiten Weltkrieg getan hatten. Der Westen gewann immer mehr an Schwungkraft, während ein zunehmend in die Defensive gedrängter Schewardnadse ununterbrochen mit westlichen Ministern zusammentraf. »All das geschah«, erläuterte Kwizinski im Rückblick, »weil wir versuchen mußten, unter höchstem Zeitdruck ein optimales Ergebnis in einem Spiel zu erreichen, in dem wir von Tag zu Tag einen Trumpf nach dem anderen verloren.« Die letzte verbliebene Trumpfkarte auszuspielen, die Militärpräsenz in Deutschland, hätte eine Krise solchen Ausmaßes heraufbeschwören können, daß die sowjetische Führung diese Option ablehnte.[25]

Jetzt wollte Kwizinski mit dem Entwurf für den Zwei-plus-Vier-Vertrag die steigende Flut aufhalten. Der von einer Arbeitsgruppe unter Leitung Bondarenkos erarbeitete Text sollte als Schock wirken, um die westlichen Außenminister zu zwingen, die sowjetischen Vorstellungen über eine Übergangsperiode und den Wandel der europäischen Sicherheitsstrukturen in ihre Überlegungen einzubeziehen. Diese harte Haltung hatte bereits de Maizière eingeschüchtert. Obendrein ging es den Sowjets lediglich um eine vorläufige Vereinbarung der »Grundprinzipien einer endgültigen Friedensregelung«. Fast zwei Jahre nach der inneren Vereinigung – nach dem bestehenden Zeitplan also 1992 – sollte auf einer Konferenz der Zwei-plus-Vier-Außenminister geprüft werden, inwieweit Deutschland die Bestimmungen der vorläufigen Regelung erfüllt hatte, und erst dann über Ablauf und Zeitpunkt der Aufhebung der Viermächterechte über Berlin und ganz Deutschland entschieden werden. Der vorläufige Vertrag sollte außerdem folgende »Grundprinzipien« enthalten:

- Die internationalen Abkommen und Verträge der DDR sollten für eine Übergangsperiode von fünf Jahren in Kraft bleiben. Das geeinte Deutschland würde diese Verpflichtungen allerdings in bilateralen Verhandlungen modifizieren können. Der »faktische Zustand« der Teilung Deutschlands zwischen NATO und Warschauer Pakt werde jedoch »nicht verändert, die Kompetenzen des Warschauer Vertrages und der NATO werden nicht auf die Gebiete ausgedehnt, die nicht zu ihrem jeweiligen Geltungsbereich gehören«. Außerdem wurden verschiedene Maßnahmen zur Weiterentwicklung des KSZE-Prozesses vorgesehen.

- In einer Übergangsperiode von mindestens fünf Jahren sollten in Deutschland Truppen der Vier Mächte stationiert bleiben, und zwar mit demselben Status, der ihnen durch die bestehenden Abkommen der beiden deutschen Staaten gewährt wurde.

- Die Streitkräfte des geeinten Deutschland sollten sowohl quantitativ (die Sowjets dachten an eine Truppenstärke für alle Waffengattungen von 200 000 bis 250 000 Mann) als auch qualitativ begrenzt und »Veränderungen unterworfen werden, um strukturelle Nichtangriffsfähigkeit zu gewährleisten«. Dies sollte innerhalb von drei Jahren geschehen.

- Nach Einführung dieser Beschränkungen sollten die Truppen der Vier Mächte um die Hälfte reduziert werden. In weiteren Schritten sollten sie dann entweder vollständig oder zumindest so weit abgezogen werden, daß nur noch Einheiten in »symbolischer Stärke« zurückblieben. Amerikanischen, britischen und französischen Streitkräften sollte es verboten sein, das Gebiet der früheren DDR zu betreten.

- Bundeswehr und Volksarmee sollten auch künftig auf das Gebiet von BRD beziehungsweise DDR beschränkt bleiben. Nach Ablauf von drei Jahren sollten die »ständigen Stationierungsräume« der beiden deutschen Streitkräfte durch (im Entwurf exakt festgelegte) zusätzliche Demarkationslinien beiderseits der ehemaligen innerdeutschen Grenze voneinander getrennt werden, so daß in der Mitte Deutschlands praktisch eine entmilitarisierte Zone entstand. Diese Regelung sollte bis zur Auflösung von NATO und Warschauer Pakt oder dem Austritt Deutschlands aus diesen Bündnissen gelten.

- Das Besatzungsregime über Berlin sollte nach der deutschen Vereinigung beendet werden. Die Vier Mächte sollten ihre Truppen binnen eines halben Jahres aus Berlin zurückziehen und sämtliche Viermächteinstitutionen schließen. Mit anderen Worten, Berlin hätte auf Jahre hinaus in einem Gebiet gelegen, in dem sowjetische Truppen stationiert waren, das westlichen Einheiten aber versperrt blieb.
- Deutschland sollte verpflichtet werden, von seinem Territorium aus keinerlei militärische Aktionen zu unternehmen und keine gegen andere gerichteten militärischen Handlungen dritter Staaten auf seinem Boden zu dulden.
- Deutschland sollte nicht nur Besitz, Produktion, Erwerb und Weitergabe von nuklearen, biologischen und chemischen Waffen verboten werden, sondern auch die vollständige oder teilweise Verfügung über solche Waffen und die Teilnahme an Entscheidungen über deren Einsatz. Auf diese Weise wäre die deutsche NATO-Mitgliedschaft automatisch eingeschränkt gewesen.
- Deutschland hatte die von den Vier Mächten in ihrer jeweiligen Besatzungszone getroffenen Maßnahmen der Entnazifizierung, Entmilitarisierung und Demokratisierung anzuerkennen. Damit wäre den Deutschen die Möglichkeit genommen worden, von den Sowjets durchgeführte Enteignungen und sonstige Besatzungsmaßnahmen zu revidieren.
- Innenpolitisch sollte sich Deutschland verpflichten, das Wiederaufleben der nazistischen Ideologie sowie nationalsozialistischer Parteien und Bewegungen zu verhindern.

Schewardnadse war bestrebt, diese vorläufige Regelung rechtzeitig zum KSZE-Gipfel im November abzuschließen. Deshalb schlug er vor, die sporadischen Zwei-plus-Vier-Treffen durch ein ständiges Verhandlungsforum zu ersetzen, das bestehenbleiben sollte, bis die Arbeit getan war.

Während Schewardnadse sprach, schob Baker Genscher einen Zettel zu: »Was bedeutet das?« Genschers Antwort lautete: »Schaumschlägerei.« Baker nickte zustimmend. Doch die Präsentation des sowjetischen Außenministers war derart schwerwiegend und detailliert, daß sie ernst genommen werden mußte, auch wenn sie dem Eindruck widersprach, den

Schewardnadse unter vier Augen vermittelte. Douglas Hurd eröffnete den westlichen Gegenangriff. Baker kommentierte den sowjetischen Vertragstext mit der lapidaren Feststellung: »Soviel zur deutschen Souveränität.« Die Idee, das Zwei-plus-Vier-Forum zu einer ständigen Einrichtung zu machen, stieß auf Ablehnung. Genscher erklärte, daß die Zwei-plus-Vier-Regelung die Viermächterechte beenden und keine Fragen offenlassen sollte. Deutschland müsse zum Zeitpunkt der Vereinigung die volle Souveränität besitzen. Der Vertrag müsse auf gegenseitiges Vertrauen gegründet werden, nicht auf gegenseitiges Mißtrauen.

Baker versuchte die Aufmerksamkeit von den Einzelheiten des sowjetischen Papiers abzulenken, indem er vorschlug, die zu klärenden Themen aufzulisten und den Foren zuzuweisen, die sie behandeln sollten. Nach dem Mittagessen stellte Markus Meckel als Sitzungsleiter Bakers Anregung zur Debatte, schob dann jedoch einen absurden, wenn nicht gefährlichen Vorschlag hinterher: Die Minister sollten den Zwei-plus-Vier-Verhandlungstisch erst verlassen, wenn sie sich auf die künftige europäische Sicherheitsarchitektur und einen Zeitplan für ihre Schaffung geeinigt hatten. Außerdem ließ er ein Papier zirkulieren, das für die gesamtdeutschen Streitkräfte eine Obergrenze von dreihunderttausend Mann vorsah und eine Übergangsperiode befürwortete, die erst zu Ende gehen sollte, wenn »eine abschließenden Regelung über ein europäisches Sicherheitssystem erreicht« war. Schewardnadse forderte die Runde auf, sich wieder dem sowjetischen Vertragsentwurf zuzuwenden und seinen Vorschlag anzunehmen, ein ständiges Verhandlungsforum einzurichten. Andernfalls könnte das nächste Ministertreffen in Paris einen unerfreulichen Verlauf nehmen, weil noch zu viele Fragen offen waren.

Baker und Genscher drängten ihre Kollegen, wenigstens eine Liste der strittigen Punkte aufzustellen und zu entscheiden, in welchem Rahmen über sie verhandelt werden sollte. Nach Genschers Ansicht sollten die Streitkräftefragen an die VKSE verwiesen werden, während die Zukunft von NATO und KSZE bei den Gipfeltreffen dieser Organisationen behandelt werden sollte. Baker wollte die Runde außerdem darauf festlegen, daß es ihr Ziel sei, Deutschland im Augenblick der Vereinigung die volle Souveränität zu geben, ohne es durch besondere Beschränkungen zu singularisieren. Hurd unterstützte den Vorschlag. Schewardnadse wandte jedoch ein, daß er nicht wisse, wie man über ein vereinigtes Deutschland sprechen könne, ohne es zu singularisieren. Mit diesem schwebenden Schlußakkord endete die Sitzung.

Auf ihrer gemeinsamen Pressekonferenz spielten die Außenminister die Streitpunkte herunter. Schewardnadse betonte statt dessen die Bedeutung, die er dem bevorstehenden NATO-Gipfel beimaß. Nachdem er die sowjetische Haltung als konstruktiv bezeichnet hatte, kündigte er überraschend an: »Wir beabsichtigen bis zum Ende des Jahres eine abschließende Regelung zu haben, die alle Aspekte der deutschen Einheit löst.«[26] Dies widersprach nicht nur allem, was er kurz zuvor am Verhandlungstisch gesagt hatte, sondern war auch unvereinbar mit dem sowjetischen Vertragsentwurf. Entweder er hatte dessen Position nicht verstanden, oder er wollte sie vor dem forschenden Blick der Öffentlichkeit schützen, was merkwürdig gewesen wäre, denn die Sowjets hatten den Text bereits der Presse zugänglich gemacht. Elbe war jetzt klar, weshalb Tarassenko ihm in Münster jenes Non-Paper übergeben hatte: Es hatte die Westdeutschen darüber beruhigen sollen, daß die sowjetische Verhandlungsposition in Berlin nicht für bare Münze zu nehmen war.[27]

Kwizinski hatte mit seiner Arbeit dazu beigetragen, daß die Sowjets wieder mit beiden Beinen auf dem Boden der traditionellen Sicherheitsinteressen standen. Seine Strategie war elegant, kam aber zu spät. Der Westen hatte seinen Standpunkt bereits konsolidiert. Der entscheidende Makel war jedoch, daß die Glaubwürdigkeit der Konfrontationsdrohung von anderen Regierungsvertretern unterminiert worden war. Erst hatte Gorbatschow in Washington die Brüchigkeit des sowjetischen Widerstands sichtbar werden lassen. Dann hatte Schewardnadse im privaten Gespräch, insbesondere mit Baker in Kopenhagen, zu verstehen gegeben, daß er im Grunde zu einem Kompromiß bereit war. Schließlich hatte Tarassenko Kwizinskis und Bondarenkos Pläne für Berlin (absichtlich) durchkreuzt – ähnlich wie Portugalow die sowjetische Diplomatie Ende 1989 (unabsichtlich) konterkariert hatte –, indem er Elbe jenes Non-Paper zukommen ließ. Im Dezember 1989 war Tarassenko verärgert gewesen, weil sich Schewardnadse der härteren Position Kwizinskis angeschlossen hatte. Diesmal war er derjenige, der – mit Billigung Schewardnadses – Kwizinskis Vorhaben sabotierte.

Dennoch war man auf amerikanischer Seite über Schewardnadses Auftreten überrascht und beunruhigt. Baker stellte ihn noch am selben Abend bei einem Treffen in der sowjetischen Botschaft in Berlin zur Rede.[28] Wie in Kopenhagen waren außer den beiden Ministern nur Ross, Tarassenko und die Dolmetscher anwesend. Es war vermutlich der intensivste amerikanisch-sowjetische Meinungsaustausch über Deutschland in dem umwälzenden Jahr, das im Herbst 1989 begonnen hatte. Baker nahm kein Blatt vor den Mund. Das sowjetische Papier, sagte er Schewardnadse, habe ihn überrascht. Er sei nach Kopenhagen hoffnungsvoll gewesen und habe Präsident Bush entsprechend berichtet. Dieses Papier aber gehe in die entgegengesetzte Richtung, indem es Deutschland durch eine Sonderbehandlung singularisiere. Es trenne die Fragen von Einheit und Souveränität und setze die amerikanische und sowjetische Militärpräsenz gleich, obwohl sogar Gorbatschow die Notwendigkeit der Anwesenheit amerikanischer Truppen in Europa und Deutschland anerkannt habe. »Was ist zwischen Kopenhagen und hier geschehen?« fragte Baker. Die Amerikaner hätten sich bemüht, auf die sowjetischen Sorgen einzugehen. Schewardnadse sei bekannt, daß der Abschluß des Handelsabkommens in Washington ein hartes Stück Arbeit gewesen sei. Und nun dieses Papier, das eine völlige Abkehr von allem darstelle, was er, Baker, in Kopenhagen als sowjetische Position angesehen habe. Er hoffe zu erfahren, was los sei. Präsident Bush würde es auch gern wissen. Die Vereinigten Staaten seien gerade dabei, die Frage der Wirtschaftshilfe für die Sowjetunion zu prüfen. Es sei eine schwere Entscheidung. Schewardnadse solle ihn wenigstens »darüber ins Bild setzen, was in bezug auf Deutschland vor sich geht. Ich kann mit der Wahrheit umgehen, aber ich muß wissen, wie sie lautet.«

Schewardnadse verteidigte den sowjetischen Entwurf, gestand aber ein, daß man sich bei dessen Ausarbeitung von der innenpolitischen Lage hatte leiten lassen. Die Stimmung im Land sei nicht gut, und es wäre unverantwortlich gewesen, dies nicht in Rechnung zu stellen. Sicherlich wolle die sowjetische Regierung, daß amerikanische Truppen in Deutschland blieben. Aber es sei schwer, dies dem sowjetischen Volk verständlich zu machen. Der europäische Prozeß müsse mehr Dynamik gewinnen. Es hänge eine Menge davon ab, wie die Erklärung des Londoner

NATO-Gipfels ausfalle. Darüber hinaus seien Fortschritte bei den VKSE und beim KSZE-Prozeß nötig. Die sowjetischen Vorschläge stellten also keine endgültige Position dar. Man müsse eine Lösung finden. Aber, fügte Schewardnadse hinzu, »wir sehen uns mit einer Krisensituation konfrontiert, mit einer politischen Krise ebenso wie mit einer Wirtschaftskrise, und es ist heute nicht mehr leicht, unser Volk von dem zu überzeugen, was wir tun«. Es gebe eine starke Opposition. Vielleicht könnten später Abstriche gemacht werden. Aber es sei von großer Bedeutung, daß die Londoner Erklärung deutliche Signale für einen Wandel gebe. Die sowjetische Führung müsse in der Lage sein, ihrem Volk zu sagen, daß man vor keiner Bedrohung stehe – weder von seiten Deutschlands noch von seiten der NATO. Einer seiner Kritiker habe einen Artikel mit dem Titel geschrieben: »Kostenlosen Käse gibt es nur in der Mausefalle«.[29]

Baker äußerte Verständnis für Schewardnadses Lage. Er könne die amerikanischen Pläne für den NATO-Gipfel zwar nicht im einzelnen darlegen, sagte er, aber wenn Washington sich mit seinen Ansichten durchsetze, werde Schewardnadse mit dem Ausgang der Tagung zufrieden sein. Seine Sorge sei jedoch, daß es Schewardnadse, nachdem die »Grundprinzipien« öffentlich bekanntgeworden seien, schwerfallen werde, deren Position aufzugeben und einen Kompromiß einzugehen.

Baker hatte das Gefühl, daß ein klares Wort vonnöten war. »Letzten Endes«, sagte er, »wird sich Deutschland vereinigen, und wir sind wie andere auch bereit, Deutschland die Souveränität zu gewähren, die ihm zusteht und die jetzt fällig ist. Wir werden alles tun, um Ihre Sicherheitsinteressen zu berücksichtigen, während wir unseren Weg fortsetzen, und ich hoffe, daß Sie sich durch den Widerstand gegen die deutsche Souveränität nicht isolieren.« Nachdem er einige Argumente aufgezählt hatte, mit denen Schewardnadse dem sowjetischen Volk ein zufriedenstellendes Ergebnis präsentieren konnte, wiederholte Baker: »Letztlich ist unser Standpunkt der, daß Deutschland die volle Souveränität erhalten muß und nicht singularisiert werden darf.« Er müsse Schewardnadse in aller Freundschaft sagen, daß die Frage, warum die Vereinigten Staaten in Europa bleiben würden, damit zu beantworten sei, daß die amerikanische Präsenz stets auf der Zustimmung der betreffenden Staaten beruht habe. Vielleicht könne man diese Wahrheit der sowjetischen Öffentlichkeit nicht zumuten, aber zwischen der amerikanischen und der sowjetischen Präsenz in Europa bestehe nun einmal ein gravierender Unterschied.

Außerdem deutete Baker an, daß die westlichen Verbündeten ihre Viermächterechte einseitig abtreten könnten, unter Ausschluß der Sowjetunion. Amerikaner und Briten hatten im April mit diesem Gedanken gespielt. In der US-Administration war allerdings kein formeller Entscheidungsprozeß in Gang gesetzt worden, und es ist nicht klar, ob Baker diese Option für den Notfall mit Bush besprochen hatte. Dennoch stellte niemand in der Führungsetage der US-Regierung auch nur für einen Augenblick in Frage, daß Deutschland die volle Souveränität erhalten mußte. Genausowenig konnte ein Zweifel daran bestehen, daß Bush der amerikanischen Linie, die Baker soeben dargelegt hatte, bis an ihr logisches Ende folgen würde. Baker war trotzdem ein Risiko eingegangen, denn es war nicht sicher, daß die westlichen Verbündeten im Ernstfall ebenso handeln würden.

Schewardnadse erhöhte die Einsätze sogar noch, allerdings an einer anderen Front. Die Lage in der Sowjetunion sei sehr ernst, sagte er. Es wäre für ihn und Gorbatschow das einfachste, von der politischen Bühne abzutreten. Aber sie wüßten, wer an ihre Stelle treten würde und welche Art von Staat dies bedeutete. Außerdem sei ihnen klar, was in Europa und darüber hinaus auf dem Spiel stehe. Deshalb würden sie diese Prüfung durchstehen müssen. Die »Grundprinzipien«, gestand Schewardnadse ein, müßten für den Westen eine unliebsame Überraschung gewesen sein. Aber in Moskau müßten manche Entscheidungen kollektiv getroffen werden. Dieses Dokument, erklärte er unter Anspielung auf den Politbürobeschluß vom Mai, komme nicht vom Präsidenten und Außenminister allein.

Jetzt steckte Baker zurück. Er spürte, unter welchen Zwängen Schewardnadse stand. Die Vereinigten Staaten, versicherte er, würden sich bemühen, die sowjetischen Sorgen angemessen in Rechnung zu stellen. Alle diese Fragen müßten in der abschließenden Regelung behandelt werden. Dies spiegele sich auch in den neun Punkten wider. Sie seien in der UdSSR nur wenigen bekannt, warf Schewardnadse ein. Deshalb sei die aus London zu erwartende Botschaft der NATO von solcher Bedeutung. Sie würde alle erreichen. Wenn die Londoner Botschaft die Möglichkeit eröffne, engere Beziehungen zwischen Staaten herzustellen, die verschiedenen Bündnissen angehörten, dann wäre dies sehr zu begrüßen.

Dann wandte sich das Gespräch der Frage der Begrenzung der künftigen deutschen Streitkräfte zu. Schewardnadse sagte, daß Genscher im derzeit verhandelten KSE-Vertrag eine Obergrenze verankern wolle, die für alle Staaten in Mitteleuropa gelten solle. Er halte dies für einen gangbaren Weg. Baker blieb jedoch zurückhaltend, wohl weil er an die ablehnende Reaktion des Weißen Hauses dachte, als die Idee im Mai zum ersten Mal erwogen wurde. Er kam statt dessen auf die schon in Kopenhagen diskutierte Möglichkeit zurück, eine Obergrenze in einem künftigen Vertrag festzulegen, in dem auch für die Streitkräfte anderer Staaten eine solche Beschränkung vorgenommen wurde. Schewardnadse versprach wie schon in Kopenhagen, über diesen Vorschlag nachzudenken. Als er mit Blick auf den G-7-Gipfel in Houston die Frage der Wirtschaftshilfe für die UdSSR aufwarf, erwiderte Baker, daß die Vereinigten Staaten helfen wollten, aber vor einigen ernsten rechtlichen Problemen stünden. Vor allem aber müßte die Sowjetunion die Wirtschaftsreformen weiter vorantreiben. Niemand in der US-Administration wolle den Fehler wiederholen, den man in den siebziger Jahren gemacht habe, als man große Summen nach Polen transferierte, ohne daß dort Reformen durchgeführt wurden. Außerdem gebe es Bedenken hinsichtlich der sowjetischen Verteidigungsausgaben.

Schewardnadse war offenbar derart auf den Londoner Gipfel fixiert, daß sich Baker entschloß, ihm einige der amerikanischen Ideen zur Stärkung des KSZE-Prozesses zu nennen, die auf der NATO-Tagung vorgeschlagen werden sollten. Die Liste reichte von regelmäßigen Ministertreffen über einen festen Zeitplan für KSZE-Folgekonferenzen, ein neues KSZE-Sekretariat, um diese Aktivitäten zu koordinieren, eine KSZE-Wahlkommission, ein Konfliktvermeidungszentrum bis zu einem KSZE-Parlament, das auf der Grundlage der parlamentarischen Versammlung des Europarates gebildet werden sollte. Baker konnte nicht versprechen, daß die Verbündeten dieser Liste zustimmen würden, aber sie zeugte eindeutig von dem Willen, der Sowjetunion entgegenzukommen. Tatsächlich wußten nur wenige NATO-Partner von diesen und anderen amerikanischen Plänen für den Londoner Gipfel.

Schewardnadse versprach, diese Informationen vertraulich zu behandeln. Es seien schwerwiegende Schritte, sagte er. Wenn sie angenommen und umgesetzt würden, wäre der KSZE-Prozeß auf ein tragfähiges Fundament gestellt und gäbe es eine Grundlage für umfassende Sicherheits- und Stabilitätsgarantien. Er wisse diese Informationen zu schätzen und betrachte sie als äußerst bedeutsam. Baker fügte hinzu, daß die Vereinigten Staaten die KSZE deshalb noch nicht als Ersatz für die NATO ansähen.

Beim Abschied dankte Baker seinem Gastgeber, daß er so lange wachgeblieben war. Schewardnadse erwiderte, die Begegnung sei ebenso bedeutsam gewesen wie das Zwei-plus-Vier-Treffen selbst. Auf dem Flug zurück nach Moskau hatte er jedenfalls viel Stoff zum Nachdenken. Kwizinski, der bei dem Gespräch mit Baker nicht anwesend gewesen war, fand ihn grüblerisch und verstimmt. Während er mit seinen Mitarbeitern Bilanz zog, gab er Kwizinski den Vertragsentwurf mit der rhetorischen Frage zurück: »Was wird von diesem Papier wohl übrigbleiben?«[30]

In einem anderen Flugzeug, das in Richtung Washington unterwegs war, begab sich der US-Außenminister in die Pressekabine im hinteren Teil der Maschine, um den Journalisten als »ein hoher Regierungsbeamter« einige Hintergrundinformationen zu geben. Der sowjetische Vorschlag, sagte er, sollte als ein Dokument betrachtet werden, »das in Moskau ressortübergreifend geprüft worden ist. Jemand hat, glaube ich, festgestellt, daß es zumindest teilweise für die sowjetische Öffentlichkeit bestimmt ist. Ich halte dies für zutreffend. ... Ich denke, daß der Parteitag dabei eine wichtige Rolle spielt, und es sollte nicht überraschen, wenn [Schewardnadse] nach dem Parteitag mehr Flexibilität beweist, als ihm vorher möglich ist.«[31] Nach dem Parteitag würde er dann auch die Ergebnisse des NATO-Gipfels kennen.

Der NATO-Gipfel wird vorbereitet

Die Erwartungen an den Gipfel waren sehr hoch, seit ihm Präsident Bush am 4. Mai in seiner Rede in der State University von Oklahoma derart ehrgeizige Ziele gesteckt hatte. Wie er angekündigt hatte, sollte das Bündnis auf dem Gipfel eine stärker politisch und weniger militärisch geprägte Rolle annehmen, die Strategie sowohl der nuklearen als auch der konventionellen Streitkräfte ändern und einen neuen Kurs für den KSZE-Prozeß ausarbeiten. Im Außenministerium hatte man ebenso wie im Pentagon auf eine gemäßigtere Tagesordnung gehofft, die nur eine Überprüfung der NATO-Strategie in Gang gesetzt hätte, so daß das Bündnis Zeit hatte, gründlich über derart schwerwiegende Veränderungen nachzudenken. Aber das Weiße Haus und Bakers engster Beraterkreis hatten ein verbindliches Signal im Sinn, und sie waren darin von NATO-Generalsekretär Wörner unterstützt worden, der zwar die Schwierigkeiten sah, aber als deutscher Politiker ein Gespür dafür besaß, daß dramatische Schritte nötig waren. Die Londoner Erklärung, hatte er zu Bush gesagt, sollte nicht nur Fragen über die Zukunft des Bündnisses stellen, sondern auch Antworten geben.[32]

Die amerikanischen Vorbereitungen auf den Gipfel verliefen zunächst recht unkoordiniert. Jede Regierungsstelle beschäftigte sich mit anderen Aspekten der Zukunft der NATO, aber niemand fügte die Teile zusammen, um ein Gesamtbild zu erhalten.[33] Ideen für den KSZE-Prozeß wurden vielerorts diskutiert.[34] Die am weitesten gehenden Ideen legten, mit italienischer Unterstützung, die Westdeutschen vor. Sie liefen darauf hinaus, die KSZE zu *der* zentralen Organisation des neuen Europa zu machen, unter anderem auch zu einer »alles umfassenden europäischen Sicherheitsarchitektur«. Bonn schlug so gut wie alles vor, was sich in Schriftform bringen ließ, während die Amerikaner »mit ihren KSZE-Aspirationen auf der Erde zu bleiben« versuchten.[35] Im Zentrum der sowjetischen Vorstellungen standen weiterhin gesamteuropäische Sicherheitsstrukturen, in denen die beiden Bündnisse aufgehen sollten.[36] In Washington leitete Raymond Seitz Ende Mai eine ressortübergreifende Diskussion der Optionen zur Stärkung der KSZE, wobei er ebenso überrascht wie erfreut feststellte, daß der NSC-Stab seine bisherige Abneigung gegen diese Organisation abgelegt hatte und die Schaffung neuer KSZE-Institutionen nachdrücklich befürwortete.[37]

In Brüssel machte sich Unruhe breit. Der Termin des bedeutendsten Gipfeltreffens in der Geschichte des Bündnisses rückte unaufhaltsam näher. Der sowjetische Außenminister hatte das Schicksal der deutschen Vereinigung innerhalb der NATO buchstäblich in deren eigene Hände gelegt. Und doch nahm der bürokratische Alltag seinen gewohnten Lauf, wie er es in den vergangenen vierzig Jahren des Kalten Krieges getan hatte. Wörner machte Baker Ende Mai in einem Brief darauf aufmerksam, daß die Ergebnisse des Gipfels »in der Öffentlichkeit bereits weithin als bedeutsamste Neubewertung der Rolle des Bündnisses seit Mitte der sechziger Jahre und Antwort auf die größten politischen Veränderungen seit der Gründung der NATO« angekündigt würden. Konkrete politische Empfehlungen gab Wörner allerdings nicht – ebensowenig wie die US-Diplomaten bei der NATO. Der Ständige Vertreter, William Taft, sorgte sich hauptsächlich darum, daß weitere hektische Aktivitäten »die Wahrscheinlichkeit frühzeitiger, tiefer Differenzen mit den Verbündeten erhöhen« könnten.[38]

Bush hatte sich jedoch öffentlich auf hochgesteckte Ziele festgelegt. Mitte Mai stellten Blackwill und Zelikow eine Liste von Initiativen für den Gipfel auf und entwarfen die geplante Deklaration. Scowcroft fand beides »wirklich vorwärtsweisend«, rechnete aber damit, daß die NATO-Bürokratie versuchen würde, die radikaleren Ideen zu verwässern oder ganz auszusondern. Um die politische Rolle des Bündnisses zu stärken, schlugen Blackwill und Zelikow vor:

- Die früheren Feinde aus dem Warschauer Pakt sollten zum ersten Mal unmittelbar an den Aktivitäten und Überlegungen der NATO beteiligt werden. Das Bündnis sollte die Sowjetunion und die osteuropäischen Staaten auffordern, diplomatische Verbindungsmissionen mit bei der NATO akkreditierten Botschaftern einzurichten. Ihre Vertreter könnten dann in Fragen von beiderseitigem Interesse direkt mit den Ständigen Vertretern der NATO-Partner und dem Stab des NATO-Hauptquartiers zusammenarbeiten.[39]
- Gorbatschow sollte eingeladen werden, eine Rede vor dem Nordatlantikrat zu halten. Im Gegenzug könnte man vorschlagen, NATO-Oberbefehlshaber John Galvin zu Gesprächen mit den Spitzen des sowjetischen Militärs nach Moskau zu entsenden.

Wenn die Sowjets ihre Truppen aus Osteuropa abgezogen hatten und der KSE-Vertrag umgesetzt worden war, wären in der NATO mehrere tiefgreifende Veränderungen möglich:
- Das bestehende System nationaler Korps in Deutschland, einschließlich der US-Truppen, könnte durch echte multinationale Korps ersetzt werden, die nicht unbedingt in den für den Kriegsfall vorgesehenen

Operationsräumen stationiert werden müßten. Die Einheiten dieser Korps würden dem integrierten Militärkommando der NATO nicht nur im Kriegsfall, sondern auch in Friedenszeiten unterstehen, womit ein deutscher General – der Befehlshaber der Alliierten Streitkräfte Europa Mitte (AFCENT) – größere Befugnis in bezug auf die Stationierung der Bündnistruppen in Friedenszeiten bekäme.[40]

- Die alte Doktrin der Vorneverteidigung könnte zugunsten einer neuen, auf Mobilität setzenden Doktrin aufgegeben werden, die auf Konzepten aufbauen würde, an denen im Pentagon und im militärischen Stab der NATO bereits gearbeitet wurde.

- Das Bündnis könnte sich dafür einsetzen, daß in künftigen VKSE nationale Obergrenzen für die Streitkräfte aller europäischer Staaten ausgehandelt wurden. Darüber hinaus könnte es darauf dringen, daß alle VKSE-II-Teilnehmer tiefe Einschnitte von bis zu fünfzig Prozent in ihre Streitkräfte vornehmen sollten.[41]

Hinsichtlich der Nuklearstrategie der NATO lauteten Blackwills und Zelikows Vorschläge:

- Ablösung der Doktrin der »flexiblen Erwiderung« durch eine Doktrin der »minimalen Abschreckung in Friedenszeiten«. Im wesentlichen bedeutete dies, daß in den Richtlinien für den Atomwaffeneinsatz der Grundsatz des *frühzeitigen* Ersteinsatzes nuklearer Waffen im Konfliktfall fallengelassen werden sollte – ohne ein generelles Verbot des Ersteinsatzes einzuführen.

- Einseitige Reduzierung des NATO-Arsenals von nuklearen Gefechtsfeldwaffen auf nicht mehr als tausend Sprengköpfe – mit anderen Worten, es sollten drei Viertel der damals in Europa stationierten amerikanischen Atomwaffen vernichtet werden. Außerdem vollständiger Abzug der amerikanischen nuklearen Artilleriegranaten und die Aufforderung an die Sowjetunion, dasselbe zu tun.

- Bekanntgabe der westlichen Position für die bevorstehenden SNF-Verhandlungen. Ziel dieser Verhandlungen sollte die stufenweise Vernichtung sämtlicher amerikanischer und sowjetischer nuklearer Kurzstreckenwaffen sein (außer luftgestützten Systemen).

Die lange Liste neuer KSZE-Institutionen sollte auf einige wenige zusammengestrichen werden:

- Regelmäßige Treffen der Staats- und Regierungschefs oder Außenminister – eine Initiative, die auf der Wunschliste fast jedes KSZE-Teilnehmerstaates stand.
- Ein kleines KSZE-Sekretariat mit Sitz in Prag.
- Ein KSZE-Zentrum für Krisenmanagement, das sowohl dem Austausch von Informationen als auch der Schlichtung internationaler Streitigkeiten dienen sollte.
- Schaffung eines KSZE-Parlaments auf der Grundlage der bestehenden parlamentarischen Versammlung des Europarates in Straßburg unter Einbeziehung von Vertretern aller KSZE-Mitglieder. Mit diesem Vorschlag kam man den sowjetischen Wünschen entgegen und bezog in Gestalt des Europarates eine Organisation ein, an der Schewardnadse ein gewisses Interesse bekundet hatte.[42]

Zelikow entwarf eine Gipfelerklärung, um zu zeigen, wie ein knappes, unbürokratisches Dokument aussehen könnte, in dem diese Initiativen in lebendigen, leichtverständlichen Worten dargestellt würden. Blackwill hatte ihm empfohlen: »Stellen Sie sich Gorbatschow als denjenigen vor, der es lesen wird.«[43]

Ende Mai wurden das Außen- und das Verteidigungsministerium formell aufgefordert, Ideen für den NATO-Gipfel vorzulegen.[44] Am 4. Juni, einen Tag nach Gorbatschows Abreise aus Washington, rief Gates seine Europäische Strategie-Lenkungsgruppe zusammen, um die Ideen der beiden Ministerien zu sichten. Die Diskussion blieb jedoch allgemein und diffus. Reginald Bartholomew warnte als Vertreter des Außenministeriums vor »hochgestochenen Ideen« für die Stärkung der politischen Rolle der NATO. Seitz ergänzte, daß die NATO mehr sein müsse als »ein Klub guter alter Kumpel«. Generalleutnant Howard Graves, der die Vereinigten Stabschefs vertrat, präsentierte jedoch mögliche Schritte, um die bisherige konventionelle NATO-Strategie der Vorneverteidigung durch eine »Vornepräsenz« zu ersetzen. Die Militärs waren auch bereit, über die Bildung multinationaler Korps nachzudenken.

Gates faßte den sich abzeichnenden Konsens zusammen: Niemand stelle die Notwendigkeit in Frage, auf dem Londoner Gipfel ein Kapitel der Geschichte zu beenden und ein neues zu beginnen. Dabei müsse man das oberste strategische Ziel im Auge behalten: Am Ende habe ein vereinigtes Deutschland als Mitglied der NATO zu stehen. Gates beauftragte Blackwill und Kanter, Arbeitsgruppen zu bilden, um zusätzliche Ideen für die politischen und militärischen Aspekte des NATO-Gipfels zu entwickeln. Dann wandte er sich einem anderen Thema zu: der Obergrenze für die Bundeswehr und den VKSE. In einem Papier des Außenministeriums wurde angeregt, die Vereinigten Staaten sollten »als Katalysator bei der Herausbildung eines Konsenses im Bündnis fungieren, der die sowjetischen Sorgen berücksichtigt«.[45] Blackwill und Zelikow standen den Ideen des Außenministeriums jedoch kritisch gegenüber, und Scowcroft fand, daß es noch zu früh für solche Vorschläge war. Wie berichtet wurde, hatte die deutsche Regierung am 29. Mai entschieden, bei den laufenden VKSE keinen neuen Vorschlag für Truppenobergrenzen einzubringen.[46] Gates erklärte schlicht, daß keine einzige Idee mit den Verbündeten besprochen werden könne, solange sie nicht vom Präsidenten und vom Bundeskanzler abgesegnet worden sei.

Am 7. Juni tagte der Politische Beratende Ausschuß des Warschauer Pakts in Moskau und gab eine Erklärung heraus, in der die »Überprüfung des Charakters, der Funktionen und der Tätigkeit des Warschauer Vertrages« versprochen und angekündigt wurde, »mit seiner Umwandlung in einen Vertrag souveräner, gleichberechtigter Staaten, der auf demokratischen Prinzipien beruht«, zu beginnen. Die Ergebnisse dieser Überprüfung sollten Ende November vorliegen.[47] Intern waren sich mehrere der versammelten osteuropäischen Minister, wie de Maizière vier Tage später Bush in Washington berichtete, im klaren darüber, daß dieser Prozeß nur in eine Sackgasse führen konnte. Zu denen, die sich offen dazu äußerten, gehörte der erst im Mai gewählte neue ungarische Ministerpräsident Jozsef Antall – ein Nichtkommunist –, der in einem Interview erklärte: »Unter heutigen Umständen hat die militärische Organisation des Warschauer Vertrages ihren Sinn verloren. Deshalb will unser Land auf keinen Fall Mitglied dieser Organisation bleiben. ... Die Organisation ist nicht modernisierbar und kann nicht demokratisiert werden.«[48] Die NATO antwortete einen Tag später mit der ansonsten kaum erwähnenswerten, aber versöhnlich gestimmten Botschaft von Turnberry, in der es hieß, das Bündnis wolle »der Sowjetunion und allen anderen europäischen Ländern die Hand zu Freundschaft und Zusammenarbeit« reichen. Die neuen Initiativen hob man sich für den Londoner Gipfel im Juli auf.[49]

In Washington nahm das Konzept für den Gipfel zusehends Gestalt an. Die Arbeitsgruppen von Blackwill und Kanter waren inzwischen zusammengetreten, und am 11. Juni berief Gates eine weitere Sitzung der Strategie-Lenkungsgruppe ein, um die Fortschritte zu begutachten.[50] Streit entzündete sich an der Frage, ob eine gemeinsame Erklärung von NATO und Warschauer Pakt vorgeschlagen werden sollte oder nicht. Dobbins vom Außenministerium befürwortete die Idee, die, wie er wußte, von Baker geteilt wurde, während Wolfowitz vom Verteidigungsministerium und der NSC-Stab sie skeptisch einschätzten. Gates schlug als Alternative vor, den osteuropäischen Staaten und der Sowjetunion anzubieten, Verbindungsmissionen bei der NATO einzurichten. Ob man die Osteuropäer in die Bündnisstrukturen einbeziehen wolle, fragte Bartholomew. Vielleicht durch irgendeine Art von Assoziation? Die Bezeichnung »Verbindungsmission« sei jedenfalls geschickt gewählt. Blackwill betrachtete die Idee als kühne Antwort auf Gorbatschows Befürchtung, die Sowjetunion könnte vom neuen Europa ausgeschlossen werden. Ebenso wie die Vereinigten Staaten einen Botschafter bei der EG hätten, könnte ein polnischer oder sowjetischer Botschafter bei der NATO akkreditiert sein. Die Risiken seien nicht zu übersehen, aber die Europäer erwarteten vom Präsidenten innovative Initiativen.

Zoellick meldete sich zu Wort, um die Idee einer Erklärung von NATO und Warschauer Pakt im Gespräch zu halten. Schewardnadse habe versprochen, konkrete Formulierungen vorzuschlagen. Diese Sache sei für die Sowjets sehr wichtig. Baker sei der Ansicht, daß Washington sich nicht durch überholte Ansichten über den inzwischen dem Tode geweihten Warschauer Pakt lähmen lassen sollte. Es gebe keinen Grund, die Idee einer gemeinsamen Erklärung einfach zum alten Eisen zu werfen.

Dann wandte sich die Runde erneut dem Thema der Obergrenze der künftigen deutschen Streitkräfte zu. Am 8. Juni hatte der westdeutsche Abrüstungsbeauftragte Holik bei der NATO-Tagung in Turnberry den bereits erwähnten Plan vorgelegt, nationale Obergrenzen für die Streitkräfte aller mitteleuropäischen Staaten festzulegen und die Gültigkeit der deutschen Obergrenze an die Bedingung zu knüpfen, daß die anderen Staaten ihre Einschränkungen ebenfalls als bindend akzeptierten. Den Amerikanern gefiel dieser Plan. In einer Schlüsselfrage blieb die westdeutsche Position jedoch unklar: Wann sollten die Obergrenzen zu Papier gebracht und in einem Vertrag kodifiziert werden? Bonn hatte zuerst angedeutet, daß die entsprechenden Bestimmungen in den KSE-I-Vertrag aufgenommen werden könnten. Doch dies hätte die laufenden Verhandlungen in Wien, die bis zum KSZE-Gipfel im November abgeschlossen sein mußten, zusätzlich belastet. Andererseits würde es die Sowjets kaum zufriedenstellen, wenn man die Vereinbarung über die Streitkräftefrage auf später verschob.[51]

Das Ergebnis der Beratungen im Juni war eine Variante des Holik-Plans. Dieser Variante zufolge, der sowohl Kohl als auch Stoltenberg zustimmten, sollten alle Vereinbarungen über nationale Truppenstärken an begrenzte Folgeverhandlungen (KSE Ia) verwiesen werden. Um die Sowjetunion zufriedenzustellen, würden die Deutschen vorher im Rahmen der laufenden VKSE eine nicht bindende Zusage über die Obergrenze machen, die sie zu akzeptieren bereit waren. Auf diese Weise hätte die Sowjetunion eine gewisse Sicherheit hinsichtlich der Stärke der künftigen deutschen Streitkräfte gewonnen, während die Deutschen so lange nicht an ihre Zusage gebunden wären, wie die anderen Staaten ihre nationalen Obergrenzen nicht anerkannt hatten. Deutschland wäre also nicht singularisiert worden, indem man ihm als einzigem Land eine Begrenzung seiner Streitkräfte auferlegt hätte.[52]

Der NSC-Stab erhielt die Aufgabe, einen Entwurf der Londoner Erklärung zu formulieren. (Gates wußte, daß ein solcher Entwurf bereits seit Wochen vorlag.) Zoellick betonte, daß sich die Erklärung von anderen Kommuniqués unterscheiden müsse. Sie sollte unbürokratisch sein und wie eine direkte Botschaft Bushs und der anderen Staats- und Regierungschefs wirken, nicht wie eine diplomatische Note. Blackwill händigte Zoellick am nächsten Tag vertraulich ein Exemplar des Entwurfs aus. Er war der erste, der ihn außerhalb des Weißen Hauses zu Gesicht bekam.

Die Strategie-Lenkungsgruppe trat am 12. Juni erneut zusammen, um sich eingehender mit Sicherheits- und Abrüstungsfragen zu beschäftigen.

Zoellick drängte darauf, die Schaffung multinationaler Korps stärker zu betonen. Gates schloß sich dem Vorschlag an, ebenso wie Graves als Vertreter der Vereinigten Stabschefs. Nur Wolfowitz zögerte. Für Gates lautete die Frage, *wie* die multinationalen Korps gebildet werden sollten, nicht *ob*. Der Präsident hegte die Befürchtung, daß die Bevölkerung die amerikanische und sowjetische Militärpräsenz gleichsetzen könnte, und durch die Bildung multinationaler Korps würde sich die amerikanische Präsenz in Deutschland unübersehbar von der sowjetischen abheben.

Zoellick brachte die Idee zur Sprache, nationale Streitkräfte schon in Friedenszeiten dem NATO-Kommando zu unterstellen, nicht erst im drohenden Ernstfall. Graves reagierte positiv, meinte jedoch, daß die konkreten Kommandostrukturen noch genauer analysiert werden müßten. Gates hob die Offenheit des Präsidenten für neue Ideen hervor. Die Vereinigten Staaten seien bereit, diese Art von Kommandostruktur zu erwägen. Wolfowitz und Graves pflichteten ihm bei. Ziel seien multinationale Korps, die auch in Friedenszeiten dem operativen Befehl der NATO unterständen (und damit einem deutschen General, der als Befehlshaber der AFCENT − unter dem Oberbefehl des SACEUR − das Kommando über alle in Deutschland stationierten NATO-Truppen hatte). Die Londoner Erklärung könnte die Ankündigung enthalten, daß man untersuchen werde, wie dieses Ziel zu erreichen sei.

Was die in Europa stationierten amerikanischen Nuklearstreitkräfte betraf, bestand Einigkeit darüber, daß die Strategie der flexiblen Erwiderung ersetzt werden mußte. Das Etikett der neuen Strategie bereitete allerdings einiges Kopfzerbrechen. Zoellick bemerkte, daß die Ostdeutschen es gern sähen, wenn die NATO das Verbot des Ersteinsatzes als Doktrin annähme. Wolfowitz und Blackwill wandten sich dagegen. Es sei nicht das Ziel der NATO, einen konventionellen Krieg in Europa möglich zu machen. Angesichts einer starken Reduzierung der konventionellen Streitkräfte werde die konventionelle Verteidigung weniger zuverlässig. Das Bündnis solle sich deshalb nicht auf die konventionelle Abschreckung allein verlassen. Ronald Lehman, Direktor der Rüstungskontrollbehörde, war derselben Meinung, und Blackwill ergänzte, daß der Vorschlag, den Ausschluß des Ersteinsatzes zur NATO-Doktrin zu erheben, Spannungen mit Frankreich und Großbritannien nach sich ziehen würde, da sich beide Länder genötigt sähen, ihre eigenen Nuklearstrategien zu überdenken. Gates drängte darauf, dem Präsidenten etwas an die Hand zu geben, mit dem er zeigen konnte, daß sich die NATO den veränderten militärischen Gegebenheiten anpaßte.

Unstrittig war offenbar, daß die neue Strategie auf die Option des frühzeitigen Ersteinsatzes von Atomwaffen verzichten sollte, und Blackwill hatte eine entsprechende Klausel für die Gipfelerklärung vorbereitet: »In diesem neuen Europa werden die Nuklearkräfte des Bündnisses wahrhaft zu Waffen des letzten Rückgriffs werden.« Er hatte Zoellick vor der Sitzung gebeten, die neue Formulierung zu präsentieren, da sie als Vorschlag des Außenministeriums mehr Gewicht haben würde. So schlug Zoellick jetzt den »letzten Rückgriff« als Sprachregelung für den Verzicht auf den frühzeitigen Ersteinsatz vor. Gates erklärte, daß ihm die Idee gefalle, und Wolfowitz brummte zustimmend. Über die Ankündigung der einseitigen Reduzierung des amerikanischen Atomwaffenarsenals und des Abzugs der nuklearen Artilleriegranaten aus Europa bestand ebenfalls Einigkeit.

Dann legte Gates den Zeitplan für die weitere Arbeit fest. Baker, Cheney, Powell und Scowcroft würden den Entwurf der Londoner Erklärung in einer Woche prüfen. Vorher würde die Strategie-Lenkungsgruppe noch einmal zusammenkommen, um ihnen den Weg zu ebnen. Gates versprach, daß bis dahin ein NSC-Entwurf vorliegen werde, der aus Sicherheitsgründen aber erst unmittelbar vor der Sitzung verteilt werden würde.[53] Als Termin dieser entscheidenden Zusammenkunft setzte er den 18. Juni fest.

Unterdessen hatte Schewardnadse einen Vorschlag für die gemeinsame Erklärung von NATO und Warschauer Pakt übersandt, der es in sich hatte. Die Sowjets hatten systematisch den Dachboden des Kalten Krieges durchstöbert und jede Idee entstaubt, die sie finden konnten. Das Bündnis sollte sich verpflichten:

- ein gesamteuropäisches Militärbündnis aus NATO und Warschauer Pakt zu schaffen, das allen KSZE-Staaten offenstehen sollte;
- neue »multilaterale Streitkräfte« aufzubauen (unter Beteiligung neutraler Länder), um den Frieden zwischen Ost und West zu bewahren;

- die automatische Beistandsverpflichtung der NATO-Partner im Angriffsfall aufzuheben;
- die Schutzgarantie der NATO einzuschränken, wenn eines ihrer Mitglieder Gewalt anwenden sollte, und ihm für diesen Fall Sanktionen anzudrohen;
- die frühere DDR von der Schutzgarantie der NATO auszunehmen;
- nicht als erster Atomwaffen einzusetzen;
- alle US-Nuklearstreitkräfte aus Europa abzuziehen;
- alle konventionellen US-Truppen aus Deutschland abzuziehen, während die sowjetischen Streitkräfte aus der DDR abrückten;
- entmilitarisierte Zonen in Mitteleuropa zu schaffen (ohne Einbeziehung der UdSSR);
- See- und Luftstreitkräfte abzuziehen, die für »überraschende Angriffsaktionen und Großoperationen« von Europa aus eingesetzt werden konnten.

Der Entwurf war für das US-Außenministerium ein schwerer Schlag. Es hatte die Idee einer gemeinsamen Erklärung unterstützt, weil Schewardnadse offenbar viel daran lag, weil sie den Westdeutschen gefiel und weil sie kaum Schaden anrichten konnte. Aber die Vorschläge dieses Entwurfs waren für die Amerikaner nahezu ausnahmslos unakzeptabel. Sie hätten einer wie der andere lange, komplizierte Verhandlungen heraufbeschworen. Der NSC-Stab, der von Anfang an skeptisch gewesen war, schrieb in seiner Beurteilung: »Die Probleme, die der sowjetische Vorschlag aufwirft, sind so zahlreich und so eng mit der Grundhaltung dieses Dokuments verbunden, daß wir es nicht als eine vernünftige Grundlage für weitere Diskussionen betrachten. ... Der sowjetische Vorschlag beinhaltet mindestens ein Dutzend Ideen, die wir für derart unannehmbar halten, daß nicht einmal über sie verhandelt werden kann.« Die NATO-Partner reagierten ebenfalls überwiegend negativ. Westdeutsche und Briten hofften allerdings, daß die Idee einer gemeinsamen Erklärung noch zu retten war, wenn sie nur unverbindlich und unanfechtbar genug formuliert wurde.[54]

Bevor sich die Beamtenrunde am 18. Juni im Lagerraum des Weißen Hauses versammelte, meinte Blackwill zu Gates, der eigene Entwurf enthalte sieben wirklich bedeutende Initiativen. Wenn alle sieben akzeptiert würden, wäre man über den Berg. Das war allerdings auch notwendig, wenn man der Erklärung genügend Gewicht geben wollte, um in Moskau die gewünschte Wirkung zu erzielen. Blackwills »große Sieben« waren:

- die Einladung an die früheren Feinde, Verbindungsmissionen bei der NATO einzurichten;
- das Versprechen, bei den VKSE II Einschnitte in die konventionellen Streitkräfte der Teilnehmerstaaten von bis zu fünfzig Prozent anzustreben;
- der Umbau der konventionellen Streitkräfte der NATO mit dem Schwergewicht auf multinationalen Korps unter multinationalem Befehl;
- die Reduzierung des Atomwaffenarsenals und die Vernichtung der amerikanischen nuklearen Artilleriegranaten sowie die Verkündung der neuen Nukleardoktrin des »letzten Rückgriffs«;
- die Bekanntgabe ehrgeiziger Ziele für die bevorstehenden SNF-Verhandlungen;
- die Zusage, daß die NATO eine neue Militärstrategie entwickeln werde, um sowohl die Doktrin der »Vorneverteidigung« als auch die der »flexiblen Erwiderung« zu ersetzen;
- der Hinweis auf die KSZE-Institutionen, für deren Schaffung sich das Bündnis einsetzen werde, einschließlich eines Zentrums für Konfliktverhütung.

Gates pflichtete Blackwill bei. Der Entwurf dürfe in der ressortübergreifenden Diskussion nicht so weit verwässert werden, daß einer dieser Punkte herausfalle.

In der Sitzung der Strategie-Lenkungsgruppe faßte Gates zunächst die Vorstellungen des Pentagon über das künftige Engagement der USA in Europa zusammen.[55] Die Vereinigten Staaten sollten mit einem Korps aus zwei Divisionen präsent sein, dessen Umfang sich weniger nach den Erfordernissen des Kriegsfalls richten sollte als vielmehr nach der Einschätzung einer angemessenen amerikanischen Beteiligung an den NATO-Streitkräften.

Dann wandte sich die Runde dem neuesten Entwurf der Londoner Erklärung zu. Gates wies darauf hin, daß es keine undichten Stellen geben dürfe. Die Vereinigten Staaten wollten »die Muskeln spielen lassen« und Gorbatschow die Munition liefern, die er zur Verteidigung der Entscheidung brauchte, die deutsche Vereinigung im Rahmen der NATO zu akzeptieren. Der Vorschlag, die Einrichtung ständiger Verbindungsmissionen anzubieten, fand die einhellige Zustimmung der Lenkungsgruppe. Über die gemeinsame Erklärung von NATO und Warschauer Pakt konnte man sich dagegen nicht einigen. Die Frage wurde ebenso zur Entscheidung auf Kabinettsebene zurückgestellt wie die der künftigen konventionellen Abrüstung.[56] Der NSC-Stab schlug vor, die Vereinigten Staaten sollten in einigen Fällen Einschnitte in die nationalen Streitkräfte »von bis zur Hälfte« durchzusetzen versuchen, damit kein Staat eine unverhältnismäßige Militärmacht in Europa erlangen konnte.[57]

Die Vereinigten Stabschefs waren jetzt sowohl mit der Bildung multinationaler Korps als auch mit der Idee einverstanden, sie schon in Friedenszeiten dem NATO-Kommando zu unterstellen. Nur den letzten Schritt, daß ein ausländischer General den Befehl über amerikanische Einheiten erhielt, wollten sie nicht gehen. Auch diese Frage wurde offengelassen, um auf höchster Ebene entschieden zu werden. Das Außenministerium weigerte sich, der Vernichtung der nuklearen Artilleriegranaten und dem Abzug von drei Vierteln der in Europa stationierten Atomwaffen zuzustimmen. Das Pentagon hatte bemerkenswerterweise keine Einwände. Die Vertreter des Außenministeriums befürchteten, daß die Bekanntgabe dieser Vorhaben in Deutschland eine neue Atomdebatte auslösen könnte. Man einigte sich darauf, nur einen allgemein gehaltenen Vorschlag für die SNF-Verhandlungen in die Londoner Erklärung aufzunehmen.[58]

Ein Streitpunkt war auch der Leitgedanke der neuen Militärstrategie. Zoellick verteidigte die Formulierung, daß im neuen Europa »die Nuklearkräfte des Bündnisses zu Waffen des letzten Rückgriffs werden«. Damit sollte zweierlei signalisiert werden: daß der nuklearen Verteidigung weniger Gewicht beigemessen wurde und daß man vom Grundsatz des frühzeitigen Erstschlags abgerückt war. Einwände kamen von Lehman, dem Chef der Abrüstungsbehörde, dem die Ankündigung mißfiel, die

Doktrinen der »flexiblen Erwiderung« und »Vorneverteidigung« ersetzen zu wollen. Erneut wurde die Sorge über die Reaktion aus London laut. Hadley und Gates boten eine unverfänglichere Formulierung an, der zufolge sich das Bündnis von den alten Strategien »wegbewegen« werde. Dies fand allgemeine Zustimmung. Schließlich einigte sich die Runde noch auf die Liste der neuen KSZE-Institutionen.

Am nächsten Tag kamen die Chefs der beteiligten Regierungsstellen – Baker, Cheney, Powell und Scowcroft – in Scowcrofts Büro zusammen, um den Entwurf der NATO-Gipfelerklärung zu verabschieden.[59] Sie billigten die Einladung an die Warschauer-Pakt-Staaten, Vertreter nach Brüssel zu entsenden, »um ständige diplomatische Verbindungen mit der NATO aufzunehmen«. Baker und Ross setzten sich erneut für eine gemeinsame Erklärung der beiden Bündnisse ein, die, wie sie wußten, sowohl von Bonn als auch von London mitgetragen werden würde. Ross entwarf einen neuen Absatz, in dem die NATO feierlich eine »Verpflichtung zur Nichtaggression« abgab und der Warschauer Pakt aufgefordert wurde, dies ebenfalls zu tun. Die Formulierung enthielt viel vom Geist der gemeinsamen Erklärung und von Kohls Idee eines Nichtangriffspakts, ohne anzudeuten, daß man in Verhandlungen über einen solchen eintreten wolle. Bakers Vorschlag wurde einmütig angenommen. Im Grunde war es keine gemeinsame Erklärung, sondern ein Austausch von Erklärungen, was den Vorteil hatte, daß das Vorhaben nicht in Verhandlungen über einen unannehmbaren sowjetischen Entwurf steckenbleiben konnte.

In bezug auf künftige Verhandlungen über konventionelle Abrüstung bestätigte die Runde die Absichtserklärung, man werde »weitere einschneidende Begrenzungen der Offensivfähigkeit« der Streitkräfte in Europa anstreben, ließ aber das allzu ehrgeizige Ziel fallen, in einigen Fällen eine Reduzierung »von bis zur Hälfte« erreichen zu wollen. Bakers Position entsprach der von Seitz und dessen Europaabteilung vertretenen Ansicht, daß die KSE-Folgeverhandlungen die Frage der Obergrenzen der deutschen Streitkräfte klären sollten, ohne von einer umfangreichen Tagesordnung und allzu hochgespannten Erwartungen belastet zu sein. Entscheidend für die Ablehnung der ehrgeizigeren Zielsetzung war Scowcrofts vorsichtige Haltung. Der Vorschlag war zwar von seinem Stab entwickelt worden, aber bei genauerem Nachdenken war Scowcroft wie Seitz zu dem

ben, daß zum Zeitpunkt ihrer Ankunft die meiste Arbeit bereits getan und die meisten Meinungsverschiedenheiten ausgeräumt waren. Sie konnten sich daher in der Gewißheit, daß die Abschlußerklärung praktisch veröffentlichungsreif war, auf einige wenige Schlüsselfragen konzentrieren. Wenn Bush nun diesen Prozeß umging, mußte er darauf vertrauen, daß es ihm gelingen würde, die Verbündeten für seinen Vorschlag einzunehmen. Denn falls mehrere NATO-Partner mit dem amerikanischen Text unzufrieden waren und Kritikpunkte diskutieren wollten, gab es weder eine Garantie dafür, daß in der zur Verfügung stehenden Zeit ein annehmbares Dokument ausgehandelt werden konnte, noch war damit zu rechnen, daß der Öffentlichkeit die Uneinigkeit innerhalb der NATO verborgen bleiben würde. Ein unharmonischer Abschluß des Gipfels aber wäre angesichts der an ihn gestellten Erwartungen eine Katastrophe gewesen. Dabei war selbst unter den günstigsten Umständen zu erwarten, daß einige Regierungen und praktisch alle ihre NATO-Delegierten mit Unmut auf das eigenmächtige amerikanische Vorgehen reagieren würden.

Dennoch war genau dies der Kurs, den Bush, Scowcroft und Baker steuern wollten. Bush sandte am 21. Juni Kohl, Thatcher, Mitterrand, Andreotti und Wörner einen Brief, in dem er Sinn und Zweck des beigefügten Entwurfs erläuterte. Um die Geheimhaltung zu gewährleisten, wurden die Briefe durch besondere Kanäle verschickt und nicht wie sonst üblich von den Botschaften übermittelt. »Wir stehen an einem Wendepunkt«, erklärte Bush. Die Sowjetunion werde bald darüber entscheiden, ob sie die Vereinigung Deutschlands als Vollmitglied der NATO gütlich hinnehmen wollte. In den Vereinigten Staaten versuche man, sich darüber klarzuwerden, welche Bedeutung der NATO im neuen Europa zukomme. Die Führer der neuen osteuropäischen Demokratien schließlich wüßten noch nicht genau, was sie von der NATO und ihrer Rolle für die europäische Sicherheit halten sollten. »Kurz gesagt«, faßte Bush zusammen, »dieser NATO-Gipfel wird wahrscheinlich das Bild dessen prägen, wofür unser Bündnis in dieser Zeit des historischen Wandels steht.«[64]

Teltschik nahm den Brief mit Genugtuung auf. Bush, notierte er in seinem Tagebuch, sei mit diesem Vorschlag »in die Offensive gegangen. Er hat damit alle anderen NATO-Partner, uns eingeschlossen, überrascht. In der Bundesregierung liegt noch kein entsprechender Entwurf vor. Der

Vorschlag macht aber das Ausmaß deutsch-amerikanischer Übereinstimmung deutlich, und Bush erweist sich erneut als außerordentlich hilfreich. Wir sind jetzt sicher, daß der NATO-Gipfel ein Erfolg werden und die richtige Botschaft für Gorbatschow formulieren wird.«[65] Wörner war ebenso zufrieden. Er sei versucht gewesen, Champagner hervorzuholen, schrieb er in seiner Antwort. Es sei ein ausgezeichnet geschnürtes Paket und genau das »klare Signal, das wir in London brauchen. Kurz, ich bin begeistert von dem Entwurf.« Bush, fügte Wörner hinzu, habe recht, wenn er die Erklärung ehrgeizig nenne, »aber wie wir bereits festgestellt haben, ist jetzt Ehrgeiz nötig«.[66]

Margaret Thatcher war weniger glücklich mit diesem »schwungvollen Entwurf«. Ihrer Meinung nach brachte er die Balance zwischen dem Hauptzweck der NATO und einer soliden Militärstrategie aus dem Gleichgewicht. »Wir sollten eine Erklärung, die einige ins Auge springende Angebote enthält, nicht annehmen, bevor wir nicht die zugrundeliegende Strategie ausgearbeitet haben«, erklärte sie. Besonders die Änderung der Nuklearstrategie und die Versprechungen für die künftige konventionelle Abrüstung stießen bei ihr auf Widerspruch. Sie befürchtete, daß der Ton der Erklärung die Menschen zu dem Irrglauben verleiten könnte, es gebe keine Bedrohung mehr. Deshalb lehnte sie es ab, den Osten einzuladen, diplomatische Vertretungen bei der NATO einzurichten. »Werden die Menschen nicht fragen«, schrieb sie an Bush, »welchen Sinn Verteidigung und Sicherheitspolitik noch haben, wenn wir jene, die bis vor kurzem unsere schärfsten Feinde waren – und es schlimmstenfalls wieder werden können – so dicht an die innerste Führung unserer Verteidigung und Kampfbereitschaft heranlassen?« Sie sprach sich dafür aus, sich auf die KSZE und Verhandlungen über eine gemeinsame Deklaration von NATO und Warschauer Pakt zu beschränken, und schlug deshalb vor, von Vertretern der Vereinigten Staaten, Großbritanniens, Frankreichs, der Bundesrepublik und Italiens eine völlig neue Erklärung ausarbeiten zu lassen: »Das dürfte der beste Weg sein, um sicherzustellen, daß das Bündnis auf dem Gipfel selbst Einigkeit bezeigt.«[67]

Blackwill beriet mit Zoellick über das weitere Vorgehen. Wörner hatte vorgeschlagen, den US-Entwurf am 29. Juni bei der NATO einzureichen. »Zu früh«, befand Blackwill. Der Gipfel sollte am 5. und 6. Juli stattfinden, der Entwurf könnte durchsickern und, schlimmer noch, von den vielen bei der NATO akkreditierten Diplomaten zerpflückt werden. Blackwill schlug Scowcroft daher mit Zoellicks Einverständnis vor, daß Präsident Bush den übrigen Staats- und Regierungschefs den Entwurf am 2. Juli zukommen lassen sollte, um sich deren Unterstützung zu sichern und Premierministerin Thatcher weiter zu isolieren. Erst am Tag darauf sollte der Entwurf formell bei der NATO eingereicht werden. Gleichzeitig sollte Botschafter Taft erklären, daß der Text des Präsidenten ausschließlich auf dem Gipfel in London von den Staats- und Regierungschefs beziehungsweise den Außenministern diskutiert werden würde, und für den 5. Juli eine Sitzung der Außenminister vorschlagen, auf der dies geschehen konnte. Bush, Baker und Scowcroft stimmten diesem Vorgehen zu.[68]

Wörner erklärte sich mit dem amerikanischen Plan für den Ablauf des Gipfels einverstanden. Er hatte allerdings gerade mit Thatcher gesprochen, kannte also ihre Reaktion und wies die Amerikaner darauf hin, daß sie sich auf eine »äußerst riskante Strategie für den Gipfel« eingelassen hätten. Bei den Verbündeten würden sowohl der Inhalt als auch das Verfahren Unbehagen auslösen. Es würde nicht leicht sein, die nötige Übereinstimmung zustande zu bringen. Sollte der Plan scheitern, wäre es ein Fehlschlag, den sich niemand leisten könne. Es sei deshalb wichtig, daß die US-Regierung, nachdem sie diese bedeutende Initiative auf so außergewöhnliche Weise begonnen habe, mit »beachtlicher Stärke und Entschlossenheit« anzeige, daß sie die Erklärung durchzusetzen gedenke.[69]

Bush unternahm einen weiteren Versuch, Thatcher umzustimmen, indem er ihr am 1. Juli einen Brief schickte, in dem er Punkt für Punkt auf ihre Einwände einging.[70] Zur Nuklearstrategie schrieb er:»Ich befürchte, daß wir, wenn wir auf dem Gipfel nichts über die Zukunft der flexiblen Erwiderung und unsere Strategie der Abschreckung sagen, nur den Befürwortern des Ersteinsatzes und der Entnuklearisierung gestatten, die Debatte zu bestimmen, einschließlich derjenigen in Deutschland.« Die flexible Erwiderung habe sich notwendigerweise auf die Möglichkeit des frühzeitigen Einsatzes von Atomwaffen gestützt. Angesichts der massiven Reduzierung der sowjetischen Militärmacht, wie sie der kurz vor dem Abschluß stehende KSE-Vertrag vorsehe, verschwinde diese Notwendigkeit jedoch. Wenn ihm, Bush, nach dem Gipfel von Journalisten die Frage gestellt werde, ob die NATO vorhabe, ihre Nuklearstrategie diesen Veränderungen anzupassen, könne er natürlich sagen,»daß wir darüber nachdenken. Aber damit beweisen wir keine Führungskraft. Wenn ich sage, daß die flexible Erwiderung ungeachtet der neuen Umstände bestehenbleiben wird, dürfte es sehr schwer sein, den Konsens über die nukleare Abschreckung der NATO aufrechtzuerhalten. Und wenn ich erkläre, daß sich die NATO-Strategie ändern wird, müssen wir dann nicht etwas sagen, um die neue Richtung zu bestimmen?«

Die Kernsätze des Schreibens lauteten:»Wenn wir beim Londoner Gipfel keine kühnen Schritte unternehmen, ... werden wir die öffentliche Prüfung nicht bestehen, welche die Erklärung, wie wir beide meinen, zu durchlaufen hat ... Bei ihrem privaten Treffen in Berlin hat Schewardnadse nicht weniger als viermal zu Jim Baker gesagt, wie wichtig der NATO-Gipfel für die Herausbildung der sowjetischen Haltung in den grundlegenden Fragen sei, die Moskau in den kommenden Monaten beantworten muß. Ich denke außerdem daran, daß Helmut Kohl am 15. und 16. Juli in Moskau sein wird. Er sollte eine klare Position des Bündnisses dazu mitnehmen, wie wir uns den neuen Realitäten in Europa anpassen wollen (und wie nicht).« Thatchers Wunsch, eine neue Gipfelerklärung ausarbeiten zu lassen, lehnte Bush ab.»Wir werden in London an den Formulierungen feilen können«, beschied er sie. Danach lag es bei der britischen Premierministerin zu entscheiden, ob sie es bei diesem richtungweisenden Treffen der Staats- und Regierungschefs der NATO auf einen Zusammenstoß mit den Amerikanern ankommen lassen wollte.

Kohl und Mitterrand hatten bei einem gemeinsamen Frühstück während eines EG-Gipfels in Dublin über Bushs Vorschlag gesprochen. Mitterrand stimmte dem amerikanischen Entwurf in den meisten Punkten zu, beanstandete aber die Absicht, multinationale Korps zu bilden, da dies die militärische Struktur der NATO noch verstärken würde. In einem am selben Tag geführten Telefongespräch mit Teltschik forderte Blackwill die Bundesregierung auf, sich gemeinsam mit Frankreich an die Seite der USA zu stellen, um die britische Premierministerin zu isolieren. Von Teltschik ins Bild gesetzt, sprach Kohl mit Genscher über die US-Initiative. Sie beschlossen, Kastrup, Teltschik und Naumann nach Washington zu entsenden, um den Text mit den Amerikanern zu besprechen. Scowcroft wies Teltschik jedoch darauf hin, daß solche bilateralen Konsultationen nur britische Empfindlichkeiten verletzen würden. Außerdem habe Wörner bei ihm angerufen und ihn gebeten, keine Erörterungen im kleinen Kreis durchzuführen. Die Reise wurde abgesagt, und Scowcroft und Teltschik kamen überein, daß Bonn seine Änderungsvorschläge schriftlich übersenden sollte.[71]

Teltschik schickte einen Entwurf nach Washington, der viele der amerikanischen Ideen aufgriff, darüber hinaus aber einen formellen Nichtangriffspakt zwischen NATO und Warschauer Pakt verlangte, die Idee der multinationalen Korps entschärfte (um französischem Widerspruch vorzubeugen) und die Änderungen der Militärstrategie herunterspielte (um eine öffentliche Debatte über Atomwaffen zu verhindern).[72] Außerdem enthielt der Text den aktuellen deutschen Vorschlag für die Obergrenze der künftigen Bundeswehr, den sogenannten Holik-Plan, jedoch in der ursprünglichen Version, der zufolge in den laufenden VKSE nationale Obergrenzen für die Streitkräfte aller Teilnehmer ausgehandelt werden sollten. Die Amerikaner blieben allerdings bei ihrem Standpunkt: Die laufenden Verhandlungen in Wien sollten nicht ausgedehnt und den Sowjets keine goldene Brücke gebaut werden, die es ihnen ermöglichen würde, eine Zwei-plus-Vier-Vereinbarung, die sie nicht mochten, mit einem KSE-Vertrag zu verknüpfen, für den sie ebenfalls nichts übrig hatten.

Scowcroft schrieb Teltschik, der Holik-Plan in dieser Form bedeute, daß alle dreiundzwanzig an den VKSE beteiligten Staaten»der Größe der griechischen Streitkräfte, der türkischen Streitkräfte und so fort für jedes Land in Europa zustimmen müßten. Besonders beunruhigend ist für uns, daß der Versuch, diese gewaltige Aufgabe bei den gegenwärtigen KSE-Verhandlungen zu bewältigen, den Abschluß des KSE-Vertrages auf unabsehbare Zeit verzögern könnte (was die sowjetischen Militärs vermutlich begrüßen würden). Es ist auch möglich, daß Gorbatschow die Komplexität dieser Frage nutzt, um den Abschluß des Zwei-plus-Vier-Prozesses hinauszuschieben.«

Diesen Argumenten konnte sich Teltschik nicht verschließen, zumal auch das westdeutsche Verteidigungsministerium dafür eintrat, die nationalen Obergrenzen in künftigen Verhandlungen festzulegen, nachdem der KSE-I-Vertrag unterzeichnet und die Zukunft der in Osteuropa stationierten sowjetischen Truppen geklärt war. Stoltenberg zeigte sich am 2. Juli in einer Sitzung im Kanzleramt zum ersten Mal bereit, eine Obergrenze der künftigen deutschen Streitkräfte von weniger als vierhunderttausend Mann zu akzeptieren.

Am nächsten Tag war die deutsche Position zur künftigen Truppenstärke der Bundeswehr erneut Gegenstand eines Ministergesprächs im Kanzleramt. Die Runde einigte sich darauf, der von den USA und vom Verteidigungsministerium vertretenen Linie zu folgen und die nationalen Obergrenzen nicht zum Thema der laufenden KSE-Verhandlungen zu machen. Statt dessen sollte die deutsche Position als einseitige Verpflichtung in die laufenden Gespräche in Wien eingebracht werden. Umstritten war nur die konkrete Zahl. Genscher sprach von 350 000 Mann, während Kohl und Stoltenberg 400 000 vorzogen. Kohl befürchtete, daß ein Verhandlungsangebot von 350 000 zu einem Kompromißergebnis von 280 000 führen würde, eine Zahl, die er für zu niedrig hielt. Später am selben Tag nahm Genscher Teltschik beiseite, um ihm zu erklären, daß die Gefahr der Minderung der Ausgangszahl nicht bestehe, weil es keine Verhandlungen geben werde; schließlich sei es nur eine einseitige Erklärung. Als Kohl und Teltschik wieder darüber sprachen, legte sich der Bundeskanzler auf eine Personalstärke von 370 000 Mann fest, mit einem Spielraum bis zu 350 000, wenn alle anderen Fragen ebenfalls gelöst wurden.[73]

Die Amerikaner diskutierten ihre Pläne für den NATO-Gipfel unterdessen mit dem französischen Präsidenten.[74] Mitterrand, der Kohls positive Reaktion kannte, schrieb Bush, ihm gefalle, wie die Idee einer gemeinsamen Erklärung beider Bündnisse durch das Angebot einer gegenseitigen »Verpflichtung zur Nichtaggression« ersetzt worden war. Die Idee der multinationalen Korps wollte er jedoch aus dem Katalog der Initiativen streichen, und auch hinsichtlich der KSZE-Institutionen wollte er bis zum Pariser Gipfel »allzu präzise Vorschläge« vermeiden. Mitterrands Berater verfaßten später einen umfangreichen Gegenentwurf zum KSZE-Prozeß, der sich aber nur in den Formulierungen von der amerikanischen Fassung unterschied; an der Liste der Institutionen hatten die Franzosen nichts auszusetzen.

Hinsichtlich der Nuklearstrategie schloß sich Mitterrand den Bedenken der britischen Premiermministerin an. Seiner Ansicht nach war das Konzept des »letzten Rückgriffs« nicht mit einer wirksamen Abschreckung zu vereinen, da die nukleare Drohung, wenn sie glaubhaft sein sollte, auch den frühzeitigen Einsatz der Atomwaffen umfassen mußte. Frankreich sei nicht Teil der integrierten militärischen Kommandostruktur der NATO, schrieb Mitterrand, und er wolle deshalb den anderen NATO-Partnern nicht vorschreiben, welche Strategie sie anzunehmen hätten, aber die französische Doktrin, »welche die Strategie der NATO, wie ich glaube, auf nützliche Weise ergänzt«, stütze sich auf die Drohung des frühzeitigen Einsatzes von Atomwaffen. Darüber hinaus äußerten französische Regierungsbeamte ihr Mißfallen an dem Angebot, Ständige Vertreter aus Warschauer-Pakt-Staaten bei der NATO zuzulassen. Es paßte ihnen nicht, daß die NATO eine solche politische Rolle annahm. Mitterrands Interpretation des im April in Key Largo mit Präsident Bush erreichten Einverständnisses lautete, daß sich die NATO auf »die Prüfung der Sicherheitsprobleme in bezug auf das [militärische] Gleichgewicht in Europa im Kreis der Verbündeten« beschränken sollte.

Bush antwortete umgehend auf die Bedenken des französischen Präsidenten. Er bot zwar keine Änderungen des vorgeschlagenen Textes an, versprach aber, daß »wir ... an bestimmten Korrekturen an der Erklärung arbeiten [können], wenn wir in London sind«, und beteuerte, daß nichts in dem Entwurf darauf abziele, »Frankreichs traditionelle Beziehung zum Bündnis anzugreifen oder seine Flexibilität beim Nachdenken über seine zukünftigen Verteidigungsarrangements in Europa zu verringern«.[75]

Insgesamt war die Reaktion der wichtigsten Verbündeten gemischt ausgefallen. Jede wichtige Idee des Entwurfs war von mindestens einem von ihnen abgelehnt und von mindestens einem anderen gebilligt worden. Blackwill faßte das Ergebnis in seinem Bericht für Scowcroft und Gates mit den Worten zusammen: »Es dürfte keine Überraschung sein, daß der Erklärung die Substanz entzogen wäre, wenn wir all diese Änderungen vornehmen würden.« Die US-Administration verständigte sich darauf, daß der einzige Weg darin bestand, einfach ohne irgendwelche Änderungen an der Erklärung weiterzumachen und alles zu versuchen, um in der Außenministersitzung in London die Oberhand zu gewinnen.[76]

Bushs Vorschlag traf wie geplant am 2. Juli in Brüssel ein. Die NATO-Diplomaten murrten, weil die Amerikaner darauf bestanden, die Diskussion bis zum Gipfel selbst zu vertagen. Der spanische Ministerpräsident Felipe Gonzalez hatte sich persönlich an Bush gewandt, um ihn aufzufordern, die Ständigen Vertreter bei der NATO die Erklärung überarbeiten zu lassen. Aber im NATO-Hauptquartier hatte Generalsekretär Wörner dem Druck widerstanden, den Entwurfsprozeß in Gang zu setzen, und einen »Kommentar« des internationalen Stabs zu Bushs Vorschlag unterbunden. Botschafter Taft befand:»Wir sind in ziemlich guter Verfassung.« Seiner Ansicht nach würden viele der Einwände der Diplomaten, ganz wie Washington es gehofft hatte,»den Außenministern nicht soviel bedeuten, wie ihre Bürokratien erwarten«. Dennoch werde es »in London noch eine Menge harter Verhandlungen« geben.»Es werden einige bittere Gefühle zurückbleiben«, fügte Taft hinzu,»aber wir haben, was wir wollten.«[77]

Währenddessen bereitete sich Bush selbst auf das Gipfeltreffen vor. Am 2. Juli begaben sich seine Spitzenberater nach Maine, um in Bushs Sommerhaus in Kennebunkport eine Reihe von Präsentationen über die Deutschland- und Europapolitik sowie den Stand der verschiedenen Initiativen durchzuführen. Zoellick gab mit seinem Eröffnungsvortrag den Ton an:»Der NATO-Gipfel: Deutsche Vereinigung und sowjetische Zuschauer.« Der NATO-Gipfel war laut Zoellick»innerhalb dieser Abfolge [von Ereignissen des Jahres 1990] die große Gelegenheit für die NATO, während des Sprints zum KSZE-Gipfel und den gesamtdeutschen Wahlen in den Schlüsselfragen von Politik und Verteidigung Stellung zu beziehen«.[78]

Um die Unterstützung der kleineren NATO-Partner zu gewinnen, telefonierte Bush am 3. Juli mit den Ministerpräsidenten von Belgien, Holland und Dänemark. Allen drei war die herausragende Bedeutung des Londoner Gipfels bewußt, und sie sagten Bush die Unterstützung zu, die er sich von ihnen erhofft hatte.[79]

Am 5. Juli versammelten sich die Staats- und Regierungschefs im palastartigen Ambiente des Lancaster House, in dem 1979 die Verhandlungen stattgefunden hatten, durch die Rhodesien zu Zimbabwe wurde.[80] Wörner erklärte in seiner Eröffnungsansprache, daß der von Präsident Bush vorgelegte Entwurf als Grundlage der Gipfelerklärung dienen werde und die Außenminister persönlich die Redaktion des Texts übernehmen würden. Als Bush das Wort erteilt wurde, erläuterte er jede einzelne der im Entwurf aufgeführten Initiativen und wies dann die hochkarätige

Runde darauf hin, daß dieser Gipfel die letzte Chance sein könnte, »die sich wandelnde Natur unseres Bündnisses deutlich zu machen, bevor die Sowjets, die Osteuropäer und andere ihre Entscheidungen über die deutsche Einheit, den KSE-Vertrag und den KSZE-Gipfel fällen«.

Premierministerin Thatcher stellte dem prompt die Bedenken entgegen, die sie gegen neue KSE-Verhandlungen über »weitere einschneidende Begrenzungen der Offensivfähigkeit der konventionellen Streitkräfte« und den Wechsel zu einer Nuklearstrategie des »letzten Rückgriffs« hegte. Zu letzterer erklärte sie: »Obwohl ein großer Teil dessen, was Präsident Bush über Atomwaffen sagt, sehr zu begrüßen ist, befürchte ich, daß wir dieselben Worte unterschiedlich interpretieren. Für mich ist der Ausdruck ›Waffen des letzten Rückgriffs‹ eindeutig. Der letzte Rückgriff: Letzte bedeutet letzte und nichts weiter, und doch wird mir gesagt, daß dies nicht so sei, daß der Ausdruck zweideutig ist. Nun habe ich in Kommuniqués häufig verworrene Worte gelesen und sie sehr verwirrend gefunden, aber zu erfahren, daß klare Worte verworren sind, ist in meinen Augen eine neue Dimension der Diplomatie. Natürlich habe ich, wie die Kollegen an diesem Tisch wissen werden, für Diplomatie nie viel Verwendung gehabt und bin sehr gut ohne sie ausgekommen.« Sie sei sich bewußt, daß sich das Bündnis dem historischen Augenblick gewachsen zeigen müsse, aber »nicht um den Preis unserer zukünftigen Verteidigung und Sicherheit«.

Als nächster sprach Bundeskanzler Kohl, der die Wirkung von Thatchers Rede wettmachte, indem er sich rückhaltlos auf die Seite der Vereinigten Staaten stellte: »Ich möchte Präsident Bush in dem unterstützen, was er hier gesagt hat. Die Botschaft, die von diesem NATO-Gipfel ausgeht, ist von enormer Bedeutung für Mittel- und Osteuropa.« Es folgten weitere Reden, deren Reigen nur vom Mittagessen unterbrochen wurde. Doch die eigentliche Arbeit war in einen anderen Raum des Lancaster House verlegt worden, wo die Außenminister über den Text der Gipfelerklärung stritten.

Die Diskussion über den viereinhalbseitigen Text dauerte bis nach Mitternacht. Wie sich zeigte, hatte sich das Weiße Haus nicht verschätzt, als es auf Bakers Verhandlungsgeschick setzte. Unter der ebenso geschmeidigen wie zupackenden Gesprächsleitung des niederländischen Außenministers Hans van den Broek überstand der Text die mehrstündige Debatte relativ unbeschadet. Der britische Außenminister Hurd versuchte alles, um die Formulierungen zu den Verteidigungs- und Abrüstungsfragen zu ändern, ließ es aber seinen Instruktionen gemäß nicht zum offenen Bruch kommen. Auf sein Drängen hin wurde das Versprechen weiterer tiefgreifender Reduzierungen der konventionellen Streitkräfte durch die blassere Zusage ersetzt, Verhandlungen über deren Begrenzung anzustreben.[81] Insgesamt jedoch blieben sowohl der knappe, unbürokratische Ton der Erklärung als auch die wichtigsten Initiativen erhalten, so daß van den Broek, als er am nächsten Tag den Staats- und Regierungschefs die neue Textfassung vorlegte, befriedigt feststellen konnte:»Wir sind in der Lage gewesen, die Standpunkte [der Verbündeten] miteinander in Einklang zu bringen, ohne der Botschaft dieser Erklärung ihre Originalität und Stoßkraft zu nehmen.«

Der Vorschlag einer gemeinsamen Erklärung von NATO und Warschauer Pakt, in der beide Bündnisse bekunden sollten,»daß wir uns nicht länger als Gegner betrachten«, war auf Wunsch der Deutschen und Briten aufgewertet worden, ohne die Schwelle zu Verhandlungen über einen Nichtangriffspakt zu überschreiten. Frankreich hatte gegen die Idee, osteuropäische Botschafter nach Brüssel zu holen, gestritten, aber es war ein Kampf auf verlorenem Posten gewesen. Außenminister Dumas hatte einer Kompromißformulierung zugestimmt, in der zwar die Botschafter nicht mehr eigens erwähnt wurden, die schlagzeilenträchtige Einladung an den Osten, nicht nur zu Besuch, sondern auf Dauer nach Brüssel zu kommen, aber unangetastet blieb. Und die Saat ging auf. Schon Ende des folgenden Jahres wurde eine neue, mit dem Bündnis verknüpfte Organisation ins Leben gerufen, um die Staaten Osteuropas in den Meinungsbildungsprozeß der NATO einzubeziehen – der Nordatlantische Kooperationsrat (NAKR). Aus dieser Institution wiederum sollte 1994 die Partnerschaft für den Frieden entstehen, um die früheren Gegner aus dem Warschauer Pakt noch enger an den Sicherheitskonzepten der NATO zu beteiligen.[82]

Nachdem sich die Bundesregierung für die von Washington bevorzugte Variante des Holik-Plans für die Truppenstärke der künftigen Bundeswehr entschieden hatte, war dieser in Form der Zusage, daß»zur Zeit der Unterzeichnung des KSE-Vertrages eine verbindliche Aussage zum Personalumfang der Streitkräfte eines vereinten Deutschland erfolgen« werde, in die Gipfelerklärung aufgenommen worden.[83] Die Ankündigung eines grundlegenden Wandels im konventionellen Bereich hatte die Diskussion der Verbündeten ebenfalls überstanden. Sie hatten unter Führung Frankreichs zwar erreicht, daß der Passus über die Zusammenfassung nationaler Einheiten zu multinationalen Korps und deren Unterstellung unter das integrierte Militärkommando der NATO gestrichen wurde. Aber die Aussage, das Bündnis werde sich »zunehmend auf multinationale Korps stützen, die sich aus nationalen Einheiten zusammensetzen«, war erhalten geblieben und ist seither zu einem besonderen Merkmal der militärischen Umstrukturierung der NATO geworden. Auch die Versicherung, daß sehr viel kleinere Einheiten an die Stelle der bisherigen Streitkräftestruktur treten würden, fand sich in der endgültigen Fassung der Erklärung wieder.

Der Vorschlag, die nuklearen Artilleriegranaten zu beseitigen, wenn die Sowjetunion das gleiche tat, war von den Verbündeten ebenso abgesegnet worden wie die neue NATO-Strategie des »letzten Rückgriffs«, die Thatcher und Mitterrand so sehr mißfallen hatte. Sowohl Vorneverteidigung als auch flexible Erwiderung gehörten unverkennbar der Vergangenheit an, und es wurde ein Diskussionsprozeß in Gang gesetzt, um ein neues strategisches Konzept auszuarbeiten (das im November 1991 auf einem NATO-Gipfel in Rom verkündet wurde). Schließlich war auch die Liste der institutionellen Neuerungen für die KSZE komplett gebilligt worden.

In der Sitzung der Staats- und Regierungschefs kam der einzige Mißton von Mitterrand, der gegen Ende der Beratung eine merkwürdige Stellungnahme abgab, in der er sich – und Frankreich – von dem gesamten Verhandlungsergebnis distanzierte. Er hatte damit gerechnet, daß die umfassende Überprüfung der Militärstrategie der NATO ein langwieriger Prozeß sein würde, an dem sich Frankreich konstruktiv beteiligen könnte. Der plötzliche Vorstoß, mit dem die Amerikaner jetzt ihren Text durchboxten und die Richtung dieses Prozesses festlegten, hatte ihn brüskiert. Sein Groll über den amerikanischen Erfolg (und Bushs Weigerung, sich seine Warnungen vor einer Änderung der Nuklearstrategie zu Herzen zu nehmen) war noch Monate nach dem Londoner Gipfel zu spüren.[84]

In seiner Verärgerung verkündete Mitterrand kurz nach dem Gipfeltreffen, daß die knapp fünfzigtausend in Deutschland stationierten französischen Soldaten bis 1994 abgezogen werden würden. Außerdem werde sich Frankreich weder an irgendwelchen multinationalen Streitkräften beteiligen noch gestatten, daß solche Streitkräfte auf französischem Boden stationiert würden. Den deutsch-französischen Verteidigungsrat, der dafür da war, die gemeinsamen Sicherheitsinteressen abzustimmen, hatte er nicht von seinem Vorhaben unterrichtet. Dieser außergewöhnliche Schritt konnte die auf dem NATO-Gipfel beschlossenen Initiativen nicht beeinträchtigen, war aber geeignet, das deutsche Vertrauen in die Glaubwürdigkeit der französischen Verpflichtungen zu erschüttern. Der hastige Entschluß des Truppenabzugs wurde 1991 in aller Stille zu den Akten gelegt, als Frankreich die Idee eines deutsch-französischen Korps entwickelte, um in der Endphase der Verhandlungen über den Maastrichter Vertrag über die Politische Union Europas das Konzept einer europäischen gemeinsamen Verteidigung voranzubringen. Die ganze Angelegenheit scheint nicht mehr gewesen zu sein als ein ins Staatsmännische gekehrter Ausdruck der französischen Frustration.[85]

Die meisten anderen NATO-Partner waren ebenso wie Amerikaner und Westdeutsche mit dem Ergebnis des Gipfeltreffens sehr zufrieden. Die *New York Times* veröffentlichte am 6. Juli den vollständigen Text der Londoner Erklärung, und das Presseecho in Europa war überwältigend. Die wichtigste Reaktion würde jedoch die aus Moskau sein.

Hilfe für Gorbatschow

Während die Maschine des US-Präsidenten von London nach Washington flog, entwarfen Bush, Scowcroft und Blackwill einen Brief an Gorbatschow, um ihm die Resultate des Gipfeltreffens mitzuteilen.[86] Der Brief wurde aus dem Flugzeug nach Moskau gefunkt, wo sich der diensthabende Diplomat der amerikanischen Botschaft, Michael Joyce, umgehend zum Kongreß der Volksdeputierten begab, vor dem Gorbatschow gerade seine Politik verteidigte. Tschernjajew kam aus der Sitzung, um das Schreiben entgegenzunehmen, las es rasch und blickte dann auf. »Das ist in der Tat ein bedeutsamer Brief«, sagte er, bevor er ihn seinem Chef überbrachte.

Karikatur aus der *Baltimore Sun*, Mai 1990.

Oben: 31. Mai 1990. Gipfeltreffen zwischen Michail Gorbatschow und George Bush im Oval Office, Washington.

Unten: Michail Gorbatschow in Camp David. Von links: James Baker, Ehepaar Bush, Ehepaar Gorbatschow, Eduard Schewardnadse, Brent Scowcroft und Sergej Achromejew.

22. Juni 1990. Demontage des berühmten Checkpoint Charlie in Berlin. Von links:
Der britische Außenminister Douglas Hurd, US-Botschafter Vernon Walters,
Willy Brandt, US-Stadtkommandant Raymond Haddock, US-Außenminister
James Baker, der französische Stadtkommandant François Cann, der französische
Außenminister Roland Dumas, Bundesaußenminister Hans-Dietrich Genscher, der
sowjetische Außenminister Eduard Schewardnadse und der Ost-Berliner Ober-
bürgermeister Tino Schwierzina.

Oben: NATO-Gipfel in London am 5./6. Juli 1990. Sitzend von links: George Bush, Königin Elisabeth II., Prinz Philip, François Mitterrand, Margaret Thatcher, Helmut Kohl. Hinter Elisabeth II. NATO-Generalsekretär Manfred Wörner.

Unten: Hans-Dietrich Genscher und Helmut Kohl auf der abschließenden Pressekonferenz des Londoner NATO-Gipfels.

Oben: Weltwirtschaftsgipfel in Houston, 9. Juli 1990. Von links: Der Leiter des Kanzlerbüros, Walter Neuer, Bundeskanzler Helmut Kohl, US-Außenminister James Baker und der Leiter der Außenpolitischen Abteilung im Kanzleramt, Horst Teltschik.

Unten: Der französische Staatspräsident François Mitterrand, Bundeskanzler Helmut Kohl und US-Präsident George Bush beim Mittagessen während des Weltwirtschaftsgipfels in Houston.

Oben: 16. Juli 1990. Helmut Kohl besucht Michail Gorbatschow in dessen kaukasischer Heimat. Links sitzend: Bundesaußenminister Hans-Dietrich Genscher, rechts hinter Gorbatschow Raissa Gorbatschowa und Eduard Schewardnadse.

Unten: Kohl und Gorbatschow während der abschließenden Pressekonferenz in Schelesnowodsk, links Regierungssprecher Johnny Klein.

Oben: Treffen der Politischen Direktoren der Außenministerien im September 1990 in Berlin. Von links: Robert Zoellick, John Weston, Alexander Bondarenko, Dieter Kastrup, Bertrand Dufourcq und Helmut Domke.

Unten: 12. September 1990. Unterzeichnung des Abschlußdokuments über die Vereinigung von BRD und DDR in Moskau. Von links: Roland Dumas, Eduard Schewardnadse, James Baker, Michail Gorbatschow, Hans-Dietrich Genscher, Lothar de Maizière und Douglas Hurd.

3. Oktober 1990. Tag der Deutschen Einheit vor dem Reichstag in Berlin. Von links: Bundesaußenminister Hans-Dietrich Genscher, Ehepaar Kohl, Bundespräsident Richard von Weizsäcker und Lothar de Maizière.

Der Brief berichtete über den Verlauf des NATO-Gipfels und erläuterte, inwiefern die in London beschlossenen Initiativen als Antwort auf sowjetische Besorgnisse zu verstehen waren. Bush schrieb dem sowjetischen Staatschef:

Ich habe aufmerksam zugehört, was Sie in jenen überaus hilfreichen Gesprächen [in Washington] gesagt haben. Auf der Grundlage eines Entwurfs, den ich unter meinen NATO-Kollegen zirkulieren ließ, haben wir vor wenigen Stunden eine Erklärung herausgegeben, die eine Transformation des Bündnisses in jedem Aspekt seiner Tätigkeit und insbesondere in seiner Beziehung zur Sowjetunion verspricht. Bevor Sie die NATO-Erklärung lesen, sollen Sie wissen, daß sie vor allem im Hinblick auf Sie geschrieben wurde und daß ich diesen Punkt in London gegenüber meinen Kollegen nachdrücklich betont habe.

Herr Präsident, vor uns liegen bedeutende Entscheidungen, während wir auf die Versöhnung Europas hinarbeiten. ... Ich hoffe, die heutige NATO-Erklärung wird Sie davon überzeugen, daß die NATO den Sicherheitsinteressen von ganz Europa dienen kann und will. Ich habe in den vergangenen Tagen mit größtem Interesse den Verlauf Ihres Parteitages verfolgt und bewundere die Art und Weise, wie Sie den aufkeimenden demokratischen Prozeß in Ihrem Land handhaben. Wie Sie wissen, habe ich vor dem amerikanischen Volk wiederholt unterstrichen, wie stark ich Ihre Anstrengungen in dieser Hinsicht unterstütze.

Herr Präsident, wir haben bemerkenswerte Veränderungen in der Welt und in unseren Beziehungen erlebt. Ich hoffe, daß das vielleicht bedeutendste Gipfeltreffen in der Geschichte der NATO die amerikanisch-sowjetischen Beziehungen in der vor uns liegenden Periode auf eine noch höhere Ebene heben wird.

Mit diesem Brief und der Londoner Erklärung hatten die Vereinigten Staaten, die Bundesrepublik und ihre Verbündeten das letzte Angebot für eine Regelung der deutschen Frage abgegeben. Die NATO-Partner hatten klargestellt, wie weit sie zu gehen bereit waren, um die sowjetischen Sorgen

zu zerstreuen. Sie hatten eine klare Position zur deutschen Bündniszugehörigkeit bezogen und dargestellt, wie sie mit der Frage der deutschen
Truppenstärke umgehen wollten.

Das einzige, was noch fehlte, war der wirtschaftliche Teil des Angebots. Gorbatschow hatte Westdeutsche und Amerikaner um umfangreiche Finanzhilfe gebeten, und Bonn hatte die Bürgschaft für einen Kredit
von fünf Milliarden D-Mark übernommen, der am 27. Juni mit einer Lauf-
zeit von zwölf Jahren bewilligt worden war. Die Bundesregierung war
sich außerdem im klaren darüber, daß sie kurzfristig die bisher von der
DDR getragenen Kosten des Aufenthalts der sowjetischen Streitkräfte in
Ostdeutschland würde übernehmen müssen. Für 1990 wurden sie auf
1,4 Milliarden D-Mark geschätzt. Aber Gorbatschow wollte ein breiteres
westliches Hilfsprogramm in einer Größenordnung von mindestens fünfzehn bis zwanzig Milliarden Dollar. Dafür war ein Konsens des Westens
nötig, da diese Gelder hauptsächlich von internationalen Finanzorganisa-
tionen wie dem IWF kommen würden. Doch dieser Konsens fehlte.

Bush hatte sowohl Kohl als auch Gorbatschow erklärt, daß er ein solches Hilfsprogramm nicht ohne weiteres unterstützen könne, weil es
ohne ein umfassendes Reformwerk wirtschaftlich unvernünftig und angesichts des sowjetischen Embargos gegen Litauen sowie der massiven
Subventionen für Kuba politisch nicht durchsetzbar wäre. Kohl dagegen
hatte alle Hebel in Bewegung gesetzt, um Gorbatschow zu helfen. Nachdem er Mitterrands Zustimmung zu einem ehrgeizigen Hilfsprogramm
gewonnen hatte, auch wenn sie überwiegend rhetorisch war, drängte er
die anderen europäischen Partner auf einem am 25./26. Juni in Dublin
abgehaltenen EG-Gipfel, sich seiner Initiative anzuschließen.[87]

Thatcher war eine Anhängerin Gorbatschows. Aber auch für sie hing
Wirtschaftshilfe für die Sowjetunion von Reformen ab, die eine solche Unterstützung wert waren, und auf diesem EG-Gipfel verspürte sie, wie sie
später schrieb, die »größte Befriedigung«, als sie »den deutsch-französischen Moloch in der Frage der Kredite für die Sowjetunion bremsen
konnte«. Denn sie war nicht davon überzeugt, daß man den früheren
kommunistischen Staaten, vor allem der UdSSR, einen Gefallen tat, wenn
man es ihnen ermöglichte, sich weiter zu verschulden. Vor allem aber
wollte sie nicht »das Sauerstoffzelt liefern, das wesentlichen Strukturen

des alten Systems das Überleben sichert«. Kohl und Mitterrand stießen beim Abendessen am 25. Juni nach. Doch Thatcher blieb eisern. Sie konstatierte einen erschreckenden Mangel an wirtschaftlicher Analyse. Kein Vorstand einer großen Firma, sagte sie, könne sich eine derart unprofessionelle Herangehensweise leisten. Sie bestand auf einer genauen Untersuchung der Sachlage, bevor man Kredite von solcher Höhe bewilligte. Der Streit wurde am nächsten Vormittag weitergeführt, bis sich Thatcher schließlich mit ihrem Vorschlag durchsetzen konnte.[88]

Kohl ging nicht auf die wirtschaftlichen Argumente ein. Es gibt keinen Hinweis darauf, daß die Bundesregierung eine ernsthafte Analyse darüber angestellt hatte, in welcher Weise die fünfzehn bis zwanzig Milliarden Dollar der Perestroika helfen würden, ebensowenig wie sie sich eingehend mit Form und Auswirkungen der Politischen Union Europas befaßt hatte. Für Kohl war dies nicht der Punkt. Sein Hauptmotiv war in beiden Fällen politischer Natur – die Notwendigkleit starker politischer Gesten. Er trat für die Politische Union ein, weil er an das europäische Ideal glaubte und der Meinung war, daß die Deutschen jetzt demonstrieren mußten, daß sie Europa über ihre nationalen Bestrebungen stellten. Was Gorbatschow betraf, so brauchte er die Unterstützung des Westens. Ein Hilfsprogramm würde dazu beitragen, ihn an der Macht zu halten. Und ein freundlich gesinnter Gorbatschow schien für den schnellen, ungestörten Vollzug der Einheit unverzichtbar zu sein. Wenn sich die EG nicht überreden lassen sollte, Kredite in entsprechendem Umfang zu gewähren, hätte Kohl wenigstens das Minimalziel erreicht: Er hätte Gorbatschow gezeigt, daß er sein Bestes getan hatte, um das Geld zusammenzubringen. Für Kohl war es, laut Teltschik, »wichtig, sein Wort einzulösen, im multilateralen Rahmen für eine Unterstützung der Sowjetunion zu werben. Mit Mitterrands Hilfe ist das ein Hauptthema dieses europäischen Gipfels geworden. Das ist sicherlich für das Gesamtklima zwischen der Sowjetunion und uns hilfreich.«[89]

Beim Weltwirtschaftsgipfel in Houston forderte Kohl seine Kollegen aus den sieben führenden Industrieländern der Welt auf, die sowjetische Bitte um umfangreiche Kredite mit Wohlwollen zu prüfen. Bush hatte schon vor dem Treffen seine Hilfsbereitschaft übermittelt, aber er war wie Thatcher der Ansicht, daß der erste konstruktive Schritt darin bestehen mußte, die Situation zu analysieren und zu bestimmen, welche Art von Unterstützung gebraucht wurde und was Moskau dafür zu tun hatte. Japaner und Kanadier teilten die zögerliche britisch-amerikanische Haltung, und so griffen die Staats- und Regierungschefs der G7 eine Idee auf, die schon auf dem EG-Gipfel in Dublin erörtert worden war, und beauftragten den IWF, bis Ende des Jahres eine Crash-Studie der sowjetischen Wirtschaft anzufertigen und Empfehlungen für deren Reform abzugeben. Diese Studie sollte als Grundlage für ein künftiges Hilfsprogramm dienen; aber im Augenblick war dies alles, was man Moskau bieten konnte.[90]

Der Westen hatte sein bestes und letztes Angebot gemacht, um die sowjetische Einwilligung zur raschen Vereinigung Deutschlands nach seinen Bedingungen zu erhalten. Kohl würde Mitte Juli, kurz vor der nächsten Zwei-plus-Vier-Ministerrunde, erneut nach Moskau reisen. Doch inzwischen gab es einen breiten Konsens: Die Klauseln des westlichen Angebots waren nicht mehr verhandelbar. Die Last der Entscheidung lag jetzt bei den Sowjets, und im Westen wartete man gespannt auf die Antwort aus Moskau. Sie ließ nicht lange auf sich warten.

Deutschland erhält
die Souveränität zurück

Mitte Juli beschloß Gorbatschow, die deutsche Frage aus der Welt zu schaffen. In den vier Wochen zuvor war das Verhalten der sowjetischen Führung schwer zu interpretieren gewesen. Es gab zwei Haltungen, eine öffentliche und eine private. Die offizielle deutschlandpolitische Linie lag seit zwei Monaten im wesentlichen fest, seit Schewardnadse vom Politbüro gezwungen worden war, beim ersten Zwei-plus-Vier-Ministertreffen in Bonn eine harte Position zu vertreten; diese hatte sich kaum von dem Kurs unterschieden, den die sowjetische Führung Ende Januar in Absprache mit Hans Modrow eingeschlagen hatte. Das einzige Zugeständnis an die rasante Entwicklung in Deutschland war die Entscheidung gewesen, die innere Vereinigung von der Regelung der äußeren Aspekte abzukoppeln. Als nächstes hatte Schewardnadse im Juni den Entwurf einer gemeinsamen Erklärung von NATO und Warschauer Pakt vorgelegt, dessen Verwirklichung zur Demontage beider Bündnisse, zur Neutralisierung Deutschlands und zum Rückzug aller ausländischen Truppen von deutschem Boden geführt hätte. Schließlich hatte der sowjetische Außenminister in der Berliner Zwei-plus-Vier-Konferenz einen dieser politischen Linie entsprechenden Vertragstext für die abschließende Regelung der deutschen Frage zur Diskussion gestellt.

Gorbatschows entschiedene Haltung in der NATO-Frage allerdings war während des Washingtoner Gipfels Ende Mai ins Wanken geraten. In der Folgezeit hatte er sich öffentlich zurückgehalten und privat verunsichert gezeigt. Einer der Konservativen im ZK der KPdSU, Nikolai Portugalow, sagte später, Gorbatschows Verhalten in Washington »war so amateurhaft und kam so unerwartet, daß wir alle wie vor den Kopf gestoßen waren. Natürlich sieht es jetzt wie ein ›tout est pour le mieux‹ aus. Aber damals war es schrecklich, ein Skandal. Wir hätten Kohl bitten können und müssen, einen militärischen Status für Deutschland zu akzeptieren, wie

Frankreich ihn hat. Dies geschah jedoch nicht, und zwar deshalb, weil Schewardnadse Gorbatschow mit seiner Strategie der ›Zugeständnisse an die Amerikaner‹ unter Druck setzte.« Valentin Falin bezeichnete Schewardnadse sogar noch krasser als den »einflußreichsten Agenten der Amerikaner«.[1]

Es gibt keinen Beweis dafür, daß Schewardnadse vor dem Washingtoner Gipfel von einem Plan Gorbatschows gewußt hatte, Deutschland zu gestatten, in der NATO zu bleiben – falls es einen solchen Plan überhaupt gab. Klar ist jedoch, daß er kurz darauf zusammen mit Gorbatschow die entscheidenden Züge für das Endspiel der deutschen Vereinigung vorbereitete. Sie wußten, daß ihr Einfluß schwand. Die DDR wurde in raschem Tempo von der Bundesrepublik aufgesogen, und die Formel Zwei-plus-Vier hatte sich in Vier-plus-Eins verwandelt, mit der Sowjetunion am kürzeren Hebel.

Die Sowjets vertraten ihre Position im Zwei-plus-Vier-Prozeß nur noch pro forma. Bei einem weiteren Treffen der Politischen Direktoren am 4. Juli hatte Alexander Bondarenko, abgesehen von dem Eingeständnis, daß Schewardnadse schon seit Tagen nicht mehr im Außenministerium gesehen worden sei, wenig Neues zu sagen.[2] Schewardnadse hatte gewissermaßen den Leerlauf eingelegt, während er sich in der Öffentlichkeit an das vom Politbüro vorgegebene Drehbuch hielt und abwartete, bis der Westen die versprochene Transformation der NATO einleiten würde. Gleichzeitig hielt Gorbatschows Kreditanfrage die Diplomatie des Westens auf Trab. Im Innern achteten die beiden Sowjetführer darauf, daß ihnen nicht durch weitere Politbürodebatten über Deutschland und andere Fragen der europäischen Sicherheit die Hände gebunden wurden. Laut Tarassenko wurden nach der Zwei-plus-Vier-Ministerrunde in Bonn sämtliche Entscheidungen außerhalb des Politbüros getroffen. Die im Juli unternommenen Schritte waren nicht mit diesem Gremium abgestimmt worden. Der Widerstand wäre zu groß gewesen. Und wenn Schewardnadse sich rührte, »dann spielte er derart schnell, daß ihm niemand zu folgen vermochte«.[3]

Die beiden Sowjetführer standen vor einem zeitlichen Problem. Sie wußten, daß der XXVIII. Parteitag der KPdSU für die Konservativen die »beste und vielleicht letzte Gelegenheit war, ihre Macht zu behaupten, bevor das Land in einer neuen, demokratischen Richtung davoneilte«.[4] Sie hatten gerade erst den Gründungsparteitag der KP Rußlands dominiert und dort unter anderem zum Frontalangriff gegen die »ruinöse« Außenpolitik geblasen. Einer der Anführer dieser Attacke, der Befehlshaber des Militärbezirks Wolga-Ural, hatte erklärt: »Deutschland wird wiedervereinigt werden und wahrscheinlich Mitglied der NATO sein. ... Nur unsere eigenen Wissenschaftsjünger schnattern weiter davon, daß niemand die Absicht habe, uns anzugreifen. ... Diese Formel soll wohl die Schwachsinnigen überzeugen.«[5] Zum Mißfallen dieser Kreise schickte sich Gorbatschow an, die Litauenkrise zu lösen, die den Reformprozeß im Innern behinderte und die Beziehungen zum Ausland belastete. Am 29. Juni akzeptierte Litauen eine Variante des Kohl-Mitterrand-Vorschlags und suspendierte die Unabhängigkeitserklärung. Am nächsten Tag hob Gorbatschow das Embargo gegen die Baltenrepublik auf.

Der KPdSU-Parteitag begann am 1. Juli. Gorbatschow hatte sein Programm erwartungsgemäß gegen heftige Angriffe zu verteidigen. Den Vorwurf, er hätte Osteuropa verloren, parierte er mit der Bemerkung, daß er nicht länger die Methoden anzuwenden gedenke, »die wir in der Vergangenheit benutzt haben«. Über Deutschland sagte er sowenig wie möglich und betonte statt dessen die fundamentale Entscheidung für Kooperation und »Einbeziehung unserer nationalen Wirtschaft in die Weltwirtschaft«. Schewardnadses Rede zur Außenpolitik wurde von lauten Buhrufen begleitet und konnte, wie sich Kwizinski später erinnerte, »jeden Augenblick eine Explosion im Saal auslösen«, was Schewardnadse jedoch mit viel Geschick verhindern konnte. Wie es heißt, war er wütend und fühlte sich allein gelassen, weil Gorbatschow ihn auf dem Parteitag nicht stärker verteidigt hatte. Dessen Hauptsorge galt dem Mandat für die Weiterführung der inneren Reformen, und seine Hoffnungen auf einen dramatischen Wandel waren selten größer gewesen.[6]

Gorbatschow erwies sich wieder einmal als Meister der Kremlpolitik. Er hatte seine Truppen hinter sich geschart und war sich offenbar sicher, daß er die Kraft besaß, um ein Mißtrauensvotum zu überstehen. Während er bereits mit dem Gedanken an Rücktritt gespielt hatte, ging er als Sieger aus dem Kampf hervor und wurde mit deutlicher Mehrheit in seinem Amt bestätigt. Sein Kandidat für den neugeschaffenen Posten des Stellvertretenden Generalsekretärs, der Ukrainer Wladimir Iwaschko, setzte sich sogar noch deutlicher gegen Ligatschow durch. Als Gorbatschow Mitte Juli Kohl in Moskau empfing, befand er sich noch im Hochgefühl des Triumphs über Ligatschow und dessen »Ultras«. Im Gespräch mit dem Bundeskanzler zog er eine Parallele zwischen dem gerade zu Ende gegangenen Parteitag und den hitzigen, epochalen Versammlungen der Revolutionszeit. Der elftägige Parteitag, sagte er, habe ihn an John Reeds Buch *Zehn Tage, die die Welt erschütterten* erinnert.[7]

Geschickt zwischen rechts und links manövrierend, gelang es Gorbatschow außerdem, einen Handel mit Boris Jelzin abzuschließen, indem er mit ihm die Ausarbeitung eines neuen Programms marktwirtschaftlicher Reformen vereinbarte, das mit den Vorschlägen seines eigenen Ministerpräsidenten, Nikolai Ryschkow, konkurrieren würde. Dafür wurde eine Arbeitsgruppe aus Gorbatschow-Anhängern wie Sergej Schatalin und Jelzin-Beratern wie Grigori Jawlinski gebildet, die ein ehrgeiziges »Fünfhundert-Tage-Programm« für radikale Reformen vorlegte. Gleichzeitig wurde ein Allunionsvertrag zur Klärung der Nationalitätenfrage vorbereitet. Gorbatschow steckte voller Pläne für die grundlegende Umgestaltung seines Landes.[8]

Aber das innenpolitische Klima sollte sich bald abkühlen. Die Sicherheitskräfte standen der neuen Richtung mit zunehmender Feindseligkeit gegenüber, und während die Konservativen in der Partei überstimmt wurden, gewannen sie in Polizei, Armee und KGB an Stärke. Der Stimmungswandel war für jeden offensichtlich, der diesen Hardlinern bei den Abrüstungsverhandlungen begegnete oder die Entfremdung zwischen Schewardnadse und den Sicherheitsbehörden, die er zu repräsentieren behauptete, beobachtete. Wie zerstörerisch diese Thermidor-Reaktion war, war noch nicht erkennbar. Aber nur wenige Monate später sollte ein in Panik geratener Gorbatschow Anlehnung bei den Konservativen suchen und sich mit jenen verbünden, die ihn schließlich verrieten. Jakowlew würde im November zurücktreten, Schewardnadse unter dunklen Prophezeiungen eines bevorstehenden Putschs im Dezember. Und Jelzin sollte der Sowjetunion den tödlichen Schlag versetzen, indem er ihr das russische Herz herausriß. All dies lag zwar noch in der Zukunft, aber in einer nicht mehr allzu fernen.

Der Juli 1990 war der Spätsommer der Perestroika. Nach dem Ende des Parteitags und den Besuch Kohls vor Augen, beschloß Gorbatschow, das Problem der deutschen Mitgliedschaft in der NATO vom Tisch zu bringen und mit ihm die deutsche Frage. Die Londoner Erklärung der NATO wirkte als Katalysator. Schewardnadse war in seinen Gesprächen mit Baker und Genscher wieder und wieder auf sie zurückgekommen. In seinen Memoiren erinnert er sich an die »glutheiße Atmosphäre des Parteitags«, in der einem das Atmen schwergefallen sei. Auch sein persönliches Schicksal habe auf dem Spiel gestanden. Der Verlauf des Parteitages hätte gezeigt, »daß unsere Politik auf zunehmende Opposition stieß. Unter diesen Bedingungen war mir ein Entgegenkommen der ›anderen Seite‹, des Westens, auf außenpolitischer Ebene alles andere als gleichgültig. Widrigenfalls wäre es uns unmöglich gewesen, uns im eigenen Land durchzusetzen. Als die Meldungen über die Beschlüsse der Londoner Tagung der NATO eintrafen, sah ich: Ein Entgegenkommen ist zu verzeichnen.«[9]

Tarassenko, der mit Schewardnadse in dessen Büro auf die Übermittlung der Londoner Erklärung gewartet hatte, erzählte später, daß sie den Text »sofort, innerhalb einer Stunde« analysiert und eine offizielle Erwiderung des Außenministeriums verfaßt hätten. »Hätten wir das nicht getan«, fügte er hinzu, »hätte Marschall Achromejew Zeit gehabt, dem Dokument seinen Stempel aufzudrücken.« Gorbatschow und Schewardnadse wollten die sowjetische Reaktion in einen größeren Kontext stellen, der die NATO-Initiative mit der Kontroverse über die Deutschlandpolitik verknüpfen würde. Aus demselben Grund veröffentlichte Gorbatschows Dolmetscher und Mitarbeiter Pawel Palasschenko wenig später unter einem Pseudonym eine positive Würdigung der NATO-Erklärung in der Presse.[10]

Schewardnadse begrüßte die Londoner Erklärung als »realistischen und konstruktiven« Schritt. Es sei zwar noch zu früh, um zu entscheiden, ob sie »einen Wendepunkt und einen Tag der Erneuerung« markiere, sicher sei jedoch, »daß die Beschlüsse in die richtige Richtung weisen und den Weg in eine sichere Zukunft für den ganzen europäischen Kontinent ebnen«. Jetzt, nachdem sich die NATO für die Staaten Osteuropas geöffnet habe, könne man sagen, »daß die Dinge in Bewegung gekommen sind«. Die angekündigte Veränderung der Militärstrategie der NATO, insbesondere die Abkehr von Vorneverteidigung und flexibler Erwiderung, sei ein Zeichen für ernstes Nachdenken über die neuen Gegebenheiten in Europa. Es handle sich um »potentiell bedeutsame Beschlüsse«.[11]

Trotz dieser positiven Reaktion aus Moskau glaubten Bonn und Washington, daß Gorbatschow noch abwarten würde, bevor er sich in der deutschen Frage erkennbar von der Stelle bewegte. Es war typisch für ihn, schmerzliche Entscheidungen bis zum letzten Augenblick hinauszuschieben. Vielleicht wollte er auch sehen, wie die Zwei-plus-Vier-Gespräche vorankamen. Der Spielraum der Sowjets hatte sich allerdings erheblich verengt. Sie konnten nicht mehr hoffen, die nächste Phase der inneren Vereinigung aufhalten zu können. Dank des außerordentlich klugen und tatkräftigen Bonner Vorgehens konnte die Wirtschafts- und Währungsunion wie geplant am 1. Juli in Kraft treten. In Ostdeutschland begann der Umtausch der Mark der DDR in D-Mark, westdeutsche Waren überfluteten die ostdeutschen Geschäfte, die innerdeutschen Grenzkontrollen verschwanden. Die erstaunliche Metamorphose der DDR in eine neue Gesellschaft hatte begonnen. Am 6. Juli wurden die Verhandlungen über den zweiten Staatsvertrag – den Einigungsvertrag – aufgenommen, in dem es um die politische Vereinigung ging. Sie kamen schnell voran. Bonn schätzte, daß der Vertrag im August vorliegen würde und im September ratifiziert werden könnte.[12] Die Sowjetunion hatte nur noch wenig Zeit und kaum noch etwas in der Hand, um zu verhindern, daß die Einheit nach westlichen Bedingungen vonstatten ging.

Gorbatschow und Schewardnadse beschlossen, das Thema der deutschen NATO-Mitgliedschaft während Kohls Besuch in der Sowjetunion ein für allemal abzuhaken. Tschernjajew zufolge war Gorbatschow selbst zu dem Schluß gelangt, daß die NATO nicht mehr zu fürchten war und die deutsche NATO-Mitgliedschaft keine echte Bedrohung für die Sowjetunion darstellen würde. Sorgen machte er sich allerdings über die Reaktion seiner innenpolitischen Gegner. Tschernjajew unterstrich das Gewicht seiner Entscheidung: »Wenn im August 1990 ein Putsch gegen Gorbatschow stattgefunden hätte, hätte diese [deutsche] Frage im Vordergrund gestanden. ... Man brauchte sich bloß das Zentralkomitee anzuschauen: Zwei Drittel der Mitglieder waren gegen Gorbatschow und Schewardnadse. Es bestand die ernste Gefahr eines Putschversuchs. Deshalb war der Londoner Gipfel außerordentlich wichtig. Er half Gorbatschows Schiff über Wasser zu halten.«[13] Gorbatschow selbst sagte im September 1990 zu Präsident Bush,»daß enorme Anstrengungen und politische Durchsetzungskraft nötig waren«, um die deutsche Frage in den Griff zu bekommen und»die alten, angeblich sakrosankten Methoden abzuschaffen und den veränderten Realitäten gemäß zu handeln«.[14]

Nach dem Parteitag befand sich Gorbatschow auf dem Scheitelpunkt seiner Macht, und er dürfte gewußt haben, daß er für den bevorstehenden Kampf um die wirtschaftlichen Reformen jedes Gramm dieser Macht brauchen würde. Am letzten Tag des Parteitags hatte er Kohl eine Botschaft geschickt, in dem er ihn fragte, ob es ihm angenehm wäre, wenn sie während seines Besuchs in der Sowjetunion einen Abstecher in seine Heimat, den Kaukasus, machen würden. Kohl sagte erfreut zu. Für Teltschik war die Einladung ein Signal: Wenn Gorbatschow einen Konflikt hätte austragen wollen, hätte er Kohl wohl kaum in seine Heimat eingeladen. Teltschik sollte recht behalten.[15]

Eine angenehme Überraschung

Die Westdeutschen waren nach drei aufeinanderfolgenden Gipfeltreffen »todmüde«, wie Teltschik seinem Tagebuch anvertraute.[16] Für die Reise nach Moskau war allerdings nicht mehr allzuviel Arbeit nötig. Die wesentlichen Elemente des letzten Angebots des Westens waren geklärt: das Mandat der Zwei-plus-Vier-Gespräche, die Haltung zur Ablösung der Viermächterechte und zur sofortigen Wiederherstellung der vollen Souveränität Deutschlands, die Umstände der deutschen Vollmitgliedschaft in der NATO, die Veränderungen, mit denen sich die NATO den neuen Gegebenheiten anzupassen gedachte, und die Art, wie mit der Frage der deutschen Truppenstärke umgegangen werden sollte. Letztere hatten Teltschik und Scowcroft in Houston noch einmal durchgesprochen und völlige Übereinstimmung festgestellt. Darüber hinaus hatten die Westdeutschen den Sowjets ihre Bereitschaft mitgeteilt, einen Nichtangriffspakt abzuschließen. Dessen Inhalt würde die deutschen Bündnispflichten in keiner Weise berühren; außerdem hatten die Verhandlungen noch nicht begonnen. Die westliche Position in all diesen Fragen war eindeutig.

An ökonomischen Anreizen hatte der Westen angeboten, was er zu diesem Zeitpunkt zu geben bereit war: Der westdeutsche Kredit über fünf Milliarden D-Mark war eingefädelt, und hinsichtlich eines umfassenderen Hilfsprogramms hatte man Moskau positive Signale zukommen lassen, wenngleich es frühestens 1991, nach Fertigstellung der IWF-Studie, in Gang gesetzt werden würde.

Die einzige offene Frage war die genaue Personalstärke der künftigen deutschen Streitkräfte. Über die Vorgehensweise hatte man sich geeinigt: Deutschland würde im Rahmen der laufenden VKSE eine Absichtserklärung abgeben, bei Folgeverhandlungen eine bestimmte Obergrenze zu akzeptieren, wenn allen anderen Teilnehmern ebenfalls eine solche Beschränkung auferlegt würde. Was die Zahl betraf, hatte Kohl den Spielraum inzwischen auf 350 000 bis 370 000 eingeengt. Washington war einverstanden. Im Mai hatte man sich mit Bonn darauf verständigt, daß die Festlegung der konkreten Zahl bis zum »Endspiel« warten sollte. In Houston hatte Teltschik Scowcroft mitgeteilt, daß Kohl jetzt bereit sei, Gorbatschow eine konkrete Zahl zu nennen, wenn die Sowjets im Gegenzug die deutsche Vollmitgliedschaft in der NATO hinnähmen. Scowcroft war einverstanden.

Am selben Tag, an dem Kohl und Genscher aus Houston zurückgekehrt waren, leitete der Bundeskanzler eine Sitzung des Kabinettsausschusses Deutsche Einheit, um vor seiner Moskaureise noch einmal das westliche Angebot zu erläutern. Genscher berichtete über den Stand der Zwei-plus-Vier-Gespräche und erwähnte, daß seine Versuche, seinen ostdeutschen Kollegen Meckel zu einer konstruktiveren Haltung zu bewegen, nichts gefruchtet hätten. Den Amerikanern, die Meckel am 13. Juli in Washington empfingen, sollte in dieser Hinsicht ebensowenig Erfolg beschieden sein. Die vorliegenden sowjetischen Vorschläge zu sicherheitspolitischen Fragen bezeichnete Genscher als nicht akzeptabel. Schewardnadse habe jedoch zu verstehen gegeben, daß diese nicht das letzte Wort seien.[17]

Das Kanzleramt versuchte die Erwartungen an Kohls Reise zu dämpfen. Ein Durchbruch, so ließ es verlauten, sei nicht zu erwarten. Privat äußerten sich die Deutschen hoffnungsvoller, insbesondere im Licht der Einladung nach Stawropol und in den Kaukasus. Aber sie waren sich nicht sicher, was sie erwartete.[18]

Am Sonnabend, dem 14. Juli, zwei Tage nach der Rückkehr aus Houston, reiste Kohl nach Moskau. Während des Flugs besprach die Delegation noch einmal ihre Verhandlungslinie.[19] Den Anwesenden war bewußt, daß dies wahrscheinlich die wichtigste Auslandsreise war, die der Bundeskanzler jemals unternommen hatte. Sie konzentrierten sich auf die beiden größten Hürden auf dem Weg zur Einheit: die vollständige Ablösung der Viermächterechte und die deutsche Vollmitgliedschaft in der NATO. Aber sie waren in beiden Punkten zuversichtlich.

Kohl hatte die Truppenstärke der künftigen Bundeswehr immer noch nicht endgültig festgelegt, und jetzt, während des Fluges nach Moskau, kam es zwischen ihm und Genscher zum Streit. Kohl griff auf die ursprüngliche Zahl des Verteidigungsministeriums zurück und sprach sich für 400 000 Mann aus. Genscher bestand auf 350 000, worauf Kohl ihm und der FDP vorwarf, sie strebten eine Berufsarmee an. 350 000 Mann erschienen ihm zuwenig, um die Wehrpflicht aufrechtzuerhalten. Er forderte Genscher auf, einen Beschluß des FDP-Präsidiums in dieser Frage herbeizuführen. Genscher entgegnete, daß die FDP keine Beschlüsse über Selbstverständlichkeiten fassen werde. Kohl legte den Streit jedoch ebenso schnell bei, wie er ihn begonnen hatte. Teltschik schreibt in seinem Tagebuch, daß Kohl solche Auseinandersetzungen häufig als »Mittel zum Zweck« benutzte: »Einmal will er damit zeigen, ›wo der Bartel den Most holt‹, zum anderen erreicht er, wie in diesem Fall, die inhaltliche Klarstellung durch den Kontrahenten, die ihm wichtig ist.« Kanzler und Außenminister trafen sich schließlich auf halbem Weg und einigten sich auf eine Zahl von 370 000 Mann.

Während sich Gorbatschow auf den Besuch des deutschen Kanzlers vorbereitete, unternahm Falin einen letzten Versuch, ihn zu einer härteren Gangart zu überreden, indem er ihm in einem »energischen« Memorandum vor Augen hielt, daß dieses Treffen die letzte und entscheidende Möglichkeit darstelle, die sowjetischen Interessen zu wahren.[20] Als er keine Antwort erhielt, rief er Gorbatschow an, der versprach, später am Abend zurückzurufen. Fünfzehn Minuten vor Mitternacht klingelte schließlich Falins Telefon. »Was wolltest du mir sagen?« fragte Gorbatschow. Falin ging es um drei Punkte. Erstens sollte sich Gorbatschow dem Anschluß der DDR an die Bundesrepublik nach Artikel 23 widerset-

zen. Falin befürchtete, daß die »moralischen und politischen Kosten ...
der mechanischen Verschmelzung der beiden grundverschiedenen Wirtschaften« der Sowjetunion angelastet werden würden. Außerdem würden die neuen Rechtsnormen alles illegal machen, was in der DDR im
Lauf von vierzig Jahren vollzogen worden war. Einige hunderttausend
Menschen könnten zu Angeklagten werden. Zweitens wollte Falin, daß
sich Gorbatschow der deutschen NATO-Mitgliedschaft entgegenstellte.
Wenigstens sollte er darauf bestehen, daß Deutschland nach französischem Vorbild nicht in die Militärorganisation der NATO einbezogen
wurde. Das »Minimum minimorum« sei die »Nichtstationierung von Nuklearwaffen auf gesamtdeutschem Territorium«. Drittens sollten alle Fragen in bezug auf das sowjetische Eigentum in der DDR vor der Unterzeichnung der politischen Regelungen entschieden werden. Andernfalls
werde man, wie schon in Ungarn und der Tschechoslowakei, in endlose
Debatten über ökologische Schäden und andere kritische Punkte ver-
strickt werden.

Gorbatschow stellte einige Fragen und beendete das Gespräch dann
mit den Worten: »Ich werde tun, was ich kann. Nur fürchte ich, daß der
Zug schon abgefahren ist.« Das Politbüro der KPdSU bekam nie Gelegenheit, die Position zu diskutieren, die Gorbatschow und Schewardnadse gegenüber Kohl einnehmen wollten. Sie konnten es nicht riskieren, die kol-
lektive Führung einzuschalten, sondern mußten sich auf sich allein
verlassen.[21]

Als die deutsche Delegation in der Nacht des 14. Juli in Moskau ein spä-
tes Abendessen einnahm, wurde eine Nachricht über die Gespräche her-
eingereicht, die NATO-Generalsekretär Wörner am selben Tag mit den Sowjets geführt hatte. Wörner war unmittelbar nach dem Londoner Gipfel
nach Moskau gereist, um der sowjetischen Führung persönlich das
Freundschaftsangebot der NATO zu überbringen. Er war herzlich begrüßt
worden und hatte fast uneingeschränktes Lob für die Londoner Erklärung
erfahren. Kohl fühlte sich ermutigt.[22]

Das erste Treffen mit Gorbatschow fand am nächsten Tag, dem 15. Juli,
im Gästehaus des sowjetischen Außenministeriums statt.[23] Die neugoti-
sche Villa in der Tolstoistraße hatte einer reichen Fabrikantenfamilie gehört, bis sie nach der Oktoberrevolution vom Volkskommissar des Äuße-

ren, Georgi Tschitscherin, ihrer jetzigen Bestimmung zugeführt wurde. An dem Gespräch nahmen außer Kohl und Gorbatschow nur Teltschik und Tschernjajew sowie die Dolmetscher teil. Kohl erinnerte Gorbatschow daran, daß sie beide einer Generation angehörten, die im Zweiten Weltkrieg zu jung gewesen sei, um Schuld auf sich zu laden, aber alt genug, um diese Jahre bewußt mitzuerleben. Sie sollten jetzt die Chance ergreifen, ihre Erfahrungen in die Geschichte einzubringen. Gorbatschow pflichtete ihm bei. Er sei zehn Jahre alt gewesen, als der Krieg ausbrach, und könne sich noch gut daran erinnern. Es sei nicht mehr wichtig, wer gesiegt und wer verloren habe. Man lebe jetzt zusammen in einer Welt. Wenn Gorbatschow in diesem Zusammenhang von den beiden Ländern sprach, die wieder zueinanderfinden müßten, dann meinte er stets Deutschland und Rußland, nicht die Sowjetunion.

Kohl wandte sich dann den Ergebnissen der Gipfeltreffen der letzten Wochen zu und schilderte die Lage in der DDR, die sich von Tag zu Tag verschlechtere. Man müsse in drei Bereichen zu einer Vereinbarung kommen, wenn der zeitliche Rahmen der Zwei-plus-Vier-Gespräche und des KSZE-Gipfels eingehalten werden solle: dem Abzug der sowjetischen Truppen aus der DDR, der Mitgliedschaft des vereinigten Deutschland in der NATO und der Obergrenze der deutschen Streitkräfte. Am Ende der Zwei-plus-Vier-Gespräche müsse die volle Souveränität Deutschlands erreicht sein.

Gorbatschow erwiderte, daß jetzt die Zeit gekommen sei, um diese Fragen zu klären und die Entscheidungen für die weitere Arbeit zu treffen. Interessanterweise kam er dann auf die verbesserten sowjetisch-amerikanischen Beziehungen zu sprechen. Besonders wichtig sei gewesen, sagte er, daß Präsident Bush sich entschieden habe, die Beziehungen zur Sowjetunion zu stärken. Der Einfluß des Bundeskanzlers auf die amerikanische Administration sei dabei sehr wirksam gewesen. Die Amerikaner hätten offenbar sogar befürchtet,»wir könnten auf den gemeinsamen Gedanken kommen, die USA aus Europa zu verdrängen«. Aber er habe in einem Gespräch mit Bush»ganz entschieden erklärt, daß die Anwesenheit der amerikanischen Truppen in Europa ein stabilisierendes Moment sei«. Kohl hob daraufhin Bushs Rolle auf den Gipfeln in London und Houston hervor. Washington hege kein Mißtrauen gegen Fortschritte in den deutsch-sowjetischen Beziehungen. Diese müßten jedoch durch ein gutes Verhältnis zu den USA ergänzt werden.

Gorbatschow räumte ein, daß sich die NATO zu einer stärker politisch geprägten Organisation verändere. »Der politische Kontext unterscheidet sich heute wesentlich von dem vor drei Monaten«, sagte er. »In London wurde ein großer Schritt auf dem Weg getan, sich der Fesseln der Vergangenheit zu entledigen.« Dies gelte auch für die Erklärungen der Bundesregierung und des Bundeskanzlers, was dazu geführt habe, daß die sowjetische Öffentlichkeit allmählich Verständnis für den deutschen Wunsch nach Vereinigung zu zeigen beginne. Die Vergangenheit könne nicht vergessen werden, aber es sei jetzt möglich, die Dinge zum Besseren zu wenden.

Dann überreichte der sowjetische Staatschef Kohl ein Papier mit dem Titel »Überlegungen über den Inhalt eines Vertrages über Partnerschaft und Zusammenarbeit zwischen der UdSSR und Deutschland«, um sich anschließend den Themen der Zwei-plus-Vier-Gespräche zuzuwenden und ohne weitere Umschweife die entscheidenden Zugeständnisse zu machen, die diese Verhandlungen aus der Sackgasse führten. Erstens, sagte er, habe ein vereinigtes Deutschland nur aus BRD, DDR und Berlin in deren gegenwärtigen Grenzen zu bestehen. Zweitens müsse es den Verzicht auf nukleare, biologische und chemische Waffen bestätigen. Gorbatschow wußte, daß Kohl dies bereits zugesagt hatte. Drittens sollten die militärischen Strukturen der NATO nicht auf das Gebiet der DDR ausgedehnt werden. Für die begrenzte Anwesenheit der sowjetischen Truppen müsse eine Übergangsregelung vereinbart werden. Schließlich seien die Viermächterechte aufzuheben. Kohl fragte nach, ob Deutschland zum Zeitpunkt der Vereinigung die volle Souveränität erhalten würde. Das sei selbstverständlich, antwortete Gorbatschow. Voraussetzung sei aber eine Vereinbarung, die den Aufenthalt der sowjetischen Truppen in Deutschland für »einen Zeitraum von drei bis vier Jahren« regle. Kohl sagte es zu.

Zur Schlüsselfrage der NATO-Mitgliedschaft erklärte Gorbatschow, sie sei de jure klar, de facto aber etwas komplizierter, da der Geltungsbereich der NATO nicht auf das Gebiet der DDR ausgedehnt werden dürfe, solange sich dort sowjetische Truppen aufhielten. »Die Souveränität des vereinigten Deutschland wird dadurch in keiner Weise in Zweifel gezogen«, fügte er hinzu. Kohl erwiderte, daß eine Übergangszeit von drei bis vier Jahren für ihn kein Problem sei, und bot Gorbatschow an, bei der Rückkehr der Soldaten in die Sowjetunion und ihrer Eingliederung in das zivile Leben zu helfen. Damit hatte der sowjetische Staatschef ebenso unumwunden wie unaufgeregt der deutschen NATO-Mitgliedschaft zugestimmt. Kohl zeigte keine erkennbare Reaktion, während Teltschiks Kugelschreiber, wie er in seinem Tagebuch berichtet, über das Papier flog, um jedes Wort des Dolmetschers festzuhalten. Es kam jetzt darauf an, »wortgenau zu protokollieren, um im nachhinein keine Mißverständnisse aufkommen zu lassen«.

Die zweite Überraschung folgte auf dem Fuß: Gorbatschow war bereit, die Viermächterechte unmittelbar nach Abschluß des Zwei-plus-Vier-Vertrages aufzuheben. Die Bedingungen des Aufenthalts der sowjetischen Truppen für weitere drei bis vier Jahre sollten in einem getrennten Abkommen geregelt werden. Um jedes Mißverständnis auszuschließen, faßte Kohl zusammen, was er gehört hatte, und Gorbatschow wiederholte seine Aussagen Punkt für Punkt. Teltschik war begeistert. »Der Durchbruch ist erreicht!« notierte er in seinem Tagebuch. »Welch' eine Sensation! So klare Zusagen Gorbatschows hatten wir nicht erwartet. Alle Vorzeichen waren zwar positiv, doch wer hätte ein solches Ergebnis voraussagen wollen? Für den Bundeskanzler ist dieses Gespräch ein unglaublicher Triumph.« Aber Kohl ließ sich seine Gefühle nicht anmerken. Nur ein vielsagender Blick zu Teltschik verriet seine Befriedigung.

Damit endete das Gespräch, und die Minister beider Seiten, die parallel miteinander konferiert hatten, stießen zu der Runde hinzu. Gorbatschow bescheinigte dem Gespräch mit Kohl einen außerordentlichen Charakter. Es werde einen wichtigen Platz in der Geschichte der beiderseitigen Beziehungen einnehmen. Dann sprach er in entspannter Stimmung zum ersten Mal an diesem Tag über die Lage in der Sowjetunion. Der Parteitag, erklärte er, sei überaus wichtig gewesen, nicht nur für die Sowjetunion, sondern auch für Europa und die ganze Welt. In der kommenden Woche stünden Entscheidungen über den Übergang zur Marktwirtschaft bevor. Der Ministerpräsident müsse dem Obersten Sowjet im September ein Aktionsprogramm vorlegen. Gleichzeitig stehe die Erneuerung des Allunionsvertrages an. Die Sommermonate würden also voller Aktivität sein. Gorbatschow kam jetzt auch zum ersten Mal auf wirtschaftliche Fragen zu sprechen. Der Fünf-Milliarden-Kredit sei zur richtigen Zeit gekommen, sagte er.

Kohl bezeichnete das Gespräch mit Gorbatschow in seiner Erwiderung als außerordentlich konstruktiv und spricht von einem historischen Augenblick der Weltgeschichte. Gorbatschow hatte ihn im Zusammenhang mit seinen Zusagen nicht um weitere Finanzhilfe gebeten. Der stellvertretende sowjetische Ministerpräsident Stepan Sitarjan dagegen hatte das Thema im separaten Gespräch mit Finanzminister Waigel angeschnitten, sich aber eine Abfuhr geholt. Waigel hatte ihm »unmißverständlich verdeutlicht, daß der Fünf-Milliarden-Kredit nicht beliebig steigerbar« sei. Dafür wäre eine vom IWF gesteuerte internationale konzertierte Aktion nötig. Sitarjan entgegnete, daß der IWF zu langsam sei. Die Sowjetunion habe einen »Berg unbezahlter Rechnungen« und brauche sofort mehrere Milliarden Dollar. Waigel ließ sich nicht erweichen, obwohl Sitarjan im weiteren Verlauf des deutschen Besuchs immer wieder auf den sowjetischen Finanzbedarf zurückkam.

Gorbatschow lud seine Gäste zum Mittagessen ein. In heiterer, fast fröhlicher Stimmung wurde die Qualität von russischem Wodka und deutschem Bier verglichen und auf den Fußballweltmeister Deutschland angestoßen. Gorbatschow und Ryschkow sprachen aber auch die Stationierungskosten für die Hunderttausende von Sowjetsoldaten in Ostdeutschland an und äußerten sich zufrieden darüber, daß die Bundesrepublik begonnen hatte, für sie aufzukommen. Nach dem Mittagessen folgte eine kurze Pressekonferenz mit gutgelaunten, aber vagen Äußerungen. Dann ging es zum Flughafen.[24]

Nach zweistündigem Flug landete die gemischte Reisegruppe in Stawropol, wo sie das Haus des Sowjets besuchte, den Sitz der regionalen Parteiführung, der Gorbatschow neuneinhalb Jahre angehört hatte. Jetzt führte er seine Gäste herum und zeigte ihnen sein altes Arbeitszimmer. Die Erinnerung an den Großen Vaterländischen Krieg war allgegenwärtig, und als Kohl am Ehrenmal für die Kriegstoten einen Kranz niederlegte, kam es zu einer Begegnung mit einer Gruppe von Kriegsveteranen. Gorbatschow erinnerte sich an die jüngere Vergangenheit. Er erzählte Kohl von einem Spaziergang mit Schewardnadse, den er in Stawropol kennengelernt hatte. Bei diesem Spaziergang im Jahr 1979 seien sie sich einig gewesen, daß sie das Land retten müßten. Besonders deutlich sei ihnen dies nach dem sowjetischen Einmarsch in Afghanistan geworden. Aus dieser Zeit sei die Perestroika geboren worden.

Nach dem Stadtrundgang fuhren die beiden Staatsmänner mit ihrem Anhang zurück zum Flughafen, wo schon die Hubschrauber warteten, die sie in den Kaukasus fliegen sollten. Bei einem Zwischenstopp an einem riesigen Getreidefeld wurden sie von einigen Bauern mit Brot und Salz begrüßt. Gorbatschow zeigte Kohl, wie man ein Stück von dem Brot abbrach, es mit Salz bestreute und aß. Dann unterhielten sich beide eine halbe Stunde angeregt mit den Bauern, bevor sie wieder in den Hubschrauber stiegen. Am frühen Abend landete die deutsch-sowjetische Reisegesellschaft in der Nähe eines Jagdhauses bei Archys im Flußtal des Selentschuk.

Beim Abendessen wechselte das Gespräch zwischen politischen Themen und heiteren Anekdoten hin und her. Gorbatschow erinnerte sich an die Zeit, als sein Dorf von den Deutschen besetzt gewesen war und ein freundlicher Soldat namens Hans im Haus seiner Eltern gewohnt hatte. Nachdem die Deutschen abgezogen waren, seien die Dorfältesten als Kollaborateure verhaftet und verbannt worden. Er erzählte auch einen Witz: »In Moskau steht vor einem Lebensmittelgeschäft eine lange Menschenschlange. Plötzlich wird einer der Anstehenden wütend, läuft zum Verkäufer und ruft: ›Ich erschieße jetzt die Kerle, die dafür verantwortlich sind.‹ Der Verkäufer entgegnet: ›Die Schlange dafür steht auf der anderen Seite, die ist aber noch viel länger als unsere hier.‹«[25]

Gorbatschow hatte Kohl während des Fluges nach Stawropol gefragt, wie weit er die Bundeswehr zu reduzieren bereit sei. Als Kohl die Zahl 370 000 nannte, erwiderte Gorbatschow, er habe eine größere Reduzierung erwartet. Kohl entgegnete, daß diese Größe das Minimum sei, wenn die Bundeswehr nicht von einer Wehrpflichtigen- zu einer Berufsarmee werden solle. Nach seinem Eindruck hatte dieses Argument die Sache entschieden.[26]

Jetzt, in Archys, versammelte sich die deutsche Delegation nach dem Abendessen im Billardzimmer des Jagdhauses. Kohl stieß wenig später dazu und berichtete endlich allen, was an diesem Tag in Moskau geschehen war. Die Grundzüge für eine Übereinkunft stünden fest. Gorbatschow habe sein Ja zur souveränen Entscheidung des vereinigten Deutschland gegeben, und ihm sei natürlich klar, daß dies die NATO-Mitgliedschaft bedeute. Einen Tauschhandel Wiedervereinigung für Neutralität, wie ihn Stalin 1952 angeboten habe, werde es nicht geben. Diesen Preis sei er nicht bereit zu zahlen. Das habe er Gorbatschow unmißverständlich erklärt. Es war noch viel zu tun, doch Kohl machte jetzt kein Hehl mehr aus seiner Zufriedenheit. »Noch nie in meinem Leben habe ich so viel arbeiten müssen«, sagte er, »aber ich war auch noch nie in meinem Leben so fröhlich.«[27]

Am nächsten Morgen, es war der 16. Juli, prüfte Kohl zunächst den von Teltschik vorbereiteten Entwurf für seine Presseerklärung. Dann trafen sich beide Delegationen zu einer Plenarsitzung.[28] Kohl und Gorbatschow kamen rasch zur Sache und gingen die am Tag zuvor im Vieraugengespräch erzielten Ergebnisse durch.[29] Genscher intervenierte. Das abschließende Dokument der Zwei-plus-Vier-Gespräche, sagte er, sei vor dem KSZE-Gipfel im Herbst zu unterzeichnen, und den Deutschen sei das Recht auf freie Wahl der Bündniszugehörigkeit einzuräumen, wobei klar sein müsse, daß sie die Vollmitgliedschaft in der NATO wollten. Gorbatschows Erwiderung fiel eindeutig aus: Wenn Deutschland die volle Souveränität habe, könne es selbstverständlich frei wählen, welchem Bündnis es angehören wolle. Daß dies die Entscheidung für die NATO bedeuten konnte, mußte nicht ausdrücklich betont werden. Die sowjetischen Truppen sollten für eine Übergangsperiode in Ostdeutschland stationiert bleiben, doch dies würde in einem separaten Vertrag geregelt werden. Die Souveränität des vereinten Deutschland würde davon nicht berührt werden. Genscher faßte anschließend die Positionen zusammen, und Gorbatschow stimmte ihm zu. Dieses Muster wiederholte sich bei jedem weiteren Punkt. Nach Abschluß jedes Themas erfolgte, wie schon beim Vieraugengespräch zwischen Kohl und Gorbatschow in Moskau, eine einvernehmliche Zusammenfassung.

Gorbatschow brachte die Forderung zur Sprache, die NATO-Strukturen nicht auf DDR-Gebiet auszudehnen, solange dort sowjetische Truppen stationiert waren. Mit dieser Zusage in Händen, sagte er, würde es ihm leichterfallen, in der Sowjetunion Verständnis dafür zu wecken, daß Deutschland das Recht habe, seine Bündniszugehörigkeit frei zu wählen, und daß es sich für die NATO entschieden habe. Kohl und Genscher betonten daraufhin noch einmal, daß diese Einschränkung nur für die Zeit der Anwesenheit sowjetischer Truppen in Deutschland gelte. Nach deren Abzug müsse Deutschland seine eigenen souveränen Entscheidungen treffen können. Dies fand die Zustimmung beider Seiten. Genscher stellte darüber hinaus klar, daß es im vereinigten Deutschland keine Zonen unterschiedlicher Sicherheit geben dürfe. Die Schutzgarantie der Artikel 5 und 6 des Nordatlantikvertrages müsse, unabhängig von der Stationierung von NATO-Truppen, für ganz Deutschland gelten. Allerdings werde man, solange dort sowjetische Truppen stünden, auf dem Gebiet der DDR keine in die NATO integrierten Einheiten der Bundeswehr stationieren. Was die Dauer dieser Übergangsperiode betraf, nannte Gorbatschow einen Zeitraum von fünf bis sieben Jahren, worauf Kohl ihn erinnerte, daß er am Tag zuvor von drei bis vier Jahren gesprochen habe. Das halte er für realistischer, sagte Kohl und versprach Unterstützung für die Umschulung und Unterbringung der Soldaten. Gorbatschow nahm es zustimmend zur Kenntnis.

Dann wandte sich das Gespräch den wirtschaftlichen Verpflichtungen der DDR gegenüber der UdSSR zu, insbesondere den Unterhaltskosten der in Ostdeutschland stationierten sowjetischen Truppen. Es folgte eine allgemeine Diskussion über die wirtschaftlichen Chancen der Bundesrepublik in der Sowjetunion und über Kohls Hoffnung, im Westen weitere Unterstützung für Gorbatschows Reformpolitik gewinnen zu können. Gorbatschow sagte schließlich zu, daß Ministerpräsident Ryschkow dem Bundeskanzler einen Brief über die finanziellen Verpflichtungen der DDR schreiben werde. Außerdem sprach er die sowjetischen Liegenschaften in der DDR an. Auch hierüber sei eine Regelung erforderlich. Kohl erklärte sich zu Verhandlungen bereit. Man verständigte sich darauf, daß zwei Verträge geschlossen werden sollten, einer über die begrenzte Präsenz der sowjetischen Truppen in Ostdeutschland und der zweite über die finanziellen Regelungen im Zusammenhang mit deren Abzug.

Beim nächsten Punkt, der Obergrenze der künftigen Bundeswehr, nannte Schewardnadse sofort die Zahl von 350 000, die er möglicherweise in einem früheren Gespräch von Genscher gehört hatte. Dieser erläuterte jetzt die deutsche Position: Die Bundesregierung werde bei den VKSE in Wien erklären, welche Obergrenze sie anzunehmen bereit sei, wenn die anderen Verhandlungsteilnehmer gleichfalls eine Begrenzung ihrer Streitkräfte akzeptierten. Als Zahl nannte er die mit Kohl vereinbarte: 370 000. Der Bundeskanzler fügte hinzu, daß die Reduzierung der Bundeswehr auf diese Größe gleichzeitig mit dem Abzug der sowjetischen Truppen stattfinden würde, also am Ende der Übergangsperiode in drei oder vier Jahren abgeschlossen wäre. Gorbatschow erklärte sich einverstanden. Schließlich hatte er der Obergrenze von 370 000 Mann am Tag zuvor unter vier Augen bereits zugestimmt.

Nach einer entspannten Erörterung der Grenzfrage sprach man die Presseerklärung ab. Kohl faßte anhand des Entwurfs, den Teltschik in der vorangegangenen Nacht verfaßt hatte, die Ergebnisse zusammen. Dann lud er Gorbatschow zu einem Gegenbesuch nach Deutschland ein, und der sowjetische Präsident nahm die Einladung an. Sie hätten in den letzten zwei bis drei Monaten doch einen langen Weg zurückgelegt, erklärte er.

Die Sitzung hatte vier Stunden gedauert und ein »sensationelles Ergebnis« gehabt, wie Teltschik notierte: Gorbatschow hatte – überraschenderweise, fand Teltschik – sein Plazet dazu gegeben, daß sofort nach der Vereinigung Bundeswehreinheiten auf dem Gebiet der DDR stationiert und nach Abzug der sowjetischen Truppen in die NATO integriert werden konnten. Die Schutzgarantie der NATO würde vom Tag der Vereinigung an für ganz Deutschland gelten. Damit war man zu Positionen zurückgekehrt, die zum Beispiel in der Genscher-Stoltenberg-Erklärung vom Februar und in vielen anderen Stellungnahmen längst aufgegeben worden waren. Nach dem Durchbruch am Tag zuvor in Moskau waren jetzt alle Fragen über den militärischen Status des künftigen Deutschland geklärt, und es gab keinen Zweifel mehr daran, daß Deutschland am Tag der Vereinigung die volle Souveränität zurückerhalten würde.

Teltschik glaubte, daß Gorbatschow, von Schewardnadse assistiert, die großen Entscheidungen persönlich getroffen hatte. Er hatte die zweitägigen Beratungen auf sowjetischer Seite jedenfalls eindeutig dominiert und die Deutschen mit seiner Sachkompetenz tief beeindruckt.[30] Der Tenor der Gespräche ließ allerdings kaum einen Zweifel daran, daß sich Gorbatschow bereits schlüssig geworden war, wie er diese Fragen lösen wollte, als sich Kohls Maschine noch im Anflug auf Moskau befand. Es hatte keine grundsätzlichen Differenzen gegeben, und die Sowjets hatten keine völlig neuen Forderungen erhoben. Die Sowjetführung hatte offenbar begriffen, daß der Westen sein letztes Angebot auf den Tisch gelegt hatte, und war zu dem Schluß gekommen, daß ihr keine andere Wahl blieb, als es anzunehmen – mit Anstand und ohne Bitterkeit. Als sich Teltschik zurückzog, um der Presseerklärung den letzten Schliff zu geben, waren nur wenige Änderungen an seinem ersten Entwurf nötig.

Zur Pressekonferenz mußte sich die Gruppe ins rund hundertfünfzig Kilometer von Archys entfernte Schelesnowodsk begeben. Nachdem Gorbatschow die im Sanatorium der Stadt versammelten Journalisten mit knappen Worten begrüßt hatte, gab Kohl die abgesprochene Erklärung ab. Er verkündete, daß beide Länder übereingekommen seien, unmittelbar nach der Vereinigung einen grundlegenden Vertrag über ihre künftigen Beziehungen abzuschließen. Beide Seiten hätten außerdem bekräftigt, daß die Zwei-plus-Vier-Gespräche rechtzeitig zum KSZE-Gipfel im November in Paris abgeschlossen werden sollten. Dann verlas er acht Punkte, über die man Einverständnis erzielt hatte:

1. Die Einigung Deutschlands umfaßt die Bundesrepublik, die DDR und Berlin.
2. Wenn die Einigung vollzogen wird, werden die Vier-Mächte-Rechte und -Verantwortlichkeiten vollständig abgelöst. Damit erhält Deutschland zum Zeitpunkt seiner Vereinigung seine volle und uneingeschränkte Souveränität.
3. Das vereinte Deutschland kann in Ausübung seiner uneingeschränkten Souveränität frei und selbst entscheiden, ob und welchem Bündnis es angehören will. Das entspricht der KSZE-Schlußakte. Ich habe als die Auffassung der Regierung der Bundesrepublik Deutschland erklärt, daß das geeinte Deutschland Mitglied des Atlantischen Bündnisses sein möchte. Und ich bin sicher, dies entspricht auch der Ansicht der Regierung der DDR.
4. Das geeinte Deutschland schließt mit der Sowjetunion einen zweisei-

tigen Vertrag zur Abwicklung des Truppenabzuges aus der DDR, der innerhalb von drei bis vier Jahren beendet sein soll. Gleichzeitig soll mit der Sowjetunion ein Überleitungsvertrag über die Auswirkungen der Einführung der D-Mark in der DDR für diesen Zeitraum von drei bis vier Jahren abgeschlossen werden.

5. Solange sowjetische Truppen noch auf dem ehemaligen DDR-Territorium stationiert bleiben, werden die NATO-Strukturen nicht auf diesen Teil Deutschlands ausgedehnt. Die sofortige Anwendung von Artikel 5 und 6 des NATO-Vertrages bleibt davon von Anfang an unberührt. Nicht-integrierte Verbände der Bundeswehr, das heißt Verbände der territorialen Verteidigung, können ab sofort nach der Einigung Deutschlands auf dem Gebiet der heutigen DDR und in Berlin stationiert werden. Für die Dauer der Präsenz sowjetischer Truppen auf dem ehemaligen DDR-Territorium sollen nach der Vereinigung nach unserer Vorstellung die Truppen der drei Westmächte in Berlin verbleiben. Die Bundesregierung wird die drei Westmächte darum ersuchen und die Stationierung mit den jeweiligen Regierungen vertraglich regeln.

7. Die Bundesregierung erklärt sich bereit, noch in den laufenden Wiener Verhandlungen eine Verpflichtungserklärung abzugeben, die Streitkräfte eines geeinten Deutschlands innerhalb von drei bis vier Jahren auf eine Personalstärke von 370 000 Mann zu reduzieren. Die Reduzierung soll mit dem Inkrafttreten des ersten Wiener Abkommens begonnen werden.

8. Ein geeintes Deutschland wird auf Herstellung, Besitz und Verfügung über ABC-Waffen verzichten und Mitglied des Nichtverbreitungsvertrages bleiben.[31]

Anschließend gab Gorbatschow eine längere Erklärung ab, in der er die herzliche Atmosphäre der Gespräche betonte und den »Impuls aus London« hervorhob, der eine »historische Wende in der NATO-Entwicklung« eingeleitet habe. Ohne diese »wäre es für mich und den Herrn Bundeskanzler gestern und heute schwierig gewesen, eine wirksame Arbeit zu leisten und das zu erreichen, wovon bereits gesprochen wurde«.[32]

»Wie Himmel und Erde«

Die Neuigkeit aus dem Kaukasus wurde in aller Welt mit Erstaunen und Erleichterung aufgenommen. Von den Verbündeten trafen Glückwunschtelegramme ein. Kohl seinerseits telefonierte am Tag nach seiner Rückkehr aus Moskau mit Bush, um ihn persönlich über die Gespräche mit Gorbatschow zu unterrichten, und sandte ausführliche briefliche Berichte an Mitterrand, Thatcher und Andreotti.

Die Amerikaner waren über Kohls Presseerklärung ebenso überrascht, wie es Teltschik über Gorbatschows Zugeständnisse in Moskau gewesen war. Bevor die Medien die Nachricht verbreiteten, hatten Kohl und seine Delegation keine Möglichkeit gehabt, irgend jemandem mitzuteilen, was in Moskau und im Kaukasus geschehen war, nicht einmal ihrer eigenen Regierung in Bonn. Die Reiseroute hatte die Deutschen gleich am ersten Tag des Besuchs in abgelegene Gebiete geführt, wo keine sicheren Kommunikationskanäle zur Verfügung standen. In Washington wußte man dies nicht und war verärgert, weil man nicht informiert worden war. Aber es war eine gute Übereinkunft. Die Deutschen hatten genau das getan, was sie dem Präsidenten angekündigt hatten. Die Journalisten, die Baker nach Paris begleiteten, erlebten jedoch aus erster Hand, wie überrascht die Regierungsvertreter waren, und zogen den übereilten Schluß, daß die Deutschen Washington übergangen hätten, als sie sich mit den Russen einigten.[33]

Die nächste Zwei-plus-Vier-Ministerrunde, die nur einen Tag nach dem Ende der Gespräche zwischen Kohl und Gorbatschow in Paris stattfand, verlief vergleichsweise nüchtern. Schewardnadse und Genscher informierten über die im Kaukasus erzielte Übereinkunft. Das Problem, sagte Schewardnadse, bestehe jetzt nur noch darin, die prinzipielle Einigung in ein Zwei-plus-Vier-Dokument umzuarbeiten, das man beim nächsten Außenministertreffen annehmen könne. Dieses sollte zwei Monate später, am 12. September, in Moskau abgehalten werden. Unzufrieden war nur der ostdeutsche Außenminister Meckel, der einwandte, daß immer noch einige Fragen zwischen den beiden deutschen Staaten zu klären seien. Die Ostdeutschen waren verärgert, weil sie sowenig von den deutsch-sowjetischen Gesprächen erfahren hatten. Aus Moskau hatten sie nur einen flüchtigen Bericht von Kwizinski erhalten, und aus Bonn waren überhaupt keine Informationen gekommen. Meckel hatte ehrgeizige Pläne für ostdeutsche Initiativen in den Zwei-plus-Vier-Gesprächen entwickelt, die auf den von der Ost-SPD für die Einheit gehegten Vorstellungen beruhten, etwa der Abzug aller Atomwaffen von deutschem Boden. Dieser Ballon war jetzt zerplatzt. »Mit der Einigung im Kaukasus«, schrieb einer der ostdeutschen Teilnehmer später, »war die Aufgabe einer eigenständigen DDR-Außenpolitik beendet.«[34]

Als die Minister am Nachmittag erneut zusammenkamen, begrüßten sie einen besonderen Gast in ihrer Runde, den polnischen Außenminister Skubiszewski. Vorher hatte er bereits mit Genscher gesprochen, so daß es keine grundsätzlichen Streitpunkte zwischen Polen und der Bundesrepublik mehr gab. Über die mit der Grenzfrage zusammenhängenden Bestimmungen der Zwei-plus-Vier-Regelung hatte man sich bereits im Juni geeinigt. Polen bestand nicht mehr auf dem Abschluß eines deutsch-polnischen Vertrages vor der Vereinigung, und Genscher hatte versprochen, daß Deutschland nach der Vereinigung so bald wie möglich einen bilateralen Vertrag mit Polen abschließen werde. Die Polen waren es zufrieden.[35] Bei der anschließenden Pressekonferenz ließen die Zwei-plus-Vier-Minister ihrem polnischen Kollegen den Vortritt, um seine Befriedigung über die Ergebnisse der Sitzung auszudrücken.[36]

Am nächsten Vormittag trafen sich Baker und Schewardnadse zu einem gut zweistündigen Gespräch.[37] Schewardnadse erzählte während der entspannten Begegnung so detailliert wie nie wieder, wie er und Gorbatschow den Entschluß gefaßt hatten, die deutsche Frage beizulegen. Dabei betonte er erneut die Bedeutung der amerikanischen Rolle bei der Verabschiedung der Londoner Erklärung. Ohne diese Erklärung, so Schewardnadse, »wäre es uns sehr schwergefallen, unsere Entscheidungen über Deutschland zu treffen«. Die Initiativen von London hätten es der Sowjetunion ermöglicht, einen neuen politischen Kurs einzuschlagen: »Wenn Sie das, was wir Ihnen und Kohl jetzt sagen, mit unserem Berliner Dokument [vom 22. Juni] vergleichen, dann ist es wie Tag und Nacht. Mehr noch, es ist wie Himmel und Erde. ... Möglich gemacht haben dies die Londoner Tagung und unser Parteitag.« Vor dem Parteitag, fuhr Schewardnadse fort, wäre es undenkbar gewesen, von der Aufgabe der Viermächterechte zu sprechen oder die Haltung zur deutschen Bündniszugehörigkeit zu revidieren oder auch nur die Entscheidung zu fällen, die sowjetischen Truppen aus Deutschland abzuziehen. Man habe zwar schon vor dem Parteitag gewußt, daß der Truppenabzug unumgänglich war, aber zu dieser Zeit hätten »das Kräftegleichgewicht und das Gleichgewicht der wichtigen politischen Figuren völlig anders ausgesehen«, und selbst nach dem Parteitag wäre es immer noch schwer gewesen, sich zu bewegen, wenn es die Londoner Erklärung nicht gegeben hätte. »Sie haben sich wirklich bemüht, unseren Sorgen und Problemen Rechnung zu tragen«, sagte Schewardnadse zu Baker, »und dadurch ist vieles möglich geworden.«[38]

Baker berichtete, wie die Vereinigten Staaten die Londoner Erklärung vorbereitet hatten, um sicherzustellen, daß sie nicht verwässert wurde. Er beschrieb die beispiellose Vorgehensweise und erzählte, daß er Schewardnadses Äußerungen über die Bedeutung des bevorstehenden NATO-Gipfels als Hebel benutzt habe, um seine Kollegen zur Zustimmung zu bewegen. »Wir wollten, daß es ein zugkräftiges Dokument wird, das Sie benutzen könnten«, sagte er, »und zwar noch während des Parteitags.« Die Vereinigten Staaten hätten den Verlauf des Parteitags aufmerksam verfolgt. Dabei sei Präsident Bush ebenso wie ihm selbst insbesondere Schewardnadses bedeutsame Rede aufgefallen. »Der Präsident und ich haben schon seit über einem Jahr den Eindruck«, fügte er hinzu, »daß Sie und Präsident Gorbatschow eine Vision und einen Sinn für Geschichte haben, die unserer Sichtweise entsprechen. Dies ist eine historische Chance, die Versöhnung zwischen Ost und West herbeizuführen – eine Chance, wie sie sich bisher noch nie geboten hat.« Sie hätten diese Chance bereits ergriffen, und er, Baker, hoffe, daß sie diesen Weg fortsetzen würden. Schewardnadse pflichtete ihm bei und verwies auf die übereinstimmende Zukunftsvision, die sie im Herbst 1989 in Wyoming entworfen hatten. Anerkennenswert fand er auch das Verständnis, das die Deutschen den sowjetischen Sorgen entgegengebracht hatten. Als besonders wichtig betrachtete er den Umgang mit der Bundeswehrfrage.

Baker drückte seine Genugtuung darüber aus, daß das amerikanische Vorgehen dazu beigetragen hatte, daß sich beide Seiten aufeinander zubewegen konnten. »Offen gestanden«, sagte er, »war ich ... ziemlich besorgt, als Sie dieses Papier auf den Tisch legten, das Sie in Berlin präsentiert haben.« Damals habe es so ausgesehen, als könnten sich die politischen Zwänge als zu groß herausstellen. Es sei wichtig, rasch zu handeln. Zwar erfreue sich Präsident Bush derzeit großer öffentlicher Zustimmung. Doch das werde naturgemäß nicht immer so bleiben. Innenpolitische Erwägungen könnten sich in den Vordergrund drängen. Deshalb müsse man »von jetzt bis zum Ende des Jahres« weiterhin zügig handeln. Wie treffend seine Voraussage war, konnte Baker nicht ahnen. Er konnte nicht wissen, daß der Irak zwei Wochen später in Kuwait einmarschieren und Schewardnadse Ende des Jahres nicht mehr Außenminister sein würde.

Schewardnadses Blick war ebenfalls in die fernere Zukunft gerichtet. Was die gegenwärtige deutsche Führung betraf, sah er keine Probleme. Sorgen bereiteten ihm jedoch die politischen Führer, die in fünf oder zehn Jahren das Sagen haben würden. »Im Grunde haben wir uns entschieden, eine neue Beziehung zu einem vereinten Deutschland aufzubauen«, sagte er. Das Schlüsselelement für die Sicherheit seines Landes würden aber auch in Zukunft die Beziehungen zu den Vereinigten Staaten sein. Dann wandte sich das Gespräch praktischeren Fragen zu, von Ideen für die technische Unterstützung der sowjetischen Wirtschaft bis zu Plänen für den Abschluß der VKSE in Wien.

Der Zwei-plus-Vier-Prozeß beschleunigte sich. Am 19. Juli einigten sich die Politischen Direktoren in einer Sitzung in Bonn darüber, wo und wie die umstrittenen Themen behandelt werden sollten. Obwohl den Ostdeutschen in vielen Fragen immer noch genaue Instruktionen fehlten und sie die Arbeit verzögerten, war die Beamtenrunde in der Lage zu entscheiden, welche Punkte eine rein deutsche Angelegenheit waren, welche in die abschließende Regelung aufgenommen und welche an ein anderes Forum verwiesen werden sollten. Auf diese Weise wurde das Mandat des Zwei-plus-Vier-Vertrages, wie vom Westen gewünscht, eingeschränkt. Die Abschlußverhandlungen sollten in der ersten Septemberwoche stattfinden, und alle Parteien gingen davon aus, daß der Vertrag unterschriftsreif sein würde, wenn die Außenminister zu ihrem nächsten Treffen in Moskau zusammenkamen. Schewardnadse bekräftigte Ende Juli in einem Telefongespräch mit Genscher, daß er die noch offenen Fragen in bezug auf die deutsche Einheit schnell vom Tisch haben wollte.[39]

Die westlichen Staaten hatten bald Grund, doppelt froh darüber zu sein, daß die schwierigsten Probleme hinter ihnen lagen. Am 1. August begann mit dem irakischen Angriff auf Kuwait die Golfkrise, die in der Folgezeit alle anderen politischen Themen überschatten sollte. Teltschik notierte zwei Wochen später in seinem Tagebuch: »Die sofortige Reaktion der USA und ihr energisches Engagement verdeutlichen, wie froh wir sein können, daß die wichtigsten außenpolitischen Fragen im Zusammenhang mit der deutschen Einigung geklärt sind. In der ersten Hälfte des Jahres waren die Energien der Weltmächte praktisch ausschließlich auf Deutschland konzentriert. Unser Glück war, daß kein anderes entscheidendes Ereignis die Aufmerksamkeit unseres amerikanischen Partners ablenkte. Ich frage mich, ob es uns gelungen wäre, die notwendigen Entscheidungen im Rahmen des amerikanisch-sowjetischen Gipfels, des Sondergipfels der NATO und des Weltwirtschaftsgipfels so reibungslos durchzusetzen, wenn etwa der Golf-Konflikt zwei Monate früher begonnen hätte.«[40]

Am 10. August kamen die NATO-Außenminister in Brüssel zu einer Sondersitzung über die Golfkrise zusammen. Deutschland oder die Zukunft des Bündnisses waren kein Thema mehr. Gegen Ende der Tagung informierte Genscher seine Kollegen darüber, daß man die Vereinigung wegen der sich rasch verschlechternden wirtschaftlichen Lage der DDR auf den Oktober vorziehen werde. Niemand verlor auch nur ein Wort darüber. Zu sehr beherrschte die neue Krise die Gedanken der Politiker.[41] Bush telefonierte im August zweimal mit Kohl, und beide Male war die Golfkrise das einzige Gesprächsthema. »Wie sehr hat sich doch die Lage verändert«, bemerkte Teltschik nach einem dieser Telefonate. »Mit keinem Wort ist mehr von deutschen Fragen die Rede!«[42]

Die Deutschen wurden von näherliegenden Problemen vereinnahmt. Den Ostdeutschen persönlich mochte es jetzt bessergehen, die Wirtschaft ihres Landes aber war infolge der Währungsunion schwer geschädigt. Die ostdeutschen Konsumenten kauften westliche Waren, so daß die eigene Industrie den heimischen Markt verlor. Und der größte Handelspartner der DDR, die Sowjetunion, konnte die Importe aus Ostdeutschland nicht mehr bezahlen, seit sie in harter Währung abgerechnet wurden. Der völlige Zusammenbruch würde unweigerlich folgen, wenn die DDR nicht bald ins Netzwerk der sozialen und wirtschaftlichen Sicherungen der Bundesrepublik einbezogen wurde. Der Druck jener, die auf schnelle Vereinigung drängten, nahm zu. Die Ost-SPD sprach sich dafür aus, daß die DDR Mitte September der BRD beitreten sollte, wenn nicht noch früher. Nachdenklichere Köpfe, wie Genscher, wandten ein, daß dieser Schritt zumindest so lange zu warten habe, bis der zweite Staatsvertrag über die Bedingungen der politischen Vereinigung abgeschlossen und ratifiziert war, die fünf früheren Länder in der DDR sich neu konstituiert hatten und eine Zwei-plus-Vier-Regelung unterzeichnet war. Man hoffte, daß all dies im September geschehen würde, so daß die Vereinigung im Oktober vollzogen werden konnte. Die gesamtdeutschen Wahlen sollten weiterhin im Dezember stattfinden.[43]

Der zweite Staatsvertrag – der Einigungsvertrag – hatte sich als komplizierter herausgestellt, als Anfang Juli bei Beginn der Verhandlungen angenommen worden war. Die Bonner Verhandlungsführer waren Innenminister Wolfgang Schäuble und Kanzleramtschef Rudolf Seiters. Leiter der ostdeutschen Delegation war de Maizières Parlamentarischer Staatssekretär Günther Krause.[44] Die Übernahme eines Landes ist kein einfaches Unterfangen. Zu den Hauptthemen der Verhandlungen gehörten:

- Zeitpunkt und Verfahren des Beitritts nach Artikel 23 (wovon der Termin der gesamtdeutschen Wahlen abhing);
- die Finanzverfassung und Verteilung der Steuereinnahmen unter Ländern (ein besonders heikles Thema, da Ausgleichszahlungen an die ärmeren westdeutschen Länder zu den noch ärmeren ostdeutschen Ländern umgeleitet werden würden);
- Übergangsregelungen in sozialen Fragen wie dem Recht auf Abtreibung (das ostdeutsche Recht war in dieser Hinsicht liberaler als das westdeutsche);
- die Entscheidung darüber, welche der völkerrechtlichen Verträge und Vereinbarungen der DDR vom geeinten Deutschland übernommen werden sollten;[45]
- die Hauptstadtfrage (Bonn oder Berlin);
- Richtlinien für die Entscheidung über Tausende von Rückübertragungsansprüchen auf ehemaliges Eigentum in der DDR;

- die Privatisierung der volkseigenen Unternehmen (die von der im Juni 1990 geschaffenen Treuhandanstalt vorgenommen werden sollte);
- die Anwendung des Rechts der EG in der ehemaligen DDR;
- ein Bündel anderer Fragen, von der Verwaltung der ostdeutschen Universitäten bis zum Schutz der kleinen sorbischen Minderheit in der DDR.[46]

Trotz der Vielzahl der Themen wurde der Einigungsvertrag Ende August nach vier deutsch-deutschen Verhandlungsrunden fristgerecht vollendet. So blieben nur noch die Dokumente über den völkerrechtlichen Status des vereinigten Deutschland auszuhandeln. Der Text des Zwei-plus-Vier-Vertrages mußte noch fertiggestellt werden. Aber die Deutschen konnten vorher schon einige Fragen klären, etwa die bilateralen Vereinbarungen mit den Sowjets und den westlichen Verbündeten über die Beendigung der Besatzungszeit.

Geld für die Sowjetunion

Bonn hatte versprochen, daß zwischen dem vereinten Deutschland und der Sowjetunion ein Partnerschaftsvertrag ausgehandelt werden würde, der den Beginn einer neuen Ära der Zusammenarbeit zwischen den einstigen Kriegsgegnern markieren sollte. Die Idee stammte aus dem Kanzleramt, und Kohl hatte sie bei seinem Besuch in der Sowjetunion erneut aufgegriffen. Er sah in dem Vertrag fast so etwas wie eine persönliche Vereinbarung zwischen ihm und Gorbatschow. Die Verhandlungen sollten seinem Vorschlag zufolge von Teltschik und Tschernjajew geführt werden. Tschernjajew, der bei Kohl einen »Genscherkomplex« vermutete, weihte jedoch umgehend Schewardnadse und Kwizinski in die Pläne ein, und wenig später beschäftigte sich auch das Bonner Auswärtige Amt, mit Kastrup an der Spitze, mit dem geplanten Vertrag.[47]

Genaugenommen waren zwischen der Sowjetunion und der als Vertreter des vereinigten Deutschland verhandelnden Bundesrepublik Verträge über drei unterschiedliche Gegenstände auszuhandeln. Der erste war der Generalvertrag über die künftigen politischen Beziehungen mit der UdSSR. Dies war der Vertrag, über den Kohl und Teltschik gesprochen hatten. Darüber hinaus waren die wirtschaftlichen Verpflichtungen der DDR gegenüber der Sowjetunion und der Aufenthalt und Abzug der in Ostdeutschland stationierten sowjetischen Streitkräfte zu regeln, einschließlich eines »Überleitungsvertrags« über die finanziellen Regelungen für diese Truppen. Für die Erledigung dieser Arbeit blieben Westdeutschen und Sowjets rund sechs Wochen, da sie diese Vereinbarungen unter Dach und Fach bringen wollten, bevor sich die Zwei-plus-Vier-Außenminister im September in Moskau trafen, um den Vertrag über die abschließende Regelung in bezug auf Deutschland zu unterzeichnen.

Der Generalvertrag bereitete die wenigsten Schwierigkeiten. Er sah jährliche Gipfeltreffen und Konsultationen der Außen- und Verteidigungsminister vor und deckte einen weitgefächerten Themenkatalog ab, von der kulturellen Zusammenarbeit bis zur Pflege sowjetischer Kriegsdenkmäler. Die bei weitem bedeutsamste Bestimmung war die »Verpflichtung zum Nichtangriff« des Artikels 3, in dem beide Seiten gelobten, keine ihrer Waffen jemals gegeneinander anzuwenden, »es sei denn zur individuellen oder kollektiven Selbstverteidigung«, und »niemals und unter keinen Umständen als erste Streitkräfte gegeneinander oder gegen dritte Staaten« einzusetzen. Die bestehende deutsche Einbindung in die NATO-Strategie und die Stationierung von Bündnistruppen wurden nicht in Frage gestellt. In Artikel 21 wurde im Gegenteil ausdrücklich festgestellt: »Dieser Vertrag berührt nicht die Rechte und Verpflichtungen aus geltenden zweiseitigen und mehrseitigen Übereinkünften, die von beiden Seiten mit anderen Staaten geschlossen wurden.«[48]

Mit dem Generalvertrag wurde zwar kein Neuland betreten, aber er erfüllte seinen Zweck als symbolischer Schlußstrich unter der Vergangenheit. Die Vereinigten Staaten hatten sich nie Sorgen über seinen Inhalt gemacht. Als Zoellick mit seiner Delegation Anfang September zur Fertigstellung des Entwurfs des Zwei-plus-Vier-Vertrages in Berlin weilte, winkte er aus Zeitmangel ab, als man ihm antrug, ihn über die Verhandlungen mit der Sowjetunion ins Bild zu setzen. Er vertraute den Deutschen und sah keine besorgniserregenden Klauseln voraus. Der Generalvertrag wurde am 9. November als Höhepunkt des Besuchs, den Gorbatschow dem frisch vereinten Deutschland abstattete, unterzeichnet.[49]

Schwieriger gestaltete sich die Regelung der wirtschaftlichen Verpflichtungen der DDR gegenüber der Sowjetunion. Beide Staaten waren durch zahlreiche veröffentlichte und unveröffentlichte Verträge, Protokolle und andere Regierungsdokumente miteinander verbunden. Wie beim größten Teil des Handels innerhalb des RGW mußten die beiden Regierungen die Bedingungen für alle größeren Geschäfte aushandeln, da Geldwert und Preise nicht auf eine bestehende Marktsituation bezogen waren. Es handelte sich im Grunde um einen komplexen Tauschhandel.

Bonn hatte Moskau schon in der Frühphase des Einigungsprozesses mit der Zusage zu beruhigen versucht, daß die langfristigen Verpflichtungen der DDR eingehalten werden würden, war aber erst 1990, als die neue DDR-Regierung die Bücher öffnete, in der Lage gewesen, Art und Größe dieser Verpflichtungen einzuschätzen. Im Juni, nach ersten Verhandlungen im Zusammenhang mit der deutsch-deutschen Währungsunion, hatten die Westdeutschen noch gehofft, die Lieferungen ostdeutscher Produkte aufrechterhalten zu können. Inzwischen wurden sie jedoch in D-Mark ausgepreist, um zu einem Umtauschkurs zum »Transferrubel« zu kommen, der Verrechnungswährung innerhalb des RGW. Die Bundesregierung hoffte, daß sich die Lage in zwei Jahren weit genug erholt haben würde, um den Handel völlig auf Marktgrundlagen zu stellen. Die Unterhaltskosten der in Deutschland stationierten sowjetischen Truppen würden, so hoffte man, durch den Handel mit der Sowjetunion ausgeglichen werden.[50]

Das größte Problem des Vertrags über die befristete Stationierung sowjetischer Truppen in Deutschland war die Finanzierung ihres Unterhalts und schließlichen Abzugs. Es ging ähnlich wie im Wirtschaftsabkommen vor allem darum, wieviel Geld die Bundesrepublik zu zahlen bereit war, um die Verpflichtungen der DDR zu erfüllen und die Wiedereingliederung der sowjetischen Truppen in ihrer Heimat zu erleichtern. Kastrup und Kwizinski trafen sich am 14./15. August, Genscher und Schewardnadse am 16./17. August und Waigel und Sitarjan am 23./24. August. Sie tauschten Vertragsentwürfe aus und begannen die endgültige Form des Vertragswerks zu erarbeiten. Es sollte aus vier Teilen bestehen: dem Generalvertrag über die politischen Beziehungen, dem Wirtschaftsvertrag, dem Überleitungsvertrag über finanzielle Fragen und dem Stationierungsvertrag über den befristeten Aufenthalt und den planmäßigen Abzug der sowjetischen Truppen.

Der Zeitdruck nahm zu. Die Termine der Vereinigung und der gesamtdeutschen Wahlen standen inzwischen fest. Doch die deutsch-sowjetischen Verhandlungen gerieten plötzlich ins Stocken.[51] Am 27. August erhielt Genscher von Schewardnadse einen Brief. Die sowjetischen Militärs hatten offenbar erklärt, daß es technisch unmöglich sei, die sowjetischen Truppen innerhalb von drei bis vier Jahren aus Ostdeutschland abzuziehen. Es würde mindestens fünf bis sieben Jahre dauern, was dem Zeitraum entsprach, den Gorbatschow in Archys genannt hatte, bevor Kohl ihn an seine Zusage vom Vortag erinnert hatte. Schewardnadse betonte, daß Gorbatschow diese Zusage von ausreichender materieller und finanzieller Unterstützung seitens der Deutschen abhängig gemacht hatte. In dieser Hinsicht seien die deutschen Vorschläge jedoch völlig unzulänglich. Wenn in dieser Frage keine Lösung gefunden werde, müßten die Termine für den Truppenabzug korrigiert werden.

Darüber hinaus brachte Schewardnadse eine Reihe von Einwänden gegen die sicherheitspolitischen Klauseln des Generalvertrags und die Bedingungen der wirtschaftlichen und wissenschaftlich-technischen Zusammenarbeit vor und verlangte die Aufnahme zusätzlicher Bestimmungen zu Sicherheitsfragen ins Zwei-plus-Vier-Abschlußdokument. Die außen- und sicherheitspolitischen Bürokratien des sowjetischen Führungsapparats waren offenbar wieder zu Atem gekommen und hatten sich entschlossen, ihre Forderungen in die Waagschale zu werfen.

Am nächsten Tag kam Kwizinski in Bonn mit Teltschik zusammen. Er erklärte, daß sich die sowjetische Führung aufgrund der Beratungen über den künftigen Unionsvertrag und des Streits über die Wirtschaftsreform erneut in einer kritischen Situation befinde. Dies sei der Hintergrund des sowjetischen Standpunkts zum Überleitungsvertrag. Die Haltung der Militärs sei besonders kritisch. Man brauche Geld für Transportkosten, neue Wohnungen und den Unterhalt der sowjetischen Truppen in der DDR. Der Zeitraum für den Abzug müsse wahrscheinlich auf sechs Jahre verlängert werden.

In Reaktion auf dieses Gespräch beriet Kohl am nächsten Tag mit Genscher, Waigel und Wirtschaftschaftsminister Haussmann über die sowjetischen Forderungen. Die Runde kam zu dem Ergebnis, daß der Generalvertrag fristgerecht abgeschlossen werden konnte. Eine längere Diskussion entzündete sich an der Frage, in welcher Größenordnung Deutschland Mittel für den Wohnungsbau für die heimkehrenden sowjetischen Soldaten bereitstellen sollte. Genscher machte mit dem Hinweis Druck, daß die Hauptfragen im bilateralen Verhältnis zur Sowjetunion in weniger als zwei Wochen gelöst sein müßten, da am 12. September die Zwei-plus-Vier-Außenminister in Moskau zusammenkommen würden. Kohl entschied schließlich, daß die Bundesrepublik in der Frage des Wohnungsbaus großzügig verfahren, hinsichtlich der Stationierungskosten aber hart bleiben würde.

Gleichzeitig trat auch Präsident Bush mit finanziellen Forderungen an Kohl heran, indem er Hilfe für jene Länder verlangte, die unter den Auswirkungen der gegen den Irak verhängten Wirtschaftssanktionen zu leiden hatten. Und als wäre das noch nicht genug gewesen, bat die Sowjetunion wiederum, wie schon zu Beginn des Jahres, um die Lieferung subventionierter Nahrungsmittel. Da die Gelder für den Kauf landwirtschaftlicher Produkte in der DDR eingesetzt werden sollten, die auf den westlichen Märkten nur geringe Absatzchancen hatten, stimmte die Bundesrepublik rasch zu. Die Aktion, die einen Umfang von rund einer Milliarde D-Mark hatte, lief auf eine Subventionierung der ostdeutschen Landwirtschaft hinaus.

Als Waigel und Sitarjan am 3./4. September erneut zusammenkamen, lagen die Standpunkte anfangs noch weit auseinander. Wie Teltschik und Wladislaw Terechow, der neue sowjetische Botschafter in Bonn, am 5. September feststellten, fanden zwischen Bonn und Moskau die umfassendsten, dichtesten und vielfältigsten Verhandlungen statt, die es jemals zwischen den beiden Staaten gegeben habe, und das unter enormem Zeitdruck. Der Generalvertrag schien bei Genscher in guten Händen zu sein, und der Wirtschaftsvertrag wurde am 6. September von Haussmann und Sitarjan paraphiert. Das größte Problem stellte wegen der von den Sowjets geforderten Summen der Überleitungsvertrag dar. Terechow nannte konkrete Zahlen: dreieinhalb Milliarden D-Mark für die Stationierungskosten; drei Milliarden für die Transportkosten; elfeinhalb Milliarden für den Bau von 72 000 Wohnungen und der dazugehörenden Infrastruktur wie Kin-

dergärten und Geschäfte; fünfhundert Millionen für ein Aus- und Fortbil-
dungsprogramm; und siebzehneinhalb Milliarden für die sowjetischen
Liegenschaften in der DDR. Alles in allem verlangte die Sowjetunion also
sechsunddreißig Milliarden D-Mark. Diese Zahlen übertrafen alles, was
man sich in Bonn vorgestellt hatte. Im Juli hatten Experten aus Auswärtigem Amt, Finanzministerium und Kanzleramt die Gesamtkosten des Vertrages auf 1,25 Milliarden D-Mark im ersten Jahr und insgesamt 4,25 Milliarden für die vier Jahre der Abzugsperiode geschätzt.[52] Jetzt forderten
die Sowjets das Achtfache dieser Summe, und das nur eine Woche vor
dem Zwei-Plus-Vier-Ministertreffen in Moskau.

Kohl telefonierte am 7. September mit Gorbatschow.[53] Es war der erste
direkte Kontakt nach dem Gespräch in Archys fast zwei Monate zuvor.
Beide äußerten sich zufrieden über die Fortschritte der Verhandlungen
über den Generalvertrag und stimmten darin überein, daß sie ihn bald
nach der Vereinigung unterzeichnen sollten. Der Überleitungs- und der
Stationierungsvertrag waren problematischer. Kohl bot eine Pauschal-
summe von acht Milliarden D-Mark an und empfahl, bei deren Verwendung den Schwerpunkt auf den Wohnungsbau zu legen. Bonner Experten
erwarteten, daß die daraus resultierenden Aufträge an ostdeutsche Unternehmen vergeben werden würden, so daß wenigstens ein Teil des Geldes
nach Deutschland zurückfließen würde.

Gorbatschow nahm, nachdem er sich in Moskau und Archys so entge-
genkommend verhalten hatte, eine unnachgiebige Haltung ein. Kohls
Zahl, entgegnete er, führe in eine Sackgasse. Nach seiner Rechnung
würde allein der Wohnungsbau mit dazugehöriger Infrastruktur elf Milliarden D-Mark kosten. Hinzu kämen die Transport- und Unterhaltskosten
der Truppen. Dann versetzte er Kohl einen herben Schlag, indem er ihm
zu verstehen gab, daß die Zwei-plus-Vier-Gespräche ohne Ergebnisse in
den bilateralen Verhandlungen und ohne Lösung der finanziellen Fragen
nicht abgeschlossen werden könnten. Die Sowjetunion, die im Juli bereits
keinen Spielraum mehr zu besitzen schien, hatte plötzlich einen neuen
Kurs gefunden: Sie würde, mit der abschließenden Regelung über
Deutschland als Unterpfand, auf den Zeitdruck setzen, unter dem Kohl
stand, und einen letzten Vorstoß unternehmen, um soviel finanzielle Unterstützung herauszuholen wie möglich.

Kohl erwiderte, daß bei gutem Willen auf beiden Seiten ein Ausweg gefunden werden könne, worauf Gorbatschow einwarf, daß die Situation sehr beunruhigend sei. Der Bundeskanzler verwies als Beweis für seinen guten Willen auf die in Moskau stattfindenden – und noch am selben Tag abgeschlossenen – Verhandlungen über die Lieferung von Nahrungsmitteln. Sie sollten sich das Problem noch einmal durch den Kopf gehen lassen, schlug Kohl vor, und am Montag, dem 10. September, erneut miteinander sprechen.

Teltschik bezeichnete dieses Telefongespräch als »wirklich dramatisch«. Er war überrascht, wie stark Gorbatschow den Bundeskanzler unter Druck setzte, um weitere finanzielle Zugeständnisse zu erreichen. Über dessen Angebot von acht Milliarden D-Mark sei Gorbatschow »sichtlich enttäuscht« gewesen, notierte Teltschik in seinem Tagebuch. Das finanzielle Paket sei für den sowjetischen Staatschef offensichtlich ein zentraler Bestandteil des Gesamtergebnisses, »das er zu Hause vorweisen will und vermutlich muß«. Teltschik war sich »sicher, daß unser Angebot nicht das letzte Wort sein kann«.

Es folgten während des Wochenendes intensive Verhandlungen zwischen Waigel und Sitarjan in Moskau. Sitarjan nannte eine Gesamtsumme von sechzehn bis achtzehn Milliarden D-Mark, was der deutschen Seite immer noch zu hoch erschien. Waigels Gegenvorschlag belief sich auf elf bis zwölf Milliarden. Als Kohl und Gorbatschow am 10. September wieder miteinander telefonierten, setzte sich dieser Streit fort. Auf Kohls Hinweis auf mögliche künftige Wirtschaftshilfe für die UdSSR erwiderte Gorbatschow, daß es ja weniger um die Hilfe für die Sowjetunion als um den deutschen Einigungsprozeß gehe. Er habe viele Kämpfe mit Regierung, Militär und Finanzfachleuten ausgefochten. Das Ergebnis sei eine Summe von fünfzehn Milliarden D-Mark.[54]

Kohl hatte eine Entscheidung zu fällen und bot Gorbatschow, einem Vorschlag des Finanzministeriums folgend, zusätzlich zum Grundbetrag von zwölf Milliarden D-Mark einen zinslosen Kredit in Höhe von drei Milliarden an. Das stellte den sowjetischen Staatschef zufrieden, und Horst Köhler vom Finanzministerium flog nach Moskau, um die Einzelheiten auszuhandeln. Am nächsten Tag telefonierte Kohl mit Bush, um ihm das Ergebnis mitzuteilen. Er hatte den amerikanischen Präsidenten nicht gebeten, bei Gorbatschow zu intervenieren oder über eine Reaktion nachzudenken für den Fall, daß die Sowjets ihre Drohung, den Zwei-plus-Vier-Prozeß auszusetzen, wahr machten. Von dem Geschehen überrascht und auf schnelle Resultate bedacht, hatten die Westdeutschen nicht allzuviel Widerstand geleistet, als die Sowjetunion endlich einen Preis nannte.[55]

Nach der Einigung über die grundlegenden finanziellen Fragen waren nur noch die Bedingungen des befristeten Aufenthalts und die Modalitäten des Abzugs der sowjetischen Truppen zu regeln. Dieser Vertrag, der am 27. September paraphiert wurde, bot kaum Streitpunkte, und die Bundesrepublik konnte ihre Hauptziele durchsetzen. Der Abzug sollte bis Ende 1994 abgeschlossen sein, die militärischen Aktivitäten der in Deutschland stationierten sowjetischen Truppen wurden eingeschränkt, und die deutsche Souveränität über das gesamte Gebiet der DDR wurde förmlich anerkannt. Probleme versprach nur die vereinbarte Schadenersatzregelung heraufzubeschwören, der zufolge die Sowjetunion für die auf ihren Liegenschaften entstandenen Schäden hätte aufkommen müssen. Diese waren vor allem in ökologischer Hinsicht beträchtlich und überstiegen den Wert der Bauten, mit deren Verkaufserlös sie beglichen werden sollten, bei weitem. Der potentielle Streitpunkt wurde im Dezember 1992 ausgeräumt, indem beide Seiten auf ihre gegenseitigen Ansprüche verzichteten, die Bundesrepublik auf Schadenersatz und Rußland (die Sowjetunion hatte sich inzwischen aufgelöst) auf die Bezahlung seiner unbeweglichen Vermögenswerte.[56]

Die künftigen Beziehungen zu den Vereinigten Staaten

Während die Deutschen hastig die Fundamente für die Beziehungen des vereinigten Deutschland zur Sowjetunion legten, sahen sie sich auch mit der Frage der künftigen Beziehungen zu den Verbündeten konfrontiert. Nach dem Londoner NATO-Gipfel und Kohls erfolgreicher Reise in die Sowjetunion empfand man in Bonn eine tiefe Dankbarkeit für die Vereinigten Staaten und deren Rolle im Vereinigungsprozeß. Genscher hatte schon Ende Juli einen Artikel mit dem Titel »Die Amerikaner und wir« verbreitet, in dem er die amerikanische Nation und deren politische Führung in den höchsten Tönen lobte. Der Artikel schloß mit den Sätzen: »Niemals zuvor war der amerikanische Einfluß auf die Entwicklung Europas so groß wie heute, nicht durch Vorherrschaft, sondern durch Partnerschaft. ... Die deutsch-amerikanische Freundschaft findet in dieser historischen Zeit durch die amerikanische Haltung ihre Krönung. Das wird Bestand haben. Danke Amerika.«[57]

Die USA hatten bald Gelegenheit, diese freundschaftlichen Gefühle zu testen, denn die Vereinigung warf in bezug auf die deutsch-amerikanischen Beziehungen gut zwei Dutzend wichtiger Fragen auf, zum Beispiel:

- Das alliierte Recht, nach Maßgabe des Aufenthaltsvertrages von 1954 Truppen in Deutschland zu stationieren, würde diesem Vertrag zufolge mit dem Abschluß einer »friedensvertraglichen Regelung« erlöschen. Deutschland würde also für die weitere alliierte Militärpräsenz eine neue Grundlage schaffen und sich entscheiden müssen, ob der geltende Aufenthaltsvertrag geändert werden sollte. Auch für die Identifikationszone Deutschland der NATO-Luftverteidigung und die überall im Land eingerichteten militärischen Verbindungsmissionen der Vier Mächte waren neue Regelungen erforderlich.

- Die Anwesenheit alliierter Truppen in Berlin hatte ihre eigene Rechtsgrundlage: die souverän alliierte Kontrolle über die Stadt. Wenn diese endete, mußte über die Anwesenheit der Truppen mit Deutschland neu verhandelt werden. Der Zugang der alliierten Truppen zu Berlin, ihr Status, ihre Übungsrechte und ihre Kommandostruktur würden neu definiert werden müssen, und auch die Frage der Stationierungskosten stellte sich völlig neu.

- Amerikanische, britische und französische Fluggesellschaften genossen nach den aus der Besatzungszeit stammenden Bestimmungen besondere Luftfahrtrechte in Berlin. Über diese Rechte und besondere innerdeutsche Servicerechte müßte ebenso neu verhandelt werden wie über die Flugkontrolle in der Stadt.

- Für Restitutionsansprüche von US-Bürgern und von seiten der internationalen jüdischen Gemeinde auf Eigentum in der DDR mußte eine Regelung gefunden werden. Außerdem waren diverse Probleme im Zusammenhang mit Liegenschaften in Berlin sowie die Zukunft von

Einrichtungen wie dem Radiosender RIAS (Rundfunk im amerikanischen Sektor) und dem Berlin Document Center mit seinem Archiv von Akten aus dem Dritten Reich zu klären.

Die Vereinigten Staaten ersuchten Anfang August formell um die Aufnahme bilateraler Verhandlungen über diese Themen. Großbritannien und Frankreich richteten ähnliche Anfragen an Bonn.[58] Der wichtigste Punkt für die Amerikaner war die reibungslose Überleitung des Aufenthaltsrechts der alliierten Streitkräfte in Westdeutschland und Berlin. Von der deutschen Öffentlichkeit wurde die Anwesenheit alliierter Truppen unterschiedlich bewertet. Es gab eine massive Befürwortung ihrer weiteren Anwesenheit, aber dieser Rückhalt konnte durch lautstark ausgetragene Meinungsverschiedenheiten in Verhandlungen über ihren Status leicht unterminiert werden. Nach Ansicht der US-Administration war der beste und einfachste Weg die Erweiterung oder Erneuerung der bestehenden Vereinbarungen.[59]

Auf amerikanischer (und britischer) Seite war man daher entsetzt, als bundesdeutsche Juristen Ende Juli in einer Sitzung westlicher Rechtsexperten eine andere Lösung der Stationierungsfrage unterbreiteten. Sie schlugen vor, das bestehende NATO-Truppenstatut (NTS) einzuschränken und einen völlig neuen Stationierungsvertrag auszuhandeln. Der US-Geschäftsträger in Bonn, George Ward, übermittelte Genschers Büroleiter, Frank Elbe, umgehend die amerikanischen Bedenken gegen die Absicht, diese »Büchse der Pandora« zu öffnen. Elbe erwiderte, er selbst, Kastrup und ihr Rechtsberater seien der Ansicht, daß die gültigen Vereinbarungen über die alliierte Militärpräsenz sowenig wie möglich verändert werden sollten. SPD und Grüne könnten allerdings auf eine andere Politik drängen. Erstere habe Anfang 1990 mit großem Tamtam einen Fragenkatalog zu den alliierten Stationierungsrechten verkündet. Elbe versprach, sich genauer mit dem Thema zu befassen.

Wie die Amerikaner feststellten, bevorzugte auch das Bonner Verteidigungsministerium die einfache Lösung, zumindest während des Zeitraums der Vereinigung. Die Juristen des Auswärtigen Amts wollten jedoch weiterhin ein neues Abkommen aushandeln, das »von allen Elementen alten Denkens frei« sein sollte. Insgesamt ging es um sechs

Verträge, da mit jedem der Verbündeten, die in Deutschland Truppen stationiert hatten, eine separate Vereinbarung getroffen werden sollte, die anschließend vom Bundestag hätte ratifiziert werden müssen – und das alles in etwas mehr als einem Monat. Im Kanzleramt war man sich der Obstruktion von seiten des Auswärtigen Amts bewußt, schien sich aber keine Gedanken darüber zu machen. Die amerikanische Botschaft in Bonn dagegen schlug Alarm.[60]

Genscher erhielt am 16. August einen Brief von Baker, in dem er aufgefordert wurde, die bestehenden Vereinbarungen in einer klaren multilateralen Lösung zu verlängern, anstatt ein ganzes Bündel neuer zweiseitiger Abkommen zu schließen. Baker erwartete außerdem rasche Fortschritte in bezug auf einen Stationierungsvertrag für die alliierten Streitkräfte in Berlin.[61] Kaum war Genscher persönlich beteiligt, schienen seine positiven Gefühle für die Vereinigten Staaten alles andere zu überwiegen. Die Hindernisse verschwanden, und Bonn stimmte Bakers Vorschlägen in jedem Punkt zu. Die Vereinigten Staaten schickten eine Verhandlungsdelegation unter Leitung von Botschafter Nelson Ledsky nach Deutschland, um die Einzelheiten zu besprechen. Als sich auf Beamtenebene erneut Probleme auftaten, wandte sich Baker wiederum direkt an Genscher. Sein Politischer Direktor, Kastrup, war mit dem Standpunkt der Juristen nie sehr glücklich gewesen, und Genscher selbst hielt sein Versprechen, die Angelegenheit im Sinne der mit Baker getroffenen Übereinkunft zu lösen.[62] In den nächsten beiden Wochen wurden drei Verträge ausgehandelt: eine Erneuerung des Aufenthaltsvertrages von 1954, mit der die Rechtsgrundlage für die weitere Stationierung verbündeter Truppen in Deutschland geschaffen wurde; ein neues Stationierungsabkommen für die amerikanischen, britischen und französischen Truppen in Berlin nach Beendigung der Viermächterechte; und eine Vereinbarung über die Ausdehnung des NTS auf das Gebiet der früheren DDR.[63]

Andere bilaterale Fragen wurden leichter und weniger formell ausgeräumt. Die Amerikaner brauchten eine Versicherung, daß das geeinte Deutschland die offenen Eigentumsansprüche jüdischer Naziopfer und amerikanischer Bürger auf früheren Besitz in der DDR berücksichtigen würde. Eine privatwirtschaftliche Vereinbarung zwischen Lufthansa und Pan American Airways erleichterte die Lösung der Fragen im Zusammenhang mit dem zivilen Luftverkehr. Bei der späteren Ratifizierung im US-Senat wurden der abschließenden Regelung in bezug auf Deutschland entsprechende Noten und Zusicherungen beigefügt.[64]

Die abschließende Regelung

Die westlichen Verbündeten arbeiteten den August über auf der Grundlage eines amerikanischen Entwurfs am Text der abschließenden Zwei-plus-Vier-Regelung. Ein erster Meinungsaustausch zwischen Westdeutschen und Sowjets fand am 16. und 17. August in Moskau statt. Es folgten am 27. und 28. August intensivere Gespräche zwischen Kastrup und Kwizinski in Bonn.[65] Anfang September schließlich kamen in Ost-Berlin die Politischen Direktoren zu viertägigen Verhandlungen über den Vertragstext zusammen. Dabei erwiesen sich zwei Fragen als besonders schwierig:[66]

1. *Wie und wann durften NATO-Strukturen auf das Gebiet der ehemaligen DDR ausgedehnt werden?* Die Zwei-plus-Vier-Runde war sich inzwischen einig darüber, daß Deutschland Vollmitglied der NATO sein würde, NATO-Strukturen aber zumindest so lange nicht auf DDR-Gebiet ausgeweitet werden durften, wie dort sowjetische Truppen stationiert waren. Was bedeutete dies genau? Die Westdeutschen schlugen, offenbar unter dem Eindruck der Gespräche, die Genscher und Schewardnadse am 16. und 17. August in Moskau geführt hatten, ein generelles Verbot von Aktivitäten alliierter Truppen auf ostdeutschem Boden vor. Den Verbündeten ging dies jedoch zu weit, da damit der Einsatz der NATO im Verteidigungsfall ebenso unterbunden worden wäre wie Manöverbewegungen oder Truppentransporte über DDR-Gebiet. Nach westlichem Verständnis schloß die Presseerklärung von Schelesnowodsk nur die Stationierung ausländischer Truppen aus, nicht aber sämtliche vorübergehenden Aktivitäten. NATO-Flugzeuge, zum Beispiel, würden mit Sicherheit den ostdeutschen Luftraum überwachen.[67]

Die westlichen Partner sagten zu, keine Atomwaffen auf DDR-Gebiet zu verlegen. Dies war ein symbolisches Zugeständnis, da in Ostdeutschland ausschließlich deutsche Truppen auf Dauer stationiert sein würden und die Deutschen bereits auf jegliche Verfügung über Atomwaffen verzichtet hatten. Die Sowjets verlangten in den Ostberliner Verhandlungen darüber hinaus den Ausschluß aller Waffensysteme, mit denen sowohl konventionelle als auch nukleare Sprengköpfe abgeschossen werden konnten. Dies war für den Westen unannehmbar. Es hätte bedeutet, daß in Ostdeutschland weder Flugzeuge noch Artillerie stationiert werden durften. Die Amerikaner schlugen vor, die Frage dieser Waffensysteme wie im KSE-Vertrag zu behandeln, doch die Sowjets stellten sich quer. Bondarenko behauptete, dies würde die im Kaukasus erreichte Übereinkunft verletzen, worauf Kastrup entgegnete, er habe (im Gegensatz zu Bondarenko) an den Gesprächen teilgenommen, und doppelt verwendbare Waffensysteme seien dort nicht zur Sprache gekommen. Er vergewisserte sich beim Kanzleramt, daß ihn seine Erinnerung nicht trog, aber Bondarenko blieb dabei, daß die Frage im Kaukasus gelöst worden sei. Die Beamtenrunde steckte fest.

2. Die Obergrenze der künftigen deutschen Streitkräfte. Gorbatschow und Schewardnadse hatten einer Obergrenze von 370 000 Mann zugestimmt, die erst kodifiziert werden sollte, wenn die anderen europäischen Staaten ebenfalls eine Beschränkung ihrer Streitkräfte akzeptierten. Vorher schon würden die Deutschen in einer einseitigen Erklärung zusagen, ihre Streitkräfte auf diese Größe zu reduzieren. Offen war nur noch, wann und wie sie dieses Versprechen abgeben sollten. Die Sowjets wollten es immer noch in irgendeiner Weise in den ersten KSE-Vertrag einbeziehen. Schewardnadse hatte mit Baker darüber diskutiert, als sie Anfang August in Sibirien zusammengetroffen waren.[68] Baker war bei seinem Standpunkt geblieben: Diese deutsche Angelegenheit dürfe den Abschluß der VKSE nicht behindern. Die Deutschen würden ihr Versprechen getrennt vom KSE-Vertrag, aber mit diesem verbunden abgeben – so wie Amerikaner und Sowjets im Februar Erklärungen über die Begrenzung ihrer in Europa stationierten Truppen ausgetauscht hatten.

Aber Schewardnadse wollte das Thema im Rahmen der VKSE behandelt sehen, und solange es nicht in den Vertrag aufgenommen wurde, war Baker damit einverstanden. Die NATO-Partner verständigten sich auf eine gemeinsame Position, die Genscher bei seinem Besuch in Moskau Schewardnadse übermitteln sollte.[69] Diesem Vorschlag zufolge würden die beiden deutschen Außenminister vor dem VKSE-Plenum in Wien einseitige Erklärungen über ihre Vorstellungen zur Personalstärke der künftigen deutschen Streitkräfte abgeben. Dies geschah am 30. August. Die ostdeutsche Regierungskoalition war inzwischen auseinandergebrochen, und de Maizière hatte zusätzlich zu seinem Amt als Ministerpräsident das des Außenministers übernommen, so daß Genscher in Begleitung de Maizières in Wien erklärte, daß die Bundesrepublik Deutschland ihre Streitkräfte innerhalb von drei bis vier Jahren auf eine Personalstärke von 370 000 Mann reduzieren werde. Die Bundesregierung, fügte er hinzu,»geht davon aus, daß ... auch die anderen Verhandlungsteilnehmer ihren Beitrag zur Festigung von Sicherheit und Stabilität in Europa, einschließlich Maßnahmen zur Begrenzung der Personalstärken, leisten werden«.[70] Die deutsche Selbstverpflichtung wurde wörtlich in den Zwei-plus-Vier-Vertrag aufgenommen – mit der Anmerkung der anderen Signatarstaaten, sie hätten diese Erklärung »zur Kenntnis« genommen. Nach internationalem Recht war sie damit zwar politisch, aber nicht rechtlich bindend.[71]

In Berlin brachte Bondarenko die Idee in die Verhandlungen ein, den Abschluß des Abzugs der sowjetischen Truppen aus Deutschland mit der Reduzierung der Bundeswehr zu verknüpfen, die ihrerseits vom gleichzeitigen Abbau der Streitkräfte der anderen europäischen Staaten abhing. Mit anderen Worten, die Sowjetunion wollte so lange in Deutschland präsent bleiben, wie die Deutschen brauchten, um ihre Streitkräfte auf 370 000 Mann zu verringern, unabhängig davon, ob und wann ein KSE-Folgevertrag abgeschlossen wurde. Die französischen, britischen und amerikanischen Unterhändler lehnten eine solche Koppelung strikt ab, erklärten sich nach längerem Streit aber mit einer entsprechenden Bestimmung einverstanden, die jedoch absichtlich zweideutig formuliert wurde. Dieser Klausel zufolge sollte der Abzug der sowjetischen Truppen »bis Ende des Jahres 1994 ... vollzogen sein«, aber »im Zusammenhang mit der Verwirklichung der Verpflichtungen« zur Reduzierung der deutschen Streitkräfte vor sich gehen. Die Sowjets hatten damit eine vage Verknüpfung in den Vertrag eingeführt, die Deutschland unter der Hand durch eine spezielle Begrenzung seiner Streitkräfte singularisierte, wenn auch nur bis Ende 1994. Kastrup fand diesen Kompromiß akzeptabel. Der Westen konnte darauf verweisen, daß die sowjetische Verpflichtung zum Truppenabzug eindeutig und durch die bilaterale deutsch-sowjetische Übereinkunft doppelt abgesichert war und daß der Zusatz »im Zusammenhang mit« keine einschränkende Bedingung darstellte. Doch das war ein schwaches Argument. Die Amerikaner fanden sich am Ende der Diskussion in der merkwürdigen Situation wieder, daß ihnen diese Singularisierung größere Sorgen bereitete als Kastrup. Also ließen sie den Dingen ihren Lauf.

Bondarenko versuchte darüber hinaus Bestimmungen über die Verifizierung des deutschen Verzichts auf ABC-Waffen und der Größe der Bundeswehr in den Zwei-plus-Vier-Vertrag aufzunehmen, fand aber bei keinem seiner westlichen Verhandlungspartner Unterstützung. Nach drei Tagen intensiver Beratungen beklagte er sich verbittert, daß die anderen sich offenbar verschworen hätten, jeder sowjetischen Formulierung zu widersprechen. Es gebe anscheinend ein »Gesetz«, das die Annahme sowjetischer Vorschläge verbiete.[72]

Zoellick und Seitz flogen von Berlin aus nach Helsinki, um sich der Delegation anzuschließen, mit der Präsident Bush zu einem weiteren Gipfeltreffen mit Gorbatschow, dem dritten seit seinem Amtsantritt, nach Finnland gereist war.[73] Während sich die beiden Präsidenten, als sie am Vormittag des 9. September im finnischen Präsidentenpalast zusammenkamen, ganz auf die Golfkrise konzentrierten, sprachen die Außenminister bei ihrem gleichzeitigen Treffen auch über Deutschland und KSE-Fragen. Schewardnadse befand sich in dem Irrglauben, Genscher hätte ihm versprochen, daß Flugzeuge, die atomar bewaffnet werden konnten, nach der Vereinigung aus der früheren DDR ferngehalten würden. Das war allein schon deshalb unzutreffend, weil praktisch alle modernen Kampfflugzeuge mit Atomwaffen bestückt werden können. Baker erklärte, daß er nicht versuchen werde, die deutsche Souveränität einzuschränken. Die Vereinigten Staaten würden sich nur der im Kaukasus verkündeten Übereinkunft anschließen, die sich auf Atomwaffen beziehe, nicht auf doppelt verwendbare Waffensysteme. Er wies außerdem darauf hin, daß die NATO zwar zugesagt hatte, keine ausländischen Streitkräfte in der früheren DDR zu stationieren, aber nicht, dort keinerlei Truppenbewegung durchzuführen.

Schewardnadse entgegnete, daß er nur Manöver für bedenklich halte, nicht aber andere zeitweise Truppenbewegungen. Soweit er wisse, sei Genscher in diesem Punkt kompromißbereit. Er habe vor zwei Tagen mit dem deutschen Außenminister telefoniert, und der habe ihm gesagt, daß er in ständigem Kontakt mit den Amerikanern stehe. Genscher habe tatsächlich angerufen, erwiderte Baker, und ihn gebeten, die Angelegenheit hier in Helsinki zu bereinigen. Zu ihm habe er dasselbe gesagt, rief Schewardnadse aus. Besprechen Sie das mit Baker, habe er gesagt. Er, Schewardnadse, habe entgegnet, daß es um die souveränen Rechte Deutschlands gehe. Weshalb er es mit Baker besprechen solle?

Baker wiederholte noch einmal, was ihm die Westdeutschen berichtet hatten: daß im Kaukasus über doppelt verwendbare Waffensysteme weder gesprochen noch etwas vereinbart worden sei. Falls die sowjetische Forderung erfüllt würde, könnte praktisch keine Artillerie in der DDR stationiert werden. Schewardnadse schien nicht zu verstehen, daß die meisten Geschütze doppelt verwendbar waren, da mit ihnen auch nukleare Granaten abgeschossen werden konnten, und solche Granaten waren sowohl auf sowjetischer als auch auf amerikanischer Seite reichlich vorhanden. Dann sprach Baker die amerikanische Besorgnis über die wenn auch vage Verknüpfung der deutschen Truppenreduzierung und des sowjetischen Abzugs aus Deutschland an. Wenn die anderen Fragen nicht gelöst würden, sagte er warnend, könnten daraus ernsthafte Probleme erwachsen.

Das nächste Treffen der Zwei-plus-Vier-Beamtenrunde, bei dem die verbliebenen Meinungsverschiedenheiten beigelegt werden sollten, fand am Vorabend der geplanten Unterzeichnung der abschließenden Regelung statt. Baker und Genscher hatten sich vorher über die Hauptfragen verständigt. Das Problem der Waffensysteme wurde gelöst, indem man die sowjetische Formulierung durch den in Berlin unterbreiteten amerikanischen Vorschlag abschwächte. Darauf hatten sich am 10. September Kastrup und Elbe sowie Kwizinski und Bondarenko bilateral überraschend schnell einigen können, und Genscher und Baker hatten dem Ergebnis zugestimmt. Als konventionelle und damit auf dem Gebiet der ehemaligen DDR zugelassene Waffensysteme wurden in der abschließenden Regelung solche bezeichnet, die »in diesem Teil Deutschlands für eine konventionelle Rolle ausgerüstet und nur dafür vorgesehen sind«. Andere Fragen waren immer noch offen, als die Außenminister in Moskau eintrafen.[74]

Am Tag der Vertragsunterzeichnung, dem 12. September, waren die Sowjets mit dem Stand ihrer bilateralen Verhandlungen mit Deutschland zufrieden und bereit, einer Erklärung zuzustimmen, durch die die Viermächterechte aufgehoben würden. Zwei Tage zuvor hatten sich Kohl und Gorbatschow über das Finanzpaket geeinigt, und auf amerikanischer Seite hatte sich Baker dazu durchgerungen, die Verknüpfung von sowjetischem Truppenabzug und deutscher Truppenreduzierung zu akzeptieren, wie sie in der abschließenden Regelung festgeschrieben war.

Doch dann drohte in letzter Minute ein Streit unter den westlichen Verbündeten den erfolgreichen Abschluß des Zwei-plus-Vier-Prozesses zu vereiteln. Es gab selbst zu diesem späten Zeitpunkt noch keine Einigung über das Ausmaß der erlaubten NATO-Aktivitäten auf dem Territorium der früheren DDR. Obwohl Elbe später besonders den scharfen Ton des britischen Unterhändlers hervorhob – und vermerkte, daß dieser demonstrativ die grüne Traditionskrawatte seines Marineregiments getragen habe –,[75] waren die Amerikaner in diesem Punkt nicht weniger unnachgiebig als die Briten, auch wenn sie es nicht so offen ausdrückten. Zoellick setzte Baker nach dessen Ankunft auseinander, daß der sowjetische Entwurf mit seinem generellen Verbot der Anwesenheit alliierter Truppen in Ostdeutschland ein Versuch sei, »Deutschlands NATO-Partner von einem Teil seines Territoriums und seiner Bevölkerung fernzuhalten«. Dies sei »unvereinbar mit der angeblichen sowjetischen Bereitschaft, Deutschland zu gestatten, sein Bündnis frei zu wählen«, und stelle »eine weitere permanente Verletzung der deutschen Souveränität« dar.[76]

Man war sich seit Juli darüber einig, daß die deutschen Streitkräfte, einschließlich der ins NATO-Militärkommando integrierten Verbände, nach dem Abzug der sowjetischen Truppen überall in Deutschland stationiert werden konnten. Einigkeit bestand auch darüber, daß ausländische Truppen auf dem Gebiet der früheren DDR weder stationiert werden noch »irgendwelche anderen militärischen Tätigkeiten dort ausüben« durften, solange die sowjetischen Streitkräfte nicht abgezogen waren. Danach, also ab Ende 1994, war der Westen zu dem Zugeständnis bereit, daß auf dem

Gebiet der früheren DDR keine ausländischen Truppen stationiert werden würden.

Am 11. September stimmten die Politischen Direktoren Kwizinskis Formulierung zu, daß ausländische Streitkräfte in Ostdeutschland »weder stationiert noch dorthin verlegt« werden würden, wobei das Wort »verlegt« in der Weise verstanden werden sollte, daß nur größere NATO-Manöver ausgeschlossen waren, nicht aber Übungen und Durchfahrten in kleinerem Rahmen. Kastrup erklärte, einer Anregung Kwizinskis folgend, daß die Bundesrepublik darüber hinaus bereit sei, sich förmlich zu verpflichten, bei der Anwendung dieser Bestimmung die Sicherheitsinteressen der anderen Vertragsparteien zu berücksichtigen. Weston warf ein, Großbritannien würde eine solche Erklärung dahingehend interpretieren, daß kleinere Manöver erlaubt werden könnten und die Entscheidung darüber allein beim souveränen deutschen Staat liege. Franzosen und Amerikaner äußerten sich ähnlich. Weston neigte immer noch einem amerikanischen Vorschlag zu, dem zufolge das Wort »verlegt« nur auf größere Manöver zu beziehen war. Zoellick fand, daß man die Angelegenheit den Ministern übergeben sollte, doch Kastrup wollte noch nicht aufgeben. Die Positionen lägen sehr dicht beieinander. Doch Kwizinski, der die Sitzung leitete, schlug den erschöpften Unterhändlern schließlich vor, sich zu vertagen.[77]

Aus deutscher Sicht blockierten die Briten mit dem Beharren auf der Notwendigkeit von NATO-Manövern mit ausländischen Truppen auf DDR-Gebiet die Einigung in diesem Punkt. Genscher drängte seinen Kollegen Hurd bei einer Begegnung in der deutschen Botschaft am Vorabend des Ministertreffens, seinen Widerstand aufzugeben. Das Ministertreffen und der ganze Zwei-plus-Vier-Vertrag könnten scheitern, sagte er, wenn die Briten ihre Forderung aufrechterhielten. Laut Elbe gab Hurd schließlich nach und beauftragte seinen Privatsekretär, Weston zurückzupfeifen.[78] Weston beharrte dennoch auf dem Standpunkt, daß die NATO in der Lage sein müsse, ihre Verteidigungsverpflichtung auch gegenüber Ostdeutschland zu erfüllen.

Schewardnadse schreibt in seinen Memoiren, ihm sei spät in der Nacht mitgeteilt worden – vermutlich von Kwizinski –, »daß von einer Seite gefordert worden war, in den Text des Schlußdokuments einen Passus aufzunehmen, wonach die NATO für eventuelle Manöver das Gebiet der ehemaligen DDR mit einbeziehen wolle«. Er ließ seine Kollegen daraufhin wissen,»daß die morgige Sitzung ausfallen würde, sollte dieser Passus angenommen werden. Mit anderen Worten, es würde keinen Vertrag geben, und die Verantwortung liege bei ihnen.«[79]

Als Genscher an diesem Abend in sein Hotel zurückkehrte, mußte er verärgert feststellen, daß die Angelegenheit immer noch nicht aus der Welt war.[80] Er konnte sich auf Hurds Haltung keinen Reim machen. Möglicherweise, spekulierten er und seine Berater, erhielt Weston seine Weisungen direkt aus London – an Hurd vorbei. Ein Bonner Diplomat sah den Grund für die starre britische Haltung im»Mißvergnügen derer, die merkten, daß sie ihre [Großmacht-]Rolle nicht mehr haben«. Genscher erklärte aufgebracht, er werde am nächsten Tag auf jeden Fall zur Unterzeichnungszeremonie gehen. Man werde ja sehen, wer nicht kommt. Die Weltpresse werde dann erfahren, wer die Schuldigen seien. Elbe zitiert in seinen Erinnerungen sogar kommentarlos Kwizinskis Vermutung,»daß nicht alle Verbündeten Bonns mit der Entwicklung in den letzten Wochen zufrieden gewesen waren« und so mancher am deutsch-sowjetischen Generalvertrag»gern etwas verändert« hätte, etwa in bezug auf die darin enthaltenen Abrüstungsziele. Daß Elbe ausgerechnet Kwizinski an dieser Stelle zu Wort kommen läßt, ist insofern nicht ohne Ironie, als Kwizinski derjenige war, der die Diskussion der Politischen Direktoren abgebrochen und Schewardnadse wahrscheinlich auch geraten hatte, mit der Absage der Vertragsunterzeichnung zu drohen.

Die amerikanische Rolle in dieser Episode erwähnt Elbe merkwürdigerweise nicht. Dennoch besaß niemand größeren Einfluß auf die NATO-Frage und auf die britische Regierung als die Vereinigten Staaten. Die Auslassung ist vielsagend. Sie legt nahe, daß die Amerikaner mit den Briten übereinstimmten – was zutraf – und daß die Westdeutschen dies wußten. Aber statt Genscher zu erklären, daß die Beamtenrunde aufgrund der Halsstarrigkeit von Amerikanern und Briten und der Ungeduld des sowjetischen Sitzungsleiters ergebnislos abgebrochen worden war, fiel es Kastrup – der die Diskussion hatte weiterführen wollen – offenbar leichter, den Briten die Schuld zu geben. Zumindest wurde er so verstanden. Es ist allerdings auch denkbar, daß die Deutschen Bakers Ankunft abgewartet hatten, weil sie wußten, daß sie Zoellick nicht würden umstimmen können. Sicher ist, daß sich Genscher aus Verärgerung über das »britische Problem« mitten in der Nacht aufmachte, um Baker aus dem Bett zu holen. Dessen Mitarbeiter weigerten sich zunächst, ihren Chef zu wecken. Doch Genscher drohte: »Dann wecke ich ihn eben selber«, und die Amerikaner sahen entsetzt zu, wie er mit Elbe und Kastrup im Schlepptau in Bakers Korridor im Hotel International verschwand. Baker empfing seinen aufgeregten deutschen Kollegen im Schlafanzug und versprach, laut Elbe, dafür zu sorgen, daß der Unterzeichnung des Zwei-plus-Vier-Vertrages keine Hindernisse in den Weg gelegt wurden.

Elbe erwähnt nicht, daß Baker die amerikanische Position bekräftigte und mit Genscher die Möglichkeit besprach, das Wort »verlegt« im Vertragstext zu belassen, aber eine mündliche Erklärung hinzuzufügen, daß es sich nur auf Großmanöver beziehe. Niemand könne eine juristisch zufriedenstellende Formulierung ausarbeiten, die solche großen Truppenbewegungen verbot, ohne gleichzeitig auch Durchfahrt, Ausbildungsaktivitäten und andere für die NATO-Verteidigung Deutschlands nötige Bewegungen auszuschließen. Nach Genschers Rückkehr informierten Kastrup und Elbe um 2.30 Uhr früh den ostdeutschen Ministerpräsidenten und Außenminister de Maizière über die Vorgänge.

»Gegen Morgen wurde mir mitgeteilt, der Vorschlag [der Ausdehnung des NATO-Manövergebiets auf die ehemalige DDR] sei zurückgezogen worden.« So erinnerte sich Schewardnadse später.[81] Da es einen solchen Vorschlag nicht gab, ist schwer nachvollziehbar, wieso sich Kwizinskis Berichte im Verlauf der Nacht verändert haben sollen. Vielleicht hatte der stellvertretende sowjetische Außenminister das Gefühl gehabt, daß er schon genug gewagt hatte, als er Schewardnadses Machtwort einsetzte, um die westlichen Delegierten zur Räson zu bringen. Auf jeden Fall zog Genscher am nächsten Morgen beim gemeinsamen Frühstück der westlichen Außenminister in der französischen Botschaft Roland Dumas beiseite, um ihn nachdrücklich zu bitten: »Roland, ich habe dich nie um einen Gefallen gebeten. Aber jetzt mußt du mir helfen: Mach Hurd die Situation klar.« Kastrup hatte eine Erklärung im Sinne seines Vorschlags aus der Sitzung der Politischen Direktoren vorbereitet: Deutschland würde bei der Anwendung des Wortes »verlegt« aus Artikel 5, Absatz 3 der abschließenden Regelung die Sicherheitsinteressen aller Vertragsparteien berücksichtigen. Niemand hatte dieser Lösung widersprochen, und sie bewahrte die Entscheidungsfreiheit des souveränen Deutschland.[82] Baker und Hurd stimmten dem Vorschlag, diese Formulierung in den Vertrag aufzunehmen, sofort zu.

Weston hatte das Thema der erlaubten militärischen Aktivitäten zum ersten Mal am 6. September in Berlin angeschnitten. Die NATO, hatte er erklärt, sei zur Verteidigung Ostdeutschlands verpflichtet, und wenn es nicht ausdrücklich anders bestimmt sei, fielen solche Aktivitäten in die Zuständigkeit der beteiligten Alliierten und des gastgebenden Landes. Bondarenko hatte Weston vorgeworfen, er wolle Manöver in Ostdeutschland abhalten, worauf dieser entgegnete, er hätte nur gesagt, daß dies eine Frage sei, über die Deutschland und seine Verbündeten zu entscheiden hätten. Zoellick hatte sich dem angeschlossen, indem er erklärte, daß dem wieder souverän gewordenen Deutschland gestattet sein müsse, solche Entscheidungen zu fällen. Der in Moskau unterbreitete »neue« Vorschlag entsprach also genau dem Standpunkt, den Briten und Amerikaner von Anfang an eingenommen hatten, seit das Thema zum ersten Mal angesprochen worden war.[83]

Als die sechs Außenminister, von nur wenigen Mitarbeitern begleitet, zusammentrafen, einigten sie sich rasch auf den westlichen Vorschlag. Die Bedeutung des Wortes »verlegt« sollte in einer »vereinbarten Protokollnotiz« zum Zwei-plus-Vier-Vertrag festgelegt werden, der zufolge alle Fragen in bezug auf die Anwendung dieses Wortes »von der Regierung des vereinten Deutschland in einer vernünftigen und verantwortungsbewußten Weise entschieden [werden], wobei sie die Sicherheitsinteressen jeder Vertragspartei … berücksichtigen wird«.[84]

Die formelle Außenministersitzung am späten Vormittag begann mit bewegten Worten aller Seiten. Mehrere Minister sprachen von einem langen Weg, dessen Ziel jetzt erreicht sei. Die längste Rede hielt der Politiker, dessen Land bald durch einen Federstrich ausgelöscht werden sollte, Lothar de Maizière. Kurz darauf wurde in einer knappen, schlichten Zeremonie der Vertrag über die abschließende Regelung in bezug auf Deutschland unterzeichnet. Am Nachmittag trafen Gorbatschow und Genscher zusammen. Gorbatschow erinnerte seinen Gast an die »harten Gespräche« im Dezember 1989.[85] Jetzt wolle er jedoch eine neue Seite aufschlagen und über ein neues Europa sprechen. Es war tatsächlich ein neues Europa mit einem vereinten Deutschland in der Mitte. Mit der Berliner Erklärung und dem Potsdamer Abkommen von 1945 hatten die Siegermächte des Zweiten Weltkriegs die Oberhoheit über Deutschland und die Verantwortung für das künftige Schicksal des geschlagenen und zerstörten Landes übernommen. Jetzt, fünfundvierzig Jahre später, gaben die Vier Mächte diese Verantwortung ab und den Weg für einen vereinigten, souveränen deutschen Staat frei. Wie Baker zu Schewardnadse gesagt hatte, war es eine Lösung ohne Gewinner und Verlierer. Die »deutsche Frage« würde nie wieder den Frieden in Europa bedrohen. Vielleicht als Erinnerung an die historische Rolle der Sowjetunion bei der Gestaltung dieser Frage überreichten die Gastgeber allen Delegationen – außer der deutschen – eine Geschichte des Großen Vaterländischen Krieges.

Mit der deutschen Teilung war auch die Trennung Europas überwunden worden. Der Kalte Krieg war vorüber und Europa ungeteilt und frei. Die abschließende Regelung war unter Dach und Fach. Zwei Wochen später unterzeichneten die Vier Mächte am Rande des KSZE-Ministertreffens in New York eine Suspendierungserklärung, in der sie ihre Vorbehaltsrechte bis zum Inkrafttreten des Zwei-plus-Vier-Vertrages aussetzten. Wirksam wurde diese Erklärung am 3. Oktober 1990, dem Tag der deutschen Einheit. Deutschland war wieder souverän.

Epilog

Am 3. Oktober 1990 trat die Deutsche Demokratische Republik der Bundesrepublik Deutschland bei, und das deutsche Volk wandte sich der schwierigen Aufgabe zu, die fünf neuen Bundesländer zu integrieren und zwei unterschiedliche Gesellschaften zu einem demokratischen Staat zu verschmelzen. Am 9. November 1990, dem ersten Jahrestag der Öffnung der Berliner Mauer, wurde in Bonn der Partnerschaftsvertrag mit der Sowjetunion unterzeichnet. Das versprochene deutsch-polnische Grenzabkommen folgte am 14. November, und im Juni 1991 schlossen Deutschland und Polen einen Vertrag über gute Nachbarschaft und freundschaftliche Zusammenarbeit.

In den Zwei-plus-Vier-Staaten wurde die abschließende Regelung ratifiziert. Das Votum des amerikanischen Senats fiel einstimmig aus. In der Sowjetunion war die Aufgabe etwas schwieriger, aber Gorbatschow und Schewardnadse konnten die Mehrheit des Obersten Sowjets für sich gewinnen, obwohl Falin in letzter Minute versuchte, die konservativen Hardliner gegen die Ratifizierung zu mobilisieren. Der Vertrag trat im März 1991 in Kraft.

Mit der Vereinigung Deutschlands hatte die Sowjetunion ihren westlichen Vorposten verloren. Die europäische Nachkriegspolitik hatte fast fünfzig Jahre lang im Schatten einer massiven sowjetischen Militärpräsenz gestanden. Ende 1990 verblaßte dieser Grundzug eines geteilten Europas und einer geteilten Welt zusehends. Am 19. November wurde während des KSZE-Gipfels in Paris der Vertrag über die Reduzierung der konventionellen Streitkräfte in Europa unterzeichnet. Der Abzug der sowjetischen Truppen aus Mittel- und Osteuropa war in vollem Gange, und der KSE-Vertrag garantierte, daß die sowjetischen Streitkräfte in Europa, einschließlich des europäischen Teils von Rußland, auf die Hälfte ihrer bisherigen Stärke verringert und auf absehbare Zeit unterhalb dieser Grenze bleiben würden. Im Frühjahr 1991 gaben sämtliche europäischen Staaten Erklärungen ab, in denen sie eine Höchstgrenze für ihre Streitkräfte festlegten, so daß Deutschland nicht singularisiert wurde, als es seinerseits eine solche Verpflichtung einging.

Die Bundeswehr wurde in den folgenden Jahren unter dem Druck knapper Etatmittel bis unter die Grenze von 370 000 Mann verkleinert. 1994 hatte sie eine Personalstärke von nur noch 357 000 Mann erreicht. Im selben Jahr wurde der Abzug der Westgruppe der sowjetischen Streitkräfte vorzeitig abgeschlossen. Über eine halbe Million Menschen – Soldaten, deren Angehörige und Zivilangestellte – waren mit mehr als 120 000 Stück Gerät und 2,7 Millionen Tonnen Ausrüstung und sonstigem Material in ihre Heimat zurückgekehrt. Auf der anderen Seite war seit 1990 die Mehrheit der amerikanischen Streitkräfte aus Deutschland abgerückt, während über hunderttausend US-Soldaten auf absehbare Zeit dort stationiert bleiben werden.

Den Schlußpunkt unter die Besatzung Deutschlands setzten die amerikanischen, britischen und französischen Truppen in Berlin, als sie am 8. September 1994 unter Bekundungen von Dankbarkeit und Freundschaft seitens der Berliner die Stadt verließen. Die russischen Einheiten waren eine Woche zuvor abgezogen, verstimmt über ihren Ausschluß von der feierlichen Verabschiedung der Westalliierten. Von September 1994 an stand es der Bundeswehr frei, ihre Verbände, einschließlich derjenigen, die in die Kommandostruktur der NATO integriert waren, überall in Deutschland zu stationieren.[1]

Die westlichen Organisationen sind verändert, aber gefestigt aus dem Prozeß der deutschen Vereinigung und der Beendigung des Kalten Krieges hervorgegangen. Die NATO ist bis heute die wichtigste Sicherheitsorganisation Europas. Ihre politische und militärische Infrastruktur hat 1990/91 eine bedeutende Rolle bei der Unterstützung der unter Führung der USA durchgeführten Militäraktion gegen den Irak gespielt. Die ersten scharfen Schüsse ihrer Geschichte gab die NATO ironischerweise nach dem Ende des Kalten Krieges ab, als sie den Auftrag erhielt, die serbische Aggression in Bosnien zu beenden.

Das westliche Bündnis ist zum Magneten für die ehemaligen Feinde geworden, die in einem unruhig gewordenen Europa nach einer glaubwürdigen Sicherheitsgarantie suchen. Auf dem in der Londoner Erklärung von 1990 enthaltenen Konzept der Verbindungsmissionen aufbauend, wurde 1991 der Nordatlantische Kooperationsrat gebildet. 1994 ging die NATO dann noch einen Schritt weiter und kam den osteuropäischen Wünschen nach Aufnahme auf halbem Weg entgegen, indem sie die Partnerschaft für den Frieden ins Leben rief. Die Europäische Gemeinschaft machte im Verlauf des deutschen Einigungsprozesses gleichfalls eine Wandlung durch. Frankreich und Deutschland beschleunigten die europäische Integration, um das mächtigere vereinte Deutschland in ein vereinigtes Europa einzubinden. Im Frühjahr und Sommer 1990 waren die Schlüsselentscheidungen getroffen worden, die zum Abschluß des Maastrichter Vertrages führen sollten. Mit der Unterzeichnung dieses Vertragswerks wurde im Dezember 1991 die heutige Europäische Union geschaffen. Die Eile, mit der diese Entscheidungen gefällt wurden, war zum Teil in der französischen Bestürzung und Frustration über die Entwicklung in Deutschland begründet, während die Deutschen sich als gute Europäer erweisen wollten. Die Forcierung der europäischen Integration hatte allerdings ihren Preis. Ihr folgte 1992 ein finanzieller Rückschlag, und Ende 1994 standen grundsätzliche Fragen über die künftige Gestalt und die weitere Entwicklung der EU im Raum.

Wir wissen nicht, wie die Welt aussehen würde, wenn die deutsche Vereinigung auf andere Weise oder zu einem anderen Zeitpunkt stattgefunden hätte. Aber die zentrale Rolle Deutschlands in Europa bedeutet, daß der neue, mit voller Souveränität ausgestattete und fest in westlichen Organisationen verankerte deutsche Staat weitgehend das Gesicht des neuen Europa prägen wird. Die Staatsmänner, die sich plötzlich mit der deutschen Frage konfrontiert sahen, haben mit ihren Entscheidungen nicht nur den deutschen Weg zur Einheit, sondern auch die Grundzüge der Zukunft Europas festgelegt.

Sicher ist, daß die deutsche Vereinigung mit ungewöhnlichem Tempo und konfliktfreier vonstatten ging als alle anderen Verhandlungen der jüngeren Vergangenheit. Manche waren im Zweifel darüber, ob die Entwicklung nicht zu schnell vorangetrieben wurde. Es stellt sich jedoch die Frage, wie der Vereinigungsprozeß verlaufen wäre, wenn die großen Entscheidungen bis November oder Dezember 1990 aufgeschoben worden wären, als Schewardnadse aus Protest gegen Gorbatschows faustischen Pakt mit den Reaktionären von seinem Posten als Außenminister zurücktrat. Ein Jahr später, Ende Dezember 1991, löste sich die Sowjetunion auf. Wäre es einfacher gewesen, mit fünfzehn soeben unabhängig gewordenen Staaten über die Zukunft Deutschlands zu verhandeln? Niemand hat die Bedeutung des Zeitfaktors deutlicher gesehen als Helmut Kohl. Die zentrale Rolle, die er beim hastigen Vorwärtsstürmen seines Landes in Richtung Einheit spielte, hat ihm sowohl Lob als auch Tadel eingebracht. Bei den Wahlen im Dezember 1990 trug er jedoch einen klaren Sieg davon. Vier Jahre später wurde er trotz der anhaltenden Probleme des Zusammenwachsens von Ost und West wiedergewählt, wenn auch mit knapperer Mehrheit, und erhielt damit die Chance, sein Vorbild Adenauer zu überflügeln und zum deutschen Bundeskanzler mit der längsten Amtszeit zu werden.

Im Mittelpunkt der Geschichte um Helmut Kohl und die deutsche Einheit steht jedoch nicht die Vision des Kanzlers, sondern sein exzellentes Gespür für die Gefühle der Menschen. Es ist bezeichnend, daß er derjenige war, der den latenten Drang zur Einheit bei den Ostdeutschen wahrnahm und dem es gelang, dieses Verlangen zu einer Kraft zu formen, die nicht ignoriert werden konnte. Kohl hat bei allem Geschichtsbewußtsein, das ihn auszeichnet, in seiner gesamten Laufbahn stets einen untrüglichen Instinkt für die Meinung der Straße bewiesen. Dennoch, hätte Honecker schneller reagiert, wäre Krenz geschickter gewesen oder Modrow früher auf der Bühne erschienen, hätte Kohl möglicherweise nie die Gelegenheit erhalten, die Hoffnungen der Ostdeutschen aufzugreifen.

Wie am Beginn der Französischen Revolution der Sturm auf die Bastille stand, wird jede Geschichte der deutschen Vereinigung mit einer Volksbewegung beginnen – mit dem Exodus von Männern und Frauen, die genug hatten vom Mangel und von der Mißachtung der Menschenwürde durch das ostdeutsche Regime. Aber es war Helmut Kohl, der diesen Gefühlen Ausdruck verlieh und Kurs auf die Vereinigung nahm. Er ging ein enormes Risiko ein, als er die Vereinigung auf die internationale Tagesordnung setzte, obwohl darauf noch kein Platz für sie war. Wie er feststellen mußte, betrachteten die europäischen Verbündeten ein vereinigtes

Deutschland immer noch mit Argwohn, trotz fünfundvierzigjähriger außergewöhnlicher Freundschaft. Briten und Franzosen sind aus dieser Geschichte als zweitrangige Mitspieler hervorgegangen. Wer die Pressekonferenz nach dem ersten Zwei-plus-Vier-Ministertreffen miterlebt hat, wird nie vergessen, daß nicht eine einzige Frage an den französischen oder den britischen Außenminister gerichtet wurde, ebensowenig wie an den Repräsentanten des zum Untergang verurteilten ostdeutschen Regimes. Die Lösung der deutschen Frage wurde als Angelegenheit der Vereinigten Staaten, der Bundesrepublik Deutschland und der Sowjetunion eingestuft.

Man ist versucht, dies als Beweis für den Niedergang der französischen und insbesondere der britischen Machtstellung in Europa zu verstehen. Doch Macht und Einfluß sind nicht synonym. Briten und Franzosen waren am Ende des Zweiten Weltkriegs wirtschaftlich, politisch und ganz sicher militärisch schwächer gewesen als 1989. Dennoch hatten sie großen Einfluß auf die Entscheidungen über die Zukunft Deutschlands gehabt. Am Ende des Kalten Krieges jedoch reagierten sie nur und versuchten mit den Ereignissen Schritt zu halten; sie führten nicht.

Die Vereinigten Staaten dagegen bewiesen Führungskraft. Sie legten sich schon früh auf die Unterstützung der deutschen Vereinigung fest, und da sie dies dem Bundeskanzler wiederholt und deutlich mitteilten, konnte er im beruhigenden Wissen um die Rückendeckung des mächtigsten Verbündeten der Bundesrepublik seinen Instinkten folgen. Und wann immer er die Entwicklung vorantreiben wollte, bat er George Bush um Hilfe. Dabei stellte er fest, daß sich der amerikanische Präsident an das Versprechen gebunden fühlte, das der Westen Adenauer gemacht hatte: Die Bundesrepublik Deutschland würde der Brutkasten der deutschen Demokratie sein, bis das deutsche Volk eines Tages in einem gemeinsamen Staat vereint werden konnte. Kohl erhielt 1989 von Bush das klare Versprechen, daß die Vereinigten Staaten sich an das gegebene Wort halten werden.[2]

Das Timing war auch für Bush von grundlegender Bedeutung. Als im Oktober 1990 die Ratifikationsdokumente des Zwei-plus-Vier-Vertrages an den Kongreß übersandt wurden, nahm er dies zum Anlaß für eine schlichte Zeremonie im Rosengarten des Weißen Hauses, die kurzfristig arrangiert und in einen präsidialen Terminplan eingefügt worden war, der ansonsten von den Bemühungen um die Schaffung der Koalition gegen Saddam Hussein beherrscht wurde. Die Amerikaner hatten sich der ersten Krise der Ära nach dem Kalten Krieg und der Gestaltung einer neuen Weltordnung zugewandt, die weniger mit Europa zu tun hatte als vielmehr mit Bürgerkriegen und regionalen Konflikten überall auf der Welt. Doch die neue Ära stellte die Amerikaner auch vor neue Probleme. Nachdem sich die sowjetischen Streitkräfte hinter die Grenzen Rußlands zurückgezogen hatten, waren die Vereinigten Staaten die einzige Militärmacht mit weltweiter Präsenz und globaler Verantwortung. Bushs Versuch, dieser Verantwortung gerecht zu werden, kollidierte mit dem ambivalenten Verhältnis der Amerikaner zur internationalen Rolle ihres Landes. Statt Begeisterung hatte der Sieg im Kalten Krieg die Frage ausgelöst, was das fünfundvierzigjährige weltweite Engagement Amerika gebracht hatte. Für manche wurde Präsident Bush zum Gespött, zu einem Mann, der den Kontakt zu den Wünschen und Sorgen seines eigenen Landes verloren hatte. Als er in der Wahlnacht mit den Auswirkungen dieser Beurteilung konfrontiert wurde, sagte er resigniert:»Der demokratische Prozeß hat seinen Lauf genommen. Und ich glaube an die Demokratie.«

Der Kalte Krieg war für George Bush das Grundmuster des internationalen Systems gewesen. Daß er zu Ende gehen könnte, ohne daß Europa ungeteilt und frei wäre, hatte er sich noch weniger vorstellen können als sein Vorgänger Ronald Reagan. Ihm war es vorbehalten, das darin liegende Versprechen zu erfüllen. Daß er es in aller Stille tat, ohne viel öffentliche Aufmerksamkeit zu erregen, mag für Bush typisch sein, weist aber auf ein allgemeineres Problem hin: Im Weißen Haus ist die Spannung zwischen der Notwendigkeit stiller Diplomatie und dem Zwang zur Publizität besonders groß. Die Medien wollen wissen, was der Präsident *heute* für den Weltfrieden getan hat – rechtzeitig für die Abendnachrichten oder die Schlagzeilen am nächsten Morgen. Dies läuft jedoch den Anforderungen von Situationen zuwider, in denen einem Gegenspieler die Chance gegeben werden muß, das Gesicht zu wahren, oder in denen es angeraten ist, hinter den Kulissen zu wirken, um einem anderen die ihm zustehende Führungsrolle zu überlassen. Im Fall der deutschen Vereinigung verfolgte Bush die zweifache Absicht, Kohl nicht in den Schatten zu stellen und

Gorbatschow nicht öffentlich zu dominieren. Mit der Entscheidung, im Hintergrund zu bleiben, machte er sich aber zur Zielscheibe für jene, die überzeugt waren, daß er tatsächlich nicht mehr als ein Zuschauer war.

Das Augenmerk der Bush-Administration lag besonders auf jenen Organisationen – der NATO vor allem –, die fünfundvierzig Jahre lang den Zusammenhalt des Westens und die amerikanische Stellung in Europa gewährleistet hatten. Ob diese Prioritätensetzung gerechtfertigt war, wird die Geschichte zeigen. Verändert hat sie Europa insofern, als der westliche Status quo allgemein anerkannt wurde: Die NATO besteht weiterhin; amerikanische Truppen und Atomwaffen sind in Europa geblieben; und Deutschland ist nach wie vor im westlichen Bündnis verankert. Die Amerikaner haben die Sowjets wiederholt auf die stabilisierende Wirkung dieser Lösung hingewiesen, und ihr Argument hat seine Wirkung nicht verfehlt. Die Folge war, daß das eine Bündnis zusammenbrach, während das andere bestehenblieb und zum Fundament einer neuen, umfassenderen Sicherheitsarchitektur werden kann.

Für die Clinton-Administration erwies sich die NATO, während in Europa und anderswo neue Konflikte ausbrachen, als unabdingbares Instrument zur Durchsetzung ihrer Ziele. Sie erbte außerdem die feste, unverrückbare Freundschaft der Deutschen. Vor allem aber hatte es der neue Präsident 1993 mit einem sich demokratisierenden Rußland zu tun, das ein gutwilliger Partner der Vereinigten Staaten war, keine verbitterte, gedemütigte Großmacht, die nur danach trachtete, ihre verlorene Machtstellung in Europa wiederzuerlangen. Der Kalte Krieg hatte nicht zwangsläufig dieses Ende nehmen müssen, doch es zeichnete sich schon im August 1990 ab, als die Vereinigten Staaten Moskau um Unterstützung gegen den Irak, den wichtigsten Klienten der Sowjetunion im Nahen Osten, ersuchten und sie überraschenderweise erhielten.

Der stille Tod der Sowjetunion ist eines der erstaunlichsten Ereignisse der Zeitgeschichte. Als die Fahne mit dem Hammer-und-Sichel-Emblem am 25. Dezember 1991 zum letzten Mal über dem Kreml eingeholt wurde, war der Staat, den Lenin aufgebaut hatte, am Ende. Dasselbe hatte Stalin ironischerweise zu seinem Außenminister Molotow gesagt, als im Juni 1941 deutsche Panzer über die sowjetische Grenze donnerten. Welche Rolle die deutsche Vereinigung beim Zusammenbruch der Sowjetunion gespielt hat, wird nie genau einzuschätzen sein. Gorbatschows Deutschlandpolitik hatte seine politische Basis untergraben und nationalistische Rebellen überall in der UdSSR ermutigt. Außenpolitisch beendeten die Bedingungen, unter denen die Vereinigung vollzogen wurde, die sowjetische Vormachtstellung in Europa. Ohne den ostdeutschen Anker zerfiel der Warschauer Pakt binnen weniger Monate, und die osteuropäischen Regierungen beeilten sich, den Abzug der sowjetischen Truppen von ihrem Territorium auszuhandeln. Bis zur Ukraine zurückgedrängt, sah sich das sozialistische Imperium in etwa auf die Grenzen des Reichs zurückgeworfen, über das einst Peter der Große herrschte.

Die Ironie der Geschichte ist, daß der Kalte Krieg nicht hätte beendet und Deutschland nicht hätte vereinigt werden können, wenn die Sowjetunion nicht dem Klassenkampf und der Konfrontation in Europa abgeschworen hätte. Die Historiker werden noch lange darüber grübeln, warum Gorbatschow diese Entscheidungen traf. Er hatte nie die Absicht gehabt, die Sowjetunion zu zerstören. Er wollte sie nur auf eine andere, legitimere Grundlage stellen.

Statt dessen ist das letzte große europäische Reich – das teils durch Zwang, teils durch den Mythos des »neuen sozialistischen Menschen« zusammengehalten wurde – in Trümmer gegangen. Mit Gorbatschows Rückkehr aus der Gefangenschaft am Schwarzen Meer, wo ihn die Putschisten im August 1991 festgehalten hatten, begann das letzte traurige Kapitel in der Geschichte eines Mannes, der eine der großen historischen Figuren unserer Zeit ist. Er verstand nicht, was mit ihm und seinem Land geschah, während er vergeblich versuchte, eine kommunistische Partei zu retten, die in der Lage gewesen wäre, einen Vielvölkerstaat zu regieren. Zu dieser Zeit behandelte Boris Jelzin den vor der Abdankung stehenden sowjetischen Staatschef wie ein verwirrtes Kind, dem er die Unterschrift unter Dokumente abnötigte, die zur Auflösung der Sowjetunion führten. Es war eine ergreifende Vorstellung, wenn man das Bild des triumphierenden Neuerers im Gedächtnis hatte, der Gorbatschow einst gewesen war.

Aber so schmerzlich das Ende für Gorbatschow selbst war, die Welt vermochte nicht um den Sowjetstaat zu trauern. Er war eine hochgerüstete, bedrohliche Macht gewesen, die ihr eigenes Volk unterdrückte und den menschlichen Geist erstickte. Als sie stürzte, erhielten Ronald Reagans denkwürdige Worte plötzlich den Klang der Wahrheit: Es war tatsächlich ein »trauriges Experiment« gewesen, das auf dem Rücken einer riesigen, hilflosen Bevölkerung ausgeführt wurde. Die »sowjetische Tragödie«, wie Martin Malia sie genannt hat, begann, als Rußland durch die bolschewistische Revolution von Europa abgeschnitten und gerade in dem Augenblick in einen scharfen Gegensatz zum Westen gebracht wurde, als das zaristische Regime – trotz aller Exzesse – das Riesenreich zu modernisieren begann. Lenin glaubte, daß Rußland seine Wurzeln in einem kommunistisch gewordenen Europa wiedererlangen würde. Stalin war diese Aussicht zu ungewiß. Er baute statt dessen einen konspirativen, von Mißtrauen beherrschten byzantinischen Staat auf, dessen Machtzentrum passenderweise im Moskauer Kreml hinter einer Festungsmauer aus dem 15. Jahrhundert untergebracht wurde. Die Trennung von der europäischen Entwicklung wurde in siebzig Jahren nur einmal vorübergehend aufgehoben, als Stalin ein brüchiges Bündnis mit den Westmächten einging, um einen noch gefährlicheren Tyrannen zu schlagen. Nach dem Krieg begab sich die Sowjetunion wieder in die Isolation, indem sie sich erneut durch Geheimhaltung und Feindseligkeit vom Westen abschottete.

Gorbatschow und seine Berater fanden diese Haltung falsch. Sie glaubten an ein Europa der gemeinsamen Werte, in dem reformierte und humane kommunistische Staaten ihren Platz haben würden. Die Sowjetunion würde das europäische Erbe Rußlands antreten und ein geachteter Bewohner des gemeinsamen europäischen Hauses werden. Aber in dem Europa der gemeinsamen Werte gab es keinen Platz für die Sowjetunion. Als Lothar de Maizière, damals noch Ministerpräsident der DDR, Gorbatschow am Tag der Unterzeichnung des Zwei-plus-Vier-Vertrages an seine angebliche Warnung an Honecker erinnerte – »Wer zu spät kommt, den bestraft das Leben« –, lachte der sowjetische Präsident »etwas bitter und sagte resigniert: ›Tja, wissen Sie, ob wir nicht alle viel zu spät gekommen sind?‹«[3]

Den Platz in Europa, den Gorbatschow der Sowjetunion zugedacht hatte, nahm Rußland ein, und sein Rivale Boris Jelzin wurde von den westlichen Organisationen – G7, NATO, Europarat – eingeladen. Man mag darüber in Sorge sein, daß Rußland versuchen könnte, sein Imperium zurückzugewinnen, aber es ist kaum zu befürchten, daß es in nächster Zukunft wieder zu einer bedrohlichen Militärmacht auf dem Kontinent aufsteigen wird.

Die Chance, Deutschland unter westlichen Bedingungen zu vereinigen, wurde Kohl, Bush, Mitterrand und Thatcher eröffnet, weil in der ostdeutschen Bevölkerung die Sehnsucht nach Freiheit über die Jahre der ideologischen Spaltung Europas hinweg lebendig geblieben war und weil die geschwächte Sowjetunion dem in Osteuropa aufkeimenden Drang nach Freiheit und Wohlstand keinen Einhalt mehr zu gebieten vermochte. Die Geschichte ist voller verpaßter Gelegenheiten. Diesmal jedoch nutzten die politischen Führer ihre Chance durch geschicktes, rasches Handeln – und indem sie auf die Würde der Sowjetunion Rücksicht nahmen. Die Folge war, daß die deutsche Vereinigung Europa zwar Schrammen zugefügt hat, aber keine Wunden. Dies ist ein Beweis von Staatskunst.

ABKÜRZUNGEN

AFCENT	Allied Forces Europe Central (Alliierte Streitkräfte Europa Mitte der NATO)
DA	Demokratischer Aufbruch
DSU	Deutsche Soziale Union
EG	Europäische Gemeinschaft
EGKS	Europäische Gemeinschaft für Kohle und Stahl
EWG	Europäische Wirtschaftsgemeinschaft
ERP	European Recovery Program (Europäisches Wiederaufbauprogramm = Marshallplan)
Euratom	Europäische Atomgemeinschaft
EVG	Europäische Verteidigungsgemeinschaft
FOTL	Follow-on to Lance (Folgesystem der nuklearen Kurzstreckenrakete LANCE)
GATT	General Agreement on Tarifs and Trade (Allgemeines Zoll- und Handelsabkommen)
G7	Group of Seven (Gruppe der sieben führenden Industrieländer)
INF	Intermediate-Range Nuclear Forces (nukleare Mittelstreckensysteme)
IWF	Internationaler Währungsfonds
KPdSU	Kommunistische Partei der Sowjetunion
KSE	Konventionelle Streitkräfte in Europa; siehe VKSE
KSZE	Konferenz für Sicherheit und Zusammenarbeit in Europa
NAKR	Nordatlantischer Kooperationsrat
NVA	Nationale Volksarmee der DDR
NSC	National Security Council (Nationaler Sicherheitsrat)
OSD	Office of the Secretary of Defense (Büro des US-Verteidigungsministers)

PCC	Political Coordinating Committee for Europe (Komitee zur Koordinierung der Europapolitik)
PDS	Partei des Demokratischen Sozialismus
SACEUR	Supreme Allied Commander Europe (NATO-Oberbefehlshaber Europa)
SED	Sozialistische Einheitspartei Deutschlands
SNF	Short-Range Nuclear Forces (nukleare Kurzstreckenwaffen)
START	Strategic Arms Reduction Talks (Verhandlungen über die Verringerung strategischer Waffen)
VKSE	Verhandlungen über die konventionellen Streitkräfte in Europa
WEU	Westeuropäische Union
WWU	Wirtschafts- und Währungsunion (der EG)
ZK	Zentralkomitee

ANMERKUNGEN

Mitteilungen und Memoranden des US-Außenministeriums (US-AM) für die US-Botschaften (zum Beispiel US-Berlin [Ost]) und deren Schreiben nach Washington sind mit Absender, Aktennummer, Überschrift und Datum angegeben. »US-AMin.« sind von Reisen des amerikanischen Außenministers nach Washington geschickte Telegramme. »US-Mission« ist die amerikanische Militärmission in West-Berlin, »US-NATO« die amerikanische Vertretung bei der NATO in Brüssel. Memoranden des US-Regierungsapparats sind mit Autor, Adressat, Überschrift und Datum nachgewiesen, Gesprächsprotokolle mit den Namen der Beteiligten und dem Datum. Der NIC ist der Nationale Nachrichtendienstrat (National Intelligence Council), der die Erkenntnisse aller amerikanischen Nachrichtendienste, einschließlich der CIA, zu einem Gesamtbild zusammenfaßt. CIA/SOV ist die Sowjetabteilung der CIA und CIA/EUR deren Europaabteilung. Beide Abteilungen gehören zum Nachrichten-Direktorat der CIA, das sich im Unterschied zu den Direktoraten für verdeckte Aktionen und wissenschaftliche Forschungen mit der Analyse von Nachrichtenmaterial befaßt.

Gliederungen des US-Außenministeriums (US-AM):

EUR	Abteilung für europäische und kanadische Angelegenheiten
EUR/CE	Unterabteilung der EUR für Mitteleuropa
EUR/RPM	Unterabteilung der EUR für regionale politisch-militärische Angelegenheiten (NATO)
EUR/SOV	Unterabteilung der EUR für die Sowjetunion
L	Rechtsabteilung
L/EUR	Unterabteilung der Rechtsabteilung für europäische Angelegenheiten
PA	Abteilung für Öffentlichkeitsarbeit
S/P	Politischer Planungsstab

Andere Abkürzungen:

ADN	Allgemeiner Deutscher Nachrichtendienst, Ost-Berlin
BPA	Bundespresseamt (Presse- und Informationsamt der Bundesregierung, Bonn)

dpa Deutsche Presse-Agentur, Hamburg
FBIS-SOV Foreign Broadcast Information Service, Soviet Union
FRUS US-AM, Office of History, *Foreign Relations of the United States* (wichtigste Dokumentensammlung zur Außenpolitik der USA)
PPP: [Name] Public Papers of the Presidents, Washington, D. C.: *George Bush; Ronald Reagan*
SAPMO Stiftung Archiv der Parteien und Massenorganisationen der DDR im Bundesarchiv
TASS Telegrafnoje Agenstwo Sowjetskogo Sojusa, Moskau (sowjetische Nachrichtenagentur)
USIA United States Information Agency
Westnik *Westnik Ministerstwa Inostrannych del SSR* (Zeitschrift, in der die offiziellen Berichte über die Aktivitäten des sowjetischen Außenministeriums veröffentlicht wurden)
ZChSD Zentrum zur Aufbewahrung zeitgenössischer Dokumente, Moskau

Vorwort

1 Zit. in: Kiessler/Elbe, *Ein runder Tisch*, S. 14f.

2 Garton Ash, *Im Namen Europas*, S. 502.

3 Kaiser, *Deutschlands Vereinigung*, S. 16.

4 Alexander Bessmertnych, zit. in: Beschloss/Talbott, *Auf höchster Ebene*, S. 317.

5 Vgl. Interviews mit Kohl, Genscher, Teltschik, Schewardnadse, Daschitschew, Portugalow und Eppelmann in Kuhn, *Gorbatschow und die deutsche Einheit*, S. 7–11.

Vorwort zur deutschen Ausgabe

1 Bracher, *Wendezeit der Geschichte*, S. 30.

2 Vgl. Maier, *Dissolution;* Ostermann,»»Keeping the Pot Simmering««; Wettig, »Die beginnende Umorientierung der sowjetischen Deutschland-Politik«.

3 Zum Beispiel: Hellmann,»Der Präsident, der Kanzler, sein Außenminister und die Vereinigung«; Bruck/Wagner,»Die deutsche Einheit und ich«.

4 Gates' Manuskript wurde für die Publikation gekürzt. Das vollständige Manuskript kann für Forschungszwecke beim Historischen Büro der CIA oder bei der Harvard University angefordert werden.

5 Mitterrand, *Über Deutschland.*

6 Attali, *Verbatim*, S. 241, 369, 337, 313, 416, 495. Attalis Tagebuch spiegelt

zweifellos seine eigene selektive Sichtweise der Ereignisse wider. Soweit wir seine Darstellung mit anderen Quellen vergleichen konnten, wie im Fall von Mitterrands Treffen mit Gorbatschow in Kiew und seinen Gesprächen mit Bush, hat sie sich allerdings als korrekt erwiesen. Darüber hinaus zitieren wir hier nur Ansichten, die Mitterrand bei verschiedenen Gelegenheiten wieder und wieder geäußert hat.

Einführung

1 »Erklärung in Anbetracht der Niederlage Deutschlands und der Übernahme der obersten Regierungsgewalt hinsichtlich Deutschlands durch die Regierungen des Vereinigten Königreichs, der Vereinigten Staaten von Amerika und der Union der Sozialistischen Sowjet-Republiken und durch die Provisorische Regierung der Französischen Republik« (Berliner Erklärung), 5. Juni 1945, in: *Amtsblatt des Kontrollrats in Deutschland,* Ergänzungsblatt Nr. 1, Berlin 1946, S. 7–9.

2 Die Darstellung beruht auf Rices Erinnerung an die Zeremonie.

Wann endete der Kalte Krieg?

1 Butterfield, *The Whig Interpretation,* S. 12.

2 Garthoff, *The Great Transition,* S. 770–772.

3 Butterfield, *The Whig Interpretation,* S. 39f.

4 Vgl. Dallin/Lapidus, *The Soviet System in Crisis.*

5 So Schewardnadse 1984 im Gespräch mit Gorbatschow. Dazu und zur Entwicklung des »Neuen Denkens« vgl. Schewardnadse, *Die Zukunft gehört der Freiheit,* S. 85, 89–118.

6 Die theoretische Auseinandersetzung zwischen Stalin und seinen Konkurrenten im Kampf um Lenins Thron wurde lange durch die brutalen Mittel überschattet, mit denen er die Opposition ausschaltete. Stalin vertrat in dieser Debatte die Theorie vom Sozialismus in einem Land, der zufolge man in der Sowjetunion nicht auf die Weltrevolution zu warten brauchte, um den Sozialismus aufzubauen. Die Diskussion über diese Theorie war der ideologische Wendepunkt der sowjetischen Entwicklung in der Ära nach Lenin. Damals erhob sich die Frage, ob die Sowjetunion ohne eine weltweite proletarische Revolution überleben konnte. Die Antwort war nicht nur von akademischem Interesse: Von ihr hing ab, ob der Aufbau des Sozialismus oder die Anzettelung von Revolutionen im Ausland Vorrang erhalten würde. Leo Trotzki, der Verfechter der permanenten Revolution, besaß für die akuten Probleme der Sowjetunion keine konkreten Lösungsvorstellungen. Sein Rezept hing bis in die Rhetorik hinein von revolutionären Erhebungen in den

kapitalistischen Ländern ab und paßte nicht zu der Welt, in der sich die Sowjetunion zurechtfinden mußte. Stalin löste das Dilemma zwischen internationaler Bewegung und Existenz der Sowjetunion dialektisch auf: »Ein Internationalist ist, wer vorbehaltlos, ohne zu schwanken, ohne Bedingungen zu stellen, bereit ist, die UdSSR zu schützen, weil die UdSSR die Basis der revolutionären Bewegung der ganzen Welt ist; diese revolutionäre Bewegung zu schützen und voranzubringen ist aber nicht möglich, ohne die UdSSR zu schützen« (»Die internationale Lage und die Verteidigung der UdSSR«, Rede vor dem vereinigten Plenum ZK und ZKK [Zentrale Kontrollkommission] der KPdSU, 1. August 1927, Stalin, *Werke,* Bd. 10, Berlin 1953, S. 45). Die Sowjetunion würde allein voranschreiten, bis die Revolution in der kapitalistischen Welt triumphiert und eine günstigere internationale Situation geschaffen hatte. Vgl. Malia, *Vollstreckter Wahn,* S. 168–230, und Rice, »The Making of Soviet Strategy«.

7 Vgl. Hewett/Gaddy, *Open for Business,* S. 1–32.

8 Vgl. Kaser, COMECON.

9 Ein typisches Beispiel ist die Technik, die es ermöglicht, mehrere Telefonanschlüsse auf einen Apparat zu legen und beliebig zwischen ihnen zu wechseln. Sie fiel unter das Ausfuhrverbot, weil das Militär durch sie in die Lage versetzt worden wäre, nach der Zerstörung der Hauptverbindung rasch alternative Kommunikationszentralen einzurichten. Deshalb standen in den Büros hochrangiger sowjetischer Beamter anstelle eines Apparats, wie im Westen üblich, häufig mehrere Telefone. Wie man in Moskau sagte, ließ sich an ihrer Anzahl die Bedeutung des Beamten ablesen.

10 Vgl. Blacker, »The Kremlin and Detente«, S. 119–137.

11 Dies stellte für die Sowjetführung ein Paradoxon dar. Als Stütze der internationalen Stabilität und damit des Status quo sah sich die Sowjetunion häufig vor die schwierige Wahl gestellt, entweder ihre eigene »sozialistische Alternative« voranzubringen oder die Früchte der Anerkennung als Supermacht zu ernten.

12 Vgl. Breschnews Rede vor dem ZK der KPdSU am 25. Oktober 1976, in: *Neues Deutschland,* 26. Oktober 1976, S. 3–5.

13 Die amerikanische Frustration und die Unfähigkeit, angemessen zu reagieren, führten dazu, daß Nixon und später auch Carter mit wenig Erfolg versuchten, die sowjetische Haltung zu beeinflussen, indem sie eine Verbindung zu dem herstellten, was Moskau ihrer Ansicht nach am meisten wünschte: umfassende Rüstungskontrollabkommen, die den Status quo zementierten. Vgl. Skinner, »The Politics of Weakness and the Politics of Strength«.

14 Vgl. Holzman, »Soviet Military Spending«; ders., »Politics and Guesswork«; Prados, *The Soviet Estimate;* Zimmerman/Palmer, »Words and Deeds in Soviet Foreign Policy«; Becker, *Sitting on Bayonets.*

15 Vgl. Perry, *The Role of Technology.* Perry gehörte als Verteidigungsexperte der Carter-Administration an und war einer der Väter der »Ausgleichsstrategie«.

16 Vgl. Posen/Van Evera, »Reagan Administration Defense Policy«; Dallin/Lapidus, »Reagan and the Russians«; Jarvis, *The Illogic of American Nuclear Strategy.*

17 Vgl. Protokoll der Tagung des Politbüros der KPdSU im Mai 1983, in: »More Documents from Russian Archives«, *Cold War International History Project* 4 (Herbst 1994); Haslam, *The Soviet Union and the Politics of Nuclear Weapons in Europe.*

18 Anfangs scheinen die Sowjets SDI eher belächelt zu haben, weil sie einen nuklearen Verteidigungsschild nicht für realisierbar hielten. Auswirkungen auf die eigenen Atomstreitkräfte wurden nicht erwartet. Man glaubte über ausreichende Gegenmittel zu verfügen. Später begann man jedoch laut darüber nachzudenken, ob SDI nicht ein Mittel sei, um die USA vor einem Gegenschlag zu schützen, nachdem die sowjetische Atomstreitmacht durch einen amerikanischen Erstschlag teilweise zerstört worden war. Man wies darauf hin, daß die Sowjetunion den Vertrag über die Begrenzung der Systeme zur Abwehr ballistischer Flugkörper von 1972 unter anderem deshalb unterzeichnet habe, um zu verhindern, daß die Amerikaner eine solche strategische Option erlangten. Vgl. Drell/Farley/Holloway, *The Reagan Strategic Defense Initiative;* Holloway, »The Strategic Defense Initiative and the Soviet Union«.

19 Ogarkow, »In Defense of Socialism«; vgl. Davenport, »The Ogarkov Ouster«. Obwohl Ogarkows Nachfolger Sergej F. Achromejew politisch sensibler war, unterschied sich seine Analyse des militärischen Gleichgewichts kaum von der seines Vorgängers. 1990, während des Golfkrieges, sagte er zu C. Rice, er habe den Verdacht, daß die USA gegen Saddam Hussein einen Krieg geplant hätten, wie sie ihn schon immer gegen sowjetische Streitkräfte hatten führen wollen: einen Krieg, der weitestgehend von der schnellen Übermittlung von Informationen an unabhängige waffentragende Plattformen an der Front abhing. Er hatte natürlich recht.

20 Holloway, »Innovation in the Defence Sector« und »Innovation in the Defence Sector: Battle Tanks and ICBDs«.

21 Kaptschenko, »Imperialist Foreign Policy«.

22 Kurzporträts von Gorbatschow geben Tschernjajew in »The Phaenomenon of Gorbachev« und R. Kaiser in *Why Gorbachev Happened.* Vgl. Tschernjajew, *Die letzten Jahre einer Weltmacht.* Zur deutschen Besetzung und zur Deportation von Karatschaiern, Kalmücken und anderen Völkern nach dem Rückzug der Deutschen vgl. Tatu, *Mikhail Gorbachev,* S. 6–10.

23 Das Treffen fand im Dezember 1988 statt. Zit. nach Shultz, *Turmoil and Triumph,* S. 1108.

24 Tschernjajew fand es erstaunlich, wie sehr die Moskauer USA-Experten

Amerika mochten, während Deutschlandkenner wie Bondarenko nicht viel für die Deutschen übrig hatten. »Egal, was sie dachten«, erklärte Tschernjajew, »sie respektierten die Deutschen, mochten sie aber nicht« (Rice, Interview mit Tschernjajew, Moskau, Juni 1994; Brief von Tschernjajew, Februar 1995).

25 Schewardnadse, *Die Zukunft gehört der Freiheit,* S. 48 f.

26 Zit. in Oberdorfer, *The Turn,* S. 119.

27 Vgl. Scherer, *Soviet Biographical Service* (April 1985), S. 31; (Juni 1986), S. 56.

28 Rice, Interview mit Tarassenko, Moskau, Oktober 1991; Zelikow, Interview mit Tarassenko, Providence, Juni 1993; *The Tauris Soviet Dictionary,* S. 421.

29 Vgl. Grigorjew, *The International Department of the CPSU;* Kramer, »The Role of the CPSU International Department«.

30 Vgl. Gedmin, *The Hidden Hand,* S. 13 f., 46 f.

31 Die anfängliche Vorsicht und die anschließenden radikaleren Schritte sind von Blacker in *Hostage to Revolution* eingehend dargestellt worden.

32 Die Militärs waren gegen eine einseitige, ungleichmäßige Abrüstung. Vgl. Rice, »Is Gorbachev Changing the Rules of Defense Decision-Making?«.

33 Gorbatschow, Rede vor der UN-Vollversammlung, New York, 7. Dezember 1988, in: *Europa-Archiv* (Dokumente) 1/1989, D 23–D 37.

34 Tschernjajew, *Die letzten Jahre einer Weltmacht,* S. 224–226, 231 f.; Rice, Interview mit Tschernjajew, Moskau, Juni 1994.

35 Zit. in Bialer/Afferica, »The Genesis of Gorbachev's World«, S. 612; vgl. Asmus/Brown/Crane, *Soviet Foreign Policy,* S. 11.

36 Gorbatschow, »Der Oktober und die Umgestaltung: Die Revolution wird fortgesetzt«, 2. November 1987, in ders., *Reden und Aufsätze,* S. 568. Zum Verhältnis zu den osteuropäischen Führern vgl. Schachnasarow, *Zena swobodyj,* S. 95–120.

37 Zur Lektüre der Schriften von Nikolai Bucharin wurde Gorbatschow durch ein Buch über die Debatten der Stalin-Zeit angeregt, das ihm dessen Autor, Stephen Cohen, geschenkt hatte (Rice, Interview mit Tschernjajew, Moskau, Juni 1994). Es ist nicht das einzige Beispiel dafür, daß westliche Wissenschaftler Russen halfen, ihre Geschichte neu zu entdecken.

38 Vgl. Tschernjajew, *Die letzten Jahre einer Weltmacht,* S. 163–167, 243–248. Gorbatschow stellte seine Ideen später in einer Reihe von Reden und Artikeln dar, zum Beispiel in: »Sozialistitscheskaja ideja i rewoluzionnaja perestroika«.

39 Zur Theoriediskussion und den wichtigsten Vertretern des »Neuen Denkens« vgl. Checkel, »Ideas, Institutions, and the Gorbachev Foreign Policy Revolution«.

40 Vgl. Jakowlew, *Muki protschtenija bytija,* S. 73, 91; Schewardnadse, *Die Zukunft gehört der Freiheit,* S. 99–108. Insbesondere Jakowlew sieht die klassenkämpferische Teilung der Welt aufs engste mit dem Stalinismus verknüpft.

41 Schewardnadse, Rede auf der Wissenschaftlich-praktischen Konferenz des Außenministeriums, in: *Prawda,* 26. Juli 1988, S. 4.

42 Ligatschow, »Sa djeo – bes raskatschki«, Rede vor dem Parteiaktiv des Gebiets Gorki, in: *Prawda,* 6. August 1988, S. 2; vgl.: »Jegor Ligatschow sprach vor dem Parteiaktiv von Gorki«, in: *Neues Deutschland,* 8. August 1988, S. 5.

43 Gorbatschow, Rede vor dem Europarat in Straßburg, in: *Neues Deutschland,* 7. Juli 1989, S. 3 f.; Auszüge in: *Umbruch in Europa,* S. 16–23.

44 Rice, Gespräche mit Gorbatschow, Moskau, Juni 1994, und weitere informelle Diskussionen mit Gorbatschow während Rices Zugehörigkeit zur US-Regierung.

45 Das Gespräch fand am 3. Dezember 1989 beim an Bord des sowjetischen Passagierdampfers *Maxim Gorki* abgehaltenen zweiten Treffen statt. Rice war Protokollant der amerikanischen Seite. Die sowjetische Mitschrift ist abgedruckt in Gorbatschow, *Gody trudnych reschenii,* S. 176–179.

46 Die Grundlagen dafür hatten sowjetische Akademiker wie Oleg Bogomolow, Karen Brutenz und Juri Nowopaschin schon fast ein Jahrzehnt zuvor gelegt. Zu den Debatten, die schließlich zur Aufgabe der Breschnew-Doktrin und der Idee einer eigenständigen sozialistischen Staatengemeinschaft führten, vgl. Valdez, *Internationalism.*

47 Zit. in Oberdorfer, »Thatcher: Gorbachev Has Ended Cold War«.

48 Shultz, *Turmoil and Triumph,* S. 1131, 1138.

49 Reagan, Rede vor beiden Häusern des britischen Parlaments, 8. Juni 1982, in: *Europa-Archiv* (Dokumente) 17/1982, D 421 f.

50 Bush, Rede in der Wiener Hofburg, 21. September 1983, in: *Department of State Bulletin* 83 (November 1983), S. 19–23.

51 Rice, Gespräche mit einem Beamten des US-AM, 1989.

52 Reagan, Rede anläßlich der 750-Jahr-Feier Berlins, 12. Juni 1987, in: *Europa-Archiv* (Dokumente) 15/1987, D 412. Die Formulierungen stammen von Peter Robinson, einem Redenschreiber des Weißen Hauses, nicht von einem außenpolitischen Experten (vgl. Cannon, *President Reagan).* Reagan schreibt in seinen *Erinnerungen* (S. 751), er habe das Thema Berlin 1988 beim Moskauer Gipfeltreffen angesprochen. Laut Tschernjajew ist in den sowjetischen Akten kein Hinweis darauf zu finden (Brief von Tschernjajew, Februar 1995). Reagans »Berlin-Initiative« wurde zu einem Arbeitspapier für die Regelung der Vier-Mächte-Kontrolle über die Stadt, und ein halbes Jahr nach der Rede wurde den Sowjets ein Gesprächsvorschlag unterbreitet. Während man in Moskau über die Antwort nachdachte, warf

Ost-Berlin, wie es ein Sowjetdiplomat ausgedrückt hat, seine »hundertprozentig negative Haltung« in die Waagschale. Es dauerte zehn Monate, bis die Sowjets auf den amerikanischen Vorschlag antworteten. Der Westen kam erst im Sommer 1989 wieder auf das Thema zu sprechen, als Präsident Bush es während seines Deutschlandbesuchs zu neuem Leben erweckte. Vgl. Maximytschew, »What ›German Policy‹ We Need«, S. 53, 58–60.

53 Willy Brandt, *Erinnerungen*, S. 55.

54 Shultz, *Turmoil and Triumph*, S. 1138.

55 Zelikow, Interview mit Scowcroft, Washington, Juni 1994.

56 Laut Zelikows Erinnerung an ein Mittagessen mit dem irischen Premierminister Charles Haughey im Februar 1990.

57 Ross an Baker, »Thoughts on the ›Grand Design‹«, 16. Dezember 1988.

58 Zelikow, Interview mit Scowcroft, Washington, Juni 1994.

59 So Bush im Februar 1989 während einer der ersten Besprechungen mit Sowjetexperten über die Ereignisse in Osteuropa. Rice war bei dem Gespräch in Kennebunkport anwesend. Vgl. Beschloss/Talbott, *Auf höchster Ebene*, S. 30–34; Ross an Baker, »Thoughts on the ›Grand Design‹«, 16. Dezember 1988; Zelikow, Interviews mit Baker, Houston, Januar 1995, und Zoellick, Washington, Januar 1995.

60 Zur Phase von Januar bis Mitte Mai 1989 vgl. Beschloss/Talbott, *Auf höchster Ebene*, S. 28–91.

61 Rices Erinnerung an die Osteuropa-Besprechung in Kennebunkport, Februar 1989.

62 Bush, Rede in Hamtramck, Michigan, 17. April 1989, in: Amerika Dienst, 19. April 1989. Garthoff bezeichnet es in *The Great Transition*, S. 606, als Zufall, daß Bush die Rede genau an dem Tag gehalten hat, an dem die Solidarność zugelassen wurde. Es war keiner. Der Zeitpunkt war vielmehr auf die Warschauer Erklärung abgestimmt. Darin kündigte die polnische Regierung außerdem für den Juni die Abhaltung freier Wahlen an. Die Modalitäten sollte der Runde Tisch festlegen. In Ungarn folgte man nach der Regierungsumbildung vom Juni 1989 diesem Beispiel und führte praktisch ein Mehrparteiensystem ein, bevor im März 1990 freie Wahlen stattfanden. Vgl. Garton Ash, *The Magic Lantern*, S. 25–60; Gwertzman/Kaufman, *The Collapse of Communism*, S. 3–40, 110–137, 161–163, 253f.

63 Zelikow, Interview mit Zoellick, Washington, 1991.

64 Zit. in: Levitsky an Scowcroft, 11. März 1989.

65 »Summary of Conclusions for Deputies Committee Meeting on NSR-5, U. S. Relations with Western Europe (Political and Security Aspects)«, 20. März 1989.

66 Beschloss/Talbott, *Auf höchster Ebene*, S. 52f.

67 Kissinger, »A Memo to the Next President«; Ross an Baker, »Thoughts on the ›Grand Design‹«, 16. Dezember 1988; Ross an Baker, »Shaping Soviet Power«,

21. Februar 1989; Zelikow, Interview mit Baker, Houston, Januar 1995; Beschloss/ Talbott, *Auf höchster Ebene,* S. 19–24, 28, 61 f.; »Baker, Outlining World View, Assesses Plan for Soviet Bloc«, in: *New York Times,* 28. März 1989, S. A1.

68 Scowcroft an Bush, »The NATO Summit«, 20. März 1989. Bush las das Papier mit Interesse, wie er am 26. März zu Scowcroft sagte, und sorgte dafür, daß der Abschnitt über die Prioritätensetzung in die Richtlinien zur Deutschlandpolitik aufgenommen wurde.

69 Von einem »Commonwealth freier Nationen« sprach Bush das erste Mal am 31. Mai 1989 in Mainz (PPP: Bush, 1989, Buch 1, S. 652; vgl. *Partner für Frieden und Freiheit,* S. 100). In einer am 17. Juli 1989 in Leiden gehaltenen Rede über die amerikanischen Beziehungen zu Europa griff er die Idee erneut auf (PPP: Bush, 1989, Buch 2, S. 977–979). Zum »Commonwealth der Freiheit« verkürzt, war sie auch Thema der Rede, die er am 17. November 1990 vor der tschechischen Bundesversammlung in Prag hielt (PPP: Bush, 1990, Buch 2, S. 1625; vgl.: *Amerika Dienst,* 21. November 1990).

70 Scowcroft an Bush, »The NATO Summit«, 20. März 1989, S. 2.

71 »Bush)Would Love‹ Reunited Germany«, in: *Washington Times,* 16. Mai 1989, S. A1, Interview mit Bush, abgedruckt in: *Amerika Dienst,* 24. Mai 1989.

72 Zelikow, Interview mit Bush, Houston, Januar 1995.

73 »Memorandum for the President on Dealing with the Germans«, Entwurf als Anlage von Blackwill an Scowcroft, 11. Mai 1989. Monate später, am 7. August, legte Scowcroft dem Präsidenten das Memorandum mit geringfügigen Änderungen vor. Bush las es und zeichnete es am 9. September 1989 ab, neun Tage, bevor er in Helena, Montana, eine weitere wichtige Erklärung zur deutschen Vereinigung abgab.

74 Zoellick an Baker, »NATO Summit – Possible Initiatives«, 15. Mai 1989.

75 Vgl. Blechman/Durch/O'Prey, *Regaining the High Ground;* Falkenrath, *Shaping Europe's Military Order,* S. 29–48. Blackwill und Zelikow unterstützten den Vorstoß bei der konventionellen Abrüstung. Sie hatten 1986 und 1987 am westlichen Konzept für die neuen VKSE in Wien mitgewirkt. Blackwill war Leiter der US-Delegation bei der Verhandlungsrunde von 1985/86 gewesen. Zelikow hatte für ihn und seinen Nachfolger, Stephen Ledogar, gearbeitet.

76 Zelikow, Interview mit Baker, Houston, Januar 1995; Gorbatschow, *Gody trudnych reschenii,* S. 136–148; ders., *Gipfelgespräche,* S. 75–92; Beschloss/Talbott, *Auf höchster Ebene,* S. 80–91; Falkenrath, *Shaping Europe's Military Order,* S. 49f. und Anm. 13.

77 Bakers Randbemerkungen zu: Zoellick an Baker, »NATO Summit – Possible Initiatives«, 15. Mai 1989.

78 Oberdorfer, *The Turn,* S. 347–351.

79 Zu Bushs KSE-Initiative vgl. Blechman/Durch/O'Prey, *Regaining the High Ground,* S. 65, 69. Die Folge war, daß »bis Mai 1989 die wesentlichen Grundelemente des KSE-Vertrages definiert waren« (Falkenrath, *Shaping Europe's Military Order,* S. 54). Zur »begeisterten Zustimmung« zu Bushs Initiative durch die deutsche Bundesregierung und die oppositionelle SPD vgl. Bark/Gress, *Democracy and its Discontents,* S. 575–577. Bushs Gedanken über die Bedeutung des NATO-Gipfels für seine Präsidentschaft stammen aus Gesprächen, die Rice 1993 mit ihm führte. Das Bush-Zitat findet sich bei Oberdorfer, *The Turn,* S. 351.

80 PPP: Bush, 1989, Buch 1, S. 638. In der am 30. Mai 1989 angenommenen Schlußerklärung des NATO-Gipfels heißt es in Paragraph 26: »Wir streben nach einem Zustand des Friedens in Europa, in dem das deutsche Volk in freier Selbstbestimmung seine Einheit wiedererlangt« *(Partner für Frieden und Freiheit,* S. 31).

81 Bush, Rede in Mainz, 31. Mai 1989, in: *Partner für Frieden und Freiheit,* S. 95–108. Das Ziel eines »ungeteilten und freien Europa« stand bereits in dem von Harvey Sicherman geschriebenen ersten Redeentwurf des US-AM.

82 Zelikow, Interview mit Scowcroft, Washington 1991.

83 Diese Initiative, die zur Bildung des KSZE-Büros für freie Wahlen führte, geht auf Stephen Sestanovich zurück. Er unterbreitete seine Idee Rice, die sie an Zelikow zur Verwendung im Redeentwurf weitergab. Zur deutschen Debatte darüber, ob die KSZE-Normen von den persönlichen Freiheiten auf Fragen der demokratischen Regierungsform ausgeweitet werden sollten, vgl. Garton Ash, *Im Namen Europas,* S. 385–389.

84 Bark/Gress, *Democracy and its Discontents,* S. 581.

85 Zelikow, Interview mit Zoellick, Washington 1995.

86 Oberdorfer, *The Turn,* S. 351 f.

87 Zur deutschen Reaktion auf die »Neuorientierung« der USA vgl. Kiessler/Elbe, *Ein runder Tisch,* S. 16–21.

88 Zur veränderten sowjetischen Haltung gegenüber Deutschland und zum Kohl-Besuch von 1988 siehe Sodaro, *Moscow, Germany, and the West,* S. 322 bis 357. Vgl. auch Garton Ash, *Im Namen Europas,* S. 168–178; Gedmin, *The Hidden Hand,* S. 46 f.; Larrabee, »Moscow and the German Question«. Zur deutschen Unterstützung Gorbatschows 1987 und 1988 vgl. Bark/Gress, *Democracy and its Discontents,* S. 475 f., 481–484.

89 Rice, Interviews mit Schewardnadse und Tarassenko, Moskau, Oktober 1991; vgl. Garton Ashs Interviews mit Schewardnadse, Jakowlew und Tschernjajew in *Im Namen Europas,* S. 163; Tschernjajew, *Die letzten Jahre einer Weltmacht,* S. 265–268; Schewardnadse, *Die Zukunft gehört der Freiheit,* S. 233. Zu den Ansichten von Daschitschew, Falin und Portugalow vgl. auch Gedmin, *The Hidden Hand,* S. 46–51. Gorbatschow war sogar noch früher überzeugt gewesen,

daß es eines Tages zur deutschen Wiedervereinigung kommen würde; siehe Adomeit,»Midwife of History‹ or ›Sorcerer's Apprentice‹?«, S. 197, 202 f. (über Gorbatschows Besuch in der Bundesrepublik im Jahr 1975).

90 Brief von Tschernjajew, Februar 1995; Garton Ash, *Im Namen Europas,* S. 162; Tschernjajew, *Die letzten Jahre einer Weltmacht,* S. 144. Dem offiziellen Bericht über das Treffen zufolge hat Gorbatschow hinzugefügt, daß die Geschichte über die Frage entscheiden werde, und wenn »irgend jemand einen anderen Weg gehen würde, wären die Folgen sehr ernst. Darüber muß absolute Klarheit herrschen« (»Bericht von dem Treffen Michail Gorbatschows mit Richard von Weizsäkker im Katharinensaal des Kreml am 7. Juli 1987«, in Gorbatschow, *Das gemeinsame Haus Europa,* S. 106; vgl. Riese,»Die Geschichte hat sich ans Werk gemacht«, S. 117 f.). In dieselbe Kerbe hieb der frühere sowjetische Außenminister und damalige Vorsitzende des Obersten Sowjets Andrej Gromyko, als er dem sowjetischen Botschafter in Bonn, Juli Kwizinski, den Auftrag gab, Weizsäckers Rede für die Veröffentlichung von mißliebigen Stellen zu säubern. Tschernjajew war verärgert und verlangte von Gorbatschow, diese »Dummheit« zu beenden. Gorbatschow tat es achselzuckend ab, und als sich Tschernjajew mit Rückendeckung von Schewardnadse am nächsten Tag erneut über die Art der Veröffentlichung beschwerte, wechselte Gorbatschow das Thema. Weizsäcker habe ihm gefallen, und das Gespräch mit ihm sei interessant gewesen. Aber er hatte offenbar keinen klaren Standpunkt gewonnen und stellte sich nicht gegen Gromyko. Jakowlew und Tschernjajew sorgten jedoch dafür, daß der vollständige Text der Rede Weizsäckers an anderer Stelle in der sowjetischen Presse erschien. Vgl. Tschernjajew, *Die letzten Jahre einer Weltmacht,* S. 145 f.

91 Gorbatschow, *Perestroika,* S. 260 f.

92 Sodaro, *Moscow, Germany, and the West,* S. 353. Kwizinski pflichtet dem bei:»Nein, Moskau wollte die DDR nicht verlieren« und habe 1989 unter dem Druck der Ereignisse gehandelt *(Vor dem Sturm,* S. 421). Der DDR-Führung wurde nach dem Besuch Weizsäckers versichert, daß die UdSSR »keinerlei Spekulationen um die ›deutsche Nation‹ zulassen« werde:»Die Verteidigung der Interessen der DDR sei ein Eckpfeiler sowjetischer Politik« (zit. in Garton Ash, *Im Namen Europas,* S. 165).

93 Es war eine freundliche Geste, daß Kohls Bemerkungen in der sowjetischen Presse veröffentlicht wurden *(Prawda,* 25. Oktober 1988, S. 2). Eine kurze Passage gibt deren Tenor wieder:»Diese Teilung ist widernatürlich. Und der Zusammenhalt der Deutschen ist eine geschichtliche, eine menschliche Realität, an der auch die Politik nicht vorbei kann. Wir achten die bestehenden Grenzen, doch wir wollen, daß alle Deutschen – wie alle Europäer – ihr Schicksal frei wählen und in gemeinsamer Freiheit zueinanderfinden können.« *(Bulletin* 141/1988, S. 1270).

94 Tschernjajew, *Die letzten Jahre einer Weltmacht*, S. 229; Brief von Tschernjajew, Februar 1995.

95 *Iswestija*, 16. Oktober 1988, zit. in: Larrabee, »Moscow and the German Question«, S. 214.

96 Zit. in Garton Ash, *Im Namen Europas*, S. 177.

97 Laut Tschernjajew beklagte sich Kohl vielmehr über die weiterbestehenden Meinungsverschiedenheiten in bezug auf die deutsche Einheit *(Die letzten Jahre einer Weltmacht*, S. 259). Als Gorbatschow mit Kohls Darstellung konfrontiert wurde, erklärte er, das Gespräch sei nicht politisch, sondern rein philosophisch gewesen; wirtschaftliche Fragen seien nicht berührt worden (Brief von Tschernjajew, Februar 1995).

98 Gedmin, *The Hidden Hand*, S. 51 f.; Sodaro, *Moscow, Germany, and the West*, S. 355–362.

99 Gemeinsame Erklärung von Michail Gorbatschow und Helmut Kohl, 13. Juni 1989, in: *Texte zur Deutschlandpolitik, 1989*, S. 148–153. Der Text der Erklärung wurde im wesentlichen zwischen Dieter Kastrup und Alexander Bondarenko als Vertreter der beiden Außenministerien ausgehandelt. Im ersten Entwurf des deutschen Außenministeriums war die Selbstbestimmung der Deutschen laut Horst Teltschik nicht erwähnt worden. Den Satz, in dem von der Selbstbestimmung der Völker die Rede ist, hat Kohl eingefügt, zum Teil um zu sehen, wie die Sowjets reagieren würden. Teltschik und seine Kollegen waren überrascht, daß sie keine Einwände erhoben (Zelikow/Rice, Interview mit Teltschik, Gütersloh, Juni 1992). Vgl. auch Garton Ash, *Im Namen Europas*, S. 170–178, und den offiziellen sowjetischen Bericht über Gorbatschows Deutschlandbesuch: »Ofizialny wisit M. S. Gorbatschow w FRG«, *Westnik*, 1. Juli 1989, S. 12 f. Für Moskau war die Anerkennung der Existenz unterschiedlicher Gesellschaftssysteme ein Schlüsselelement der »Grundprinzipien« der amerikanisch-sowjetischen Beziehungen, auf die sich Richard Nixon und Leonid Breschnew im Mai 1972 geeinigt hatten. Der Kontext dieses Prinzips sah 1989 natürlich anders aus. Zu 1972 vgl. Garthoff, *Detente and Confrontation*, S. 290–296.

100 Ungenannter »Hauptautor« eines von einem Parteiausschuß verfaßten Thesenpapiers für den Wiesbadener CDU-Parteitag von 1988 im Interview mit McAdams, zit. in: ders., *Germany Divided*, S. 191 Anm. 36. In diesem Papier wurde die Wiedervereinigung nicht mehr ausdrücklich als politisches Ziel erwähnt. Der verabschiedete Beschluß griff dann jedoch wieder auf den altehrwürdigen Sprachgebrauch des Grundgesetzes zurück. Vgl. Garton Ash, *Im Namen Europas*, S. 623; Korte, *Die Chance genutzt?*, S. 20.

101 Schäuble, Rede vor der Evangelischen Akademie Bad Poll, 25. Februar 1989, in: *Texte zur Deutschlandpolitik, 1989*, S. 47. Vgl. die Rede von Dorothee

Wilms vor dem deutschlandpolitischen Forum der Friedrich-Ebert-Stiftung in Bonn, 24. Januar 1989, in: ebd., S. 28.

102 »Die deutsche Frage stellt sich neu«, Interview mit Horst Teltschik, in: *General-Anzeiger* (Bonn), 6. Juli 1989, S. 13.

103 Zelikow/Rice, Interview mit Teltschik, Gütersloh, Juni 1992.

104 Walters, *Die Vereinigung war voraussehbar,* S. 27 (Begegnung mit dem Staatssekretär im Auswärtigen Amt Hans Werner Lautenschläger).

105 Zelikow/Rice, Interview mit Teltschik, Gütersloh, Juni 1992.

106 Gati, *The Bloc That Failed,* S. 65–135; Brown, *Surge to Freedom,* S. 48–70.

107 Zelikow, Interview mit Tschernjajew, Moskau, Januar 1994.

108 Adomeit,»Midwife of History‹ or ›Sorcerer's Apprentice‹?«, S. 209. Vgl. Kotschemassow, *Meine letzte Mission,* S. 49–60; Schabowski, *Das Politbüro,* S. 34–36.

109 Kotschemassow, *Meine letzte Mission,* S. 121–129, 143f., 148–155; Andert/Herzberg, *Der Sturz,* S. 62; Zelikow, Interview mit Tschernjajew, Moskau, Januar 1994.

110 Childs, *The GDR,* S. XII.

111 Hirschman,»Exit, Voice, and the Fate of the German Democratic Republic«.

112 »Man kann davon ausgehen, daß sich 1987 ein Fünftel bis ein Viertel der ostdeutschen Bevölkerung irgendwann in der Bundesrepublik aufgehalten hat.« (McAdams, *Germany Divided,* S. 167).

113 Garton Ash, *The Magic Lantern,* S. 64. Das Folgende stützt sich außerdem auf den Bericht des langjährigen Bonner Vertreters in Ost-Berlin, Hans-Otto Bräutigam:»Die deutsche Geschichte ist voller Spaltung«; Childs, *The GDR*; Hamilton, »Dateline East Germany«; Lötsch,»Ungleichheit«; McAdams, *Germany Divided,* S. 175–193; ders., *East Germany and Detente.*

114 Mitter/Wolle, *Ich liebe euch doch alle!,* S. 28. Mielke hatte in den dreißiger Jahren an der Verfolgung nichtkommunistischer Republikaner in den im spanischen Bürgerkrieg kämpfenden internationalen Brigaden mitgewirkt. Er arbeitete von Beginn an, das heißt schon vor der Gründung der DDR, im ostdeutschen Sicherheitsapparat und war zweiunddreißig Jahre lang Minister für Staatssicherheit. Vgl. Childs, *The GDR,* S. 355f.

115 Schabowski, *Das Politbüro,* S. 36.

116 »Jedes Land wählt seine Lösung«, Interview mit Kurt Hager, dem Chefideologen der DDR und zuständig für Kultur und Wissenschaft, in: *Stern,* 9. April 1987, S. 140–144.

117 Bei Schabowski riefen die»manipulierten und gefälschten Wahlen« eigener Aussage nach»ein Gefühl der Peinlichkeit« hervor *(Der Absturz,* S. 173–175).

118 Schätzung eines Stasi-Berichts vom 1. Juni 1989, zit. in Mitter/Wolle, *Ich liebe euch doch alle*, S. 47.

119 Otto Reinhold am 19. August 1989 in der Rundfunksendung »Wir, unsere Zeit«, Radio DDR II, zit. nach: BPA, DDR-Spiegel, 22. August 1989, S. 7–9.

Zur Entstehung der deutschen Frage

1 Tocqueville, *Erinnerungen*, S. 107f.

2 Stern, *Der Traum vom Frieden*, S. 132.

3 Weinberg, *Eine Welt in Waffen*, S. 936f.

4 Wiesel, »Erinnern führt uns zusammen«, S. 46.

5 Ulam, *Expansion and Coexistence*, S. 156–169.

6 Zur Entwicklung der deutschen Frage in der unmittelbaren Nachkriegszeit vgl. Ninkovich, *Germany and the United States.*

7 Britisches Memorandum über Bevins Begegnung mit Stalin am 24. März 1947, in: FRUS, 1947.3, S. 279.

8 »Mitteilung über die Dreimächtekonferenz von Berlin« (Potsdamer Abkommen), 2. August 1945, in: *Amtsblatt des Kontrollrats in Deutschland*, Ergänzungsblatt Nr. 1, Berlin 1946, S. 18, Art. IX b.

9 »Erklärung in Anbetracht der Niederlage Deutschlands«, 5. Juni 1945, in: *Amtsblatt des Kontrollrats in Deutschland*, Ergänzungsblatt Nr. 1, Berlin 1946, S. 7.

10 Zink, *The United States in Germany*, S. 89.

11 Byrnes, Rede in Stuttgart, 6. September 1946, in: *Dokumentation zur Deutschlandfrage*, S. 52–55.

12 Vgl. Zelikow, »George C. Marshall and the 1947 CFM Meeting in Moscow«.

13 Marshall an Truman und Lovett, 17. März 1947, in: FRUS, 1947.2, S. 256f.

14 Pogue, »Marshall und der Marshall-Plan«, S. 62.

15 Howard, »Introduction«, S. 14,

16 Vgl. Mastny, *Russia's Road to the Cold War*, S. 310f.; Taubman, *Stalin's American Policy*, S. 99–165.

17 Ulam, *Expansion and Coexistence*, S. 402f.

18 Malkow, »Commentary«, S. 76f.

19 »Ergebnis der vierstündigen Besprechung am 18. 12. 1948«, in: *Wilhelm Pieck – Aufzeichnungen*, S. 260. Vgl. Staritz, »The SED, Stalin, and the German Question«, S. 274, 281; Naimark, *Die Russen in Deutschland.*

20 Hanrieder, *Deutschland, Europa, Amerika*, S. 7.

21 Vgl.: Kennan an Marshall und Lovett, »Policy Questions Concerning a Possible German Settlement«, 12. August 1948, in: FRUS, 1948.2, S. 1287–1297; Miscamble, *George F. Kennan*, S. 145–147; Stephanson, *Kennan*, S. 130–145.

22 Kennan, *Memoiren*, S. 262f.

23 Kennan, unbetiteltes Papier, 8. März 1949, in: FRUS, 1949.3, S. 96–98.

24 FRUS, 1948.2, S. 1287f., Anm 1.

25 Vgl.: S/P, »Position to Be Taken by the U. S. at a CFM Meeting«, 15. November 1948, in: FRUS, 1948.2, S. 1324; Kennan, *Memoirs*, S. 420–425, 442–445.

26 Acheson, *Present at the Creation*, S. 288.

27 Bevin an Acheson (über eine Reise nach Berlin und in die Britische Zone), übergeben am 10. Mai 1949, in: FRUS, 1949.3, S. 870f.; vgl. auch die Mitteilung des britischen Außenministeriums an die britische Botschaft in Washington, die am 10. Mai 1949 an die Amerikaner weitergeleitet wurde, in: ebd., S. 867–869.

28 Acheson an Truman (Zusammenfassung seiner Erklärung vor dem NSC am 18. Mai 1949), zit. in: Miscamble, *George F. Kennan*, S. 171 Anm. 126.

29 Nitze, *From Hiroshima to Glasnost*, S. 71f. Acheson sprach gegenüber Verteidigungsminister George Marshall noch im Februar 1951 von einem möglichen Truppenrückzug aus Deutschland. Er »erinnere sich, daß die Militärs vor einiger Zeit dagegen gewesen seien, und frage sich, ob sich ihre Haltung seither geändert habe«. Marshall und andere überzeugten Acheson davon, daß die Idee inzwischen von den Ereignissen überholt worden war. Siehe Rupieper, »American Policy toward German Unification«, S. 55f.

30 »Vertrag über die Beziehungen zwischen der Bundesrepublik Deutschland und den Drei Mächten« (Deutschlandvertrag), 26. Mai 1952, geänderte Fassung vom 23. Oktober 1954, in: *Bundesgesetzblatt*, 1955 II, S. 305. Die »europäische Gemeinschaft« wurde als Idee angesprochen. Die Institution gab es damals noch nicht.

31 Vgl.: HICOG (High Commissioner for Germany) 1644, 24. Februar 1950, in: FRUS, 1950.4, S. 602–605; Office of German Political Affairs, »German Unity and East-West Political Relations within Germany«, 13. März 1950, in: ebd., S. 608–611.

32 Rupieper, »American Policy toward German Unification«, S. 50.

33 Sowjetische Note, 10. März 1952, in: *Dokumentation zur Deutschlandfrage*, S. 138–140. Vgl. Wettig, »Stalin and German Reunification«; Schwartz, *Die Atlantik-Brücke*, S. 372–384. Zur westdeutschen Reaktion siehe Steininger, *Eine vertane Chance*, S. 30–42.

34 Staritz, »The SED, Stalin, and the German Question«, S. 284–289.

35 McCloy an Robert Bowie, 13. März 1952, zit. in: Schwartz, *Die Atlantik-Brücke*, S. 510 Anm. 115.

36 Amerikanische Note, 25. März 1952, in: *Dokumentation zur Deutschlandfrage*, S. 140–142.

37 Steininger, *Eine vertane Chance*, S. 129.

38 Pollak an Jessup, »Departmental Views on Germany«, 2. April 1952, in: FRUS, 1952–1957.7, S. 194–196. Steininger hat aus diesen Überlegungen den irrigen Schluß gezogen, daß das US-AM gegen die Wiedervereinigung gewesen sei (*Eine vertane Chance*, S. 72–75). Tatsächlich war man zu dem im Text zitierten Ergebnis gekommen.

39 Dritte sowjetische Note an die USA, 24. Mai 1952, in: *Dokumentation zur Deutschlandfrage*, S. 148–152; vierte Antwortnote der Westmächte, 23. September 1952, in: ebd., S. 160–163.

40 Vgl. Ostermann, »The United States, the East German Uprising of 1953, and the Limits of Rollback«; Brief von Eisenhower an Adenauer, 23. Juli 1953, in: FRUS, 1952–1957.7, S. 493f.; NSC, »United States Position with Respect to Germany«, August 1953, in: ebd., S. 514f.

41 Vgl. Richter, »Reexamining Soviet Policy towards Germany«.

42 Vgl. Falin, *Politische Erinnerungen*, S. 315f.; Kwizinski, *Vor dem Sturm*, S. 13.

43 Vgl. Protokoll der NSC-Sitzung am 28. Juli 1955, in: FRUS, 1952–1957.5, S. 531.

44 Sowjetische Note an die Westmächte, 27. November 1958, in: *Dokumente zur Deutschlandpolitik*, S. 163–177; vgl. Harrison, »Ulbricht and the Concrete ›Rose‹«.

45 Interview von Alexej Adschubej, dem Chefredakteur der *Iswestija*, mit Kennedy, Hyannis Port, 25. November 1961, in: *Documents on Germany*, S. 802.

46 Chruschtschow, *Khrushchev Remembers*, S. 501–509. Besonders beunruhigt waren die Sowjets über die Möglichkeit, daß ein unter westdeutscher Dominanz wiedervereinigtes Deutschland in den Besitz von Atomwaffen gelangen könnte. Als Kennedy 1961 die militärische Konfrontation verschärfte, war Chruschtschow jedoch zu einer defensiveren Politik gezwungen, die sich unter anderem in der Zustimmung zum Bau der Berliner Mauer widerspiegelte. Vgl. Trachtenberg, *History and Strategy*, S. 169–234.

47 Tagebuch von Heinrich Krone, zit. in Koerfer, *Kampf ums Kanzleramt*, S. 636.

48 Vgl. Mayer, »Adenauer and Kennedy«.

49 Vgl. Baring, *Machtwechsel*, S. 197–236; Bender, *Neue Ostpolitik*, S. 118–154. Vom »Wandel durch Annäherung« sprach zuerst Egon Bahr, damals Pressesprecher der SPD, in seinen Anmerkungen zu einer Rede, die Willy Brandt im Juni 1963 vor der Evangelischen Akademie Tutzing gehalten hatte (vgl. Garton Ash, *Im Namen Europas*, S. 100–102). Es war daher kein Zufall, daß Genscher sechsundzwanzig Jahre später, im Januar 1990, denselben Ort wählte, um seine Ansichten über den Weg zur deutschen Einheit darzulegen.

50 Interview mit Brandt, in: *U. S. News and World Report,* 29. Dezember 1969, zit. in: Garton Ash, *Im Namen Europas,* S. 201.

51 Vgl. Moskauer Vertrag, 12. August 1970, in: *Dokumentation zur Ostpolitik,* S. 13–15. Zu diesem Vertrag gehörten ein von deutscher Seite bei der Unterzeichnung übergebener »Brief zur deutschen Einheit« (ebd., S. 15) und der Austausch von Noten zwischen der Bundesrepublik Deutschland und den drei Westmächten, in denen die Unverletzlichkeit der Viermächterechte unterstrichen wurde (ebd., S. 16–19). Ähnliche Noten wurden auch im Zusammenhang mit dem Warschauer Vertrag vom 7. Dezember 1970 (ebd., S. 21–24) und dem am 21. Dezember 1972 unterzeichneten Grundlagenvertrag zwischen der Bundesrepublik Deutschland und der Deutschen Demokratischen Republik *(Texte zur Deutschlandpolitik, 1972,* S. 288f., 325, 387) ausgetauscht.

52 Kissinger hatte Kennedy schon 1961 geraten, den damaligen stellvertretenden SPD-Vorsitzenden Willy Brandt als attraktive Alternative zu Adenauer im Auge zu behalten. Wegen des größeren Interesses, das die SPD an der Besänftigung der sowjetischen Befürchtungen in bezug auf Deutschland habe, wäre »eine Zunahme der Stärke der Sozialisten für uns auf lange Sicht von Vorteil« (zit. in Mayer, »Adenauer and Kennedy«, S. 85).

53 Viermächteabkommen, 3. September 1971, in: *Dokumentation zur Ostpolitik,* S. 70–121.

54 KSZE-Schlußakte, 1 (a), Prinzipien I, III und X, S. 34, 35, 42. Zu den Verhandlungen, in denen Kissinger den Wasserträger der Westdeutschen spielte, vgl. den Bericht des amerikanischen Diplomaten John Maresca, *To Helsinki,* S. 110–116.

55 KSZE-Schlußakte, 1 (a), Prinzip I, S. 34; vgl. Seitz an Zoelick, »Helsinki Final Act and German Unification«, 12. Mai 1990.

56 Vgl. Genscher, Rede auf der Tagung des Institute for East-West-Studies in Potsdam, 11. Juni 1988, in ders., *Unterwegs zur Einheit,* S. 151–169.

57 Weizsäcker, Rede beim Deutschen Evangelischen Kirchentag in Düsseldorf, 8. Juni 1985, in ders., *Reden und Interviews,* S. 332.

58 Hanrieder, *Deutschland, Europa, Amerika,* S. 213. Egon Bahr meinte in den achtziger Jahren, daß selbst das Lippenbekenntnis zum Ziel der Wiedervereinigung heuchlerisch geworden sei (zit. in Marsh, *Deutschland im Aufbruch,* S. 86).

59 Garton Ash, *Im Namen Europas,* S. 264.

60 Vgl. ebd., S. 225–274; McAdams, *Germany Divided,* S. 176. Zur gegenwärtigen deutschen Diskussion darüber, wem die Schuld an diesem Ergebnis anzulasten ist, vgl. McAdams, »Revisiting the Ostpolitik«.

61 Brandt, »Die Chancen der Geschichte suchen«, Vortrag im Rahmen der Reihe »Reden über das eigene Land: Deutschland«, München, 18. November 1984, Text im Zentralen Dokumentationssystem des BPA, S. 8. 1984 hielten einer

Meinungsumfrage zufolge nur 17 Prozent der Westdeutschen die Wiedervereinigung in den nächsten dreißig Jahren für möglich (Schweigler, »German Questions«, S. 94). Timothy Garton Ash schrieb 1985 einen ausgezeichneten Essay über die Ansichten der Deutschen über ihre nationale Frage *(The Uses of Adversity,* S. 71–104).

62 Diese und die folgenden Äußerungen von Schmidt und Kohl stammen aus Interviews mit David Marsh und werden wie der Auszug aus der Pressekonferenz von Kohl zitiert in: Marsh, *Deutschland im Aufbruch,* S. 81, 154f.

Das Ende der Ostpolitik und der Fall der Berliner Mauer

1 »Mit Gestrigen in die Zukunft?«, in: *Der Spiegel,* 10. April 1989, S. 156.

2 Kurz, »Ungarn 89«, S. 130.

3 Vgl. ebd., S. 123f., 137–140; Grosser, »Triebkräfte der Wiedervereinigung«, S. 37f. Die amerikanische Botschaft in Ost-Berlin erhielt von ungarischen Diplomaten dieselbe Auskunft über die Behandlung der DDR-Flüchtlinge (vgl. Greenwald, *Berlin Witness,* S. 6, 22f.).

4 Zit. in Pond, *Beyond the Wall,* S. 90 (Interview der Autorin).

5 Mitte 1989 gab es etwa fünfhundert unter dem Schutz der evangelischen Kirche stehende Oppositionsgruppen. Ihre Rundschreiben, die offiziell nur für den innerkirchlichen Gebrauch bestimmt waren, erreichten tatsächlich eine wesentlich breitere Leserschaft. Nach den gefälschten Wahlen im Mai verließen die Gruppen die Kirchen und begannen in Dresden und Leipzig zu demonstrieren. Im Sommer schälten sich sechs Hauptgruppen heraus, darunter als bekannteste das Neue Forum (vgl. *Politische Zielvorstellungen wichtiger Oppositionsgruppen,* S. 2f.). Die Demonstranten wurden zunehmend mutiger. So trafen sich am 7. Juli nach der Auflösung einer Demonstration, bei der 97 Teilnehmer verhaftet worden waren, 140 weitere Oppositionelle an einem anderen Ort, um die Demonstration fortzusetzen (vgl. Mitter/Wolle, *Ich liebe euch doch alle!,* S. 108–110).

6 US-Berlin 6311, »The GDR's Silent Crisis: A Commentary«, 4. August 1989.

7 Vgl.: Eagleburger (in Vertretung) an Bush, 24. August 1989 und 29. August 1989. Zur Ambivalenz unter den Deutschlandexperten des US-AM vgl. Fisher, »The Unanswered ›German Question‹«.

8 Ross an Baker, 9. August 1989. Es gibt keinen Beweis dafür, daß Baker dieses Papier gelesen oder in dessen Sinn gehandelt hat. Der vom Politischen Planungsstab empfohlene formelle Dialog wurde nicht eingeleitet.

9 *Prawda,* 12. August 1989, S. 5, wo aus »Leserbriefen« an das Parteiorgan der SED zitiert wird (vgl.: »Bürger der DDR zur Erklärung des Sprechers des Außenministeriums vom 8. August 1989«, in: *Neues Deutschland,* 10. August 1989, S. 2).

10 Greenwald, *Berlin Witness,* S. 99, 105.

11 Vgl. Kurz, »Ungarn 89«, S. 135–140.

12 Bark/Gress, *Democracy and its Discontents,* S. 597 f.

13 Vgl. McAdams, *Germany Divided,* S. 188.

14 Vgl.: *Chronik der Ereignisse in der* DDR, S. 1 f.; John, *Rudolf Seiters,* S. 73.

15 Zit. in: Greenwald, *Berlin Witness,* S. 105.

16 Vgl. Fromme, »Die Bundesrepublik hat Deutschen aus der DDR Schutz zu gewähren«.

17 Vgl. Jarausch, *Die unverhoffte Einheit,* S. 49–51; Bark/Gress, A *Democracy and its Discontents,* S. 589–594, 608–613.

18 »Das droht die DDR zu vernichten«, in: *Der Spiegel,* 14. August 1989, S. 18.

19 Zelikow, Interview mit Kastrup, Bonn, Dezember 1994.

20 Zelikow/Rice, Interview mit Teltschik, Gütersloh, Juni 1992.

21 Abgedruckt in Przybylski, *Tatort Politbüro,* S. 110. Vgl. auch Reuth/Börne, *Das Komplott,* S. 57.

22 Kurz, »Ungarn 89«, S. 131–134, 145–156; *Chronik der Ereignisse in der DDR,* S. 3.

23 Die Darstellung beruht auf Zelikows Interviews mit Genscher (Wachtberg-Pech, Dezember 1994), Teltschik (München, Dezember 1994) und Kastrup (Bonn, Dezember 1994). Vgl. Kiessler/Elbe, *Ein runder Tisch,* S. 30; Kurz, »Ungarn 89«, S. 156 f.; John, *Rudolf Seiters,* S. 82.

24 Horn, *Freiheit, die ich meine,* S. 312–326; Kurz, »Ungarn 89«, S. 158–160.

25 Kotschemassow, *Meine letzte Mission,* S. 163.

26 Niederschrift des Arbeitstreffens zwischen Honecker und Gorbatschow, Moskau, 28. Juni 1989, in: *Honecker Gorbatschow, Vieraugengespräche,* S. 209.

27 *Honecker Gorbatschow, Vieraugengespräche,* S. 218–220. Zu Gorbatschows vagen Erinnerungen an die drei Vieraugengespräche mit Kohl in Bonn vgl. Kuhn, *Gorbatschow und die deutsche Einheit,* S. 35 f.

28 Vgl.: US-Bonn 28695, 7. September 1989.

29 Kurz, »Ungarn 89«, S. 160 f.

30 Rice, Interview mit Tarassenko, Moskau, Oktober 1991.

31 Vgl. M. Podkljutschnikow in: *Prawda,* 12. August 1989, S. 3, und 13. August 1989, S. 5 (abgedruckt in: *Neues Deutschland,* 13. August 1989, S. 2, und 14. August 1989, S. 2); Artikel aus der *Trybuna Ludu* vom 18. August 1989, abgedruckt in: *Sowjetskaja Rossija* vom 20. August 1989.

32 Vgl. die Reportagen in *Iswestija* und *Trybuna Ludu,* 13.–16. September 1989, und die Fernsehsendung *Nowosti* vom 11. September 1989, in: FBIS-SOV 89-175, 12. September 1989, S. 32.

33 *Prawda,* 19. August 1989, S. 3.

527

34 »Mieczysyaw Rakowski zur Lage in Polen«, in: *Neues Deutschland,* 17. August 1989, S. 5.

35 *Prawda,* 19. August 1989, S. 3.

36 Am 17. August 1989 im polnischen Fernsehen verlesen, abgedruckt in: FBIS-SOV 89–158, 18. August 1989.

37 *Iswestija,* 24. August 1989, S. 2.

38 Vgl. Kremp, »Eine Gorbatschow-Doktrin für Osteuropa«.

39 Vgl. Telegramm der sowjetischen Botschaft in Warschau, »O kontaktach Solidarnosti s Nesawisimymi polititscheskimi dwischenijami wostotschno-jewropeiskich stran«, 8. Februar 1990, in: ZChSD.

40 Schewardnadse, Jakowlew, Jasow und Krjutschkow an die Mitglieder des Politbüros, »Ob obstanowkije w olsche, wosmoschnych wariantach jego raswitija, perspektiwach sowjetsko-polskich otnoschenii«, Notizen aus dem Protokoll Nr. 166 der Sitzung des Politbüros des ZK der KPdSU vom 28. September 1989, in: ZChSD, Nr. P166/23.

41 Rice, Interview mit Tarassenko, Moskau, Oktober 1991.

42 Ebd.

43 »Michail Gorbatschow kommt zum 40. Jahrestag der DDR«, in: *Neues Deutschland,* 15. September 1989, S. 1. Gorbatschows Überraschung darüber, daß Ligatschow in seinem Namen sprach, hat Tschernjajew im September 1994 gegenüber Rice erwähnt.

44 Zelikow, Interview mit Tschernjajew, Moskau, Januar 1994.

45 Gennadi Gerassimow in einer Pressekonferenz am 15. September 1989, abgedruckt in: *Iswestija,* 16. September, S. 2.

46 *Krasnaja swesda,* 28. September 1989, S. 2.

47 Beschloss/Talbott, *Auf höchster Ebene,* S. 143.

48 Vgl.: »TASS Statement Supports GDR in FRG Campaign«, 11. September 1989, in: FBIS-SOV 89–175, 12. September 1989, S. 32; Sekretariat des ZK der KPdSU, »O sajawlenii TASS w podderschku Germanskoi Demokratitscheskoi Respubliki«, Anmerkung zu Protokoll Nr. 165 der Politbürositzung vom 11. September 1989, in: ZChSD, Nr. P165/6. Vgl. auch Grigorjew, »Reading the Script«; Pawlow, »In der falschen Spur«; Fernsehnachrichtensendung *World Today,* 27. September 1989, in: FBIS-SOV 89–188, 29. September 1989, S. 31–33.

49 Zelikow, Interview mit Pawel Palasschenko, Moskau, Januar 1994. Obwohl Kwizinski fand, daß Moskau zu gelassen auf den Bremer CDU-Parteitag reagierte, bewirkte er mit seinem Bericht über den Parteitag, daß eine scharfe Warnung in die Rede eingefügt wurde, die Schewardnadse Ende September vor der UN-Vollversammlung halten sollte. Zu Kohls Äußerungen und zum Bremer Parteitag vgl.: *Frankfurter Allgemeine Zeitung,* 12. September 1989, S. 1f., 5f. CSU-Chef und

Bundesfinanzminister Theo Waigel beeilte sich klarzustellen, daß es bei all dem um menschliche Beziehungen gehe und nicht um Grenzänderungen (vgl.: »Wiedervereinigung und Außenpolitik«, in: *Frankfurter Allgemeine Zeitung,* 13. September 1989, S. 4).

50 Protokoll des Gesprächs zwischen Baker und Schewardnadse während des Fluges nach Jackson Hole, Wyoming, am 21. September 1989. Außer Baker und Schewardnadse waren nur noch Dennis Ross als Protokollant der amerikanischen Seite und Tarassenko anwesend. Schewardnadse äußerte sich in Washington weder beim Treffen mit Bush noch bei anderen Zusammenkünften über die Krise in der DDR.

51 Schewardnadse, Rede vor der UN-Vollversammlung, in: *Neues Deutschland,* 27. September 1989, S. 5f. Die sowjetische Kritik am Verhalten der Bundesrepublik blieb in Washington nicht unbemerkt (vgl.: »USSR: Critical of Renewd German Reunification Debate«, in: *National Intelligence Daily,* 30. September 1989).

52 Horn, *Freiheit, die ich meine,* S. 327.

53 Kiessler/Elbe, *Ein runder Tisch,* S. 30f., 35f.

54 Ebd., S. 36–44; John, *Rudolf Seiters,* S. 82–104; Pond, *Beyond the Wall,* S. 97f. Gespräch zwischen Baker und Genscher nach: Zelikow, Interview mit Genscher, Wachtberg-Pech, Dezember 1994.

55 ADN, »Sich selbst aus unserer Gesellschaft ausgegrenzt«, 1. Oktober 1989.

56 TASS, »GDR Decision Guided by Justice«, 2. Oktober 1989, in: FBIS-SOV 89–90, 3. Oktober 1989, S. 23f.; »Die DDR entschied richtig«, Interview mit Valentin Falin, in: *Die Welt,* 2. Oktober 1989.

57 ADN, »Entschiedene Verwahrung eingelegt«, 2. Oktober 1989 (über ein Gespräch zwischen dem Leiter der Ständigen Vertretung der DDR in Bonn, Horst Neubauer, mit Kanzleramtschef Rudolf Seiters).

58 Maser, *Helmut Kohl;* Müchler/Hofmann, *Helmut Kohl;* Fehrenbach, »Helmut Kohl«; Filmer/Schwan, *Helmut Kohl;* Appel, *Kohl im Spiegel seiner Macht.*

59 Merkl, *German Unification,* S. 42f.

60 Vgl. Herf, *War by Other Means.*

61 Zu Schäuble vgl. Filmer/Schwan, *Wolfgang Schäuble.*

62 Filmer/Schwan, *Helmut Kohl,* S. 204–208.

63 Kiessler/Elbe, *Ein runder Tisch,* S. 120f.; vgl. Bergdoll, »Im Profil«.

64 Fromme, »Flüchtlinge und deutsche Frage«.

65 »Kohl in Bremen als CDU-Vorsitzender wiedergewählt«, in: *Frankfurter Allgemeine Zeitung,* 12. September 1989, S. 1.

66 Kohl, Erklärung vor der Bundespressekonferenz, Bonn, 22. August 1989, in: *Bulletin* 80/1989.

67 Pawlow, »In der falschen Spur«.

68 Gorbatschow, *Ansprache auf der Festversammlung anläßlich des 40. Gründungstages der DDR*, S. 10.

69 Bei der formellen Begegnung mit Baker während der UN-Vollversammlung wurde nur am Rande über die Entwicklung in der DDR gesprochen, als Genscher das Flüchtlingsproblem erwähnte. Die Vereinigung kam nicht zur Sprache. Vgl. US-AMin. 14013, 28. September 1989.

70 »Hier ist Engagement gefordert«, Interview mit Genscher, in: *Der Spiegel*, 25. September 1989. Vgl. US-Bonn 28695, 7. September 1989.

71 US-Bonn 29066, 11. September 1989. Seiters erwiderte vorsichtig, daß Amerika zur Unterstützung von Reformen mithelfen könne, die geistigen und emotionalen Mauern zwischen den beiden Deutschlands einzureißen. Eagleburgers Versicherung in bezug auf die deutsche Einheit war offenbar seine eigene Idee. Sie entsprach seinem persönlichen Eindruck von Bushs Haltung. In den vorbereitenden Papieren für das Gespräch wurde dieser Punkt jedenfalls nicht erwähnt. Der US-Botschafter in Bonn, der ehemalige General und Geheimdienstoffizier Vernon Walters, war dagegen überzeugt, daß die deutsche Vereinigung bald bevorstehe (Walters, *Die Vereinigung war voraussehbar*, S. 25–41). Walters hatte seine Prophezeiung allerdings nicht durch eine Analyse der politischen Lage untermauert und auch keine Empfehlung darüber abgegeben, wie die USA sich verhalten sollten. Selbst in seinen Memoiren scheint er weniger an den politischen Fragen als vielmehr daran interessiert zu sein, mit Baker und dessen Stab, die ihn angeblich ignoriert und schlecht behandelt haben, ins Gericht zu gehen.

72 Bush wurde von seinem Stab ein weiteres Memorandum mit einer wohlwollenden Diskussion der deutschen Vereinigungsbestrebungen vorgelegt (Scowcroft an Bush, »Dealing with the Germans«, 7. August 1989). Der von Blackwill verfaßte Entwurf dieses Memorandums stammte vom 11. Mai; gelesen und gegengezeichnet hat es Bush erst am 9. September.

73 Nachdem Ungarn seine Vereinbarung mit der DDR annulliert und die Grenze nach Österreich für DDR-Bürger geöffnet hatte, erhielt Bush von Baker eine scharfsichtige Analyse der Entwicklung. Am nächsten Morgen betonte die CIA in ihrer Information für Spitzenbeamte, daß der ungarische Schritt ernste Folgen für die DDR haben werde. Sie wies außerdem auf die schärfer gewordene sowjetische Kritik an der westdeutschen Regierung hin (vgl. Baker an Bush, 11. September 1989). Weder Bakers Memorandum noch das CIA-Papier enthielt Überlegungen zu den politischen Entscheidungen in der Bundesrepublik. Die US-Botschaft in Ost-Berlin und die von Raymond Seitz geleitete Europaabteilung des US-AM erwarteten in der DDR eine »kurzfristige Stagnation«, während die SED vor der Wahl zwischen Hardlinern und Reformern stand. Vgl.: US-Berlin 7534, 13. September 1989; Seitz an Eagleburger, »GDR Adrift«, 18. September 1989.

74 Hoagland, »Honecker's Goetterdaemmerung«.

75 PPP: Bush, 1989, Buch 2, S. 1221. Vgl. von Loewenstern, »German Unification Bobs Up in Refugee Flood«. Eine Woche zuvor hatte Flora Lewis in ihrem Artikel »Go Slow on Germany« zur Bedächtigkeit geraten.

76 Gesprächsprotokoll des Treffens zwischen Bush und Waigel am 26. September 1989.

77 McFalls, *Communism's Collapse,* S. 48–53.

78 Darnton, *Der letzte Tanz auf der Mauer,* S. 10, 68–70. Vgl. Pond, »The Day Leipzig's Residents Defied Their Masters«.

79 »Seit 1969 unterhielt die Stasi sogar eine Reihe von Internierungslagern, in denen im Fall von Unruhen Dissidenten eingesperrt werden sollten. Dafür führte sie eine Liste mit fast 20000 Namen designierter Opfer. Sie führte regelmäßig Übungen durch, um für diesen letzten Schlag gegen die ›Konterrevolution‹ bereit zu sein. Bezirksverantwortliche trafen sich bis Anfang Oktober 1989. Dem evangelischen Pfarrer Heinz Eggert, nach der Vereinigung sächsischer Innenminister, wurde die Aktualität dieser Pläne vor Augen geführt, als er herausfand, daß eines der Arrestzentren hundertfünfzig Meter von seinem Haus entfernt eingerichtet werden sollte. Als er später im Scherz zu einem ehemaligen Stasi-Offizier sagte, daß er zu Fuß zu dem Lager hätte gehen können, erwiderte der Offizier: ›Sie, Herr Eggert, hätten es nicht lebend erreicht.‹« (Pond, *Beyond the Wall,* S. 80f.) Zu Mielkes Befehlen vgl. Pond, »The Day Leipzig's Residents Defied Their Masters«.

80 Vgl. z.B. Reuth/Bönte, *Das Komplott;* Weymouth, »Germany's Urge to Merge«. Wolf hatte für eine Sensation gesorgt, als er in dem Erinnerungsbuch *Die Troika* öffentlich Kritik an der damaligen DDR-Führung übte und für einen reformierten Sozialismus eintrat (vgl. Loeser, »Die Dreharbeiten sind in vollem Gange!«; Gedmin, *The Hidden Hand,* S. 82–84).

81 Maximytschew, »End of the Berlin Wall«, S. 100, 103. Im Sommer 1989 trafen sich SED-Funktionäre, darunter auch Wolf, mit Falin und anderen unzufriedenen sowjetischen Deutschlandexperten (vgl. Reuth/Bönte, *Das Komplott,* S. 91 f.; Wettig, »Die sowjetische Rolle beim Umsturz in der DDR«, S. 44f., 51).

82 Zelikow/Rice, Interview mit Grigorjew, Cambridge, Massachusetts, Februar 1995; Honecker, »GDR wchod jego pjatiletnii«.

83 Vgl. die Berichterstattung über die Reise in der *Prawda,* 7.–9. Oktober 1989.

84 Gorbatschow, *Ansprache auf der Festversammlung anläßlich des 40. Gründungstages der DDR,* S. 6, 11–13.

85 Gesprächsprotokoll des Treffens zwischen Gorbatschow und Honecker in Berlin-Niederschönhausen am 7. Oktober 1989, in: *Honecker Gorbatschow, Vieraugengespräche,* S. 240–251 (Zitat S. 246); Gesprächsprotokoll des Treffens mit dem Politbüro der SED in Berlin-Niederschönhausen am 7. Oktober 1989, in ebd.,

S. 252–266. Vgl. Kotschemassow, *Meine letzte Mission*, S. 109 f.; Kuhn, *Gorbatschow und die deutsche Einheit*, S. 48–51; Krenz, *Wenn Mauern fallen*, S. 86 f.; Schabowski, *Das Politbüro*, S. 73–75; Sodaro, *Moscow, Germany, and the West*, S. 377 f.; Wettig, »Die sowjetische Rolle beim Umsturz in der DDR«, S. 49 f.

86 Stenographische Niederschrift des Treffens mit dem Politbüro der SED, Berlin-Niederschönhausen, 7. Oktober 1989, in: *Honecker Gorbatschow, Vieraugengespräche*, S. 258. Laut dieser Niederschrift hatte Gorbatschow gesagt: »Ich halte es für sehr wichtig, den Zeitpunkt nicht zu verpassen und keine Chance zu vertun. Die Partei muß ihre eigene Auffassung haben, ihr eigenes Herantreten vorschlagen. Wenn wir zurückbleiben, bestraft uns das Leben sofort« (ebd., S. 256). Einen interessanten Kommentar dazu gab Heinz Geyr in der *Frankfurter Allgemeinen Zeitung* (»Originalton Gorbatschow«). Zur Begegnung zwischen Gorbatschow und Krenz vgl.: Niederschrift des Gesprächs zwischen Krenz und Gorbatschow am 1. November 1989 in Moskau. Zur sinngemäßen Übersetzung durch den Dolmetscher vgl. Portugalow-Interview in Kuhn, *Gorbatschow und die deutsche Einheit*, S. 48.

87 Vgl. Kotschemassow, *Meine letzte Mission*, S. 168 f. Über diese Episode berichtete als erster Stanislaw Kondraschow in »Our Place in the World, or Home Thoughts from Abroad«.

88 Zelikow, Interviews mit Tschernjajew und Maximytschew, Moskau, Januar 1994; Krenz-Äußerungen in Kuhn, *Gorbatschow und die deutsche Einheit*, S. 54; Schabowski, *Der Absturz*, S. 262 f.; Gedmin, *The Hidden Hand*, S. 104 f., 115; Pond, *Beyond the Wall*, S. 106, 122–124. Laut Maximytschew, »Possible ›Impossibilities‹«, S. 109, war Moskau »weder der Initiator von Honeckers Rücktritt noch die Kraft im Hintergrund«; Gorbatschow habe »den Wechsel der Führung bloß anerkannt und seine Bereitschaft zur Zusammenarbeit mit Krenz signalisiert«.

89 Maximytschew, »Possible ›Impossibilities‹«, S. 109.

90 Tschernjajew, »Obydennije Germanii: Kak eto bylo?«. Vgl. auch Pond, *Beyond the Wall*, S. 122–127.

91 Maximytschew, »End of the Berlin Wall«, S. 104. Die Erklärung des Politbüros erschien am 12. Oktober 1989 im *Neuen Deutschland* (Auszüge in: *Texte zur Deutschlandpolitik*, 1989, S. 283–285). Vgl. Pond, *Beyond the Wall*, S. 120 f.; Krenz, *Wenn Mauern fallen*, S. 88 f., 144 f.; Schabowski, *Das Politbüro*, S. 80–94.

92 Pond, *Beyond the Wall*, S. 121 f. Vgl. Kotschemassow, *Meine letzte Mission*, S. 173–177; Bark/Gress, *Democracy and its Discontents*, S. 603–645; Jarausch, *Die unverhoffte Einheit*, S. 84, 86–88, 95–104. US-Außenminister Baker verfolgte die Entwicklung in der DDR aufmerksam. Als er das vorbereitende Papier für den Besuch des westdeutschen Verteidigungsministers Gerhard Stoltenberg las, interessierte ihn nur der fünfte und letzte Punkt der Tagesordnung: die innerdeutsche

Situation. Die vier Verteidigungsfragen gewidmeten Punkte ließ er beiseite. Nach der Begegnung mit Stoltenberg wies Baker in seinem Bericht an den Präsidenten darauf hin, daß das ostdeutsche Regime am Scheideweg zwischen Reform und Repression zu stehen scheine. Vgl. Seitz an Baker, 6. Oktober 1989; Baker an Bush, 11. Oktober 1989.

93 »Sprecher des Außenministeriums zu Ausreise-Regelung in Warschau«, Interview mit Wolfgang Meyer, in: *Neues Deutschland,* 21./22. Oktober 1989, S. 1.

94 Maximytschew, »End of the Berlin Wall«, S. 104f.; Jarausch, *Die unverhoffte Einheit,* S. 64–85.

95 Telefonat zwischen Kohl und Krenz am 26. Oktober 1989, in: *Die »Koalition der Vernunft«,* S. 975–981.

96 Vgl. Eagleburgers Bericht an Bush über sein Treffen mit dem stellvertretenden DDR-Außenminister Kurt Nier am 23. Oktober 1989. Die Ost-Berliner US-Botschaft hielt es für »zu früh, um mit Sicherheit zu sagen, daß er [Krenz] es ernst meint. Noch viel weniger läßt sich abschätzen, ob er Erfolg haben wird. Aber noch ein paar Tage wie der letzte, und die Beobachter werden zumindest überzeugt sein, daß er das unmittelbare Problem erkannt hat und daran arbeitet« (US-Berlin 8568, 26. Oktober 1989). Krenz habe »in kurzer Zeit viel getan, aber die gegen ihn stehenden Umstände noch kaum beeinflußt« (US-Berlin 8683, 2. November 1989). »Die Slogans auf den Transparenten und die Stimmung der Demonstranten sind weit über den Punkt hinaus, bis zu dem der neue Mann die DDR im Augenblick zu führen bereit ist, aber er ist viel zu geschickt und anpassungsfähig, um ihn vorzeitig abzuschreiben« (US-Berlin 8734, 6. November 1989). Sowohl die Westdeutschen als auch die Amerikaner hatten allerdings davon gehört, daß die Sowjets Krenz als Übergangsfigur betrachteten. Zur Bundesrepublik vgl. Kiessler/Elbe, *Ein runder Tisch,* S. 45; zu den USA siehe die CIA-Berichte aus dieser Zeit sowie: Dobbins (in Vertretung) an Eagleburger, »Critical GDR Central Committee Plenum«, 6. November 1989.

97 Das Folgende stützt sich auf: Niederschrift des Treffens zwischen Krenz und Gorbatschow am 1. November 1989 in Moskau; Krenz-Äußerungen in Kuhn, *Gorbatschow und die deutsche Einheit,* S. 56–60. Protokollant der sowjetischen Seite war Georgi Schachnasarow; wer Krenz begleitete, ist uns nicht bekannt. Das Gespräch offenbarte, daß Gorbatschow ein ähnliches Bild von Kohl hatte wie viele deutsche Sozialdemokraten, was vermutlich auf Falins Beteiligung an der Vorbereitung auf das Treffen zurückzuführen war.

98 Rice, Interview mit Tschernjajew, Moskau, Juni 1994.

99 Baker an Bush, 10. Oktober 1989. Dieses Memorandum enthielt den ersten formellen Kommentar zur Entwicklung in der DDR, den das US-AM dem Präsidenten zukommen ließ: »Alle [westdeutschen] Parteien stimmen darin überein, daß die DDR stabil bleiben muß, wenn sie reformiert werden soll. Kohl und die SPD-

Opposition scheinen in einer Frage, die zu einem kontrovers diskutierten innenpolitischen Thema geworden war, das Kriegsbeil begraben zu haben.« Eine Woche später glaubte das US-AM (wie die meisten Westdeutschen) immer noch, daß sich die Bundesrepublik nach anfänglichem Streit dafür entschieden hatte,»ihre bisherige Politik fortzusetzen, der DDR mit ›kleinen Schritten‹ entgegenzukommen und die DDR-Führung zu ermuntern, einen Reformkurs einzuschlagen« (Seitz an Kimmitt, für das Treffen mit Botschafter Barkley am 24. Oktober, 17. Oktober 1989; vgl. US-Berlin 8466,»GDR Crisis: The Honecker Era Fades Quickly«, 20. Oktober 1989). Und wiederum zwei Tage darauf schrieb Seitz an Eagleburger (zur Vorbereitung des Treffens mit Botschafter Barkley am 20. Oktober 1989):»Es ist noch nicht klar, welchen Kurs Krenz einschlagen wird … [und] wie die BRD auf die Machtübernahme durch Krenz reagieren wird.« Noch größere Unsicherheit spricht aus dem Memorandum von Mulholland (Leiter der Abteilung für Nachrichtenmaterial und Analyse) an Kimmitt,»The German Question Revidius«, 19. Oktober 1989 (Entwurf von Phil Kaplan):»Es ist nicht abzusehen, wohin die deutsche Debatte mittelfristig führen wird. Es gibt zu viele Möglichkeiten … Wir können nicht voraussagen, wie sich all dies entwickeln wird, ob in Richtung Vereinigung, Konföderation oder einer anderen Form der Gemeinsamkeit. Genausowenig können wir unter den gegenwärtigen politischen Bedingungen Repressionen im Osten oder den plötzlichen Zusammenbruch des DDR-Regimes mit nachfolgendem Zusammenschluß mit der BRD ausschließen. In einer Perspektive von fünf Jahren gesehen, erscheinen diese Möglichkeiten sogar als recht wahrscheinlich.«

100 US-Bonn 34271,»The German Question and Reunification«, 25. Oktober 1989.

101 Ebd.

102 Der NIC glaubte wie sein Westeuropa-Experte Martin van Heuven, daß die Bundesrepublik die Diskussion über die deutsche Wiedervereinigung vor allem als einen Faktor betrachtete,»der ihr unmittelbareres Engagement für einen KSZE-Prozeß und ein europäisches Rahmenwerk der Entspannung kompliziert« (NIC, »Executive Brief: Outlook for East Germany«, 27. Oktober 1989). Roger George vom Politischen Planungsstab des US-AM hatte in diesem Monat die beiden deutschen Staaten besucht. Sein Bericht enthält einen guten Überblick über das damalige Meinungsspektrum zur nationalen Frage in der Bundesrepublik. George bemerkte, daß Kanzleramt und Auswärtiges Amt alle Spekulationen über eine Veränderung der »politischen Landkarte« Europas dämpften, fügte aber hinzu: »Wir haben erst den Anfang des Wiederauflebens der ›deutschen Frage‹ erlebt.« Das EUR und die Botschaft in Bonn neigten dazu, dem Vorgehen der Westdeutschen zu folgen und die nationale Frage aufzugreifen, wenn diese es wünschten. George war dagegen wie der US-Botschafter in Ost-Berlin, Richard Barkley, der

Ansicht, daß sich die USA nicht von westdeutschen Vorgaben leiten lassen sollten (vermutlich weil sie zu weit gehen könnten), sondern ein größeres Interesse daran haben müßten, die britischen und französischen Befürchtungen in bezug auf die deutschen Absichten zu besänftigen. Man sollte, wie George vorschlug, nicht länger von »Wiedervereinigung« sprechen, sondern das Wort »Aussöhnung« benutzen, um den Weg zu beschreiben, auf dem die nationalen Bestrebungen der Deutschen verwirklicht werden könnten (George an Ross, 26. Oktober 1989).

103 Zelikow/Rice, Interview mit Teltschik, Gütersloh, Juni 1992.

104 Vgl. Bakers Äußerungen in der NBC-Fernsehsendung *Meet the Press,* 8. Oktober 1989.

105 In der Rede, die Baker am 16. Oktober vor der Außenpolitischen Vereinigung in New York hielt, ging es vor allem um »Annäherungspunkte zum beiderseitigen Nutzen« in den amerikanisch-sowjetischen Beziehungen. Da Kohl weiterhin sorgfältig ausgewogene Erklärungen zur deutschen Vereinigung abgab, fand Scowcroft, daß die USA es ihm gleichtun sollten. Bush hatte sich in seinem Interview mit der *Washington Times* im Mai und in der Pressekonferenz im September in Montana bereits positiv zur deutschen Vereinigung geäußert. Doch für Scowcroft waren Interviews nicht dasselbe wie formelle politische Verlautbarungen, und so sagte Baker in dem auf Deutschland bezogenen Abschnitt seiner Rede: »Natürlich haben die Vereinigten Staaten und unsere NATO-Partner die *Aussöhnung* des deutschen Volkes seit langem unterstützt. Eines Tages müssen ihm seine legitimen Rechte gewährt werden. Doch lassen Sie mich eines deutlich sagen: *Aussöhnung* in Selbstbestimmung kann *nur* in Frieden und Freiheit erlangt werden. Die Normalisierung muß auf der Grundlage westlicher Werte stattfinden, und das Resultat muß ein Volk sein, das in die demokratische Staatengemeinschaft Europas eingebunden ist.« (Die Hervorhebungen sind hinzugefügt.) Ross und Zoellick waren bei der Vorstellung der Rede vor der Presse gezwungen, der Argumentation Genschers und der meisten westdeutschen Politiker zu folgen und das Thema in den Zusammenhang eines umfassenderen Prozesses der europäischen Integration und der allgemeinen Anerkennung der westlichen Werte zu stellen (US-AM, »Background Briefing on U. S.-Soviet Relations«, 16. Oktober 1989, S. 3–5). Die Darstellung stützt sich auf Zelikow, Interviews mit Scowcroft und Zoellick, 1991.

Unter den Beamten des US-AM war den Oktober über eine separate Diskussion darüber geführt worden, was Baker zum Thema Vereinigung sagen sollte. Der Politische Planungsstab hatte sowohl größere Sorgen in bezug auf den deutschen Trend zur Wiedervereinigung als auch ein stärkeres Interesse an der Entwicklung einer aktiven Politik, um das Verhalten der Bundesrepublik zu steuern. Ross drängte Baker Anfang Oktober, die Deutschen in eine »vernünftige Diskussion über die Wiedervereinigung« zu ziehen, »ohne sie zu falschen Schlüssen zu verleiten oder die anderen Alliierten zu beunruhigen«. Man müsse dringend über amerikanische Initiativen nachdenken. Ross legte ein Memorandum bei, in dem einer seiner Mitarbeiter, Roger George, einen Überblick über die amerikanische Politik gab (Ross an Baker,»Reunification Revisited«, 5. Oktober 1989). George vertrat die Ansicht, daß die Regierung der Bundesrepublik mit ihren wirklichen Plänen hinter dem Berg hielt. Insgeheim bewege sie sich deutlicher in Richtung Wiedervereinigung, als sie in öffentlichen Stellungnahmen eingestehe. Die USA hätten die Wahl, entweder mit einer aktiveren Politik »ihren Worten Taten folgen zu lassen« oder »die gegenwärtige Politik der wohlwollenden Nachlässigkeit« beizubehalten. Anschließend ging er auf die »offensichtlichen« Hindernisse ein, die dagegen sprachen, die Wiedervereinigung voranzutreiben. Er empfahl, Spekulationen über die Wiedervereinigung zu dämpfen und sich für politische Reformen in der DDR einzusetzen. Bushs Äußerungen zur deutschen Vereinigung werden in dem Papier nicht erwähnt (George an Ross,»Reunification Revisited«, 27. September 1989, als Anlage zu einer Kopie von US-Bonn 29785,»The German Question: Back on the FRG Agenda«, 14. September 1989).

Das EUR war anderer Meinung als der Politische Planungsstab. Raymond Seitz und James Dobbins wiesen Baker in einem eigenen Memorandum darauf hin, daß sich die Fundamente der europäischen Nachkriegsordnung verschoben. Für die meisten Deutschen sei die deutsche Einheit zwar noch nicht zum konkreten politischen Ziel geworden, aber der Anstoß für eine Veränderung werde nicht von den vorsichtigeren und satteren Westdeutschen kommen, sondern von den Ostdeutschen:»Die Bevölkerung im Osten könnte die Ereignisse schneller in Richtung neuer Arrangements für Deutschland vorantreiben, als jetzt abzusehen ist.« Von der neuen DDR-Regierung hielt das EUR nicht viel. Es gebe »nur wenig sinnvolle Dinge, die wir mit der gegenwärtigen DDR-Führung erledigen können«. Die Vereinigung selbst wurde von Seitz und Dobbins sowohl im Hinblick auf die öffentliche Meinung als auch in der Sache befürwortet. Sie sprachen sich dafür aus, dem Hauptstrom der westdeutschen Politik zu folgen und das Ziel der Vereinigung zu unterstützen, ohne vorschnelle Urteile zu fällen oder bestimmen zu wollen, wann und wie sie zu erfolgen habe. Das EUR-Memorandum wurde dem Politischen Planungsstab vorgelegt, der es, mit einer abweichenden Einschätzung versehen, weiterleitete (Seitz über Kimmitt an Baker,»The Future of Germany in a Fast-Changing Europe«, 10. Oktober 1989 [Entwurf von Dobbins]).

Diese politischen Differenzen wurden in Informationsmemoranden präsentiert, nicht in Handlungsdokumenten. Baker mußte also keine Wahl zwischen ihnen treffen. Hätte er sich für die Ansicht des Politischen Planungsstabes entschieden, wäre er im Weißen Haus auf Widerstand gestoßen. Aber der interne Streit im US-AM, so interessant er ist, stellt nur eine Fußnote der Geschichte dar, denn weder Baker noch Zoellick oder Ross schenkten ihm ihre Aufmerksamkeit (Zelikow, Interview mit Baker, Houston, Januar 1995). Zum Beispiel hatte der Planungsstab Baker am 5. Oktober empfohlen, den Begriff der Wiedervereinigung zugunsten der Selbstbestimmung aufzugeben. Dennoch hatte Ross persönlich den NSC-Entwurf der nationalen Sicherheitsdirektive mit seiner positiven Haltung zur möglichen deutschen Vereinigung abgesegnet. Zusammen mit Zoellick hatte er außerdem die Formulierungen ausgefeilt, mit denen Baker am 8. Oktober gegenüber der Presse und in der Rede über die »beiderseitigen Vorteile« die Möglichkeit der deutschen Vereinigung guthieß.

106 Gesprächsprotokoll des Telefonats zwischen Bush und Kohl am 23. Oktober 1989 (Protokollant war der NSC-Mitarbeiter Robert Hutchings). Am Morgen dieses Tages waren der Präsident und die Spitzen seiner Administration von Geheimdienstanalytikern über die für die Wiedervereinigung nötigen Rahmenbedingungen informiert worden: demokratische Wahlmöglichkeiten in der DDR, eine Veränderung der sowjetischen Haltung, die Kooperation der westlichen Alliierten und starker innenpolitischer Rückhalt in Westdeutschland. Was die Westalliierten betreffe, unterschätze die Bundesrepublik den Widerstand, der ihr aus London und Paris entgegenschlagen werde. Generell sei das Problem der außenpolitischen Ausrichtung zu lösen. Die Analytiker befürchteten, daß Bonn zusagen könnte, die Bindung an die NATO zu lockern oder sogar aufzulösen (»German Reunification: What Would Have to Happen?«). Nach dieser Besprechung achtete Bush verständlicherweise besonders aufmerksam darauf, wie Kohls Anliegen von der öffentlichen Meinung in Westeuropa und Deutschland aufgenommen wurde.

107 »Possibility of a Reunited Germany Is No Cause for Alarm, Bush Says«, Interview mit Bush, in: *New York Times,* 25. Oktober 1989, S. 1.

108 Kiessler/Elbe, *Ein runder Tisch,* S. 57.

109 O'Brien, »Beware, the Reich is Reviving«. O'Brien merkte an, daß Bushs Äußerungen Presseberichten zufolge selbst in Kohls Umgebung mit Entsetzen aufgenommen worden seien, weil man befürchtete, daß sie »auf der äußersten Rechten in Westdeutschland Vereinigungserwartungen anstacheln« könnten.

110 Bush hatte seine Haltung auch bei anderen Gelegenheiten deutlich gemacht. Als er am 11. Oktober mit NATO-Generalsekretär Wörner zusammentraf, überging er die DDR (wie schon bei der Begegnung mit Waigel am 26. September) und fragte Wörner ohne Umschweife, wie er als Repräsentant der NATO und als Deutscher mit der Frage der Vereinigung umgehe. Wörner antwortete, er sage den Leuten erstens, daß die Situation unhaltbar sei, daß es Selbstbestimmung für alle geben müsse, auch für die Ostdeutschen. Zweitens erkläre er ihnen, daß die Vereinigung kein politisches Problem »von morgen« sei. Das Wichtigste sei, die Sowjets dazu zu bringen, weitere Veränderungen in Osteuropa und der DDR zuzu-

lassen. Gorbatschow werde der DDR allerdings nicht erlauben, den Warschauer Pakt zu verlassen.»Wenn sie austritt«, sagte Wörner,»ist es das Ende. Er braucht die DDR, um die anderen bei der Stange zu halten.«Bush dachte daraufhin laut darüber nach, ob er Gorbatschow vielleicht überreden konnte, den Warschauer Pakt insgesamt aufzugeben, weil er militärisch nicht mehr notwendig war.»Das mag sich naiv anhören«, fügte Bush hinzu.»Aber wer hat die Veränderungen vorausgesagt, die wir jetzt erleben?«Wörner hielt dieses Szenario für unrealistisch. Der Warschauer Pakt sei der große Gewinn der Sowjetunion aus dem Zweiten Weltkrieg, das Symbol für ihren Status als Großmacht. Bush gab zu, daß es ihm möglicherweise nicht gelingen werde, Gorbatschow zu überreden.»Es war nur so eine Idee«, meinte er (Gesprächsprotokoll des Treffens mit Wörner am 11. Oktober 1989).

111 Die amerikanischen Medien waren zwischen Mitte September und Mitte Oktober 1989 gespaltener Meinung über die deutsche Wiedervereinigung. Die Mehrheit sprach sich jedoch für ein vorsichtiges Vorgehen aus. In einem Presseüberblick des US-AM wurde festgestellt, daß von zehn Leitartiklern, die sich mit dem Thema beschäftigten, neun Probleme voraussahen, auf die Westeuropa möglicherweise nicht vorbereitet war (Kennedy [stellvertretender Leiter der Abteilung für Öffentlichkeitsarbeit] an Eagleburger,»Editorial Comment on the East German Exodus«, 29. September 1989). Zu den zur Vorsicht mahnenden Kommentaren gehörten:»How to Slow the East German Exodus«, in: *New York Times,* 6. Oktober 1989, S. A30; Hughes,»Deutschland uber Alles?«. Positiv äußerten sich: Hottelet,»Once Again, the ›German Question‹«; Loewenstern,»France's Germanophobia«.

112 Vgl. Baker, Rede beim Commonwealth Club in San Francisco, 23. Oktober 1989, in: *Amerika Dienst,* 25. Oktober 1989. Während Baker die Aufmerksamkeit von der Wiedervereinigung auf den zu ihr hinführenden Prozeß zu lenken versuchte, wurden in aller Stille Eventualpläne für den Fall vorbereitet, daß in Ostdeutschland chaotische Zustände eintreten sollten. Scowcroft und Gates ließen vom NSC Krisenpläne für verschiedene mögliche Entwicklungen ausarbeiten. Zu den Szenarien gehörten schwere Gewalttätigkeiten in der DDR, eine ernste Bedrohung des alliierten Status von (West-)Berlin, der Zusammenbruch oder Beinahe-Zusammenbruch der DDR und eine militärische Intervention der Sowjetunion. Die Resultate der NSC-Arbeitsgruppe wurden unter Leitung von James Dobbins in mehreren Sitzungen diskutiert, und Ende November lag ein von Robert Hutchings entworfenes Planungspapier des NSC vor, das zwar die amerikanischen Zielsetzungen für die untersuchten Eventualfälle, aber keine genauen Handlungsempfehlungen enthielt. Für Polen und Ungarn wurden ähnliche Krisenpläne aufgestellt. Vgl.: Zelikow über Blackwill an Scowcroft, 16. Oktober 1989.

113»Bericht der Bundesregierung zur Lage der Nation im geteilten Deutschland«, 8. November 1989, in: *Texte zur Deutschlandpolitik, 1989,* S. 319–336. Kohls Linie wurde, wenn auch zähneknirschend, selbst vom SPD-Vorsitzenden Hans-Jochen Vogel akzeptiert (»Kohl: Die SED muß auf ihr Machtmonopol verzichten«, in: *Frankfurter Allgemeine Zeitung,* 9. November 1989). Elizabeth Pond und ihrer anonymen Quelle im Kanzleramt zufolge stammte die Anregung, Hilfe von tiefgreifenden politischen Reformen abhängig zu machen, von einem ungenannten »ostdeutschen Mittelsmann« (Pond, *Beyond the Wall,* S. 131 und Anm. 2). Die *Washington Post* kritisierte Kohl denn auch prompt für seine Äußerungen und warnte vor den Gefahren, die von einer Beschleunigung des Einigungsprozesses für die Stabilität in Europa heraufbeschworen würden (»Toward German Reunification«, in: *Washington Post,* 9. November 1989, S. A22).

114 Zit. in »Wir müssen Kurs halten«, in: *Der Spiegel,* 25. September 1989, S. 16 f.

115 Thatcher, *Downing Street No. 10,* S. 1097. Die sowjetischen Teilnehmer des Treffens stimmten dieser Darstellung zu. Tschernjajew zufolge hatte Thatcher bereits im April 1987 Sorgen über Deutschland geäußert (Zelikow, Interviews mit Tschernjajew und Pawel Palasschenko, Moskau, Januar 1994). In Tschernjajews veröffentlichtem Bericht über das Treffen mit Thatcher wird Deutschland nicht erwähnt. Darin steht vielmehr im Vordergrund, was Gorbatschow am meisten beschäftigte – seine Situation innerhalb der Sowjetunion (Tschernjajew, *Die letzten Jahre einer Weltmacht,* S. 259 f.).

116 Zelikow, Interviews mit der damaligen Chefin der Westeuropa-Abteilung des britischen Außenministeriums, Hillary Synnott, und der stellvertretenden Missionschefin Großbritanniens in Bonn, Pauline Neville-Jones, London, Juni 1992. Eine Kopie des Memorandums »The German Question« ging an die Amerikaner.

117 Hoffmann, »French Dilemmas and Strategies«, S. 134.

118 Mitterrand, Gemeinsame Pressekonferenz mit Helmut Kohl, 3. November 1989, in: *Frankreich-Info* 28/1989. Der französische Botschafter in Washington, Lothar de Margerie, meinte im Gespräch mit dem Staatssekretär im US-AM Robert Kimmitt, daß Mitterrand mit seinen Äußerungen großen Mut bewiesen habe. Eagleburger (in Vertretung) an Bush, 7. November 1989. Bush folgte der Empfehlung von Botschafter de Margerie und Eagleburger und stellte sich hinter Mitterrand (»Q and A Session«, 9. November 1989, in: PPP: Bush, 1989, Buch 2, S. 1490).

119 US-Berlin 8783, 8. November 1989. Vgl. auch die eingehendere Analyse in: US-Berlin 8764, »GDR Crisis: As the Plenum Meets, Can the SED Seize Its Slender Chance?«, 8. November 1989. Der westdeutsche Botschafter in Washington, Jürgen Ruhfus, erklärte gegenüber Kimmitt, daß Krenz zwar seinen Handlungsspielraum vergrößere, eine neue SED-Regierung nach Bonns Ansicht aber nur geringe Überlebenschancen habe. Der britische Botschafter in den USA, Anthony

Acland, befürchtete, »daß etwas völlig falschlaufen« könnte. Das US-AM teilte Bush diese Äußerungen mit (Eagleburger an Bush, 7. November 1989).

120 Daß Gorbatschow viel von Modrow hielt, war nicht zu überhören gewesen, als er mit Krenz über die Führungsmannschaft der SED sprach. Das stärkste Lob erntete jedoch Willi Stoph, der Gorbatschows Ansicht nach unter Honecker getan hatte, was möglich war. Die Schuld an den tiefen wirtschaftlichen Problemen der DDR lasteten sowohl Krenz als auch Gorbatschow Günter Mittag an (Niederschrift des Gesprächs zwichen Krenz und Gorbatschow am 1. November 1989 in Moskau, S. 11, 29).

121 Maximytschew/Hertle, »Die Maueröffnung«, S. 1145. Im Interview mit Zelikow kam Maximytschew ebenfalls auf diese Äußerung zu sprechen. Vgl. auch Kotschemassow, *Meine letzte Mission,* S. 110 (der das Telefonat auf den 7. Oktober verlegt). Zur sowjetischen Unterstützung von Krenz siehe Kusmin (KGB-Resident in Ost-Berlin), »Da wußten auch die fähigsten Taschekisten nicht weiter«. Gorbatschow rief regelmäßig bei Kotschemassow an, was für einen Staatchef recht ungewöhnlich war (vgl. Kotschemassow, *Meine letzte Mission,* S. 177).

122 Niederschrift des Gesprächs zwischen Krenz und Gorbatschow am 1. November 1989, S. 26; Krenz-Äußerung in Kuhn, *Gorbatschow und die deutsche Einheit,* S. 59.

123 Zelikow-Interviews mit Tarassenko, Providence, Juni 1993, und Maximytschew, Moskau, Januar 1994; Falin, *Politische Erinnerungen,* S. 488 f. Andere Versionen dieser Episode finden sich bei Maximytschew/Hertle, »Die Maueröffnung«, S. 1146–1149; Kotschemassow, *Meine letzte Mission,* S. 185 f.; Maximytschew, »Was ist bei euch los?«, S. 43.

124 Maximytschew/Hertle, »Die Maueröffnung«, S. 1146–1150; Maximytschew, »End of the Berlin Wall«, S. 106 f.

125 In Bonn gab es »keine Vorlagen und Ablaufplanungen für diesen immer wieder verbalisierten, aber in Wahrheit für höchst unwahrscheinlich gehaltenen Fall. Es gab auch keine Vorwarnungen der Nachrichtendienste.« Die Berichte des BND konzentrierten sich ganz auf die Vorgänge im Herrschaftsapparat der SED (Kiessler/Elbe, *Ein runder Tisch,* S. 45).

126 Reuth/Bönte, *Das Komplott,* S. 160. Vgl. Krenz, *Wenn Mauern fallen,* S. 183–195; Modrow, *Aufbruch und Ende,* S. 25; Heinrich Bortfeldt, Interview mit Hans Modrow, Oral History Project, Hoover Institution, Box 2, S. 15 f. In einigen frühen Darstellungen der Maueröffnung wird fälschlicherweise davon gesprochen, daß Gorbatschow die Entscheidung gebilligt habe. Tatsächlich hatte die sowjetische Regierung zwar einer Liberalisierung der Reisegesetze zugestimmt, von den Ereignissen der Nacht des 9. November wurde sie aber – wie alle Welt – überrascht (vgl. Pond, *Beyond the Wall,* S. 309 Anm. 7).

127 Darnton, *Berlin Journal*, S. 59.

128 Schabowski, *Das Politbüro*, S. 138 f. Die Darstellung der Maueröffnung stützt sich auf Krenz, *Wenn Mauern fallen*, S. 161–195; Schabowski, *Das Politbüro;* Gedmin, *The Hidden Hand*, S. 109 f.; Pond, *Beyond the Wall*, S. 132–134; Maximytschew, »End of the Berlin Wall«, S. 106–108; ders., »Was ist bei euch los?«; Kusmin, »Da wußten auch die fähigsten Tschekisten nicht weiter«; Greenwald, *Berlin Witness*, S. 258–265. Die Berichte der US-Botschaft in Ost-Berlin finden sich in: US-Berlin 8820, »GDR Plenum: Virtually Free Travel and Emigration in Force Immediately«, 9. November 1989; 8823, »... And the Wall Came (Figuratively) Tumbling Down«, 10. November 1989.

Die Einheit als greifbares Ziel

1 Teltschik, *329 Tage*, S. 11–13, 16.

2 Kiessler/Elbe, *Ein runder Tisch*, S. 46; Teltschik, *329 Tage*, S. 15–18; Walters, *Die Vereinigung war voraussehbar*, S. 82–87.

3 Die Reden von Brandt, Genscher und Kohl sind abgedruckt in: *Texte zur Deutschlandpolitik, 1989*, S. 399–407.

4 Teltschik, *329 Tage*, S. 19 f. Der Text der Gorbatschow-Botschaft findet sich in: SAPMO, JIV 2/2A/3258K, »Mündliche Botschaft Michail Gorbatschows an Helmut Kohl«, 13. November 1989.

5 Eine Anfang Dezember in der DDR durchgeführte Meinungsumfrage ergab, daß einundsiebzig Prozent der Befragten gegen und siebenundzwanzig für die Vereinigung waren (»98 Prozent gegen die Funktionäre«, in: *Der Spiegel*, 18. Dezember 1989, S. 89). Die Umfrage wurde möglicherweise durch ein Übergewicht von SED-Anhängern unter den Befragten verzerrt. Ende November kam eine ebensowenig allgemeingültige Umfrage zu dem Ergebnis, daß einundvierzig Prozent der Frauen in der DDR die Vereinigung befürworteten (Pond, *Beyond the Wall*, S. 135 und 310 Anm. 13). Vgl. auch Greenwald, *Berlin Witness*, S. 274.

6 Greenwald, *Berlin Witness*, S. 269.

7 Pond, *Beyond the Wall*, S. 134.

8 Greenwald, *Berlin Witness*, S. 272–275.

9 Thatcher, *Downing Street No. 10*, S. 1097; Teltschik, *329 Tage*, S. 21.

10 Die Geheimdienstpräsentation am 8. November gehörte zu einer Reihe von Besprechungen, die Blackwill und Rice organisiert hatten, um Bush auf das Gipfeltreffen mit Gorbatschow auf Malta vorzubereiten. Anwesend waren neben dem Präsidenten Baker, John Sununu (Stabschef des Weißen Hauses), Scowcroft, Gates, Blackwill, Rice, Dobbins, Curt Kamman (stellvertretender Leiter der Abteilung für Osteuropa und die Sowjetunion im Außenministerium) und vier CIA-Analytiker.

Die Darstellung stützt sich auf Interviews mit Dobbins, Blackwill und einem der CIA-Analytiker.

11 PPP: Bush, 1989, Buch 2, S. 1488f.; vgl. Beschloss/Talbott, *Auf höchster Ebene*, S. 177f. Das Gespräch mit den Journalisten fand um 15.30 Uhr Ortszeit statt, also um 21.30 Uhr MEZ.

12 Gesprächsprotokoll des Telefonats zwischen Kohl und Bush am 10. November 1989 (Protokollant war Gates); Teltschik, *329 Tage*, S. 22. Bush erwähnte Kohls Dankesworte später in der Fernsehansprache, die am 22. November 1989 aus Camp David übertragen wurde, als »angemessenes Lob eines guten Freundes«.

13 Teltschik, *329 Tage*, S. 22–24. Die Teilnehmer dieser Nachtsitzung bildeten den inneren Kreis der Kohl-Vertrauten: Schäuble, Seiters, Waigel, Wilms, Klein und Teltschik.

14 Teltschik, *329 Tage*, S. 23; »Mündliche Botschaft an Mitterrand, Thatcher und Bush«, in: SAPMO, JIV 2/2A/3258K; vgl.: US-AM 363047, 11. November 1989.

15 »Mündliche Botschaft an Mitterrand, Thatcher und Bush«, in: SAPMO, JIV 2/2A/3258K; Teltschik, *329 Tage*, S. 23. Vgl. auch Baker an Bush, 13. November 1989. Teltschik glaubt, daß auch Willy Brandt zu den Empfängern von Gorbatschows Botschaft gehörte (Zelikow/Rice, Interview mit Teltschik, Gütersloh, Juni 1992). Wenn dies zutrifft, ist die sowjetische Regierung in dem Versuch, die westdeutsche Politik zu beeinflussen, so weit gegangen, vertrauliche diplomatische Mitteilungen an Oppositionspolitiker weiterzugeben.

16 Gesprächsprotokoll des Telefonats zwischen Genscher und Baker am 10. November 1989. In einem Informationsgespräch mit NATO-Botschaftern am 11. November in Bonn bekräftigte Genscher ebenfalls die Westbindung Deutschlands (US-Bonn 35783, »Genscher Briefs Allies on Developments in GDR and Chancellor's Poland Trip«, 11. November 1989).

17 Gesprächsprotokoll des Telefonats zwischen Baker und Hurd am 11. November 1989. Zu Bakers Reaktion auf die öffentliche Meinung vgl. die PA-Mitschriften seiner Auftritte in den Fernsehsendungen *This Morning* (CBS; 10. November), *Good Morning America* (ABC; 10. November) und *This Week with David Brinkley* (ABC; 12. November).

18 Vgl. US-AM 364359, 14. November 1989; 369390, 17. November 1989 (Bushs Antwort an Gorbatschow).

19 Vgl. Brief des britischen Botschafters Acland an Scowcroft, 15. November 1989.

20 Beschloss/Talbott, *Auf höchster Ebene*, S. 178–181.

21 »Inhalt des Telefongesprächs zwischen Schewardnadse und Genscher«, in: SAPMO, JIV 2/2A/3258K.

22 »Information über den Inhalt des Telefongesprächs zwischen Gorbatschow und Kohl«, in: SAPMO, JIV 2/2A/3258K; Tschernjajew, *Die letzten Jahre einer Weltmacht,* S. 266f.; Galkin/Tschernjajew, »To Truth, and Only Truth«, S. 19, 24; Teltschik, *329 Tage,* S. 27f.

23 Teltschik, *329 Tage,* S. 28.

24 Vgl. Maximytschew, *Posledni god GDR,* S. 85, 92f. Zum Dumas-Besuch siehe die *Prawda* vom 15. November 1989, S. 6; zur westdeutschen Reaktion vgl. Teltschik, *329 Tage,* S. 31. Das Trommelfeuer der gegen die Vereinigung gerichteten Stellungnahmen sowjetischer Regierungsvertreter behandelt Fred Oldenburg in: »Sowjetische Deutschland-Politik«.

25 Tschernjajew, *Die letzten Jahre einer Weltmacht,* S. 266.

26 Telefonat zwischen Kohl und Krenz, 11. November 1989, in: *Die »Koalition der Vernunft«,* S. 989–994; Teltschik, *329 Tage,* S. 27. Seiters fuhr anschließend nach Ost-Berlin, um ein genaueres Bild von den Vorstellungen der DDR-Regierung zu machen (Teltschik, *329 Tage,* S. 30f.).

27 Teltschik, *329 Tage,* S. 29–31.

28 »Erklärung der Bundesregierung zur Lage in der DDR«, in: *Texte zur Deutschlandpolitik, 1989,* S. 412–421. Die Begriffe »Vereinigung« und »Wiedervereinigung« wurden 1989 unterschiedslos als Bezeichnung für die Neuschaffung eines geeinten deutschen Staates benutzt. Der gebräuchlichere Begriff war (und ist) »Wiedervereinigung«. Er impliziert allerdings den Gedanken der Wiederherstellung des Staates, der vor 1945 existierte und nach dem Krieg geteilt worden ist; tatsächlich definierte das Grundgesetz der Bundesrepublik die Wiedervereinigung in den Grenzen von 1937. Da die »Ostgebiete« bei Polen und der Sowjetunion bleiben würden, war dies jedoch ausgeschlossen. Auf amerikanischer Seite bevorzugte man deshalb den Begriff der Vereinigung (vgl. K. Kaiser, »Unity for Germany, Not Reunification«).

29 Jarausch, *Die unverhoffte Einheit,* S. 101. Zur sowjetischen Haltung gegenüber Modrow vgl. Podkljutschnikow in: *Prawda,* 20. November 1989, S. 6; »Zwei Systeme, eine Nation«, Nowosti-Interview mit Portugalow, in: *Frankfurter Rundschau,* 17. November 1989, S. 2; Gedmin, *The Hidden Hand,* S. 112. Zur sowjetischen Rolle bei Modrows Aufstieg vgl. Pond, »A Wall Destroyed«, S. 35, 44 Anm. 18; Wettig, »Die sowjetische Rolle beim Umsturz in der DDR«, S. 56f.; Modrow, *Aufbruch und Ende,* S. 92; Falin, *Politische Erinnerungen,* S. 488.

30 Modrow, »Vertragsgemeinschaft statt Wiedervereinigung«, in: *Texte zur Deutschlandpolitik, 1989,* S. 422f.; Jarausch, *Die unverhoffte Einheit,* S. 101f.

31 Die Charta der Vereinten Nationen schützte, wie die UN-Vollversammlung 1970 festgestellt hatte, das Recht auf »Einrichtung eines souveränen und unabhängigen Staates, auf freie Assoziation oder Integration mit einem unabhängigen Staat

und auf Herausbildung jedes anderen politischen Status, der von einem Volk in freier Entscheidung gewählt wurde« (UNGA Res. 2625 [25], 24. Oktober 1970).

32 Zur theoretischen Frage, ob Kohl tatsächlich durch Völkerrecht und bundesdeutsches Grundgesetz gezwungen war, diese engere Perspektive einzunehmen, vgl. Frowein,»Deutschlands aktuelle Verfassungslage«. Die Diskussion drehte sich unter anderem um die Frage, ob Deutschland nach dem Völkerrecht ein Ganzes geblieben war, dessen Existenz als einiger Staat 1945 zwar suspendiert, aber nicht beendet worden war. Die Mehrheit der Experten bejahte diese Frage (vgl. Hendry/Wood, *The Legal Status of Berlin,* S. 19; Gornig,»Die vertragliche Regelung«). Zur gegenteiligen Ansicht, die gelegentlich von der Sowjetunion vertreten wurde, siehe Kelsen,»The Legal Status of Germany«.

33 Pond, *Beyond the Wall,* S. 135. Der Gang der Ereignisse läßt sich anhand der vom Deutschland Archiv herausgegebenen *Chronik der Ereignissse in der DDR* ausgezeichnet nachvollziehen.

34 Am 26. November appellierten einunddreißig Schriftsteller, Reformmarxisten, Kirchenleute und Oppositionsführer an ihre Landsleute in der DDR,»auf der Eigenständigkeit der DDR [zu] bestehen«und zu verhindern, daß»ein Ausverkauf unserer materiellen und moralischen Werte beginnt und über kurz oder lang die DDR durch die BRD vereinnahmt wird«. Innerhalb von zwei Wochen unterschrieben über 200000 Menschen diesen Appell an»antifaschistische und humanistische Ideale«. Eine Reihe prominenter westdeutscher Intellektueller reagierte darauf mit einem eigenen, gegen Vereinigung und Nationalismus gerichteten Manifest (vgl. Jarausch, *Die unverhoffte Einheit,* S. 107 f.). Der Aufruf»Für unser Land« ist abgedruckt in: *Texte zur Deutschlandpolitik, 1989,* S. 424 f.

35 Einen Tag nach dem Mauerfall hatte Scowcroft eine weitere Analyse der Optionen der amerikanischen Politik in bezug auf die deutsche Vereinigung angefordert. Die von Dobbins geleitete Expertengruppe war sich in den Hauptpunkten rasch einig geworden. Danach hatten die USA drei Möglichkeiten: Sie konnten das Selbstbestimmungsrecht der Deutschen in den Vordergrund stellen, Kohl das Tempo des Vereinigungsprozesses bestimmen lassen oder sich für eine frühe Intervention der Vier Mächte einsetzen, um diesen Prozeß zu regulieren (Hutchings über Blackwill an Scowcroft,»Paper on German Reunification«, 11. November 1989). Henry Kissinger riet Bush am 13. November bei einem Abendessen im Weißen Haus, Schulter an Schulter mit dem westdeutschen Kanzler zu marschieren, da der Vereinigungsprozeß nicht mehr aufzuhalten sei (vgl. Beschloss/Talbott, *Auf höchster Ebene,* S. 181).

Baker wurde aus seinem eigenen Haus mit Empfehlungen versorgt. Ein von seiner Rechtsabteilung verfaßtes Hintergrundpapier über die alliierten Rechte in Deutschland lag bereits vor: Sofaer über Kimmitt an Baker,»Allied Rights in Germany«, 30. Oktober 1989. Jetzt ließ Dobbins umgehend die Einschätzung des EUR folgen, das Baker riet, sich keinesfalls auf die Bildung eines amerikanisch-sowjetischen »Supermacht-Kondominiums« für die Kontrolle über die Geschehnisse in Deutschland einzulassen. Amerikanische Wirtschaftshilfe für die DDR sollte wie die der Bundesrepublik an die Bedingung der Durchführung freier Wahlen geknüpft sein. Im Hinblick auf die Wiedervereinigung sollten sich die USA allen Aufforderungen entziehen, sich federführend an der Ausarbeitung eines Plans für die Veränderungen in Europa zu beteiligen oder die Viermächterechte zu bestätigen. Statt dessen sollte das Selbstbestimmungsrecht der Deutschen betont werden. Durch die Verhinderung einer Viermächteintervention könne sowohl ein sowjetisches Veto als auch der Eindruck vermieden werden, man würde die nationalen Ziele der Deutschen blockieren. Baker markierte diese Ausführungen und notierte seine Zustimmung zu den Schlußfolgerungen. Dobbins drängte allerdings darauf, daß die USA gemeinsam mit ihren Verbündeten Richtlinien für die Kanalisierung des Einigungsprozesses aufstellen sollten, denn man müsse »jetzt darüber nachdenken, wie die Westbindungen Deutschlands in einem gewandelten Europa praktisch bestärkt werden können« (Dobbins [in Vertretung] über Kimmitt an Baker, »The Wall Breached: Implications for Malta, Your Trip to Europe, Relations with the GDR, and the Reunification Debate«, 11. November 1989).

Der Politische Planungsstab des US-AM legte Baker eigene Analysen vor. Im von Ross und Francis Fukuyama (anstelle von Roger George) entworfenen Schlüsselmemorandum hieß es in Übereinstimmung mit Dobbins' Überlegungen, daß der Einigungsprozeß auf jeden Fall mit Reformen in der DDR beginnen müsse, um freie Wahlen zu ermöglichen. Obwohl der nachfolgende Schritt zur Vereinigung in weiter Ferne zu liegen schien, empfahlen Ross und Fukuyama, daß sich die USA bald mit der Frage der deutschen Einheit auseinandersetzen sollten, und sei es auch nur, um die unterschiedlichen Ansichten im Bündnis unter einen Hut zu bringen. Sie wiesen darauf hin, daß die Vereinigung auf verschiedenen Wegen erreicht werden könne. Man solle deshalb nicht auf einem bestimmten Resultat bestehen. Washington könne jedoch gewisse Grundprinzipien aufstellen: echte Selbstbestimmung mit einem für die Nachbarn Deutschlands akzeptablen Ergebnis; Mitgliedschaft des vereinten Deutschland in NATO und EG; Vereinigung in einem schrittweisen Prozeß unter Respektierung der Nachkriegsgrenzen. Die Ansichten über Deutschland könnten darüber hinaus in ein umfassenderes Bild der künftigen »Architektur« Europas eingebettet werden, einschließlich von Veränderungen in der NATO und in den Beziehungen zur EG. Außerdem sollten sich die USA häufiger mit Briten, Franzosen, Deutschen und Sowjets konsultieren (Ross an Baker, »How to Approach the German Unity Issue«, 13. November 1989; vgl. Ross an Baker, »GDR«, 9. November 1989). Vgl. auch Botschafter Walters' verspätete

Klage darüber, daß man statt von »Wiedervereinigung« von »Aussöhnung« spreche, in: US-Bonn 35777,»Discussion of German Unity by USG Spokesman«, 10. November 1989.

36 Teltschik, *329 Tage,* S. 36; Gesprächsprotokoll des Telefonats zwischen Kohl und Bush am 17. November 1989 (Protokollant war Rice).

37 Thatcher, *Downing Street No. 10,* S. 1098f.

38 Teltschik, *329 Tage,* S. 37f.

39 Interministerielles Papier,»Handling the German Question at Malta and Beyond«, S. 7, als Beilage zu: Hutchings über Blackwill an Scowcroft,»The German Question«, 20. November 1989. Der Entwurf der Denkschrift stammte von Dobbins, Jack Seymour aus der Deutschlandabteilung und Jim Holmes vom Politischen Planungsstab des US-AM. Zum Begriff der »deutschen Selbstbestimmung« siehe auch das interessante Memorandum: Mulholland an Kimmitt,»German Self-Determination: Three Components«, 21. November 1989 (Entwurf von Bowman Miller). Martin van Heuven, der beim NIC für Westeuropa zuständig war, glaubte, die Bundesregierung werde »aus Furcht vor zusätzlicher politischer Unruhe in Ostdeutschland und aus Sorge um die Beziehungen zu den westeuropäischen Partnern das Thema der Wiedervereinigung weiterhin mit Vorsicht behandeln … Für den Augenblick bleibt die Bonner Politik bei kleinen Schritten.« (NIC,»A German Peace Treaty«, 15. November 1989). Der Gang der Ereignisse zeige, wie van Heuven und die gesamte Geheimdienstgemeinde meinten,»daß die Wiedervereinigung im Moment nicht ansteht«, weil die ostdeutsche Bevölkerung sie nicht wolle, führende Dissidenten eine eigene ostdeutsche Identität aufrechtzuerhalten hofften, demokratische Wahlen die Eigenständigkeit Ostdeutschlands eher stärken als schwächen würden und auch Bonn die Lage in Europa nicht durch eine aktive Wiedervereinigungspolitik destabilisieren wolle (NIC,»German Reunification«, 14. November 1989).

40 Ross an Baker,»How to Approach the German Unity Issue«, 13. November 1989.

41 Gesprächsprotokoll des Treffens zwischen Bush und Genscher am 21. November 1989. Zu Genschers Besuch im US-AM siehe: Baker an Bush, 21. November 1989; vgl. auch: Seitz an Baker,»Meeting and Luncheon with Hans-Dietrich Genscher«, 18. November 1989. Seitz folgte in seinem Vorbereitungspapier der allgemein akzeptierten Linie und betonte die deutsche Selbstbestimmung, die möglicherweise zur Vereinigung führen würde, fügte aber vorsichtig hinzu:»Wie die BRD und andere europäische Regierungen halten wir es für verfrüht, die deutsche Vereinigung auf die internationale Tagesordnung zu setzen.«

42 Gesprächsprotokoll des Treffens zwischen Scowcroft und Genscher am 21. November 1989 (Protokollant war Robert Hutchings); Zelikow, Interview mit

Genscher, Wachtberg-Pech, Dezember 1994. In seinem Reisebericht fürs Bundeskanzleramt hob Genscher die positive Haltung der USA zur Frage der deutschen Einheit hervor (vgl. Teltschik, *329 Tage,* S. 47 f.).

43 Thatcher, Rede in der Guildhall, London, 13. November 1989, in: BPA, *Rundfunk- und Fernsehdienst,* 13. November 1989; dies., *Downing Street No. 10,* S. 1097–1099; Botschaft von Thatcher an Bush, 16. November 1989. Zur britischen Haltung vgl. von Hase, »Britische Zurückhaltung«; Davy, »Großbritannien und die Deutsche Frage«; Heydemann, »Britische Europa-Politik am Scheideweg«.

44 Gesprächsprotokoll des Telefonats zwischen Thatcher und Bush am 17. November 1989 (Protokollant war Zelikow).

45 Scowcroft an Bush, »Meeting with Prime Minister Margaret Thatcher«, 22. November 1989, weitergeleitet aus: Zelikow über Blackwill an Scowcroft, »Briefing Materials for the President's Meeting with Prime Minister Thatcher at Camp David«, 21. November 1989. Bush unterstrich in der Vorlage unter anderem die Empfehlung, der Premierministerin zu sagen, er würde »alle sowjetischen Vorschläge für besondere amerikanisch-sowjetische Arrangements über Deutschland, für Viermächtegespräche oder andere Mittel, um die Aufmerksamkeit von der dringenden Notwendigkeit von Reform und Demokratie in der DDR abzulenken, abschlägig bescheiden«.

46 Das Folgende beruht auf: Thatcher, *Downing Street No. 10,* S. 1099 f.; Gesprächsprotokoll des Treffens zwischen Bush und Thatcher in Camp David am 24. November 1989 (nach Scowcrofts Notizen).

47 Gesprächsprotokoll des Telefonats zwischen Bush und Mitterrand am 17. November 1989 (Protokollant war Adrian Basora).

48 Botschaft von Mitterrand an Bush, 27. November 1989, als Anlage zu: Hutchings über Blackwill an Scowcroft, »The President's Telephone Call to President Mitterrand«, 29. November 1989. Im nächsten Telefongespräch am 30. November (nachdem Kohl im Bundestag sein Vereinigungsprogramm vorgestellt hatte) vermied Mitterrand wiederum jeden direkten Kommentar über Deutschland. Bush erklärte dagegen, während er seine Pläne für das Gipfeltreffen auf Malta darstellte, zweimal, daß er trotz Gorbatschows Besorgnissen über eine verfrühte Wiedervereinigung bei seiner »vorwärtsgewandten Haltung« bleiben werde. Mitterrand erwiderte darauf, daß er unbesorgt sei und volles Vertrauen in Präsident Bush habe (Gesprächsprotokoll des Telefonats zwischen Mitterrand und Bush am 30. November 1989). Über den Besuch in Paris berichtete Genscher im Interview mit Zelikow, Wachtberg-Pech, Dezember 1994. Zu Mitterrands Reisepläne siehe Teltschik, *329 Tage,* S. 47. Weitere Hintergrundinformationen zur französischen Haltung gegenüber Deutschland in den Jahren 1989 und 1990 bieten Schütze, »Frankreich angesichts der deutschen Einheit«, und Kolboom, »Vom ›Gemeinsa-

men Haus Europa‹ zur ›Europäischen Konföderation‹«. Die große Masse der Franzosen war über die Aussicht der Vereinigung Deutschlands offenbar weniger beunruhigt (Fritsch-Bournazel, *Europa und die deutsche Einheit,* S. 241 f.).

49 Zum Chor der vorsichtigen Stimmen gehörten:»German Reunification«, in: *Washington Post,* 12. November 1989, S. D6 (der Westen solle sich mit einer Entwicklung bis an die Schwelle der politischen Einheit zufriedengeben); Burley, »High-Stakes Poker at the Berlin Wall« (eine stabile DDR müsse erhalten bleiben); Richter,»Overloading Noah's Ark« (die Ostdeutschen wollten die Vereinigung gar nicht); Wicker,»Decline of the East« (der Westen solle sich mit einer demokratischeren DDR zufriedengeben); Layne,»Do Something Bold in Central Europe« (man solle die Einheit Deutschlands gegen dessen Neutralisierung eintauschen, so daß es zwar Mitglied der EG, aber nicht der NATO bliebe); Echikson,»Two Safe Germanys« (die USA sollten Kohl drängen, das Ziel der Vereinigung aufzugeben); Wiesel,»I Fear What Lies beyond the Wall«; Rosenfeld,»Striking Balance on Germany« (man müsse »sich bewußtmachen, wohin das ungezügelte Eintreten für Selbstbestimmung führen kann«);»One Germany: Not Likely Now«, in: *New York Times,* 19. November 1989, S. A22 (»Aus einer Vielzahl vernünftiger Gründe will kaum jemand, daß es zur Wiedervereinigung kommt«); Sommer,»A Dog That Doesn't Bark« (»ein Hund, der nicht bellt« als Metapher für die Frage der Wiedervereinigung). Hershberg (»German Runification«) zitierte George F. Kennan mit den Worten, jetzt sei »nicht die Zeit, das Thema auf die Tagesordnung zu setzen«.

Zur Minderheit der Befürworter der deutschen Vereinigung zählten: Hoagland, »Reunification« (die USA sollten ernsthafte Verhandlungen über eine gesamtdeutsche Vereinbarung einleiten); Broder,»Our Great Mission in Europe«;»East Germany's Future«, in: *Washington Post,* 22. November 1989, S. A22; Nye,»Designs for Europe«.

50 PPP: Bush, 1989, Buch 2, S. 1588–1589.

51 Vgl. dpa, 17. November 1989.

52 Das Folgende beruht auf: Teltschik, *329 Tage,* S. 43 f.

53 Portugalow, »Zwei Systeme, eine Nation«, in: *Frankfurter Rundschau,* 17. November 1989, S. 2.

54 Vgl. Teltschik, *329 Tage,* S. 41, 49–58.

55 Vgl. Pond, *Beyond the Wall,* S. 136.

56 »Wer zurückfährt, ist willkommen«, *Spiegel*-Umfrage, in: *Der Spiegel,* 20. November 1989, S. 16 f.

57 ZDF-Politbarometer, zit. in Teltschik, *329 Tage,* S. 41.

58 »Nicht das Weggehen prämiieren, sondern das Dableiben«, Interview mit Lafontaine, in: *Süddeutsche Zeitung,* 25./26. November 1989, S. 13.

59 Kaiser, *Deutschlands Vereinigung,* S. 37.

60 Hartung, »Wiedervereinigung«. Vgl. Pond, »A Wall Destroyed«; Hamilton, *After the Revolution.*

61 Kohl, »Zehn-Punkte-Programm zur Überwindung der Teilung Deutschlands und Europas«, in: *Texte zur Deutschlandpolitik, 1989,* S. 426–433.

62 Teltschik, *329 Tage,* S. 58. Daß Kohl und seine Ratgeber die ostdeutsche Meinung zu formen versuchten und nicht bloß auf sie reagierten, zeigt auch die Äußerung, die Teltschik am Tag von Kohls Rede gegenüber Botschafter Walters machte: In der DDR werde »zur Zeit zwar nicht viel über die Wiedervereinigung gesprochen, aber das könnte sich, da Millionen von Ostdeutschen die BRD besuchten, ändern« (US-Bonn 37206, »Teltschik Briefing on Kohl Speech on German Unity«, 28. November 1989).

63 Teltschik, *329 Tage,* S. 58; Jarausch, *Die unverhoffte Einheit,* S. 108–110.

64 Teltschik, *329 Tage,* S. 50–58; US-Bonn 37206, »Teltschik Briefing on Kohl Speech on German Unity«, 28. November 1989. Teltschik informierte, während Kohl im Bundestag sprach, zunächst die Presse, bevor er mit dem sowjetischen Botschafter und anschließend mit den Vertretern der drei Westmächte zusammentraf. US-Botschafter Walters sagte er, daß Kohl die Rede bereits an Bush geschickt habe. Leider traf sie, vermutlich aufgrund von Schwierigkeiten bei der Übermittlung des elfseitigen Briefs, erst am Abend in Washington ein, als die Nachricht bereits durch alle Medien gegangen war. In der US-Regierung war man verärgert, weil man nicht vorher konsultiert worden war, zumal Bush seine Schritte stets mit Kohl abgesprochen hatte. Die Verärgerung legte sich jedoch, als der Brief eintraf und Kohl am nächsten Tag anrief. Die Sowjets waren erfreut, daß sie von Teltschik informiert worden waren. Sie sahen darin ein Zeichen für die freundlicher gewordenen Beziehungen mit der BRD *(Iswestija,* 29. November 1989, S. 3).

65 Die Darstellung beruht auf den Erinnerungen von Dobbins und John McLaughlin, dem Analytiker, der zusammen mit Dobbins die Besprechung geleitet hat.

66 Aus einem undatierten Papier aus Zoellicks Büroakten, das wahrscheinlich für Bakers Vorbereitung auf eine Pressekonferenz am 29. November bestimmt war. Zoellick bezog sich vermutlich auf folgende ihm vorliegende kurze Zusammenfassung: George an Ross und Zoellick, »Kohl's Ten-Point Plan«, 28. November 1989.

67 Kohl an Bush, 28. November 1989; vgl. Teltschik, *329 Tage,* S. 54.

68 Brief von Krenz an Bush, 28. November 1989; vgl. auch: Baker an Bush, 28. November 1989.

69 Das Folgende beruht auf dem Gesprächsprotokoll des Telefonats zwischen Bush und Kohl am 29. November 1989. Zu den Empfehlungen des Stabes des Weißen Hauses für das Telefongespräch siehe: Hutchings über Blackwill an Scowcroft,

»The President's Telephone Call to Chancellor Kohl«, 28. November 1989. Kohls Zeitschätzung wird bei Teltschik, *329 Tage*, S. 52, erwähnt.

70 PPP: Bush, 1989, Buch 2, S. 1603. Bush bezog sich auf seine Reden in der Universität von Boston (21. Mai), in Mainz (31. Mai) und in Leiden (17. Juli).

71 Kiessler/Elbe, *Ein runder Tisch*, S. 51–53.

72 Bush hatte Mulroney und Clark während der Vorbereitung auf das Gipfeltreffen auf Malta nach Washington eingeladen, um sich über ihre Reise in die Sowjetunion zu informieren. Ihre Bemerkungen zu den sowjetischen Ansichten über Deutschland sind festgehalten in: Gesprächsprotokoll des Abendessens mit Mulroney, 29. November 1989. Die Sowjetführer rechneten vermutlich damit, daß der amerikanische Präsident erfahren würde, was sie sagten, zumal bekannt war, daß Bush und Mulroney befreundet waren.

73 *Prawda*, 17. November 1989, S. 1 f.

74 Daschitschew, »On the Road to German Reunification«, S. 170, 173.

75 Kwizinski, *Vor dem Sturm*, S. 16 f.

76 Scowcroft an Bush, »The Sowjets and the German Question«, 29. November 1989. Anstreichungen im Memorandum deuten darauf hin, daß Bush es gelesen hat.

77 CIA/SOV 89–20089X, »The German Question and Soviet Policy«, 27. November 1989. Es ist zu bezweifeln, daß Bush oder seine Berater von Kabinettsrang diese zwanzigseitige Analyse gelesen haben. Schlüsselbeamte unterhalb der Kabinettsebene haben sie jedoch vor dem Treffen auf Malta durchgearbeitet. Die CIA-Analytiker kannten die durch Mulroney übermittelten Äußerungen der Sowjets nicht. Nichts wies darauf hin, daß Schewardnadse mit den Pragmatikern sympathisierte. Für Jakowlews Ansichten gab es ebenso widersprüchliche Anhaltspunkte wie für die Haltung Gorbatschows. Erfahrene Deutschlandexperten wie Valentin Falin galten als strikte Gegner der Wiedervereinigung, und die Meinung des Militärs hielt man für gespalten. Kein einziger hochrangiger Vertreter der Sowjetführung hatte zu erkennen gegeben, daß er die NATO-Mitgliedschaft eines vereinigten Deutschland zu akzeptieren bereit sei. Die Diskussion drehte sich in historischer wie politischer Hinsicht vielmehr um die Frage, ob Deutschland überhaupt vereint werden sollte.

78 In seiner Rede in Rom unterstrich Gorbatschow die Philosophie der Perestroika: »Wir haben uns vom Wahrheitsmonopol losgesagt, wir denken nicht mehr, daß wir besser als alle anderen sind und immer recht haben. ... Von nun an lassen wir uns unwiderruflich vom Prinzip der freien Wahl leiten ... Wir sind dabei, uns selbst kennenzulernen, uns der Welt zu offenbaren und die Welt zu entdecken« *(Prawda*, 2. Dezember 1989). Siehe auch: »Press-konferenzija w Milane«, in: *Prawda*, 3. Dezember 1989, S. 2.

79 Das Folgende beruht auf dem sowjetischen Gesprächsprotokoll des Treffens, abgedruckt in Gorbatschow, *Gody trudnych reschenii,* S. 173–176; vgl. Beschloss/Talbott, *Auf höchster Ebene,* S. 202–210; Oberdorfer, *The Turn,* S. 378f. Die amerikanische Darstellung findet sich in: Gesprächsprotokoll der ersten Delegationssitzung mit Gorbatschow, 2. Dezember 1989. Bush war auf dieser Sitzung in Begleitung von Baker, Sununu, Scowcroft, Staatssekretär im Verteidigungsministerium Paul Wolfowitz, Zoellick, Blackwill und eines Dolmetschers. Gorbatschow wurde begleitet von Schewardnadse, Jakowlew, Bessmertnych (damals Erster stellvertretender Außenminister), Tschernjajew, Dobrynin (damals außenpolitischer Berater Gorbatschows), Achromejew und einem Dolmetscher. Zu Hintergrundinformationen über die Entscheidung, sich auf Malta zu treffen, und Bushs Vorbereitung auf die Begegnung vgl. Beschloss/Talbott, *Auf höchster Ebene,* S. 166–201. Das wichtigste vorbereitende Material in bezug auf Deutschland war das von Scowcroft, Rice, Blackwill, Zoellick und Zelikow zusammengestellte Materialbuch »Presidential Presentations«. Das Buch unterschied sich von dem Material, das üblicherweise für solche Reisen vorbereitet wurde, und sein Inhalt war nur wenigen bekannt. Vgl. die Papiere »Key Points to Be Made in Subsequent Presentations« und die ausführlichere Darstellung in »The Future of Germany« sowie »German Peace Treaty« mit Antwortvorschlägen auf mögliche überraschende Wendungen im Gespräch mit Gorbatschow.

80 Sowjetische Gesprächsnotizen, zit. in Tschernjajew, *Die letzten Jahre einer Weltmacht,* S. 267f. Eine ähnliche Aufzeichnung der amerikanischen Seite war nicht verfügbar. Bush und Scowcroft informierten jedoch später ihre Berater über das Gespräch, und die sowjetische Darstellung deckt sich sowohl mit den Erinnerungen von Blackwill und Rice als auch mit der allgemeiner gehaltenen Darstellung für die Presse (vgl. Beschloss/Talbott, *Auf höchster Ebene,* S. 208f.). Während des Vieraugengesprächs zwischen Bush und Gorbatschow kamen die Außenminister zu einer getrennten Beratung zusammen, bei der Schewardnadse von dem tiefen Unbehagen sprach, das seine Regierung in der Frage der deutschen Vereinigung und aufgrund von revanchistischen Äußerungen in Westdeutschland empfinde (ebd., S. 207).

81 Das sowjetische Protokoll ist zit. in Gorbatschow, *Gody trudnych reschenii,* S. 176–179. Die amerikanische Darstellung findet sich in: Gesprächsprotokoll der zweiten Delegationssitzung mit Gorbatschow, 3. Dezember 1989 (auf der *Maxim Gorki).* Teilnehmer waren neben Bush und Gorbatschow auf amerikanischer Seite Baker, Sununu, Scowcroft, Generalleutnant Howard Graves (Stellvertreter des Vorsitzenden der Vereinigten Stabschefs), Ross, Rice sowie ein Dolmetscher und auf sowjetischer Seite Schewardnadse, Jakowlew, Bessmertnych, Tschernjajew, Dobrynin, Achromejew und ein Dolmetscher. Darstellungen auf der Grundlage von

Interviews mit Beteiligten geben Beschloss/Talbott, *Auf höchster Ebene*, S. 213–215, und Oberdorfer, *The Turn*, S. 381 f.

82 Protokollant der amerikanischen Seite war Scowcroft. Zum Inhalt des Gesprächs siehe Beschloss/Talbott, *Auf höchster Ebene*, S. 215 f.

83 Gemeinsame Pressekonferenz von Bush und Gorbatschow am 3. Dezember 1989 in Valletta, in: *Europa-Archiv* (Dokumente) 2/1990, D 47 f.

84 Tschernjajew, »The Phenomenon of Gorbachev«, S. 48.

85 Achromejew/Kornienko, *Glasami Marschala i Diplomata*, S. 253 f., 259. Kornienko war bis 1988 stellvertretender Außenminister der UdSSR.

86 Zum Folgenden vgl. Teltschik, *329 Tage*, S. 62–64; Gesprächsprotokoll des Treffens zwischen Bush und Kohl im Château Stuyvenberg in Brüssel am 3. Dezember 1989; Zelikow, Interview mit Scowcroft, Washington, D. C., Juni 1991; Scowcroft an Bush, »Scope Paper – Your Bilateral with Chancellor Kohl« (während der Reise vorgelegt).

87 Pressekonferenz von Baker am 29. November 1989 in Washington, in: Kaiser, *Deutschlands Vereinigung*, S. 169.

88 Der Entwurf von Ross und Fukuyama hatte die Einschränkung »wenn es zur Vereinigung kommt« enthalten, die gestrichen wurde. Der Hinweis auf die Viermächterechte dagegen war neu eingefügt worden, weil sich die US-Botschaft in Bonn über Kohls beständiges Schweigen in bezug auf diese Rechte beklagt hatte und die Amerikaner ihre Verpflichtungen für Berlin und »Deutschland als Ganzes« betonen wollten (vgl. US-Bonn 37736, »Kohl's Ten-Point Programm – Silence on the Role of the Four Powers«, 1. Dezember 1989).

89 Bush, »Zukunft Europas«, Rede vor dem NATO-Rat in Brüssel, 4. Dezember 1989, in: *Umbruch in Europa*, S. 121–125. Bush schickte Gorbatschow die vier Prinzipien über Deutschland in einer Botschaft vom 8. Dezember 1989 persönlich zu. Zum positiven Presseecho auf die Reise nach Malta und Brüssel siehe: Pressekonferenz in Brüssel, 4. Dezember 1989, in: PPP: Bush, 1989, Buch 2, S. 1647–1649; Scowcroft an Bush, »European Press Reaction to the NATO Summit and Your Speech on the Future of Europe«, 6. Dezember 1989.

90 Teltschik, *329 Tage*, S. 64–67; Zelikow, Interview mit Blackwill, Cambridge, Massachusetts, 1991. Trotz vermehrter Forderungen nach einem Truppenabbau in Europa wurde das militärische Engagement der Vereinigten Staaten Ende 1989 von der amerikanische Öffentlichkeit weiterhin unterstützt. 1982 hatten sich 66 Prozent der Amerikaner dafür ausgesprochen, die amerikanische Truppenstärke in Europa beizubehalten oder zu erhöhen; bis zum November 1989 war dieser Prozentsatz trotz der politischen Veränderungen auf dem Kontinent nur um acht Punkte auf 58 Prozent gesunken. Dabei mochte der Erfolg des NATO-Gipfels vom Mai 1989 ebenso eine Rolle gespielt haben wie die Besorgnisse über die Zu-

kunft der Sowjetunion und die unsichere politische Lage – alles Themen, die wiederholt von Bush angesprochen worden waren. Zur zitierten Meinungsumfrage siehe: Tutwiler an Baker, »Support for NATO and U. S. Troops in Europe«, 8. Dezember 1989.

91 Thatcher, *Downing Street No. 10,* S. 1101.

92 Teltschik, *329 Tage,* S. 67.

93 »Wstretscha rukowoditjelei gosudarstwutschastnikow Warschawskowo Dogowora« (Treffen der Partei- und Staatsführer der Länder des Warschauer Vertrages), in: *Westnik,* 31. Dezember 1989, S. 42–45; Informationstreffen der Führer des Warschauer Vertrages, 4. Dezember 1989, Moskau, in: *Europa Archiv* 3/1990, D 71 f.; vgl. Oberdorfer, *The Turn,* S. 384–386. Krenz hatte darauf bestanden, Modrow nach Moskau zu begleiten. Dort wurde der inzwischen diskreditierte SED-Chef jedoch im Gegensatz zu Modrow, dessen Treffen mit Gorbatschow viel öffentliche Aufmerksamkeit fand, als Unperson behandelt (vgl. Reuth/Bönte, *Das Komplott,* S. 185 f.). Modrow berichtete später Rudolf Seiters von Gorbatschows Äußerungen (Teltschik, *329 Tage,* S. 68).

94 Vgl.: *Chronik der Ereignisse,* S. 33 f.; Pond, *Beyond the Wall,* S. 140–145; Jarausch, *Die unverhoffte Einheit,* S. 103 f., 112 f., 127–130. In Washington berief Blackwill am 7. Dezember eine Sitzung der Analytiker von CIA und DIA (Defense Intelligence Agency; militärischer Geheimdienst) zur Lage in der DDR ein. Die US-Regierung behielt die Entwicklung auf der Suche nach Anzeichen für den Zusammenbruch der öffentlichen Ordnung sorgfältig im Auge. Die sowjetischen Streitkräfte verhielten sich ruhig (vgl.: Benko [ein Analytiker aus Blackwills Büro] über Blackwill an Scowcroft, »Intelligence Community Assessment of Current Tensions in GDR«, 7. Dezember 1989).

95 Vgl.: *Krasnaja Swesda* und *Iswestija,* 5.–9. Dezember 1989.

96 Kwizinski, *Vor dem Sturm,* S. 17; Kotschemassow, *Meine letzte Mission,* S. 195 f.

97 Die sowjetische Führung befürchtete, daß nach der Vereinigung Deutschlands eine Hexenjagd gegen jene einsetzen könnte, die Osteuropa und Deutschland »verloren« hatten. Laut Tarassenko war man sich Ende 1989 darüber im klaren, daß die Vereinigung unvermeidlich war, und begann über Strategien nachzudenken, die verhindern sollten, daß Gorbatschow und seine Führungsmannschaft über diese Entwicklung stürzten (Rice, Interviews mit Tarassenko, Moskau, Oktober 1991, und Tschernjajew, Moskau, Juni 1994). Diese Aussage gilt zwar nicht ohne weiteres für die gesamte Sowjetdiplomatie, aber sie deutet zumindest an, daß die sowjetische Politik bereits von der Rücksichtnahme auf innere Entwicklungen überschattet wurde.

98 Die Darstellung beruht auf dem sowjetischen Gesprächsprotokoll »Sapis

bessedy M. S. Gorbatschowa s Ministrom inostrannych djel FRG G. D. Gensche-rom«, 5. Dezember 1989, das den Autoren von Alexandra Besymenskaja zugäng-lich gemacht wurde. Vgl. Tschernjajew, *Schest let s Gorbatschowym,* S. 306–309; Kiessler/Elbe, *Ein runder Tisch,* S. 70. Schewardnadses Verweis auf Hitler bezog sich auf die Vorstellung, daß die Bundesrepublik durch ein »Diktat« den Anschluß eines Nachbarn zu erzwingen versuche. Zu Genschers Bericht über die Begeg-nung für seine Außenministerkollegen siehe: US-Bonn 3834, »12/13/89 Quadri-partite Ministers' Meeting«, 5. Januar 1990. Vgl. auch: *Prawda,* 6. Dezember 1989, S. 1, und *Iswestija,* 6. Dezember 1989, S. 4. Schewardnadses öffentliche Kritik an Genscher war besonders scharf. Teltschik war überrascht, daß die Sowjets nach dem gemäßigten Ton, den sie den Berichten von Bush und Baker zufolge auf Malta angeschlagen hatten, wieder eine härtere Gangart einlegten *(329 Tage,* S. 68). Gor-batschows Linie folgend (an deren Ausarbeitung er möglicherweise beteiligt gewe-sen war), erklärte Valentin Falin dem britischen Botschafter in Moskau am 7. De-zember, Kohl demonstriere nach Ansicht der UdSSR »nationalen Egoismus«. Er hätte das Gorbatschow gegebene Versprechen gebrochen, keine gesamtdeutsche Initiative zu unternehmen. Zur härteren Linie der Sowjetunion vgl.: US-Moskau 35285, »Soviet Concerns about Germany«, 9. Dezember 1989. Falins Bemerkun-gen wurden von den Briten an ihre Kollegen von der US-Botschaft in Moskau wei-tergeleitet. Der stellvertretende sowjetische Außenminister Anatoli Adamischin machte sich sogar die Mühe, dem für Menschenrechtsfragen zuständigen Abtei-lungsleiter im US-AM, Richard Schifter, eine Botschaft nach Paris zu schicken, um ihm mitzuteilen, daß Moskau, unter anderem aufgrund innenpolitischer Kritik, über die Möglichkeit einer übereilten deutschen Wiedervereinigung »zutiefst beunruhigt« sei. Auch aus den oberen Etagen des französischen Außenministeri-ums meldeten sich besorgte Stimmen bei Schifter (Schifter an Baker, »Soviet Con-cern over German Reunification and French Thoughts Thereon«, 15. Dezember 1989).

99 TASS-Meldungen, 5. Dezember 1989, in: FBIS-SOV 89–233, 6. Dezember 1989, S. 51; *Prawda,* 6. Dezember 1989.

100 *Prawda,* 10. Dezember 1989, S. 1–3; *Neues Deutschland,* 11. Dezember 1989, S. 1.

101 Sowjetisches Gesprächsprotokoll »Sapis bessedy M. S. Gorbatschowa s presidentom franzii F. Mitterranom«, 6. Dezember 1989, das den Autoren von Alexandra Besymenskaja zugänglich gemacht wurde. Zum Bericht des französi-schen Außenministers Dumas über die Gespräche in Kiew siehe: US-AM 3834, »12/13/89 Quadripartite Ministers' Meeting«, 5. Januar 1990. Mitterrand sagte Kohl am 9. Dezember bei einem Frühstück während des EG-Gipfels, Gorba-tschow hätte in bezug auf Deutschland erstaunliche innere Ruhe ausgestrahlt.

Man könne jedoch nicht voraussehen, wie er reagieren würde, wenn die Entwicklung in Richtung Einheit zu schnell voranschreite. Den Deutschen fiel auf, daß Mitterrand nichts über den französischen Beitrag zu diesen Gesprächen sagte. Kohl bemühte sich wie üblich, die Sorgen über eine baldige Vereinigung zu zerstreuen (Teltschik, *329 Tage*, S. 71).

102 Thatcher, *Downing Street No. 10*, S. 1101–1103.

103 Zelikow, Interview mit Genscher, Wachtberg-Pech, Dezember 1994; vgl.: Scowcroft an Bush, »Mitterrand and the Strasbourg Summit«, 13. Dezember 1989 (Entwurf von Blackwill).

104 Erklärung des Europäischen Rates zu Mittel- und Osteuropa während der Tagung am 8. und 9. Dezember 1989 in Straßburg, in: *Europa-Archiv* (Dokumente) 1/1990, D 13 f. Die CIA wies in einer informellen Gegenüberstellung auf die Ähnlichkeiten zwischen Bushs vier Prinzipien und der Erklärung von Straßburg hin (»Conditions for German Reunification«, Scowcroft am 13. Dezember von Blackwill vorgelegt).

105 Teltschik, *329 Tage*, S. 70.

106 Vgl. Seitz an Baker (ohne Titel), 4. Dezember 1989 (mit Zoellicks Empfehlung und Bakers Randbemerkung), in Zoellicks Büroakten. Der Gedanke an die Vorbedingungen eines KSZE-Gipfels floß auch in die Ratschläge ein, die Baker dem Präsidenten vor dessen Treffen mit Mitterrand am 16. Dezember auf St. Martin aus Brüssel zukommen ließ. Gorbatschows Vorschlag für einen KSZE-Gipfel, erklärte Baker, »spannt den Karren vor den Ochsen«, denn den Alliierten werde nicht die Möglichkeit gegeben, zuerst darüber zu entscheiden, »was eine solche Zusammenkunft erreichen soll« (US-AMin. 19021, Baker an Bush, »Thoughts for the Mitterrand Meeting«, 16. Dezember 1989).

107 Scowcroft an Bush, »Mitterrand, the Germans, U. S.-EC Cooperation, and the CSCE«, 15. Dezember 1989 (Entwurf von Blackwill); vgl. auch die Pressekonferenz, die Bush und Mitterrand auf St. Martin gegeben haben, in PPP: Bush, 1989, Buch 2, S. 1713.

108 Hoagland, »Germans and French«.

109 Vgl.: Baker an Bush, 8. Dezember 1989. Die Darstellung stützt sich außerdem auf Zelikows Notizen von Blackwills Gesprächen mit Kimmitt und anderen Vertretern des US-AM sowie mit Angehörigen der britischen Botschaft in Washington. Zur »Berlin-Initiative« vgl. Maximytschew, »What ›German Policy‹ We Need«, S. 58–60.

110 Das Folgende beruht auf: Zelikow, Interviews mit Genscher, Wachtberg-Perch, Dezember 1994, und Kastrup, Bonn, Dezember 1994. Vgl. Kiessler/Elbe, *Ein runder Tisch*, S. 73 f.; Teltschik, *329 Tage*, S. 75, 79; Kotschemassow, *Meine letzte Mission*, S. 197 f.; US-Mission 3510, »Four-Power Talks on Berlin Initiative:

December 11, 1989«, 11. Dezember 1989; US-Bonn 39821, »Follow-Up on Four Power Talks in Berlin«, 21. Dezember 1989. Zur wütenden Reaktion der westdeutschen Presse siehe Pond, *Beyond the Wall,* S. 168, zum Kommentar des sowjetischen Regierungsbeamten vgl. Maximytschew,»What ›German Policy‹ We Need«, S. 62.

111 Kiessler/Elbe, *Ein runder Tisch,* S. 55.

112 Das Folgende stützt sich auf: Zelikow, Interview mit Baker, Houston, Januar 1995, und das Gesprächsprotokoll des Treffens zwischen Bush und Mitterrand auf St. Martin am 16. Dezember 1989. Vgl. Scowcroft an Bush,»Scope Paper – Your Meeting with President Mitterrand«, 15. Dezember 1989 (Entwurf von Basora und Blackwill); Scowcroft an Bush,»Mitterrand, the Germans, U. S.-EC Cooperation, and the CSCE«, 15. Dezember 1989 (Entwurf von Blackwill).

113 Vgl.: CIA,»East Germany: Movement toward Democracy and Reunification«, 11. Dezember 1989; US-München 4955,»Bavarians and the Reunification Question«, 15. Dezember 1989; US-Bonn 38006,»Kohl's Ten-Point Program: A Burst of Criticism and then More Embracing«, 5. Dezember 1989, und 38015,»The SPD and the German Question«, 5. Dezember 1989; Gennrich,»Genscher sagt Achtung sowjetischer Sicherheitsinteressen zu«.

114 Baker, Rede im Berliner Presseclub, 12. Dezember 1989, in: *Europa-Archiv* (Dokumente) 4/1990, D 77-D 84; vgl. die Hintergrundinformationen in: PA-Mitschrift, Erläuterungen durch hochrangige Vertreter des US-AM (Ross und Zoellick) in Berlin, 12. Dezember 1989. Die Grundzüge der Rede hatte Baker offenbar vor seiner Abreise mit Bush besprochen (vgl. Dobbins an Baker,»Talkers for Use with the President«, undatiert, wahrscheinlich 8. Dezember 1989). Das Memorandum enthält handschriftliche Randbemerkungen von Zoellick, aber auch Markierungen von Baker, die vermuten lassen, daß er es als Grundlage für sein Gespräch mit Bush benutzte.

115 Fritz Wirth,»Hilfe aus Amerika«, in: *Die Welt,* 13. Dezember 1989. Zu den positiven Stimmen siehe Pond, *Beyond the Wall,* S. 153 f.

116 US-NATO 7044,»IS Notes of Soviet Foreign Minister Shevardnadze's Meeting with NATO SYG Wörner at NATO Headquarters – December 19, 1989«, 19. Dezember 1989.

117 Dies war die Einschätzung von Kanzleramt und Außenministerium in Bonn (vgl. Teltschik, *329 Tage,* S. 78; Kiessler/Elbe, *Ein runder Tisch,* S. 58 f.).

118 Die Darstellung stützt sich auf: Teltschik, *329 Tage,* S. 77; US-AM 408228, »Secretary's December 12 Meeting with Chancellor Kohl«, 26. Dezember 1989. Die Washingtoner Befürchtung, die westdeutsche Regierung könnte das Ausland gegen sich aufbringen, war so groß, daß man vor Bakers Reise erwogen hatte, ihm einen Brief des Präsidenten an Kohl mitzugeben, um die Notwendigkeit engerer

amerikanisch-deutscher Konsultationen in der bevorstehenden Phase zu unterstreichen. Doch Bush hielt einen solchen Brief für unnötig. In der Grenzfrage hatte Kohl während des Straßburger EG-Gipfels ähnliche Versicherungen abgegeben wie gegenüber Baker. Die Niederländer fanden diese Versicherungen offenbar ausreichend (vgl. US-Den Haag, »German-Polish Border: Dutch Claim Germans Gave Assurances at EC Summit«, 20. Dezember 1989).

119 CIA/EUR 89–20218, »The Changing Relationship between the Two Germanys: Prospects and Implications«, 29. November 1989.

120 Vgl. Walters, *Die Vereinigung war voraussehbar,* S. 65f.

121 Das Folgende beruht auf: US-Brüssel 16024, »Fast-press: Background Briefing by Senior Administration Official (Baker) Tegel Airport en route Brussels, Dec 12«, 13. Dezember 1989; PA-Mitschrift, »Background Briefing by Senior State Department Officials« (durch Ross und Zoellick im Pressebus auf der Fahrt von Potsdam zum Flughafen Tegel), 12. Dezember 1989; Modrow, *Aufbruch und Ende,* S. 94; Zelikows Erinnerungen an die Reise.

122 Vgl. Kiessler/Elbe, *Ein runder Tisch,* S. 74f.; US-AM, »12/18/89 Quadripartite Ministers' Meeting«, 5. Januar 1990.

123 Vgl. Teltschik, *329 Tage,* S. 96.

124 Kohls Brief wurde am 14. Dezember abgeschickt. Gorbatschows Schreiben lag vor, als Kohl am 18. Dezember von einem Staatsbesuch in Ungarn zurückkehrte (Teltschik, *329 Tage,* S. 80f., 85).

125 Rice, Interview mit Tarassenko, Moskau, Oktober 1991. Teltschik erhielt von den Sowjets dieselbe Auskunft (Zelikow/Rice, Interview mit Teltschik, Gütersloh, Juni 1992).

126 Kohls Rede ist abgedruckt in: *Texte zur Deutschlandpolitik, 1989,* S. 466–469; vgl. Teltschik, *329 Tage,* S. 87–96.

127 Baker an Bush, 20. Dezember 1989.

128 Kiessler/Elbe, *Ein runder Tisch,* S. 47. Elbe zufolge erwiderte Zoellick: »Wir sehen das auch so.«

Auf dem Weg zu den »Zwei plus Vier«-Verhandlungen

1 Das Folgende stützt sich auf Rice, Interview mit Tarassenko, Moskau, Oktober 1991, und Zelikow, Interview mit Tarassenko, Providence, Juni 1993. Tarassenko wurde unterstützt von Tejmuras Stepanow aus Schewardnadses Planungsstab.

2 Schewardnadse, Rede vor dem Politischen Ausschuß des Europäischen Parlaments, Brüssel, 19. Dezember 1989, in: *Europa-Archiv* (Dokumente) 5/1990, D 129–D 132.

3 Schewardnadse, *Die Zukunft gehört der Freiheit*, S. 240–242; vgl.: CIA/ SOV 89–20099, »An Analysis of Shevardnadze's Seven Questions on German Unification«, 29. Dezember 1989; US-Moskau 37130, »Gorbachev's Foreign Policy Facing Critical Tests«, 23. Dezember 1989.

4 Bericht eines anwesenden Beamten gegenüber Zelikow; Karl-Ludwig Günsche, »Schewardnadse: Sieben Bedingungen für die Einheit«, in: *Bild-Zeitung*, 20. Dezember 1989. Es ist denkbar, daß Genscher selbst oder einer seiner Mitarbeiter diesen Artikel lanciert hatte; einen Beweis dafür gibt es jedoch nicht. Amerikanische Analytiker spekulierten darüber, daß gemäßigte westdeutsche Politiker, nach deren Ansicht Kohl eine internationale Krise riskierte, möglicherweise sogar hofften, daß die harschen sowjetischen Warnungen das von Kohl vorgelegte Tempo verlangsamen würden (CIA/EUR 89–20254, »German Reaction to Shevardnadze's Speech«, 29. Dezember 1989). Vgl. auch Kiessler/Elbe, *Ein runder Tisch*, S. 68–72.

5 Teltschik, *329 Tage*, S. 93.

6 *Frankfurter Allgemeine Zeitung*, 30. Dezember 1989, S. 5 (Süssmuth), und *General-Anzeiger* (Bonn), 2. Januar 1990, S. 2 (Kohl), abgedruckt in: *Materialien zu Deutschlandfragen*, S. 171 f. Vgl.: US-Bonn 40202, »CDU Leaders React to Criticism of President von Weizsäcker's Call for Recognition of Poland's Western Border«, 29. Dezember 1989; US-Bonn 79, »Poland's Western Border: Kohl Calls ›Unacceptable‹ Proposal for Joint FRG-GDR Declaration«, 2. Januar 1990. Die juristische Frage lautete, ob die Bundesrepublik das Recht hatte, eine Vereinbarung über die Grenze mit Polen zu treffen. Wie im zweiten Kapitel gesehen, hatten sich die Vier Mächte 1945 das letzte Wort über die deutschen Grenzen vorbehalten, und die westlichen Alliierten hatten ihre Verantwortung in allen nachfolgenden Abkommen, wie dem Deutschlandvertrag von 1954 und dem Viermächteabkommen von 1971, ausdrücklich bestätigt. Darüber hinaus hatte die Bundesrepublik in Übereinstimmung mit den USA und Großbritannien darauf hingewiesen, daß das Deutsche Reich als passives Subjekt des Völkerrechts, das auf seine Wiederherstellung als einheitlicher Staat wartete, weiterhin existierte. Die von den Sowjets geteilte Position Polens und der DDR besagte dagegen, daß das Deutsche Reich 1945 aufgelöst worden war. Dessen Nachfolgestaaten, die BRD und die DDR, hatten die existierende deutsch-polnische Grenze 1950 im Görlitzer Vertrag (DDR–Polen) beziehungsweise 1970 im Warschauer Vertrag (BRD–Polen) anerkannt. Vgl. Czaplinski, »The New Polish-German Treaties«, S. 163 f.; Frowein, »Legal Problems of the German Ostpolitik«, S. 105.

7 Vgl. Jarausch, *Die unverhoffte Einheit*, S. 119–147; Pond, *Beyond the Wall*, S. 145–152; Teltschik, *329 Tage*, S. 95 f.

8 Vgl. Teltschik, *329 Tage*, S. 97–100. Die Gespräche zwischen Kohl und Mitterrand fanden offenbar ohne Vertreter der beiden Außenministerien statt.

9 Zum Folgenden vgl.: Hutchings über Blackwill an Scowcroft, »Responding to a Soviet Call for a German Peace Conference«, undatiert (geschrieben Ende Dezember 1989). Das Papier enthielt den Entwurf eines für Präsident Bush bestimmten Memorandums, in dem dieselben Ansichten vertreten wurden. Scowcroft stimmte jedoch nicht mit ihnen überein und leitete das Memorandum nicht weiter (Zelikow, Interview mit Scowcroft, Washington, D. C., 1991).

10 US-AM 11920, »Shevardnadze Message on Germany – Corrected Text«, 12. Januar 1990. Diese Entwicklung war in dem Artikel »Four-Power Talks and Reunification«, in: National Intelligence Daily, 5. Januar 1990, vorausgesagt worden.

11 US-AM 13681, »Response to Shevardnadze's Proposal for Four-Power Exchange on Germany«, 13. Januar 1990; US-Bonn 1390, »Response to Shevardnadze's Proposal for Four-Power Exchange on Germany«, 16. Januar 1990; US-AM 13666, »Followup on Four-Power Talks in Berlin«, 13. Januar 1990; US-Bonn 1510, »Meeting with UK and French Ambassadors on Shevardnadze Message and Berlin Initiative«, 17. Januar 1990. Die westliche Antwort enthielt den Vorschlag, in Berlin residierende Diplomaten der Vier Mächte könnten sich, wenn nötig, in traditionell der Viermächteverantwortung unterstehende Fragen wie dem Status von Berlin und der öffentlichen Sicherheit der Stadt mit der BRD und der DDR ins Benehmen setzen. Die Briten, auf deren Anregung der Vorschlag zurückging, hofften, auf diese Weise die grundsätzliche Ablehnung der sowjetischen Note abmildern zu können.

12 Vgl.: US-Bonn 1899, »Ambassador's Discussion with Foreign Minister Genscher, January 19«, 19. Januar 1990; EUR/CE (Skinner) an US-Bonn, »QUAD Political Directors' Meeting in Washington, January 23«, 23. Januar 1990.

13 Vgl.: US-AM 29161, »Soviet Demarche on Direct Elections in Berlin, Activities by Neo-Fascist Forces«, 27. Januar 1990; US-Bonn 3160, »Soviet Demarche on Direct Elections in Berlin, Activities by Neo-Fascist Forces«, 31. Januar 1990; Seitz an Baker, »Soviet Demarches on Germany«, 27. Januar 1990 (Entwurf von Alexander Vershbow und Pierre Shostal). Zu ersten westlichen Überlegungen zu Wahlfragen siehe auch: US-AM 14289, »Direct Election and Voting Rights of Berlin Bundestag Deputies«, 14. Januar 1990. Der Moskauer US-Botschafter Jack Matlock drängte darauf, den Sowjets ein Diskussionsforum über die Veränderungen in Deutschland und Europa anzubieten. Er schlug eine Gesprächsgruppe über die Themen für einen KSZE-Gipfel vor (US-Moskau 2333, »Dealing with Soviet Concerns about Germany«, 19. Januar 1990).

14 Vgl. Jarausch, Die unverhoffte Einheit, S. 148–165; Pond, Beyond the Wall, S. 170f.; Diskussionspapier des PCC über die DDR, »GDR Policy Review«, 9. Januar 1990; US-Berlin 213, »The Momper-Modrow Discussions on the Internal GDR Situation«, 22. Januar 1990; US-Bonn 1973, »FRG Economics Ministry on Inner-German Economic Developments«, 22. Januar 1990; CIA, »Appraisal of Situation – In-

creasing Unvertainty and Growing Prospects for Confrontation in East Germany«, 24. Januar 1990.

15 Vgl. Teltschik, *329 Tage*, S. 104–127; Zelikow/Rice, Interview mit Teltschik, Gütersloh, Juni 1992; US-Bonn 2631, »Chancellery Readout on Inner-German Relations«, 26. Januar 1990; 2422, »Ambassador's Conversation with Chancellor Kohl, January 24, 1990«, 25. Januar 1990; Informationen der Autoren über das am 25. Januar 1990 in Bonn geführte Gespräch zwischen Bundeskanzler Kohl und dem britischen Botschafter Christopher Malaby; *Chronik der Ereignisse in der DDR*, S. 46–50; Pond, *Beyond the Wall*, S. 170f. Einen guten Eindruck der damaligen Stimmung vermittelt der von Hans Süssmuth herausgegebene Bericht einer Tagung, auf der sich am 24. und 25. Januar 1990 ein illustrer Kreis von Politikern, Wissenschaftlern, Wirtschaftsexperten und Journalisten aus Ost- und Westdeutschland mit der Frage beschäftigte: *Wie geht es weiter mit Deutschland?* Sowohl Bahr als auch Teltschik hielten auf der Tagung Vorträge über internationale Fragen, in denen sie auf Debatten eingingen, die erst noch bevorstanden.

16 Vgl.: Hutchings an Gantt (für Scowcroft und Gates), »PCC on U.S.-GDR Relations«, 11. Januar 1990. Scowcroft schickte den Bericht über die Empfehlungen des PCC mit der Bemerkung zurück: »Bei mir melden.« Er stellte klar, daß Hilfsprogramme wie für die neuen Demokratien in Polen und Ungarn für die DDR nicht in Frage kamen.

17 Blackwill an Scowcroft, »1990«, 19. Januar 1990.

18 Hutchings über Blackwill an Scowcroft, »Your Breakfast with Kissinger: Managing the German Question«, 26. Januar 1990; Zelikow, Interviews mit Baker, Houston, Januar 1995, und Zoellick, Washington, D. C., Januar 1995.

19 Rice an Blackwill, »Thinking about Germany«, 23. Januar 1990.

20 Kotschemassow, *Meine letzte Mission*, S. 204–209; Schewardnadse in: *Iswestija*, 19. Januar 1990. Vgl. auch die Äußerungen im Zusammenhang mit dem in diese Zeit fallenden Besuch von DDR-Außenminister Fischer in: *Westnik*, 15. Februar 1990, S. 19f. Teltschik sah wie üblich über die negativen Aspekte hinweg und schloß aus dem unverkrampften Ton des Schewardnadse-Artikels auf die Kompromißbereitschaft der sowjetischen Führung. Äußerungen von Mitarbeitern des ZK der KPdSU, unter anderem von Portugalow, deuteten ebenfalls auf einen Meinungswandel in der Sowjetunion hin *(329 Tage*, S. 112–114).

21 Das Folgende stützt sich auf: Schachnasarow, *Zena swobody*, S. 125–127; Tschernjajew, *Die letzten Jahre einer Weltmacht*, S. 296f.; Falin, *Politische Erinnerungen*, S. 489f.; Falin-Interview in Kuhn, *Gorbatschow und die deutsche Einheit*, S. 94; Zelikow, Interview mit Tschernjajew, Moskau, Januar 1994; Galkin/Tschernjajew, »K Prawdy i tolko odinaja prawda«.

22 Die Bitte war am 8. Januar von Botschafter Kwizinski überbracht worden.

Kohl hatte daraufhin Landwirtschaftsminister Ignaz Kiechle eingeschaltet, dessen Plan am 24. Januar angenommen wurde (Teltschik, *329 Tage*, S. 100–102, 109, 114). Zum gleichen Zeitpunkt stimmte die sowjetische Regierung dem bereits seit über einem Monat vorliegenden Vorschlag eines Moskaubesuchs von Kohl zu.

23 Vgl. dazu die sowjetische Reaktion auf Gregor Gysis Vorschlag, alle ausländischen Truppen aus Deutschland abzuziehen, in Schewardnadses *Iswestija*-Artikel vom 22. Januar.

24 Das Folgende stützt sich auf: Modrow, *Aufbruch und Ende*, S. 120–123; Kotschemassow, *Meine letzte Mission*, S. 215–217; Interviews mit Gorbatschow, Modrow und Manfred Gerlach in Kuhn, *Gorbatschow und die deutsche Einheit*, S. 100–103. Vgl. TASS, »Talks Begin with Gorbatschow«, 30. Januar 1990, in: FBIS-SOV 90–020, 30. Januar 1990, S. 22; TASS, »Shevardnadze Outlines Policy on German Unity«, 2. Februar 1990, in: FBIS-SOV 90–024, 5. Februar 1990, S. 33–35; Bericht des Bundesministeriums für innerdeutsche Beziehungen über den Modrow-Besuch, in: *Materialien zu Deutschlandfragen*, S. 243 f.; »Rabotschi wisit G. Gysi w SSSR«, in: *Westnik*, 28. Februar 1990, S. 4 f.; Teltschik, *329 Tage*, S. 120 f.; Baker an Bush, 30. Januar 1990.

25 »Der Deutschland-Plan Modrows. Schritte auf dem Weg zur Föderation«, in: *Materialien zu Deutschlandfragen*, S. 131–133.

26 Brief von Gorbatschow an Bush, 2. Februar 1990. Obwohl Gorbatschow in der Januar-Sitzung seines deutschlandpolitischen Krisenstabes der Bildung eines Sechsergremiums zugestimmt hatte, war in diesem Brief nur von Viermächteverhandlungen die Rede. Zur Kluft zwischen Krisenstab und den Bürokratien von Außenministerium und ZK vgl. Adomeit, »Gorbachev, German Unification, and the Collapse of Empire«, S. 197, 215–217.

27 Zum Folgenden vgl. Thatcher, *The Downing Street Years*, S. 1103–1105.

28 Vgl.: Blackwill an Scowcroft, »Germany«, 30. Januar 1990. Beigelegt war der Entwurf eines Memorandums für Präsident Bush mit dem Titel »A Strategy for German Unification«.

29 Im Politischen Planungsstab verfaßten Roger George und Peter Hauslohner Mitte Januar den ersten Entwurf eines Memorandums mit dem Titel »German Confederation in a New NATO«, das von Scowcroft an den Präsidenten weitergeleitet werden sollte. Pierre Shostal, der Chef des Deutschland-Referats der EUR, verfaßte daraufhin einen Gegenentwurf. George sagte ihm, die S/P-Empfehlungen entsprächen dem Konsens des Planungsstabes, obwohl Ross selbst Vorbehalte gegen sie geäußert habe. In einer überarbeiteten, an Zoellick adressierten Fassung des Memorandums, die Shostal am 23. Januar von George erhielt, wurden dieselben Argumente wiederholt, und Shostal versuchte erneut, es durch einen über Kimmitt an Baker gerichteten Gegenentwurf zu ersetzen (29. Januar). In dieselbe

Richtung wies auch: Shostal und McKinley über Dobbins an Seitz,»U. S. Goals for a Future Germany«, 30. Januar 1990 (Entwurf von Andrew Goodman). Die Diskussion darüber, wie die unterschiedlichen Ansichten von EUR und S/P zu einer gemeinsamen Denkschrift für Zoellick zusammengefaßt werden könnten, hielt bis Anfang Februar an. Einfluß auf die US-Politik hatte sie nicht. Zoellick hielt sich vielmehr an die Analyse des NSC, die er auf informellem Wege erhalten hatte, und vermittelte Baker später – mit einer bedeutsamen Abweichung – dessen unflexiblere Haltung in der NATO-Frage.

30 US-Bonn 1904,»Chancellor Kohl's Press Remarks on German Unification and NATO«, 19. Januar 1990; Information der Autoren über ein Gespräch zwischen Weizsäcker und dem britischen Botschafter Christopher Malaby. Vgl. Mulholland an Eagleburger,»German Unifity: Kohl Escalates His Demands«, 22. Januar 1990 (mit der irrigen Vermutung, Kohl biete den Vereinigten Staaten die Stirn, weil er glaube, die vier Prinzipien, die Bush und Baker im Dezember aufgestellt hatten, sollten den Weg zur deutschen Einheit blockieren).

31 Das Folgende beruht auf: Ross und Zoellick an Baker,»Germany: Game Plan for Two plus Four Powers Talks«, 30. Januar 1990. Dieses Memorandum fußte auf einer früheren Notiz von Roger George, die über Ross an Baker weitergeleitet werden sollte. George hatte die Ansicht vertreten, es müsse »mehr getan werden, als nur nein zu Viermächtegesprächen zu sagen, denn dadurch würden die Sowjets von dem Prozeß ausgeschlossen und zu einem potentiellen Störfaktor«. Die Schaffung eines Zwei-plus-Vier-Gremiums sei jedoch an die Bedingung zu knüpfen, daß von vornherein die Möglichkeit anerkannt werde, daß der Selbstbestimmungsprozeß zur Vereinigung führen »könnte«. In anderen Hauptfragen war der Entwurf weniger entschieden. Den Hinweis, daß Viermächtegespräche dennoch nötig werden könnten, quittierte Zoellick mit der Randbemerkung:»Zuviel.« Außerdem betrachtete George den KSZE-Gipfel wie Genscher »als den Ort, um einen von beiden deutschen Staaten ausgearbeiteten und von den Alliierten unterstützten Vereinigungsplan zu präsentieren«. Daneben verfaßten George und seine S/P-Kollegen Ende Januar, wie erwähnt, aber auch Papiere, in denen Viermächtegespräche als der beste Weg empfohlen wurden, um über den möglichen Rückzug sowohl der amerikanischen als auch der russischen Truppen aus Deutschland zu verhandeln (vgl.:»Action Plan: Two plus Four Talks«, undatierte S/P-Notiz für Zoellick; Pond, *Beyond the Wall,* S. 176–178).

32 Zum Folgenden vgl.: Seitz an Baker, 1. Februar 1990 (mit einer Stellungnahme von McKinley, die ihrerseits mit Randbemerkungen von Zoellick versehen war), und Zoellicks Anschreiben zu diesem Konvolut.

33 Vgl. Scowcroft an Bush,»CFE Reductions«, 16. Januar 1990, als Anlage zu mehreren Memoranden von Cheney, Scowcroft und Baker.

34 Scowcroft erwog zeitweilig einen Kompromiß zwischen NSC und Außenministerium, der darin bestanden hätte, zunächst einen Vertrag mit der Zahl 275 000 abzuschließen und dann bei der Unterzeichnung ein Protokoll anzufügen, in dem die Zahl auf 200 000 geändert wurde. Die Idee wurde jedoch wieder fallengelassen. Die Gründe dafür sind dargelegt in: Blackwill und Kanter an Scowcroft, »CFE Move on Manpower: The Protocol Idea«, 25. Januar 1990.

35 Teltschik, *329 Tage,* S. 117; Gesprächsprotokoll des Telefonats zwischen Bush und Kohl am 27. Januar 1990 (Protokollant war Zelikow).

36 Zum Folgenden vgl.: Gesprächsprotokoll des Telefonats zwischen Bush und Mitterrand am 27. Januar 1990 (Protokollant war Heather Wilson).

37 Gesprächsprotokoll des Telefonats zwischen Bush und Thatcher am 27. Januar 1990 (Protokollant war Zelikow).

38 Teltschik, *329 Tage,* S. 119, 123; Zelikows Notizen von Gates' Bericht nach seiner Rückkehr nach Washington; US-Paris 2912, »Meeting with Mrs. T[hatcher].«, 29. Januar 1990.

39 Brief von Bush an Gorbatschow, 31. Januar 1990; Beschloss/Talbott, *Auf höchster Ebene,* S. 234 f.; Gesprächsprotokoll des Telefonats Bush–Gorbatschow, 31. Januar 1990 (Protokollant war Rice). Die NATO-Verbündeten begrüßten den Vorschlag der Truppenreduzierung erstens als Abrüstungsmaßnahme und zweitens, weil Bush die Stationierung amerikanischer Truppen auf ein tragfähiges Fundament stellte. Der sowjetische Pressesprecher nannte Bushs Initiative »einen Schritt in die richtige Richtung« (vgl.: Baker an Bush, 1. und 2. Februar 1990).

40 Aus Punkt 4 des politischen Überblicks für Bakers Treffen mit Bush, 31. Januar 1990 (diese Zusammenfassungen wurden für gewöhnlich von Zoellick angefertigt). Die vorbereitenden Notizen für das Treffen beziehen sich allerdings auf den Zwei-plus-Vier-Prozeß, und es ist nicht sicher, daß Baker diesen Gedanken gegenüber Bush ansprach. Im politischen Überblick wird die Entmilitarisierung Ostdeutschlands fälschlicherweise mit Genschers Vorschlag gleichgesetzt, die frühere DDR außerhalb der NATO zu belassen.

41 Zum Folgenden vgl.: Gesprächsprotokoll des Treffens zwischen Bush und Hurd am 29. Januar 1990; US-AM 54508, »British Foreign Secretary Hurd's Meeting with Secretary Baker, January 29, 1990«, 20. Februar 1990; Baker an Bush, 29. Januar 1990; Zelikows Notizen des Gesprächs mit Scowcroft. Beschloss und Talbott zufolge hätte Hurd einer »Vier-plus-Null-Konstellation« unter Ausschluß der Deutschen den Vorzug gegeben *(Auf höchster Ebene,* S. 244), und Kiessler und Elbe wiederholen diese Bemerkung *(Ein runder Tisch,* S. 88). Wir konnten keinen Beweis für diese Äußerung finden. Die amerikanische Position in bezug auf den KSZE-Gipfel wurde im Januar von NSC und EUR entwickelt (vgl.: Seitz über Kimmitt, McCormack und Bartholomew an Baker, »Framing the Basis for a 1990 CSCE Summit«, 11. Januar

1990). Am 22. Januar teilte Zoellick Seitz mit, daß Baker den Empfehlungen der EUR zugestimmt habe und das Thema mit dem Weißen Haus besprechen werde.

42 Genscher, »Zur deutschen Einheit im europäischen Rahmen«, Tutzing, 31. Januar 1990, in: Der Bundesminister des Auswärtigen, *Mitteilung für die Presse* 1026/1990. Vgl.: US-Bonn 3400, »Genscher Outlines His Vision of a New European Architecture«, 1. Februar 1990; Kiessler/Elbe, *Ein runder Tisch*, S. 77–80; Zelikow, Interviews mit Genscher, Wachtberg-Pech, Dezember 1994, und Kastrup, Bonn, Dezember 1994.

43 US-Bonn 2169, »Genscher's Views on the German Question«, 23. Januar 1990. Vgl.: CIA, »Foreign Minister Genscher's Views on German Unification, Four-Power Meetings, Future European Security Structures, and SNF«, 29. Januar 1990; US-Bonn 1899, »Ambassador's Discussion with Foreign Minister Genscher, January 19«, 19. Januar 1990.

44 »Genscher hofft auf den Umzug nach Berlin«, Interview in: *Bild am Sonntag*, 28. Januar 1990.

45 Teltschik, *329 Tage*, S. 117.

46 Kiessler/Elbe, *Ein runder Tisch*, S. 80.

47 Vgl. das unbetitelte Informationspapier für das Treffen mit Genscher, das Zoellick für Baker verfaßte, 2. Februar 1990. Zoellick stützte sich zum Teil auf: George über Holmes an Ross und Zoellick, »The Genscher Visit: Working the Unification Issue«, 1. Februar 1990.

48 Kiessler/Elbe, *Ein runder Tisch*, S. 86f.; Pond, *Beyond the Wall*, S. 178. Kiessler und Elbe schreiben irrtümlicherweise, daß Blackwill an der Entwicklung des Zwei-plus-Vier-Plans beteiligt gewesen sei, obwohl ihnen offenbar bekannt ist, daß er gegen diese Idee war (ebd., S. 87–89). Die Idee von Sechsergesprächen war zwar auch in Bonn aufgetaucht, aber niemand hatte sie weiterentwickelt, um zum Beispiel das Ziel der Vereinigung ausdrücklich einzubeziehen.

49 Das Folgende beruht auf Kiessler/Elbe, *Ein runder Tisch*, S. 89; Bericht über das Treffen, von Seitz am 2. Februar für Baker entworfen, um an Scowcroft nach Deutschland geschickt zu werden; PA-Mitschrift, »Departure Remarks by Secretary Baker and Foreign Minister Genscher«, 2. Februar 1990; Zelikow, Interviews mit Zoellick, Washington, D. C., 1991. Laut Genscher ist diese Darstellung des Treffens unzutreffend (Brief von Genscher, April 1995).

50 Vgl.: »Mompers Einheitsfahrplan«, in: *Die Tageszeitung*, 5. Februar 1990; US-Berlin 406, »Momper's Nine-Point Paper for German Unity«, 6. Februar 1990.

51 Das Folgende beruht auf: Teltschik, *329 Tage*, S. 126f.; Scowcroft an Bush, »Trip Report: Wehrkunde Conference in Munich, FRG February 3–4, 1990«, 5. Februar 1990; Zelikow, Interviews mit Blackwill, Cambridge, Massachusetts, 1991; Riddell/Barber, »Americans Turn Attention to German Reunification«.

52 Vgl.: Scowcroft an Bush, »Trip Report«, 5. Februar 1990; US-Bonn 3968, »Unification: Increasingly, It's Seen as Coming Soon«, 6. Februar 1990; US-Bonn 4193, »German Unification: Further Developments Coming Thick and Fast«, 7. Februar 1990; US-Berlin, »German Unification on March 19?«, 9. Februar 1990.

53 Blackwill an Scowcroft, »The Beginning of the Big Game«, 7. Februar 1990; vgl. US-Moskau 2679, »U. S.-Soviet Relations on the Eve of the Ministerial: The View from Moscow«, 23. Januar 1990.

54 Oberdorfer, *The Turn,* S. 394; US-AMin. 01005, »Secretary's Meeting with Foreign Minister Dumas, February 6, 1990«, 7. Februar 1990.

55 Baker an Bush, »My Visit to Czechoslovakia«, 8. Februar 1990.

56 *Prawda,* 7. Februar 1990; Ligatschow, *Sagadka Gorbatschowa,* S. 98 f.; vgl. Oberdorfer, *The Turn,* S. 389–391. Beschloss und Talbott zufolge ist Jakowlew damals mit Falin und anderen Hardlinern aneinandergeraten *(Auf höchster Ebene,* S. 246 f.), doch es gibt keinen Beweis dafür, daß zu diesem Zeitpunkt ein Bruch zwischen ihm und anderen ZK-Mitgliedern existierte. Er verteidigte zwar Gorbatschow gegen Ligatschows Angriffe, hielt sich aber in seinen öffentlichen Äußerungen an die vorherrschende Meinung.

57 Das Folgende beruht auf: Gesprächsprotokoll des zweiten Vieraugengesprächs zwischen Baker und Schewardnadse, Moskau, 9. Februar 1990 (Protokollanten waren Ross und Tarassenko). Vgl. Schewardnadse, *Moi wybor,* S. 235–237.

58 Das Folgende beruht auf dem amerikanischen Gesprächsprotokoll des Treffens mit Gorbatschow im Kreml am 9. Februar 1990. Baker war in Begleitung von Dennis Ross als Protokollant und eines Dolmetschers. Auf Gorbatschows Seite waren Schewardnadse, ein Protokollant und ein Dolmetscher anwesend. Die Darstellungen von Beschloss und Talbott *(Auf höchster Ebene,* S. 241–246) und Oberdorfer *(The Turn,* S. 394–396) sind fehlerhaft. Erwähnenswert ist Bakers Zurückhaltung hinsichtlich der sowjetischen Reaktion auf die Idee von Sechsergesprächen. Obwohl er sie in dem Brief, den er anschließend an Kohl schrieb, ähnlich vorsichtig zusammenfaßte (eine »gangbare Möglichkeit«) und sich auch gegenüber Journalisten in dieser Weise äußerte, war diese Einschätzung ein von der Vorsicht des Juristen geprägtes Understatement. Aus demselben Grund erklärte Baker den Sowjets gegenüber mehrfach, daß auch die Deutschen sich noch nicht festgelegt hätten, obwohl er Genschers Plazet bereits in der Tasche hatte – aber noch nicht das von Kohl. Eine »Festlegung« war für Baker ein formelles, bindendes Versprechen, und von Gorbatschow konnte er eine solche Festlegung nicht erhalten, weil er ihm nicht in aller Form eine Übereinkunft vorschlagen konnte, die von den amerikanischen Verbündeten (und von der US-Regierung als Ganzes) noch nicht abgesegnet worden war.

59 Zu den Gesprächen unterhalb des Kabinettsrangs vgl.: Gesprächsprotokoll

des Treffens zwischen Seitz und dem stellvertretenden sowjetischen Außenminister Anatoli Adamischin am 9. Februar 1990.

60 PA-Mitschrift der Pressekonferenz Bakers im Nowosti-Pressezentrum, Moskau, 9. Februar 1990, S. 5, 10 f. Die Presse übersah Bakers absichtliche Ungenauigkeit in der Kernfrage der NATO-»Jurisdiktion«, einem Problem, das damals kaum jemand wirklich verstand. Statt dessen stürzten sich die Medien auf die beiläufige Erwähnung der »Assoziation« Deutschlands mit der NATO. In zahllosen Zeitungsartikeln wurde verbreitet, die USA würden sich mit der »Assoziation« zufriedengeben. Als Zoellick und Ross am nächsten Tag vor die Presse traten, mußten sie das Thema regelrecht abwürgen: »Es ist die Mitgliedschaft, es ist die Mitgliedschaft, es ist die Mitgliedschaft, okay?« (PA-Mitschrift der Presseinformation durch höhere US-Regierungsbeamte, Sofia, 10. Februar 1990).

61 Kiessler/Elbe, *Ein runder Tisch,* S. 91.

62 Scowcroft an Bush, »Message to Kohl«, 8. Februar 1990 (Entwurf von Blackwill und Zelikow).

63 Zum Folgenden vgl.: Ebd. und Blackwill an Scowcroft, »State Department Draft Message to Kohl«, 8. Februar 1990. Am vorangegangenen Tag hatten Blackwill und Zelikow für Scowcroft einen Katalog aller möglichen Varianten des deutschen Verhältnisses zur NATO und der jeweiligen Folgen für die Präsenz von US-Truppen ausgearbeitet (»German Unity: Variations on the Theme«, 8. Februar 1990).

64 Der Hinweis auf die »ursprüngliche politische Rolle« der NATO bezieht sich auf die damals von Zelikow vertretene Ansicht, daß der Nordatlantikpakt zunächst politischer Ausdruck der amerikanischen Verantwortung für die Zukunft Europas gewesen sei. Erst nach dem Ausbruch des Koreakrieges sei dann im Rahmen einer wesentlich größeren Anstrengung, einen potentiellen sowjetischen Angriff abzuschrecken und zurückzuschlagen, beschlossen worden, amerikanische Truppen in großer Zahl in Europa zu stationieren.

65 Brief von Bush an Kohl, 9. Februar 1990; vgl. Teltschik, *329 Tage,* S. 134 f.; Beschloss/Talbott, *Auf höchster Ebene,* S. 247 f.

66 Gemeinsame Pressekonferenz von Bush und Kohl, Camp David, 25. Februar 1990, BPA-Wortprotokoll.

67 Zum Folgenden vgl.: Baker an Kohl, 10. Februar 1990 (bei Kohls Ankunft in Moskau von US-Diplomaten übergeben); Oberdorfer, *The Turn,* S. 396; Kiessler/Elbe, *Ein runder Tisch,* S. 95; Teltschik, *329 Tage,* S. 137 f.; Beschloss/Talbott, *Auf höchster Ebene,* S. 247 f. Der Brief war vom Weißen Haus geprüft worden. (Bushs Brief war schon vorher abgeschickt worden.) Damit hatte das Weiße Haus zum ersten Mal einem schriftlichen Vorschlag für den Zwei-plus-Vier-Mechanismus zugestimmt. Als der NSC einige Tage später die Einigung auf dieses Verfahren aufzu-

halten versuchte, sah er sich mit der Tatsache konfrontiert, daß Baker sowohl Kohl und Genscher als auch Gorbatschow bereits für seine Idee gewonnen hatte, und die Anfrage bei Kohl war mit formellem Einverständnis des Weißen Hauses erfolgt.
68 Vgl. Teltschik, *329 Tage*, S. 137f.; Kiessler/Elbe, *Ein runder Tisch*, S. 95f.; US-Bonn 5456, »Meeting with FRG Political Director Kastrup«, 16. Februar 1990; US-Bonn 4761, »Teltschik Readout on Kohl's Visit to Moscow«, 12. Februar 1990.
69 Vgl. Teltschik, *329 Tage*, S. 138–141; Interviews mit Teltschik und Gorbatschow in Kuhn, *Gorbatschow und die deutsche Einheit*, S. 108f.; Tschernjajew, »Gorbachev and the Reunification of Germany«, S. 167 (Tschernjajew spricht fälschlicherweise von einem Telefongespräch, das er statt auf den 10. auf den 11. Februar datiert); US-Bonn 4761, »Teltschik Readout on Kohl's Visit to Moscow«, 12. Februar 1990; CIA-Berichte, die damals in der US-Regierung zirkulierten.
70 Kohl, »Botschaft an alle Deutschen«, Presseerklärung, Moskau, 9. Februar 1990, in: *Bulletin* 24/1990, S. 189; Teltschik, *329 Tage*, S. 142f.
71 Kiessler/Elbe, *Ein runder Tisch*, S. 97f.
72 Vgl.: US-AM 49194, »Eagleburger-Dubinin Meeting on Germany«, 14. Februar 1990; Eagleburger (in Vertretung) an Bush, 13. Februar 1990. Falin verwarf sowohl Bushs als auch Genschers Formel für die NATO-Mitgliedschaft des vereinigten Deutschland (»Für militärische Neutralität«, Interview mit Falin, in: *Der Spiegel*, 19. Februar 1990, S. 168–172). Bondarenko versuchte die Dinge in einem Artikel (»The Truth Is This«) im Sinne des Außenministeriums geradezürücken. In den Noten an Washington, London und Paris bestätigten die Sowjets allerdings, daß sie einem Sechsergremium zugestimmt hatten. In der Botschaft an die Amerikaner fügten sie aber den Vorschlag hinzu, unter Ausschluß der Briten und Franzosen trilaterale Gespräche zwischen den USA, der UdSSR und der BRD zu führen. Die Vereinigten Staaten gingen jedoch nicht darauf ein, und der Vorschlag wurde fallengelassen.
73 Sowjetisches Gesprächsprotokoll »Sapis osownogo soderschanija telefonnogo rasgowora M. S. Gorbatschowa s predsedatjeljem sowjeta ministrow GDR H. Modrowem«, 12. Februar 1990, das den Autoren von Alexandra Besymenskaja zugänglich gemacht wurde; Mitteilung von Tschernjajew, Februar 1995.
74 Zelikow war an der Übermittlung dieser Botschaft an Baker beteiligt. Vgl. auch Beschloss/Talbott, *Auf höchster Ebene*, S. 250.
75 Baker und Genscher informierten ihre NATO-Kollegen bei dieser Gelegenheit auch über ihre Moskaureisen. Auf den Zwei-plus-Vier-Mechanismus, über den damals verhandelt wurde, gingen sie nicht ein (Zelikows Notizen über diese Sitzung).
76 Die Darstellung stützt sich auf Zelikows Erinnerungen an die Ereignisse; vgl. auch Beschloss/Talbott, *Auf höchster Ebene*, S. 250f. Niederschriften der von

Baker geführten Gespräche sind nur spärlich vorhanden (vgl. Zelikow über Black-will an Scowcroft, »Impressions from the Ottawa Conference«, 14. Februar 1990). Das Pentagon zeigte sich später enttäuscht über das Ergebnis von Ottawa. Die Militärs hätten sich in bezug auf die Truppenstärke mehr Spielraum gewünscht, um sie den Planungsnotwendigkeiten und der Verfügbarkeit von Stützpunkten anpassen zu können. Sie warfen Baker vor, er hätte die Verhandlungen zu hastig zu Ende gebracht, ohne ihre Repräsentanten einzubeziehen oder ihnen genügend Zeit zu lassen, das Ergebnis mit dem Verteidigungsminister und den Vereinigten Stabschefs zu besprechen. Baker hatte jedoch auf der Grundlage der Zahlen verhandelt, die das Verteidigungsministerium selbst dem Präsidenten als angemessen empfohlen hatte.

77 Gesprächsprotokoll des Frühstücks mit Mulroney, Clark und Schewardnadse im Amtssitz des kanadischen Premierministers, 12. Februar 1990.

78 Kommuniqué der Außenminister der Zwei-plus-Vier-Staaten, Ottawa, 13. Februar 1990, in: *Bulletin* 27/1990, S. 215. Vgl. Kiessler/Elbe, *Ein runder Tisch,* S. 99 f.; Schewardnadse, *Die Zukunft gehört der Freiheit,* S. 236–243; PA-Mitschrift, »Background Briefing by Senior Administration Officials [Zoellick und Ross]«, 12. Februar 1990, S. 5–8; PA-Mitschrift, »Department of State Background Briefing on Results of Ottawa Ministerial [durch Zoellick und Ross]«, 14. Februar 1990.

79 Die Darstellung beruht auf: Kiessler/Elbe, *Ein runder Tisch,* S. 103 f.; Zelikows Erinnerungen; Entwurf von US-AM, »Ottawa: Allied Ministers' Meeting on CFE and German Unity Statement«, 15. Februar 1990; vgl. auch US-Den Haag, »Dutch Reactions to Ottawa Agreement on Handling German Reunification«, 15. Februar 1990. Derek Burney, der kanadische Botschafter in den USA, sagte später zu Blackwill, seine Regierung fühle sich der Konferenz, da nicht einmal sie als Gastgeber etwas von den Zwei-plus-Vier-Verhandlungen gewußt habe, wie der Klavierspieler im Bordell, der zwar die Gäste kommen und gehen sieht und die Betten quietschen hört, selbst aber nur unablässig Klavier spielt (Interview mit Blackwill, Cambridge, Massachusetts, August 1994).

80 Die Darstellung beruht auf: Zelikow, Interviews mit Baker, Houston, Januar 1995, und Genscher, Wachtberg-Pech, Dezember 1994; Kiessler/Elbe, *Ein runder Tisch,* S. 101; Teltschik, *329 Tage,* S. 146; Gesprächsprotokoll der Telefonate zwischen Bush und Kohl am 13. Februar 1990 (Protokollant war beide Male Hutchings). Kiessler und Elbe berichten, daß die Amerikaner Kohl anriefen, weil Teltschik vorher mit dem Weißen Haus telefoniert hatte, um zu verhindern, daß die »bürokratische Kontrolle über die Frage der deutschen Einheit« an das Auswärtige Amt fiel. Diese Bemerkung spricht Bände über das gespannte Verhältnis, das damals zwischen Auswärtigem Amt und Kanzleramt herrschte. Teltschik hatte tatsächlich bei Blackwill angerufen, aber nur, um seine Besorgnis darüber auszudrücken, daß sie beide so we-

nig über die Vorgänge in Ottawa erfuhren (Interview mit Blackwill, Cambridge, Massachusetts, 1994). Es ist kaum vorstellbar, daß Teltschik gegen die Zwei-plus-Vier-Idee opponierte, obwohl er wußte, daß Kohl der Plan gefiel und – was noch wichtiger war – sich bereits mit Gorbatschow darauf verständigt hatte, Bakers Plan zu unterstützen. Bush und Scowcroft, die von dem Einverständnis zwischen Kohl und Gorbatschow nichts wußten, hatten ihre eigenen Gründe für ein Treffen mit Kohl.

81 Zelikow, Interviews mit Scowcroft und Zoellick, Washington, D. C., 1991; Erinnerungen der Autoren; Blackwill an Scowcroft und Gates (über Gantt und Edwards),»Six Power Conference«, 13. Februar 1990.

82 Pond, *Beyond the Wall,* S. 181.

83 Kohl, Regierungserklärung über die Gespräche mit Gorbatschow und Modrow, in: *Bulletin* 26/1990.

84 Zit. in Beschloss/Talbott, *Auf höchster Ebene,* S. 252.

85 Zum Folgenden vgl.: Gesprächsprotokoll des Treffens zwischen Bush und Wörner in Camp David am 10. Februar 1990. Bush war in Begleitung von Vizepräsident Quayle, Scowcroft, William Taft IV. (dem US-Botschafter bei der NATO), Eagleburger, Donald Atwood (stellvertretender Verteidigungsminister) und Blackwill. Wörner wurde nur von James Cunningham begleitet, einem zu seinem Stab gehörenden US-Diplomaten.

86 Vgl. zum Beispiel das Interview, das Schewardnadse während des Rückflugs aus Ottawa gab, in: *Iswestija,* 20. Februar 1990, S. 5; vgl. Schewardnadse, *Die Zukunft gehört der Freiheit,* S. 243. Zur militärischen Perspektive vgl. Tepljakow,»My otwykali rasoruschatsja«, in: *Moskowskije Nowosti,* 25. Februar 1990, S. 7 (Interview mit dem stellvertretenden Kommandeur der Strategischen Raketenstreitkräfte, Generalleutnant Igor Sergejew, der erklärte:»Diese theoretischen Diskussionen über eine Veränderung [der NATO] von einem militärischen zu einem politischen Pakt sind kein Trost. Das ist Wortspielerei.«).

87 *Spiegel*-Gespräch,»Für militärische Neutralität«, in: *Der Spiegel,* 19. Februar 1990, S. 168–172. Schewardnadse erzählte Teltschik später, daß sich Falin in der Lagebesprechung im Januar für die Androhung des militärischen Eingreifens in Deutschland ausgesprochen habe. Falin stritt dies ab, doch Teltschik glaubte ihm nicht (Zelikow/Rice, Interview mit Teltschik, Gütersloh, Juni 1992).

Ein neues Deutschland wird entworfen

1 »Remarks on Signing the Urgent Assistance for Democracy in Panama Act of 1990 and a Question-and-Answer Session with Reporters«, in: PPP: Bush, 1990, Buch 1, S. 244–246. Die Vereinbarung von Ottawa wurde in den USA positiv aufgenommen. Tom Wicker sprach für viele, als er bemerkte, sie bringe die US-Admi-

nistration«an die Spitze, wenn auch nicht buchstäblich an die Schalthebel der sich schnell verändernden Situation in Europa« (»The Score at Ottawa«). Richard Cohen schrieb: »Präsidenten niederzumachen mag so herzerwärmend sein wie eine heiße Suppe an einem kalten Tag, aber manchmal machen es einem die Umstände schwer … Wie ein westdeutscher Regierungsvertreter es ausdrückte, hatte der unvisionäre Präsident schließlich doch noch eine Vision« (»… And Diplomats«). Die meisten Leitartikel folgten dieser Linie, obwohl einige Journalisten weiterhin Befürchtungen in bezug auf ein vereinigtes Deutschland äußerten. Zur allgemein positiven Reaktion vgl.: Tutwiler an Baker, »Editorial Comment on Ottawa Ministerial«, 7. März 1990. Einer dieser positiven Kommentare (»Steering the German Steamroller«, *New York Times,* 15. Februar 1990, S. A30) schrieb das Hauptverdienst an dem in Ottawa Erreichten erstaunlicherweise Genscher und nicht Baker zu. Tatsächlich waren einige Kommentatoren der Meinung, Bush hätte gegenüber der Entwicklung in Deutschland eine »Laisser-faire-Haltung« eingenommen (Hunter, »The Transition to One Germany«). Andere glaubten sogar, er sei gegen eine schnelle Vereinigung (»The Germanys: Marching to Unity«, *Time,* 12. Februar 1990, S. 30). Den meisten Journalisten war jedoch aufgrund der guten Informationsarbeit von Zoellick und Ross die Bedeutung des gestaffelten Konzepts des Zwei-plus-Vier-Mechanismus klar, dem zufolge über die äußeren Aspekte der Vereinigung erst nach innerdeutschen Schritten in Richtung auf die Einheit verhandelt werden sollte. Vgl.: »Germans and Their Neighbors«, in: *Washington Post,* 19. Februar 1990, S. A18; »Reunifying Germany«, in: *Washington Post,* 15. Februar 1990, S. A24. In letzterem Kommentar heißt es trotzdem, daß man Anlaß habe, »ein wenig beunruhigt zu sein über das Tempo, mit dem das alles vonstatten geht, und von den Vereinigern zu erwarten, daß sie mit höchster Sorgfalt vorgehen.«

Offene Befürchtungen wurden im *Christian Science Monitor* (»An Agreeable Unity«, 15. Februar 1990, S. 20) geäußert. Unverblümt feindselige Stellungnahmen kamen von A. M. Rosenthal (»Until Shadows Vanish«) und William Safire (»Kohl at Camp David«). Zurückgewiesen wurden deren Ängste unter anderem von Turner, »Baseless Fears of a United Germany«, und Will, »Europe's Furled Banners«. Manche Kommentare beschäftigten sich auch mit der enormen Aufgabe, die der erste Schritt, der wirtschaftliche Zusammenschluß, darstellte (vgl.: »German Digestion«, in: *Wall Street Journal,* 16. Februar 1990, S. A12).

2 Kissinger, »Delay Is the Most Dangerous Course«. Vgl. auch Lewis, »Peace before Power«; Hunter, »The Transition to One Germany«.

3 Teltschik, *329 Tage,* S. 122.

4 Kohl am 6. Februar 1990 vor der CDU/CSU-Bundestagsfraktion (Teltschik, *329 Tage,* S. 129). Zu Waigels Äußerungen vgl. Teltschik, *329 Tage,* S. 125f.; US-Bonn, »East German Resettlers Force Up-Front FRG/GDR Economic and Mone-

tary Union: Result Will Be De Facto Unification«, 21. Februar 1990. Die Zahl 340000 stammt aus Kohls Regierungserklärung über seine Gespräche mit Gorbatschow und Modrow am 15. Februar 1990 (in: *Bulletin* 26/1990).

5 Teltschik, *329 Tage,* S. 130–136. Vgl. Waigel/Schell, *Tage, die Deutschland und die Welt veränderten,* S. 17–20; Gros, *Entscheidung ohne Alternativen?;* US-Bonn 4612, »Teltschik Flap Notwithstanding, Bonn Does Not See Imminent GDR Economic Collapse, but GDR Acceptance of Monetary Union Is Likely February 13«, 12. Februar 1990; US-Stuttgart 301, »Spaeth Asks GDR to Surrender Unconditionally«, 13. Februar 1990. Jarausch spricht in *Die unverhoffte Einheit,* S. 168 f., davon, daß sich Pöhl in der Kabinettssitzung am 7. Februar politischem Druck gebeugt und Kohl Warnungen vor wirtschaftlichen und sozialen Verwerfungen mit dem Hinweis in den Wind geschlagen habe, man dürfe »an diese historische Entscheidung nicht mit einer Krämerseele herangehen«. Aber die einzige Primärquelle, die Jarausch zitiert, ist Teltschik, dessen detaillierten Bericht über die Sitzung wir im Text zusammengefaßt wiedergeben. Von der »Krämerseele« sprach Kohl in Wirklichkeit erst am nächsten Tag, als er seine Zufriedenheit über die Erklärung ausdrückte, die Pöhl am vorangegangenen Abend im Fernsehen zur Währungsunion abgegeben hatte (siehe Teltschik, *329 Tage,* S. 132 f.).

6 Vgl. Modrow, *Aufbruch und Ende,* S. 127–136; Erklärungen von Kohl und Modrow auf ihrer gemeinsamen Pressekonferenz, Bonn, 13. Februar 1990, in: *Europa-Archiv* (Dokumente) 8/1990, D 194-D 199; Teltschik, *329 Tage,* S. 144 f.; Jarausch, *Die unverhoffte Einheit,* S. 170 f.; US-Bonn 4951, »GDR Prime Minister Modrow Accepts Chancellor Kohl's Offer to Economic/Monetary Union; Implementation ASAP after GDR Elections«, 13. Februar 1990; US-Bonn 5102, »Chancellery Debriefing of Modrow Visit«, 14. Februar 1990; US-Berlin, »Modrow Reports on Moscow Trip, Cites U. S. Senators on Polish Border«, 9. März 1990.

7 Kohl, Regierungserklärung über die Gespräche mit Gorbatschow und Modrow, 15. Februar 1990, in: *Bulletin* 26/1990.

8 Vgl. Teltschik, *329 Tage,* S. 147 f.; Baker an Bush, 22. Februar 1990.

9 Einen ausgezeichneten Abriß des Streits um die beiden Möglichkeiten zur Erlangung der Einheit bietet das Kapitel »Grundgesetz oder ›neue Verfassung‹? Die Kontroverse über die Artikel 23 und 146 des Grundgesetzes« in Gerhart Maiers Text- und Materialsammlung *Die Wende in der DDR,* S. 73–82. Artikel 146 verlangte nicht ausdrücklich die Einberufung einer verfassunggebenden Versammlung. Er besagte nur: »Dieses Grundgesetz verliert seine Gültigkeit an dem Tage, an dem eine Verfassung in Kraft tritt, die von dem deutschen Volke in freier Entscheidung beschlossen worden ist.« Die Bezeichnung »Grundgesetz« selbst wies auf dessen vorläufige Gültigkeit bis zur Ablösung durch eine Verfassung hin. Da die westdeutsche Regierung seit 1950 stets daran festgehalten hatte, daß von einer

frei gewählten gesamtdeutschen verfassunggebenden Versammlung eine solche Verfassung ausgearbeitet werden würde, interpretierte man Artikel 146 als Verweis auf diese Abfolge von Ereignissen. Vgl. auch: US-Bonn 6138, »Constitutional Aspects of German Unification«, 23. Februar 1990. Zur Haltung von Kohls Beratern vgl. Teltschik, *329 Tage,* S. 128, 152 f.

10 Vgl.: US-Bonn 5102, »Chancellery Debriefing of Modrow Visit«, 14. Februar 1990; 6138, »Constitutional Aspects of German Unification«, 23. Februar 1990; 8004, »German Unification: The Politics of Article 23 v. Article 146«, 9. März 1990.

11 Vgl. dpa, »Sozialdemokraten schlagen Konferenz mit Alliierten für April vor«, 12. Februar 1990. In dieser Erklärung wurde angeregt, die Vier Mächte wesentlich früher in den Vereinigungsprozeß einzubeziehen und die »Konferenz der sechs Staaten« (Zwei-plus-Vier) bereits in der zweiten Aprilhälfte durchzuführen. Darüber hinaus sollten auch alle Nachbarstaaten Deutschlands, deren Vorschläge »mit höchster Priorität« behandelt werden müßten, an der Konferenz teilnehmen. Vgl.: CIA/EUR 90–20043, »The Germanys: Increasing Party Ties and the March GDR Elections«, 15. Februar 1990; US-Bonn 5143, »Visit of PDAS Dobbins in Bonn«, 15. Februar 1990; Dobbins an Seitz, »Current German Attitudes on Reunification«, 15. Februar 1990.

12 Das Folgende beruht auf: Zelikow, Interview mit Klaus Naumann, Bonn, Dezember 1994; Schönbohm, *Zwei Armeen und ein Vaterland,* S. 22 f.; Erklärung von Genscher und Stoltenberg, »Sicherheitspolitische Fragen eines künftigen geeinten Deutschland«, in: *Bulletin* 28/1990, S. 218; Kiessler/Elbe, *Ein runder Tisch,* S. 147–152; Teltschik, *329 Tage,* S. 148–152; Zelikow/Rice, Interview mit Teltschik, Gütersloh, Juni 1992; US-Bonn 5672, »Genscher Calls for Demilitarized GDR; Stoltenberg Forced to Accede«, 20. Februar 1990.

Kiessler und Elbe schreiben, daß Genscher nie vorgehabt habe, die Bundeswehr vom Territorium der früheren DDR fernzuhalten und im Osten Deutschlands auf Dauer eine waffenfreie Zone zu schaffen. Wie sie andeuten, sah er sich genötigt, einen Standpunkt einzunehmen, dem zufolge die Bundeswehr als Gegengewicht zur sowjetischen Bedrohung ausschied. Gleichzeitig habe er sich alle Optionen offengehalten, was um so angestrengter wirkt, als auch nach der amerikanischen Formel vom besonderen militärischen Status Ostdeutschlands angeblich alle Wege offenstanden (Kiessler/Elbe, *Ein runder Tisch,* S. 81–83). Die amerikanische Position besagte ausdrücklich, daß das gesamte deutsche Territorium, einschließlich des Gebiets der DDR, zur NATO gehören würde. Durch die Zusage eines besonderen militärischen Status hielten sich die USA die Option offen, der NATO unterstellte Streitkräfte, einschließlich der Bundeswehr, in Ostdeutschland zu stationieren – was Genscher explizit ausgeschlossen hatte. Genscher (und

Elbe) war die Diskrepanz durchaus bewußt, zumal ihn Baker, nachdem sich Bush und Kohl Ende Februar in Camp David auf die amerikanische Formel geeinigt hatten, in einem Brief, von dem noch die Rede sein wird, mit deutlichen Worten darauf aufmerksam gemacht hatte. Nach der Feststellung, Genscher hätte die Bundeswehr nie aus der DDR fernhalten wollen, haben Kiessler und Elbe natürlich Schwierigkeiten mit dem kategorischen Ausschluß deutscher Streitkräfte, der auf Drängen Genschers in die Erklärung vom 19. Februar aufgenommen worden war. Sie griffen zu der naheliegenden Lösung, daß damit kein Weg versperrt worden sei, da die Frage später in den Zwei-plus-Vier-Verhandlungen geklärt werden würde. Auf festerem Boden bewegen sich Kiessler und Elbe, wenn sie vermerken, daß Kohl selbst die Klippe zu umschiffen versuchte, indem er zum Beispiel in seiner Regierungserklärung vom 15. Februar »klarstellte«, daß keine »Einheiten und Einrichtungen« der NATO auf das Gebiet der ehemaligen DDR vorgeschoben würden.

13 US-Moskau 5553, »As Germany Goes ... So Go the Soviet Germanists?«, 15. Februar 1990; CIA/SOV 90–20026X, »Gorbachev's Germanists«, 26. Februar 1990. Zur deutschlandpolitischen Arbeitsgruppe des sowjetischen Außenministeriums gehörten unter dem Vorsitz von Anatoli Kowaljow der stellvertretende Außenminister Anatoli Adamischin, Alexander Bondarenko, Sergej Tarassenko und der für Abrüstung zuständige stellvertretende Außenminister Viktor Karpow. Vgl. auch: US-Moskau 7200, »Soviet-FRG Bilaterals on German Question«, 1. März 1990; US-Mission 553, »Soviet Minister's View of Situation in Berlin and the GDR and Concerns about German Reunification«, 17. Februar 1990.

14 *Prawda,* 21. Februar 1990. Zur amerikanischen und westdeutschen Reaktion siehe: Baker an Bush, 21. Februar 1990; Teltschik, *329 Tage,* S. 155; US-Bonn 5836, »Genscher Comments on Gorbachev's Pravda Interview«, 21. Februar 1990. Vgl. auch: US-Moskau, »Gorbachev on German Unification«, 21. Februar 1990; CIA/SOV 90–20025, »Moscow's Game Plan for Six-Power Meetings on German Unification«, 20. Februar 1990.

15 TASS, »Foreign Ministry Collegium Statement on Germany«, 24. Februar 1990, in: FBIS-SOV 90–038, 26. Februar 1990, S. 1. Tarassenko hat bestätigt, daß die Erklärung als »Ohrfeige für Kohl« gedacht war (Zelikow, Interview mit Tarassenko, Providence, Juni 1993). Vgl.: US-Moskau, »Collegium Statement on Politico-Military Status of United Germany«, 25. Februar 1990.

16 *Prawda,* 16. Februar 1990, S. 5. Vgl.: US-Moskau 6450, »Shevardnadze on ›The German Question and Soviet-Polish Relations‹«, 24. Februar 1990, und allgemein: Mulholland an Kimmitt und Zoellick, »Soviet Attitudes on German Reunification«, 27. Februar 1990.

17 Mitterrand-Interview, 14. Februar 1990. In der englischen Übersetzung, die

die französische Botschaft in Washington der US-Regierung übergab, fehlten bemerkenswerterweise einige anstößige Passagen. Der vollständige Text war enthalten in: US-Paris 5018, »President Mitterrand on Architecture: Is the French President Afraid of History After All?«, 14. Februar 1990. Als Mitterrand am nächsten Tag mit Kohl zusammenkam, sagte er, das sich vereinigende Deutschland sei eine historische Realität, mit der man sich abfinden müsse, ob sie einem gefalle oder nicht. Ihm gefalle sie, fügte er hinzu. Er stimmte mit Kohl darin überein, daß der Westen auch nach dem Abzug der sowjetischen Streitkräfte in gewissem Umfang Truppen in Deutschland belassen sollte. Teltschik glaubte, daß die Begegnung gut verlaufen sei, doch ein französischer Teilnehmer erklärte gegenüber amerikanischen Diplomaten, seine Seite sei enttäuscht gewesen. Laut Teltschik hatte sich Kohl dem Wunsch nach Beschleunigung des europäischen Einigungsprozesses angeschlossen; die Franzosen erinnerten sich jedoch stärker daran, daß er den konkreten Vorschlag abgelehnt hatte, die Regierungskonferenz über die angestrebte Wirtschafts- und Währungsunion vorzuziehen. Laut Teltschik hatte Kohl versichert, daß ein vereinigtes Deutschland die Oder-Neiße-Grenze respektieren werde; die Franzosen fanden seine Äußerungen zur Grenzfrage jedoch eher windig. Laut Teltschik hatte Mitterrand eindeutig erklärt, daß er keinen Friedensvertrag wolle; die Franzosen gaben dagegen zu verstehen, daß sie nur widerstrebend einer Regelung allein auf der Grundlage des Zwei-plus-Vier-Mechanismus zugestimmt hätten (Teltschik, *329 Tage,* S. 150f.; US-Paris 5447, »Elysée Readout on Kohl/Mitterrand Dinner: You Don't Bring Me Flowers Anymore«, 17. Februar 1990). Zur französischen Haltung gegenüber Deutschland in dieser Zeit vgl. Kaiser, *Deutschlands Vereinigung,* S. 64–68; Kolboom, *Vom geteilten zum vereinigten Deutschland,* S. 47 f.

18 Übermittelt von der US-Botschaft in Budapest, »What Happened to the Spirit of Kennebunkport?«, 20. Februar 1990. Der Hinweis auf Kennebunkport bezog sich auf das harmonische Treffen von Bush und Mitterrand, das im Mai 1989 dort stattgefunden hatte.

19 Vgl.: US-Paris 4475, »French Views on New European Architecture: Following History«, 9. Februar 1990; US-Paris 6853, »French Views on the Soviet Union and Germany: Seitz-Blot Consultations, Paris, February 27«, 2. März 1990.

20 Vgl.: »Thatcher Sees East European Progress as More Urgent than Germans«, in: *Wall Street Journal,* 26. Januar 1990, S. A12. Zur deutschen Reaktion auf diese Interview siehe Teltschik, *329 Tage,* S. 115f.

21 Clark, *Diaries,* S. 276; Zelikow, Interview mit Powell, London, Juni 1993. Thatcher wurde in ihren Sorgen in bezug auf Deutschland von dem gleichfalls beunruhigten italienischen Ministerpräsidenten Giulio Andreotti bestärkt, mit dem sie am 23. Februar in London zusammentraf. Genscher war am 21. Februar

nach Italien gereist, um die dortigen Befürchtungen auszuräumen und die Wogen zu glätten, die seine scharfen Äußerungen in Ottawa ausgelöst hatten. Die Italiener fanden ihn »Janus-gleich« mit den beiden Gesichtern von Versöhnlichkeit und Arroganz. Baker versuchte die europäischen Befürchtungen zu zerstreuen, indem er zumindest den NATO-Ministern brieflich versprach, sie in jeder Phase des Zwei-plus-Vier-Prozesses zu konsultieren. Zur italienischen Haltung siehe: US-Rom 3881, »Genscher, Italy, and Europe«, 24. Februar 1990; US-Rom 4306, »MFA Weighs in on Two plus Four; Andreotti and CSCE«, 1. März 1990; US-Rom 4447, »Readout on 2/23 Andreotti/Thatcher Meeting: German Unification and NATO«, 2. März 1990. Zu anderen europäischen und kanadischen Befürchtungen vgl.: US-Den Haag 1639, »Further GON Reactions to 2 plus 4 Approach to German Reunification«, 26. Februar 1990; US-Brüssel 3021, »FM Eyskens Rejects SNF Modernization, Complains about German Unification Procedure«, 26. Februar 1990; US-Ottawa 1661, »Canadian Concerns about ›Two plus Four‹ and NATO's Future«, 28. Februar 1990. Zu von Wörner übermittelten beschwichtigenden Bemerkungen von Baker und Bush siehe: US-AM 54339, »Letter from Secretary to NATO Foreign Ministers«, 19. Februar 1990; Dobbins (in Vertretung) über Kimmitt an Baker, »Proposed Message from the Secretary to NATO Foreign Ministers«, 17. Februar 1990; US-NATO 877, »Wörner Briefing of Permreps on Discussions at Camp David and Ottawa«, 13. Februar 1990; US-Brüssel 2951, »Letter from the Secretary to NATO Foreign Ministers«, 23. Februar 1990.

22 Das Folgende beruht auf Thatcher, *Downing Street No. 10*, S. 1105f.; Gesprächsprotokoll des Telefonats zwischen Thatcher und Bush am 22. Februar 1990 (Protokollant war Zelikow). Thatcher schreibt in ihren Memoiren, sie hätte später erfahren, daß Bush nicht begriffen habe, daß sie ein langfristiges Kräftegleichgewicht meinte und kein alternatives Bündnis zur NATO. Ihre Schlußfolgerung daraus: »Das war das letzte Mal, daß ich derlei Dinge am Telefon erörterte.« Es gibt jedoch keinen Grund anzunehmen, daß Bush ihren Vorschlag mißverstanden hatte. Sie hatte sich klar genug ausgedrückt, und Bushs Haltung in der Frage des Verbleibs von sowjetischen Truppen in Deutschland war, wie noch zu zeigen sein wird, eindeutig und unerschütterlich. Möglicherweise war man später zu höflich, um Thatchers Stab zu erklären, warum Bush ihre Argumentation unannehmbar fand. Die von ihm vorgeschlagenen Dreiergespräche fanden schließlich im April in Form bilateraler Treffen mit Thatcher und Mitterrand statt. Das »Triumvirat« hätte in Deutschland nur Mißtrauen gesät.

23 Die neue, demokratische tschechische Regierung mit Präsident Havel an der Spitze und Jiří Dienstbier als Außenminister nahm eine prowestliche Haltung ein und schloß sich der von Genscher vertretenen Meinung der politischen Mitte Westdeutschlands an. Sie unterstützte die deutsche NATO-Mitgliedschaft, hoffte

aber, daß beide Militärbündnisse bald in etwas Neues übergehen würden. Als Havel im Februar 1990 zu einem Staatsbesuch nach Washington kam, verständigten sich die beiden Präsidenten auf eine gemeinsame Haltung zu Deutschland (vgl.: Gesprächsprotokoll des Treffens zwischen Bush und Havel am 20. Februar 1990; Kimmitt (in Vertretung) an Bush, 20. Februar 1990).

24 Brief von Mazowiecki an Bush, 21. Februar 1990; Kommentare dazu in: US-Warschau 2677, »Prime Minister's Letter to President«, 21. Februar 1990. Vgl. auch Skubiszewski, »Die völkerrechtliche und staatliche Einheit des deutschen Volkes«.

25 Zur öffentlichen US-Position siehe die Erklärung des stellvertretenden Pressesprechers Richard Boucher bei der täglichen Presseinformation des Außenministeriums am 15. Februar 1990. Als Baker am 20. Februar mit dem westdeutschen Innenminister Wolfgang Schäuble zusammentraf, kam er rasch darauf zu sprechen, daß er nicht verstehen könne, warum die Deutschen den Grenzstreit nicht durch eine verbindliche Erklärung beendeten. Schäuble erläuterte ihm die völkerrechtliche Situation, die verhindere, daß die Bundesrepublik eine für das spätere vereinte Deutschland verbindliche Erklärung abgab (Schäuble, *Der Vertrag,* S. 59 f.). Zu ersten amerikanisch-deutschen Konsultationen über eine Grenzgarantie für Polen siehe: US-AM 54183; US-Bonn 5459, »Polish Concerns on German-Polish Border«, 17. Februar 1990.

26 US-Warschau 2785, »The Deputy Secretary's Meeting with Prime Minister Mazowiecki«, 23. Februar 1990.

27 Zum Folgenden vgl.: Scowcroft an Bush, »Preparing for the Six Power German Peace Conference«, 15. Februar 1990; Blackwill, »Deutsche Vereinigung und amerikanische Diplomatie«, S. 211, 214 f.

28 Seitz leitete am 15. Februar 1990 die erste Sitzung einer neu gebildeten Arbeitsgruppe Deutschland. Mit der Unterstützung von Dobbins und des stellvertretenden Rechtsberaters Michael Young wies er die Ansicht von Nelson Ledsky, einem weiteren Deutschlandexperten des Außenministeriums, zurück, der für die Regelung der Zukunft Deutschlands und die Festlegung seiner Grenzen einen Friedensvertrag für notwendig hielt. Sowohl Dobbins als auch Rice sprachen sich dafür aus, den Status der in der Bundesrepublik stationierten westlichen Streitkräfte nicht zum Thema der Zwei-plus-Vier-Gespräche werden zu lassen, obwohl der Chef der Unterabteilung Sowjetunion überzeugt war, daß die Sowjets darauf bestehen würden. Im privaten Gespräch mit Rice und Zelikow nach der Sitzung bestätigten Seitz und Dobbins ihre Übereinstimmung hinsichtlich des weiteren Vorgehens (Erinnerungen der Autoren; Zelikow an Scowcroft und Gates, »Initial Interagency Discussion of a Six Power Conference on Germany«, 15. Februar 1990). Die regelmäßig mit Viermächtefragen befaßte Bonner Diplomatengruppe

versuchte das Zwei-plus-Vier-Forum zu entwerfen, wobei der amerikanische Vertreter seinem britischen, französischen und westdeutschen Kollegen die Idee im persönlichen Gespräch näherbrachte. Der Bonner US-Botschaft wurde daraufhin prompt (informell) mitgeteilt, daß die Angelegenheit auf politischer Ebene in Washington entschieden werden würde, und in einem Schreiben wurden alle US-Botschaften aufgefordert, jede Spekulation darüber zu vermeiden, wie der Zwei-plus-Vier-Mechanismus aussehen würde (vgl. US-Bonn 5284, »Bonn Group Discussion on a Two-plus-Four Conference on German Unity: Berlin and Germany-as-a-Whole Issues«, 15. Februar 1990; US-AM 64344, »German Unification, Two plus Four, and NATO«, 28. Februar 1990). Der Politische Planungsstab wollte sowohl den »langfristigen Status der deutschen und ausländischen Streitkräfte« als auch die vertragliche Bindung des zukünftigen Deutschland an die NATO und die EG zum Thema der Zwei-plus-Vier-Gespräche machen (vgl. Holmes und George an Ross und Zoellick, »Next Steps on Two plus Four«, 15. Februar 1990).

29 Seitz an Zoellick, »Agenda and Strategy for the Two-plus-Four Conference«, 16. Februar 1990.

30 Die Darstellung beruht auf: Zelikow, Interviews mit Baker, Houston, Januar 1995, und Zoellick, Washington, D. C., Januar 1995; Zoellick an Baker, »Proposed Agenda for Meeting with the President«, 16. Februar 1990 (mit Randbemerkungen von Baker). Von einem »Prozeß ständiger Konsultationen« sprach Zoellick in einem für Baker bestimmten Memorandum mit dem Titel »Two plus Four: Advantages, Possible Concerns, and Rebuttal Points« vom 21. Februar 1990.

31 Vgl.: Zoellick an Baker, »Two plus Four: Advantages, Possible Concerns, and Rebuttal Points«, 21. Februar 1990; Zoellicks handschriftliche Notizen »2 + 4 Timing« aus seinen Büroakten; informelles EUR-Papier, »Managing ›Two-plus-Four‹ Consultations on German Unification«, undatiert (20./21. Februar 1990).

32 Vgl.: US-Bonn 5833, »Teltschik's Preview of Camp David«, 22. Februar 1990.

33 Das Folgende beruht auf: Scowcroft an Bush, »Meeting with German Chancellor Helmut Kohl«, 22. Februar 1990 (Entwurf von Zelikow und Blackwill). Zoellick hatte Blackwill seine Vorschläge für das Memorandum zukommen lassen, in denen er den von ihm entwickelten Zwei-plus-Vier-Mechanismus beschrieb, einschließlich der von Seitz und Dobbins stammenden Abwägung von Diskussion und Entscheidung im begrenzten Verhandlungsmandat: »Allgemein gesagt, können die Zwei-plus-Vier zwar zu vielen Fragen Meinungen austauschen, aber nur wenige entscheiden.« Blackwill hatte an Zoellicks Papieren wenig auszusetzen, fürchtete aber immer noch, daß sich das Außenministerium in bezug auf das begrenzte Verhandlungsmandat querstellen würde. Baker könnte »die Aussicht, im Rahmen der Zwei-plus-Vier-Ministertreffen über die zukünftige Sicherheitsstruktur Europas zu verhandeln, unwiderstehlich finden«. Vgl. Zoellicks (am 22. Fe-

bruar 1990 an den NSC weitergeleitete) Papiere »Our Objectives for Chancellor Kohl's Visit« und »Key Themes for Camp David«. Blackwills Anmerkungen zu diesen Papieren finden sich in: Blackwill an Scowcroft, »State Department Papers on Two plus Four Talks«, 23. Februar 1990. Zu den von Blackwill weitergeleiteten Memoranden gehörte auch eine noch vorsichtigere Stellungnahme des EUR mit dem Titel »Managing ›Two plus Four‹ Consultations«, die Zoellick in sein Papier eingearbeitet, die EUR aber separat an den NSC gesandt hatte.

34 Gesprächsprotokoll des Telefonats zwischen Bush und Mulroney am 24. Februar 1990 (Protokollant war Zelikow). Kanadische Diplomaten befürchteten, daß sich Deutschland für die Neutralität entscheiden könnte, und hielten deshalb eine starke amerikanische Führung für notwendig, um Deutschland im Bündnis zu halten (vgl.: Eagleburger [in Vertretung] an Bush, 2. März 1990). Bush versuchte vor Kohls Ankunft auch mit Mitterrand zu sprechen, doch Weißes Haus und Élysée-Palast konnten sich nicht auf eine Zeit für das Telefonat einigen. Man fand schließlich am 26. Februar einen Termin, der beiden Seiten genehm war.

35 Das Folgende beruht auf: Teltschik, *329 Tage,* S. 158–162; Gesprächsprotokoll des Treffens zwischen Bush und Kohl am 24./25. Februar 1990 (Protokollant war Blackwill).

36 Kurz nach Kohls Rückkehr nach Bonn übergab das Außenministerium der DDR dem Kanzleramt ein Memorandum »zur Einbettung der Vereinigung der beiden deutschen Staaten in den gesamteuropäischen Einigungsprozeß«. Die Ostdeutschen wollten sicherstellen, daß die Vereinigung nicht erfolgte, bevor die äußeren Aspekte auf dem KSZE-Gipfel diskutiert worden waren. Amerikaner und Westdeutsche hatten diese Abfolge jedoch in Camp David bereits ausgeschlossen. Außerdem würde »diese DDR-Regierung … nur noch wenige Tage im Amt sein«, wie Teltschik in seinem Tagebuch anmerkte *(329 Tage,* S. 163).

37 Gemeinsame Pressekonferenz von Bush und Kohl, Camp David, 25. Februar 1990, BPA-Wortprotokoll.

38 Teltschik, *329 Tage,* S. 170f.; US-NATO 1496, »March 8 NAC on German Unification: Kohl Seeks to Reassure the NATO Permreps; Allies Stress the Need for Extensive NATO Consultations ›Synchronous‹ with Two plus Four«, 9. März 1990. Auch der britische Außenminister sprach bei seinem Bonnbesuch am 12. März die speziellen NATO-Fragen an (vgl. US-London 5013, »March 12 Hurd Meeting with Kohl and Genscher«, 13. März 1990).

39 Vgl.: Kimmitt an Baker, »German Unification«, 23. Februar 1990, und Bakers handschriftliche Erwiderung vom 25. Februar 1990.

40 US-AM 63344, »Message to Genscher«, 28. Februar 1990; vgl.: Dobbins über Kimmitt und Bartholomew an Baker, »NATO and German Unification: Message to Genscher«, 27. Februar 1990.

41 Gesprächsprotokoll des Telefonats Bush-Mitterrand, 26. Februar 1990 (Protokollant war der Chef des Lagezimmers des Weißen Hauses, Cornelius O'Leary); Zelikow, Notizen des Telefonats Bush-Thatcher, 26. Februar 1990. Die französische Verärgerung über Kohls Verhalten in der Frage der Grenze zu Polen wurde in einer Rede, die Dumas am 1. März in Berlin hielt, auch öffentlich spürbar. Dumas wollte außerdem, daß die Zwei-plus-Vier-Gespräche sofort begannen, ein Vorschlag, den Baker eine Woche zuvor bereits abgelehnt hatte. Zu dieser Episode und zu Kohls Telefongespräch mit Mitterrand vom 5. März siehe: Teltschik, *329 Tage,* S. 164–167; US-Mission 717, »French FM Visit to Berlin«, 2. März 1990; US-Mission 838, »Addendum on French FM Visit to Berlin«, 13. März 1990. Zu Bushs Ansichten über Deutschland nach Kohls Besuch vgl.: Gesprächsprotokoll des Treffens zwischen Bush und dem Regierenden Bürgermeister von Berlin, Walter Momper, am 27. Februar 1990. Momper wollte, daß amerikanische Truppen in Berlin stationiert blieben, solange sowjetische Soldaten in der Stadt waren, und im Unterschied zu einigen seiner Parteigenossen war er gegen den Abzug aller westlichen Truppen aus dem vereinigten Deutschland. Sein Verwaltungsapparat in West-Berlin plante im übrigen bereits die künftige Entwicklung der ganzen Stadt (vgl. US-Mission 471, »Quick Unity of East and West Berlin?«, 9. Februar 1990).

42 Beispiele für veröffentlichte Kommentare waren: TASS, »TASS notes Kohl-Bush News Conference«, 25. Februar 1990, und »Kornilow Comments«, 26. Februar 1990, in: FBIS-SOV 90-038, 26. Februar 1990, S. 1 f.; A. Blinow in: *Iswestija,* 27. Februar 1990, S. 4.

43 Zum Folgenden vgl.: Gesprächsprotokoll des Telefonats zwischen Bush und Gorbatschow am 28. Februar 1990 (Protokollant war Rice); Maximytschew, *Kruschenije. Rekwijem po* GDR, S. 132f.; US-Berlin 1323, »Soviet Ambassador Worries about Rapid German Reunification«, 28. Februar 1990. Zelikow leitete diesen Bericht am 1. März mit der Anmerkung an Scowcroft weiter, daß Maximytschews Klage über die sowjetische Trägheit und seine Hoffnung, daß frühe Zwei-plus-Vier-Aktivitäten Moskau aufwecken würden, gute Gründe seien, sich einem raschen Beginn des Zwei-plus-Vier-Prozesses entgegenzustellen. Scowcroft fragte sich nach der Lektüre dieses Berichts und eines Memorandums, das zum selben Schluß kam: »Könnte man diesen Gedanken nicht Baker oder wenigstens Zoellick nahebringen?« (Randbemerkung auf: Blackwill an Scowcroft, »The Impact of the Two plus Four Talks on Soviet Policy toward Germany«, 27. Februar 1990). Achromejew und Kornienko geben in *Glasami marschala i diplomata,* S. 259f., der Erklärung von Bush und Kohl die Schuld an der sowjetischen Untätigkeit.

44 Teltschik, *329 Tage,* S. 164. Am Abend des 5. März diskutierte Kohl erneut mit Seiters, Schäuble, Teltschik und anderen Beratern über Artikel 23. Die Runde war einhellig der Ansicht, daß dieser Artikel angewendet werden sollte (ebd., S. 167).

579

45 Vgl. Teltschik, *329 Tage,* S. 165–168; Kiessler/Elbe, *Ein runder Tisch,* S. 116 f.; Schäuble, *Der Vertrag,* S. 60–65; Baker an Bush, 5. und 6. März 1990; US-Bonn 7347, »Coalition Agrees on Joint Statement on Polish Border«, 6. März 1990. Es gibt Hinweise darauf, daß sich Genscher über die internationale Reaktion auf den implizit im Artikel 23 enthaltenen »Anschluß« Sorgen machte, aber keinen Beleg dafür, daß er gegen diese grundsätzliche Entscheidung auftrat.

Kohl informierte Bush umgehend über die Entscheidung der Koalition, und Bush versicherte ihn im Antworttelex seiner Unterstützung (Botschaft von Kohl an Bush, 6. März 1990; Botschaft von Bush an Kohl, 8. März 1990, abgeschickt am 7. März nach Washingtoner Zeit). Genscher teilte Baker die Neuigkeit am 6. März durch einen Telefonanruf Elbes bei Zoellick mit (vgl.: Zoellick an Baker, »German Coalition Agreement on a Polish Border Treaty«, 6. März 1990). Elbe erklärte gegenüber Zoellick, daß Genscher in bezug auf die Wahl des Artikels 23 als Weg zur deutschen Einheit keinen Streit mit Kohl habe, aber über die ausländische Reaktion besorgt sei und es vorziehe, die Entscheidung nicht publik zu machen.

46 *Bulletin,* 34/1990, S. 265–268. Vgl. Teltschik, *329 Tage,* S. 169. Die Furcht vor polnischen Reparationsforderungen und anderen Ansprüchen war nicht ganz unbegründet. In einer im Frühjahr 1990 in Polen durchgeführten Meinungsumfrage erklärten dreiundachtzig Prozent der Befragten, daß sie die deutsche Vereinigung als Bedrohung für ihr Land ansahen. Ebenso viele sprachen sich für die Forderung nach einer deutschen Entschädigung der polnischen Zwangsarbeiter im Dritten Reich aus. Fünfzig Prozent befürworteten Einschränkungen der Rechte der deutschen Minderheit in Polen *(Forum Deutsche Einheit, Aktuelle Kurzinformationen* 5/1990: »Der deutsche Einigungsprozeß aus polnischer Sicht«, hg. von der Friedrich-Ebert-Stiftung, Bonn).

47 Teltschik, *329 Tage,* S. 170 f. Hurd überbrachte Genscher die britische Zustimmung, als sie sich am 12. März in Bonn trafen.

48 Vgl. Teltschik, *329 Tage,* S. 171–175; US-Paris 7991, »MFA Readout on Jaruzelski/Mazowiecki Visit«, 12. März 1990.

49 Vgl.: US-AM 81152, »Presidential Letter to Prime Minister Mazowiecki on Polish Borders and Two plus Four Talks«, 14. März 1990 (Entwurf vom NSC); Gates an Bush, »Your Meeting with Leaders of the Polish American Congress at 2:00 P.M.: New Developments on the Issue of Polish Participation in the Two plus Four Process«, 14. März 1990.

50 Vgl.: US-AM 79390, »Dumas Letter on Two plus Four and the Polish-German Border«, 13. März 1990; US-Warschau 3768, »Polish Foreign Minister Suggests 2 plus 4 Meeting in Warsaw«, 12. März 1990; US-Paris 8101, »Dumas Letter on ›Two-plus-Four‹ and the Polish/German Border«, 13. März 1990; Dobbins (in Vertretung) über Eagleburger an Baker, »Expected Call from French Foreign Mini-

ster re Poland and Two plus Four«, 12. März 1990, mit Anschreiben von Eagle-burger vom 13. März 1990; US-Bonn 8488, »FRG-French Declaration on Polish Participation in Two plus Four Talks«, 14. März 1990. Baker unternahm den unge-wöhnlichen Schritt, Teltschik am 13. März kurz vor dem ersten Zwei-plus-Vier-Treffen anzurufen, um herauszufinden, was Kohl von der Idee hielt, eine Zwei-plus-Vier-Sitzung in Warschau abzuhalten. Teltschik rief Baker am 14. März zurück, um ihm mitzuteilen, daß sowohl Kohl als auch Genscher diese Idee ablehnten. Dasselbe sagte er auch Blackwill im Weißen Haus (Teltschik, *329 Tage,* S. 175).

51 Anfang März hatten Mitarbeiter des Politischen Planungsstabes des US-AM in einem an Ross und Zoellick gerichteten Memorandum vorgeschlagen, Polen ent-gegenzukommen. Sie hatten allerdings von vornherein mit einer »stark negativen Reaktion« der EUR gerechnet, wie der stellvertretende Chef des Planungsstabes, James Holmes, im Anschreiben des Memorandums erklärte, und sie behielten recht. Das Weiße Haus hätte den Vorschlag sicherlich ebenfalls abgeschmettert, aber er wurde weder von Ross noch von Zoellick ernsthaft in Erwägung gezogen (vgl.: Fox und George an Ross und Zoellick, »Polish-German Border Resolution«, 9. März 1990, mit einem Telegramm, das von Zoellick an Kastrup geschickt wer-den sollte).

52 Vgl. Teltschik, *329 Tage,* S. 176; Gesprächsprotokoll des Telefonats zwi-schen Bush und Kohl am 15. März 1990 (Protokollant war Hutchings); Scowcroft an Bush, »Your Telephone Conversation with Chancellor Kohl, March 15, 1990«, 16. März 1990. Bei einem Treffen mit Vertretern des Polnisch-Amerikanischen Kongresses am 14. März war Bush aufgefordert worden, gemeinsam mit Mazo-wiecki eine Erklärung der von Kohl befürchteten Art abzugeben. Eine Zusammen-fassung der Ansicht des Weißen Hauses ist nachzulesen bei Blackwill, »Deutsche Vereinigung und amerikanische Diplomatie«, S. 216f.

53 Teltschik, *329 Tage,* S. 179; Gesprächsprotokoll des Telefonats Bush-Kohl, 20. März 1990 (Protokollant war Hutchings).

54 Gesprächsprotokoll des Treffens zwischen Bush und Mazowiecki am 21. März 1990 (Protokollant war Scowcroft). Bush wurde von Scowcroft und ei-nem Dolmetscher begleitet, Mazowiecki von seinem Bürochef Ryszard Wojtkowski und einem Dolmetscher.

55 Die Polen schlossen zwar die Neutralität aus, konnten sich aber noch nicht zur eindeutigen Unterstützung der NATO-Alternative durchringen. Mazowieckis Bitte an die USA, einen anderen Weg zu finden, um auf die Sorgen der Sowjets ein-zugehen, entsprach der längeren Darstellung der polnischen Position, die Außen-minister Skubiszewski gut eine Woche vorher gegeben hatte (vgl. US-Warschau 3768, »Polish Foreign Minister Suggests 2 plus 4 Meeting in Warsaw«, 12. März 1990).

56 Vgl. Teltschik, *329 Tage*, S. 181; Hutchings über Blackwill an Scowcroft, »Telephone Call to Chancellor Helmut Kohl of the Federal Republic of Germany, March 23, 1990«, 22. März 1990.

57 Gesprächsprotokoll des zweiten Treffens zwischen Bush und Mazowiecki am 22. März 1990. Die Teilnehmer waren dieselben wie beim ersten Treffen (siehe Anm. 54). Vgl. auch Bushs Äußerungen in der Pressekonferenz vom 22. März 1990, abgedruckt in: PPP: Bush, 1990, Buch 1 460–463. Daß sich Mazowiecki in Paris der Unterstützung Mitterrands versichert hatte, wurde bereits erwähnt. Thatcher griff Kohls Haltung in der Grenzfrage in einem *Spiegel*-Interview an (»Alle gegen Deutschland – nein!«, in: *Der Spiegel,* 26. März 1990, S. 182–187).

58 Das Folgende stützt sich auf das Gesprächsprotokoll des Telefonats zwischen Bush und Kohl am 23. März 1990 (Protokollant war Hutchings). Zoellick drängte Baker, dieses Protokoll zu lesen, und Baker merkte später an, daß er es getan habe (am oder um den 3. März; vgl. seine Randbemerkungen).

59 Obwohl sich die Spannungen gelockert hatten, beharrte Warschau weiterhin auf vorgezogenen Verhandlungen über einen deutsch-polnischen Vertrag. Genscher war bereit, auf diese Forderung einzugehen und einen Vertrag auszuhandeln, der vor der Vereinigung paraphiert werden könnte. Doch Kohl, der sich der Rückendeckung von Präsident Bush sicher war, überstimmte ihn. Die Bundesrepublik lehnte formelle Gespräche über einen Vertrag zwischen Polen und dem vereinigten Deutschland ab. Aber Kohl nutzte die Kontakte, um, wie versprochen, die entscheidenden, auf die Grenze bezogenen Sätze eines solchen Vertrages mit den Polen abzustimmen. Die im Juni 1990 von beiden deutschen Parlamenten verabschiedete Entschließung, in die diese Sätze einflossen, ist abgedruckt in: *Materialien zu Deutschlandfragen,* S. 75 f. Zum übrigen vgl. Teltschik, *329 Tage,* S. 179 (Gespräch zwischen Kohl, Genscher und Stoltenberg am 19. März 1990); US-AMin. 2045, »Secretary's Meeting with FRG Foreign Minister, March 21, 1990«, 24. März 1990 (über die Begegnung in Windhuk); Ludwig, *Polen und die Deutsche Frage,* S. 73 f.; US-Warschau 6452, »Polish/FRG/GDR Draft Treaty on Border Issue«, 30. April 1990, US-Warschau 9216, »Polish Approach to Two-plus-Four Talks«, 13. Juni 1990.

Den Juristen des US-AM war entgangen, was Artikel 23 in bezug auf die in der Vergangenheit von der Bundesrepublik geschlossenen Verträge und die Zwei-plus-Vier-Regelung bedeutete. Sie sahen noch Ende April eine Zwickmühle voraus, da die beiden deutschen Staaten »die Grenzen des vereinigten Deutschland nicht festlegen (oder vertragliche Verpflichtungen in bezug auf sie eingehen) können und die Vier Mächte die deutsche Vereinigung aus politischen Rücksichten wahrscheinlich nicht absegnen können, bevor die Grenzfrage nicht erledigt worden ist«

(Young an Zoellick und Seitz, »Legal Constraints on Timing of Settlement«, 27. April 1990).

60 Zoellick mußte vor Beendigung der Londoner Gesprächsrunde abreisen, so daß Seitz bei einem Teil der Diskussionen die USA vertrat. Im US-AM gibt es keinen dem Politischen Direktor der europäischen Außenministerien vergleichbaren Posten. Deshalb schlüpften, je nach Verhandlungsgegenstand, verschiedene Beamte in diese Rolle. In europäischen Angelegenheiten wurde für gewöhnlich der für Europa und die Sowjetunion zuständige Abteilungsleiter als Politischer Direktor angesehen.

61 Die Darstellung stützt sich auf den Abschlußbericht des US-AM: »German Unification: Initial Three-plus-One Allied Consultations«, 4. März 1990. Vgl.: Zoellick an Baker, »Quad Meeting Discussion of German Unification and Two-plus-Four«, 1. März 1990. Zu den anfänglichen Besorgnissen der Deutschen in bezug auf ihren Status bei den Gesprächen und ihre entschiedene Ablehnung eines Friedensvertrages siehe: Kiessler/Elbe, *Ein runder Tisch,* S. 106–113; Teltschik, *329 Tage,* S. 172f.

62 Vgl. Teltschik, *329 Tage,* S. 167; Dobbins (in Vertretung) über Kimmitt an Baker, »Letter from Shevardnadze Proposing Two-plus-Four Contingency Consultations Mechanism«, 2. März 1990; US-AM 68751, »Shevardnadze Letter to Secretary on ›Two-plus-Four‹ Mechanism«, 3. März 1990; US-Moskau 7532, »Shevardnadze Letter to Secretary on ›Two plus Four Mechanism‹«, 5. März 1990; US-Berlin 1407, »Shevardnadze Letter to Secretary on ›Two-plus-Four Mechanism‹«, 5. März 1990; US-Bonn 7216, »Kastrup on Two plus Four Mechanism«, 5. März 1990; US-Paris 7024, »Shevardnadze Letter to Secretary on ›Two-plus-Four‹ Mechanism: French Thoughts«, 5. März 1990.

63 Aktenvermerk ohne Titel und Unterschrift, 5. März 1990 (S/S Log #9005019).

64 Vgl. Modrow, *Aufbruch und Ende,* S. 138–141; TASS, »Gorbachev-Modrow Meeting Detailed«, 6. März 1990, in: FBIS-SOV 90–045, 7. März 1990, S. 26f.; US-Moskau 7912, »GDR Premier Modrow's Visit: German Unity, NATO Membership, Two plus Four«, 7. März 1990; US-Berlin 1571, »Modrow Reports on Moscow Trip, Cites U. S. Senators on Polish Border«, 9. März 1990.

65 »Was wird aus Deutschland?«, Interview mit Schewardnadse, in: *Neue Berliner Illustrierte* 11/1990, S. 18f. Die Veröffentlichung in der NBI, einer DDR-Zeitschrift, belegt, daß Schewardnadses Äußerungen auf das Publikum in der DDR abzielten. Vgl. Teltschik, *329 Tage,* S. 170.

66 Vgl.: Baker an Bush, 8. März 1990; US-AM 87582, »Zoellick-Dubinin March 7 Discussion of Germany«, 19. März 1990. Zusätzliche Hintergrundinformationen enthält: Hauslohner (S/P) an Zoellick, »Recent Soviet Statements on Germany«, 8. März 1990.

67 Zit. in Teltschik, *329 Tage,* S. 168f. Vgl. Gorbatschow-Interview in: *Prawda,* 5. März 1990; US-Moskau 8211, »Soviet Views on the Future Status of Germany: NATO, Neutral or Neither?«, 10. März 1990; US-Moskau 8648, »Soviets Move Publicly to ›Put the Brakes‹ on German Rush for Unification«, 14. März 1990, worin es heißt: »Für Moskau ähnelt die Eile bei der deutschen Vereinigung einem Mercedes, der ohne Rücksicht auf die öffentliche Sicherheit über eine Autobahn rast ... Moskaus Botschaft lautet, daß Deutschlands Fahrt zur Wiedervereinigung wesentlich länger und langsamer sein könnte als angenommen, wenn Kohl (und andere) nicht bereit sind, den Sowjets auf halbem Weg entgegenzukommen.«

68 Genscher, »Die deutsche Vereinigung als Beitrag zur europäischen Stabilität«; vgl. Kiessler/Elbe, *Ein runder Tisch,* S. 107.

69 Die vergleichsweise positive Einstellung zur NATO-Mitgliedschaft vertraten Horst Ehmke und Dietrich Stobbe am 7. März in Washington im Gespräch mit Lawrence Eagleburger. Willy Brandt gehörte ebenfalls zu den Befürwortern der NATO-Mitgliedschaft. Gegner waren unter anderen der stellvertretende Vorsitzende der SPD Oskar Lafontaine und Egon Bahr. Darüber hinaus hatte die SPD eine Entschließung vorbereitet, in der die Auflösung beider Bündnissysteme gefordert wurde (vgl.: Scowcroft an Bush, »SPD Thinking on a United Germany«, undatiert [wahrscheinlich letzte Märzwoche]; Baker an Bush, 7. März 1990 [über das Treffen mit Eagleburger]). Ehmke war außerdem der Ansicht, daß die Vereinigung zu schnell vonstatten ging, worin ihm Eagleburger allerdings widersprach. Der Einfluß des Wechselspiels von außen- und innenpolitischen Faktoren auf die Herausbildung der westdeutschen Position in der Sicherheitsfrage ist gut beschrieben in: CIA/EUR 90–100005, »Initial Security Options for a United Germany«, März 1990. Zur schwankenden öffentlichen Meinung in der Bundesrepublik über die NATO siehe: Seitz an Baker, »West German Public Opinion Fluid on NATO, U. S. Forces, and the Eastern Threat«, 19. März 1990; US-Bonn 6979, »FRG Public Opinion on the Threat from the East, the Image of NATO, and the Presence of U. S. Forces«, 2. März 1990; US-Bonn 7256, »The German Question and Alliance Security«, 6. März 1990. Zur positiven Haltung gegenüber der NATO auf seiten westdeutscher Verteidigungsexperten vgl. zum Beispiel: US-Bonn 7009, »General Naumann on Security Policy Issues«, 2. März 1990.

70 Achromejew/Kornienko, *Glasami marschala i diplomata,* S. 26.

71 US-AM 76007, »German Unification, Two-plus-Four, and Germany in NATO«, 9. März 1990 (Entwurf von Brunson McKinley und Zelikow). Zur deutschen Reaktion vgl.: US-Bonn 7849, »German Unification«, 9. März 1990.

72 US-AM 74775, »»Two-plus-Four‹ Consultations«, 8. März 1990; 78499, »Explaining March 14 Two plus Four Meeting«, 10. März 1990.

73 Rice über Blackwill an Scowcroft, »Mounting Problems with 2 + 4«, 28. Februar 1990.

74 Vgl.: Zelikow über Blackwill an Scowcroft, »Discussions with State on Plans for Two plus Four Meeting on March 14«, 9. März 1990; EUR/RPM (Caldwell) und EUR/CE (Shostal) an Zoellick und Seitz, »Preparing Your Paris One-plus-Three, March 13, 1990«, undatiert.

75 Zelikow über Blackwill an Scowcroft und Gates, »The Two plus Four Agenda«, 12. März 1990. Zur Haltung anderer Staaten zu den Zwei-plus-Vier-Gesprächen vgl.: George an Zoellick und Ross, »The Two-plus-Four Tightrope«, 12. März 1990; EUR (Dobbins), »National Agendas for the Two-plus-Four Meeting«, undatiert.

76 Das US-AM hatte eine wichtige Entscheidung getroffen, als es Condoleezza Rice vom NSC in die Delegation aufnahm. Damit wurde einerseits das Weiße Haus direkter beteiligt und andererseits eine Beamtin hinzugezogen, deren nominelle Aufgabe es war, die Ansichten anderer interessierter Behörden darzustellen. Das deutsche Auswärtige Amt beteiligte aus ähnlichen Gründen – und mit Rücksicht auf die unterschiedliche Parteizugehörigkeit von Kohl und Genscher – einen Vertreter des Kanzleramts. Kastrup und Elbe kannten Hartmann, einen Berufsdiplomaten, seit Jahren und waren zuversichtlich, daß er »die Loyalität gegenüber dem Kanzler mit der gegenüber seinem alten Haus zu verbinden« verstand (Kiessler/Elbe, *Ein runder Tisch,* S. 119).

77 Dufourcq zufolge waren die Juristen des Quai d'Orsay der Ansicht, daß die Sowjets als eine der Vier Mächte das Recht besaßen, ihr Veto gegen die deutsche Entscheidung für Artikel 23 einzulegen. Immerhin gab es einen Präzedenzfall. Als Bonn das Saarland nach Artikel 23 in die Bundesrepublik aufnehmen wollte, hatte Frankreich seine Zustimmung erteilt. Weston wandte ein, die britischen Rechtsexperten seien zu einem anderen Ergebnis gekommen. Zoellick und Kastrup bestanden schließlich darauf, daß der Westen, ungeachtet der Rechtslage, damit argumentieren sollte, daß die Frage nicht in die Zuständigkeit der Zwei-plus-Vier-Runde falle. Juristen der Regierungen in Bonn und Washington hatten rechtliche Gründe sowohl für als auch gegen ein sowjetisches Vetorecht gefunden (vgl.: US-AM 81208, »Soviet Legal Argument Barring German Use of Article 23 for Reunification«, 14. März 1990; Sofaer an Zoellick, »GDR Accession under Article 23 of the FRG Basic Law«, 5. April 1990).

78 Vgl.: »One plus Three Meeting«, 13. März 1990 (Gesprächsprotokoll, angefertigt von Rice); Zoellicks Notizen aus der Sitzung (in seinen Akten); Zelikow über Blackwill an Scowcroft und Gates, »Readout on March 13 Meeting Between US, UK, French, and FRG Representatives for March 14 Two plus Four Discussion«, 13. März 1990 (auf der Grundlage eines Telefonanrufs von Rice). Auch über die Reaktion auf Schewardnadses Brief vom 2. März wurde gesprochen; die in verbind-

lichem Ton gehaltene amerikanische Antwort wurde am 18. März abgeschickt. Zu einigen französischen Vorschlägen, die von den Westdeutschen mit Verärgerung aufgenommenen wurden, vgl.: US-Bonn 7849, »German Unification«, 9. März 1990; US-Bonn 7220, »Berlin Voting Issue: Paris Wants to Put Issue in the Two-plus-Four Mechanism«, 5. März 1990; US-AM 75918, »Berlin Aviation: French Proposal to Raise the Issue in March 14 Two-plus-Four Meeting«, 9. März 1990.

79 Die DDR-Regierung wurde durch Ernst Krabatsch, Herbert Süß und Karl Seidel vertreten. Adamischin befand sich in Begleitung von Kwizinski, Michail Timoschkin und Waleri Rogoschin, dem Chef der Deutschlandabteilung des Außenministeriums. Dufourcq wurde von Denis Gauer und Thierry Dana unterstützt, und Westons Team bestand aus Abteilungsleiterin Hillary Synnott und Politikplaner Jonathan Powell.

80 Vgl.: »Two plus Four Talks«, 14. März 1990 (Gesprächsprotokoll, angefertigt von Rice); Zoellicks Notizen aus der Sitzung und die zwischen ihm, Seitz und Rice während der Sitzung ausgetauschten schriftlichen Mitteilungen (in Zoellicks Büroakten); Rice an Scowcroft, Gates und Blackwill, »2 + 4 Meeting 14 March 1990«, 14. März 1990; Zoellick an Baker, »Background on Two-plus-Four for Namibia Meetings«, 16. März 1990.

81 Zit. in Teltschik, *329 Tage*, S. 173.

82 Viele in der westdeutschen SPD wollten eine andere Republik (vgl. zum Beispiel das Interview mit Gerhard Schröder in: *Süddeutsche Zeitung*, 14. März 1990, S. 12). Für die Änderung des Grundgesetzes wäre eine Zweidrittelmehrheit in Bundestag und Bundesrat nötig gewesen, über die die SPD nicht verfügte. Westdeutsche Verfassungsrechtler glaubten, daß eine verfassunggebende Versammlung nach Artikel 146 wahrscheinlich mit Mehrheitsentscheidungen arbeiten würde. Angesichts der knappen Regierungsmehrheit im Westen hätte ein SPD-Sieg im Osten – selbst mit einfacher Mehrheit – mit großer Wahrscheinlichkeit bedeutet, daß die SPD in einer gesamtdeutschen verfassunggebenden Versammlung die nötige Mehrheit besessen hätte, um die Verfassung des vereinigten Deutschland nach ihrem Willen zu gestalten (vgl. US-Bonn 8004, »German Unification: The Politics of Article 23 v. Article 146«, 9. März 1990). Eine repräsentative Gegenüberstellung der Ansichten bietet das Streitgespräch zwischen Schäuble und dem stellvertretenden Vorsitzenden der Ost-SPD, Markus Meckel, im *Spiegel* vom 19. März 1990 (»Anschluß ist ein falscher Begriff«, S. 48–57).

83 »Schritte zur deutschen Einheit«, in: *Presseservice der* SPD, 7. März 1990. Vgl. Pond, *Beyond the Wall*, S. 198 f.; US-Bonn 8004; US-Bonn 7780, »SPD Declaration on ›Steps to German Unity‹«, 8. März 1990; Geheimdienstanalysen der innenpolitischen Debatte.

84 »Umfrage sieht Verluste der Ost-SPD«, in: *Frankfurter Allgemeine Zeitung*,

9. März 1990, S. 4. Die westdeutschen Parteien hatten für den Wahlkampf in der DDR angeblich über zwanzig Millionen Mark ausgegeben (»20 Millionen Mark ›Demokratiehilfe‹«, in: *Süddeutsche Zeitung,* 17./18. März 1990, S. 1). Wie die US-Botschaft die Situation in der DDR vor den Wahlen einschätzte, ist nachzulesen in: US-Berlin 1554, »GDR Election Overview: More Unclear with Each Passing Day«, 9. März 1990; 1553, »Peanuts, Popcorn, Cracker-Jack: The GDR Party Landscape«, 9. März 1990. In Washington lehnten es Dobbins vom US-AM und Zelikow vom NSC ab, Papiere gegenzuzeichnen oder selbst zu verfassen, die einen Wahlsieg der SPD prophezeiten. Dafür waren ihrer Ansicht nach die öffentliche Meinung in der DDR zu unbeständig und die Meinungsumfragen zu unzuverlässig.

85 Teltschik, *329 Tage,* S. 173.

86 US-Berlin 1569, »SPD Chairman Boehme Discusses Democratization and Unification with Ambassador«, 9. März 1990. Der *Spiegel* verkündete am Tag nach der Wahl kurz und bündig: »Kohls Triumph«. Zum Wahlkampf und zur Wahl selbst vgl.: »Es gibt keine DDR mehr«, in: *Der Spiegel,* 19. März 1990, S. 20–33; Garton Ash, »The East German Surprise«; Jarausch, *Die unverhoffte Einheit,* S. 178–197; Pond, *Beyond the Wall,* S. 199–201; Mantzke, »Eine Republik auf Abruf«; Maier, *Die Wende in der* DDR, S. 83–88; Hamilton, *After the Revolution,* S. 14–18, 42 f. Die westdeutsche Regierungskoalition einigte sich Ende Februar auf einen Umtauschkurs zwischen DDR- und D-Mark von eins zu eins, und FDP-Chef Lambsdorff versicherte Baker am 1. März, daß die Bundesrepublik in der Lage sei, die Währungsunion auf dieser Grundlage zu bewältigen (vgl.: Baker an Bush, 1. März 1990).

87 Vgl. Teltschik, *329 Tage,* S. 173–178; US-Bonn 10349, »German Unification: Kohl Says All-German Elections in the Second Half of Next Year«, 29. März 1990; US-Bonn 9413, »Teltschik's Comments on German Unification and Future European Security Arrangements«, 22. März 1990; Geheimdienstberichte aus dieser Zeit.

88 Vgl. US-Moskau 9214, »Warsaw Pact Meeting and GDR Elections Spell Trouble for Soviet German Policy«, 19. März 1990; TASS, »Termed Useful, Necessary«, 17. März 1990, in: FBIS-SOV 90–053, 19. März 1990, S. 4 f. Zu sowjetischen Kommentaren über die Wahlen in der DDR, die der alten stalinistischen Führung vorwarfen, den Sozialismus in Mißkredit gebracht zu haben, und Moskaus Haltung zu den äußeren Aspekten der deutschen Vereinigung bestätigten, vgl. Maximytschew/Menschikow, »One German Fatherland?« (die Autoren waren damals beide an der sowjetischen Botschaft in Ost-Berlin); »Jedinaja Germanija i ejo sossedi«, in: *Mirowaja Ekonomika i Meschdunarodnije Otnoschenija* 8 (1990); Zedilina, »Objedinenije perwyi etap«. Am 19. März erhielten die Sowjets außerdem die nichtssagende amerikanische Antwort auf Schewardnadses Vor-

schlag, einen Mechanismus für dringliche Zwei-plus-Vier-Konsultationen über Deutschland einzurichten (vgl. US-AM 87148, »Secretary's Response to Shevardnadze's Proposed Procedure for Urgent Consultations on Germany«, 18. März 1990).

89 Zu den Ministertreffen in Windhuk siehe: Gesprächsprotokoll des Treffens zwischen Baker und Schewardnadse am 20. März 1990 (Protokollant war Ross); US-AMin. 2045, »Secretary's Meeting with FRG Foreign Minister Genscher, March 21, 1990«, 24. März 1990; Kiessler/Elbe, *Ein runder Tisch,* S. 109 f.; US-Bonn 10177, »FRG Foreign Minister Genscher's Meeting with Soviet Foreign Minister Shevardnadze, March 22, 1990«, 28. März 1990 (auf der Grundlage des Berichts, den Kastrup vor Botschaftern in Bonn erstattet hatte); Teltschik, *329 Tage,* S. 181. In Bonn wiederholte Botschafter Kwizinski die sowjetischen Bedenken in der NATO-Frage am 22. März im Gespräch mit Kohl (Teltschik, *329 Tage,* S. 179–181).

90 US-AMin. 2017, »Memorandum for the President: Namibia, March 20«, 20. März 1990.

91 Genscher, »Wir wollen ein europäisches Deutschland«, in ders., *Unterwegs zur Einheit,* S. 265 f.

92 Vgl. Teltschik, *329 Tage,* S. 182–184, 190; US-Bonn 11684, »Teltschik's Views on European Security Issues«, 11. April 1990; Marsh, »Kohl Sees Unified Germany in EC Union«; Kohl, Interview in der französischen Fernsehsendung »L'heure de vérité«, 29. März 1990 (aufgezeichnet am 27. März 1990), in: BPA (stenographisches Manuskript). Zur Unterstützung der CSU für Kohls Sicherheitspolitik (und seine Politik gegenüber Polen) vgl.: Baker an Bush, 5. April 1990 (über den Washington-Besuch des Chefs der Bundestagsgruppe der CSU, Wolfgang Bötsch). An dem Treffen des Bundessicherheitsrates am 2. April nahmen unter Kohls Leitung Genscher, Stoltenberg, Seiters, Teltschik, Kastrup und Klaus Naumann, der Chef von Stoltenbergs Planungsstab, teil.

93 Die SPD-Position in der Sicherheitsfrage wurde nach den DDR-Wahlen am 18. März durch eine Arbeitsgruppe »Fortschritt '90« mit Lafontaine an der Spitze neu bestimmt. Sie forderte am 20. März die Auflösung beider Militärblöcke, die Verknüpfung der deutschen Vereinigung mit der Entwicklung eines gesamteuropäischen Sicherheitssystems, die Beendigung der nuklearen Abschreckung und den Abzug aller Atomwaffen von deutschem Boden. Die weitere deutsche NATO-Mitgliedschaft, unter welchen Bedingungen auch immer, wurde in dem Papier mit keinem Wort erwähnt. Damit wäre der Präsenz amerikanischer Truppen in Deutschland die Grundlage entzogen worden, und die Verfasser des Papiers waren sich dieser Konsequenz zweifelsohne bewußt. Gemäßigte SPD-Politiker, die bereit waren, eine vorläufige, bedingte NATO-Mitgliedschaft zu akzeptieren – wie

etwa Willy Brandt, Hans-Jochen Vogel, Walter Momper, Karsten Voigt, Horst Ehmke und Andreas von Bülow –, waren nicht der Lage, einen Parteikonsens zustande zu bringen, der die weiter links stehenden Ansichten von Lafontaine, Bahr und anderen in den Hintergrund gedrängt hätte. Vgl.: »Offensive für ein modernes Leben. Arbeitsbericht der Arbeitsgruppe Fortschritt '90: Die ökologisch-soziale Marktwirtschaft«, hg. vom Vorstand der SPD, Bonn 1990 (darin unter Punkt IV: »Der 12-Punkte-Plan für drastische Abrüstung«); US-Bonn 9527, »Lafontaine Working Group Announces 12-Point Disarmement Program – Calls for Ultimate Dissolution of Military Blocs, Interim Changes in NATO Strategy«, 22. März 1990; US-Bonn 10020, »SPD Leadership Positions on German Membership in NATO«, 27. März 1990.

94 Vgl. Genscher, »Die Zukunft eines europäischen Deutschland«, Rede vor dem Verband der amerikanischen Chefredakteure, Washington, 6. April 1990, in: *Deutsche Außenpolitik 1990/91,* S. 103–105; »Wir brauchen einen Vertrag«, in: *Der Spiegel,* 23. April 1990, S. 17–20; Geheimdienstbericht über Genscher aus dieser Zeit, »Changing Assessment of the CSCE Process and German Unification«; Gesprächsprotokoll des Treffens zwischen Bush und Genscher am 4. April 1990; Scowcroft an Bush, »Meeting with Foreign Minister Genscher«, 3. April 1990. Bush und Baker setzten ihre Vermittlungsbemühungen während Mazowieckis Besuch fort, indem sie den Entwurf der Schlüsselsätze zur Grenzfrage durchgingen, den Genscher nach Washington mitgebracht hatte.

95 Als sich Seitz über Kastrups Haltung beklagte, erwiderte dieser gereizt, daß bisher weder Baker noch Hurd noch Dumas versucht hätten, Genscher in diesen Punkten festzulegen. Man müsse zuerst herausfinden, was die Sowjets sagten. Schließlich sei die Frage der vollen NATO-Mitgliedschaft Deutschlands der Kernpunkt der Problematik. Die Amerikaner und Briten konnte diese Antwort nicht zufriedenstellen. Vgl.: US-AM 154104, »German Unification: Highlights of April 10 Meeting of One-plus-Three States«, 14. Mai 1990; Dobbins an Baker, 10. April 1990 (Niederschrift des telefonisch durchgegebenen Sitzungsberichts von Seitz); Zoellicks Notizen aus der Sitzung vom 10. April (in seinen Büroakten).

96 Genscher, »Wir wollen ein europäisches Deutschland«, in ders., *Unterwegs zur Einheit,* S. 261.

97 Vgl. Smyser, *The Economy of United Germany,* S. 233–248.

98 Vgl. Teltschik, *329 Tage,* S. 172 f., 175 f., 179, 181 f., 191, 195, 200; Pond, *Beyond the Wall,* S. 210–213; Thatcher, *Downing Street No. 10,* S. 1052–1054. Zur amerikanischen Reaktion auf die deutsch-französische Initiative vgl.: Baker an Bush, 27. März 1990.

99 Teltschik, *329 Tage,* S. 211. Das juristische Problem, das die EG mit der Eingliederung der DDR hatte, war gelöst worden, als sich Kohl für die Vereinigung

nach Artikel 23 entschied, denn auf diese Weise änderte sich nichts an der Mitgliedschaft in der EG. Andere rechtliche Probleme – vom Stimmrecht im Europäischen Parlament bis zur Anwendung der Handels- und Landwirtschaftspolitik der EG – wurden bis zum Dubliner Gipfel im April gelöst (vgl. Lippert u.a., *Die EG und die neuen Bundesländer;* Spence, *Enlargement without Accession;* Weidenfeld, *Die doppelte Integration).*

100 Vgl.: Zelikow an Blackwill, »German Unification: Identifying Issues for Early US Decision«, 21. März 1990; Zelikow an Dobbins (NSC-Liste von zur Entscheidung anstehenden Punkten), 27. März 1990. Ebenfalls am 27. März wurde den Amerikanern von den Briten eine ausgezeichnete Liste mit Fragen zur NATO vorgelegt (vgl. George und Holmes an Zoellick, »British Paper on Germany and NATO«, 30. März 1990). Seitz und Dobbins hielten am 30. März eine Sitzung der Arbeitsgruppe Deutschland ab, um die nötigen analytischen Papiere vorzubereiten.

101 Zur damaligen Diskussion der Rechtsfragen vgl.: Sofaer an Zoellick, »GDR Accession under Article 23 of the FRG Basic Law«, 6. April 1990; US-Bonn 8005, »Maksimychev's Views of German Unification and the Soviet Legal Position«, 9. März 1990; US-Bonn 10722, »Views of FRG Foreign Office Deputy Legal Adviser Eitel on Unification-Related Legal Issues«, 2. April 1990; Seitz über Kimmitt und Zoellick an Baker, »Draft Preparatory Paper on ›Options for a Settlement on Germany‹ to be Distributed to UK, FRG, and France«, 4. April 1990; Young an Zoellick und Seitz, »Summary of Impressions from German Unification Legal Consultations with British, French, and West Germans«, 9. April 1990; Seitz an Zoellick, »Soviet Approach to German Unification, including Current Applicability of the Potsdam Agreement«, 6. April 1990. Die von Seitz und Dobbins geleitete Arbeitsgruppe Deutschland legte ebenfalls Papiere zu verschiedenen Rechtsfragen vor.

102 Am 10. April empfahl Weston einfach, die Sache den Juristen zu übergeben. Später ließ London seine Forderung nach einem Friedensvertrag auch formell fallen, und zwar, wie den Amerikanern mitgeteilt wurde, »sowohl aus rechtlichen als auch aus politischen Gründen«. Die britischen Juristen hielten dennoch an der Ansicht fest, daß die Viermächterechte in Deutschland nach der Vereinigung noch für einige Zeit bestehenbleiben müßten (vgl.: Weston an Seitz, 23. April 1990, mit beigelegter Denkschrift »German Unification and a Settlement: legal Aspects – UK Comments«).

103 Vgl.: US-AM 154104, »German Unification: Highlights of April 10 Meeting of One-plus-Three States«, 14. Mai 1990; Dobbins an Baker, 10. April 1990 (Niederschrift des telefonischen Sitzungsberichts von Seitz); Zoellicks Notizen aus der Sitzung vom 10. April (in seinen Büroakten); Scowcroft an Bush, »Officials-Level Meeting of the ›One-plus-Three‹ on German Unification«, 19. oder 20. April 1990

(Entwurf von Rice und Blackwill); informelles Papier von Zoellick, »Thatcher Meeting – Key Points«, 11. April 1990 (mit Randbemerkungen von Baker).

104 Zelikow, Interview mit Powell, London, Juni 1993. Powells Notizen wurden später unter dem Titel »What the PM Learnt about the Germans« in James/Stone, *When the Wall Came Down,* S. 233–239, vollständig veröffentlicht (nachdem ihr Inhalt an die Presse durchgesickert war). Die Akademiker, die sich am 24. März in Chequers eingefunden hatten, waren Timothy Garton Ash, Gordon Craig, Lord Dacre (Hugh Trevor-Roper), Fritz Stern, Norman Stone und George Urban. Powells Notizen waren ursprünglich für die Premierministerin und einen kleinen Kreis von Vertrauten bestimmt. Sie wurden in sieben Exemplaren mit dem Hinweis verteilt, daß sie nicht kopiert werden dürften. Als die Notizen einige Monate später durchgesickert waren, stellte man fest, daß 193 Kopien im Regierungsapparat kursierten. Die Presse stürzte sich nach Bekanntwerden der Notizen vor allem auf die Tatsache, daß sich die Gesprächsrunde diesem Protokoll zufolge über einige negative Züge des deutschen Nationalcharakters einig gewesen war, obwohl die Teilnehmer bestritten, etwas dergleichen gesagt zu haben. So zum Beispiel Garton Ash in »The Chequers Affair«, allerdings ohne zu erklären, warum Powell derartige Äußerungen in ein Papier aufgenommen hat, das fast ausschließlich für die Augen von Margaret Thatcher bestimmt war. Möglicherweise wiederholte er nur deren Vorurteile, um sie dazu zu bringen, eine Schlußfolgerung zu akzeptieren, von der er wußte, daß sie ihr nicht gefiel.

105 Vgl. Teltschik, *329 Tage,* S. 188f.; Thatcher, Rede vor der Königswinter-Konferenz, Cambridge, 29. März 1990; US-Bonn 11183, »The Anglo-German Summit Viewed from Bonn: Progress on Bilateral Relations, but Still No Warm Feelings for Mrs. Thatcher«, 5. April 1990.

106 Vgl. Scowcroft an Bush, »Meetings with Premier Minister Thatcher«, 10. April 1990 (Entwurf von Zelikow über Blackwill), mit Spekulationen über eine wachsende Übereinstimmung zwischen Großbritannien und Frankreich. Zum allgemeinen Hintergrund siehe: US-London 7247, »Your Meeting with Thatcher in Bermuda«, 11. April 1990.

107 Gesprächsprotokoll des Treffens zwischen Bush und Thatcher am 13. April 1990.

108 PPP: Bush, 1990, Buch 1, S. 570; Teltschik, *329 Tage,* S. 196.

109 Hoffmann, »French Dilemmas«.

110 Zur amerikanischen Perspektive vgl.: Scowcroft an Bush, »Reviving the Spirit of Kennebunkport«, 2. April 1990 (Entwurf von Basora und Zelikow über Blackwill); Seitz über Kimmitt an Baker, »France and European Institutional Architecture«, 8. März 1990; Basora (Aktennotiz), »General Scowcroft's March 8 Lunch with Jacques Attali«, 10. März 1990. Attali betrachtete den Zwei-plus-Vier-Mecha-

nismus damals als Mittel, um ein »durchgehendes Deutschland« zu zügeln. Vgl. auch die in dieser Zeit zirkulierenden Geheimdienstberichte über Mitterrands Absicht, die französische strategische Politik neu auszurichten.

111 Brief von Bush an Mitterrand, 17. April 1990; vgl. Scowcroft an Bush, »Letter to President Mitterrand«, 16. April 1990.

112 Vgl. Gesprächsprotokolle der Treffen zwischen Bush und Mitterrand am 19. April 1990; PPP: Bush, 1990, Buch 1, S. 597. Mitterrand schlug in bezug auf die NATO und die amerikanische Rolle in Europa einen wesentlich positiveren Ton an als Dumas gegenüber Baker.

113 Briefe von Bush an Kohl und Thatcher, 25. April 1990; Teltschik, *329 Tage,* S. 210.

114 Vgl. Teltschik, *329 Tage,* S. 207–210; US-Paris 13158, »Fifty-Fifth Kohl-Mitterrand Summit«, 27. April 1990.

115 Bush unterrichtete die Regierungschefs der NATO-Staaten und NATO-Generalsekretär Wörner in Briefen, die am 1. und 2. Mai verschickt wurden, über die vorgeschlagene Politik in bezug auf Deutschland und den Zwei-plus-Vier-Mechanismus. Die NATO-Botschafter hatten ihren Regierungen bereits bestätigt, daß die Bundesrepublik die Ausweitung der in Artikel 5 und 6 des Nordatlantikvertrages verankerten Verteidigungsverpflichtung auf das gesamte Territorium des vereinigten Deutschland akzeptiert hatte (vgl.: US-NATO 2381, »Further NATO Discussion of German Unification«, 18. April 1990). Zur NATO-Außenministertagung siehe: US-NATO 2843, »Secretary Baker's May 3 NAC Intervention«, 10. Mai 1990; 2844, »May 3 NATO Ministerial – Part I«, 10. Mai 1990; 2845, »May 3 NATO Ministerial – Part II«, 10. Mai 1990; 2726, »Press Conference by Secretary of State James A. Baker III«, 3. Mai 1990.

116 Vgl.: Bartholomew an Baker, »NATO Review«, 15. Februar 1990; Rice über Blackwill und Kanter an Gates, »First Meeting of the European Strategy Steering Group«, 21. Februar 1990. Zur Europäischen Strategie-Lenkungsgruppe gehörten: Gates (Leiter); Blackwill, Kanter und Zelikow vom NSC; Zoellick, Bartholomew, Ross und Seitz vom US-AM; Paul Wolfowitz und Stephen Hadley vom OSD; Admiral David Jeremiah und Generalleutnant Howard Graves als Vertreter der Vereinten Stabschefs; Richard Kerr und John McLaughlin von der CIA sowie der Direktor des Amts für Rüstungskontrolle und Abrüstung, Ron Lehman.

117 Zum Folgenden vgl. Teltschik, *329 Tage,* S. 160 f.; Gesprächsprotokoll des Treffens zwischen Bush und Kohl am 24./25. Februar 1990. Scowcrofts Bemerkung stammt, Zelikows Notizen zufolge, aus einem Gespräch mit Sir Percy Cradock am 24. April.

118 Vgl.: US-Bonn 9413, »Teltschik's Comments on German Unification and Future European Security Arrangements«, 22. März 1990; US-Bonn 11684, »Tel-

tschik's Views on European Security Issues«, 11. April 1990; US-Wien 585,»CFE: Disintegration of the Warsaw Pact and German Unification«, 23. Februar 1990.

119 Vgl.: Zelikow über Blackwill und Kanter an Gates,»Your Meeting of the European Strategy Steering Group on March 16«, 15. März 1990 (mit Anlagen); Zelikow an Blackwill,»NATO Strategy Review Subgroup Meeting«, 29. März 1990. Blackwill erläuterte die vom NSC bevorzugte Herangehensweise und den Vorschlag, den NATO-Gipfel bereits im Juli abzuhalten, am 29. März vor anderen Beamten. Ross stimmte ihm zu. Dobbins und Wolfowitz wollten mehr Zeit, um über die zukünftige NATO-Strategie nachzudenken, und bezweifelten, daß die Zeit ausreichte, um eine Einigung über eine aussagekräftige Abschlußerklärung für den Gipfel zu erzielen (vgl. Zelikows Notizen aus der Sitzung).

120 Diese Entscheidung wurde am 4. April getroffen und am 12. April bei einem Treffen mit Scowcroft auch vom NATO-Oberbefehlshaber in Europa (SACEUR), US-General John Galvin, gutgeheißen. Wörner leitete am 17. April eine zustimmende, aber allgemein bleibende Diskussion des Plans unter den NATO-Botschaftern (vgl. US-NATO 2357,»April 17 Premrep Lunch: Discussion of a NATO Summit«, 17. April 1990). Die US-Vertretung bei der NATO war über die Einzelheiten der in Washington aufgestellten Geheimpläne nicht informiert. Zur Entwicklung der neuen Nuklearstrategie der NATO vgl.: Zelikow über Blackwill und Kanter an Scowcroft,»Moving Toward a USG Decision on the Future of US Nuclear Forces in Europe«, 31. März 1990 (mit beigelegten Optionspapieren). Das US-AM hatte andere Vorstellungen zum NATO-Gipfel (vgl.: Seitz über Zoellick und Bartholomew an Baker,»Where We Stand on FOTL, INF Arms Control, NATO Strategy, NATO Summit, and CSCE«, 12. April 1990).

121 Die Entscheidung auf Kabinettsebene fiel am 16. April. Zur geplanten Bush-Rede und zum Streit mit dem Pentagon vgl.: Zelikow über Blackwill und Kanter an Scowcroft,»NATO Strategy and the Future of US Nuclear Forces in Europe: Issues for Decision«, 4. April 1990; Zelikow über Blackwill und Kanter an Gates, »Your Meeting of the European Strategy Steering Group on April 6«, 5. April 1990 (mit beigelegten Themenzusammenfassungen); Zelikow über Blackwill und Kanter an Scowcroft,»Your Meeting to Discuss a Possible Presidential Speech on European Security and NATO on April 16«, 13. April 1990.

122 Auf der Sitzung der Europäischen Strategie-Lenkungsgruppe am 16. April wurde ein von James Holmes, Lynne Davidson und Roger George entworfenes Memorandum des Politischen Planungsstabes des US-AM mit dem Titel»CSCE: Looking Ahead« besprochen. Ross riet Baker am 19. April in einem Memorandum (»How to Think about NATO This Spring«, Entwurf von John Reichart und Bob Einhorn), die USA sollten»ausloten, welche Rolle die KSZE innerhalb eines zukünftigen gesamteuropäischen Sicherheitskonzepts spielen kann und wie die NATO in

ein solches System paßt. Trotz der gegenwärtigen Skepsis im NSC können es sich die Vereinigten Staaten nicht leisten, als Hemmschuh der Herausbildung von Strukturen dazustehen, in denen viele Europäer die Zukunft sehen.« Konkrete Vorschläge enthielt das Memorandum nicht, und es wurde auch nicht an die EUR weitergeleitet. Blackwill und sein Stab diskutierten am 16. April mit Scowcroft ausführlich über neue Ideen für die NATO. Dabei schlugen sie vor, eine KSZE-Sicherheitsbehörde einzurichten, die als »Konfliktverhinderungszentrum« dienen und sich hauptsächlich mit vertrauensbildenden Maßnahmen beschäftigen sollte. Blackwill regte die Bildung eines unter den Auspizien der KSZE stehenden gesamteuropäischen Parlaments an.

123 Der Entwurf der Rede stammte überwiegend von Zelikow und Blackwill. Bush hatte seine Pläne den NATO-Mitgliedern brieflich mitgeteilt (siehe Anm. 115; vgl. Zelikow über Blackwill und Kanter an Scowcroft, »Message to NATO Leaders«, 1. Mai 1990). Die Westdeutschen hatten sich die Entwicklung in der NATO langsamer vorgestellt; die notwendigen Veränderungen hatten daher nicht im Mittelpunkt ihrer Überlegungen gestanden. Bushs Vorschläge wurden laut Teltschik dennoch positiv aufgenommen, weil zu erwarten war, daß sie die Erfolgsaussichten der Zwei-plus-Vier-Gespräche vergrößerten. Sie waren »ein richtiger Schritt zum richtigen Zeitpunkt« (vgl. Teltschik, *329 Tage*, S. 205, 214–216). Am 2. Mai hatte Baker einen Brief an Schewardnadse geschickt, um ihm Bushs Rede anzukündigen und gleichzeitig einige offene Fragen der VKSE anzusprechen.

124 Vgl.: TASS, »Adamischin Interviewed on German Unification«, 21. März 1990, in: FBIS-SOV 90-056, 22. März 1990, S. 4; Achromejew-Interview, »We Cannot Agree to an Imbalance of Forces«, *Zolnierz Wolnosci* (Warschau), 20. März 1990, in: FBIS-SOV 90-057, 23. März 1990, S. 17 f.; TASS, »Soviet Government Statement«, 27. März 1990, in: FBIS-SOV 90-060, 28. März 1990, S. 24 f.

125 Sie schuf außerdem eine Atmosphäre, in der es den nachgeordneten Beamten an Orientierung fehlte. So führte Falins Mitarbeiter Portugalow, der Kohl und Teltschik im November 1989 unabsichtlich so sehr ermutigt hatte, am 28. März ein weiteres langes Gespräch mit Teltschik, in dem er die NATO-Mitgliedschaft des vereinigten Deutschland zwar ablehnte, insgesamt aber den Eindruck von Unentschiedenheit hervorrief, indem er eine ganze Reihe unterschiedlicher Überlegungen anführte, die von der sowjetischen Regierung angestellt wurden. Er schien zu glauben, er könnte sowjetische Flexibilität in der Frage des Friedensvertrages gegen westdeutsches Entgegenkommen in bezug auf den Bündnisstatus eintauschen. Kohl, mit dem Teltschik anschließend sprach, äußerte sich »zufrieden darüber, daß die Positionen in der sowjetischen Führung weiterhin offen und flexibel erscheinen«. Portugalow hatte erklärt, daß seine Ausführungen mit Tschernjajew abgestimmt seien (Teltschik, *329 Tage*, S. 185–188).

126 Informelles Gesprächsprotokoll des Telefonats zwischen Bush und Thatcher am 28. März 1990 (Protokollant war Zelikow).

127 Gesprächsprotokoll des Treffens zwischen Baker und Schewardnadse am 4. April 1990.

128 Vgl.: Positionspapier des Politbüros der KPdSU (gegengezeichnet von Lew Saikow, Krjutschkow, Schewardnadse, Jakowlew, Jasow, Oleg Baklanow und Igor Beloussow),»O direktiwach dlja peregoworow Ministra inostrannych del SSSR c Presidentom SSchA Dsch. Buschem i Gossudarstwennym sekretaryjem Dsch. Bekerom«, 31. März 1990, in: ZChSD, Nr. 184; Direktive des Politbüros der KPdSU, »Dlja besedi ministra inostrannych del SSSR s Presidentom SSchA Dsch. Buschem«, undatiert, in: ZChSD, Nr. 184.

129 Dies und das Folgende beruhen auf dem Gesprächsprotokoll des Treffens zwischen Baker und Schewardnadse am 5. April 1990.

130 Zit. in Beschloss/Talbott, *Auf höchster Ebene,* S. 270.

131 Gesprächsprotokoll des Treffens zwischen Bush und Schewardnadse am 6. April 1990.

132 Vgl.: US-London 7298,»Gorbachev-Hurd Discussion on Lithunia and Germany«, 12. April 1990; *Prawda,* 11. April 1990, S 1 f.

133 Zum Folgenden vgl.: TASS,»Shevardnadze Gives Speech on ›Sensitive Problems‹«, 18. April 1990, in: FBIS-SOV 90–076, 19. April 1990, S. 1. Zustimmend zur NATO-Mitgliedschaft äußerten sich zum Beispiel Wjatscheslaw Daschitschew (»Ein vereinigtes Deutschland im Rahmen der Nato binden«, Interview in: *Die Welt,* 20. März 1990, S. 9) und Generalmajor Geli W. Batenin (»Bevorzugte Variante: Ganz Deutschland in der NATO«, Interview in: *Berliner Zeitung,* 4. Mai 1990, S. 3).

134 Vgl. Schewardnadse,»Towards a Greater Europe«; Seitz an Baker,»Shevardnadze Article to be Published in May 90 Issue of ›NATO's Sixteen Nations‹«, 19. April 1990.

135 Das Folgende beruht auf: Zelikow/Rice, Interviews mit Tarassenko und Tschernjajew; Tschernjajew, *Die letzten Jahre einer Weltmacht,* S. 297. Dokumente des Politbüros über diese Diskussionen sind nicht zu finden, was darauf schließen läßt, daß es sich möglicherweise um informelle Zusammenkünfte der Führung und nicht um formelle Politbürositzungen handelte. Zu Schewardnadses zwiespältiger Haltung vgl. *Die Zukunft gehört der Freiheit,* S. 244–247. Die Amerikaner wußten nichts von den Debatten im Politbüro, erhielten aber durch die Diskussionen im Umkreis der nicht zur Regierung gehörenden Institutionen ein Bild von der im Fluß befindlichen Situation. Marschall Achromejew erklärte gegenüber Botschafter Jack Matlock allerdings, daß der politisch-militärische Status Deutschlands für die Sowjetunion eine Grundsatzfrage sei, die das gesamte Mili-

tär, Millionen gewöhnlicher Menschen und die oberen Etagen von Regierung und Partei beunruhige (vgl. US-Moskau 14624, »Can a United Germany Remain in NATO? Many Soviets Think So, but Seek ›Unconventional Recipes‹ and More Ideas from the West«, 1. Mai 1990; 14438, »Two plus Four – Soviets Look to Ministerial and Summit: Bondarenko Takes Lead in Berlin«, 27. April 1990).

136 Zelikow, Interview mit Maximytschew, Moskau, Januar 1994; Maximytschew, »Possible ›Impossibilities‹«, S. 112. Falin erwähnt diese Äußerungen in seinen für den deutschen Markt geschriebenen Erinnerungen verständlicherweise nicht, macht aber keinen Hehl aus seiner Ablehnung der vollen NATO-Mitgliedschaft des vereinigten Deutschland. Zumindest hätte die Sowjetunion, wie er schreibt, darauf bestehen sollen, daß sich Deutschland (wie Frankreich) nicht an der Militärorganisation beteiligt. Das »Minimum Minimorum« wäre der Abzug sämtlicher Nuklearwaffen gewesen. Umfragen zufolge seien vierundachtzig Prozent der Deutschen für die »Entnuklearisierung« Deutschlands gewesen (*Politische Erinnerungen,* S. 494).

137 Zum hohen Grad der Offensivplanungen und der Bereitschaft der in der DDR stationierten sowjetischen und ostdeutschen Streitkräfte siehe Rühl, »Offensive Defence in the Warsaw Pact«, S. 442–450.

138 Vgl.: Zoellick an Baker, »Background on Two-plus-Four for Namibia Meetings«, 16. März 1990, S. 10.

139 Teltschik, *329 Tage,* S. 213f. Zur Bildung der Koalitionsregierung de Maizière vgl. Jarausch, *Die unverhoffte Einheit,* S. 198–208.

140 Die Demarche, mit der die Sowjetunion am 19. April gegen den bevorstehenden Abschluß des Vertrages über die Schaffung einer Währungs-, Wirtschafts- und Sozialunion protestierte, wurde von Teltschik zurückgewiesen, da sie auf protokollarisch niedriger Ebene und in Form einer inoffiziellen Note (eines Non-Papers) erfolgt war statt zum Beispiel in Form eines Briefs von Schewardnadse oder von Gorbatschow selbst (vgl. Teltschik, *329 Tage,* S. 202f.; »Non-Paper der Regierung der UdSSR zu Fragen der deutschen Einheit«, in: *Texte zur Deutschlandpolitik, 1990,* S. 161–166).

141 Vgl. Teltschik, *329 Tage,* S. 203f.; Dobbins (in Vertretung) über McCormack an Baker, »Two Germanys Announce Agreement on Principle for Economic and Monetary Union«, 3. Mai 1990.

142 Burleigh (in Vertretung) an Kimmitt, »Maintaining US Forces in a United Germany – An Uphill Battle«, 11. April 1990. Eine Übersicht über die öffentliche Meinung in Westdeutschland gibt die USIA in: »West German Want Unified Germany in NATO, Majority Finds Pace of Unification Too Fast«, 9. Mai 1990.

143 Vgl. Teltschik, *329 Tage,* S. 212f.; US-AM 139175, »April 30 Two-plus-Four Officials Meeting«, 1. Mai 1990; Zoellicks Notizen aus der Sitzung (in seinen Büro-

akten). Die Sitzung wurde unter der Leitung des parlamentarischen Staatssekretärs im Außenministerium der DDR, Hans Misselwitz, in Ost-Berlin abgehalten.

144 Ross und Zoellick an Baker, »Scene-Setter: Two-plus-Four Ministerial«, undatiert (vermutlich 1. oder 2. Mai 1990); vgl. die Vorbereitungspapiere für Bakers Reise, einschließlich eines Briefs von Seitz an Baker vom 20. April mit beigelegtem Memorandum »Strategy for Dealing with the Soviets«, 19. April 1990 (Entwurf von Andrew Goodman); Seitz über Kimmitt an Baker, »Managing German Unification: Planning for the Two-plus-Four Ministerial and the US-Soviet Summit«, 25. April 1990 (mit einer Notiz von Kimmitt, in der die Notwendigkeit unterstrichen wurde, die Initiative bei der Festlegung der NATO-Positionen in allen europäischen Verteidigungs- und Abrüstungsfragen zu ergreifen).

145 Teltschik, *329 Tage,* S. 198.

146 Teltschik, *329 Tage,* S. 217f., 221 (Kohl-Zitat); vgl. US-AM 154634, »Secretary's Bilateral with Chancellor Kohl«, 14. Mai 1990.

147 Vgl. Teltschik, *329 Tage,* S. 218–221. Für Schewardnadse war zuerst nur ein Termin bei Genscher vorgesehen, nicht aber bei Kohl. Teltschik fragte jedoch in letzter Minute noch einmal bei den Sowjets an, ob Schewardnadse nicht auch mit dem Kanzler sprechen wolle. Natürlich, antwortete Kwizinski, aber das Auswärtige Amt habe ihm mitgeteilt, daß dies nicht möglich sei. Teltschik war empört und legte nach Rückfrage bei Kohl selbst einen Termin für das Treffen fest (ebd., S. 216). Angeschoben wurde der deutsch-sowjetische Vertrag offenbar vom Kanzleramt, dem die Idee am 4. April in einem Gespräch zwischen Teltschik und außenpolitischen Experten aus Wissenschaft und Medien vorgeschlagen worden war. Am 23. April sprach Kohl die Idee gegenüber Kwizinski an, der »fast euphorisch« reagierte, wie Teltschik vermerkte. Schewardnadse bezog sich auf dieses Treffen, als er mit Kohl zusammenkam (ebd., S. 192f., 205–207).

148 US-AMin. 6013, »Memorandum for the President, Bonn, May 4, 1990: My Meeting with Shevardnadze«, 5. Mai 1990.

149 Schewardnadses Erklärung erschien in: *Iswestija,* 7. Mai 1990, S. 3, in Auszügen abgedruckt in Kaiser, *Deutschlands Vereinigung,* S. 212–217. Die Erklärungen der anderen Konferenzteilnehmer finden sich in: *Europa-Archiv* 19/1990, D 493-D 502; vgl.: US-AM 159968, »Two-plus-Four Bonn Ministerial Interventions«, 18. Mai 1990; Kiessler/Elbe, *Ein runder Tisch,* S. 122–126.

150 Vgl. Schewardnadse, *Die Zukunft gehört der Freiheit,* S. 245f. Kiessler und Elbe kommen bei ihrer Analyse von Schewardnadses Position zu demselben Ergebnis *(Ein runder Tisch,* S. 124f.). CIA-Analytiker reagierten weniger besorgt auf Schewardnadses Rede. Sie hoben hervor, daß Moskau die deutsche Vereinigung zulassen werde, und entdeckten in Schewardnadses Haltung Anzeichen von Flexibilität. Für sie war die Rede das Eröffnungsangebot für einen zukünftigen Handel

(CIA/SOV 90–20062, »An Analysis of Shevardnadze's Speech at the Two-plus-Four Talks«, 17. Mai 1990). Die Einschätzung Teltschiks fiel ähnlich aus *(329 Tage,* S. 222–224).

151 Die Darstellung beruht auf Zoellicks und Blackwills Notizen aus der Sitzung (in ihren Büroakten). Die Abschlußerklärung der Zwei-plus-Vier-Konferenz findet sich in: *Bulletin* 54/1990, S. 423.

152 Vgl.: dpa, 5. Mai 1990; Gennrich, »Moskau will die deutsche Einheit bald«; Kiessler/Elbe, *Ein runder Tisch,* S. 127 f.

Freundliche Überredung

1 Teltschik, *329 Tage,* S. 225.

2 Hurds Bericht über seine Bonnreise, den er britischen Diplomaten in Washington schickte, die ihn mit den Amerikanern diskutieren sollten.

3 Zelikow, Interview mit Pauline Neville-Jones, London, Juni 1992. Hurd bestätigte am 15. Mai gegenüber Kohl, daß Großbritannien die Viermächterechte nach der Vereinigung Deutschlands aufgeben wollte (Teltschik, *329 Tage,* S. 235).

4 Kiessler/Elbe, *Ein runder Tisch,* S. 126–129; vgl. Pond, *Beyond the Wall,* S. 213 f.

5 Zu den amerikanischen Geheimdiensteinschätzungen der Sowjetunion zwischen 1989 und 1991 siehe: Harvard University Kennedy School of Government Case C16-94-1251.0, »The CIA and the Fall of the Soviet Empire: The Politics of ›Getting It Right‹«. Tatsächlich war in den USA eine höchst geheime Planungsgruppe gebildet worden, die mögliche amerikanische Reaktionen auf einen katastrophalen Fehlschlag von Gorbatschows Politik und die anschließende Instabilität der Sowjetunion untersuchen sollte.

6 Das Folgende beruht auf: Kiessler/Elbe, *Ein runder Tisch,* S. 126–129; Pond, *Beyond the Wall,* S. 213 f.; Gennrich, »Genscher begrüßt Moskaus Bereitschaft«; Zelikow/Rice, Interview mit Teltschik, Gütersloh, Juni 1992; Zelikow, Interview mit Genscher, Wachtberg-Pech, Dezember 1994; Teltschik, *329 Tage,* S. 224–226. Teltschik bestreitet, den Gennrich-Artikel lanciert zu haben (Interview mit Zelikow, München, Dezember 1994). Über die Diskussion zwischen Kohl, Seiters und Genscher erhielten die Amerikaner die inoffizielle Darstellung eines Mitarbeiters des Auswärtigen Amts, der seinerseits einen Bericht Genschers mit angehört hatte. Sie stimmt mit anderen Quellen überein. Ein Beamter des Kanzleramts sagte später zu Pond, wie erleichtert er gewesen sei, als er feststellte, daß Teltschik die Episode in seinem veröffentlichten Tagebuch nicht in allen Einzelheiten wiedergegeben hatte *(Beyond the Wall,* S. 323 Anm. 4). Blackwill rief Teltschik an, um zu bestätigen, daß die USA mit der Position des Kanzleramts übereinstimmten, und auch Elbe deutet Besorgnisse auf seiten Blackwills an.

7 Kiessler und Elbe, *Ein runder Tisch,* S. 126, erwähnen das Interview, ohne die zitierte Äußerung wiederzugeben. Die Amerikaner entdeckten Genschers Bemerkung zur NATO-Mitgliedschaft in einem von UPI am 7. Mai verbreiteten Bericht über das Interview.

8 Das Folgende beruht auf: US-AM 148610, »Message to Foreign Minister Genscher«, 9. Mai 1990; US-AM 154828, »Message to Foreign Ministers Hurd and Dumas«, 15. Mai 1990; Baker an Bush, 10. Mai 1990 (Elbe hatte Zoellick die Regierungserklärung gefaxt, die Genscher an diesem Tag im Bundestag abgegeben hatte); Genscher an Baker, 16. Mai 1990. Genschers Regierungserklärung vom 10. Mai 1990 zum NATO-Außenministertreffen am 3. und den Zwei-plus-Vier-Gesprächen am 5. Mai ist abgedruckt in: *Bulletin* 58/1990, S. 457–459. Darüber hinaus gab Genscher Presseinterviews, in denen er bestritt, jemals für die Entkoppelung eingetreten zu sein (zum Beispiel: »Nicht den Buchhaltern überlassen«, in: *Der Spiegel,* 14. Mai 1990, S. 28–30). Kohl sprach am 10. Mai ebenfalls vor dem Bundestag (»Regierungserklärung zur Sondertagung des Europäischen Rates am 28. April 1990 in Dublin«, in: *Bulletin* 58/1990, S. 453–456), beschränkte sich aber auf einen Bericht über den EG-Gipfel und die Fortschritte der Verhandlungen mit der DDR über die Wirtschafts- und Währungsunion. Britische Beamte informierten die Amerikaner über das Gespräch, das Hurd am 15. Mai in Bonn mit Genscher geführt hatte. Zur westdeutschen Zuversicht und den herzlichen Gefühlen für die USA sowie Bushs »fantastischer« Unterstützung für Deutschland vgl.: Gesprächsprotokoll des Treffens zwischen Bush und Waigel am 8. Mai 1990.

9 Vgl.: Rice und Zelikow an Blackwill, »Two plus Four: The Next Phase«, 10. Mai 1990; Gorbatschow, Rede zum Jahrestag des Sieges über Deutschland, in: *Prawda,* 9. Mai 1990.

10 Rice und Zelikow an Blackwill, »Two plus Four: The Next Phase«, 10. Mai 1990; vgl. Zoellicks Notizen vom 9. Mai (in seinen Büroakten). Der Vorschlag bezog sich auf die völkerrechtlich problematische Frage, ob drei der Vier Mächte ihre Viermächterechte ohne die Zustimmung der vierten aufgeben konnten. Zoellick teilte die Zweifel der Juristen des US-AM. Die USA hatten seit der zweiten Berlinkrise (1958–1961) stets darauf beharrt, daß nicht eine der Vier Mächte (damals war es die Sowjetunion) einseitig ihre Rechte über Berlin an die Deutschen (die DDR) abtreten konnte. Die Juristen des US-AM, angeführt von Michael Young und Dan Kobbitz, hatten zwar kein formelles Papier verfaßt, in dem festgestellt worden wäre, daß die Vier Mächte ihre Rechte nur gemeinsam aufgeben könnten. Ein solches Memorandum wäre nur störend gewesen, wenn die US-Regierung aus politischen Gründen später einer anderen Haltung den Vorzug gegeben hätte. Aber es war nicht zu verkennen, daß die Juristen, die daran gewöhnt waren, die alliierten Rechte in Berlin zu verteidigen, die einseitige Aufgabe der Viermächterechte ein-

deutig ablehnten. In den Vorbereitungspapieren, mit denen Baker nach Bonn reiste (»Two-plus-Four Talking Points: Termination of Four Power Rights«, 24. April 1990), hieß es zu diesem Punkt nur: »Wenn die Sowjets versuchen, die Aufhebung der Rechte zu verschieben, bis eine ihnen genehmere Regelung gefunden ist, könnte es um einen Handel gehen.«

11 Vgl.: »Die CDU will jetzt gesamtdeutsche Wahlen um die Jahreswende«, in: *Frankfurter Allgemeine Zeitung*, 15. Mai 1990, S. 1 f.; Eagleburger (in Vertretung) an Bush, 15. Mai 1990; Mulholland an Zoellick, »FRG: Kohl's Call for Early All-German Elections«, 21. Mai 1990.

12 Vgl. Teltschik, *329 Tage*, S. 235; US-Bonn 15540, »Hurd's May 15 Visit to Bonn«, 16. Mai 1990.

13 Das Folgende beruht auf: Teltschik, *329 Tage*, S. 236–239; Gesprächsprotokoll des Treffens zwischen Bush und Kohl am 17. Mai 1990. Zu den Gesprächen zwischen Eagleburger und Genscher siehe: Eagleburger an Bush, 17. Mai 1990; Dobbins (in Vertretung) an Zoellick, »The Kohl-Genscher Visit«, 18. Mai 1990. Die Zukunft der amerikanischen Truppen in Deutschland und das offene westdeutsche Eintreten für eine weitere US-Präsenz waren eine Woche später auch die Hauptthemen des Gesprächs zwischen Bush und Lambsdorff (vgl. Gesprächsprotokoll des Treffens am 24. Mai 1990). Bei dieser Gelegenheit machte Bush auch den Vorschlag, die Bundesrepublik sollte Moskau einen ökonomischen Anreiz dafür geben, seine Truppen abzuziehen, indem sie den Sowjets anbot, Wohnungen für die heimkehrenden Truppen zu bauen. US-Beamten fiel auf, daß Kohl Ende Mai über diese Idee zu sprechen begann, doch das mag ein Zufall gewesen sein.

14 Die Darstellung beruht auf Rices Erinnerungen und Beschloss/Talbott, *Auf höchster Ebene*, S. 272.

15 Vgl. Teltschik, *329 Tage*, S. 221, 226–235. Beschloss und Talbott schreiben, daß Teltschik in Moskau Gorbatschow das Angebot unterbreitete, die in Ostdeutschland stationierten sowjetischen Truppen mehrere Jahre zu finanzieren und zu versorgen und vor ihrem Abzug in der Sowjetunion Wohnungen für sie zu bauen *(Auf höchster Ebene*, S. 277). Dies steht im Widerspruch zur einzigen veröffentlichten Primärquelle, Teltschiks Tagebuch, und vermengt die im Mai 1990 diskutierte Kreditfrage mit Themen, die erst einige Monate später besprochen wurden.

16 Das Folgende beruht auf: Teltschik, *329 Tage*, S. 237 f.; Gesprächsprotokoll des Treffens zwischen Bush und Kohl am 17. Mai 1990.

17 Kwizinski, *Vor dem Sturm*, S. 12.

18 Schewardnadse, *Die Zukunft gehört der Freiheit*, S. 247; Tschernjajew, *Die letzten Jahre einer Weltmacht*, S. 298; Zelikow, Interviews mit Tarassenko, Providence, Juni 1992, und Tschernjajew, Moskau, Januar 1994.

19 Diese Ansichten wurden gegenüber einer von James Thomson geleiteten Gruppe der RAND Corporation geäußert, die Mitte Mai in Moskau war (vgl. den von Thomson und John Van Oudenaren verfaßten Reisebericht, den sie mehreren US-Beamten zukommen ließen: »Soviet Views on Germany«, 24. Mai 1990).

20 Tschernjajew machte die zitierten Bemerkungen auf einer im Februar 1993 in Princeton abgehaltenen Konferenz, abgedruckt in Greenstein/Wohlfarth, *Retrospective on the End of the Cold War,* S. 22. Er sprach auch über Moisejews Haltung zur konventionellen Abrüstung, die den Amerikanern gut bekannt war. Was sie nicht gewußt hatten, war die Tatsache, daß es Pläne gab, den KSE-Vertrag zu umgehen. Dem Vertragsentwurf zufolge hätte die Sowjetunion ihre westlich des Urals stationierten gepanzerten Streitkräfte auf die Hälfte reduzieren müssen. Ein Mittel, um diese Bestimmung auszuhebeln, war eine massive Truppenverlegung hinter den Ural, bevor der Vertrag in Kraft trat. Die Verlegung ist wahrscheinlich 1989 beschlossen worden und war im Herbst 1990 in vollem Gange. Andere, offensichtlichere Maßnahmen, mit denen der KSE-Vertrag ausgehöhlt werden konnte, wurden im Herbst und Winter 1990/91 zum Gegenstand erbittert geführter Ost-West-Verhandlungen. Zu diesem Wendepunkt der politisch-militärischen Entscheidungsfindung und seinen Auswirkungen auf das politische System der Sowjetunion als Ganzes vgl. Gelman, *The Rise and Fall of National Security Decisionmaking,* insbesondere S. 37–40; van Oudenaren, *The Role of Shevardnadze,* S. 55–61; Lambeth, *Is Soviet Defense Policy Becoming Civilianized?,* S. 35–53.

21 Baker an Bush, »My Moscow Ministerial«, 15. Mai 1990.

22 US-AMin. 7013, »Memorandum for the President: Moscow, May 17«, 18. Mai 1990; Zelikows Notizen über den Bericht, den Rice und Kanter nach ihrer Rückkehr aus Moskau gaben.

23 Zelikows Notizen über Kanters Bericht. Die amerikanischen KSE-Unterhändler achteten für gewöhnlich darauf, nicht über das von den NATO-Partnern abgesegnete Angebot hinauszugehen. Daß sie es diesmal taten, ist ein Anzeichen dafür, wie dringend man Fortschritte in den VKSE erreichen wollte. Baker hatte seinen NATO-Kollegen am 14. Mai angekündigt, er wolle in Moskau »die sowjetischen Grundprinzipien in bezug auf die KSE sondieren«, indem er neue amerikanische Ideen ins Gespräch brachte. »Einige dieser Ideen sind mit den Verbündeten bereits in allgemeiner Form diskutiert worden. Ich werde sie jedoch als rein amerikanische Vorstellungen präsentieren, denen die Verbündeten erst noch zustimmen müssen.« Zu den amerikanischen Vorschlägen gehörten unter anderem neue Obergrenzen für Kampfflugzeuge, höhere Margen für Waffen und Ausrüstung, die von den Sowjets nach der »Angemessenheitsregel« des KSE-Vertrages in Europa disloziert werden durften, eine neue Haltung hinsichtlich der Zahl der Inspektionen sowie eine neue Position in der Frage der Definition der unter den Vertrag fal-

lenden gepanzerten Waffen und Ausrüstung (vgl. US-AM 154365, »CFE: Letter to Allied Foreign Ministers«, 14. Mai 1990).

24 Woolsey schlug eine andere Position für die KSE-Folgeverhandlungen vor, die auch die Bundeswehrfrage betroffen hätte, konnte sich aber nicht durchsetzen. Vgl.: Fernschreiben von Gates und Kanter an Scowcroft und Blackwill, 15. Mai 1990 (16. Mai Moskauer Zeit); Wilson über Gordon (in Vertretung) und Blackwill an Scowcroft, »Moscow Ministerial: CFE Personnel Limits«, 16. Mai 1990; Depesche von Scowcroft an Gates und Kanter, 16. Mai 1990.

25 Die Darstellung beruht auf Zelikows Notizen von Kanters Bericht.

26 Die EUR hatte am 11. Mai den Auftrag erhalten, Ideen für das »Paket« aufzulisten. Zoellick konnte sich jedoch nicht gedulden, bis das Ergebnis vorlag, und arbeitete die neun Punkte aus, die er in Moskau präsentierte. Die EUR lieferte schließlich eine Liste, durch die seine neun Punkte verfeinert und ergänzt wurden, doch Zoellick entschied sich dafür, bei dem zu bleiben, was er bereits ins Gespräch eingeführt hatte.

27 Zum Folgenden vgl.: US-Moskau 17086, »May Ministerial: Counselor Zoellick's Meeting with Soviet MFA Officials Kvitsinski and Bondarenko on Germany, Cyprus and Other Subjects«, 23. Mai 1990.

28 Das Folgende stützt sich auf: Vorbereitungspapier, »One-on-One Points: Gorbachev Meeting«, undatiert (Entwurf von Zoellick und Ross); US-AMin 7015, »Memorandum for the President: Moscow, May 18«, 19. Mai 1990. Bei dem Treffen mit Gorbatschow waren außer Dolmetschern auch Ross, Schewardnadse und Tarassenko anwesend. Vgl. Beschloss/Talbott, *Auf höchster Ebene*, S. 277–281, die sich nur insoweit irren, als die sowjetische Kreditanfrage nicht am 15. Mai im Gespräch mit Schewardnadse, sondern am 18. beim Treffen mit Gorbatschow besprochen wurde. Zu Teltschiks Reaktion auf Bakers Präsentation des Neun-Punkte-Pakets siehe: *329 Tage*, S. 241–243. Scowcroft rief Teltschik am 22. Mai an, um ihm mitzuteilen, daß in bezug auf Deutschland kein Durchbruch erzielt worden sei.

29 Die *Time*-Reporter, Chefredakteur Jason McManus und Strobe Talbott, überließen amerikanischen Diplomaten im voraus Auszüge aus dem Interview (vgl.: US-Moskau 17109, »Gorbachev *Time* Interview – German Question«, 23. Mai 1990). Vgl.: Baker an Bush, 23. Mai 1990; Seitz über Kimmitt an Baker, »Assuring Gorbachev on NATO and Eastern Europe«, 26. Mai 1990 (Entwurf vom Direktor der EUR/ SOV, Alexander Vershbow).

30 Sagladin machte diese Bemerkungen gegenüber Larry Horowitz, einem Mitarbeiter von Senator Edward Kennedy (Foley an Eagleburger, »Kennedy Advisor in Moscow«, 29. Mai 1990).

31 Vgl. Dobbins (in Vertretung) an Baker, 22. Mai 1990 (mit einem Telefonbericht von Seitz); Baker an Bush, 24. Mai 1990. Eine Reihe von Berlin betreffenden

Fragen wurde unterdessen in der »Bonner Gruppe« diskutiert, die den drei Westmächten und der Bundesrepublik seit langem als Plattform für Konsultationen über Berlin diente (vgl.: Seitz an Zoellick, »The Bonn Group and Its Current Agenda«, 12. Mai 1990). Ende Mai wurde eine spezielle Arbeitsgruppe Berlin gebildet, die mit Sitz in Berlin die alliierte Gesetzgebung für die Stadt prüfen und die reibungslose Beendigung der Viermächterechte vorbereiten sollte (vgl.: US-Bonn 16565, »Berlin Working Group – Agreement on Mandate«, 25. Mai 1990).

32 Die Meinungen spalteten sich an der Frage, ob die Bundesrepublik vor der Vereinigung bindende Aussagen über ihre Grenzen nach der Vereinigung machen konnte. Aber »die Identität des Völkerrechtssubjekts Bundesrepublik Deutschland war wegen des Weges, auf dem die deutsche Vereinigung stattfand, in keiner Weise berührt ... Die von der Bundesrepublik Deutschland geschlossenen Verträge sind ebenso wie ihre Mitgliedschaft in internationalen Organisationen vom Beitritt der DDR unberührt geblieben« (Frowein, »The Reunification of Germany«, S. 157; vgl. ders., »Rechtliche Probleme der Einigung Deutschlands«, S. 234). Selbst wenn man das für die Staatensukzession geltende Recht einbezieht (das unberücksichtigt bleiben konnte, da es nur die vertraglichen Verpflichtungen der früheren DDR betraf), werden Grenzverträge traditionell mit dem Territorium übertragen und binden daher den Nachfolgestaat. Sicher hatten die Ostverträge die Rechtsfähigkeit der Bundesrepublik insofern eingeschränkt, als die endgültige Regelung der Grenzfrage bis zum Abschluß eines Friedensvertrages, wie er im Potsdamer Abkommen und anderen Nachkriegskonventionen vorgesehen war, vertagt worden war. Da aber der Zwei-plus-Vier-Vertrag die Zustimmung der Vier Mächte zu einer abschließenden Regelung der Grenzfrage beinhalten und damit jede Einschränkung der Rechtsfähigkeit der Bundesrepublik aufheben sollte, würden die alten Vorbehalte hinfällig sein. Die Bundesregierung schlug diese klare juristische Analyse zunächst in den Wind, indem sie weiterhin Rechtsunfähigkeit für sich in Anspruch nahm, um nicht schon vor der Vereinigung mit Polen verhandeln und einen Vertrag unterzeichnen zu müssen. Dabei hätte sich Bonn leicht mit dem Hinweis aus der Affäre ziehen können, daß die Grenze zu Polen, da die Vereinigung nach Artikel 23 vollzogen werden würde, bereits durch den Warschauer Vertrag von 1970 garantiert sei und durch den Zwei-plus-Vier-Vertrag noch einmal bestätigt werden würde. Indem man sich auf fehlerhafte juristische Analysen berief, machte man es sich in Bonn und Washington unnötig schwer. Vgl. Young an Zoellick und Seitz, »Legal Constraints on Timing of Settlement«, 27. April 1990; US-London 9466, »Consultations on Legal Issues Pertraining to German Unification«, 16. Mai 1990; Young an Zoellick und Seitz, »Legal Analysis of British and French Comments on U. S. Settlement Options Paper«, 14. Mai 1990.

33 Zur internen Debatte über dieses »Sequenzproblem« in der amerikanischen

Administration vgl.: Young an Zoellick, »Position Paper on Sequencing of German Unification and Settlement«, 25. Mai 1990, mit beigelegtem Entwurf (29. Mai), »U. S. One plus Three Paper on Subsequencing/Simultaneity of German Unification and Settlement«; L/EUR-Entwurf (Koblitz), »A Settlement on Germany«, 17. Mai 1990; Seitz an Zoellick, »L's Draft for ›A Settlement on Germany‹«, 29. Mai 1990. Bei der nächsten Beratung der westlichen Juristen am 31. Mai in Paris zählte Young nur die Lösungsmöglichkeiten auf, ohne sich für eine von ihnen zu erklären. Offenbar in Unkenntnis der von Bush und Baker bevorzugten Position in der Frage, wann die Viermächterechte aufgegeben werden sollten, legte Young den Vorschlag seiner Abteilung vor, dem zufolge die endgültige Zwei-plus-Vier-Regelung an die Ratifizierung des deutsch-polnischen Vertrages geknüpft werden sollte. Die Vertreter der Bundesrepublik wiesen dies zurück, da es die Aufhebung der Viermächterechte vom Verhalten Polens abhängig machen würde. Der französische Vertreter, der stellvertretende Rechtsberater Edwige Belliard, beharrte darauf, daß ein Zwei-plus-Vier-Vertrag erst nach der Vereinigung geschlossen werden sollte, damit Verpflichtungen des geeinten Deutschland einbezogen werden konnten (vgl. US-Paris 16828, »Legal Experts Meeting on German Unification, Paris, May 31, 1990«, 6. Juni 1990).

34 Woolsey, der amerikanische KSE-Unterhändler, wurde von seinem westdeutschen Kollegen, Rüdiger Hartmann, am 23. Mai über Genschers Plan informiert. Ihm gefiel die Idee. Er sah in ihr eine weitere Gelegenheit, die in Ottawa beschlossenen Truppenobergrenzen, die im Pentagon auf soviel Widerstand stießen, wieder zur Disposition zu stellen (vgl. US-Wien 1494, »CFE: Genscher Initiative on Personnel«, 24. Mai 1990).

35 Stoltenberg und sein Planungschef Naumann sprachen während eines Washington-Besuchs am 1. Mai mit Scowcroft und anderen Regierungsvertretern über ihre Besorgnisse. Naumann berichtete Blackwill, daß der Bundessicherheitsrat beschlossen habe, sich gegenüber Moskau nicht auf Truppenobergrenzen in der Zentralzone festzulegen, solange auf sowjetischer Seite keine vergleichbaren Obergrenzen vorhanden waren (vgl.: Zelikow über Blackwill und Kanter an Scowcroft, »Your meeting with FRG Minister of Defense Gerhard Stoltenberg on May 1«, 30. April 1990).

36 Zelikows Notizen über den Bericht, den er über die Sitzung erhielt. Die Argumente gegen den Genscher-Plan sind zusammengefaßt in: Zelikow, »Four Options to Unblock the CFE I Personnel Issue«, 24. Mai 1990; Kanter und Blackwill an Scowcroft, »Your May 25 Meeting on Arms Control«, 24. Mai 1990.

37 Teltschik, *329 Tage,* S. 243 f.

38 Genscher-Interview, »Nicht den Buchhaltern überlassen«, in: *Der Spiegel,* 14. Mai 1990, S. 28–30; vgl. Kiessler/Elbe, *Ein runder Tisch,* S. 135 f.

39 Kiessler/Elbe, *Ein runder Tisch,* S. 150.

40 Ebd., S. 145–147; Gennrich,»Auch die Sowjetunion hält Eile bei der Vereinigung der beiden deutschen Staaten für geboten«; Teltschik, *329 Tage,* S. 249; Baker an Bush, 25. Mai 1990.

41 Baker an Bush, 25. Mai 1990. Kastrup reiste am 30. Mai zu weiteren Gesprächen mit Kwizinski nach Moskau, aber zu diesem Zeitpunkt hatte sich das Schwergewicht des Geschehens bereits zum Gipfel nach Washington verlagert.

42 Mitteilung Mitterrands an Bush, 22. Mai 1989; Brief Mitterrands an Bush, überbracht am 30. Mai 1990; US-Paris 15967,»Mitterrands Moscow Meetings with Gorbachev on May 25«, 28. Mai 1990. Bonn wurde durch Attali ins Bild gesetzt (vgl. Teltschik, *329 Tage,* S. 247 f., 250).

43 Vgl.: Seitz an Baker,»Shevardnadze's Talk with Foreign Minister Clark«, 30. Mai 1990. Schewardnadse bezog sich in dem Gespräch mit Clark auf Gorbatschows *Time-*Interview, indem er wieder einmal die rasche Schaffung völlig neuer gesamteuropäischer Strukturen forderte, um die mit der deutschen Vereinigung zusammenhängenden Probleme zu lösen. Man müsse zu einer Konsenslösung gelangen (vgl. Schewardnadse,»Europe: A Generation's Mission«; vgl. ADN-Meldungen vom 29. Mai 1990 über diesen Artikel).

44 Teltschik fand Schewardnadses Vorschläge ermutigend *(329 Tage,* S. 247).

45 Seitz an Baker,»Shevardnadze's Talk with Foreign Minister Clark«, 30. Mai 1990.

46 Mitarbeiter des ZK der KPdSU (Vorlage für das Politbüro),»O swjasi otnoschenijach s wostotschnym-ewropa«, Mai 1990, in: ZChSD.

47 Vgl. Oberdorfer, *The Turn,* S. 404.

48 Ein formelles Gesprächsprotokoll der Sitzung am 29. Mai war nicht zu finden. Rice gehörte zu den Teilnehmern. Die Darstellung stützt sich auf ihre Erinnerungen und Zoellicks Vorbereitungspapier für die Sitzung (vgl.: Scowcroft an Bush, »Briefing on Germany – The Future of Europe«, 27. Mai 1990;»German Unification – Two plus Four Process«, 25. Mai 1990 [in Zoellicks Büroakten]). Bush wurde außerdem eine CIA-Analyse vorgelegt (»Soviet Policy on German Unification«). Das Scowcroft-Zitat stammt aus einem anderen Vorbereitungspapier, das zum eigentlichen Vorbereitungsbuch für das Gipfeltreffen gehörte (Scowcroft an Bush, »Your Meeting with Gorbachev«, undatiert [Entwurf von Rice]). In diesem und anderen Memoranden wurde die ernste politische Situation analysiert, der sich Gorbatschow in Moskau gegenübersah.

49 Vgl. Teltschik, *329 Tage,* S. 249–253; Zelikows Notizen von Berichten über den Telefonanruf bei Gates und Blackwills Gesprächen mit dem westdeutschen Verteidigungsministerium; US-Bonn 17082,»German Policy on Bundeswehr Limits in CFE Context«, 31. Mai 1990; Gesprächsprotokoll des Telefonats zwischen

Bush und Kohl am 30. Mai 1990 (Protokollant war Hutchings). In Washington hielt Arnold Kanter später am 30. Mai eine ressortübergreifende Sitzung zum Thema der deutschen Truppenobergrenzen ab. Die Runde stimmte darin überein, daß man einen deutschen Vorschlag abwarten und das Thema gegenüber Gorbatschow nicht zur Sprache bringen sollte, es sei denn, die Sowjets machten von sich aus einen Vorschlag. Die wenigen sachlichen Ideen, auf die man sich einigte, waren so matt, daß der NSC-Stab Scowcroft mitteilte, sie seien die weitere Diskussion nicht wert (vgl.: Wilson über Kanter und Blackwill an Scowcroft, »CFE – Bundeswehr Personnel Limits«, 31. Mai 1990).

50 Gesprächsprotokoll des Telefonats zwischen Bush und Kohl am 30. Mai 1990.

51 Gesprächsprotokoll des Telefonats zwischen Bush und Mulroney am 30. Mai 1990 (Protokollant war Basora).

52 Vgl. Oberdorfer, *The Turn,* S. 414 f.; Beschloss/Talbott, *Auf höchster Ebene,* S. 286–289.

53 Ein Gesprächsprotokoll des Treffens war in den US-Akten nicht zu finden, aber Tschernjajew zitiert aus der sowjetischen Mitschrift *(Die letzten Jahre einer Weltmacht,* S. 298). Weitere Einzelheiten stammen aus Zelikows Interviews mit Teilnehmern der Gesprächsrunde (Tschernjajew, Blackwill, Zoellick); Zoellicks und Blackwills Notizen; Falin, *Politische Erinnerungen,* S. 492 f.; Beschloss/Talbott, *Auf höchster Ebene,* S. 290–292 (über den »Offenen Himmel« wurde in Wirklichkeit bei anderer Gelegenheit gesprochen); Oberdorfer, *The Turn,* S. 417 f. Teilnehmer auf amerikanischer Seite waren Bush, Baker, Sununu, Scowcroft, Gates, Zoellick, Blackwill und ein Dolmetscher. (Möglicherweise waren auch Seitz und Botschafter Matlock anwesend.) Gorbatschows Delegation bestand aus Schewardnadse, Botschafter Bessmertnych (der kurz zuvor Dubinin abgelöst hatte), Tschernjajew, Achromejew, Falin, Dobrynin und vielleicht ein, zwei anderen sowie einem Dolmetscher.

54 Bush hielt sich eng an einen vorbereiteten Text mit dem Titel »The Future of Europe: Germany, NATO, CFE, and CSCE«. Die inhaltlichen Schwerpunkte stammten von Ross und Rice, ausgearbeitet und redigiert hatten sie Blackwill, Zoellick und Zelikow.

55 Bush bezog sich auf das erste der »Prinzipien, die die Beziehungen der Teilnehmerstaaten leiten«, aus dem »Fragen der Sicherheit in Europa« gewidmeten »Korb 1« der KSZE-Schlußakte. In diesem Prinzip heißt es unter anderem: »Sie [die Teilnehmerstaaten] haben ebenfalls das Recht, internationalen Organisationen anzugehören oder nicht anzugehören, Vertragspartei bilateraler oder multilateraler Verträge zu sein oder nicht zu sein, einschließlich des Rechtes, Vertragspartei eines Bündnisses zu sein oder nicht zu sein; desgleichen haben sie das Recht auf

Neutralität« (KSZE-Schlußakte, 1 (a), Prinzip I, S. 34). Zoellick hatte dieses Prinzip schon Monate zuvor als Mittel herausgestellt, mit dem die westliche Verhandlungsposition gestärkt werden konnte, da die KSZE-Schlußakte, obwohl sie für die Unterzeichner rechtlich nicht bindend war, einen der wenigen Prinzipienkataloge darstellte, die von beiden Seiten anerkannt wurden.

56 Rice, Interview mit Tschernjajew, Moskau, Juni 1994.

57 Die Unterhaltung wurde von CNN mitgeschnitten, wobei sich offenbar sowohl Gorbatschow als auch die Kongreßabgeordneten nicht bewußt waren, daß die Fernsehkameras ihre Worte live in die ganze Welt – und ins Oval Office – übertrugen (vgl. Oberdorfer, *The Turn,* S. 418 f.; Beschloss/Talbott, *Auf höchster Ebene,* S. 293 f.).

58 Das Folgende beruht auf: Gesprächsprotokoll des Telefonats zwischen Bush und Kohl am 1. Juni 1990 (Protokollant war Hutchings).

59 Beschloss/Talbott, *Auf höchster Ebene,* S. 295 f.; Oberdorfer, *The Turn,* S. 418–423; Rices Erinnerungen an die Ereignisse.

60 Pressekonferenz von Bush und Gorbatschow, Washington, 3. Juni 1990, in: *Europa-Archiv* (Dokumente) 18/1990, D 470.

61 Das Folgende beruht auf den Erinnerungen der Autoren; Oberdorfer, *The Turn,* S. 423–429; Beschloss/Talbott, *Auf höchster Ebene,* S. 297–302.

62 Vgl. Teltschik, *329 Tage,* S. 255–258; Gesprächsprotokolle von Bushs Telefonaten mit Kohl und Thatcher, 3. Juni 1990 (Protokollant war Hutchings) sowie mit Mitterrand am 5. Juni 1990 (Protokollant war Basora); Fernschreiben von Bush an Kohl und Thatcher, 4. Juni 1990. Bush berichtete sowohl Kohl als auch Thatcher von den privaten Gesprächen über Kredite und wirtschaftliche Hilfe für die Sowjetunion. Ein weiteres Anzeichen für die Bedeutung, die man dem Gipfeltreffen in Westdeutschland beimaß, ist die Ausführlichkeit, mit der es von Kiessler und Elbe dargestellt wird *(Ein runder Tisch,* S. 147–152).

63 Zelikow, Interview mit Tschernjajew, Moskau, Januar 1994.

64 Adomeit, »Gorbachev, German Unification, and the Collapse of Empire«, S. 197, 229 Anm. 28.

65 Das Folgende beruht auf: Zelikow, Interview mit Tarassenko, Providence, Juni 1993; Gesprächsprotokoll des Treffens zwischen Baker und Schewardnadse, Kopenhagen, 5. Juni 1990. Anwesend waren nur noch Ross, Tarassenko und zwei Dolmetscher.

66 Es ist nicht nachzuvollziehen, wie Schewardnadse den Eindruck gewinnen konnte, daß Genscher bereit sei, eine derart niedrige Obergrenze zu akzeptieren. Genscher und Schewardnadse hatten am 23. Mai in Genf die Obergrenze der deutschen Streitkräfte diskutiert, und dort hatte der sowjetische Außenminister laut Elbe eine Zahl von 250000 bis 300000 genannt (Kiessler/Elbe, *Ein runder*

Tisch, S. 146). Zwei Wochen später hatte er gegenüber Baker von 200000 bis 250000 gesprochen. Elbe erwähnt nicht, ob die deutsche Seite eine Zahl ins Gespräch gebracht hat. Teltschik zufolge befürwortete Genscher, als er Kohl am 28. Mai über das Treffen mit Schewardnadse Bericht erstattete, eine Obergrenze von 350000 Mann. Am 29. Mai spricht Stoltenberg von 430000 Mann (einschließlich 30000 Mann Seestreitkräfte). Kohl wollte sich zu diesem Zeitpunkt noch nicht auf eine Zahl festlegen. Noch am 5. Juni hielt Stoltenberg an einer Zahl zwischen 380000 und 420000 fest, während sich Kohl weiterhin in Schweigen hüllte. Vgl. Teltschik, *329 Tage,* S. 249–251, 258. Zwei andere mögliche Quellen für die Fehlinformation der Sowjets waren Kastrup, der Ende Mai in Moskau gewesen war, und KSE-Unterhändler Hartmann. Wir wissen allerdings nicht, was diese Diplomaten den Sowjets zum Thema Truppenstärke der Bundeswehr gesagt haben.

67 Vgl. US-AMin 190169, »Secretary's Meeting with GDR Foreign Minister, June 5. 1990«, 12. Juni 1990.

Das letzte Angebot

1 Vgl.: Zelikow an Scowcroft, »The President's Meeting and Dinner with Chancellor Kohl on June 8«, 7. Juni 1990.

2 Ebd.; vgl. auch US-Wien 1566, »CFE: GDR Rep on Germany, NATO, and Bundeswehr Personnel Limits«, 2. Juni 1990; US-Wien 1627, »CFE: Visiting FRG Official on the Germans, the Soviets, and CFE«, 9. Juni 1990.

3 Zelikow, Interview mit Scowcroft, Washington, D. C., Januar 1994.

4 Zum Folgenden vgl. Teltschik, *329 Tage,* S. 262; Gesprächsprotokoll des Treffens zwischen Bush und Kohl, 8. Juni 1990.

5 Zur Tagung des Politischen Beratenden Ausschusses des Warschauer Pakts siehe Kwizinski, *Vor dem Sturm,* S. 33–36. De Maizière berichtete am 8. Juni Seiters, Schäuble und Teltschik von der Tagung (Teltschik, *329 Tage,* S. 261).

6 Vgl. zum Beispiel: »Alle werden sehen: Es geht«, in: *Der Spiegel,* 11. Juni 1990, S. 18–21.

7 »Bonn tut zuviel für die DDR«, in: *Der Spiegel,* 28. Mai 1990, S. 34–44.

8 Vgl.: »Eine eminente Fehlentscheidung«, Interview mit Oskar Lafontaine, in: *Der Spiegel,* 28. Mai 1990, S. 26–29.

9 Vgl.: US-Bonn 18417, »German Unification: Momentum Building Fast for All-German Elections This Year«, 13. Juni 1990; 19136, »East and West CDU Want Unification in December Immediately after FRG/GDR Parallel Elections«, 20. Juni 1990.

10 Die Bundesregierung war seit Mai davon ausgegangen, daß zuerst die bei-

den Parlamente und dann die Regierungen Absichtserklärungen abgeben würden. Unmittelbar nach der Vereinigung würde die Grenzfrage dann durch einen bindenden Vertrag geregelt werden. Die gleichlautenden Parlamentsentschließungen wurden denn auch, wie versprochen, am 21. Juni von Bundestag und Volkskammer angenommen (abgedruckt in: *Materialien zu Deutschlandfragen*, S. 75f.). Obwohl der deutsch-polnische Vertrag Anfang Juni noch umstritten war, glaubten westdeutsche Regierungsvertreter, daß sich Polen damit zufriedengeben würde, wenn man sich vor der Vereinigung über den Inhalt einigte, und nicht mehr darauf bestehen würde, den Vertrag vorher zu unterschreiben oder zu paraphieren (vgl.: US-Bonn 17862, »Two-plus-Four Talks: Polish Border Issue«, 8. Juni 1990; Seitz an Zoellick, »Nonborder Polish Issues at Two-plus-Four Talks«, 16. Juni 1990; US-Bonn 19525, »June 21 Joint Bundestag/Volkskammer Declaration on the Polish Border«, 22. Juni 1990; US-Warschau 9216, »Polish Approach to Two-plus-Four Talks«, 13. Juni 1990). Zum Problem der Änderung der Staatsangehörigkeitsbestimmung des Grundgesetzes (Artikel 116) siehe: CIA/EUR 90–20153, »German Unification and the Politics of Article 116«, 15. Juni 1990; L (Young) an Zoellick und Seitz, »FRG Nationalities Law and the Polish-German Treaty«, 15. Juni 1990. Zum anhaltenden, fast surrealen Streit über das »Sequenzproblem« siehe: von L entworfenes Zwei-plus-Vier-Papier, »Sequencing of Unification and Settlement«, 13. Juni 1990; Young an Zoellick und Seitz, »Review of UK Compromise Sequencing Outline«, 14. Juni 1990; George an Zoellick, »Sequencing«, undatiert (vermutlich 14. oder 15. Juni 1990). George setzte sich dafür ein, »die Aufhebung der Viermächterechte bezüglich der Grenzen erst in Kraft treten zu lassen, wenn ein polnisch-deutscher Vertrag ratifiziert ist«.

11 Seitz an Zoellick, (ohne Titel), 11. Juni 1990, mit beigelegten Papieren. Seitz leitete auf dieser Sitzung die US-Delegation. Vgl. den späteren Vertragstext, Artikel 1, in: »*2 + 4*«.

12 Den Amerikanern war klar, daß die Vier Mächte, wenn sie der deutschen Politik die von Sowjets und Ostdeutschen verlangten Grenzen setzten, im Grunde zu Bürgen für das Verhalten Deutschlands werden würden. Die Vier Mächte besäßen erheblichen Einfluß auf künftige deutsche Entscheidungen in Sicherheitsfragen und könnten nach Belieben in die deutsche Innenpolitik eingreifen.

13 Zur US-Delegation gehörten Seitz und Rice. Bondarenko leitete die sowjetischen Unterhändler, Hans Misselwitz die ostdeutschen. Die anderen Alliierten waren durch bekannte Gesichter vertreten: Großbritannien durch Weston, Frankreich durch Dufourcq und Westdeutschland durch Kastrup (vgl.: Fernschreiben des US-AM, »June 9 Two-plus-Four Officials' meeting: Detailed report of Discussion«, 12. Juni 1990; Seitz an Zoellick, 11. Juni 1990; US-Berlin 3684, »June 9 Two-plus-Four Officials Meeting: Points for Use in Briefing NAC«, 11. Juni 1990).

609

14 Das Folgende beruht auf: Gesprächsprotokoll des Treffens zwischen Bush und de Maizière, 11. Juni 1990. De Maizière wurde weder von Meckel selbst noch von einem seiner Berater begleitet. Bush berichtete Kohl, Mitterrand und Thatcher am nächsten Tag über das Treffen und nutzte das Schreiben dafür, noch einmal die amerikanische Position zu bekräftigen: begrenztes Verhandlungsmandat der Zwei-plus-Vier-Gespräche, keine Sonderstellung Deutschlands und keine Gleichbehandlung der in Deutschland stationierten ausländischen Streitkräfte (vgl. Teltschik, *329 Tage,* S. 274). Zu de Maizières Versuch, seine Regierung als Brücke zur UdSSR zu präsentieren, vgl.: »De Maizière schlägt gemeinsame Tagungen von NATO und Warschauer Pakt vor«, in: *Frankfurter Allgemeine Zeitung,* 31. Mai 1990, S. 2. Einen guten Überblick über die Außenpolitik der DDR im Frühjahr und Sommer 1990 gibt Hans Misselwitz in »Diplomacy of German Unity«. Zu Meckels Haltung und der westlichen Reaktion darauf vgl. Albrecht, *Die Abwicklung der DDR,* S. 80; Teltschik, *329 Tage,* S. 285. Zu Gorbatschows Treffen mit de Maizière siehe: »Wstretschi M. S. Gorbatschowa«, in: *Westnik,* 15. Juli 1990, S. 18.

15 US-AM 200531, »Secretary Baker's Meeting with Prime Minister Thatcher, June 8 at Turnberry, Scotland«, 21. Juni 1990.

16 Das Folgende beruht auf Thatcher, *Downing Street No. 10,* S. 1114; »Sapis besedy M. S. Gorbatschowa s premer-ministrom Welikobritanija M. Tetscher«, sowjetisches Gesprächsprotokoll vom 8. Juni 1990, das den Autoren von Alexandra Besymenskaja zugänglich gemacht wurde; Brief von Thatcher an Bush, 11. Juni 1990; Zelikows Notizen über den britischen Bericht, 12. Juni 1990; Teltschik, *329 Tage,* S. 266. Vgl.: Brief von Thatcher an Bush, 17. Juni 1990 (Antwort auf Bushs Bericht über das Treffen mit de Maizière); Aktennotiz von Basora, »Attali/Scowcroft Meeting Today«, 15. Juni 1990 (Attali wollte mehr Druck ausüben, damit Bonn den polnischen Forderungen entgegenkam, doch Scowcroft ging nicht darauf ein).

17 Brest war 1795 im Zuge der dritten polnischen Teilung an Rußland gefallen, hatte ab 1919 wieder zu Polen gehört und war 1939 durch einen weiteren deutsch-russischen Handel erneut an die Russen übergegangen. Teltschik war besorgt darüber, wie die Polen ein deutsch-russisches Treffen an diesem Ort aufnehmen würden, und Genscher versicherte dem polnischen Außenminister persönlich, die Wahl eines Ortes, der Schewardnadse soviel bedeute, sei nicht als Kränkung gemeint. Hierzu und zu den Gesprächen selbst vgl. Kiessler/Elbe, *Ein runder Tisch,* S. 154–157; Teltschik, *329 Tage,* S. 267 f., 272–274; US-Bonn 18254, »Genscher-Shevardnadze Discussions in Brest«, 12. Juni 1990; US-NATO 3465, »FRG's Kastrup Briefs the NAC June 13 on Genscher-Shevardnadze Meeting in Brest«, 14. Juni 1990.

18 Vgl. Teltschik, *329 Tage,* S. 265.

19 Gorbatschows Rede vor dem Obersten Sowjet und Fragestunde, 12. Juni

1990, in: FBIS-SOV 90-114, 13. Juni 1990, S. 45-47, 53. Beschloss und Talbott zufolge hatte Gorbatschow versucht, »ein Einlenken als Prinzipientreue und Stärke zu verkaufen« *(Auf höchster Ebene,* S. 305), und die Routinebemerkung, mit der Bush auf Gorbatschows Auftritt reagierte, verstehen sie als »Großmut des Siegers« demjenigen gegenüber, der sich als »guter Verlierer« gezeigt habe. Bei einem genaueren Blick auf Gorbatschows Äußerungen stellt man jedoch fest, daß er, von seinem Ton in der Fragestunde abgesehen, keineswegs grundlegend von der bisherigen sowjetischen Position abgewichen war. Die Vorstellung, daß Ostdeutschland als »assoziiertes Mitglied« weiterhin dem Warschauer Pakt angehören könnte, unterschied sich kaum von der früheren Idee der Doppelmitgliedschaft des vereinigten Deutschland. Wie aus Thatchers Bericht bekannt, dachte Gorbatschow zu dieser Zeit außerdem über Mittel und Wege nach, die deutsche Mitgliedschaft in der NATO zu verwässern.

20 Teltschik, *329 Tage,* S. 269, 275f.

21 Das Folgende beruht auf: Kiessler/Elbe, *Ein runder Tisch,* S. 157-159; Zelikow, Interview mit Tarassenko, Providence, Juni 1993; Teltschik, *329 Tage,* S. 276-278 (mit Kastrups Bericht); US-NATO 3565, »FRG Political Director [Kastrup] Briefs the NAC June 19 on Genscher-Shevardnadze Meeting in Muenster«, 19. Juni 1990; US-AM 209211, »Soviet Nonpaper on Shevardnadze-Genscher Meeting in Muenster« (offizieller sowjetischer Bericht), 27. Juni 1990. Das Gespräch zwischen Elbe und Tarassenko erwähnte Kastrup niemandem gegenüber. Elizabeth Pond schreibt unter Berufung auf anonyme Quellen im Auswärtigen Amt, Tarassenkos Münsteraner »Non-Paper« habe »den endgültigen Handel vorweggenommen. Das vereinte Deutschland würde in der NATO bleiben, die NATO-Strukturen würden nicht auf das Gebiet der früheren DDR ausgedehnt, solange dort sowjetische Truppen standen, aber es würde trotzdem unter die Sicherheitsgarantie der westlichen Allianz fallen« *(Beyond the Wall,* S. 217). Elbe zufolge sind die Sowjets nicht so weit gegangen, Tarassenko streitet es ab, und das weitere Verhalten von Genscher und Schewardnadse widerspricht ebenfalls dieser Annahme.

22 Vgl. EUR/CE (Goodman) an mehrere Beamte des US-AM, »Negotiating History of Two-plus-Four«, 21. September 1991, S. 6f. Zum amerikanischen Vertragsentwurf vgl.: Zoellicks von »A Basic Outline for Elements of a Final Settlement«, an Zelikow weitergeleitet am 18. Juni; Foulon (aus Zoellicks Stab) an Zoellick, »Draft Settlement Outlines«, 13. Juni 1990.

23 US-AM 222614, »The Secretary's June 22 Meeting with GDR Premier de Maizière«, 10. Juli 1990.

24 Das Folgende beruht auf: Kwizinski, *Vor dem Sturm,* S. 40-46 (mit den »Grundprinzipien«); Kiessler/Elbe, *Ein runder Tisch,* S. 160-163; US-AM 248717, »June 22 Two-plus-Four Ministerial in Berlin: Account«, 28. Juli 1990; Blackwills

Notizen aus der Sitzung; Schewardnadses Erklärung (der Text wurde von der sowjetischen Delegation verteilt), abgedruckt in Kaiser, *Deutschlands Vereinigung,* S. 233–238; US-AMin 10012, »Briefing Points on June 22 Two-plus-Four Ministerial for Use at NATO Permrep Meeting on June 25«, 23. Juni 1990. Zu Teltschiks Reaktion siehe: *329 Tage,* S. 284–286.

25 Kwizinski, *Vor dem Sturm,* S. 39f.

26 Vgl.: US-AM, »Press Conference Following Berlin Two-plus-Four Ministerial«, 22. Juni 1990. Zoellick informierte die amerikanischen Reporter in weiteren Pressekonferenzen ausführlich über die Positionen aller Seiten. »Der Zug zur deutschen Einheit«, sagte er, »verläßt den Bahnhof. Er ist schon ein gutes Stück weit draußen, und die Sowjets werden sich der Wahl stellen müssen, ob sie auf den Zug aufspringen oder sich selbst isolieren wollen.« Er deutete ebenfalls an, daß Schewardnadses Vorschlag für ein heimisches Publikum bestimmt gewesen sein könnte, ging aber nicht näher darauf ein (US-AM, »Background Briefing by Senior State Department Official«, 22. Juni 1990). Zur westdeutschen Reaktion vgl. Bertram, »Stagnieren unter Zeitdruck«; »Schewardnadse plädiert für ›Übergangsfristen‹ nach der Einheit«, in: *Frankfurter Allgemeine Zeitung,* 23. Juni 1990, S. 1.

27 Kiessler/Elbe, *Ein runder Tisch,* S. 162.

28 Das Folgende beruht auf: Gesprächsprotokoll des Treffens zwischen Baker und Schewardnadse in der sowjetischen Botschaft in Berlin, 22. Juni 1990; Beschloss/Talbott, *Auf höchster Ebene,* S. 307. Wie schon am Rande des Treffens zwischen Schewardnadse und Genscher in Münster versicherte Tarassenko – diesmal gegenüber Ross –, daß Schewardnadses öffentliche Äußerungen nicht wörtlich zu nehmen seien. Während des Treffens gab es ein kurzes, aber interessantes Gespräch über Boris Jelzin. Als Baker einmal kurz den Raum verließ, nutzte Ross die Pause, um Schewardnadse zu raten, daß er und Gorbatschow eng mit Jelzin zusammenarbeiten und sich dessen Unterstützung für ihre Politik sichern sollten. Baker kehrte zurück, während Ross sprach, und unterstützte dessen Rat. Schewardnadses Erwiderung war positiv, aber unverbindlich.

29 Es dürfte sich um Wladimir Ostrowskis Artikel »The Only Free Cheese Is in a Mousetrap« gehandelt haben *(Rabotschnaja Tribuna,* 12. Juni 1990, S. 1, 3, in: FBIS-SOV, 90–115, 14. Juni 1990, S. 5–7). In dem Artikel werden die Ansichten Oleg Baklanows wiedergegeben, des für die Rüstungsindustrie zuständigen Sekretärs des ZK der KPdSU, der Gorbatschows Beratern gehörte und von diesem 1991 zum Vorsitzenden des Verteidigungsrates ernannt werden sollte, dem höchsten militärpolitischen Gremium der Sowjetunion. Gorbatschow sollte die Ernennung dieses orthodoxen Kommunisten bedauern, denn Baklanow wurde zu einem der Drahtzieher des Putschversuchs vom August 1991 (vgl. Gelman, *The Rise and Fall of National Security Decisionsmaking in the Former* USSR, S. VIIIf.).

30 Kwizinski, *Vor dem Sturm,* S. 47.

31 US-AM, »Background Briefing by Senior Administration Official«, 23. Juni 1990.

32 Wörner und Scowcroft hatten zusammen mit Zelikow und Wörners Mitarbeiter James Cunningham bei einem Abendessen am 6. Mai über den geplanten Gipfel gesprochen. Am nächsten Morgen war Wörner im Weißen Haus mit Bush zusammengekommen. Bei diesem Treffen fragte sich Bush sogar, ob die NATO nicht als symbolische Geste ihren Namen ändern sollte (vgl.: Gesprächsprotokoll des Treffens zwischen Bush und Wörner am 7. Mai 1990).

33 Zum Stand der Diskussion über die Nuklearstrategie der NATO von Anfang Mai vgl.: Sitzungsprotokoll der Tagung der Nuklearen Planungsgruppe der NATO am 9. und 10. Mai 1990 in Kananaskis, Kanada; Seitz über Kimmitt und Bartholomew an Baker, »TASM, SNF Negotiations, Germany, and Unification«, 14. Mai 1990. Vorsitzender der hochrangigen Gruppe für nukleare Verteidigungsplanung war der Abteilungsleiter im US-Verteidigungsministerium Stephen Hadley. Zur vergleichsweise gemäßigten Tagesordnung, die das US-AM in der Hoffnung, das Bündnis vor jeder weiteren Kontroverse zu schützen, für den NATO-Gipfel aufgestellt hatte, vgl.: Dobbins (in Vertretung) und Clarke (Leiter der Abteilung für politisch-militärische Fragen im US-AM) über Kimmitt und Bartholomew an Baker, »Gameplan for Spring NATO Meetings and NATO Summit«, 22. Mai 1990.

34 Vgl. Genscher, »Die Zukunft eines europäischen Deutschland«, Rede vor dem Verband der amerikanischen Chefredakteure in Washington, D. C., 6. April 1990, in: *Deutsche Außenpolitik 1990/91,* S. 103–105; US-AM 158722, »CSCE: Message from the Secretary«, 17. Mai 1990; Brief von Douglas Hurd an Baker, 1. Mai 1990; Dobbins an Zoellick, »CSCE: Update on Preparations for Copenhagen Meeting«, 4. Mai 1990.

35 Vgl. Dobbins an Zoellick, »U. S./FRG Perspectives on CSCE at NATO«, 19. Mai 1990, mit einem von der deutschen NATO-Delegation in Umlauf gebrachten Papier, »CSCE-Summit Working Group«, 16. Mai 1990. Die gemeinsamen politischen Prinzipien der KSZE um Marktwirtschaft und Wahlrichtlinien zu erweitern war 1989 von den USA angeregt worden. Beim Bonner KSZE-Treffen über wirtschaftliche Zusammenarbeit in Europa im März 1990 hatte man eine erstaunliche Vielfalt von Marktprinzipien für die wirtschaftliche Organisation der Gesellschaft formuliert. Das Kopenhagener Treffen über die menschliche Dimension, zu der die Wahlrichtlinien zählten, fand im Juni statt (vgl. Mastny, *The Helsinki Process,* S. 187–257; Fry, *The Helsinki Process,* S. 143–156).

36 Zur Entwicklung der Haltung zur KSZE vgl. Schewardnadse, »Europe: A Generation's Mission«; ADN-Meldungen vom 29. Mai 1990 über diesen Artikel.

37 Vgl. Dobbins (in Vertretung) über Kimmitt und Bartholomew an Baker,

»CSCE: ›Institutionalization‹ and the U. S.-Soviet and NATO Summits«, 22. Mai 1990; Seitz an Zoellick, »Results of May 25 PCC on CSCE«, 2. Juni 1990. Zur Entwicklung der KSZE-Normen hinsichtlich der Grundfreiheiten und der Rechtsstaatlichkeit vgl.: Baker, »Die KSZE: Das Gewissen des Kontinents«, Rede bei der KSZE in Kopenhagen, 6. Juni 1990, in: *Amerika Dienst*, 13. Juni 1990; Seitz über Kimmitt an Baker, »Results of the CSCE Copenhagen Meeting«, 2. Juli 1990. Die US-Delegation in Kopenhagen wurde von Botschafter Max Kampelman geleitet.

38 Vgl. US-NATO 3203, »Letter to Secretary Baker from SYG Wörner Concerning the Turnberry Ministerial and the London Summit«, 30. Mai 1990; 3188, »London Summit Declaration: Wörner's Outline«, 30. Mai 1990; 3211, »The London NATO Summit and Next Steps in Conducting the Alliance's Review of Military Strategy«, 31. Mai 1990.

39 Zelikow hatte diese Idee zuerst Rice, die sie unterstützte, und Blackwill, der skeptisch reagierte, unterbreitet. Am 16. April brachte er sie dann in einer Besprechung mit Scowcroft zur Sprache. Rice stellte sich erneut hinter den Vorschlag. Bis Mitte Mai war Blackwill davon überzeugt worden, daß die Idee der Verbindungsmissionen zur Grundlage völlig neuer Beziehungen zwischen der NATO und den einzelnen Warschauer-Pakt-Staaten werden könnte (allerdings nicht zwischen der NATO und dem zum Untergang verurteilten Pakt selbst) und gleichzeitig dem Wunsch der osteuropäischen Staaten nach engeren Kontakten mit der NATO entgegenkam.

Die von Blackwill und Zelikow aufgestellte Liste von Initiativen hatte auch den Vorschlag enthalten, formelle Bindungen zwischen NATO und EG aufzubauen, um Nordatlantikrat und Europarat sowie NATO-Generalsekretariat und EG-Präsidentschaft durch ein Netzwerk regelmäßiger Kontakte miteinander zu verknüpfen. Aber diese Idee mit ihrem Schwergewicht auf den Beziehungen innerhalb Westeuropas hätte von der West-Ost-Thematik der Erklärung des NATO-Gipfels abgelenkt und wurde daher nicht in sie aufgenommen. Sie ist allerdings von einigem historischen Interesse, da nicht zum erstenmal gefordert worden war, eine Brücke zwischen NATO und EG zu schlagen. Zelikow setzte sich nach Blackwills Ausscheiden aus dem NSC unter dessen Nachfolger, David Gompert, Ende 1990 und 1991 während der Debatte über die europäische Sicherheitsarchitektur und die Rolle der WEU weiter für die Schaffung neuer Verbindungen zwischen NATO und EG ein.

40 Bei der NATO dachte man bereits über eine stärkere Verwendung multinationaler Einheiten nach, zum Teil, weil Belgien und die Niederlande nicht mehr genügend Truppen stellen würden, um eigene nationale Korps bilden zu können. Zelikow glaubte, daß multinationale Einheiten den Eindruck der »Besetzung« auslöschen und die amerikanische Präsenz in Deutschland auf lange Sicht abstüt-

zen würden, da die Deutschen größere Autorität über die auf ihrem Boden stationierten Streitkräfte erhalten würden. Dafür sprach auch das positive Echo aus dem Kanzleramt (vgl.: US-Bonn 14094, »More on the Future of the Bundeswehr and NVA«, 4. Mai 1990). Andere NSC-Mitarbeiter waren ebenso wie das Pentagon vorsichtiger. Scowcroft fragte NATO-Oberbefehlshaber Galvin am 7. Juni, was er von multinationalen Korps halte. Galvin sprach sich entschieden für das Konzept der multinationalen Einheiten aus (Zelikows Notizen aus der Sitzung und der anschließenden Diskussion mit Galvin).

41 Dieser Punkt beruhte auf einem Modell, das für einzelne Regionen Europas (die Subzonen des KSE-Vertrages) gemeinsame Obergrenzen der Truppenstärke vorsah, an die sich die Länder der jeweiligen Region halten sollten. Anfang Mai verfaßte Zelikow ein Papier, in dem er die verschiedenen Optionen für VKSE II analysierte, einschließlich der tiefen Einschnitte durch solche nationalen Obergrenzen. Im Ergebnis wäre der Vorteil, den die Sowjetunion durch KSE I gewonnen hatte, wesentlich verringert worden. Die amerikanischen, britischen, französischen und deutschen Streitkräfte allein wären den im europäischen Teil der Sowjetunion stationierten Truppen bereits zahlenmäßig überlegen gewesen. Auch der Vorteil, den die Sowjetunion gegenüber ihren osteuropäischen Nachbarn besaß, wäre erheblich geschrumpft (vgl.: Blackwill und Kanter an Gates, »Your Meeting of the European Strategy Group on June 18«, 15. Juni 1990, Anhang A des beigelegten Papiers: »Options« [insbesondere die Optionen 4 und 5]).

42 Vgl.: US-Straßburg 61, »Shevardnadze on the Council of Europe (COE)«, 14. März 1990. Auch die Generalsekretärin des Europarats, Catherine Lalumière, setzte sich dafür ein, ihre Institution stärker für die Überwindung der Ost-West-Differenzen zu nutzen (vgl. US-London 4473, »WEU SYG Van Eekelen on German Unification, NATO, and the CSCE«, 6. März 1990). Blackwill schlug die Idee eines KSZE-Parlaments am 16. April Scowcroft vor, und Zelikow empfahl, Blackwills Idee der Parlamentarischen Versammlung des Europarats zu unterbreiten. Als Schewardnadse in seinem *Iswestija*-Artikel vom 30. Mai ein europäisches Parlament anregte, entsprach sein Vorschlag fast wörtlich den Überlegungen des NSC.

43 Vgl.: »Possible Presidential Initiatives to Announce Publicly at the NATO Summit«, 23. Mai 1990, und »London Declaration on a Transformed North Atlantic Alliance«, informell Scowcroft und Gates vorgelegt und als Anlage dem Memo »Your Meeting of the European Strategy Steering Group on Monday, June 4«, 2. Juni 1990, von Blackwill und Kanter an Gates beigelegt. Die Darstellung des Verweises auf Gorbatschow bei Beschloss/Talbott, *Auf höchster Ebene*, S. 310, ist unzutreffend.

44 Das Folgende beruht auf: Zelikows Notizen aus der Sitzung der Europäischen Strategie-Lenkungsgruppe, 4. Juni 1990; vgl. Blackwill und Kanter an Gates, »Your Meeting of the European Strategy Steering Group on Monday, June 4«, 2. Juni 1990.

45 Vgl.: Wilson über Kanter und Blackwill an Scowcroft, »CFE – Bundeswehr Personnel Limits«, 31. Mai 1990. Das Papier des US-AM trug den Titel »Dealing with Soviet Desires for German Limits« und war dem bereits zitierten Blackwill-Kanter-Memo vom 2. Juni beigelegt. Kanter gab zu, daß der Vorschlag »in Deutschland gemacht« werden müsse, befürwortete aber die von Angehörigen seiner Arbeitsgruppe als akzeptabel betrachteten Obergrenzen. Blackwill und Zelikow wandten sich sowohl in der Sache als auch aufgrund ihres Ursprungs (amerikanisch, nicht deutsch) und des Zeitpunkts (verfrüht) gegen solche Vorstellungen.

46 US-Bonn 17082, »German Policy on Bundeswehr Limits in CFE Context«, 31. Mai 1990.

47 Deklaration der Teilnehmerstaaten der Warschauer Vertragsorganisation, Moskau, 7. Juni 1990, in: *Deutsche Außenpolitik,* S. 120–122.

48 »Warschauer Pakt hat Sinn verloren«, Interview mit Antall, in: *Welt am Sonntag,* 17. Juni 1990.

49 »Kommuniqué der Ministertagung des Nordatlantikrats am 7. und 8. Juni 1990 in Turnburry (Großbritannien) – mit der ›Botschaft von Turnburry‹«, in: *Europa-Archiv* (Dokumente) 17/1990, D 447-D 453. Unter Punkt 15 heißt es in dem Kommuniqué, die NATO-Staaten seien der Auffassung, »daß die europäische Stabilität sowie der Wunsch des deutschen Volkes es erfordern, daß ein vereintes Deutschland Vollmitglied dieses Bündnisses ist, einschließlich seiner integrierten Militärstruktur ... Die Sicherheitsgarantie der Artikel 5 und 6 des Nordatlantikvertrages wird sich auf das gesamte Territorium eines vereinten Deutschland erstrecken.« Die Bundesregierung konnte also, gerade als die Verhandlungen über die deutsche Vereinigung festgefahren waren, auf die einmütige Haltung der Verbündeten verweisen, wenn sie sich dem zu einem Kompromiß drängenden Druck aus dem In- und Ausland entgegenstemmte. Kiessler und Elbe bezeichnen die Botschaft von Turnburry als einen »entscheidenden Schachzug der westdeutschen Diplomatie«, wobei sie besonders die Gesten des guten Willens betonen, wenn sie berichten, Baker habe auf der Tagung »in bis dahin Genscher-typischen Formulierungen« zu einer Revolution des Denkens über den Osten aufgerufen. Ihnen zufolge kommt Kastrup das Verdienst zu, Genscher auf die Unzulänglichkeit des von der NATO-Bürokratie ausgearbeiteten Kommuniqués hingewiesen und dazu gebracht zu haben, auf einer gesonderten Botschaft mit dem Angebot von Freundschaft und Zusammenarbeit zu bestehen *(Ein runder Tisch,* S. 153 f.).

50 Das Folgende beruht auf Zelikows Notizen aus der Sitzung. Vgl.: Zelikow über Blackwill und Kanter an Gates, »Meeting of the European Strategy Steering Group on June 11«, 9. Juni 1990.

51 Vgl.: Kimmitt (in Vertretung) an Bush, 18. Juni 1990.

52 Vgl.: Rice über Blackwill und Kanter an Gates, »Your European Steering

Group Meeting on Follow-On Conventional Forces Negotiations and the NATO Summit«, 28. Juni 1990; EUR-Vorbereitungspapier für die Pariser Zwei-plus-Vier-Gespräche,»Limiting German Manpower Levels: The U. S. Perspective«, undatiert.

53 Die Überlegungen der Europäischen Strategie-Lenkungsgruppe wurden mit höchster Geheimhaltung behandelt. Selbst die Existenz der Gruppe war damals nicht allgemein bekannt. Die Darstellung beruht auf Zelikows Notizen aus der Sitzung am 12. Juni; vgl.: Zelikow über Blackwill und Kanter an Gates,»Meeting of the European Strategy Steering Group on June 11«, 9. Juni 1990.

54 Schewardnadse an Baker, 13. Juni 1990; US-AM 193792,»Soviet Proposed NATO-WTO Declaration«, 15. Juni 1990. Vgl.: Zelikow über Blackwill und Kanter an Scowcroft,»Soviet Proposal for Joint NATO-Warsaw Pact Declaration: A Preliminary Analysis«, 18. Juni 1990; US-NATO 3579,»Soviet Proposal for a NATO-WTO Joint Declaration«, 20. Juni 1990; US-NATO 3591,»June 20 NAC Discussion of Soviet Proposal for a NATO-WTO Joint Declaration«, 21. Juni 1990; Seitz an Zoellick, »June 20 One-plus-Three Meeting: British Ideas on a NATO-Warsaw Pact Declaration«, 18. Juni 1990 (mit beigelegtem britischem Memorandum).

55 Das Folgende beruht auf Zelikows Notizen aus der Besprechung mit Gates und der Sitzung der Lenkungsgruppe. Vgl.: Blackwill und Kanter an Gates,»Your Meeting of the European Strategy Steering Group on June 18«, 15. Juni 1990; Zoellick an Blackwill,»Attached Draft«, 14. Juni 1990.

56 Vgl.: Seitz und Clark über Kimmitt und Bartholomew an Baker,»Arms Control in Europe: CSCE Mandate Talks?«, 15. Juni 1990. KSE-Unterhändler Woolsey und seine Delegation in Wien waren vorsichtig; sie wollten ebenfalls frühe Gespräche über ein neues KSE-Mandat vermeiden und teilten die Skepsis des NSC in bezug auf die Möglichkeit, eine schnelle Einigung über KSE I anzustreben (vgl. US-Wien 1724,»CFE and the London-NATO Summit«, 19. Juni 1990).

57 Vgl.: Blackwill und Kanter an Gates,»Your Meeting of the European Strategy Group on June 18«, 15. Juni 1990, Anhang A,»Options«, des beigelegten, von Zelikow entworfenen Papiers (Option 5 betraf Einschnitte »von bis zur Hälfte«).

58 Wolfowitz besuchte Mitte Juni amerikanische Militärkommandeure in Europa. NATO-Oberbefehlshaber Galvin lehnte einen einseitigen Abzug von LANCE-Raketen oder nuklearer Artillerie ab. Seiner Ansicht nach sollte man sich diese Schritte als Unterpfand für künftige SNF-Verhandlungen aufheben. Aber in Washington setzten sich weder das OSD noch die Vereinigten Stabschefs für dieses Vorgehen ein.

59 Teilnehmer waren Baker, Cheney, Powell, Scowcroft, Ross, Hadley, Graves und Blackwill (und wahrscheinlich Gates). Schriftliche Notizen über die Sitzung waren nicht zu finden, aber Ross, Hadley, Graves und Blackwill begaben sich nach der Sitzung in Zelikows Büro, um die Änderungen des Entwurfs zu diktieren. Un-

sere Darstellung beruht auf diesen Informationen, auf Zelikows Notizen aus einer Besprechung, die er unmittelbar vor der Sitzung mit Scowcroft hatte, und auf seinem über Blackwill und Kanter an Scowcroft geschickten Vermerk »Your Meeting with Your Counterparts on the NATO Summit, Tuesday, June 19« vom 19. Juni 1990. Vgl.: »Londoner Erklärung‹ der Gipfelkonferenz der Staats- und Regierungschefs der NATO-Mitgliedstaaten vom 5. bis zum 6. Juli in London«, in: *Europa-Archiv* (Dokumente) 17/1990, D 456–D 460.

60 Art und Umfang von KSE-Folgeverhandlungen blieben innerhalb der US-Administration umstritten. NSC, OSD und das Amt für Rüstungskontrolle und Abrüstung wollten sich für die ehrgeizigeren und schwerer abzuschätzenden Folgeverhandlungen alle Optionen offenhalten. Vgl.: Rice über Blackwill und Kanter an Gates, »Your European Steering Group Meeting on Follow-On Conventional Forces Negotiations and the NATO-Summit«, 28. Juni 1990; US-AM 214255, »NATO Summit and Future Conventional Arms Control«, 30. Juni 1990; US-Wien 1866, »CFE: Summit Discussions over Follow-On Negotiations«, 2. Juli 1990; US-NATO 3790, »HLFT: Draft Language for London Summit Declaration«, 2. Juli 1990.

61 Thatcher hatte Bush gerade über die britischen Pläne für die SNF-Abrüstung unterrichtet. Im Unterschied zu den USA, deren Augenmerk auf landgestützten Raketen lag, schlossen die Briten auch andere Waffensysteme in ihre Überlegungen ein und sprachen sich für pauschale Vorgaben (weit oberhalb der Null) aus, die durch eine Mischung aus Raketen und Artillerie erfüllt werden konnten. Sie glaubten damit die Aufmerksamkeit der Öffentlichkeit von der Entscheidung ablenken zu können, luftgestützte Systeme von den Verhandlungen auszunehmen, während man eine Formel entwickelte, die diese Systeme ebenso effektiv schützen würde. Durch die Ankündigung des einseitigen Abzugs der Artillerie hätte man sich jedoch die Möglichkeit genommen, in zukünftigen Verhandlungen diese von den Briten bevorzugte Strategie anzuwenden, und die Amerikaner wollten Londons Ansichten nicht so ohne weiteres von der Hand weisen. Zu den britischen Ansichten vgl.: Brief von Thatcher an Bush, 17. Juni 1990.

62 Hadley erklärte gegenüber anderen hohen Beamten, bei der NATO sei seine hochrangige Gruppe ebenso wie die Nukleare Planungsgruppe bereit, die einseitige Vernichtung der nuklearen Artilleriegranaten und radikale Reduzierungen der Gefechtsvorräte zu akzeptieren. Mit anderen Worten, die NATO bewegte sich auf eine Strategie zu, die sich ausschließlich auf see- und luftgestützte Systeme verließ (Zelikows Notizen aus der Sitzung von Kanters Arbeitsgruppe am 7. Juni).

63 Vgl.: Zelikow über Blackwill und Kanter an Scowcroft, »Your Meeting with Your Counterparts on the NATO Summit, June 19«, 19. Juni 1990, Abschnitt »Next Steps with Allies«; Zelikow über Blackwill und Kanter an Gates, »Meeting of the European Strategy Steering Group on June 11«, 9. Juni 1990, Abschnitt »Future

Work«; Zelikows für Blackwill angefertigte Notizen über US-NATO 3188 und US-NATO 3211, 31. Mai 1990 (in Zelikows Akten). Zum Stand der Vorbereitungen beim Internationalen Stab der NATO vgl.: Roberts, Sekretär des Politischen Sonderausschusses der NATO, an die Mitglieder des Ausschusses, »Summit Declaration (DSD/1 Revised)«, 21. Juni 1990 (mit einem Entwurf der Erklärung und drei als Anhang beigefügten separaten Erklärungen zu Rüstungskontrolle, KSZE und Verteidigung).

64 Brief von Bush an Kohl, Thatcher, Mitterrand, Andreotti und Wörner, 21. Juni 1990.

65 Teltschik, *329 Tage,* S. 281 f.

66 Brief von Wörner an Bush, 25. Juni 1990. Wörner schlug vor, einen Passus in die Erklärung einzufügen, in dem die westliche Haltung zur deutschen Vereinigung bekräftigt wurde, und so geschah es. Das angebliche Zitat aus Wörners Schreiben bei Beschloss/Talbott, *Auf höchster Ebene,* S. 311, stammt nicht aus dem Brief, sondern von jemandem, der sich an Wörners Reaktion erinnert hat.

67 Thatcher war mit Bushs Entscheidung, auf einen frühen Termin für den NATO-Gipfel zu drängen, nicht zufrieden. Beim Gipfel selbst stieß dann die von Bush vorgeschlagene Erklärung auf ihren Widerspruch, insbesondere was die Nuklearstrategie betraf (vgl. Thatcher, *Downing Street No. 10,* S. 1121–1123; Brief von Thatcher an Bush, 25. Juni 1990). Der amerikanische Vorschlag kam für sie allerdings nicht überraschend. Die britische Botschaft in Washington war in außerordentlicher, um nicht zu sagen einzigartiger Weise über die Entwicklung der US-Ideen auf dem laufenden und hatte sie mehr als einmal durch ihren Rat beeinflußt.

68 Bush schickte dem kanadischen Premierminister Mulroney am 27. Juni ein Exemplar des Entwurfs. Zur Diskussion des Procedere vgl.: Blackwill an Scowcroft und Gates, (ohne Titel), 25. Juni 1990; US-NATO 3675, »Further Comments on Summit Declaration«, 25. Juni 1990; US-AM 211592, »Managing NATO Discussion of Summit Declaration«, 29. Juni 1990.

69 Vgl. US-NATO 3771, »Discussion with Secretary General Wörner on Managing NATO Discussion of Summit Declaration«, 29. Juni 1990. Wörner mußte NATO-Sitzungen absagen und eine Diskussion abbrechen, die bereits zu einem revidierten Entwurf geführt hatte (vgl. US-NATO 3750, »London Summit Declaration: June 28 I. S. Draft«, 28. Juni 1990). Zum Gespräch zwischen Wörner und Thatcher vgl.: US-NATO 3784, »SYG Wörner's June 29 Discussion with Premier Minister Thatcher on the NATO Summit Declaration«, 29. Juni 1990.

70 Brief von Bush an Thatcher, 1. Juli 1990. Thatcher erwähnt den Meinungsaustausch mit Bush in ihren Memoiren und versichert, daß daraufhin »einige der spektakulärsten und am wenigsten durchdachten Vorschläge« fallengelassen worden seien *(Downing Street No. 10,* S. 1122). Dies ist unzutreffend. Der einzige Vorschlag,

der unter britischem Druck merklich verwässert wurde, war das Versprechen »weiterer einschneidender Begrenzungen« durch neue Rüstungskontrollverhandlungen, die nach Unterzeichnung des KSE-Vertrages beginnen sollten, und diese Änderung war in der Diskussion über die Erklärung durch die NATO-Außenminister in London vorgenommen worden.

71 Teltschik, *329 Tage*, S. 287–289.

72 Zum Folgenden vgl.: Teltschik, *329 Tage*, S. 289–293; Brief von Teltschik an Scowcroft, 27. Juni 1990; Brief von Scowcroft an Teltschik, 30. Juni 1990; US-Bonn 20259, »Kohl and Genscher on Force Levels of a United Germany in Vienna CFE Talks«, 28. Juni 1990. In einem weiteren Telefongespräch am 29. Juni stellten Scowcroft und Teltschik fest, daß es keine grundlegenden Differenzen in bezug auf die NATO-Erklärung gebe. Außerdem unterstrich Scowcroft erneut die Absicht des Weißen Hauses, den Entwurf erst auf dem Gipfel in London selbst zu präsentieren (Teltschik, *329 Tage*, S. 291).

73 Teltschik, *329 Tage*, S. 293–296. Teilnehmer der Besprechung am Morgen des 3. Juli waren Kohl, Genscher, Stoltenberg, Seiters, Kastrup, Naumann und Teltschik. Nach der anschließenden Kabinettssitzung zum Haushalt 1991 kam es zu einem Gespräch zwischen Genscher und Teltschik über die Truppenobergrenze, dem eine weitere Diskussion zwischen Teltschik und Kohl folgte. Obwohl die Westdeutschen dem Fahrplan zugestimmt hatten, dem zufolge nach Unterzeichnung des KSE-Vertrages ein Vertrag über Obergrenzen für alle nationalen Streitkräfte in Europa, einschließlich der Bundeswehr, abgeschlossen werden sollte, herrschte weiterhin eine gewisse Unsicherheit darüber, in welchem Ausmaß sie diese Grenzen akzeptieren würden.

74 Zum Folgenden vgl.: Brief von Mitterrand an Bush, 29. Juni 1990. Mitterrands Sicherheitsberater, Admiral Jacques Lanxade, kam am 29. Juni mit Scowcroft zusammen und traf sich privat auch mit Blackwill (vgl.: Hutchings über Blackwill an Scowcroft, »Your Meeting with Admiral Lanxade, June 29«, 28. Juni 1990). Adrian Basora vom NSC reiste nach Paris und traf sich in Begleitung Kim Pendletons von der US-Botschaft mit Mitterrands außenpolitischem Berater Hubert Vedrine. Anschließend verfaßte Basora eine ausführliche Darstellung der französischen Haltung zur NATO-Erklärung, der auch der Text eines längeren französischen Gegenentwurfs zu den amerikanischen Ausführungen über die KSZE beilag (US-Paris 19892, »Élysée Comments on NATO Draft Declaration«, 3. Juli 1990).

75 Brief von Bush an Mitterrand, 1. Juli 1990.

76 Vgl.: Blackwill an Scowcroft, »Allied Responses to Our Draft Declaration«, 30. Juni 1990.

77 Vgl.: Brief von Gonzalez an Bush, 3. Juli 1990; US-NATO 3804, »London

Summit Declaration: July 2 NAC«, 2. Juli 1990; US-NATO 3805, »Strategy for the London NATO Summit – The President's Intervention and Managing the Declaration Drafting Process«, 2. Juli 1990; US-NATO 3831, »The London NATO Summit Declaration – July 3 Discussions among NATO Permreps on Drafting Procedure«, 3. Juli 1990. Taft empfahl, den Entwurf in London durch die Politischen Direktoren überarbeiten zu lassen, bevor sich die Außenminister mit ihm beschäftigten. Sein Rat wurde nicht angenommen. Er hob außerdem hervor, daß man für das Ministertreffen einen starken Vorsitzenden brauche, und schlug den niederländischen Außenminister Hans van den Broek vor. Damit stieß Taft auf mehr Gegenliebe, denn man erinnerte sich in Washington noch gut daran, mit welchem Geschick van den Broek die Ministerrunden des NATO-Gipfels im Mai 1989 geleitet hatte. Normalerweise hätte dem norwegischen Außenminister der Vorsitz zugestanden, doch Wörner sorgte dafür, daß van den Broek diese Aufgabe übernehmen konnte.

78 Vgl.: Zelikow über Blackwill und Kanter an Scowcroft, »Briefings on the NATO Summit at Kennebunkport on July 2«, 28. Juni 1990; Scowcroft an Bush, »Preparing for the NATO Summit: Briefings in Kennebunkport on July 2«, Bush wahrscheinlich am 29. oder 30. Juni 1990 vorgelegt, mit Zoellicks Vobereitungspapier als Anhang. Zu Bushs Vorbereitungspapieren gehörten außerdem: EUR, »NATO and Its Future Political Role«; NSC, »Conventional and Nuclear Arms Control«; Powell (Vorsitzender der Vereinigten Stabschefs) an Zelikow, »Pre-Summit Briefing at Kennebunkport – Defending Europe«, 27. Juni 1990; EUR, »NATO Summit: CSCE Proposals«, 28. Juni 1990. Eine Niederschrift der Diskussion, die am Vormittag des 2. Juli in Kennebunkport geführt wurde, gibt es nicht, aber die Informationsmaterialien entsprechen in Ton und Inhalt dem, was dort gesagt wurde. Anwesend waren Bush, Quayle, Baker, Cheney, Powell, Brady, Scowcroft, Bartholomew, Wolfowitz, Zoellick, Seitz, Ross, Blackwill, Zelikow und James Cicconi vom Stab des Weißen Hauses.

79 Vgl.: Gesprächsprotokolle der Telefonate, die Bush in Kennebunkport mit Martens, Schlueter und Lubbers führte.

80 Das Folgende beruht auf: Teltschik, *329 Tage*, S. 298–301; Zelikows Notizen aus dieser Sitzung; NATO-Protokolle des Gipfeltreffens, Dokument C-VR(90)36. Die Darstellung, die Beschloss und Talbott von der Sitzung und von Thatchers Äußerungen geben, ist unzutreffend und irreführend *(Auf höchster Ebene, S. 311)*. Sie zitieren einen Wortwechsel zwischen Thatcher und Baker, der niemals stattgefunden hat, zumindest nicht in einer der Sitzungen des Londoner Gipfels, und mißverstehen ihren Hinweis auf Alan Clarks Buch *Barbarossa* als antideutsche Äußerung. Thatcher hatte die jüngsten Bücher von Clark und Weinberger vielmehr im Zusammenhang mit der Verteidigungsbereitschaft angeführt. Teltschik, der an der Sitzung teilgenommen hatte, waren Thatchers Äußerungen jedenfalls nicht als besonders antideutsch

aufgefallen. Auch die Darstellung der Diskussion über die Gipfelerklärung bei Beschloss und Talbott (ebd., S. 312) ist unzuverlässig. Ihre Aussage, Kohl sei von seiner Forderung abgewichen, daß Deutschland nicht in eine Sonderposition geraten dürfe, entspricht nicht den Tatsachen.

81 Als der Text den Staats- und Regierungschefs zur Bestätigung vorgelegt werden sollte, bemerkte Genscher, daß an diesem Punkt ein Schreibfehler vorliegen müsse: Statt »Begrenzungen« hätte es wohl »Reduzierungen« heißen sollen. Hurd, der diese Kompromißformulierung erzwungen hatte, erwiderte trocken:»Ich glaube nicht, daß der Entwurf einen Fehler enthält.«

82 1991 äußerten bereits mehrere osteuropäische Staaten offen ihr Interesse an einer NATO-Mitgliedschaft. Im Konzept der Verbindungsmissionen war diese Entwicklung einkalkuliert. Es gründete auf der Überzeugung, daß eine glaubwürdige Sicherheitsgarantie für diese Länder nicht durch Verträge erreicht werden konnte, sondern über Jahre hinweg durch sich vertiefende politische und militärische Kooperation in Bündnisgremien herausgebildet werden mußte. Die diplomatischen Vertretungen und später der Nordatlantische Kooperationsrat waren als Vehikel dieses Prozesses gedacht.

83 »Londoner Erklärung‹ der Gipfelkonferenz der Staats- und Regierungschefs der NATO-Mitgliedstaaten vom 5. bis zum 6. Juli in London«, in: *Europa-Archiv* (Dokumente) 17/1990, D 456–D 460. Vgl. Teltschik, *329 Tage,* S. 301–304; NATO-Protokolle des Treffens der Staats- und Regierungschefs, Dokument C-VR(90)36.

84 In einer Diskussion der Europäischen Strategie-Lenkungsgruppe über die französische Haltung am 16. Juli berichteten Bartholomew und Hadley, daß französische Regierungsvertreter eine Neuverteilung der NATO-Verantwortlichkeiten zwischen den USA und Europa erhofften, obwohl Paris dies offiziell nicht angesprochen hatte. Man war sich einig darüber, daß Frankreich in die von der Londoner Erklärung in Gang gesetzte Neugestaltung des Bündnisses einbezogen werden sollte, wenn auch nicht um den Preis des Rauswurfs der USA aus Europa, wie Wolfowitz anmerkte. Er meinte zu Recht, daß manche sicherheitspolitische Ideen der Franzosen den amerikanischen Abzug vorhersagten und dann Lösungen anboten, die geeignet waren, diese Vorhersage zu verwirklichen. Bartholomew beschrieb die französische Haltung als »eine Form von existentiellem Pessimismus« (Zelikows Notizen aus der Sitzung).

85 Vgl. Fritz-Vannahme, »Die Geschichte machen die anderen«. Blackwill und Admiral Lanxade waren sich bei einem Treffen Mitte Juli darin einig, daß vertrauliche bilaterale Gespräche über strategische Fragen nötig seien. Da Lanxade für Reginald Bartholomew vom US-AM nicht viel übrig hatte und die Beziehungen zwischen Baker und Dumas bekannntermaßen nicht die besten waren, sollten sie von Vertretern des Élysée-Palastes und des Weißen Hauses geführt werden. Blackwill

schied zwar im Juli aus dem Staatsdienst aus, doch der amerikanisch-französische Plan wurde ganz im Geist der Zusammenarbeit, der zwischen Bush und Mitterrand sowie ihren Sicherheitsberatern Scowcroft und Lanxade während der Golfkrise herrschte, weiterverfolgt, und die Gespräche wurden im Herbst 1990 aufgenommen. Da sich die Beziehungen zwischen Baker und Dumas weiter verschlechterten, blieben sie dem NSC (insbesondere Basora, Zelikow und später auch David Gompert) und Mitterrands Beratern aus dem Élysée-Palast (vor allem Lanxade, Pierre Morel und Caroline de Margerie) überlassen. Sie trafen sich zu mehreren produktiven Diskussionsrunden in Washington und Paris, die Spannungen legten sich, und die beiden Länder begannen zu begreifen, daß sie die Chance hatten, den alten Streit um die alliierte Nuklearstrategie zu beenden.

86 Vgl.: Mitteilung aus Moskau ans Weiße Haus, 7. Juli 1990.

87 Die Westdeutschen hatten im Juni weiter mit Moskau über den Fünf-Milliarden-Kredit und die Übernahme der bestehenden Verpflichtungen der DDR verhandelt. Hierzu und zu den Gesprächen zwischen Kohl und Mitterrand vgl. Teltschik, *329 Tage,* S. 274f., 279f., 283f., 287f.

88 Thatcher, *Downing Street No. 10,* S. 1055.

89 Teltschik, *329 Tage,* S. 288. Auf dem Gipfel wurde darüber hinaus die im April als allgemeines Ziel beschlossene europäische Union auf den Weg gebracht, indem die Termine zweier Regierungskonferenzen über die politische beziehungsweise die Wirtschafts- und Währungsunion festgelegt wurden. Was immer man von diesem Unterfangen halten mag, Thatchers Kommentar ist zumindest in einem Punkt kaum bestreitbar: Die Staats- und Regierungschefs der EG trafen diese Entscheidung, ohne daß sie »fähig – oder in diesem Stadium vielleicht auch nicht willens – waren, präzise zu erläutern, welche konkreten Vorstellungen sie mit der Politischen Union verbanden. Signor Andreotti übertraf alle Anwesenden an kalkulierter Mehrdeutigkeit, als er forderte, wir müßten zwar den Termin für die Regierungskonferenz zur Politischen Union festlegen, dürften jedoch nicht Gefahr laufen, uns schon jetzt auf eine klare Definition der Politischen Union zu einigen.« Der damalige Ratspräsident der EG, der irische Premierminister Charles Haughey, schloß die Diskussion mit der Versicherung, die von Thatcher angesprochenen Gefahrenpunkte blieben aus der Politischen Union ausgeklammert (Thatcher, *Downing Street No. 10,* S. 1054).

90 Die Darstellung beruht auf Zelikows Erinnerungen und Teltschik, *329 Tage,* S. 289, 305–310. Gorbatschow hatte Bush am 4. Juli anläßlich des bevorstehenden G7-Gipfels in Houston einen Brief geschrieben (abgedruckt in: *Europa-Archiv* 16/1990, D 437f.). Darin äußerte er sich zufrieden über die Gewährung des Beobachterstatus für die Sowjetunion im GATT. Das im Dezember 1989 mit der EG geschlossene Wirtschaftsabkommen, fuhr er fort, werde inzwischen umgesetzt, und

das gerade erst während seines Washington-Besuchs unterzeichnete Handelsabkommen sei ein »echter ›Durchbruch‹« in den Wirtschaftsbeziehungen zwischen den USA und der Sowjetunion gewesen. Im Sinne dieser neuen Kooperation bat er Bush als den Vorsitzenden des G7-Gipfels, die Gespräche auf »langfristige Vereinbarungen über Zusammenarbeit bei Krediten und Investitionen in bedeutender Höhe« zu lenken, »die in der Tat ein ernsthafter Faktor bei der Stabilisierung und beim Übergang der Sowjetunion zur Marktwirtschaft wären«. Bush kündigte in einem am 6. Juli geschriebenen Brief über den NATO-Gipfel eine ausführlichere Antwort mit einem Bericht über den G7-Gipfel an. In dieser teilte er Gorbatschow dann die Entscheidung der G7 mit, eine IWF-Studie über die sowjetische Wirtschaft in Auftrag zu geben. Die Aussichten auf westliche Hilfe, fügte Bush hinzu, würden sich im übrigen verbessern, wenn Gorbatschow sich entschlösse, »radikale Schritte zur Einführung der Marktwirtschaft zu unternehmen, bedeutende Mittel aus dem Militärsektor umzuverteilen und die Unterstützung für Staaten zu verringern, die regionale Konflikte schüren«. Auch die japanischen Vorbehalte wegen der »Nördlichen Territorien« wurden erwähnt (Burns über Rice und Deal an Scowcroft, »Letter from the President to President Gorbachev on the Houston Summit«, 13. Juli 1990). Beschloss und Talbott behaupten, daß Kohl auf dem Londoner NATO-Gipfel dafür eingetreten sei, Gorbatschow zu helfen, und Bush ihm nur deshalb nicht widersprochen habe, weil er ein Zerwürfnis vermeiden wollte *(Auf höchster Ebene, S. 312)*. Tatsächlich hat Kohl die Kreditfrage in London nicht angesprochen; außerdem kannte er Bushs Einwände sehr gut, da er im Mai und Juni sowohl von Angesicht zu Angesicht als auch telefonisch mit ihm darüber gesprochen hatte. Des weiteren schreiben Beschloss und Talbott, daß Gorbatschow in einem Brief an die Führer zahlreicher westlicher Staaten um Hilfe gebeten und damit gedroht habe, daß »ohne diesen radikalen Schritt … eine weitergehende Erneuerung der sowjetischen Gesellschaft nicht möglich« sei. Sie interpretieren diese direkte Drohung als Versuch Gorbatschows, »eine Art finanzieller Gegenleistung für den Fall herauszuholen, daß er der Mitgliedschaft eines vereinten Deutschland in der NATO zustimmte«. In dem Brief vom 4. Juli sprach Gorbatschow zwar tatsächlich von »radikalen Schritten«, aber nicht in bezug auf westliche Hilfe. Gemeint waren vielmehr die inneren Reformen in der Sowjetunion. Wenn Gorbatschow versuchte, eine Gegenleistung herauszuschinden, dann nicht mit diesem Brief, ganz zu schweigen davon, daß er sie bekam.

Deutschland erhält die Souveränität zurück

1 Zit. in Beschloss/Talbott, *Auf höchster Ebene,* S. 317.
2 Seitz an Baker, (ohne Titel), 4. Juli 1990.

3 Zelikow, Interview mit Tarassenko, Providence, Juni 1993; vgl. Falin, *Politische Erinnerungen,* S. 495.

4 Kaiser, *Why Gorbachev Happened,* S. 337.

5 Moskauer Fernsehen,»Makashov Addresses 19 June Russian Conference«, in: FBIS-SOV 90–120, 21. Juni 1990, S. 92.

6 Vgl. Kwizinski, *Vor dem Sturm,* S. 37f.; Kaiser, *Why Gorbachev Happened,* S. 336–348; Gorbatschow, *Gody trudnych reschenii,* S. 218–222; Moskauer Fernsehen,»Shevardnadze Speech«, 3. Juli 1990, in: FBIS-SOV 90–129, 5. Juli 1990, S. 7–10; Moskauer Fernsehen,»Foreign Minister Shevardnadze«, 7. Juli 1990, in: FBIS-SOV 90–131, 9. Juli 1990, S. 47–50. Gorbatschows Verbündete glaubten, daß Falin hinter einigen der Angriffe gegen Schewardnadse stand. Falin drückte seine Haltung zur Entwicklung in Deutschland interessanterweise mit den Worten aus:»Vereinigung – ja, Anschluß – nein« (*Politische Erinnerungen,* S. 490). Ligatschow benutzte bei seiner Parteitagsattacke gegen Schewardnadse exakt dieselben Worte (TASS,»Ligachev, Shevardnadse Cited«, 7. Juli 1990, in: FBIS-SOV 90–131, 9. Juli 1990, S. 57). Zu Schewardnadses Enttäuschung siehe Beschloss/Talbott, *Auf höchster Ebene,* S. 308.

7 Teltschik, *329 Tage,* S. 325.

8 Vgl. Kaiser, *Why Gorbachev Happened,* S. 348–356; Hewett,»The New Soviet Plan«, S. 146.

9 Schewardnadse, *Die Zukunft gehört der Freiheit,* S. 250f.

10 Zelikow, Interviews mit Tarassenko, Providence, Juni 1993, und Palasschenko, Moskau, Juni 1994. Palasschenkos Anerkennung für den guten»ersten Schritt« der NATO erschien am 25. Juli 1990 in der *Trud* (P. Worobjow,»Schit bes wraga: NATO peresmatriwajet swoju rol«). Die Behauptung von Beschloss und Talbott *(Auf höchster Ebene,* S. 313), Baker hätte Schewardnadse vorab eine Kopie der Londoner Erklärung geschickt, trifft nicht zu. Baker hatte Schewardnadse bei ihrem Treffen am 22. Juni in Berlin nur über die geplante amerikanische KSZE-Initiative informiert. Schewardnadses und Tarassenkos Eile ist verständlich, wenn man in Betracht zieht, wie konservative ZK-Mitarbeiter wie Falin und Portugalow den NATO-Gipfel für die sowjetische Öffentlichkeit aufbereitet haben (vgl. die Pressemeldungen in: FBIS-SOV 90–128, 3. Juli 1990, S. 4, und 90–129, 5. Juli 1990, S. 4–6, und Achromejew/Kornienko, *Glasami marschala i diplomata,* S. 260f., die allerdings die Londoner NATO-Initiativen als einen der Gründe anerkennen, aus denen die Sowjetunion den Widerstand gegen die deutsche Vollmitgliedschaft in der NATO aufgab).

11 »Comments by Soviets on NATO«, in: *New York Times,* 7. Juli 1990, S. 5; TASS,»Shevardnadze on NATO Communiqué«, 6. Juli 1990, in: FBIS-SOV 90–131, 9. Juli 1990, S. 2–4; vgl.: Baker an Bush, 13. Juli 1990. Die deutlichste

Ablehnung der Londoner Erklärung kam aus der DDR, wenn auch von Außenminister Meckel und nicht von Ministerpräsident de Maizière. Die Ost-SPD trat für die völlige Atomwaffenfreiheit Deutschlands und den Abzug aller ausländischen Truppen ein. Im Interview mit Elizabeth Pond sagte Meckel ein Jahr später, die Amerikaner hätten ihn für »sowjetischer als die Sowjets« gehalten; dabei habe er nur versucht, die sowjetischen Sicherheitsbedenken zu berücksichtigen. In Westdeutschland verfolgte man außerdem mit gerunzelter Stirn, wie Meckel und sein engster Mitarbeiter (und alter Freund aus der westdeutschen Friedensbewegung) Carlchristian von Braunmühl Verwandten zu Stellungen im Ministerium verhalfen und auf der Entsendung eines neuen DDR-Botschafters nach Washington bestanden, als der Staat, den er vertreten sollte, kurz vor der Auflösung stand (vgl. Pond, *Beyond the Wall,* S. 220; »Wer ist Teltschik?«, in: *Der Spiegel,* 30. Juli 1990, S. 56 f.; Albrecht, *Die Abwicklung der DDR,* S. 93 f.; US-Bonn 21593, »Chancellery Views on Issues Related to German Unity«, 11. Juli 1990; Rice an Scowcroft, »Your Meeting with GDR Foreign Minister Meckel, July 13«, 12. Juli 1990).

12 Die beste Primärquelle zu den Vertragsverhandlungen ist: Schäuble, *Der Vertrag,* S. 101–264.

13 Zelikow, Interview mit Tschernjajew, Moskau, Januar 1994.

14 Tschernjajew, *Die letzten Jahre einer Weltmacht,* S. 305.

15 Teltschik, *329 Tage,* S. 310.

16 Das Folgende beruht auf: Teltschik, *329 Tage,* S. 307, 311; EUR, »Limiting German Manpower Levels: The U. S. Perspective«, undatiert (zweite Julihälfte); Zelikows Notizen vom 12. Juli über die Berichte über die Konsultationen, die in Houston zwischen Baker und Genscher sowie zwischen Scowcroft, Blackwill und Teltschik stattgefunden hatten. Baker initiierte eine Diskussion zwischen Mitarbeitern von NSC und Pentagon, um eine amerikanische Zahl für die Truppenobergrenze festzulegen, die er Genscher ohne großen Schriftwechsel mitteilen konnte. Die amerikanische Vorstellung stimmte mit dem in Bonn erwogenen Rahmen überein – 380000 bis 400000 –, obwohl man auf Beamtenebene wie im westdeutschen Verteidigungsministerium mehr zum oberen Ende dieses Spielraums neigte.

17 Teltschik, *329 Tage,* S. 311 f. Wir haben zwar die Akten über das Treffen zwischen Baker und Meckel nicht durchgesehen, wissen aber aus Zelikows Notizen über das Gespräch, das Scowcroft am 13. Juli mit Meckel führte, daß es Meinungsverschiedenheiten in bezug auf die Nuklearwaffen, die Anwesenheit alliierter Truppen und die Einbeziehung Ostdeutschlands in die NATO gab.

18 Vgl. US-Bonn 21593, »Chancellery Views«, 11. Juli 1990; Teltschik, *329 Tage,* S. 312–315.

19 Teltschik, *329 Tage,* S. 316 f.; vgl. Waigel/Schell, *Tage, die Deutschland und die Welt veränderten,* S. 28.

20 Das Folgende beruht auf Falin, *Politische Erinnerungen,* S. 493 f. Tschernjajew hat bestätigt, daß Falin in letzter Minute noch einmal versuchte, Gorbatschow umzustimmen. Falin und die Mitarbeiter des ZK besaßen zu dieser Zeit aber kaum noch Einfluß auf den Präsidenten (Zelikow, Interview mit Tschernjajew, Moskau, Januar 1994).

21 Das Folgende beruht auf: Zelikow, Interviews mit Tschernjajew, Moskau, Januar 1994, und Tarassenko, Providence, Juni 1993.

22 Teltschik, *329 Tage,* S. 319; vgl. Kwizinski, *Vor dem Sturm,* S. 51 (wo der Besuch irrtümlicherweise auf den 14. Juni datiert wird, statt auf den 14. Juli).

23 Vgl. Teltschik, *329 Tage,* S. 319–324; Gorbatschow, *Gody trudnych reschenii,* S. 223–233; ders., *Gipfelgespräche,* S. 161–177; Tschernjajew, *Die letzten Jahre einer Weltmacht,* S. 305 f.

24 Waigel/Schell, *Tage, die Deutschland und die Welt veränderten,* S. 31–37; vgl. Teltschik, *329 Tage,* S. 325 f.

25 Waigel/Schell, *Tage, die Deutschland und die Welt veränderten,* S. 41 f.; vgl. Teltschik, *329 Tage,* S. 327–332.

26 Vgl. Teltschik, *329 Tage,* S. 337 f.; Pond, *Beyond the Wall,* S. 324 Anm. 26.

27 Vgl. Klein, *Es begann im Kaukasus,* S. 234 f. Zu der nächtlichen Runde gehörten Kohl, Genscher, Waigel, Teltschik, Klein, Kastrup und Gert Haller (Ministerialdirektor im Finanzministerium).

28 Gorbatschow wurde begleitet von Schewardnadse, Sitarjan, Kwizinski, Wladistaw Terechow (dem Sowjetbotschafter in der BRD), Arkadi Maslennikow (Pressesprecher) und einem Dolmetscher. Kohl war in Begleitung von Genscher, Waigel, Teltschik, Klein, Botschafter Blech, Kastrup, Haller, Walter Neuer (Leiter des Kanzlerbüros) und eines Dolmetschers.

29 Das Folgende beruht auf: Teltschik, *329 Tage,* S. 333–339; Waigel/Schell, *Tage, die Deutschland und die Welt veränderten,* S. 42–52; Klein, *Es begann im Kaukasus,* S. 253–262.

30 Bei einem Empfang am 19. Juli in Bonn sprach Teltschik mit dem amerikanischen Geschäftsträger, George Ward, über den überraschenden Durchbruch in Moskau und den ausgebliebenen Streit über Grundsatzfragen. Gorbatschow habe die Diskussion in einer Weise beherrscht, daß er seine Entscheidungen über den Kopf seiner Berater hinweg am Verhandlungstisch zu treffen schien (US-Bonn 22864, »Teltschik's Comments on Recent Kohl-Gorbachev Meeting«, 23. Juli 1990). Kastrup äußerte sich gegenüber den Ständigen Vertretern bei der NATO ähnlich (US-NATO 4094, »FRG Political Director Kastrup Debriefs the NAC on Kohl-Gorbachev Meetings in the Soviet Union«, 19. Juli 1990).

31 Zit. in Klein, *Es begann im Kaukasus,* S. 305–307.

32 Gorbatschow, Pressekonferenz zu den Ergebnissen des Besuchs von Bun-

deskanzler Kohl in der Sowjetunion, Schelesnowodsk, 16. Juli 1990, in: *Europa-Archiv* (Dokumente) 18/1990, D 480–D 486.

33 Pond, *Beyond the Wall,* S. 223. Als man in der US-Administration bemerkte, daß die Medien genau diesen Eindruck vorgeblicher Unfähigkeit der amerikanischen Politik verbreiteten, war man überrascht und beunruhigt. Zoellick und Ross gaben der Presse in Paris umfangreiche Hintergrundinformationen zum Thema. Aber die Reporter spürten den defensiven Unterton, und der erste Eindruck setzte sich fest. Wie Pond später feststellte, prägte sich dem öffentlichen Bewußtsein die Annahme ein, »daß die Bush-Administration wenig getan habe, um das Ende des Kalten Krieges zu bewerkstelligen, und nur von ihm profitiert habe wie von einem Apfel, der einem in den Schoß fällt«. Diese Meinung steht in merkwürdigem Gegensatz zur in der deutschen Regierung vorherrschenden Ansicht, »daß die Bush-Administration entscheidend zur Gestaltung der Ereignisse in Deutschland beigetragen habe und daß die Entwicklung, wenn dies nicht der Fall gewesen wäre, zu einem völlig anderen Ergebnis geführt hätte« (ebd., S. 153f.).

34 Albrecht, *Die Abwicklung der* DDR, S. 85f., 119–122. Albrecht war ein Westberliner Akademiker, den Meckel an die Spitze seines Planungsstabes berufen hatte. Meckel, der dem alten Apparat des DDR-Außenministeriums mißtraute, standen außerdem Hans Misselwitz und Carlchristian von Braunmühl zur Seite, ein Psychotherapeut, dessen älterer Bruder Diplomat und in den achtziger Jahren einer von Genschers engsten Mitarbeitern gewesen war. Meckel und seine Gruppe waren stark von der westdeutschen Friedensbewegung und von Egon Bahr beeinflußt und betrachteten all die an den Zwei-plus-Vier-Gesprächen beteiligten »Establishment«-Diplomaten und -Politiker mit Skepsis. Umgekehrt hatten die westdeutschen Diplomaten für Meckel und seine Berater nur Geringschätzung übrig (Kiessler/Elbe, *Ein runder Tisch,* S. 180, 189–201). Als SPD-Politiker repräsentierte Meckel in der von der CDU dominierten ostdeutschen Regierung, deren Tage gezählt waren, jedoch nur einen kleineren Partner, und weder er selbst noch seine Berater bewiesen das rhetorische Geschick und die analytischen Fähigkeiten, die als Ausgleich für ihre schwache Machtbasis nötig gewesen wären. Sie wurden von keiner der an den Zwei-plus-Vier-Verhandlungen beteiligten Regierungen jemals wirklich ernst genommen.

35 Vgl. Albrecht, *Die Abwicklung der* DDR, S. 109–115. Am 3. Juli hatte Skubiszewski in einer Note an die Bundesregierung die Forderung nach einem vor der Vereinigung auszuhandelnden polnisch-deutschen Vertrag wiederholt, obwohl er wußte, daß Kohl dies bereits abgelehnt hatte (Teltschik, *329 Tage,* S. 296). Am nächsten Tag verlangte der polnische Politische Direktor von der in Berlin tagenden Zwei-plus-Vier-Beamtenrunde eine Neuformulierung der Absätze über die Grenzfrage, auf die man sich im Juni geeinigt hatte. Er wurde abgewiesen. Darauf-

hin deutete er an, daß sich Polen mit einem auf die Grenzfrage beschränkten Abkommen begnügen könnte, sofern es zum Zeitpunkt der Vereinigung fertig wäre und ratifiziert würde, bevor der Zwei-plus-Vier-Vertrag in Kraft trat. Kastrup meinte gegenüber Seitz, daß nur Bush möglicherweise in der Lage sei, Kohl zur Annahme dieses Vorschlags zu bewegen (Seitz an Baker, 4. Juli 1990). Aber die Amerikaner waren mit anderen Dingen beschäftigt und nicht daran interessiert, die Grenzfrage wieder auf die Tagesordnung zu setzen. Am 13. Juli, kurz bevor er mit Kohl und Genscher in die Sowjetunion abreiste, sagte Kastrup zu Seitz, daß ein polnisch-deutscher Grenzvertrag bald nach der Vereinigung unterzeichnet werden könnte. Die Zeitspanne bis zu seinem Abschluß würde eher in Tagen als in Monaten zu messen sein. Von Dufourcq erfuhr Seitz am selben Tag, daß Skubiszewski mit der Vertragsunterzeichnung *nach* der Vereinigung einverstanden sei (Seitz an Zoellick, 13. Juli 1990). Der Schwung der Ereignisse und vielleicht auch der NATO-Gipfel hatten die Polen offenbar bewogen, sich mit dem zufriedenzugeben, was sie hatten.

36 Zu den Verhandlungen in Paris vgl.: Kiessler/Elbe, *Ein runder Tisch,* S. 180f.; Eagleburger (in Vertretung) an Bush, 18. Juli 1990; US-AM 253095, »Official-Informal« (Bericht über die Vormittagssitzung der Ministerrunde vom Protokollanten der EUR/CE, Andrew Goodman), 2. August 1990; US-AM 253099, »Official-Informal« (Bericht über die Sitzung der Beamtenrunde), 2. August 1990; EUR/CE, »July 17 Two-plus-Four Ministerial in Paris, Afternoon Session with Polish Foreign Minister: Detailed Account«, 3. August 1990. Das wichtigste von Bakers Vorbereitungspapieren war: Zoellick an Baker, »Two-plus-Four Ministerial, July 17, 1990, Paris«, undatiert (wahrscheinlich 15. oder 16. Juli 1990). Zur polnischen Position vgl.: US-Warschau 10940, »Skubiszewski Statement on ›Two-plus-Four‹«, 13. Juli 1990; US-Warschau 10942, »Poland and the German Question: Two plus Four plus One«, 14. Juli 1990; US-Bonn 22115, »FRG Views on Polish Border Issue«, 16. Juli 1990.

37 Das Folgende beruht auf dem Gesprächsprotokoll des Treffens zwischen Baker und Schewardnadse in der US-Botschaft in Paris am 18. Juli 1990.

38 In seinen Memoiren drückt es Schewardnadse noch deutlicher aus:»Ohne die Beschlüsse, die auf der Sitzung des NATO-Rats in London gefaßt wurden, wäre die Mitgliedschaft Deutschlands in der NATO für uns inakzeptabel gewesen« *(Die Zukunft gehört der Freiheit,* S. 257).

39 Vgl.: US-AM 253097, »Official-Informal« (Bericht über die Sitzung der Beamtenrunde am 19. Juli), 2. August 1990; US-Bonn 22679, »July 19 Two-plus-Four Political Directors' Meeting in Bonn: Briefing NATO Permreps«, 20. Juli 1990; Seitz (Aktennotiz), »Telephone Conversation with Dieter Kastrup, FRG Political Director, 7/26/80«, 26. Juli 1990; US-Bonn 23949, »Views of Genscher Advisor [Elbe] on

Unification Issues«, 1. August 1990; US-London 14412, »Highlights of Legal Experts' Meeting on German Unification«, 26. Juli 1990.

40 Teltschik, *329 Tage,* S. 346.

41 Zelikows Notizen von der Außenministertagung.

42 Teltschik, *329 Tage,* S. 350, 354.

43 Vgl.: »Gebot der Schonung«, in: *Der Spiegel,* 16. Juli 1990, S. 18–20.

44 Vgl. Schäuble, *Der Vertrag.*

45 Ein Beispiel für die Schwierigkeiten, die dieser Punkt bereitete, war ein von der DDR geschlossenes Abkommen über Rückerstattung und Entschädigung des Eigentums von Holocaust-Opfern. Die westdeutsche Entscheidung, die Verpflichtungen aus diesem Abkommen nicht zu übernehmen, löste weltweit in der jüdischen Gemeinde eine heftige Reaktion aus, die auch Washington zu spüren bekam. Nachdem bereits mehrmals mit Bonn darüber gesprochen worden war, rief Baker bei Genscher an und sagte ihm, die Angelegenheit könne »auf dem Kapitolshügel einen Feuersturm gegen die abschließende [Zwei-plus-Vier-]Regelung, über die wir verhandeln, entzünden«. Genscher versprach, eine Lösung zu finden (vgl.: Baker an Bush, 30. August 1990). Ein weiteres Problem für die USA ergab sich aus der überhasteten westdeutschen Entscheidung, die bestehende Vereinbarung über den NATO-Status von Streitkräften nicht auf die US-Truppen in Berlin auszudehnen. Die zufriedenstellenden Lösungen beider Probleme werden weiter unten dargestellt.

46 Vgl. Schäuble, *Der Vertrag;* Jarausch, *Die unverhoffte Einheit,* S. 262–272; Dobbins an Zoellick, »The Second FRG-GDR State Treaty«, 16. Juli 1990; US-Berlin 4671, »Outline of the Unification Treaty«, 23. Juli 1990; US-Bonn 23253, »Second State Treaty between the FRG and GDR: Interior Minister Schaeuble's Comments«, 25. Juli 1990.

47 Tschernjajew, *Die letzten Jahre einer Weltmacht,* S. 305f.

48 »Vertrag über gute Nachbarschaft, Partnerschaft und Zusammenarbeit zwischen der Bundesrepublik Deutschland und der Union der Sozialistischen Sowjetrepubliken vom 9. November 1990« (Generalvertrag), in: *Deutsche Außenpolitik 1990/91,* S. 237–243.

49 Auf deutscher Seite hatte man zunächst daran gedacht, den Generalvertrag mit der Sowjetunion im Oktober in zeitlicher Nähe zum Abschluß des geplanten französisch-sowjetischen Abkommens zu unterzeichnen. Doch da man zugesagt hatte, den deutsch-polnischen Grenzvertrag nach der Vereinigung so bald wie möglich unter Dach und Fach zu bringen, wäre es den Polen bitter aufgestoßen, wenn der deutsch-sowjetische Vertrag Wochen oder sogar Monate früher zustande gekommen wäre. Also wurde er im November während Gorbatschows Besuch in Bonn unterzeichnet – in derselben Woche, in der auch der Vertrag mit Polen signiert wurde.

50 Vgl.: CIA an US-AM (George),»GDR Obligations to the USSR«, 23. Februar 1990; US-Bonn 18446,»An Outlook on Economic Relations between a United Germany and the Soviet Union«, 14. Juni 1990.

51 Zum Folgenden vgl. Teltschik, *329 Tage,* S. 352–358.

52 Vgl. US-Bonn 23949,»Views of Genscher Advisor [Elbe] on Unification Issues«, 1. August 1990.

53 Das Folgende beruht auf Teltschik, *329 Tage,* S. 359–361.

54 Dies war dieselbe Summe, die Modrow acht Monate vorher von Kohl erbeten hatte. Weder Gorbatschow noch Kohl scheinen diese Parallele bemerkt zu haben (vgl. auch Waigel/Schell, *Tage, die Deutschland und die Welt veränderten,* S. 52–56).

55 Teltschik, *329 Tage,* S. 361–363; US-Bonn 28719,»Kohl and Gorbatschow Agree on Amount of FRG-Soviet ›Transition‹ Treaty«, 11. September 1990. Bush und Kohl hatten am 5. und 6. September hauptsächlich über die Golfkrise und das bevorstehende Gipfeltreffen in Helsinki gesprochen. Dieses fand am 9. September statt, und Bush und Kohl telefonierten am 11. September erneut miteinander, um sich gegenseitig über ihre Diskussionen mit Gorbatschow zu informieren. Beherrschendes Thema all dieser Gespräche war die Golfkrise.

56 Duisburg,»Der Abzug der russischen Truppen aus Deutschland«, S. 467 f.; »Vertrag zwischen der Bundesrepublik Deutschland und der UdSSR über die Bedingungen des befristeten Aufenthalts und die Modalitäten des planmäßigen Abzugs der sowjetischen Truppen aus dem Gebiet der Bundesrepublik Deutschland«, Bonn, 12. Oktober 1990, in: *Bulletin* 123/1990. Vgl.: US-Bonn 31589,»FRG-Soviet Stationing/Withdrawal Treaty: Analysis«, und 31573,»FRG-Soviet Treaty on Stationing and Withdrawal: A Synopsis«, 4. Oktober 1990. Die Deutschen hielten die USA über den Fortgang der Verhandlungen in allen Einzelheiten auf dem laufenden.

57 Genscher,»Die Amerikaner und wir«; vgl.: Notiz von Zoellick für Baker, Seitz, Tutwiler, Ross, Dobbins und Blackwill,»Article by Minister Genscher on U. S.-German Relations«, 20. Juli 1990.

58 Vgl.: US-AM 250137,»Working with the FRG on Bilateral Issues«, 31. Juli 1990; EUR,»Checklist of Bilateral Issues with Germany« (laufend aktualisiert); US-AM (Arbeitsgruppe Deutschland),»Stationing Rights and the SOFA« und »Berlin Garrison«, 29. März 1990; Vereinigter Stab,»Military Liaison Missions (MLM)«, 22. Februar 1990; L (Young) an Zoellick und Seitz,»Legal Options for Basing Rights and a SOFA in the FRG and Berlin«, 18. April 1990; Seitz an Zoellick, 1. Juni 1990, mit EUR/CE (Seymour) über Dobbins an Seitz,»Checklist for U. S.-FRG Bilateral Agenda: Berlin and Other Four-Power Issues«, 30. Mai 1990; Seitz an Zoellick,»Action Plan for Berlin«, 23. Juli 1990. Die von der deutschen Vereini-

gung aufgeworfenen Geheimdienstfragen wurden von einer kleinen Arbeitsgruppe unter dem gemeinsamen Vorsitz von William Working und Zelikow vom NSC behandelt, zu der Dobbins und Peter Burleigh vom US-AM, Richard Haver vom OSD sowie Vertreter der Vereinigten Stabschefs und der Geheimdienste gehörten. Gates hatte die Oberaufsicht über den Diskussionsprozeß. Dessen Ergebnisse wurden anschließend mit den zuständigen westdeutschen Beamten besprochen. Die Briten wurden ebenfalls konsultiert.

59 Vgl.: Shostal über Dobbins an Seitz, »Pentagon Meeting on FRG and Berlin Stationing«, 21. Juli 1990; Weinrod (OSD) an Hadley, »Meeting with PDAS Dobbins on German Unification/Two-plus-Four Issues«, 19. Juli 1990.

60 Vgl.: US-Bonn 23949, »Views of Genscher Advisor [Elbe] on Unification Issues«, 1. August 1990; 25322, »Stationing of Forces in the FRG and Berlin«, 14. August 1990; 26037, »Stationing of Forces in the FRG and Berlin«, 20. August 1990.

61 Vgl.: Dobbins (in Vertretung) über Kimmitt an Baker, »Request for Signature: Letter to Genscher on Allied Troop Stationing in FRG and Berlin«, 15. August 1990. Baker unterschrieb den Brief am selben Tag.

62 Vgl.: US-Bonn 26813, »Possible Movement in FRG Stationing Position«, 24. August 1990; EUR-Fernschreiben, »Stationing Talks: Applicability of NATO-Related Agreements to Eastern Germany«, 29. August 1990; Dobbins an Zoellick, »August 23 One-plus-Three Political Directors' Meeting«, 27. August 1990; Foulon an Zoellick, »Day One of Stationing Talks – Problems Emerge«, 29. August 1990; US-Bonn 27371, »FRG Stationing Talks: Still Far Apart after First Day of Talks«, 29. August 1990. Baker telefonierte am 30. August mit Genscher, der den Anruf am nächsten Tag mit einem Brief beantwortete, in dem er die wichtigsten Probleme ausräumte (offiziell wurde der Brief am 3. September von der westdeutschen Botschaft in Washington übergeben). Er versprach eine »analoge Ausdehnung« des NATO-Truppenstatuts (NTS; englisch: SOFA) auf die frühere DDR in einer Form, die den Sowjets ihre Befürchtungen für die Überleitungsphase nehmen, gleichzeitig aber sicherstellen würde, »daß Angehörige der alliierten Streitkräfte und deren Familien, wenn sie in die heutige DDR reisen, im wesentlichen dieselben Rechte genießen wie in der Bundesrepublik Deutschland« (vgl. auch: US-Bonn 24379, »Future Allied Presence in Berlin«, 6. August 1990).

63 Vgl.: US-Bonn 28458, »Bonn Stationing Talks«, 7. September 1990; Zoellick an Baker, »German Stationing/SOFA and Bilateral Issues – Suggested Points to Mention to FM Genscher in Advance of Moscow«, 9. September 1990; US-Bonn 28652, »FRG Stationing Talks: September 10 Meetings of NATO SOFA and Supplementary Agreements Working Groups«, 10. September 1990; US-AM 305304, »Status of the Bonn Stationing Negotiations«, 11. September 1990; US-Bonn 28789, »FRG Stationing Talks: September 11 Update«, 11. September 1990; US-

Bonn 28790, »FRG Stationing Talks: September 11 Plenary«, 12. September 1990; US-Bonn 28946, »FRG Stationing Talks: Request for Authorization to Agree to Presence Convention Extension«, 12. September 1990; US-Bonn 28949, »FRG Stationing Talks: September 12 Working Group Meeting on SOFA Extension Note«, 12. September 1990; US-Bonn 29871, »Revisions to Proposed FRG Note on the Termination of the Relations Convention and the Settlement Convention«, 19. September 1990.

64 Vgl.: Zoellick an Baker, »German Stationing/SOFA and Bilateral Issues«, 9. September 1990; Brief von Baker an Genscher, 5. September 1990; US-AM 304186, »Briefing Paper on U. S.-FRG Issues for Two-plus-Four Ministerial in Moscow«, 8. September 1990; Brief von Genscher an Baker, 25. September 1990.

65 Vgl.: Brief von Kastrup an Seitz, 29. August 1990. In Deutschland flammte später ein Streit darüber auf, ob Kastrup in den Verhandlungen über das Zwei-plus-Vier-Abkommen versagt hatte, indem er zuließ, daß die zwischen 1945 und 1949 von der sowjetischen Militäradministration in der späteren DDR verordneten Enteignungen gültig blieben. Kiessler und Elbe verteidigen Kastrup *(Ein runder Tisch,* S. 182–188), und ihre Ansicht wird von den Verhandlungsprotokollen gestützt. Der Vertragsentwurf, den die Sowjetunion am 17. August vorlegte, enthielt eine formelle Bestätigung der entstandenen Eigentumsverhältnisse, aber sowohl Kastrup als auch die US-Regierung lehnten es ab, eine solche Generalklausel in den Vertrag aufzunehmen. Als die Sowjets am 1. September in einem weiteren Vertragsentwurf auf diese Regelung zurückkamen, holten sie sich erneut eine Abfuhr. Die Sache wurde schließlich durch einen gemeinsamen Brief von Genscher und de Maizière an die Außenminister der Vier Mächte beigelegt, in dem sie auf die gemeinsame Erklärung der beiden deutschen Regierungen vom 15. Juni verwiesen, in der es hieß: »Die Enteignungen auf besatzungsrechtlicher bzw. besatzungshoheitlicher Grundlage (1945–1949) sind nicht mehr rückgängig zu machen.« Die Entscheidung über etwaige Ausgleichszahlungen an ehemalige Eigentümer sollte dem künftigen gesamtdeutschen Parlament vorbehalten bleiben *(»2+4«,* S. 41).

66 Den Vorsitz bei dieser Gesprächsrunde hatten formell die Ostdeutschen, doch de Maizière, der nach dem Bruch seiner Regierungskoalition zusätzlich das Amt des Außenministers übernommen hatte, bat seinen Delegationschef, Kastrup den Vorsitz zu überlassen. Elbe hielt es für ein »großes Glück«, daß nicht die »Meckel-Truppe« die Verhandlungen leitete (Kiessler/Elbe, *Ein runder Tisch,* S. 203). Teilnehmer der Verhandlungsrunde waren (mit den Delegationsleitern als Erstgenannten): auf amerikanischer Seite Zoellick, Seitz, Zelikow, Young, Koblitz und Goodman; auf westdeutscher Kastrup, Elbe, Peter Hartmann, Christian Pauls, Klaus Scharioth und Martin Ney; auf sowjetischer Bondarenko, Gennadi Schichin, Waleri Golowin, Waleri Rogoschin, Wladimir Grinin und Kiril Toropow; auf britischer

Weston, Hillary Synnott, Jonathan Powell und Michael Wood; auf französischer Du-
fourcq, Denis Gauer, Thierry Dana und Marie-Reine d'Haussy; auf ostdeutscher (in
nach Meckels Ausscheiden veränderter Zusammensetzung) Helmut Domke, Ernst
Krabatsch, Herbert Süß, Fritz Holzwarth, Thilo Steinbach, Max Wegricht und Günter
Hillmann. Wenn nicht anders nachgewiesen, beruht die folgende Darstellung auf:
Zelikows Sitzungsnotizen; diversen mit Randbemerkungen versehenen Entwürfen
und Notizen aus Zoellicks Büroakten; US-Moskau 31295, »Soviets Raise Three
Points of Contention Regarding Two-plus-Four Final Settlement«, 6. September 1990;
Akten des US-AM über die Verhandlungen im September in Ost-Berlin, Seitz an Ba-
ker: »September 3 One-plus-Three Political Directors' Meeting in Berlin: Detailed Ac-
count«, 31. Januar 1991; »September 4–7 Two-plus-Four Political Directors' Meeting
in Berlin: Detailed Account of September 4 Session«, 31. Januar 1991, sowie »Detailed
Account of September 5 Session«, »Detailed Account of September 6 Session« und
»Detailed Account of September 7 Session«, 15. März 1991.

67 Dobbins an Zoellick, »August 23 One-plus-Three Political Directors' Meeting«, 27. August 1990, mit beigelegtem Brief von Kastrup vom 20. August über
Genschers Moskaubesuch.

68 Gesprächsprotokoll des Treffens zwischen Baker und Schewardnadse in Ir-
kutsk am 1. August 1990.

69 Eagleburger an Bush, 10. August 1990.

70 »Verpflichtende Erklärung zur deutschen Truppenreduzierung« vor dem
VKSE-Plenum, Wien, 30. August 1990, in: *Deutsche Außenpolitik 1990/91*,
S. 149–152; vgl. Kiessler/Elbe, *Ein runder Tisch*, S. 203.

71 Vgl. Artikel 3 des Vertrages über die abschließende Regelung in bezug auf
Deutschland, 12. September 1990, in: »2+4«.

72 Am Ende der Berliner Verhandlungen tauschten Elbe und sein ostdeutscher
Kollege Wolfram von Fritsch die Plätze am Delegationstisch. Zoellick meinte daraufhin spöttisch, man nehme erfreut das »Ineinandertröpfeln« der deutschen Delegationen zur Kenntnis, während ein alter ostdeutscher Diplomat im Hintergrund
brummte: »Ich hab's ja immer gewußt, wo er [von Fritsch] hingehört« (Kiessler/
Elbe, *Ein runder Tisch*, S. 204). Der neue ostdeutsche Delegationsleiter, Helmut
Domke, ließ keinen Zweifel daran, wo seine Sympathien lagen. Am Ende der Verhandlungen überreichte er jedem Delegierten eine Originalgraphik, die den tristen
Warteraum einer Stelle für Ausreiseanträge darstellte. In seinen Augen war es ein
passendes Andenken an Verhandlungen, die sicherstellen sollten, daß nie wieder
ein Ostdeutscher in eine solche Situation kommen würde.

73 Zum Folgenden vgl.: Gesprächsprotokoll des Treffens zwischen Baker und
Schewardnadse in Helsinki am 9. September 1990.

74 Vgl. Kiessler/Elbe, *Ein runder Tisch*, S. 208f.; Seitz an Baker, »Septem-

ber 11 Two-plus-Four Political Directors' Meeting in Moscow: Detailed Account«, 15. März 1991; Zoellick an Baker, »German Final Settlement: Moscow Meeting Notes and Attachments«, 9. September 1990. Die Verhandlungsrunde am 11. September war weitgehend dieselbe wie in Berlin, nur daß Bondarenko durch Kwizinski abgelöst worden war und Rice, die Baker nach Helsinki und von dort nach Moskau begleitet hatte, an Zelikows Stelle an den Verhandlungen teilnahm.

75 Kiessler/Elbe, *Ein runder Tisch,* S. 209.

76 Zoellick an Baker, »German Final Settlement«, 12. September 1990. Zoellick sah keine Möglichkeit für einen Kompromiß, abgesehen vielleicht von der Variante, das Verbot nur so lange gelten zu lassen, wie sowjetische Truppen in Deutschland standen. Die Verlängerung des Verbots von Truppenbewegungen über den bereits akzeptierten Zeitraum hinaus, in dem die Stationierung ausgeschlossen sein sollte, war in den sowjetischen Vertragsentwürfen vom 17. August und 1. September nicht erwähnt worden. Sie war allenfalls in der Formulierung angeklungen, daß französische, britische und amerikanische Truppenkontingente eine Linie, die der früheren DDR-Grenze entsprach, »nicht überschreiten und dort keine militärischen Aktivitäten ausführen werden«. Zur Sprache kam der Vorschlag zum ersten Mal am 6. September.

77 Vgl. Seitz an Baker, »September 11 Two-plus-Four Political Directors' Meeting: Detailed Account«, 15. März 1991, mit beigelegtem Gesprächsprotokoll, S. 10–16.

78 Kiessler/Elbe, *Ein runder Tisch,* S. 209 f.

79 Schewardnadse, *Die Zukunft gehört der Freiheit,* S. 259.

80 Das Folgende beruht auf Kiessler/Elbe, *Ein runder Tisch,* S. 210–212; Zoellick an Baker, »German Final Settlement«, 12. September 1990. Baker stand im übrigen wohl kaum unter dem »Eindruck des jet lag«, wie Kiessler und Elbe schreiben: Erstens hielt er sich seit zwei Tagen in Moskau auf, und zweitens war er aus Helsinki angereist, nicht aus Washington.

81 Schewardnadse, *Die Zukunft gehört der Freiheit,* S. 259.

82 Kiessler/Elbe, *Ein runder Tisch,* S. 212.

83 Vgl.: Zelikows Notizen aus der Sitzung; Seitz an Baker, »September 4–7 Two-plus-Four Political Directors' Meeting in Berlin: Detailed Account of September 6 Session«, 15. März 1991, beigelegtes Gesprächsprotokoll, S. 12 f.

84 »Vereinbarte Protokollnotiz zu dem Vertrag über die abschließende Regelung in bezug auf Deutschland«, 12. September 1990, in: »2+4«. Diese Klausel ging sogar noch über das hinaus, was Verteidigungsminister Stoltenberg im Februar für die Einbeziehung der früheren DDR in die NATO vorgeschwebt hatte: Ostdeutschland wurde weder neutralisiert noch entmilitarisiert, ab 1994 durften voll in die NATO integrierte Bundeswehreinheiten stationiert werden, und ausländische

NATO-Truppen konnten dort ausgebildet werden und Übungen abhalten (in kleinem Rahmen, das heißt mit höchstens 13 000 Mann). Bei einem nationalen Notstand konnte Deutschland den Umständen entsprechend entscheiden, wie das Wort »verlegt« zu verstehen war. Zur Interpretation der sicherheitspolitischen Klauseln des Zwei-plus-Vier-Vertrages vgl. die Hearings vor dem Streitkräfteausschuß des US-Senats: *Implications of Treaty on Final German Settlement for NATO Strategy and U. S. Military Presence in Europe*, 101. Kongreß, 2. Sitzung, 4. Oktober 1990 (Aussagen von James Dobbins, Stephen Hadley und Generalmajor John Sewall).

85 Die Darstellung beruht auf Rices Erinnerungen.

Epilog

1 Vgl. Kinzer, »The G.I.s' Legacy« (über den amerikanischen Abzug aus Berlin); Duisberg, »Der Abzug der russischen Truppen aus Deutschland«. Die Vereinbarung von Ottawa über amerikanische und sowjetische Truppen auf ausländischem Boden wurde nie in den KSE-Vertrag aufgenommen und schließlich von den Ereignissen überholt.

2 Vgl. Blackwill, »Deutsche Vereinigung und amerikanische Diplomatie«, S. 223–225.

3 De Maizière-Interview in Kuhn, *Gorbatschow und die deutsche Einheit*, S. 167.

BIBLIOGRAPHIE

Dokumente

Bulletin, hg. vom Presse- und Informationsamt der Bundesregierung, Bonn

Deutsche Außenpolitik 1990/91. Auf dem Weg zu einer europäischen Friedensordnung. Eine Dokumentation, hg. vom Auswärtigen Amt, München 1991

Documents on Germany, 1944–1985, hg. vom US-Außenministerium, Washington, D. C., 1986

Dokumentation zur Deutschlandfrage. Von der Atlantik-Charta 1941 bis zur Berlin-Sperre 1961, Hauptbd. 1: *Chronik der Ereignisse von der Atlantik-Charta 1941 bis zur Aufkündigung des Viermächtestatus Berlins durch die* UdSSR im November 1958, hg. von Heinrich von Siegler, Bonn/Wien/Zürich 1961

Dokumentation zur Ostpolitik der Bundesregierung. Verträge und Vereinbarungen, hg. Presse- und Informationsamt der Bundesregierung, Bonn 101985

Dokumente der Wiedervereinigung Deutschlands, hg. von Ingo von Münch, Stuttgart 1991

Dokumente zur Deutschlandpolitik, 4. Reihe, Bd. 1: *10. November 1958–9. Mai 1959,* hg. vom Bundesministerium für innerdeutsche Beziehungen, Frankfurt am Main

Foreign Relations of the United States, hg. vom Office of the Historian des US-Außenministeriums, Washington, D. C.

Genscher, Hans-Dietrich: *Unterwegs zur Einheit. Reden und Dokumente aus bewegter Zeit,* Berlin 1991

Gorbatschow, Michail S.: *Ansprache Michail Gorbatschows auf der Festversammlung anläßlich des 40. Gründungstages der DDR,* Berlin, 6. Oktober 1989, Moskau 1989

ders.: *Das gemeinsame Haus Europa und die Zukunft der Perestroika. Mit Beiträgen sowjetischer Wissenschaftler und Politiker,* Düsseldorf/Wien/New York 1989

ders.: *Gipfelgespräche. Geheime Protokolle aus meiner Amtszeit,* Berlin 1993

ders.: *Reden und Aufsätze zu Glasnost und Perestroika,* Moskau 1989

Honecker Gorbatschow. Vieraugengespräche, hg. von Daniel Küchenmeister unter Mitarbeit von Gerd-Rüdiger Stephan, Berlin 1993

Die »Koalition der Vernunft«. Deutschlandpolitik in den 80er Jahren, hg. von Heinrich Potthoff, München 1995

KSZE-Schlußakte: »Schlußakte der Konferenz über Sicherheit und Zusammenarbeit in Europa vom 1. August 1975«, in: *Sicherheit und Zusammenarbeit in Europa.* KSZE-Dokumentation, hg. vom Presse- und Informationsamt der Bundesregierung, Köln 1975

Materialien zu Deutschlandfragen – Politiker und Wissenschaftler nehmen Stellung, 1989–1991, hg. Hans Viktor Böttcher, Bonn 1991

»Niederschrift des Gesprächs des Genossen Egon Krenz, Generalsekretär des ZK der SED und Vorsitzender des Staatsrates der DDR, mit Genossen Michail Gorbatschow, Generalsekretär des ZK der KPdSU und Vorsitzender des Obersten Sowjets der UdSSR, am 1. 11. 1989 in Moskau«, in: Bundesarchiv, Abteilungen Potsdam, E1–56230

Partner für Frieden und Freiheit. Der Brüsseler NATO-Gipfel – George Bush in der Bundesrepublik Deutschland, hg. vom Presse- und Informationsamt der Bundesregierung, Bonn 1989

Public Papers of the Presidents, Washington, D. C.: *George Bush; Ronald Reagan*

Texte zur Deutschlandpolitik, hg. vom Bundesministerium für innerdeutsche Beziehungen, *1972* (Reihe 1, Bd. 11: *2. Juni 1972 – 22. Dezember 1972,* Bonn 1973); *1989* (Reihe 3, Bd. 7, Bonn 1990); *1990* (Reihe 3, Bd. 8a, Bonn 1991)

Umbruch in Europa. Die Ereignisse im 2. Halbjahr 1989. Eine Dokumentation, hg. vom Auswärtigen Amt, Bonn 1990

Weizsäcker, Richard von: *Reden und Interviews,* hg. vom Presse- und Informationsamt der Bundesregierung, Bd. 1: *1. Juli 1984 – 30. Juni 1985*

Wilhelm Pieck – Aufzeichnungen zur Deutschlandpolitik 1945–1953, hg. von Rolf Badstübner und Wilfried Loth, Berlin 1994

»2+4«. Die Verhandlungen über die äußeren Aspekte der Herstellung der deutschen Einheit. Eine Dokumentation, hg. vom Auswärtigen Amt, Bonn 21993

Bücher

Acheson, Dean: *Present at the Creation. My Years in the State Department,* New York 1969

Achromejew, S. F./Kornienko, G. M.: *Glasami marschala i diplomata. Krititscheski wsgljad na wneschnjuju politiku SSSR do i posle 1985 goda,* Moskau 1992

Albrecht, Ulrich: *Die Abwicklung der DDR.* Die »2+4-Verhandlungen«. Ein Insider-Bericht, Opladen 1992

Andert, Reinhold/Herzberg, Wolfgang (Hg.): *Der Sturz. Erich Honecker im Kreuzverhör,* Berlin/Weimar 1990

Appel, Reinhard (Hg.): *Kohl im Spiegel seiner Macht,* Bonn 1990

Asmus, Ronald D./Brown, J. F./Crane, Keith: *Soviet Foreign Policy and Revolutions of 1989 in Eastern Europe,* Santa Monica, Kalifornien, 1991

Attali, Jacques: *Verbatim,* Bd. 3: *Chronique des années 1988–1991,* Paris 1995

Baker, James A.: *Drei Jahre, die die Welt veränderten. Erinnerungen,* Berlin 1996

Baring, Arnulf (in Zusammenarbeit mit Manfred Görtemaker): *Machtwechsel. Die Ära Brandt-Scheel,* Stuttgart 1982

Bark, Dennis L./Gress, David R.: *A History of West Germany,* Bd. 2: *Democracy and its Discontents, 1963–1991,* Oxford 21993

Becker, Abraham S.: *Sitting on Bayonets. The Soviet Defense Burden and the Slowdown of Soviet Defense Spending,* Santa Monica, Kalifornien, 1985

Bender, Peter: *Die »Neue Ostpolitik« und ihre Folgen. Vom Mauerbau bis zur Vereinigung,* München 1995

Beschloss, Michael/Talbott, Strobe: *Auf höchster Ebene. Das Ende des Kalten Krieges und die Geheimdiplomatie der Supermächte 1989–1991,* Düsseldorf 1994

Blacker, Coit D.: *Hostage to Revolution. Gorbachev and Soviet Security Policy, 1985–1991,* New York 1993

Blechman, Barry M./Durch, William J./O'Prey, Kevin P. O.: *Regaining the High Ground.* NATO's Stake in the New Talks on Conventional Armed Forces in Europe, New York 1990

Bracher, Karl Dietrich: *Wendezeiten der Geschichte. Historisch-politische Essays 1987–1992,* Stuttgart 1992

Brandt, Willy: *Erinnerungen,* Berlin 1989

Brown, James F.: *Surge to Freedom. The End of Communist Rule in Eastern Europe,* Durham, North Carolina, 1991

Butterfield, Herbert: *The Whig Interpretation of History,* New York 1951

Cannon, Lou: *President Reagan. The Role of a Lifetime,* New York 1991

Childs, David: *The GDR. Moscow's German Ally,* London 21988

Chronik der Ereignisse in der DDR, hg. vom Deutschland Archiv, Köln 41990

Chruschtschow, Nikita S.: *Khrushev Remembers. The Last Testament,* hg. von Strobe Talbott, Boston, Massachusetts, 1974

Clark, Alan: *Diaries,* London 1993

Dallin, Alexander/Lapidus, Gail W. (Hg.): *The Soviet System in Crisis. A Reader of Western and Soviet Views,* Boulder, Colorado, 1991

Darnton, Robert: *Der letzte Tanz auf der Mauer. Berliner Journal 1989–1990,* Frankfurt am Main 1993

Drell, Sidney D./Farley, Philip J./Holloway, David: *The Reagan Strategic Defense Initiative. A Technical, Political, and Arms Control Assessment,* Cambridge, Massachusetts, 1985

Falin, Valentin: *Politische Erinnerungen,* München 1993

Falkenrath, Richard A.: *Shaping Europe's Military Order. The Origins and Consequences of the CFE* Treaty, Cambridge, Massachusetts, 1995

Filmer, Werner/Schwan, Heribert: *Helmut Kohl,* Düsseldorf/Wien 1985

dies.: *Wolfgang Schäuble. Politik als Lebensaufgabe,* München 1992

Fritsch-Bournazel, Renata: *Europa und die deutsche Einheit,* Stuttgart/München/Landsberg 21991

Fry, John: *The Helsinki Process. Negotiating Security and Cooperation in Europe,* Washington, D. C., 1993

Garthoff, Raymond L.: *Detente and Confrontation. American-Soviet Relations from Nixon to Reagan,* Washington, D. C., 1985

ders.: *The Great Transition. American-Soviet Relations and the End of the Cold War,* Washington, D. C., 1994

Garton Ash, Timothy: *Im Namen Europas. Deutschland und der geteilte Kontinent,* Frankfurt am Main 1995

ders.: *The Magic Lantern. The Revolution of '89 Witnessed in Warsaw, Budapest, Berlin, and Prague,* New York 1990

ders.: *The Uses of Adversity. Essays on the Fate of Central Europe,* New York 1989

Gates, Robert M.: *From the Shadows. The Ultimate Insider's Story of Five Presidents and How They Won the Cold War,* New York 1996

Gati, Charles: *The Bloc That Failed. Soviet-East European Relations in Transition,* London 1990

Gedmin, Jeffrey: *The Hidden Hand. Gorbachev and the Collapse of East Germany,* Washington, D. C., 1992

Gelman, Harry: *The Rise and Fall of National Security Decisionmaking in the Former USSR,* Santa Monica, Kalifornien, 1992

Genscher, Hans-Dietrich: *Erinnerungen,* Berlin 1995

Goldstein, Judith/Keohane, Robert: *Ideas and Foreign Policy. Beliefs, Institutions, and Political Change,* Ithaca, New York, 1993

Gorbatschow, Michail: *Erinnerungen,* Berlin 1995

ders.: *Gody trudnych reschenii, 1985–1992: Isbrannoje,* Moskau 1993

ders.: *Perestroika. Die zweite russische Revolution. Eine neue Politik für Europa und die Welt* (erweiterte Neuausgabe), München 1989

Gorodetsky, Gabriel (Hg.): *Soviet Foreign Policy, 1917–1991. A Retrospective,* London 1993

Greenstein, Fred I./Wohlforth, William C. (Hg.): *Retrospective on the End of the Cold War,* Princeton, New Jersey, 1994

Greenwald, G. Jonathan: *Berlin Witness. An American Diplomat's Chronicle of East Germany's Revolution,* University Park, Pennsylvania, 1993

Grigorjew, Sergej: *The International Department of the CPSU,* unveröffentlichtes Manuskript

Gros, Jürgen: *Entscheidung ohne Alternativen? Die Wirtschafts-, Finanz- und Sozialpolitik im deutschen Vereinigungsprozeß 1989/90,* Mainz 1994

Grosser, Dieter/Bierling, Stephan/Kurz, Friedrich: *Die sieben Mythen der Wiedervereinigung. Fakten und Analysen zu einem Prozeß ohne Alternative,* München 1991

Gwertzman, Bernard/Kaufman, Michel T. (Hg.): *The Collaps of Communism,* New York 1991

Hamilton, Daniel S.: *After the Revolution. The New Political Landscape in East Germany,* Washington, D. C., 1990

Hanrieder, Wolfram P.: *Deutschland, Europa, Amerika. Die Außenpolitik der Bundesrepublik Deutschland 1949–1989,* Paderborn/München/Wien/Zürich 1991

Haslam, Jonathan: *The Soviet Union and the Politics of Nuclear Weapons in Europe, 1969–1987. The Problem of the SS-20,* London 1989

Hendry, I. D./Wood, M. C.: *The Legal Status of Berlin,* Cambridge 1987

Herf, Jeffrey: *War by Other Means. Soviet Power, West German Resistance, and the Battle of the Euromissiles,* New York 1991

Hewett, Ed A./Gaddy, Clifford G.: *Open for Business. Russia's Return to the Global Economy,* Washington, D. C., 1992

Horn, Gyula: *Freiheit, die ich meine. Erinnerungen des ungarischen Außenministers, der den Eisernen Vorhang öffnete,* Hamburg 1991

Hutchings, Robert J.: *American Diplomacy and the End of the Cold War. An Insider's Account of U. S. Policy in Europe, 1989–1992,* Washington, D. C., 1997

Jacobsen, Hans-Adolf/Tomala, Mieczysyaw (Hg.): *Bonn – Warschau, 1945–1991. Die deutsch-polnischen Beziehungen. Analyse und Dokumentation,* Köln 1992

Jakowlew, Alexander N.: *Muki protschtenija bytija. Perestroika: nadeshdy i realnost,* Moskau 1991

James, Harold/Stone, Marla (Hg.): *When the Wall Came Down. Reactions to German Unification,* London 1992

Jansen, Silke: *Meinungsbilder zur deutschen Frage. Eine Längsschnittanalyse von Repräsentativerhebungen in der Bundesrepublik Deutschland,* Frankfurt am Main/Bern/New York/Paris 1990

Jarausch, Konrad H.: *Die unverhoffte Einheit, 1989–1990,* Frankfurt am Main 1995

Jervis, Robert: *The Illogic of American Nuclear Strategy,* Ithaca, New York, 1984

John, Antonius: *Rudolf Seiters. Einsichten in Amt, Person und Ereignisse,* Bonn 1991

641

Kaiser, Karl: *Deutschlands Vereinigung. Die internationalen Aspekte. Mit den wichtigen Dokumenten,* Bergisch Gladbach 1991

Kaiser, Robert: *Why Gorbachev Happened. His Triumphs, His Failure, and His Fall,* New York 1991

Kaser, Michael: COMECON. Integration Problems of the Planned Economies, London 21967

Kennan, George F.: *Memoiren eines Diplomaten. Memoirs 1925–1950,* Stuttgart 51969

Kiessler, Richard/Elbe, Frank: *Ein runder Tisch mit scharfen Ecken. Der diplomatische Weg zur deutschen Einheit,* Baden-Baden 1993

Klein, Hans: *Es begann im Kaukasus. Der entscheidende Schritt in die Einheit Deutschlands,* Berlin/Frankfurt am Main 1991

Kolboom, Ingo: *Vom geteilten zum vereinten Deutschland. Deutschland-Bilder in Frankreich,* Bonn 1991

Koerfer, Daniel: *Kampf ums Kanzleramt. Erhard und Adenauer,* Stuttgart 1987

Korte, Karl-Rudolf: *Die Chance genutzt? Die Politik zur Einheit Deutschlands,* Frankfurt am Main/New York 1994

Kotschemassow, Wjatscheslaw: *Meine letzte Mission. Fakten, Erinnerungen, Überlegungen,* hg. von Klaus Hermann, Berlin 1994

Krenz, Egon: *Wenn Mauern fallen. Die Friedliche Revolution. Vorgeschichte – Ablauf – Auswirkungen,* Wien 1990

Kuhn, Ekkehard (Hg.): *Gorbatschow und die deutsche Einheit. Aussagen der wichtigsten russischen und deutschen Beteiligten,* Bonn 1993

Kwizinski, Juli A.: *Vor dem Sturm. Erinnerungen eines Diplomaten,* Berlin 1993

Lambeth, Benjamin S.: *Is Soviet Defense Policy Becoming Civilianized?,* Santa Monica, Kalifornien, 1990

Ligatschow, Jegor K.: *Sagadka Gorbatschowa,* Nowosibirsk 1992

Lippert, Barbara/Günther, Dirk/Stevens-Ströhmann, Rosalind/Viertel, Grit/Woolcock, Stephen: *Die EG und die neuen Bundesländer. Eine Erfolgsgeschichte von kurzer Dauer?,* Bonn 1993

Ludwig, Michael: *Polen und die deutsche Frage. Mit einer Dokumentation,* Bonn 1991

Maier, Charles S.: *Dissolution. East Germany from the Crisis of Communism to the Trials of Unity,* Princeton, New Jersey, 1997

Maier, Gerhart (Hg.): *Die Wende in der DDR,* Bonn 21991

Malia, Martin: *Vollstreckter Wahn. Rußland 1917–1991,* Stuttgart 1994

Maresca, John J.: *To Helsinki. The Conference on Security and Cooperation in Europe, 1973–1975,* Durham, North Carolina, 1983

Marsh, David: *Deutschland im Aufbruch,* Wien/Darmstadt 1990

Maser, Werner: *Helmut Kohl. Der deutsche Kanzler,* Berlin/Frankfurt am Main 1990

Mastny, Vojtech: *Russia's Road to the Cold War. Diplomacy, Warfare, and the Politics of Communism,* New York 1979

ders. (Hg.): *The Helsinki Process and the Reintegration of Europe, 1986–1991. Analysis and Documentation,* New York 1992

Matlock, Jack F.: *Autopsy on an Empire. The American Ambassador's Account of the Collapse of the Soviet Union,* New York 1995

Maximytschew, Igor F.: *Kruschenije. Rekwijem po GDR,* Moskau 1993

ders.: *Poslednii god GDR,* Moskau 1993

McAdams, A. James: *East Germany and Detente. Building Authority after the Wall,* Cambridge, Massachusetts, 1985

ders.: *Germany Devided. From the Wall to Reunification,* Princeton, New Jersey, 1993

McFalls, Laurence H.: *Communism's Collapse, Democracy's Demise? The Cultural Context and Consequences of the East German Revolution,* London 1995

Merkl, Peter H.: *German Unification in the European Context,* University Park, Pennsylvania, 1993

Miscamble, Wilson D.: *George F. Kennan and the Making of American Foreign Policy, 1947–1950,* Princeton, New Jersey, 1992

Mittag, Günter: *Um jeden Preis. Im Spannungsfeld zweier Systeme,* Berlin 1991

Mitter, Armin/Wolle, Stefan (Hg.): *Ich liebe euch doch alle! Befehle und Lageberichte des MfS Januar–November 1989,* Berlin 1990

Mitterrand, François: *Über Deutschland,* Frankfurt am Main/Leipzig 1996

Modrow, Hans: *Aufbruch und Ende,* Hamburg 1991

Müchler, Gunter/Hofmann, Klaus: *Helmut Kohl. Kanzler der deutschen Einheit,* hg. vom Presse- und Informationsamt der Bundesregierung, Bonn 1992

Naimark, Norman M.: *Die Russen in Deutschland. Die sowjetische Besatzungszone 1945 bis 1949,* Berlin 1997.

Ninkovich, Frank A.: *Germany and the United States. The Transformation of the German Question since 1945,* Boston, Massachusetts, 1995

Nitze, Paul H.: *From Hiroshima to Glasnost. At the Center of Decision. A Memoir,* New York 1989

Oberdorfer, Don: *The Turn. From the Cold War to a New Era. The United States and the Soviet Union, 1983–1990,* New York 1991

Osmond, Jonathan: *German Reunification. A Reference Guide and Commmentary,* Harlow, Essex, 1992

Oudenaren, John van: *The Role of Shevardnadze and the Ministry of Foreign Af-*

fairs in the Making of Soviet Defense and Arms Control Policy, Santa Monica, Kalifornien, 1990

Oye, Kenneth A./Lieber, Robert J./Rothchild, Donald (Hg.): *Eagle Defiant, United States Foreign Policy in the 1980s,* Boston, Massachusetts, 1983

Palasschenko, Pawel: *Assignment Gorbachev and Shevardnadze. A Memoir of the Last Years of the Soviet Union, 1985–1991,* University Park, Pennsylvania, 1997

Perry, William: *The Role of Technology in Meeting the Challenges of the 1980s,* Stanford, Kalifornien, 1982

Politische Zielvorstellungen wichtiger Oppositionsgruppen in der DDR, hg. vom Gesamtdeutschen Institut, Bonn 1990

Pond, Elizabeth: *Beyond the Wall. Germany's Road to Unification,* Washington, D. C., 1993

Prados, John: *The Soviet Estimate. U. S. Intelligence Analysis and Russian Military Strength,* New York 1982

Przybylski, Peter: *Tatort Politbüro,* Bd. 2: *Honecker, Mittag und Schalck-Golodkowski,* Berlin 1992

Reagan, Ronald: *Erinnerungen. Ein amerikanisches Leben,* Berlin 1990

Reuth, Ralf Georg/Bönte, Andreas: *Das Komplott. Wie es wirklich zur deutschen Einheit kam* (Neuausgabe), München 1995

Schabowski, Günter: *Der Absturz,* Berlin 1991

ders.: *Das Politbüro. Ende eines Mythos. Eine Befragung,* hg. von Frank Sieren und Ludwig Koehne, Reinbek 1990

Schachnasarow, Georgi: *Zena swobody. Reformazija Gorbatschowa glasami jego pomoschtschnika,* Moskau 1993

Schäuble, Wolfgang: *Der Vertrag. Wie ich über die deutsche Einheit verhandelte,* mit einem Vorwort zur Taschenbuchausgabe von Wolfgang Schäuble, hg. von Dirk Koch und Klaus Wirtgen, München 1993

Schewardnadse, Eduard: *Die Zukunft gehört der Freiheit,* Reinbek 1991

ders.: *Moi wybor. W saschtschitu demokratii i swobody,* Moskau 1991

Schönbohm, Jörg: *Zwei Armeen und ein Vaterland. Das Ende der Nationalen Volksarmee,* Berlin 1992

Schwartz, Thomas A.: *Die Atlantik-Brücke. John McCloy und das Nachkriegsdeutschland,* Frankfurt am Main/Berlin 1992

Shultz, George P.: *Turmoil and Triumph. My Years as Secretary of State,* New York 1993

Skinner, Kiron: *The Politics of Weakness and the Politics of Strength. American Use of Security Linkage during the Carter Era,* Dissertation, Harvard University 1994

Smyser, William R.: *The Economy of United Germany. Colossos at the Crossroads,* New York 1992

Sodaro, Michael J.: *Moscow, Germany, and the West. From Krushchev to Gorbachev,* Ithaca, New York, 1990

Spence, David: *Enlargement without Accession. The EC's Response to German Unification,* London 1991

Stalin, Josef: *Ob opposizii,* Moskau 1928

Steininger, Rolf: *Eine vertane Chance. Die Stalin-Note vom 10. März 1952 und die Wiedervereinigung. Eine Studie auf der Grundlage unveröffentlichter britischer und amerikanischer Akten,* Berlin/Bonn 1985

Stephanson, Anders: *Kennan and the Art of Foreign Policy,* Cambridge, Massachusetts, 1989

Stern, Fritz R.: *Der Traum vom Frieden und die Versuchung der Macht. Deutsche Geschichte im 20. Jahrhundert,* Berlin 1988

Süssmuth, Hans (Hg.): *Wie geht es weiter mit Deutschland? Politisches Gespräch am 24./25. Januar 1990,* Baden-Baden 1990

Tatu, Michel: *Mikhail Gorbachev. The Origins of Perestroika,* Boulder, Colorado, 1991

Taubman, William: *Stalin's American Policy. From Entente to Détente to Cold War,* New York 1982

The Tauris Soviet Dictionary. The Elite of the USSR *Today,* London 1989

Teltschik, Horst: *329 Tage. Innenansichten der Einigung,* Berlin 1991

Thatcher, Margaret: *Downing Street No. 10. Die Erinnerungen,* Düsseldorf/Wien/New York/Moskau 21993

Tocqueville, Alexis de: *Erinnerungen,* Stuttgart 1954

Trachtenberg, Marc: *History and Strategy,* Princeton, New Jersey, 1991

Tschernjajew, Anatoli: *Die letzten Jahre einer Weltmacht. Der Kreml von innen,* Stuttgart 1993

ders.: *Schest let s Gorbatschowym. Po dnewnikowym sapisjam,* Moskau 1993

Ulam, Adam B.: *Expansion and Coexistence. Soviet Foreign Policy, 1917–1973,* New York 21974

Valdez, Jonathan: *Internationalism and the Ideology of Soviet Influence in Eastern Europe,* Cambridge, Massachusetts, 1993

Waigel, Theo/Schell, Manfred: *Tage, die Deutschland und die Welt veränderten. Vom Mauerfall zum Kaukasus. Die deutsche Währungsunion,* München 1994

Walters, Vernon A.: *Die Vereinigung war voraussehbar. Hinter den Kulissen eines entscheidenden Jahres. Die Aufzeichnungen des amerikanischen Botschafters,* Berlin 1994

Weidenfeld, Werner, u. a.: *Die doppelte Integration. Europa und das größere Deutschland,* Gütersloh 1991

Weinberg, Gerhard L.: *Eine Welt in Waffen. Die globale Geschichte des Zweiten Weltkriegs,* Stuttgart 1995

Wolf, Markus: *Die Troika,* Berlin 1989

Zink, Harold: *The United States in Germany, 1944–1955,* Princeton, New Jersey, 1957

Artikel

Adomeit, Hannes: »Gorbachev, German Unification, and the Collapse of Empire«, in: *Post-Soviet Affairs* (August-September 1994)

ders.: »›Midwife of History‹ or ›Sorcerer's Apprentice‹? Gorbachev, German Unification, and the Collaps of Empire«, in ebd.

Bergdoll, Udo: »Im Profil: Dieter Kastrup, Politischer Direktor im Auswärtigen Amt«, in: *Süddeutsche Zeitung,* 15. März 1990, S. 4

Bertram, Christoph: »Stagnieren unter Zeitdruck«, in: *Die Zeit,* 29. Juni 1990, S. 6

Bialer, Seweryn/Afferica, Joan: »The Genesis of Gorbachev's World«, in: *Foreign Affairs* 64 (1985)

Blacker, Coit D.: »The Kremlin and Detente. Soviet Conceptions, Hopes, and Expectations«, in George, Alexander L. (Hg.): *Managing U.S.-Soviet Rivalry. Problems of Crisis Prevention,* Boulder, Colorado, 1983, S. 119–137

Blackwill, Robert D.: »Deutsche Vereinigung und amerikanische Diplomatie«, in: *Außenpolitik* 3/1994, S. 211–225

Bondarenko, A. P.: »The Truth Is This«, in: *Trud,* 18. Februar 1990, S. 3

Bräutigam, Hans-Otto: »Die deutsche Geschichte ist voller Spaltung«, in: *Die Zeit,* 13. Januar 1989, S. 4

Broder, David: »Our Great Mission in Europe«, in: *Washington Post,* 15. November 1989, S. A21

Bruck, Elke/Wagner, Peter M.: »Die deutsche Einheit und ich«, in: *Zeitschrift für Politik* 2/1996, S. 208–224

Burley, Anne-Marie: »High-Stakes Poker at the Berlin Wall«, in: *New York Times,* 13. November 1989, S. A21

Checkel, Jeff: »Ideas, Institutions, and the Gorbachev Foreign Policy Revolution«, in: *World Politics* (Januar 1993), S. 271–300

Cohen, Richard: »... And Diplomats«, in: *Washington Post,* 21. Februar 1990, S. 21

Czaplinski, Wladyslaw: »The New Polish-German Treaties and the Changing Political Structure of Europe«, in: *American Journal of International Law* 86 (1992)

Dallin, Alexander/Lapidus, Gail W.: »Reagan and the Russians. United States Policy toward the Soviet Union and Eastern Europe«, in Oye/Lieber/Rothchild: *Eagle Defiant,* S. 191–236

646

Daschitschew, Wjatscheslaw: »On the Road to German Reunification. The View from Moscow«, in Gorodetsky: *Soviet Foreign Policy*

Davenport, Brian A.: »The Ogarkov Ouster. The Development of Soviet Military Doctrine and Civil-Military Relations in the 1980s«, in: *Journal of Strategic Studies* (Juni 1991), S. 129–147

Davy, Richard: »Großbritannien und die Deutsche Frage«, in: *Europa-Archiv* (Beiträge und Berichte) 4/1990, S. 139–144

Duisberg, Claus J.: »Der Abzug der russischen Truppen aus Deutschland«, in: *Europa-Archiv* (Beiträge und Berichte) 16/1994, S. 461–469

Echikson, William: »Two (Safe) Germanys«, in: *Christian Science Monitor,* 16. November 1989, S. 19

Fehrenbach, Oskar: »Helmut Kohl«, in Klein, Hans (Hg.): *Die Bundeskanzler,* Berlin 31995, S. 349–417

Fisher, Marc: »The Unanswered ›German Question‹«, in: *Washington Post,* 27. Juli 1989, S. A25

Fritz-Vannahme, Joachim: »Die Geschichte machen die anderen«, in: *Die Zeit,* 20. Juli 1990, S. 4

Fromme, Friedrich Karl: »Die Bundesrepublik hat Deutschen aus der DDR Schutz zu gewähren als deutschen Staatsangehörigen«, in: *Frankfurter Allgemeine Zeitung,* 21. August 1989, S. 3

ders.: »Flüchtlinge und deutsche Frage«, in: *Frankfurter Allgemeine Zeitung,* 26. September 1989, S. 1

Frowein, Jochen A.: »Deutschlands aktuelle Verfassungslage«, in: *Veröffentlichungen der Vereinigung der deutschen Staatsrechtslehrer* 49 (1990)

ders.: »Legal Problems of the German Ostpolitik«, in: *International and Comparative Law Quarterly* 23 (1974)

ders.: »Rechtliche Probleme der Einigung Deutschlands«, in: *Europa-Archiv* (Beiträge und Berichte) 7/1990, S. 233–238

ders.: »The Reunification of Germany«, in: *American Journal of International Law* 86 (1992)

Galkin, Alexander/Tschernjajew, Anatolij: »To Truth and Only Truth. Memoirs in Connection with Remembrances«, in: *Swobodnaja Mysl* (Januar-Februar 1994), S. 19–29

Garton Ash, Timothy: »The Chequers Affair«, in: *New York Review of Books,* 27. September 1990

ders.: »The East German Surprise«, in: *New York Review of Books,* 26. 4. 1990, S. 14

Gennrich, Claus: »Auch die Sowjetunion hält Eile bei der Vereinigung der beiden deutschen Staaten für geboten«, in: *Frankfurter Allgemeine Zeitung,* 25. Mai 1990, S. 2

ders.: »Genscher begrüßt Moskaus Bereitschaft zur Trennung der inneren und äußeren Aspekte der Vereinigung«, in: *Frankfurter Allgemeine Zeitung,* 8. Mai 1990, S. 1 f.

ders.: »Genscher sagt Achtung sowjetischer Sicherheitsinteressen zu«, in: *Frankfurter Allgemeine Zeitung,* 13. Dezember 1989, S. 4

ders.: »Moskau will die deutsche Einheit bald«, in: *Frankfurter Allgemeine Zeitung,* 7. Mai 1990, S. 1 f.

Genscher, Hans-Dietrich: »Die Amerikaner und wir«, in: *Nordsee-Zeitung,* 21. Juli 1990, abgedruckt in: Der Bundesminister des Auswärtigen, *Mitteilung für die Presse* 1156/1990

ders.: »Die deutsche Vereinigung als Beitrag zur europäischen Stabilität«, in: *Nordsee-Zeitung,* 3. März 1990, abgedruckt in: Der Bundesminister des Auswärtigen, *Mitteilung für die Presse* 1048/1990

Gorbatschow, Michail: »Sozialistitscheskaja ideja i rewoluzionnaja perestroika«, in: *Kommunist* (Dezember 1989), S. 3–20

Gornig, Gilbert: »Die vertragliche Regelung der mit der deutschen Vereinigung verbundenen auswärtigen Probleme«, in: *Außenpolitik* 1/1991, S. 3–20

Grigorjew, Jewgeni: »Reading the Script, or Something about Bonn's Predictability«, in: *Prawda,* 23. September 1989

Grosser, Dieter: »Triebkräfte der Wiedervereinigung«, in Grosser/Bierling/Kurz: *Die sieben Mythen der Wiedervereinigung,* S. 11–65

Hamilton, Daniel: »Dateline East Germany. The Wall behind the Wall«, in: *Foreign Policy* (Herbst 1989), S. 176–197

Harrison, Hope M.: »Ulbricht and the Concrete ›Rose‹. New Archival Evidence on the Dynamics of Soviet-East German Relations and the Berlin Crisis, 1958–1961«, Arbeitspapier Nr. 5, Cold War International History Project, Woodrow Wilson International Center for Scholars, Washington, D. C., Mai 1993

Hartung, Klaus: »Wiedervereinigung. Die deutsch-deutsche Tonart ändert sich«, in: *Die Tageszeitung,* 23. November 1989, S. 8.

Hase, Karl-Günther von: »Britische Zurückhaltung. Zu den Schwierigkeiten Englands mit der deutschen Einheit«, in: *Die Politische Meinung* 253/1990, S. 13–18

Hellman, Gunther: »Der Präsident, der Kanzler, sein Außenminister und die Vereinigung, oder: Staatskunst als Heuernte«, in: *Politische Vierteljahresschrift* (Juni 1996), S. 357–363

Hershberg, Jim: »German Reunification. A Tale of Two Plans«, in: *Christian Science Monitor,* 29. November 1989, S. 19

Hewett, Ed: »The New Soviet Plan«, in: *Foreign Affairs* (Winter 1990/91)

Heydemann, Günther: »Britische Europa-Politik am Scheideweg: Über Deutschland zurück nach Europa?«, in: *Deutschland-Archiv* 12/1989, S. 1377 bis 382

Hirschman, Albert O.: »Exit, Voice, and the Fate of the German Democratic Republic. An Essay in Conceptual History«, in: *World Politics* (Januar 1993), S. 183–185

Hoagland, Jim: »Germans and French«, in: *Washington Post,* 14. Dezember 1989, S. A31

ders.: »Honecker's Goetterdaemmerung«, in: *Washington Post,* 18. September 1989, S. A19

ders.: »Reunification: What's the West's Plan«, in: *Washington Post,* 13. November 1989, S. A13

Hoffmann, Stanley: »French Dilemmas and Strategie in the New Europe«, in Keohane, Robert/Nye, Joseph/Hoffmann, Stanley (Hg.): *After the Cold War,* Cambridge, Massachusetts, 1993

Holloway, David: »Innovation in the Defence Sector«/»Innovation in the Defence Sector: Battle Tanks and ICBDs«, in Amann, Ronald/Cooper, Julian (Hg.): *Industrial Innovation in the Soviet Union,* New Haven, Connecticut, 1982, S. 276–367, 368–414

ders.: »The Strategic Defense Initiative and the Soviet Union«, in: *Daedalus* (Sommer 1985), S. 257–278

Holzman, Franklyn D.: »Politics and Guesswork. CIA and DIA Estimates of Soviet Military Spending«, in: *International Security* (Herbst 1989), S. 101–131

ders.: »Soviet Military Spending. Assessing the Numbers Game«, in: *International Security* (Frühjahr 1982), S. 78–101

Honecker, Erich: »GDR wchod jego pjatletii«, in: *Prawda,* 4. Oktober 1989 (deutsch: »Die DDR tritt in ihr fünftes Jahrzehnt«, in: *Neues Deutschland,* 6. Oktober 1989, S. 3)

Hottelet, Richard C.: »Once Again, the ›German Question‹«, in: *Christian Science Monitor,* 6. Oktober 1989, S. 19

Howard, Michael: »Introduction«, in Riste, Olav (Hg.): *Western Security. The Formative Years,* Oslo 1985

Hughes, John: »Deutschland uber Alles?«, in: *Christian Science Monitor,* 13. Oktober 1989, S. 18

Hunter, Robert: »The Transition to One Germany«, in: *Christian Science Monitor,* 21. Februar 1990, S. 18

Kaiser, Karl: »Germany's Unification«, in: *Foreign Affairs* 90 (1990/91)

ders.: »Unity for Germany, Not Reunification«, in: *New York Times,* 6. Oktober 1989

Kaptschenko, N.: »Imperial Foreign Policy at the Present Stage of the General Crisis of Capitalism. The General Crisis of Capitalism and the Growing Aggressiveness of Imperialism«, in: *International Affairs* 3 (Moskau, März 1982), S. 66–69

Kelsen, Hans: »The Legal Status of Germany According to the Declaration of Berlin«, in: *American Journal of International Law* 39 (1945)

Kinzer, »The G.I.s' Legacy: Basketball and Sweet Memories«, in: New York Times, 27. September 1994, S. A4.

Kissinger, Henry A.: »A Memo to the Next President«, in: *Newsweek,* 19. September 1988

ders.: »Delay Is the Most Dangerous Course«, in: *Washington Post,* 9. Februar 1990, S. A27

Kolboom, Ingo: »Vom ›Gemeinsamen Haus Europa‹ zur ›Europäischen Konföderation‹. François Mitterrand und die europäische Neuordnung, 1986–1990«, in: *Sozialwissenschaftliche Information* 4/1990, S. 237–246

Kondraschow, Stanislaw: »Our Place in the World, or Home Thoughts from Abroad«, *Iswestija,* 30. April 1990, S. 5, in: FBIS-SOV 90–086, 3. Mai 1990, S. 20, 23

Kramer, Mark: »The Role of the CPSU International Department in Soviet Foreign Relations and National Security Policy«, in Fleron, Frederick/Hoffmann jr., Erik/Laird, Robbin (Hg.): *Soviet Foreign Policy. Classic and Contemporary Issues,* New York 1991, S. 444–463

Kremp, Herbert: »Eine Gorbatschow-Doktrin für Osteuropa«, in: *Welt am Sonntag,* 20. August 1989

Kurz, Friedrich: »Ungarn 89«, in Grosser/Bierling/Kurz: *Die sieben Mythen der Wiedervereinigung,* S. 123–163

Kusmin, Iwan: »Da wußten auch die fähigsten Tschekisten nicht weiter«, in: *Frankfurter Allgemeine Zeitung,* 30. September 1994, S. 14

Larraby, Stephen F.: »Moscow and the German Question«, in Verheyen, Dirk/Soe, Christian (Hg.): *The Germans and Their Neighbors,* Boulder, Colorado, 1993, S. 212–215

Layne, Christopher: »Do Something Bold in Central Europe«, in: *Wall Street Journal,* 14. November 1989

Lewis, Flora: »Go Slow on Germany«, in: *New York Times,* 12. September 1989, S. A25

dies.: »Peace before Power«, in: *New York Times,* 17. Februar 1990, S. 27

Loeser, Franz: »Die Dreharbeiten sind in vollem Gange! Gedanken zu Markus Wolfs Troika«, in: *Deutschland-Archiv* 6/1989, S. 639–642

Lötsch, Manfred: »Ungleichheit – materielle, politische und soziale Differenzierung und ihre gesellschaftlichen Konsequenzen«, in Glaeßner, Gert-Joachim (Hg.): *Eine deutsche Revolution. Der Umbruch in der DDR,* seine Ursachen und Folgen, Frankfurt am Main/Berlin/Bern/New York/Paris/Wien 21992

Loewenstern, Enno von: »France's Germanophobia Cannot Block Reunification«, in: *Wall Street Journal,* 9. Oktober 1989

ders.: »German Unification Bobs Up in Refugee Flood«, in: *Wall Street Journal,* 18. September 1989

Malkow, Wiktor L.: »Commentary«, in Jensen, Kenneth M. (Hg.): *Origins of the Cold War. The Novikov, Kennan, and Roberts »Long Telegrams« of 1946,* Washington, D. C., 21993

Mantzke, Martin: »Eine Republik auf Abruf. Die DDR nach den Wahlen vom 18. März 1990«, in: *Europa-Archiv* (Beiträge und Berichte) 8/1990, S. 287–292

Marsh, David: »Kohl Sees Unified Germany in EC Union«, in: *Financial Times,* 2. April 1990

Maximytschew, Igor F.: »End of the Berlin Wall«, in: *International Affairs* (Moskau, März 1991)

ders.: »Possible Impossibilities «, in:*International Affairs* (Moskau, Juni 1993)

ders.: »Was ist bei euch los?«, in: *Der Spiegel,* 31. Oktober 1994

ders.: »What ›German Policy‹ We Need«, in: *International Affairs* (Moskau, September 1991)

ders./Hertle, Hans-Hermann: »Die Maueröffnung. Eine russisch-deutsche Trilogie«, in: *Deutschland-Archiv* 11/1994, Tle. I und II, S. 1137–1158; 12/1994, Teil III, S. 1241–1251

ders./Menschikow, Pjotr: »One German Fatherland?«, in: *International Affairs* (Moskau, Juli 1990)

Mayer, Frank: »Adenauer and Kennedy. Distrust in German-American Relations«, in: *German Studies Review* (Februar 1994), S. 83–104

McAdams, A. James: »Revisiting the Ostpolitik in the 1990s«, in: *German Politics and Society* (Herbst 1993), S. 49–60

Misselwitz, Hans: »Diplomacy of German Unity: GDR Views«, unveröffentlichtes Manuskript, Juni 1991 (American Institute for Contemporary German Studies)

Nye jr., Joseph: »Designs for Europe. An Occasional Series«, in: *New York Times,* 26. November 1989

Oberdorfer, Don: »Thatcher: Gorbachev Has Ended Cold War«, in: *Boston Globe,* 18. November 1988, S. 7

O'Brien, Conor Cruise: »Beware, the Reich is Reviving«, in: *Times* (London), 31. Oktober 1989, abgedruckt in James/Stone: *When the Wall Came Down*

Ogarkow, Nikolai: »In Defense of Siacialism. History's Experience and the Present Day«, in: *Krasnaja swesda,* 9. Mai 1984, S. 2

Oldernburg, Fred: »Sowjetische Deutschland-Politik nach der Oktober-Revolution in der DDR«, in: *Deutschland-Archiv* 1/1990, S. 68–76

Ostermann, Christian F.: »»Keeping the Pot Simmering‹. The United States and the East German Uprising of 1953«, in: *German Studies* (Februar 1996), S. 61–90

ders.: »The United States, the East German Uprising of 1953, and the Limits of Rollback«, Aufsatz für das Cold War International History Project, Woodrow Wilson International Center for Scholars, Washington, D. C., Dezember 1994

Pawlow, A.: »In der falschen Spur«, in: *Neues Deutschland,* 25. September 1989, S. 2 (Original in: *Prawda,* 23. September 1989, S. 5)

Pogue, Forrest C.: »Marshall und der Marshall-Plan«, in Maier, Charles/Bischof, Günter (Hg.): *Deutschland und der Marshall-Plan,* Baden-Baden 1992, S. 59–87

Pond, Elizabeth: »A Wall Destroyed. The Dynamics of German Unification in the GDR«, in: *International Security* (Herbst 1990)

dies.: »The Day Leipzig's Residents Defied Their Masters«, in: *Wall Street Journal,* 7. Oktober 1994 (Europa-Ausgabe)

Posen, Barry R./Van Evera, W.: »Reagan Administration Defense Policy. Departure from Containment«, in Oye/Lieber/Rothchild: *Eagle Defiant,* S. 67–104

Rice, Condoleezza: »Is Gorbachev Changing the Rules of Defense Decision-Making?«, in: *Journal of International Affairs* (Frühjahr 1989), S. 377–397

dies.: »The Making of Soviet Strategy«, in Craig, Gordon A./Gilbert, Felix (Hg.): *Makers of Modern Strategy. From Machiavelli to the Nuclear Age,* Princeton, New Jersey, 1986, S. 648–676

Richter, James: »Reexamining Soviet Policy towards Germany during the Beria Interregnum«, Aufsatz für das Cold War International History Project, Woodrow Wilson International Center for Scholars, Washington, D. C., Juni 1992

Richter, Stephan-Gotz: »Overloading Noah's Ark«, in: *Washington Post,* 14. November 1989, S. A25

Riddell, Peter/Barber, Lionel: »Americans Turn Attention to German Reunification«, in: *Financial Times,* 5. Februar 1990

Riese, Hans-Peter: »Die Geschichte hat sich ans Werk gemacht«, in: *Europa-Archiv* (Beiträge und Berichte) 4/1990, S. 117–126

Rosenfeld, Stephen: »Striking a Balance on Germany«, in: *Washington Post,* 17. November 1989, S. A23

Rosenthal, A. M.: »Until Shadows Vanish«, in: *New York Times,* 15. Februar 1990, S. A31

Rühl, Lothar: »Offensive Defence in the Warsaw Pact«, in: *Survival* (September-Oktober 1991)

Rupieper, Hermann-Josef: »American Policy toward German Unification, 1949–1955«, in Diefendorf, Jeffrey/Frohn, Axel/Rupieper, Hermann-Josef (Hg.): *American Policy and the Reconstruction of West Germany, 1945–1955,* New York 1993

Safire, William: »Kohl at Camp David«, in: *New York Times,* 23. Februar 1990, S. A31

Schewardnadse, Eduard: »Europe: A Generation's Mission«, in: *Iswestija,* 30. Mai 1990

ders.: »Towards a Greater Europe. The Warsaw Treaty Organization and NATO in a Renewing Europe«, in: *NATO's Sixteen Nations* (Mai 1990)

Schütze, Walter: »Frankreich angesichts der deutschen Einheit«, in: *Europa-Archiv* (Beiträge und Berichte) 4/1990, S. 133–138

Schweigler, Gebhard: »German Questions or the Shrinking of Germany«, in Larrabee, Stephen F. (Hg.): *The Two German States and European Security,* New York 1989

Skubiszewski, Krzysztof: »Die völkerrechtliche und staatliche Einheit des deutschen Volkes und die Entwicklung in Europa«, in: *Europa-Archiv* (Beiträge und Berichte) 6/1990, S. 195–202

Sommer, Theo: »A Dog That Doesn't Bark«, in: *Newsweek,* 20. November 1989, S. 39

Staritz, Dietrich: »The SED, Stalin, and the German Question. Interests and Decision-Making in the Light of New Sources«, in: *German History* (Oktober 1992)

Tschernjajew, Anatoli: »Gorbachev and the Reunification of Germany«, in Gorodetsky: *Soviet Foreign policy*

ders.: »K prawdy i tolko odinaja prawda: Memoiri w swjasi Wospominanijem«, in: *Swobodnaja Mysl* (Januar–Februar 1994)

ders.: »Obydennyje Germanii: Kak eto bylo?«, unveröffentlichtes Manuskript, 1994

ders.: »The Phenomenon of Gorbachev in the Context of Leadership«, in: *International Affairs* (Moskau, Juni 1993), S. 37–48

Turner, Henry Ashby: »Baseless Fears of a Unified Germany«, in: *New York Times,* 11. Februar 1990, S. 25

Wettig, Gerhard: »Die beginnende Umorientierung der sowjetischen Deutschland-Politik im Frühjahr und Sommer 1953«, in: *Deutschland Archiv* (Mai 1995), S. 495–507

ders.: »Die sowjetische Rolle beim Umsturz in der DDR und bei der Einleitung des deutschen Einigungsprozesses«, in Elvert, Jürgen/Salewski, Michael (Hg.): *Der Umbruch in Osteuropa,* Stuttgart 1993, S. 39–63

ders.: »Stalin and German Reunification. Archival Evidence on Soviet Foreign Policy in Spring 1952«, in: *Historical Journal* (1994), S. 411–419

Weymouth, Lally: »Germany's Urge to Merge«, in: *Washington Post,* 4. März 1990, S. C1

Wicker, Tom: »Decline of the East«, in: *New York Times,* 14. November 1989, S. A31 ders.: »The Score at Ottawa«, in: *New York Times,* 15. Februar 1990, S. A31

Wiesel, Eli: »Erinnern führt uns zusammen« (Rede, gehalten am 10. Dezember 1987 im ehemaligen Reichstag in Berlin), in ders.: *Den Frieden feiern,* hg. von Reinhold Boschert-Kimmig, Freiburg/Basel/Wien 1991, S. 43–54

ders.: »I Fear What Lies beyond the Wall«, in: *New York Times,* 17. November 1989, S. A39

Will, George: »Europe's Furled Banners«, in: *Newsweek,* 26. Februar 1990, S. 72

Zedilina, J.: »Objedinenije perwyi etap«, in: *Mirowaja Ekonomika i Meschduna-rodnije Otnoschenija* 8 (1990)

Zelikow, Philip: »George C. Marshall and the 1947 CFM Meeting in Moscow«, Manuskript

Zimmerman, William/Palmer, Glenn: »Words and Deeds in Soviet Foreign Policy. The Case of Soviet Military Expenditures«, in: *American Political Science Review* 77 (Juni 1983), S. 358–367

PERSONENREGISTER

Acheson, Dean 85ff., 523
Achromejew, Sergej F. 21, 39, 192,
  233, 235, 262, 316, 362f., 374,
  383ff., 453, 513, 551, 579, 595,
  606
Acland, Anthony 248, 539f.
Adamischin, Anatoli 314, 319, 554,
  586
Adenauer, Konrad 15, 84, 89–93,
  96f., 120, 145, 284, 298, 500f.,
  525
Albrecht, Ulrich 628
Andreotti, Giulio 21, 136, 196, 244,
  433, 469, 574, 623
Andropow, Juri 36, 38
Antall, Jozsef 422
Apple, R. W. 143
Attali, Jacques 19ff., 229, 328, 511,
  591, 610

Bahr, Egon 136, 524f., 560, 584, 588,
  628
Baker, James A. 17f., 21, 46, 51ff., 56f.,
  59ff., 63, 105, 125f., 141f., 144, 147,
  161, 167, 169, 181, 190, 192ff., 203,
  205ff., 208–215, 224, 230f., 239ff.,
  244, 246–249, 252–263, 266–276,
  280, 295ff., 299–304, 312f., 320,
  324, 326f., 333ff., 337f., 340, 345f.,
  348, 352, 357, 361–364, 367f.,
  370, 372ff., 379–387, 391–394,

396f., 400f., 405f., 410–414, 416ff.,
  426, 430, 432f., 435f., 441, 453,
  469–472, 485, 487, 489ff.,
  493–496, 526, 529f., 532f.,
  535–538, 541, 544f., 551,
  554–557, 561–567, 570, 572,
  576–580, 582, 587, 589, 592ff.,
  599, 601, 604, 606f., 612, 616f.,
  621f., 625f., 630, 632, 635
Baklanow, Oleg 612
Barkley, Richard 105, 133, 211,
  534
Bartholomew, Reginald 21, 363, 421,
  423, 592, 621f.
Basora, Adrian 620, 623
Batenin, Geli W. 595
Belliard, Edwige 604
Berija, Lawrenti 94
Berra, Yogi 50
Beschloss, Michael 563, 565, 600,
  610, 621, 624
Bessmertnych, Alexander 21, 389f.,
  551, 606
Besymenskaja, Alexandra 610
Bevin, Ernest 78, 86
Bismarck, Otto von 76, 294
Blackwill, Robert 21, 52, 54, 59, 186,
  194, 203, 223, 231, 233, 238f., 248,
  253ff., 262, 264f., 274f., 294–297,
  299, 302, 310, 333, 335, 352, 357,
  380, 384, 390, 419–426, 428,

658

Bildnachweis

Baltimore Sun, Baltimore 15; Bush Presidential Materials Project, Washington 2, 6, 7, 8, 9, 11, 14, 16, 17; Bundesbildstelle, Bonn 21, 22, 24, 27; Privatsammlung 10, 23, 25; Ullstein Bilderdienst, Berlin 1, 3, 4, 5, 12, 13, 18, 19, 20, 26.